U0900562

列台會議，使舉洪益隆為大公，與前二期所舉賴由盧賽共三大公，渡

將前期五月廿五日塚地曉諭（現刊）申明，益隆謝退。

楊甲

林甲 病不到

當事庚戌七月初[illegible]八月十一日抬三

黃甲繼官 病不到

林九觀 叫

江天觀

視 削

彩長再生

林九供訊九前出洲府，有賒來江天之貨，共子納，按後有寄財副葉海之

手帶去甘蜜、淨縱布、廈粗布、又指網、竹仔香三箱，計大把，托為代交

江天入返欠項，并有親筆言明。今已隔三年，而天方有開舉，說他只收

乾隆丁未九月廿一日和陞年十月三十一日拜三

王甲上節不到

唐甲當事

張宙觀叫　許浪生不到

羅左娘叫　廖亞華　胡四滿

胡亞理　削視　許顯才

羅左娘供謂廖亞華有欠氏之子五拾陸文一叐四方屢討不还前大伯
詹亞壽在公堂叫他嗱嗹嘮至今猶不措还持此叩稟　列臺白廖
華欠詹亞壽之子前期八月廿二日已經棐奪并每不得提起

王賽觀叫　羅章觀　和息

陳青觀叫　陳天雨

本輯出版獲

日本豐田基金會
(THE TOYATA FOUNDATION)

全額資助

吧城華人公館(吧國公堂)檔案叢書

公案簿

第十輯

(1857年1月9日—1865年9月27日)

(荷)包樂史(Leonard Blussé)
(中)聶德寧　　校注
(中)吴鳳斌

厦门大学出版社 XIAMEN UNIVERSITY PRESS | 国家一级出版社
全国百佳图书出版单位

吧城華人公館(吧國公堂)檔案叢書

編輯委員會

學術顧問:曹永和　王賡武　斯波義信

主　　編:包樂史(Leonard Blussé)　莊國土

副 主 編:陳國棟　聶德寧　侯真平

委　　員:(以姓氏筆劃為序)

包樂史(Leonard Blussé)　毛通文

克勞婷·蘇爾夢(Claudine Salmon)

李明歡　吳振強　吳鳳斌　林和瑞

侯真平　袁冰淩　陳秋坤　陳國棟

陳萌紅　莊國土　歐陽春梅　聶德寧

前　言

《公案簿》第10輯的內容，起自1857年1月9日，終至1865年9月27日，即《公案簿》原檔第16冊，時間的跨度長達10年左右，不僅案卷眾多，信息量大，而且內容相當豐富，頗具特色。其中，令人矚目的記載，至少有5個方面的內容：(1)補錄了1762年、1791年牛郎沙里碑記；(2)關於購買公館始末的記錄；(3)遺產繼承和分配案例；(4)婚姻案中的離婚案例；(5)有關鴉片專賣的銷售量及價格的記載。

一、珍貴的1762年、1791年《牛郎沙里碑記》

1857年3月20日〈大朱賴觀瀾官繳入1762年與1791年牛郎沙里碑記二紙〉，此案卷補記了現存《案簿》中所缺的《牛郎沙里碑記》，突顯出牛郎沙里塚地"始原故事"特有的史料價值。

第一紙碑記為："乾隆二十七年九月廿六日，即和(荷蘭)1762年11月10日，甲必丹林緝官、雷珍蘭林健官、林敘官、許芳良官、戴弁官、許燦官、盧郎官，武直迷施華官、陳巧官、唐恩官、陳順官連名嘧喳嘮厝頂對實稽屏做字，買過新橈 軒得曆山力掛沙詩蠻橈揀 牛郎沙里園地壹所，價錢六千文。前後至港，左連八芝朗安園在內，右接塚，四至明白。和(荷蘭)1762年11月28日在土庫內入字。蒙上人倒案以定葬墳亭後，過大橋頭沼港墘起，直至園後地，准為葬墳。

若過界，將園償入公班衙。殊恐罔知情由，立石為界，毋干法紀，永固唐墳。特諭。”

另據 1761 年吧城地藏院《倡建牛郎沙里義塚壁記》[①]的記載，此六千文，由唐人義捐，多者如甲必丹林緝官捐一千文，雷珍蘭林健官、林弘良各捐六百文，其下有各捐四百、二佰、一百者，少者亦各捐三十、二十、一十文。此《壁記》亦為《案簿》所缺。

第二紙碑記為：1791 年 7 月 22 日，“前唐人甲必丹、雷珍蘭入字，懇求加闊以為葬墳。茲案奪恩准開明於下：一、此地系於和（荷蘭）1771 年買的，有定限葬墳界址。然眾等越規皆葬過界，上臺亦不跟究。茲准唐人甲必丹所懇，然必照地圖以埋葬。二、准葬地加闊，須照地圖亞、袂、西三字型大小為定界址。三、在吧之唐人胡勃實、武直迷之墓，准闊二十四紀、長三十六紀、高八腳紀至十一腳紀止，如欲取塗（土）填墓，不許掘取本地之塗（土），須向別處掘取。四、常人之墓，准闊六腳紀、長十二腳紀、高六腳紀。如要闊並加深，須入字土庫內有命方可。五、諭唐人甲必丹須謹防嚴察，如有違例，罰錢五百文，將錢作三分，均分報說人得一分，唐人美惜甘得一分，住水鋸仔頂公班衙財副得一分，決不容恕。又諭塚地：勿使有水積滯致汙穢，臭味不得消散，必開溝渠可以通流。又諭唐人甲必丹、雷珍蘭：須遵和（荷蘭）1778 年 3 月

---

① 乾隆二十六年（1761 年）《地藏院倡建牛郎沙里義塚壁記》，參見傅吾康主編，蘇爾夢、蕭健國合編：《印度尼西亞華文銘刻匯編》第二卷，上冊，第 35～37 頁，新加坡南洋學會、巴黎法國遠東學院、巴黎群島學會，1997 年。

31日所奪之令,速尋別地以為葬墳之所,不得遲緩。此諭。"

從以上前後二紙的牛郎沙里塚地碑記中可知,吧城 唐人前甲必丹林緝官於1762年不僅完成了購置牛郎沙里的法律程序,獲准成為唐人葬墳,並且標明了塚地的大小範圍,"立石為界"。過30年後,亦即1791年,唐人甲必丹、雷珍蘭再次向吧城當局申請擴大牛郎沙里範圍以為葬墳,亦獲批准。從1762年至1791年前後不到三十年的時間,牛郎沙里塚地即有死者葬滿之患。所以,有如第二紙碑記所載,早在1778年3月31日,吧城當局就已經諭令唐人甲必丹、雷珍蘭:"速尋別地以為葬墳之所,不得遲緩。"然而,直到1809年以後,吧城 唐人才開始再陸續购置了其他三大塚地:丹絨塚地(1809年)、式里陂塚地(1828年)、惹致塚地(1854年)。據1858年3月25日丈地官所陳,"丹絨地闊387畝,式里陂地闊218畝,惹致地闊130畝,三條合735畝"。從1853年至1857年,以上三大塚地"共葬男女老幼屍骸4365人"。五年間,平均每年葬873人。據當時的保守估計,"丹絨、式里陂二處,約可再葬八年或十年之久,若添入惹致地,則更遠矣。"(詳見1858年4月17日〈公堂詳覆副挨實嗹致問丹絨、式里陂、惹致塚地事〉)。

儘管如此,為了嚴格控制唐人墓地大小的規模,防止超闊超大現象的發生,公堂再次重申在吧 唐人葬墳大小定有五等的規定:"一、葬貧寒之人,每墳只用闊作八脚距、長12距,免還塚項。二、葬少有之人,每墳用闊12距、長24距,還銀67.7盾。三、葬巨富之人,每墳用闊16距、長32距,還銀220盾。四、葬富户之人,每墳用闊20距、長40距,還銀541.6盾。五、葬大富之人，每墳用闊24距、長48距，還銀1218.5盾。至此為限，雖欲加還，而加用不可得也。”(詳見1858年6月4日〈公堂詳覆挨實嗹致問在吧唐人葬墳事項〉)。

二、關於公堂購買公館的始末

按公堂於1861年所購買的公館，原為甲必丹高長宗所置私第，址在吧城城南中港仔。在高長宗甲必丹任內(1822—1829年任甲必丹)，作為公堂在吧城城南的辦公場所，故稱“公館”，但仍屬私己之业。高長宗去任後，公堂繼續借用其宅第為公館。其子(高俊傑)孫(高瓊瑤)繼承此業後，將公館宅第產權變賣過名給公堂。

有關購買的公館的始末經過，在本輯《公案簿》檔案中有較為詳細的記載。1857年2月14日〈瑪腰告知公館過名一事〉記載，“瑪腰(陳永元)請曰，前月封印之時，晚弟已請公館過名一事。據高(俊傑)甲大云：待贖回，自當過名。茲查和(荷蘭)1835年5月19日本堂案牘議買公館事，內書列台為高甲俊傑官中港仔公館大小二間，背後馬車間二間，港墘腳䨇水滓間二間，計價銀3500盾。謹此存案。因內中計銀上添注一要字，事屬可疑。令懇甲大先立一約字言定，後日過名與公堂。”據此可知，在1835年5月19日的公堂案牘有載，中港仔公館當時“計價銀3 500盾”。到1861年4月27日，据〈列台會議買公館厝之事〉記載：“公堂已向掛吶故高(俊傑)甲大[①]、高甲西川官懇買公館，議定價銀8 000

① 高長宗之子甲必丹高俊傑於1861年1月22日夜去世。

盾。字費，過公堂自支。上手之事不與，惟做君得叻字之費，賣主支理。其既往之事，二比俱不得尋究，各自甘願。即午十二點鐘，瑪腰（陳永元）同朱葛礁及物主高瓊瑤同到梁礁干刀立字。”至此，公堂最終從高長宗的長孫高瓊瑤手中完成了公館過户到公堂名下的公證程序。衹不過購買公館的價錢，從 26 年前（1835 年）的“議定價銀 3 500 盾”，到 1861 年增至“價銀 8 000 盾”。兩次價錢為何相差如此之大？其中原由還有待釐清。

值得一提的是，在 1863 年 8 月 14 日〈補錄和（荷蘭）1861 年本堂上書王上，懇准發公堂蓄項銀捌仟盾置買公館〉的案卷中，保存了公堂為置買公館而上書荷印總督的陳情書原稿。在茲節錄如下：

“……曩因公堂有未蓄積，無力置屋永為公館，故兩次播移。初在棋杆腳，後移中港仔，致公堂案籍、婚簿，多有遺失。其時公堂列位先公豈不知公館累移之不善，其如有志未逮，何及和（荷蘭）1809 年、1828 年公堂乃上書王上，懇賜准告貸於和（荷蘭）、唐二美惜甘之項，始置丹絨、式里陂二地以為原本。嗣後賣墳收稅支開公堂該用，餘累年抨還二處欠項，至和（荷蘭）1854 年才得清楚。餘存之項，又置惹地致價銀兩萬伍仟盾。自此之後，逐年費餘之項蓄積至今，存在櫃內。雖曰不多，約而計之肆拾仟盾矣。此中不特兑塚之項而得鳩集若是，且有兑逐年收取田園租稅，現時每年尚有三千餘盾參入在內。……今承來書，謂公堂兑塚之項，不得開用外。此惟有蓄存逐年收稅之項，參存櫃內。懇挨實嗹原情，准可開出公堂蓄項銀捌仟盾，以還買公館之價。如不許允,懇挨實嗹將情轉奏王上,懇發敉文明庫項備還買價,更為感德靡涯矣。"

據此陳情書原稿所載,可知此置買公館 8 000 盾[①],乃是當時公堂多年來的全部蓄項。其來源有二:一為"兌塚之項而得鳩集",二為"逐年收取田園租稅"。可謂來之不易。但是"為國為民為公堂建萬世無疆之福",公堂不惜傾囊而出,置購公館。所以,從公堂歷時幾十年籌措資金並最終將公館購置為公堂永久之業的歷程來看,這無疑是首任瑪腰陳永元任內(1837—1865 年)的一大功績。

三、遺產繼承和分配案例

本輯《公案簿》的另一大特色,是保存有為數不少有關遺產繼承和分配的案卷,這些遺產案往往揭示了唐人家產與家族間彼此關係。

例如,1857 年 5 月 15 日〈查勘詳覆邱朱本果系邱光前付業之人否〉所載之邱光前遺產案中,對邱氏家族成員的姓名、年歲、住址、職業,以及其彼此間的關係,無不記錄在案,一目了然。又如,在 1859 年 5 月 27 日〈查勘詳覆龔梓娘懇要入過房子鄭順香如親出一體可均得遺業事〉案卷中,船主鄭海水在其遺書中對鄭氏家族人員的財產繼承與分配均一一提到,除了分錢、分房給家族成員之外,"又願付兄鄭一水,船一隻,大九車第 107 號。……又願付曾天生,船一隻,大八車第 55 號。"另外,1859 年 7 月 22 日〈查勘詳覆葉發

---

① 《吧國公堂所懸木牌之三》(1861 年)的記載為:"懇准發公堂蓄項八千五百餘盾,以購買之。"

生懇要追回已還戈嘮得嘮八仙一事〉,以及1859年12月12日〈公堂再為詳覆葉發生一事〉,則較為詳細地記錄了葉發生繼承葉旋遺產案件的來龍去脈。1860年7月27日〈勘察詳覆葉元意果即葉孝達心眠字敍明得業之人否〉,是一宗详细記載有關葉孝家族的遺產處理情況的案卷。在1859年10月7日,1861年8月23日,以及1861年10月25日的相關案卷中,曾連續三次記述了李伯泰甲之子李梓隆遺業,過繼子及其妻妾的情況。1859年1月21日〈查勘詳覆沈鶴算果是沈命之子否〉,以及補1860年3月23日〈承命再勘察沈鶴算是沈命親生子抑是過房子〉,這兩份案卷相繼記錄了沈命遺業,以及其子、妾等情況。此外,本輯《公案簿》有關遺產繼承和分配的案卷還有:1857年2月26日〈緞實滑掛咻黄笨吉懇欲分不傳之業一案〉,以及1859年7月9日〈查勘詳覆從唐例可黜沈芳娘執掌黄淡巴遺業否〉等。

我們從以上所列舉的諸多遺產繼承與分配案卷中,大略可以看出當時吧城邱氏家族、鄭氏家族、葉氏家族、沈氏家族和黄氏家族的內部結構及其社會關係。

由於吧城唐人家族成員較多且分佈於海內外,不僅家庭關係複雜,而且風俗習慣和文化傳統也不同于荷印,因而在遺產繼承和分配上時常會引發不少的紛爭和問題,荷印當局為此曾多次就唐人在遺產繼承和分配的風俗習慣向公堂諮詢。在1863年1月13日,1865年2月22日與1865年6月23日的諸多案卷中,公堂也曾分别多次對"唐人分業"、"唐人死故分業之例"進行商議和討論,並就"唐人分業一事"達成較為一致的意見。其中有云:"凡唐人死故,分業有立達心眠字者,須從達心眠字而行。倘達心眠字無敘及子女,俱照所定而得。如無立達心眠之人死故,分業無論多寡,作十二分,嫡子得六,庶子得三,未嫁女子得一,妻得二。若未有嫡子,先有螟蛉,則螟蛉子從嫡子而得。若有嫡子,後又螟蛉,從庶出而得。苟無嫡子,庶子則螟蛉子均得。若嫡子、庶子、螟蛉子俱無,其業一半存公在美惜甘,一半歸伊至親,近而父母兄弟,遠而親堂從堂其親,當代為過房一人,以為承祧,妻若守貞,可取公項取息,以奉崇祀,且可養育嗣子。或妻死故,有業作七份,與子五份,本夫得二。如無夫與子,當歸夫家兄弟。"(1865 年 2 月 22 日〈承命詳覆唐人死故分業之例〉)

四、婚姻案中的離婚案例

在本輯《公案簿》記錄的各種案卷中,婚姻案佔了相當大的分量。這些婚姻案大多是離婚案例,而且離婚的因由也是各種各樣。

在離婚的案例中,因夫妻感情不和,家庭暴力嚴重而導致離婚者較為普遍。例如,1857 年 8 月 14 日〈張音娘、陳壟夫婦求離一案〉,該夫婦結髮 24 載,育有生三男一女。據張音娘控告,其夫"無故逐日欲罵則罵,又嫌氏貌醜。似此薄情,伏乞判離"。在 1863 年 9 月 16 日〈劉低娘、楊亞興夫妻求離一案〉中,離婚的原因是夫妻分居。為夫者"既無叫妻回歸,亦無照顧子女,更無給費",似此不情,為妻者故而投告公堂,"伏乞判離"。又在同年月日之〈陳銀娘、林僭夫妻求離一案〉中,夫怨妻"任意出遊",妻則責夫"無故怒罵打氏,並且趕逐”,故而“不願再回,亦不以被打為較,伏乞判離”。

因家境貧寒而求離者,在離婚案例中亦有不少。例如,1864年3月11日〈謝廉娘、林宗岩夫妻求離一案〉,以及〈李江娘、謝巳生夫婦求離一案〉。前一案中,妻子謝廉娘告其夫林宗岩:“無利路已一年餘,無給資費,且將物件典盡,實無夫妻之情,乞判分離。”後一案中,丈夫謝巳生因裁縫手藝不精,並令其妻回歸父家,且家中物件俱典當既盡。以致其妻李江娘前往公館投訴,“乞判分離”。

另外,在離婚案中還有不少是因為丈夫寵妾棄妻而導致離婚的案件。例如,1859年1月21日〈林習娘、陳王芳夫妻求離一案〉,這對夫婦結髮26載,因其夫寵妾賣屋,致使髮妻“無安身之地”,故憤而提告求離。在1864年11月4日〈林搭娘、蘇木興夫婦求離一案〉中,夫妻結婚僅一年,因其夫棄妻寵妾之故,其妻“難以忍耐,惟懇判離”。又1864年12月30日〈黃珍娘、邱水夫妻求離一案〉,據黃珍娘控告,與邱水與結婚七日後,“遂與其妾三人合寢一床”,令其“羞恥至極”,誓死不願再以邱水為夫。

對通姦、強淫以及擅殺姦夫淫婦等姦情案件,依其所犯罪行的輕重,分別依法處以不同的罪責。通姦者,處以“充役三個月”(詳見1864年1月18日〈柳丁岸、蔡勤娘夫妻求離一案〉,以及1860年5月18日〈鄭順娘、林光太夫妻求離一案〉)。強淫者,處以“籐刑20,且革回唐,以警後人”(詳見1858年11月5日〈查勘詳覆黃四江控薛貴強淫伊妹黃癸娘一案〉)。至於擅殺姦夫淫婦者,屬觸犯刑律,當判入監服刑(詳見1858年9月24日〈委勘詳覆李亞拱、鍾庚娘離異一案〉)。

五、有關鴉片專賣的銷售量及價格的記載

在本輯《公案簿》中,對鴉片專賣的銷售量及價格均有較為詳細的記載。

關於鴉片專賣的銷售量,據1857年7月8日〈公堂詳覆副挨實嗹致問吧城1858年亞片僞仔招標一事〉所載:1857年"吧城每月堪消土293斤,文登每月堪消土43斤,干冬圩每月堪消土42斤"。據此,吧城(包括城區和城郊)每月的鴉片銷售量共計378斤。至於爪哇全島每月鴉片銷售量的銷售量,"1853年至1857年系陳江水承贌鴉片僞仔,吧(城)、茂(物)、萬(丹)、旺(茄荖旺)、南旁合叫,每月配土475斤"。由此可知,吧城每月銷售量約占爪哇全島的近80%左右。至於鴉片膏的加工方法亦有記載,其云:"煮鴉片有番人膏、唐人膏二等,參入烏、紅土加減,惟番人膏,每鼎參入翻土屎5兩,餘無別參。"(詳見1858年8月19日〈公堂詳覆副挨實嗹委問鴉片事七條〉)

關於鴉片的價格,據載,1860年全年通行亞片膏的銷售價格是"每兩兌銀20盾"。(詳見1861年1月11日〈副挨實嗹致問1860年亞片膏行情〉)。到1862年,鴉片膏每兩價銀增至"貳拾伍盾"(詳見1862年4月18日〈詳覆副挨實嗹致問1862年亞片行情如何〉)。

關於鴉片專賣的地點,在吧城城區"惟哨口、磚仔橋、洪溪、油車四處",在吧城城郊則有"丹藍望、結石珍、新把殺三處"(詳見1862年7月16日〈詳覆副挨實嗹致問亞片僞仔君厘書用於1863年全年有欲更易否〉)。為了嚴防鴉片走私貿易,荷印當局擬定了22條措施,令人"密訪嚴緝"(詳見1865年5月16日〈承命詳覆副挨實嗹致書媽腰通聞公堂要知如何防止走私鴉片一事〉)。

關於吸食鴉片對唐人家庭婚姻關係的毒害和影響,在本輯《公案簿》中亦有所披露。在1858年9月3日〈鄭根娘、徐天生夫妻求離一案〉中,鄭根娘因其夫徐天生"逐日招人入室吃鴉",最終忍無可忍而告上公堂"乞判分離"。1862年3月17日〈李珠娘投稟懇撤破婚字一案〉,據李珠娘投稟,稱其夫劉奇生"已四載無息,不知何往。懇撤破婚字"。據劉奇生養父劉永南供稱:"養子劉奇生已飲亞(片)無度,欺騙外人,終無完局。既誤於前,不敢再誤於後,伏乞公堂裁奪。"此外,還有女性吸食鴉片的記載,如居住在丹藍望的楊亞三,探知其妻邱淑娘"在鑒光美色近與人吃亞片"之後,隨即告知默氏(街區負責人),並與之離婚,十一年的夫妻就此了結(詳見1864年7月15日〈邱淑娘、楊亞三夫婦求離一案〉)。

《公案簿》第10輯校注出版過程中,始終得到海內外有關機構、著名專家學者以及諸多熱心人的熱忱關注和大力支持,尤其得到中國教育部國際司歐洲處、荷蘭皇家科學院國際合作局中國處、荷蘭萊頓大學外事辦公室、中國廈門大學國際合作與交流處、廈門大學社科處、廈門大學東南亞研究中心、廈門大學國際關係學院/南洋研究院、廈門大學人文學院歷史系、廈門大學出版社、荷蘭萊頓大學歷史系、萊頓大學漢學院、歐陽春梅女士、曹永和教授、劉翠溶教授、斯波義信教授、石井米雄教授、曹昌平先生、林和瑞先生、陳萌紅女士、班瑪莉女士(M. J. Bantjes)、柯倫先生(R. Coelen)、雷哈諾先生(Hanno E. Lecher)、毛通文先生、陳志偉女士等的鼎力支持；廈門大學南洋研究院博士生孫增閱先生、王登科先生、荷蘭萊頓大學留學生孫蘊琦女士參加部分文字的錄入工作，頗有貢獻，為此我們心存感激，敬此鳴謝！

《公案簿》第10輯的出版，得到日本豐田基金會(THE TOYOTA FOUNDATION)的全額資助，我們謹致謝忱！

囿於學識與時間，校注中必有所誤，敬祈方家校正！

本輯校注者

2010年10月

於中國廈門大學、荷蘭萊頓大學

校注凡例

一、忠實於檔案原文，絕不妄改。

一、檔案正文原以毛筆楷書、行楷、行草、草書漢字書寫，雜以古今字、異體字、俗字、當時通行的簡體字，本次校注徑改爲中國大陸現代規範的繁體字。

一、檔案原文中，凡公元紀年皆使用蘇州碼，公元紀月、紀日皆使用漢字，本次校注按照中國大陸古籍整理慣例，皆以阿拉伯數字統一之；檔案原文中，凡中國農曆紀年、紀月、紀日，皆使用漢字。本次校注按照中國大陸古籍整理慣例，一仍其舊。

一、檔案原文中，錢款額、物品數額、人數等往往混用大、小寫漢字或蘇州碼，本次校注對於凡可能帶小數（即非整數）或百位數以上的貨幣、度量衡數據，一律改用阿拉伯數字表示之；對於其中帶有多級計量單位的貨幣、度量衡數據，本次校注一律改用阿拉伯數字表示之。

一、檔案原文無標點，本次校注皆施以新式標點。

一、本次校注，按照中國大陸古籍整理慣例，凡漢語或外語人名、地名、國名、年號等，皆施以專名線；凡政府機構、學校、出版社（或其他出版機構）、商業組織、社會群體等，皆不施專名線。

一、檔案原文段落往往有欠規範，本次校注酌情分段。

一、本次校注中的注釋形式，以脚注爲主，兼用隨文注。隨文注，識以帶（　）的五號做宋體字。

一、檔案原文中的注文，本次校注皆以小五號楷體字區别之。

一、檔案原文中，某些案件或人事變動等記錄原無標題，本次校注爲之代擬標題，並以小四號黑體字與（　）識之。

一、本輯中一些與前九輯相同的詞條注釋，請參閲《公案簿》第九輯的尾注。

目　錄

前　言

校注凡例

和(荷蘭)1857年1月9日,拜五 …… (2)
和(荷蘭)1857年1月15日 …… (2)
和(荷蘭)1857年2月14日,拜六 …… (6)
和(荷蘭)1857年2月24日,拜二 …… (8)
和(荷蘭)1857年2月26日,拜四 …… (11)
和(荷蘭)1857年3月20日,拜五 …… (20)
和(荷蘭)1857年4月10日,拜五 …… (24)
和(荷蘭)1857年5月8日,拜五 …… (29)
和(荷蘭)1857年5月15日,拜五 …… (31)
和(荷蘭)1857年6月12日,拜五 …… (35)
和(荷蘭)1857年6月25日,拜四 …… (42)
和(荷蘭)1857年7月3日,拜五 …… (45)
和(荷蘭)1857年7月8日,拜三 …… (47)
和(荷蘭)1857年7月15日,拜三 …… (49)
和(荷蘭)1857年7月31日,拜五 …… (51)
和(荷蘭)1857年8月14日,拜五 …… (51)
和(荷蘭)1857年8月18日,拜二 …… (55)

和(荷蘭)1857年9月11日,拜五 ……………………………… (63)
和(荷蘭)1857年9月28日,拜一 ……………………………… (68)
和(荷蘭)1857年10月23日,拜五 ……………………………… (69)
和(荷蘭)1857年11月6日,拜五 ……………………………… (71)
和(荷蘭)1857年11月20日,拜五 ……………………………… (73)
和(荷蘭)1857年12月4日,拜五 ……………………………… (75)
和(荷蘭)1857年12月22日,拜二 ……………………………… (76)
和(荷蘭)1858年1月8日,拜五 ……………………………… (77)
和(荷蘭)1858年1月20日,拜三 ……………………………… (79)
和(荷蘭)1858年1月30日,拜五 ……………………………… (88)
和(荷蘭)1858年2月3日,拜三 ……………………………… (90)
和(荷蘭)1858年3月5日,拜五 ……………………………… (91)
和(荷蘭)1858年3月26日,拜五 ……………………………… (93)
和(荷蘭)1858年4月17日,拜六 ……………………………… (97)
和(荷蘭)1858年4月30日,拜五 ……………………………… (103)
和(荷蘭)1858年5月14日,拜五 ……………………………… (104)
和(荷蘭)1858年6月4日,拜五 ……………………………… (107)
和(荷蘭)1858年6月25日,拜五 ……………………………… (110)
和(荷蘭)1858年7月9日,拜五 ……………………………… (114)
和(荷蘭)1858年7月23日,拜五 ……………………………… (120)
和(荷蘭)1858年9月3日,拜五 ……………………………… (121)
和(荷蘭)1858年9月24日,拜五 ……………………………… (124)
和(荷蘭)1858年10月15日,拜五 ……………………………… (126)
和(荷蘭)1858年10月29日,拜五 ……………………………… (130)
和(荷蘭)1858年11月5日,拜五 ……………………………… (135)
和(荷蘭)1858年11月11日,拜四 ……………………………… (139)
補和(荷蘭)1858年7月9日,拜五 ……………………………… (144)

補和(荷蘭)1858年8月19日,拜四 …………………………… (146)
和(荷蘭)1858年11月19日,拜五 …………………………… (148)
和(荷蘭)1858年12月24日,拜五 …………………………… (155)
和(荷蘭)1859年1月14日,拜五 …………………………… (163)
和(荷蘭)1859年1月20日,拜四 …………………………… (166)
和(荷蘭)1859年1月21日,拜五 …………………………… (166)
補和(荷蘭)1857年12月22日 …………………………… (170)
補和(荷蘭)1858年12月1日,拜三 …………………………… (173)
和(荷蘭)1859年1月23日,禮拜 …………………………… (176)
和(荷蘭)1859年1月26日,拜三 …………………………… (177)
和(荷蘭)1859年2月22日,拜二 …………………………… (178)
和(荷蘭)1859年3月18日,拜五 …………………………… (186)
和(荷蘭)1859年4月1日,拜五 …………………………… (190)
和(荷蘭)1859年4月15日,拜五 …………………………… (195)
和(荷蘭)1859年5月27日,拜五 …………………………… (197)
和(荷蘭)1859年6月15日,拜三 …………………………… (200)
和(荷蘭)1859年7月9日,拜五 …………………………… (203)
和(荷蘭)1859年7月15日,拜五 …………………………… (205)
和(荷蘭)1859年7月22日,拜五 …………………………… (208)
和(荷蘭)1859年10月7日,拜五 …………………………… (216)
和(荷蘭)1859年12月2日,拜五 …………………………… (221)
和(荷蘭)1859年12月22日,拜四 …………………………… (224)
和(荷蘭)1859年12月30日,拜五 …………………………… (228)
和(荷蘭)1860年1月11日,拜三 …………………………… (231)
即和(荷蘭)1860年2月11日,拜六 …………………………… (234)
和(荷蘭)1860年2月24日,拜五 …………………………… (235)
和(荷蘭)1860年3月10日,拜六 …………………………… (246)

和(荷蘭)1860 年 3 月 23 日,拜五 …………………………… (248)
和(荷蘭)1860 年 4 月 20 日,拜五 …………………………… (250)
和(荷蘭)1860 年 5 月 18 日,拜五 …………………………… (255)
和(荷蘭)1860 年 6 月 8 日,拜五 …………………………… (258)
和(荷蘭)1860 年 7 月 13 日,拜五 …………………………… (259)
和(荷蘭)1860 年 7 月 24 日,拜二 …………………………… (261)
和(荷蘭)1860 年 7 月 27 日,拜五 …………………………… (263)
和(荷蘭)1860 年 9 月 28 日,拜五 …………………………… (274)
補和(荷蘭)1860 年 2 月 29 日 …………………………… (277)
補和(荷蘭)1860 年 6 月 20 日,拜三 …………………………… (277)
補和(荷蘭)1860 年 8 月 20 日 …………………………… (278)
和(荷蘭)1860 年 9 月 14 日,拜五 …………………………… (278)
和(荷蘭)1860 年 11 月 16 日,拜五 …………………………… (280)
和(荷蘭)1860 年 12 月 27 日,拜四 …………………………… (285)
和(荷蘭)1861 年 1 月 4 日,拜五 …………………………… (285)
和(荷蘭)1861 年 1 月 11 日,拜五 …………………………… (289)
和(荷蘭)1861 年 1 月 24 日,拜四 …………………………… (290)
和(荷蘭)1861 年 1 月 30 日,拜三 …………………………… (291)
和(荷蘭)1861 年 3 月 1 日,拜五 …………………………… (296)
和(荷蘭)1861 年 3 月 1 日,拜五 …………………………… (297)
補和(荷蘭)1860 年 3 月 23 日,拜五 …………………………… (301)
補和(荷蘭)1860 年 8 月 24 日,拜五 …………………………… (304)
補和(荷蘭)1860 年 10 月 4 日,拜四 …………………………… (306)
補和(荷蘭)1860 年 10 月 12 日,拜五 …………………………… (309)
補和(荷蘭)1861 年 1 月 18 日,拜五 …………………………… (312)
和(荷蘭)1861 年 4 月 8 日,拜一 …………………………… (313)
補和(荷蘭)1861 年 1 月 11 日,拜五 …………………………… (316)

補和(荷蘭)1861年3月15日,拜五 ……………………… (316)
和(荷蘭)1861年4月12日,拜五 ……………………… (317)
和(荷蘭)1861年4月27日,拜六 ……………………… (320)
和(荷蘭)1861年5月22日,拜三 ……………………… (321)
和(荷蘭)1861年6月7日,拜五 ……………………… (321)
和(荷蘭)1861年6月19日,拜三 ……………………… (322)
和(荷蘭)1861年7月4日,拜四 ……………………… (323)
和(荷蘭)1861年7月12日,拜五 ……………………… (326)
和(荷蘭)1861年8月2日,拜五 ……………………… (327)
和(荷蘭)1861年8月23日,拜五 ……………………… (328)
和(荷蘭)1861年9月13日,拜五 ……………………… (333)
和(荷蘭)1861年9月27日,拜五 ……………………… (336)
和(荷蘭)1861年10月25日,拜五 ……………………… (336)
和(荷蘭)1861年11月22日,拜五 ……………………… (338)
和(荷蘭)1861年12月13日,拜五 ……………………… (340)
和(荷蘭)1862年2月21日,拜五 ……………………… (342)
和(荷蘭)1862年3月17日,拜一 ……………………… (344)
和(荷蘭)1862年4月18日,拜五 ……………………… (348)
和(荷蘭)1862年5月2日,拜五 ……………………… (353)
和(荷蘭)1862年5月18日,拜五 ……………………… (355)
和(荷蘭)1862年5月23日,拜五 ……………………… (355)
和(荷蘭)1862年6月20日,拜五 ……………………… (357)
和(荷蘭)1862年7月10日,拜四 ……………………… (361)
和(荷蘭)1862年7月16日,拜三 ……………………… (363)
和(荷蘭)1862年7月25日,拜五 ……………………… (366)
和(荷蘭)1862年8月15日,拜五 ……………………… (369)
和(荷蘭)1862年9月10日,拜三 ……………………… (371)

和(荷蘭)1862 年 9 月 29 日,拜一 …………………………… (374)
和(荷蘭)1862 年 10 月 3 日,拜五 ……………………………… (374)
和(荷蘭)1862 年 10 月 14 日,拜六 …………………………… (376)
和(荷蘭)1862 年 11 月 14 日,拜五 …………………………… (377)
和(荷蘭)1862 年 11 月 21 日,拜五 …………………………… (378)
和(荷蘭)1862 年 12 月 12 日,拜五 …………………………… (384)
和(荷蘭)1863 年 1 月 13 日,拜二 ……………………………… (387)
和(荷蘭)1863 年 2 月 6 日,拜五 ……………………………… (388)
和(荷蘭)1863 年 2 月 7 日,拜六 ……………………………… (389)
和(荷蘭)1864 年 3 月 9 日,拜一 ……………………………… (389)
和(荷蘭)1863 年 3 月 20 日,拜五 ……………………………… (398)
和(荷蘭)1863 年 4 月 17 日,拜五 ……………………………… (403)
和(荷蘭)1863 年 4 月 21 日,拜二 ……………………………… (403)
和(荷蘭)1863 年 5 月 7 日,拜四 ……………………………… (407)
和(荷蘭)1863 年 5 月 19 日,拜二 ……………………………… (408)
和(荷蘭)1863 年 6 月 5 日,拜五 ……………………………… (412)
和(荷蘭)1863 年 6 月 26 日,拜五 ……………………………… (416)
和(荷蘭)1863 年 7 月 6 日,拜一 ……………………………… (418)
和(荷蘭)1863 年 8 月 14 日,拜三 ……………………………… (419)
和(荷蘭)1863 年 9 月 16 日,拜三 ……………………………… (422)
和(荷蘭)1863 年 10 月 15 日,拜四 …………………………… (427)
和(荷蘭)1863 年 11 月 24 日,拜二 …………………………… (429)
和(荷蘭)1863 年 11 月 17 日 …………………………………… (431)
和(荷蘭)1863 年 12 月 9 日,拜三 ……………………………… (433)
和(荷蘭)1863 年 12 月 16 日,拜五 …………………………… (439)
和(荷蘭)1864 年 1 月 18 日,拜一 ……………………………… (442)
和(荷蘭)1864 年 1 月 28 日,拜四 ……………………………… (446)

和(荷蘭)1864 年 2 月 4 日,拜四 …………………………………………… (450)
和(荷蘭)1864 年 2 月 27 日 ………………………………………………… (454)
和(荷蘭)1864 年 3 月 11 日,拜五 …………………………………………… (460)
和(荷蘭)1864 年 4 月 1 日,拜五 ……………………………………………… (465)
和(荷蘭)1864 年 4 月 15 日,拜五 …………………………………………… (467)
和(荷蘭)1864 年 4 月 22 日,拜五 …………………………………………… (469)
和(荷蘭)1864 年 4 月 29 日,拜五 …………………………………………… (471)
和(荷蘭)1864 年 5 月 14 日,拜五 …………………………………………… (473)
和(荷蘭)1864 年 5 月 20 日,拜五 …………………………………………… (474)
和(荷蘭)1864 年 5 月 27 日,拜五 …………………………………………… (478)
和(荷蘭)1864 年 7 月 1 日,拜五 ……………………………………………… (480)
和(荷蘭)1864 年 7 月 15 日,拜五 …………………………………………… (484)
和(荷蘭)1864 年 7 月 22 日,拜五 …………………………………………… (487)
和(荷蘭)1864 年 7 月 29 日,拜五 …………………………………………… (496)
和(荷蘭)1864 年 8 月 11 日,拜四 …………………………………………… (498)
補和(荷蘭)1864 年 7 月 12 日,拜二 ………………………………………… (502)
和(荷蘭)1864 年 8 月 19 日,拜五 …………………………………………… (504)
和(荷蘭)1864 年 8 月 26 日,拜五 …………………………………………… (505)
和(荷蘭)1864 年 9 月 16 日,拜五 …………………………………………… (506)
和(荷蘭)1864 年 9 月 23 日,拜五 …………………………………………… (508)
和(荷蘭)1864 年 9 月 28 日,拜三 …………………………………………… (511)
和(荷蘭)1864 年 10 月 14 日,拜五 ………………………………………… (512)
和(荷蘭)1864 年 10 月 21 日,拜五 ………………………………………… (513)
和(荷蘭)1864 年 11 月 4 日,拜五 …………………………………………… (514)
和(荷蘭)1864 年 11 月 11 日,拜五 ………………………………………… (519)
和(荷蘭)1864 年 11 月 18 日,拜五 ………………………………………… (520)
和(荷蘭)1864 年 12 月 2 日,拜五 …………………………………………… (521)

和(荷蘭)1864年12月30日,拜五 …………………………… (523)
和(荷蘭)1865年1月13日,拜五 …………………………… (529)
和(荷蘭)1865年1月17日,拜二 …………………………… (530)
和(荷蘭)1865年2月15日 …………………………… (530)
和(荷蘭)1865年2月15日,拜三 …………………………… (533)
和(荷蘭)1865年2月22日,拜三 …………………………… (535)
和(荷蘭)1865年2月24日,拜五 …………………………… (536)
和(荷蘭)1865年3月1日,拜三 …………………………… (538)
和(荷蘭)1865年3月17日,拜五 …………………………… (542)
和(荷蘭)1865年3月24日,拜五 …………………………… (547)
和(荷蘭)1865年4月7日,拜五 …………………………… (550)
和(荷蘭)1865年5月5日,拜五 …………………………… (552)
和(荷蘭)1865年5月12日,拜五 …………………………… (556)
和(荷蘭)1865年5月16日,拜二 …………………………… (559)
和(荷蘭)1865年5月16日,拜二 …………………………… (562)
和(荷蘭)1865年5月19日,拜五 …………………………… (563)
和(荷蘭)1865年5月31日,拜三 …………………………… (567)
和(荷蘭)1865年6月9日,拜五 …………………………… (568)
和(荷蘭)1865年6月23日,拜五 …………………………… (571)
和(荷蘭)1865年6月30日,拜五 …………………………… (573)
和(荷蘭)1865年7月21日,拜五 …………………………… (575)
和(荷蘭)1865年8月4日,拜五 …………………………… (577)
和(荷蘭)1865年8月18日,拜五 …………………………… (578)
和(荷蘭)1865年8月25日,拜五 …………………………… (582)
和(荷蘭)1865年9月14日,拜四 …………………………… (584)
和(荷蘭)1865年9月16日,拜六 …………………………… (587)
和(荷蘭)1865年9月22日,拜五 …………………………… (588)
和(荷蘭)1865年9月27日,拜三 …………………………… (590)

《公案簿》原檔第十六冊

（1857 年 1 月 9 日—1865 年 9 月 27 日）

和(荷蘭)1857[①] 年 1 月 9 日,拜五

公堂設嘧喳嘮。瑪腰陳永元舍仝甲必丹高俊傑官,陳甲濬哲官、陳甲思聰官、陳甲逢義官、高甲西川官、大朱賴觀瀾官俱在座。蘇甲天庇官、黃甲錦章官、鄭甲肇基官俱報病不到。

(陳閂控番亞二奎一案)

承雷珍蘭陳思聰官、高西川官繳入蘭得吻寄下第 113 號詩礁字,為陳閂控番亞二奎一案,祈查勘詳覆。

列台覆訊陳閂、番亞二奎及葉精英,供如公勃低所詳。

台問:"二比有何供詞欲白乎?"陳閂及番二奎答曰:"無,惟懇抽案[②]而已。"

公堂會議:"論陳閂控番亞二奎欠項一案,據二比之供,俱甘願和息。但葉精英自認已取厝稅在前,甘願坐欠陳閂之雷 138.67 盾,甘願承受抨還。所懇抽案,准之可也。謹詳蘭得吻裁奪。"

咸豐六年十二月二十日,和(荷蘭)1857 年 1 月 15 日

公堂設嘧喳嘮。瑪腰陳永元舍、仝甲必丹高俊傑官,陳甲濬哲官、黃甲錦章官、陳甲思聰官、陳甲逢義官、高甲西川

---

① 原文寫作"一〢〥〢千",為舊時商界通用的蘇州碼字。吧城華人公館檔案中的西曆年份均採用蘇州碼字。

② 抽案:閩南話,撤訴、撤案之意。

官、鄭甲肇基官、大朱賴觀瀾官俱在座。蘇甲天庇官登蔀不到。

(楊染掛啣楊忠信控古中貴欠項一案)

蘭得叻於和(荷蘭)1857年1月10日第1號致書公堂,附去第58號詩礁字,為楊染掛啣[①]楊忠信控古中貴一案。祈查勘數簿[②]詳覆,原字寄回。

楊染住聖望港掛啣楊忠信住班芝蘭控古中貴住小南門鐵匠:"為交關[③]去鐵器尚欠銀112.24盾,任討不還。伏乞追究,並支諸費。"

和(荷蘭)1856年5月15日去鐵器的銀24.4盾,17日又去鐵器的銀26.34盾;6月19日去鐵器的銀32盾,24日去鐵器的銀8盾;7月19日去鐵器的銀3.26盾[④]。計五條,共去貨鈔銀[⑤]123.24盾。7月20日還來小銀11盾,對除來外,尚結欠去銀112.24盾。

奉命吊訊楊忠信,供云:"如詩礁字所言,有數呈覽。"

吊訊古中貴,供云:"晚與楊中信交關實有,僅欠雷20餘盾而已,有數呈覽。"

台查楊忠信《總簿》,記古中貴內中來二條,銀41.8盾;去二條,銀45.22盾,(對)除外,尚欠銀3.42盾。此已印

---

① 掛啣:亦作"掛卅"、"掛些"、"掛嗤"、"掛沙",均為馬來語Kuasa音譯,意為委託、代理。

② 數簿:閩南話,亦簡稱為"數",指賬簿。有《草簿》、《日清簿》、《總清簿》、《出水簿》等。

③ 交關:閩南話,交易、買賣。

④ 原文為"銀3.26盾",當為32.6盾,否則與總數不符。

⑤ 鈔銀:又作"鈔艮"、"紙字",一種紙幣。

完。又查丙六月十八日，還銀 11 盾；丙三月廿六日起至六月十八日止，去貨五條，共銀 123.24 盾。對除外，尚欠銀 112.24 盾，與詩礁字相孚。台查古中貴《總簿》，記楊忠信來條，丙[1]六月十八日起至廿七日止，來貨六條，銀 57.8 盾，折雷 69.36 盾；又來貨 17 條，雷 80.86 盾。二條共來雷 150.22 盾。六月十八日起至七月初四日止，去雷 90 條 124.35 盾，(對)除外，尚結欠雷 25.86 盾。台問古中貴曰："六月十八日以前為何無數?"古中貴答曰："乃現項交關，故無數。"又問："此貴合字號是誰之數?"答曰："前晚與何德秀合夥之字號，後折夥記，晚仍用之。"台問楊忠信曰："六月十八日以後為何無數?"楊中信答曰："至此又無來還項，又無去貨，故無其數。當時古中貴與何德秀合夥，可吊問便知。如古中貴若敢在亭[2]盟誓果然僅欠雷二十餘盾，晚甘願不究。"將供以訊古中貴，據云："如楊忠信若敢立誓果然實情，晚願照詩礁字清還。"

吊訊何德秀住小南門開什貨生理，供云："本年二月終，晚與古中貴合夥開張鐵器生理，至四月終遂折夥記。當時與楊忠信交關，古中貴經手逐次現項清還，未常有欠。至古中貴與楊忠信交關，有欠無欠，晚實不知，所供是實。"將情申詳公堂大噹內裁奪。

列台覆訊楊染掛啪楊忠信及古中貴及二比之數，誠如公勃低所詳。據楊染又云："前古中貴與何德秀合夥之時，

---

① 丙：即咸豐六年丙辰，西元 1856 年。

② 亭：觀音亭的簡寫。吧城觀音亭建於 1650 年。

至唐四月終,俱已還明。惟後來唐五月起六月止,古中貴自己與楊忠信交關。對除外,尚欠去銀 112.24 盾。”台查楊忠信之數,唐五月十七日起至六月十八日止,記古中貴去貨三條,的銀 72.6 盾;又記唐六月十九日古中貴還銀 11 盾,對除外,尚欠去銀 61.5 盾。台問楊染:“憑汝自供,謂唐四月終以前古中貴交關俱已還明,惟唐五月止六月交關結尚欠去銀 112.24 盾。今查數內,唐五月至六月來往古中貴僅欠銀 61.5 盾,云何欠與數不孚?”楊染答曰:“惟憑楊忠信所列之單詩礁而已。”

公堂會議:“論楊染掛卌楊忠信控古中貴欠項一案,細觀二比之數,俱無照法。據楊染自供,唐四月終以前交關俱已還明。執楊忠信之數而論,唐五月、六月交關,僅見古中貴欠銀 61.5 盾。可見楊染詩礁欠銀 112.24 盾不從於數,且亦不合於供。所控不得承受,謹詳蘭得叻裁奪。”

(葉春生、陳芳娘夫妻求離一案)

陳芳娘年二十歲,[①]住五腳橋,叫伊夫葉春生住仝上:“為交寅七載,有生不育,因拙夫不給資費,經在外又納一妾,戀新棄舊,未常回家。似此薄情,乞判分離。”

吊訊葉春生年二十四歲,供云:“並無此事。因晚為漆匠生活,故不得逐日在家。如拙妻欲求分離,晚願從之。”台謂

① 陳芳娘年二十歲:據吧城華人公館檔案《成婚註冊存案簿》(以下簡稱《婚簿》)記載,1850 年 4 月 2 日,住新厝仔 18 歲葉春生與 17 歲陳芳娘成婚,媒妁人吳經娘,男方主婚葉策(宗伯),女方主婚陳蔡山(胞兄),農曆二月二十五日結婚。公堂理事人陳(榮喬)、蘇(天庇),朱葛礁陳學林。據此可知,到 1857 年 1 月,陳芳娘年歲應為 22 歲。

芳娘曰:“無故不得求離,宜從夫援歸和好如初。”礙二比堅執離逿,將情申詳公堂大嚒內察奪。

列台覆訊陳芳娘、葉春生,供如公勃低所詳。

公堂會議:“論葉春生棄妻寵妾,忘家數年,致陳芳娘衣食不周,合宜警責。但二比既甘願分離,恩情頓絕,想無回心之日。於是准其離逿,花押在簿,任從別適。”存案。

公堂封印大吉。風調雨順,國泰民安。

定公勃低赴澳查驗唐船及舺舨,二日一鬮輪流,週而復初。若驗來之人,則原公勃低驗回。

一鬮:甲必丹高俊傑官、雷珍蘭陳逢義官。

二鬮:雷珍蘭蘇天庇官、雷珍蘭陳思聰官。

三鬮:雷珍蘭陳濬哲官、雷珍蘭黃錦章官。

如應值之人不暇,則協理雷珍蘭高西川官、鄭肇基官代之。謹此存案。

咸豐七年正月二十日,和(荷蘭)1857年2月14日,拜六

公堂開印大吉。風調雨順,國泰民安。

公堂設嚒喳嘮。瑪腰陳永元舍仝陳甲濬哲官,黃甲錦章官、陳甲思聰官、陳甲逢義官、高甲西川官、鄭甲肇基官、大朱賴觀瀾官俱在座。高(俊傑)甲大、蘇甲天庇官不在座。

定應值公舘公勃低照鬮輪流,週而復初。

一鬮:甲必丹高俊傑官、雷珍蘭陳逢義官,1、4、7、10[①]。

二鬮:雷珍蘭蘇天庇官、雷珍蘭陳思聰官,2、5、8、11。

三鬮:雷珍蘭陳濬哲官、雷珍蘭黃錦章官,3、6、9、12。

定應值外務公勃低照鬮輪流,週而復初。

一鬮:甲必丹高俊傑官、雷珍蘭陳逢義官,2、5、8、11。

二鬮:雷珍蘭蘇天庇官、雷珍蘭陳思聰官,3、6、9、12。

三鬮:雷珍蘭陳濬哲官、雷珍蘭黃錦章官,1、4、7、10。

定應值干刀公勃低照鬮輪流,週而復初。

一鬮:甲必丹高俊傑官、雷珍蘭陳逢義官,3、6、9、12。

二鬮:雷珍蘭蘇天庇官、雷珍蘭陳思聰官,1、4、7、10。

三鬮:雷珍蘭陳濬哲官、雷珍蘭黃錦章官,2、5、8、11。

(定掌廟宇,掌塚事,定掌水滸、買辦、工役公勃低)

定掌廟宇公勃低:二、四、六[②]。定掌塚事公勃低:一、三、五。定掌水滸、買辦、工役公勃低:一、二,掌水滸。三、四,掌買辦。五、六,掌工役。

上數條應值公勃低,或照月份,或照位次,須依鬮而行。倘應值之人或有不暇,有告假者,則協理雷珍蘭高甲西川官、鄭甲肇基官代之。凡值外務公勃低,須逐日兼察本鑒光街衢務,宜潔淨為要。凡驗甲板新客登岸,援人安呾,須公勃低在座鑒察。凡每值夜公勃低,須遵和(荷蘭)1802年規條,晚間八點起到公舘,而後往巡本界鑒光,至早五點鐘止

① 1、4、7、10:原檔寫作"正、四、七、十",此數字在此指公堂(公舘)官員應值的月份。

② 二、四、六:此數字在此指公堂(公舘)官員的排位或排序。

方歸。謹此存案。

(瑪腰告知公館過名一事)

瑪腰(陳永元)請曰:"前月封印之時,晚弟已請公館過名[1]一事。據高(俊傑)甲大云:待贖回,自當過名。茲查和(荷蘭)1835年5月19日本堂案牘議買公館事,內書列台為高甲俊傑官中港仔公館大小二間,背後馬車間二間,港墘腳罍水滓間二間,計價銀3 500盾。謹此存案。因內中計銀上添註一要字,事屬可疑。令懇甲大(高俊傑)先立一約字言定,後日過名與公堂。緣是日高(俊傑)甲大不在座,將情委高甲西川官申達甲大(高俊傑)知情。此三、四日間仰待復息。"謹此存案。

(緞紗壟塔致書公堂懇諭知諸負欠梁清秀之人)

承緞紗壟塔於和(荷蘭)1856年1月14日致書,懇諭知諸負欠梁清秀之人,不可向梁清秀交還所欠,當向緞沙壟塔交還,因有掛咁代兌貨物、代討外欠等事。

列台閱書議曰:"據緞沙壟塔付來之書,內中所言未甚分明,但此事須稟請挨實嗹為先。此懇未得承受。書達緞沙壟搭雅鑒。"

和(荷蘭)1857年2月24日,拜二

公堂設嘧喳嘮。瑪腰陳永元舍仝甲必丹高俊傑官,蘇甲天庇官、陳甲濬哲官、陳甲思聰官、陳甲逢義官、高甲西川

[1] 公館過名:指從高長宗自建公館的私產之名,過戶為公堂之公產之名。

官、鄭甲肇基官、大朱賴觀瀾官俱在座。黃甲錦章官報病不到。

(楊植梧、方奪侯投稟懇充明誠書院教授事)

敬稟者晚生楊植梧："竊慕公堂列位老甲台慷慨樂義，好行其德以濟下民。今因明誠書院①義學塾師未定，仰冀拔擢恩准居住，俾得共為切磋，則幸甚矣。肅此切懇。"

具稟人晚生方奪侯②為懇求恩准事："竊晚一介庸愚，駑鈍舌耕，恭頌瑪腰大人仝列位憲台大人，撫恤群黎，建學教授，保赤之恩且推暨乎海筮而山陬也哉！邇聞義學欲延西席，訓益童蒙，晚實不敏，請其從事。伏懇賜諾，敢不勝黽勉供職？翹首顒望，曷勝依戀，謹泐蕪稟，肅請鈞安，並陳賀悃，統祈霽照。"

據塾師楊植梧、方奪侯投稟，懇充明誠書院教授事。列台閱稟議曰："論楊植梧所懇要充明誠書院訓導，據其自供已經啓舘在瑪腰(陳永元)府中，適有奇遇，則思別圖，難免有得隴望蜀之嫌，於理不合，不宜承受。至方奪侯投稟，據陳逢義甲所言，深知其人敦誠博雅，且學規甚然嚴肅，合宜准懇授以教讀之任，即令其擇吉啓讀。倘若就學者盡皆屬吾門之桃李，當視天下無不可教之人也，宜暨容留為是。如或

---

① 明誠書院：1775年廈門人高根觀，向甲大黃珩觀議舉觀音亭後地，營建義學一所，崇祀紫陽(朱夫子)祿位，額曰"明誠書院"，教授貧窮生徒。許雲樵按：堪為南洋華僑學校之鼻祖。

② 方奪侯：1814年生，從唐來吧。1861年3月為明誠書院訓導。據《婚簿》載：1867年12月30日，53歲的方奪侯與18歲林秀娘再婚於八戈然，媒妁曾增娘。男方主婚方文良(宗叔)，女方主婚林長福(胞兄)。獻案奪字1861年7月30日第2826號准居吧。

生徒過多，一師不能獨理，本堂再請一位賢師共相贊理訓督，庶吧城內外童穉得沐訓督之休，可日進儒雅之林矣。”謹此存案。

（協理雷珍蘭高西川官、鄭肇基官懇請免還義學束金事）

據協理雷珍蘭高西川官、鄭肇基官請，謂義學束金，歷年以來皆就諸公月俸捐支，晚弟二人僅協理而已。俸既無得，金欲共捐，未免有虧于晚弟也。懇台見諒。

列台議曰：“據協理雷珍蘭高西川官、鄭肇基官請，懇免還義學束金，言實有理，合宜允從。但二位既已免還，則義學束金定見不足。聞之人言，堂外諸公多有好施餘資以助，此乃各人要發善心，合宜任其隨意捐題。庶恩膏之廣佈，可以公諸同人也耶！”謹此存案。

（黃京娘、林茄郎夫妻求離一案）

黃京娘年三十二歲，住八茶礶，叫伊夫林茄郎住仝上：“為結髮夫妻已經十五載，有生不育。因拙夫於三載之前至今未常與氏言談，且家中諸費置之不聞。憶上年五月間付氏銀二盾，八月間又付銀七盾，迄今未見一文。是誠何心薄情極矣！氏欲托終身，似此必無了局，伏乞判離。”

吊訊林茄郎年四十一歲，供云：“因數年以來並無利路度活，故此待妻有虧。如妻所言，謂晚未常與他言談，是乃虛詞耳。如有見棄，欲離則離。晚願從其便。”

台勸京娘曰：“汝夫所言，實因良時未遇，故乏資費。計及未常有言談，亦因小故，何至求離？當從夫援歸，仍復舊好，以圖後榮。”礙黃京娘執意分離，將情申詳公堂大嘧內裁奪。

列台覆訊黃京娘、林茄郎，供如公勃低所詳。

公堂會議："論黃京娘、林茄郎夫妻求離一案，觀林茄郎尚有眷戀之情，且在困乏之中，故待妻有虧，當再判復合。即令夫妻攜手同歸。"二比稱願，唯退。存案。

和(荷蘭)1857年2月26日，拜四

公堂設嘧喳嘮。瑪腰陳永元舍仝蘇甲天庇官，陳甲濬哲官、黃甲錦章官、陳甲思聰官、高甲西川官、大朱賴觀瀾官俱在座。高(俊傑)甲大、陳甲逢義官、鄭甲肇基官登蔀不到。

(緞實滑掛咻黃笨吉懇欲分不傳之業一案)

承挨實嗹於和(荷蘭)1857年2月25日第5號致書，並附緞美惜葛[①]柔實低司於和(荷蘭)1857年2月20日第68號139號之書，祈詳覆緞實滑掛咻黃笨吉[②]、黃笨珍[③]口詞，所懇欲分不傳之業一案。

列台閱書備知語意，議曰："論唐人規矩，父業子承，兄

① 美惜葛：又作"美色葛"、"卑實葛"，荷蘭語 Fiscaal 的音譯，意為財務稅官。有山、海美色葛之分。據《開吧歷代史記》順治七年庚寅(1650年)條載："立新職，一員，專管山頂事，名曰公勃些里(Commissaris，專員)，一員，事(專)管海中諸事，名曰海美色葛。"山美色葛者，為主管陸上稅收之官員。海美色葛者，為主管海上稅收之官員。

② 黃笨吉：1828年生，福建 海澄人，為黃榜元與髮妻陳氏所生長子。黃榜元於1841年6月16日33歲時，與18歲林紅娘再婚，住三間土庫，從商。

③ 黃笨珍：1834年生，黃榜元次子，住三間土庫，從商，1852年8月9日18歲時與16歲楊秀娘(1836－1874.6.29)成婚，1890年3月身故於聖望港，享年56歲。

終弟及。此言有業之家,父當傳子,兄可歸弟也。蓋以父視子,不論螟蛉庶出,直與親生與異,而其兄弟相視,亦如同胞一般。故或兄弟中一有不祿而早亡者,其應得父業當歸于同得業之兄弟。此古今不易之定例也。在唐原無梁礁可做礁心眠[①],惟其父自己同鄉族尊長共相證見,各立合同分業。其子若在吧,則有梁礁當臨終時可做礁心眠字。細觀礁心眠字所陳同得業之兄弟,自可得其兄弟或有早亡者之業。此論甚確,可行無疑。謹詳挨實嗹裁奪。"

(1856年全年兑丹絨及式里坡風水全年收項條段)

和(荷蘭)1856年1月起至12月終止,兑丹絨及式里坡[②]風水全年收項條段並牛郎沙里開費結冊造報:

1月16日,李震、李陵買一穴,闊12距、長24距,蔭伊父李威,收銀67.7盾。18日,王武軒順、王武軒德買一穴,闊仝上、長仝上,葬王周,收銀67.7盾。26日,梁龐熙買一穴,闊仝上、長仝上,葬楊涉娘,收銀67.7盾;又葉亞託買一穴,闊仝上、長仝上,葬葉對,收銀67.7盾。

3月4日,吳紅毛買一穴,闊仝上、長仝上,葬伊母胡四娘,收銀67.7盾。25日,蔡懃郎買一穴,闊仝上、長仝上,葬蔡根娘,收銀67.7盾。6日,紀桂蘭買一穴,闊仝上、長仝上,葬伊父紀甘,收銀67.7盾。14日,陳文山買一穴,闊16距、長32距,蔭自己壽城,收銀220盾。18日,蔡東山買一

---

① 礁心眠:亦作"達心眠"、"達心民"、"達心蠻",荷蘭語 Testament,遺囑,遺書。

② 式里坡:Selipi,亦作"式里陂"、"式里皮"、"式里卑"、"系里卑",吧城華人公共墓地之一,位於吧城西南。

穴，闊12距、長24距，葬袁楊娘，收銀67.7盾。28日，李瑞娘買一穴，闊仝上、長仝上，葬陳福圖，收銀67.7盾。29日，劉亞四買一穴，闊16距、長32距，葬伊妻何才娘，收銀220盾。

4月7日，黄仲潤買一穴，闊仝上、長仝上，葬伊妻陳軟娘，收銀220盾；又鄭服買一穴，闊12距、長24距，蔭自己壽城，收銀67.7盾；又邱厚買一穴，闊仝上、長仝上，蔭自己壽城，收銀67.7盾。17日，林長源買一穴，闊仝上、長仝上，葬伊妻蔡月娘，收銀67.7盾。18日，顔光輝買一穴，闊16距、長32距，葬黄永快、柯經娘，收銀220盾。21日，鄭進生買一穴，闊12距、長24距，葬伊母陳有娘，收銀67.7盾；又鄭源周買一穴，闊仝上、長仝上，葬伊母黄不娘，收銀67.7盾。28日，邱滄海買一穴，闊16距、長32距，葬伊父邱昌，收銀220盾；又邱景山買一穴，闊12距、長32距，蔭自己壽域，收銀67.7盾。29日，楊財源買一穴，闊仝上、長仝上，蔭自壽域，收銀67.7盾。

5月16日，邱滄海買一穴，闊仝上、長仝上，蔭伊母莊懷娘，收銀67.7盾。17日，陳渭勝買一穴，闊仝上、長仝上，蔭伊妻胡丁娘，收銀67.7盾。26日，李端娘買一穴，闊仝上、長仝上，蔭自己壽城，收銀67.7盾。30日，胡龍買一穴，闊仝上、長仝上，蔭伊母嚴良娘，收銀67.7盾。

6月6日，陳大娘買一穴，闊仝上、長仝上，葬伊夫林撾，收銀67.7盾。18日，蔡偃買一穴，闊仝上、長仝上，蔭自己壽城，收銀67.7盾；又陳榮宗買一穴，闊仝上、長仝上，蔭自己壽域，收銀67.7盾；又蔡亞三買一穴，闊仝上、長仝上，蔭自己壽域，收銀 67.7 盾。23 日，林維添買一穴，舊闊 40 距、墳長 80 距，葬伊父林從，收銀 152.3 盾；又詹春買一穴，闊 12 距、長 24 距，蔭自己壽域，收銀 67.7 盾。19 日，巫亞野買一穴，闊仝上、長仝上，葬何負，收銀 67.7 盾；又邱嫣海買一穴，闊仝上、長仝上，蔭自己壽城，收銀 67.7 盾。21 日，陳謂盛買一穴，闊仝上、長仝上，蔭自己壽城，收銀 67.7 盾。

6 月 10 日，陳一郎買一穴，闊仝上、長仝上，蔭伊母詹雙娘，收銀 67.7 盾；又陳一郎買一穴，闊仝上、長仝上，蔭自己壽域，收銀 67.7 盾。17 日，鄒亞二買一穴，闊仝上、長仝上，葬鄒亞石，收銀 67.7 盾。19 日，陳謂勝買庭尾，闊四距、長八距，葬伊妻胡丁娘，收銀 152.3 盾。25 日，高明興買一穴，闊 12 距、長 24 距，葬伊兄高登興，收銀 67.7 盾。26 日，王庸修買一穴，闊仝上、長仝上，蔭自己壽城，收銀 67.7 盾。29 日，黃文章買一穴，闊仝上、長仝上，葬伊弟黃成章，收銀 67.7 盾。30 日，朱兩買一穴，闊仝上、長仝上，蔭自己壽城，收銀 67.7 盾。

8 月 25 日，陳千乘買一穴，闊仝上、長仝上，蔭自己壽城，收銀 67.7 盾；又林良娘買一穴，闊仝上、長仝上，葬伊父林文意，收銀 67.7 盾；又詹潤娘買一穴，闊仝上、長仝上，葬詹共娘，收銀 67.7 盾。

9 月 5 日，陳天增買一穴，闊仝上、長仝上，葬伊母周雷娘，收銀 67.7 盾。15 日，陳文山買一穴，闊仝上、長仝上，蔭自己壽城，收銀 67.7 盾；又沈元娘買一穴，闊仝上、長仝上，付伊母郭三娘，收銀 67.7 盾。

10 月 1 日，藍奇養買一穴，闊仝上、長仝上，葬藍輝，收銀

67.7盾。2日，鄭進生買一穴，闊仝上、長仝上，蔭自己壽城，收銀67.7盾；又買一穴，闊仝上、長仝上，葬伊妻蔡婁娘，收銀67.7盾。3日，邱登娘買一穴，闊仝上、長仝上，葬伊夫王仁祿，收銀67.7盾。7日，黃媽九買一穴，闊仝上、長仝上，葬伊兄黃淡吧，收銀67.7盾。11日，陳清水買一穴，闊仝上、長仝上，蔭伊母施珠娘，收銀67.7盾。

11月3日，黃開祚買一穴，闊仝上、長仝上，蔭自己壽城，收銀67.7盾。4日，王旺買一穴，闊仝上、長仝上，葬伊妻黃丹娘，收銀67.7盾。7日，蔡梧買一穴，闊仝上、長仝上，蔭自己壽城，收銀67.7盾。11日，高恩郎買一穴，闊仝上、長仝上，蔭伊岳母郭敏娘，收銀67.7盾。

12月11日，林和娘買一穴，闊仝上、長仝上，葬伊女陳文娘，收銀67.7盾。13日，李曲娘買一穴，闊仝上、長仝上，葬伊夫葉磚，收銀67.7盾；又鄭金水買一穴，闊仝上、長仝上，葬伊妻陳福娘，收銀67.7盾；又買一穴，闊仝上、長仝上，蔭自己壽城，收銀67.7盾。23日，許春淋買一穴，闊仝上、長仝上，葬伊妻黎美娘，收銀67.7盾。默氏[①]陳水生懇一穴，闊仝上、長仝上，蔭自己壽城，免還。

計六十三條，共收銀5 195.8盾。

(1856年全年牛郎沙里、丹絨、式里坡地稅及利息收入條目)

和(荷蘭)1856年1月26日，瑪腰(陳永元)對緞伴或還

① 默氏：亦作"默是"，簡稱"默"，馬來語 Bek，荷蘭語 Wijkmeester 的簡略音譯，意爲街區負責人。有"正默"、"副默"之別。

牛郎沙里稅，和(荷蘭)1852 年 7 月起，和(荷蘭)1853 年 6 月止，計一年收銀 500 盾。

和(荷蘭)1856 年 3 月 6 日，收戈奢毛含抹奚嘮還牛郎沙里埔稅，和(荷蘭)1855 年銀 200 盾。

和(荷蘭)1856 年 12 月 26 日，收陳井還和(荷蘭)1855 年丹絨、式里坡地稅，全年銀 1 333.33 盾；又收陳井還和(荷蘭)1856 年丹絨、式里坡地稅，上半年銀 666.67 盾。

和(荷蘭)1856 年 12 月 21 日，瑪腰陳永元舍還來首次額銀 4 815.63 盾；又收瑪腰(陳永元)還來利息，和(荷蘭)1855 年 10 月 16 起，和(荷蘭)1856 年 12 月終，計壹十四個月半，銀 1 745.66 盾。

承和(荷蘭)1856 年 1 月 30 日第 42 號詳，結存來鈔銀 228.89 盾。

計七條，收銀 9 490.18 盾。連上共兑風水，合收來銀壹萬四仟六百八十五盾九方八隻①正。

和(荷蘭)1856 年全年開費條目詳列於下：

1 月 27 日，開還林安生、李福郎磚灰，去銀 264 盾；開胡財生手牛郎沙里發巫讓②，去銀 100 盾；開牛郎沙里番嗎蠻開水溝，去鈔銀 50 盾。30 日，開胡財生手發巫讓，找去鈔銀 27.25 盾；開胡財生手發巫讓，先領去鈔銀 200 盾。

2 月 1 日，開胡財生手發巫讓，先領去銀 50 盾。29 日，

---

① 九方八隻：方，亦作“鈁”，荷蘭語 Penning，馬來語 kupang 簡略音譯，荷蘭小額輔幣，也泛指金錢。在荷印時代，20 個 Penning 等於 1 盾(Gulden)，具體兑換率因時而異。隻，荷蘭語 Cent，貨幣單位，100 隻等於 1 盾。

② 巫讓：亦作“務讓”，馬來語 Bujang，僕人，尤指男僕。

甲大(高俊傑)押號,胡財生出單發巫讓,去鈔銀 100 盾。

3 月 10 日,開甲大(高俊傑)押號,胡財生出單發巫讓,去銀 244.5 盾。

4 月 14 日,開牛郎沙里鑾律及巫讓,領去鈔銀 234.33 盾;開胡財生手牛郎沙里築竹厝並買亞荅器具,去銀114.75 盾。30 日,開牛郎沙里鄭紅毛辦棹[1]敬神,去銀 107 盾;開番貓鑾干冬三丕、望茄勿殺、牛郎沙里三處開水溝,去銀 110.5 盾。

5 月 9 日,開番雲嘮望茄勿殺開水溝,長 63 戈,去銀 37.75 盾。23 日,開番什南亞嘮望茄勿殺開水溝,長 160 戈,銀 93.33 盾。

6 月 1 日,開瑪腰(陳永元)、甲大(高俊傑)押號,胡財生出單,牛郎沙里買糞箕、灰桶、竹鋤套,去鈔銀 35.5 盾;開瑪腰(陳永元)、甲大(高俊傑)押號,胡財生出單,牛郎沙里做工,去銀 486.05 盾;開甲大(高俊傑)押號,番礁下出單,干冬三丕開水溝,長 60 戈,去銀 20.42 盾。28 日,開丹絨上帝[2]還和(荷蘭)1856 年上半年糞掃鈁,去銀 7.65 盾;開丹絨上帝還和(荷蘭)1855 年全年糞掃鈁,去銀 15.3 盾;開丹絨上帝還和(荷蘭)1855 年糞掃鈁過期禮罰,去銀 2.5 盾;開式里坡還和(荷蘭)1856 年上半年糞掃鈁,去鈔銀 95.63 盾;開式里坡還和(荷蘭)1855 年全年糞掃鈁,去工鈔銀 191.25 盾;開

---

① 辦棹:閩南話,舉辦宴席請客。

② 丹絨上帝:丹絨上帝廟的簡稱。丹絨上帝廟供奉玄天上帝,又稱北極大帝、真武大帝,俗稱上帝公、上帝爺。1669 年,丹絨廊爹(蔗廠主)戴上爊,為祈晴禱雨而倡捐建造。

式里坡還和(荷蘭)1855年糞掃舫過期禮罰,去銀31.25盾;開還惹致地和(荷蘭)1856年上半年糞掃舫,去鈔銀61.3盾;開往珍①干刀還八仙稅馬車二次,去鈔銀6盾。

7月7日,番咄嗎雲 綱穴開水溝,去鈔銀222.33盾。20日,黃寅生 望茄勿殺造水瓿②壹個,去銀350盾。23日,瑪腰(陳永元)、甲大(高俊傑)押號,胡財生出單,牛郎沙里做工,去銀272.9盾。

8月6日,開番礁密 望茄勿殺開水溝,長30丈,工銀15盾;開甲大(高俊傑)押號,黃寅生出單,修理綱穴舊水瓿,去銀220盾。29日,開鍾亞滿 望茄勿殺造水瓿二個,去銀280盾;開甲大(高俊傑)押號,番咄嗎出單,綱穴開水溝,去鈔銀110盾;開本堂買案簿300、信紙四刀③並筆墨,去銀7.58盾;開刻風水印④壹個,去鈔銀8盾。

9月15日,瑪腰(陳永元)、甲大(高俊傑)押號,胡財生出單,牛郎沙里除草開溝,去銀361.6盾;開修理鐵厨鎖匙,去人工鈔銀1.25盾。

10月11日,開甲大(高俊傑)押號,番咄嗎雲 出單,綱穴開水溝,去銀208.25盾。

11月13日,開牛郎沙里貼番咄民、咄於民、里溫、咄里蠻築厝,每名貼雷15盾,先去雷60盾,折銀50盾;開貼番

① 珍:結石珍或吉石珍的簡稱。結石珍,Senen,吧城地名。

② 水瓿:瓿,《康熙字典》引《集韻》云:"音含,似瓶有耳","器斂口者"。水瓿,即地下通水之道,涵洞也。

③ 刀:商場用語,紙的計量單位,指疊。四刀即四疊,一刀100張紙。

④ 風水印:指"丹絨義塚公司"印章。

吧亞壟、嘮於文、吧里、吧啉於嘮、吧嘮惹仝上築厝，先去雷75盾，折鈔銀62.5盾；開貼番二鑾、裕里務、那遠茄嘮、吧哖里、彛山、林茄南、啉里雲，先去雷150盾，折鈔銀125盾；開公舘差番人洗鏡窗、窗，去工鈔銀2盾。18日，開瑪腰（陳永元）、甲大（高俊傑）押號，胡財生出單，牛郎沙里除草開溝，去銀375.53盾。27日，開畫牛郎沙里壟地圖，去人工鈔銀20盾。

12月1日，開綱穴番啉于美、吉疾安民築屋，去雷45盾，折銀33.5盾；開牛郎沙里目鑾惹心、戈奢氏倫築室，去雷60盾，折銀50盾。23日，開丹絨還和（荷蘭）1856年全年糞掃鈁，去銀7.95盾；開式里坡還和（荷蘭）1856年下半年糞掃鈁，去銀95.63盾；開丹絨上帝還和（荷蘭）1856年下半年糞掃鈁，去銀7.65盾；開惹致地還和（荷蘭）1856年下半年糞掃鈁，去銀61.2盾；開往珍干刀還八仙稅小車二次，去鈔銀4盾；開糧低查數簿，去人工鈔銀1.5盾。26日，開式里坡造大橋壹條，雷700盾，折銀583.33盾；開式里坡造水瓴二個，雷500盾，折鈔銀416.66盾；開牛郎沙里番惹帙、茄山築室，去雷30盾，折銀25盾；開望茄勿殺番亞里班、嘮南築室，去雷30盾，折銀25盾；開望茄勿殺番惹嗎、啉里民築室，去雷30盾，折銀25盾；開綱穴巫讓五名，去和（荷蘭）11、12月份辛金雷30盾，折銀25盾；又開巫讓三名，去12月份辛金雷24盾，折銀20盾；又開紅橋[1]巫讓四名，去12

① 紅橋：吧城地名，鄰近牛郎沙里，原為華人塚地，20世紀初因建設需要被拆。

月份辛金雷 32 盾，折銀 26.68 盾；又開牛郎沙里巫讓 14 名，去 12 月份辛金雷 111.1 盾，折銀 93.38 盾。

和(荷蘭)1856 年 12 月 31 日，開還置瑪腰(陳永元)鐵廚一座，銀 1 500 盾。

計 61 條，共開出銀 8 424.23 盾。對除開費以外，尚結存來銀六仟貳佰六十壹盾七角伍隻。

依和(荷蘭)字結冊，收銀 14 685 雷 1.17 盾；出銀 8 424 盾雷 22 方；存銀 6 261 盾雷九角五隻，尚差五隻。謹此，呈上挨實嗹電察。

和(荷蘭)1857 年 3 月 20 日，拜五

公堂設嚈喳嘮。瑪腰陳永元舍仝甲必丹高俊傑官，雷珍蘭蘇甲天庇官、陳甲濬哲官、黃甲錦章官、陳甲思聰官、陳甲逢義官、高甲西川官、鄭甲肇基官、大朱賴觀瀾官俱在座。

(瑪腰告知公堂逐月當一員公勃低查察牛郎沙里塚事)

瑪腰(陳永元)請曰："承命逐月當一員公勃低查察牛郎沙里塚事，或有失顧，當請知本堂勘奪。茲委應值公舘之人，每禮拜撥一人到牛郎沙里檢察塚中諸務，及諸番人居住界址，及各人守理如何。"謹此存案。

(公堂詳覆挨實嗹致書公堂詢問 1856 年全年出入鈁項，丹絨、式里坡結冊三條目)

承挨實嗹於和(荷蘭)1857 年 2 月 27 日第 543 號致書，內中摘出和(荷蘭)1856 年全年出入鈁項，丹絨、式里坡結冊三條，祈指明詳覆。一、和(荷蘭)5 月 23 日，開費銀 93.33

盾；二、開丹絨、式里坡八仙禮罰銀 33.75 盾；三、開買地圖一張，銀 20 盾。

列台閱書議曰："既承致問三條，當逐一指明可也。但和(荷蘭)5 月 23 日開銀 93.33 盾，係付番人什南亞嘮包開蚊茄勿殺水溝，長 162 戈[①]，去銀 93.33 盾。其禮罰八仙銀 33.75 盾，因自和(荷蘭)1855 年 10 月 16 日干刀嘧喳嘮立約之後，已將所有戈勿八仙單俱送交干刀，至和(荷蘭)1856 年 4 月間方寄回，以致遲誤而至禮罰。至買地圖一張，銀 20 盾，因副挨實嗹送交地圖之時，囑當將圖點紅做號，凡有番人居址之地號畢寄回，以故倩人再畫一張，意欲以為自用。此二條，祈挨實嗹察諒賜奪。謹詳。"

(溫新娘、葉山河求離一案)

溫新娘[②]年一十七歲，住西門，請伊夫葉山河住仝上："為交寅纔七個月，因拙夫不給資費，於和(荷蘭)1857 年 2 月 17 日氏到公舘請懇判離。蒙甲必丹勸判復合，令拙夫當依舊給發資費，氏從夫歸家，迄今有一個月餘，未見分文，可見薄情極矣。伏乞判離。"

吊訊葉山河年二十一歲，供云："前蒙甲必丹令晚率歸其妻，晚謹遵所判，但家中諸事照時常給付。因拙妻不執婦

---

① 戈：度量衡類，長度單位。荷蘭語 Voet，英語 foot(一英尺＝0.3048 米)。據 1857 年 7 月 15 日《修理丹絨大路君厘書》所載："第一分：長 110 戈，要造闊 16 距，其低處要填高 1 半距，其高處要填高闊約半腳距，或加或減。"由此可知"戈"與"距"相等而同用。

② 溫新娘：據《婚簿》載，咸豐六年丙辰，即 1865 年 6 月 26 日，16 歲溫新娘與打鐵街 20 歲葉山河成婚，媒妁蕭吉娘，女方主婚溫熊(宗叔)，男方主婚葉保金(堂叔)。結婚日陰曆六月十九日，公堂理事人：陳濬哲，黃錦章，二朱陳文速。

道，所行不端，逐日屢往鄰家，喚之數次方歸。值日晚閃在靜處，欲窺妻所行，竟被他喊晚為賊，險些害事。為婦不賢，留之何益？願從其離。”將情申詳公堂大噶內裁奪。

列台覆訊溫新娘、葉山河，供如公勃低所詳。據葉山河又云：“晚不願分離，懇判再合。”

公堂會議：“論溫新娘、葉山河求離一案，據葉山河供云：不願分離，欲求再合。雖溫新娘執意分離，但伊夫尚有眷戀之心，本堂當判再合。”二比稱願。存案。

（大朱賴觀瀾官繳入 1762 年与 1791 年牛郎沙里碑記二紙）

據大朱賴觀瀾官繳入牛郎沙里碑記二紙，請列台觀閱。

列台議：“當填入案簿，以誌不朽。”謹此存案。

歷抄牛郎沙里始原故事：

乾隆二十七年九月廿六日，即和（荷蘭）1762 年 11 月 10 日，甲必丹林緝官、雷珍蘭林健官、林釵官、許芳良官、戴弁官、許燦官、盧郎官，武直迷施華官、陳巧官、唐恩官、陳順官連名噶喳嘮厝頂對實稽屏①做字，買過新橈 軒得歷山力掛沙詩蠻橈揀 牛郎沙里園地壹所，價錢六千文。前後至港，左連八芝朗安園在內，右接塚，四至明白。和（荷蘭）1762 年 11 月 28 日在土庫內入字。蒙上人倒案以定葬墳亭後，過大橋頭沼港墘起，直至園後地，准為葬墳。若過界，將園償入公班衙。殊恐罔知情由，立石為界，毋干法紀，永固唐墳。

---

① 實稽屏：又作“實奎柄”，荷蘭語 Schepen，吧城評議院議員，掌司法。評議院為東印度公司時期的最高權力機構之一。

特諭。

抄奉土庫内列上臺於和(荷蘭)1791年7月22日委雙柄[1]微吃蠻、雙柄迷吃潑察勘牛郎沙里塚地,經已撥力沙[2]明白。二雙柄入字回覆土庫内,係前唐人甲必丹、雷珍蘭入字,懇求加闊以為葬墳。茲案奪恩准開明於下:一、此地係於和(荷蘭)1771年買的,有定限葬墳界址。然眾等越規皆葬過界,上臺亦不跟究。茲准唐人甲必丹所懇,然必照地圖以埋葬。二、准葬地加闊,須照地圖亞、袂、西三字號[3]為定界址。三、在吧之唐人胡勃實、武直迷之墓,准闊二十四紀[4]、長三十六紀、高八腳紀至十一腳紀止,如欲取塗(土)填墓,不許掘取本地之塗(土),須向別處掘取。四、常人之墓,准闊六腳紀、長十二腳紀、高六腳紀。如要闊並加深,須入字土庫内有命方可。五、諭唐人甲必丹須謹防嚴察,如有違例,罰錢五百文,將錢作三分,均分報說人得一分,唐人美惜甘得一分,住水鋸仔頂公班衙財副得一分,決不容恕。又諭塚地:勿使有水積滯致污穢,臭味不得消散,必開溝渠可以通流。又諭唐人甲必丹、雷珍蘭:須遵和(荷蘭)1778年3月31日所奪之令,速尋別地以為葬墳之所,不得遲緩。此諭。

---

① 雙柄:亦作"相柄",有大雙柄、小雙柄之分。大雙柄,指荷印政府評議院(Raad Van Indie,Council of the Indies)。小雙柄,指荷印地方評議院。

② 撥力沙:荷蘭語 Publiceren,馬來语 Publisir,公示、公告、通告。

③ 亞、袂、西三字號:荷蘭語字母 A、B、C 三個字母。

④ 紀:長度單位。亦作"腳紀"、"腳距"、"腳距",或簡寫作"距"、"矩"、"巨"、"戈"。馬來語 kaki,腳、尺。

和(荷蘭)1857年4月10日,拜五

公堂設嗒喳嘮。瑪腰陳永元舍、仝甲必丹高俊傑官,陳甲濬哲官、黄甲錦章官、陳甲思聰官、陳甲逢義官、高甲西川官、鄭甲肇基官、大朱賴觀瀾官俱在座。蘇甲天庇官報病不到。

(公堂詳副挨實嗹覆副挨實嗹致問1858年全年亞片傌仔及各傌仔條君厘書有無更易)

承瑪腰(陳永元)繳入副挨實嗹於和(荷蘭)1856年3月26日第5號、27號連奎,祈查勘酌量詳覆。為承挨實嗹於和(荷蘭)1857年3月23日第783號致書,附掌傌仔厘力突於和(荷蘭)1857年3月16日第996號書,命每年和(荷蘭)5月終須查勘酌量,詳覆亞片傌仔及各傌仔條君厘書,要用於和(荷蘭)1858年全年或要更易否?

列台吊訊亞片朠官陳江水[①],不到。伊掛吩人劉戽到堂供云:"亞片君厘書依舊可用,不須更易。"吊訊照身朠官吳建賢,供云:"照身君厘書從舊則妙。"

吊訊宰牛朠官番吹抹,不到。伊掛吩人番毛入到堂,供云:"宰牛君厘書舊則妙矣,不須更易。"

吊訊吩鈁朠官鄒清水,供云:"吩鈁君厘書舊則甚妙。"

吊訊賭餉朠官劉戽,供云:"賭餉君厘書從舊可也。"

---

① 陳江水:Tan Kong Soeij,富商陳令(1802—1852年)之子,1828年生於大港墘,1843年6月10日16歲時,與徐金爐甲之女徐良娘(16歲)成婚,男女雙方父親為主婚人。1860年7月24日為雷珍蘭,1866年7月因家道中落,優意告退。

吊訊海嶼賧官吳金遠，供云："海嶼君厘書舊則妙矣。"

請問芬餉賧官瑪腰陳永元舍，供云："芬餉君厘書從舊可也。"請問酒餉賧官陳逢義甲，供云："酒餉君厘書從舊則妥。"

吊訊當餉賧官李子隆，供云："當餉君厘書從舊則可，不須更易。"

吊訊魚餉賧官陳江流①，供云："魚餉君厘書舊則甚妙，不須更易。惟懇和(荷蘭)1月、2月之傌仔可限至和(荷蘭)9、10、11、12月坪[抨]還，因和(荷蘭)1月、2月之際，風雨大作，魚則甚少故也。"

吊訊戲餉賧官吳蔭，供云："戲餉君厘書依舊可也，惟懇禮拜日可演戲於賭公司，因賭公司相離禮拜亭甚遠，且禮拜日多遇神明壽誕或人慶祝生辰。一年計之，取息非輕，故懇移易。"

吊訊豬餉賧官吳已來，供云："豬餉君厘書從舊則可，但另日晚要入字陳明，凡出身把殺兌肉，全年貼息300盾，實有過重，懇從輕而行。"

公堂會議："論掛咄亞片賧官劉庠、照身賧官吳建賢、掛咄宰牛賧官番毛入、咄鈁賧官鄒清水、賭餉賧官劉庠、海嶼賧官吳金遠、芬餉賧官瑪腰陳永元舍、酒餉賧官陳逢義甲、

---

① 陳江流：Tan Kong Lioe，默氏陳梓塔之子，1823年生，1840年8月17日18歲時，與16歲楊插娘成婚于大港唇，從商。1853年起任默氏，1858年為魚餉賧官。1864年1月12日王上第12號案奪，舉為雷珍蘭智廚禮協理。1866年1月17日為雷珍蘭，1872年10月31日為甲必丹，1876年9月8日告老，仍賜原任甲必丹之職。

當餉贌官李子隆,俱供所贌之傌仔君厘書懇從舊,不須更易。此乃各人熟知舊例故也,從懇可耳。至若魚餉贌官陳江流所懇,和(荷蘭)1月、2月之傌仔可限原例,和(荷蘭)2月、3月可限,今陳江流所懇不過移過一月而已,卻是無傷,且古例有然。如上人肯從,固妙。至戲餉贌官吳蔭懇禮拜日可演戲,不則有傷於取利亦有理。但此有犯君厘書示禁,惟上人主裁。至若豬餉贌官吳已來所供,另日要入字陳明把殺抽奎[①]全年300盾實有過重,其言亦是。但此乃把殺取利,從輕則損於把殺,從重則傷豬傌仔,出自上臺裁奪耳。謹詳副挨實嗹酌量施行。"

(瑪腰告知牛郎塚已蒙王上恩准挨實嗹所懇擔戴潔清一事)

瑪腰(陳永元)請曰:"承副挨實嗹面諭,謂牛郎塚已蒙王上[②]恩准挨實嗹所懇擔戴潔清,但當逐日用工整頓,莫效前尤,致囑。"列台曰:"領命。"存案。

(瑪腰告知欲修補丹絨之路所有毀壞之處,冀公勃低鳩集以襄此舉)

瑪腰(陳永元)又請曰:"晚弟已經修書上達褒黎司,謂丹絨之路所有毀壞之處,欲修補平坦,所有樂助之資,冀公勃低鳩集以襄此舉。"列台曰:"遵命。"存案。

(挨實嗹致書公堂已承受1856年全年丹絨、式里坡出入鈁項之冊)

---

① 抽奎:馬來語Chukai,抽稅。

② 王上:指荷印政府總督。

承挨實嗹於和(荷蘭)1857年4月1日第883號致書，為接和(荷蘭)1857年3月30日第116號其前所呈，進和(荷蘭)1856年全年丹絨、式里坡出入鈁項之冊已經承受，其冊及數俱見可行。列台閱畢，議當存案。

(朱娘那、邱春郎求離一案)

承褒黎司寄下和(荷蘭)1856年3月28日第1652號日案，委勘朱娘那、邱春郎求離一案。

列台吊訊朱娘那年二十四歲，住鑒光貓厘，供如日案所言。又云："氏自去年七月歸寧，母家做節，經有請命於拙夫。及後回家，拙夫趕逐，謂氏不良。致請干刀，蒙褒黎司判斷，擬氏充役。至今又經八月，並無給付衣食資費。氏思不耐，故再請干刀，乞判分離。"吊訊邱春郎年卅歲，住丹藍娘仔，供云："去年七月間拙妻歸寧，並無請知。晚四處尋覓，竟獲於鑒光番婦亞里家招姦，故請褒黎司究治。及事畢，去年十一月間，晚曾送資費至岳父家。據岳父云：資費我家自有，何必送來？即欲將項交于拙妻，拙妻不受。前晚經到公堂請拙妻，任喚不歸。蒙甲必丹判依舊和好，自此拙妻絕不回顧。今拙妻欲求分離，晚固願從。"

公堂會議："論朱娘那、邱春郎二比之供，灼見恩情決絕。當邱春郎請干刀，致朱娘那擬罪充役，斯時已無夫妻之情。及後邱春郎雖有送費，略見回心。其如朱娘那之恥未雪，何縱有時好合情濃，興念前事，未免有愧於心而赧於面也。本堂度情揆理，准其離遏，各花押在簿，任從別適。謹詳褒黎司作主施行。"

(吳玉才、陳硂娘夫婦求離一案)

吳玉才年二十三歲，住大使廟，叫伊妻陳硂娘住八廚沃間："為交寅三載，有生不育。因拙妻無故不告而歸，至今十餘日不肯回家。似此不賢，伏乞判離。"

吊訊陳硂娘年二十二歲，供云："拙夫屢屢逐氏，因氏不能當。是日氏歸寧曾告聞於夫，可見拙夫全無念及夫婦之情，故因小節而致請公堂，使氏羞愧無地，願從分離。"台判吳玉才當率妻仝歸和好如初，礙硂娘誓死不歸，必欲求離。將情申詳公堂大嚓內察奪。

列台覆訊吳玉才、陳硂娘，供如公勃低所勘。

公堂會議："論吳玉才、陳硂娘夫婦求離一案，觀二比恩情俱絕。於是當堂准其離遏，各花押在簿，任從別適。"唯退。存案。

（韋金娘、汪和山夫妻求離一案）

韋金娘年二十七歲，住觀音亭，請伊夫汪和山①住仝上："為交寅十一載，未有生子。因拙夫不給資費，且家中乏用柴米，他全然不知。似此薄情，乞判分離。"

吊訊汪和山年三十八歲，供云："晚素本貧窮，且近來又無利路，故不能厚待其妻，每有多少項入手，曾陸續付用。如無利入手，故待之有虧。今妻欲求離，晚願從其便。"台勸金娘曰："爾夫所言果係運限未通，宜忍耐，或者有出頭之日，同享富貴。"奈金娘執意分離。謹此申詳公堂大嚓內裁奪。

---

① 汪和山：據《婚簿》記載，1846年10月26日，住大使廟27歲汪和山與16歲韋金娘成婚。男方主婚人汪榮泉（父），陰曆九月初九日結婚。

列台覆訊韋金娘、汪和山，供如公勃低所詳。

公堂會議："論韋金娘夫妻求離一案，據二比之供，俱無相向之心，雖欲強判復合，不過是暫，不能久安。於是准其分離，各無後悔。令其花押在簿，任從他適。"唯退。存案。

和(荷蘭)1857年5月8日，拜五

公堂設嘧喳嘮。高(俊傑)甲大攝理瑪腰(陳永元)事，仝陳甲濬哲官、黃甲錦章官、陳甲思聰官、陳甲逢義官、高甲西川官、鄭甲肇基官、大朱賴觀瀾官俱在座。瑪腰(陳永元)仝蘇甲天庇官欠安不到。

(朱亞貴控楊亞歡欠項一案)

挨實嗹叻於1857年4月20日第20號致書公堂，附第12號詩礁字，為緞黎雍掛咿朱亞貴控楊亞歡一案。祈查勘數簿，勘畢詳覆。

第12號詩礁字，緞黎雍掛咿朱亞貴住大南門，控楊亞歡住仝上："因於和(荷蘭)1856年晚做楊亞歡馬車，尚欠工雷57.8盾，折銀48盾又雷2角。屢討不還，伏乞追究。"

奉命吊訊朱亞貴住大南門，供云："如詩礁字所言。"吊訊楊亞歡住大南門，供云："晚不欲多端，願依所控清還。"將情申詳公堂大嘧內裁奪。

列台覆訊朱亞貴，供云："如公勃低所詳。"吊訊楊亞歡，供云："晚所欠朱亞貴之項已經將項付還伊掛咿人緞黎雍手完明，他有付晚完明單一紙。"

列台議曰:“朱亞貴控楊亞歡欠項一案,據楊亞歡供云,已將項交還朱亞貴之掛咁人緞黎雍手清楚,況緞黎雍承受其項,亦有付單為據,則此案畢矣。謹詳上裁。”

(王春娘、陳水生夫妻求離一案)

王春娘年廿一歲,住東居,叫伊夫陳水生[①]住磚仔橋:“為交寅七載,生一女名質娘,年三歲。因拙夫自往海嶼有五個月,言要尋活路。既往之時,並無留下資費付氏為用,氏無奈投母家度活。迨近日拙夫已回歸約有七八日,未見動靜,不肯一遇。似此薄情,乞判分離。”

吊訊陳水生年 31 歲,供云:“晚因窮困,並無利路,前日往海嶼要尋做工,詎料不得如意,是以不能待妻。如今拙妻欲求分離,晚願從之。”將情申詳公堂大嗎內察奪。

列台覆訊王春娘、陳水生,供如公勃低所詳。

公堂會議:“論王春娘、陳水生夫妻求離一案,觀水生家居已困乏不能待妻,王春娘執意分離,二比恩情俱絕。於是准其離遏,其女質娘判歸伊父撫養,各花押在簿,任從別適。”唯退。存案。

(佘鳴鳳、謝旦娘夫婦求離一案)

佘鳴鳳年 35 歲,住觀音亭,叫伊妻謝旦娘住仝上:“為交寅首尾八載,生一男名木山,年六歲;生一女名閏娘,年三歲。因拙妻不顧廉恥,所行不端,醜語遍聞,伏乞判離。”

---

① 陳水生:據《婚簿》記載,1852 年 6 月 3 日 27 歲陳水生與 15 歲王春娘成婚,媒妁黃壬娘,陰曆四月十九日結婚。據此可知,兩人交寅六載,並非“交寅七載”。

吊訊謝旦娘年21歲,供云:"氏謹執婦道,未常敢蹈不節之事。今無故拙夫欲求分離,氏願從之。"台問嗚鳳曰:"依汝所言,謂妻不正可能指明否?"答曰:"晚朝出而暮歸,實無可指明。因屢聞其事未得見捉。"台曰:"既然如此,當援歸容後再察。"礙嗚鳳執意分離。謹此申詳公堂大嚓內察奪。

列台覆訊佘嗚鳳、謝旦娘,供云如公勃低所詳。

公堂會議:"論佘嗚鳳夫婦求離一案,據其所言伊妻行誼不端,醜語遍聞,執意分離,恩情已絕。於是准其當堂離遏,其子佘木山、其女佘閏娘,判歸伊父撫養。各花押在簿,任他從往。"唯退。存案。

和(荷蘭)1857年5月15日,拜五

公堂設嚓喳嘮。高(俊傑)甲大攝理瑪腰(陳永元)事,仝蘇甲天庇官、黃甲錦章官、陳甲思聰官、陳甲逢義官、高甲西川官、大朱賴觀瀾官俱在座。瑪腰(陳永元)登蔀,陳甲濬哲官承委鄭甲肇基官報病俱不到。

(查勘詳覆邱朱本果係邱光前付業之人否)

唐美惜甘於和(荷蘭)1857年4月14日第175號、246號致書公堂,附邱朱本口詞,懇要領邱光前遺業;又附簡敬忠、邱登翰於和(荷蘭)1857年3月26日向梁礁緞吉令做削視字第97號,因未深信邱朱本果是邱光前付業之人乎?況簡敬忠不肯填入敢誓於削視字內。祈公堂查勘邱朱本果係邱光前付業之人否?具詞詳覆。

邱朱本初來吧,安咀人簡敬忠、邱登翰入字美惜甘云:

“晚於和(荷蘭)1849年曾入字美惜甘，懇要領邱光前遺業，因年未及長成不得取領。今晚年登26歲，可謂長成矣。故再入字懇領出邱光前遺項並利息，伏乞恩准。”

第97號削視字，簡敬忠為商，邱登翰為屠宰，做削視字云：“晚與邱朱本最相善，約年25歲，從唐例已過繼邱光前為子，而邱光前亦願付遺項銀10 000(盾)。因晚乃朱本、邱光前至親，在唐居南靖縣 大新基社，明見邱朱本生產及長成。”

邱慶宗為染布，邱登翰為屠宰，仝住五腳橋，於和(荷蘭)1857年3月26日第97號仝在梁礁緞吉寧干刀做削視字云：“晚與邱朱本相善，其邱朱本年已25歲，乃邱光前親生之子，過繼與伊兄弟為子。邱光前已故，在吧曾付邱朱本遺項10 000(盾)，晚與他至親，是以深知其情。晚在唐居南靖縣大新基社，此事於和(荷蘭)1857年3月2日，曾在高西川甲仝挨實嗹台前立誓。”

列台覆訊邱朱本年26歲，供如口詞字所言。

吊訊削視邱慶宗年53歲，住五腳橋為染貓澤生活，供云：“晚在唐係南靖縣居大新基社，但邱朱本與晚情屬至親，在唐住同鄉同屋。其邱朱本係光列所生之子，過房與邱光前為子。當時邱朱本生產纔二個月，晚即來吧。至和(荷蘭)1849年，邱朱本年18歲，仝邱光列來吧，向美惜甘取領利息。又聞邱光列常言，此邱朱本乃邱光前過房之子，晚是以深知熟識。所供是實，敢立誓。”

吊訊削視邱登翰年37歲，住五腳橋為屠宰，供云：“晚在唐與邱朱本同居，此邱朱本乃邱光列親生之子，生時遂付與邱光前為過房之子。及邱朱本已 18 歲,同邱光列及晚來吧,取領邱光前所付遺項利息。晚與邱朱本至親,是以深知。所供是實,敢立誓。”

吊訊簡敬忠年 60 歲,住中港仔為商,供云:“晚曾押號在口詞字,故深知邱朱本果是邱光前付遺項之子。因邱光前故時,係許天錫甲掛吶。及許天錫甲故,遂付晚掛吶,晚知邱光前有付邱朱本遺項 10 000 盾,晚即將此項繳入美惜甘。後因邱朱本於 1849 年來吧,取領利息貳仟餘盾,晚是以深知其詳,所供是實,懇免誓。如有未全信,晚願安咀。”

公堂會議:“論邱朱本懇領邱光前遺項 10 000 盾,憑二削視所供,果然是光前過房之子邱朱本也,況敢立誓。據簡敬忠供稱,此邱朱本即係邱光前之過房子也,且於和(荷蘭)1849 年曾來吧取領利息,而簡敬忠敢為安咀,灼見無疑。本堂細按此事,領其利息則可其遺項。況簡敬忠且敢安咀,猶為安穩之至。謹此申詳美惜甘裁奪。”

(續:溫新娘、葉山河求離一案)

承挨實嗹於和(荷蘭)1857 年 4 月 26 日第 117 號來書,委勘溫新娘口詞,勘畢詳覆。

溫新娘仝伊母住鑒光貓汝,即葉山河之妻,入字挨實嗹,懇寬恕勿怒:“氏因受困於夫,十分辛苦,故請挨實嗹憐憫。其情詞詳列於下:一、氏與夫交寅纔有八個月,情出於強迫,實非出於自願也。二、葉山河甚然懶惰,惟顧寢食而已,且又最好賭博。三、但氏度活出於自身,至及日食不足一個月之久,乃倚賴於母家及兄弟。四、氏因饑餓難當,故就飲食母家。既歸無帶食物,竟被毆打,至面上有痕。氏遂請知默氏隆生，即欲請知公勃壟，氏思或者可冀後悔，故懇和息。五、一日午刻，夫睡未起，氏喚起吃飯，夫仍然不起，氏遂先食。至拙夫臥起，復辱罵毆打。氏又忍耐，望有回心。六、近來拙夫無故藏身閃在床下，手執柴棍，氏見之驚駭即喧嚷，被守更人捉拏送交褒黎司究治。副挨實嗹口責曰：'後次不得更行如此。'七、自干刀回歸，拙夫怒氣，口出惡言，欲害氏毒藥，言要用雞蛋內皮及頭毛要插入氏之陰門。氏聽此言，畏懼不敢歸夫家。八、拙夫既言如此，必無眷戀之情。氏若再回其家，定遭不測之禍。九、氏經四次致請公舘，一次至公堂判斷，懇要分離。蒙列位甲必丹勸合冀回心，故令仍回夫家。但拙夫所為，灼見不得復合。如仍坐守，衹恐來日必遭其毒害。是敢乞懇挨實嗹作主，命公堂速判分離。又懇追回物件，除已當賣外，尚存沙郎二條、淺衫一領、灼仔攬匏[①]一個、水褸三件、椅條一條、大登郎[②]一個、枕長褥仔、蚊帳、白布一節，以及毛髮安汶柴緣里盤一個。"

列台覆訊溫新娘年 17 歲，供云："如口詞字所言。"吊訊葉山河年 21 歲，供云："因拙妻所行不端，晚欲窺其動靜，故閃在床下，此事實有，餘皆拙妻妄言。如欲求離，晚願從之。至於要追討物件，任其取回。"

公堂會議："論溫新娘所請伊夫葉山河欲求分離，據葉山河亦已稱願，足見二比恩情各無相向之心。於是准其當堂離逷，各花押在簿，任從別適。謹此申詳挨實嗹作主施

① 攬匏：亦作"覽匏"，荷蘭語 Lamp，馬來語 Lampu，燈泡、燈罩。
② 登郎：馬來語 Tenong，（盛食品用的）有蓋圓盒。

行,以固本堂所判。”

(副挨實嗹准瑪腰所懇修補丹絨大路,任其捐題緣項)

承副挨實嗹於和(荷蘭)1857 年 4 月 27 日批在瑪腰(陳永元)和(荷蘭)4 月 8 日 134 號所詳字內,准瑪腰(陳永元)所懇,可修補丹絨大路,自二角橋至丹絨塚,任其捐題緣項。即日,瑪腰(陳永元)將情繳入公堂大噼內。

列台閱書議曰:“既蒙恩准所懇,須有二妥人為首料理此事。”於是本堂即懇陳甲逢義官、韓甲青山官任理此事。陳甲逢義官、韓甲青山官俱稱遵命。存案。

和(荷蘭)1857 年 6 月 12 日,拜五

公堂設噼喳嘮。瑪腰陳永元舍仝甲必丹高俊傑官,陳甲濬哲官、陳甲逢義官、高甲西川官、鄭甲肇基官、大朱賴觀瀾官俱在座。蘇甲天庇官、陳甲思聰官報病不到。黃甲錦章官登蔀不到。

(查勘詳覆蔣慶餘控蔣翰欠費一案)

挨實嗹司叻於和(荷蘭)1857 年 6 月 4 日第 40 號致書公堂,附第 35 號詩礁字為緞黎雍掛哶蔣慶餘控蔣翰一案。祈查勘事情及數簿,具詞詳覆。

第 35 號詩礁字緞黎雍掛哶蔣慶餘住班芝蘭,控蔣翰住小南門:“為去年和(荷蘭)1856 年 10 月 12 日,晚賣蔣翰蚋 219 斤,每擔價雷 144 盾,合共價雷 315.36 盾。經於和(荷蘭)1856 年 10 月 18 日還雷 24 盾,12 月 14 日還雷 25 盾,12 月 15 日還雷 15 盾。和(荷蘭)1857 年 1 月 2 日,取魚仔 20 000

尾，每萬價雷 88 盾，合共雷 176 盾。總合共還雷 343 盾除外，蔣翰尚欠去雷 72 盾又雷 3.6 角，折銀 60 盾又雷 3.6 角。屢討不還，伏乞追究並支諸費。”

奉命吊訊蔣慶餘，供云：“如詩礁字所言。”吊訊蔣翰，供云：“無欠。前與他交關經已清楚，未常有欠。”以訊蔣慶餘，據云：“他既不肯承認，晚亦不較之，甘願私下處和，懇抽出此案。”將情申詳公堂大嚓內裁奪。

列台覆訊蔣慶餘、蔣翰，供如公勃低所勘。二比俱懇私下處和，抽出此案。

公堂會議：“論蔣慶餘控蔣翰一案，據二比懇和息抽案，以畢此事。准之，可也。謹此申詳挨實嗹司叻裁奪。”

（查勘詳覆朱亞貴控葉義欠項一案）

挨實嗹司叻於和（荷蘭）1857 年 5 月 25 日第 30 號致書公堂，附第 13 號詩礁字為緞黎雍掛冊朱亞貴控葉義一案。祈查勘事情及數簿，具詞詳覆。

第 13 號詩礁字，緞黎雍掛冊朱亞貴廚工馬車，住大南門，控葉義住烏鬼巷：“因和（荷蘭）1856 年做馬車，尚欠去雷 219.4 盾，折銀 182 盾又雷 1 盾。屢討不還，伏乞追究。”

奉命吊訊朱亞貴，供云：“如詩礁字所言，有數呈覽。”又云：“但此數結尾乃葉義自結自寫在晚數內。”台查其數，僅有《草簿》一本，惟取記憶而已，並不依法。內記乙卯年[1]三月初一日起至十一月十二日止，共去工雷 127.4 盾。又記乙卯年二月廿五日起至十二月十六止，計 31 條，共來雷

[1] 乙卯年：咸豐五年乙卯，西元 1855 年。

62.42 盾。丙辰六月初八日,來雷 6 盾。合二條,共來雷 68.42 盾,對除外,尚被葉義欠去雷 58.98 盾。下帙再記乙卯年年二月廿二日止,共做工去雷 467.1 盾。又結來雷 306.65 盾除外,尚欠去雷 160.45 盾。連上總對除外,葉義尚欠去雷 219.45 盾,與詩礁字相孚。

吊訊葉義,供云:"無欠許多。"有數呈覽,並獻一單。據葉義云:"朱亞貴之數,晚自結是實。但當日倩工付其包做,有議每月該貼火食雷 7 盾,共做 14 個月,該貼火食雷 98 盾,此項未扣。照單而算,尚長來雷 54.11 盾。"台查其數,記甲寅年六月初九日起至乙卯年二月二十二日止,計 89 條,共去雷 306.65 盾。又結共做來工雷 467.1 盾,對除外,長來雷 160.45 盾。下註:火食雷 84 盾未扣。又查乙卯年《總簿》,二月廿五日起至丙辰[1]六月初八日止,計 30 條共去雷 67.34 盾,對除外,尚長來雷 93.11 盾。再扣火食 14 個月雷 98 盾,總結除外,尚被朱亞貴欠去雷 4.89 盾,較單與數俱見不孚。台問葉義曰:"憑汝所獻之單為欠雷 54.11 盾,云何數內尚被朱亞貴欠去雷 4.89 盾?且朱亞貴做工並無逐條登記,只結一總條而已,此從何而有也?其伙食既然有議該貼,何無出數扣起?"葉義答曰:"乙卯正月、二月,有做來工雷 59 盾,尚未入數[2],故單與數不孚。但所做來工雷結一總條,因晚無逐條記入,惟憑朱亞貴之數結算承受而已。至於火食無記出數,是晚所錯。"台將供以訊朱亞貴,答

---

① 丙辰:咸豐六年丙辰,西元 1856 年。

② 入數:閩南話,入賬或記入賬簿。

曰:“如當日有議每月該貼火食雷 7 盾,葉義結算之時,在晚數內何不扣起?”葉義質曰:“如朱亞貴敢誓果然無議該貼伙食,晚願照詩礁字坐還。”朱亞貴答曰:“敢誓。”謹此申詳公堂大嚹內察奪。

列台覆訊朱亞貴及葉義二比供詞及單與數,誠如公勃低所勘。據葉義又云:“當日做工議貼伙食,既無開數,乃晚自錯。如朱亞貴敢在叻里盟誓,晚原照詩礁字坐還。”朱亞貴答曰:“敢誓。”

公堂會議:“論朱亞貴控葉義欠項一案,查二比之數,俱不依法,各用《草簿》以取記憶而已,況葉義所獻之單與數不孚。今據葉義自供,如朱亞貴敢誓,願照詩礁字坐還。朱亞貴亦供,敢誓。可謂二比各遂其欲矣。本堂酌理此案,可准朱亞貴立誓。誓畢,葉義當坐還朱亞貴雷 294 盾,此案畢矣。謹詳挨實嗹司叻裁奪。”

(甲必丹高俊傑懇請公堂官員共同分管牛郎沙里塚一事)

高(俊傑)甲大請曰:“牛郎沙里塚廣闊大甚,四位公勃低照顧難週,致貽副挨實嗹勘塚見嫌。懇列台共為分掌,庶易潔淨,可遵上命。”列台曰:“遵命。”即在堂議定分作八份掌理。該掌界塚,另日到塚指畫。存案。

(張江郎懇賜伊兄默氏張登郎蔭地一事)

具稟人張江郎住烏褒土庫:“為先兄張登郎任理西門默氏事,四年並無失職。不幸于本年和(荷蘭)6 月 9 日身故,係晚理其喪事。因求公堂列位大人憐念,賜與葬地一穴,隨所定例。伏冀恩准,曷勝感德。具稟帖上叩。”

據張江郎入稟，懇伊兄默氏登郎蔭地12距以為葬穴。

列台閱稟議曰："默氏該得蔭地，自昔有之。況張登郎故時尚理默事，且前任副默多年，合宜准懇。"存案。

(公堂詳覆挨實嗹致問唐規唐人盟誓一事)

挨實嗹於和(荷蘭)1857年6月8日第1551號致書公堂，祈就所問如何，酌量詳覆。從唐規唐人盟誓可免斷雞否？唐人盟誓斷雞，在唐有用此例否？素常在觀音亭盟誓，此例有用於唐否？如有人焉欲其仇人在觀音亭盟誓，仇人竟然不肯可已否？如其可已，要知何故？從唐例更有別等盟誓猶為利便，可同取信於盟誓否？在唐有例任人自欲如何設誓以遂其意否？如吩吩命人盟誓，其人不從，可抑勒使之盟誓否？如不可抑勒，從唐例當如何處置？

列台閱書，悉知書中語意。議曰："論盟誓一事，在唐上人未嘗有令，惟閭閻習俗相傳，欲以息爭，故有盟誓焉。蓋盟誓之例，在唐非只一端，有指天而誓，有折矢而誓，有擲杯而誓，有對神而誓，有當天斬雞而誓。誓雖不同，而受讉則一也。然務必兩比意願和同，從令誓人欲用何等，欲在何處立誓，乃可成事。要之數誓之中，常人所用者，獨對神、斬雞二誓為猶多。因在唐地里廣大，若附近廟宇，則在廟對神盟誓；如遼遠太甚，則在處斬雞以誓而已。苟有人焉欲其仇人盟誓，仇人竟然不肯，可灼見仇人立心不端，兩家之讐終是不釋。如吩吩有命，合宜遵依。倘有不從，定必秉心有愧，言不足信，當坐其過。在唐上人原無此令。謹詳大挨實嗹電察。"

(公堂詳覆副挨實嗹詢問牛郎沙里塚當如何潔淨一事)

承副挨實嗹於和(荷蘭)1857年5月1日第702號致書,諭牛郎沙里塚一事,謂本堂不遵上命。附抄和(荷蘭)1854年7月23日第90號王上案奪,又附抄1857年3月12日第38號王上案奪,諭牛郎塚當潔淨通風,不可積鬱,一暨水流,當開溝流通。至和(荷蘭)1857年終,挨實嗹當詳覆牛郎沙里塚如何。

列台閱書,悉知諭意。議曰:"牛郎沙里之塚,本堂已經竭誠從事矣。上臺尚不承受,屢以不遵命為嫌,不知將于胡底?合當修書上訴。詞曰:職等誠惶誠恐上書副挨實嗹台下,切以牛郎沙里塚前者未經修理,草木樅穢如山。因唐人之例,每歲清明一掃而已。至高者盈丈,而低者盈尺,甚不雅觀。無怪上人之觸怒,即職等見此,亦覺隱忍難安。縱屢屢欲議興修,無如用費孔繁,未易輕舉,以致日復一日,年度一年。及和(荷蘭)1855年8月31日正副挨實嗹駕幸公舘,啓諭上意。職等方知事已急迫,乃瀝情哀懇,代為婉詞申訴王上。幸蒙正副挨實嗹仁慈惠下,澤及九幽,恩准下懇。此恩此德,直同天地。職等暨我唐眾,含佩之私,沒齒不忘。於是爰議興修,乃募捐唐眾計689人,共金三拾四仟餘盾。又發本堂公項,計金十餘仟盾,一時鳩工整頓。職等不辭勞瘁,多方拮据,日在巡督,以圖雅觀。此乃分所當然,亦所以仰遵上命也。而今年餘,本堂尚爾日日傭工整頓,且入巫讓數十築屋,分界掌管,每月貼以辛金。本擬以四十人,後恐不足,增至六十人;又恐不足,再增至七十四人。月月開費,尚是孔多。但牛郎沙里塚廣大,四方抽餘,四員公勃低照顧難週。是日,本堂嗒喳嘮又將堂內八員雷職,分界執掌,每月各當四次到塚巡察。但草木之為物也,朝剪而暮萌,此除則彼發,彼剪則此生,求欲如屋間庭除之光澤,曷可得也?今者盈丈、盈尺之枝,盡無有矣。雖有新發之枝,不過僅祇尺寸許耳。較之昔時,實有天淵之別焉。本堂仍然日日傭工修整,加以巫讓數十協力贊理,諒不致荒蕪如前,致貽副挨實嗹慮也。萬懇見諒,莫以不遵命見責。職等當再加勉力,以赴上意。但此情亦懇申達大挨實嗹原情,伏望副挨實嗹代陳良言覆訴,斯為恩上加恩矣。書呈副挨實嗹電察。"

(吳丁仔鈁、何和娘夫妻求離一案)

吳丁仔鈁年42歲,住公司後,叫伊妻何和娘:"為交寅十八載,生一子名光山,年12歲。因拙妻不顧廉恥,屢為醜事。如此不賢,伏乞判離。"

吊訊何和娘年33歲,供云:"氏未常敢為醜事,因近來夜間氏入廁池內,被夫疑氏與人通姦,遂於此致恨。氏思無過,不願從離,懇判再合。"台勸丁仔鈁曰:"既有十八載夫妻,恩情亦厚,且有兒子年將長大。況汝妻尚有眷戀之心,此乃小過,何忍求離?當率歸以復舊好。"奈丁仔鈁執意分離。將情申詳公堂大嗒內察奪。

列台覆訊吳丁仔鈁、何和娘,供如公勃低所詳。據何和娘又云:"氏無過,不願分離,懇判再合。"

公堂會議:"論吳丁仔鈁、何和娘夫妻求離一案,據何和娘尚有眷戀之心,可見恩情未絕。本堂當再判復合,以恢初心。"二比稱願,夫婦攜手同歸。存案。

和(荷蘭)**1857年6月25日,拜四**

公堂設嗒喳嘮。瑪腰陳永元舍仝甲必丹高俊傑官,陳甲濬哲官、黃甲錦章官、陳甲思聰官、陳甲逢義官、高甲西川官、鄭甲肇基官、二朱陳文速官俱在座。蘇甲天庇官報病不到。

(公堂拈鬮指定列位公勃低掌理巡察牛郎沙里塚地界址兼管巫讓一事)

是日當堂拈鬮,指定列位公勃低掌理巡察牛郎沙里塚地界趾,兼管巫讓。須時常到處勘察其號頭界趾,及該地巫讓名次,詳明於下:

一、公勃低高甲大俊傑舍掌紅橋界址,巫讓名次:番吽民、番卑溫、番吽厘民、番嗎律兀、番吽里民、番吽里鑾、番里溫、番嗎嘮知、番那氏彝、番惹八,共拾人。

二、公勃低黃錦章甲掌牛郎沙里界址,巫讓名次:番梭禮、番吽實嶙、番那於汶、番吽于溫、番明牛、番嘮氏雲、番吽里優,共七人。

三、公勃低陳思聰甲掌牛郎沙里界址,巫讓名次:番那氏遠、番嫣力踏、番於嶙、番拜於、番如異、番茄是惟、番士嗎、番實呀嘮,共八人。

四、公勃低高西川甲掌牛郎沙里界址,巫讓名次:番吽於民、番皆、番呇寧、番惹秩、番惹心、番吧亞士、番戈奢、番士倫、番惹麵,共九人。

五、公勃低陳濬哲甲掌八秦郎安巷口界址,巫讓名次:番茄嘮、番面蘭、番山林、番吉疾、番嗎立、番茄南、番務亞里,共七人。

六、公勃低鄭肇基甲掌望茄勿殺界址,巫讓名次:番惹嗎、番哵其萬、番亞里班、番哵里鑾、番那雲、番麵難、番哵實嗞,番媽意、番哵文、番嘮喃,共十人。

七、八、公勃低陳逢義甲、蘇天庇甲掌綱穴日本亭界址,巫讓名次:番安民、番吧亞壟、番吉疾、番嘮於汶、番哵於美、番亞年森、番亞林、番禮吧、番哵于嘮、番西蘭、番麵溫、番亞里、番哵柔、番亞里吧嘮惹,共十四人。

合共有六十五名。

另廟前兩邊胡財生掌管界址,巫讓名次:番如鑾、番務那遠、番務翁、番哵里雲、番裕里、番里溫、番茄年、番匏香、番茄山,共九人。

連上總合共七十四名。存案。

(查勘詳覆緞黎雍掛哵邱翰控朱象欠項一案)

挨實嗹司叻於和(荷蘭)1857 年 6 月 4 日第 40 號致書公堂,附第 34 號詩礁字,為緞黎雍掛哵邱翰控朱石[①]一案。祈查勘事情及數簿,具詞詳覆。

第 34 號詩礁字緞黎雍掛哵邱翰住五腳橋,控朱石住八戈然:"因和(荷蘭)1856 年公堂經已查過,自和(荷蘭)1856 年 1 月 18 日至 5 月 18 日,賣過朱石生豬計 67 隻,價雷1 209.3盾。經還來雷計 984.9 盾除外,朱石尚欠去雷 224.4 盾,折銀 187 盾。屢討不還,伏乞追究,並支諸費。"

奉命吊訊邱翰,供云:"如詩礁字所言。"有數呈覽,又獻

---

① 朱石:原檔下文寫作"朱象"。

一單。台查其數,《日清》、《總簿》不孚,或《日清》有條,《總簿》無抄;或《日清》無記,而《總簿》有條。且《日清》內中多有押條,其名字不孚,或朱象、或朱湘,甚然混雜,不得取憑,惟憑一單而已。台問:"此單從何而有?"邱翰答曰:"晚原與朱象合夥向陳坑買豬,二人均分,後朱象無還豬項,故二人同到陳篤生[①]處,晚寫單坐欠陳坑,係陳篤生代書,而朱象託陳篤生代筆寫單坐欠於晚。所供是實。"

吊訊朱象,供云:"晚與邱翰合夥買豬實有,未常有欠。若晚有取邱翰之豬,他即逐一登記,如邱翰取晚之豬,俱無入數。但邱翰所獻之單,乃是他託陳篤生所寫,晚並無花押。"

吊訊削視陳篤生年27歲,住公館巷教讀,供云:"前年邱翰仝朱象有買陳坑之豬,其項未楚,陳坑託晚代討。而邱翰仝朱象到晚家,邱翰云:未有便項可還,託晚代寫單坐欠陳坑,但朱象該欠之額,並伊自己原有欠邱翰之項,會算共雷224盾,託晚代筆寫單坐欠邱翰。此單果是晚親筆所寫是實,而朱象花押在單。所供是實,敢立誓。"將情申詳公堂大嗱內裁奪。

列台覆訊邱翰、朱象及削視陳篤生,供及單與數,誠如公勃低所勘。據邱翰又云:"此事本年1月間在公館已經稟請,朱象認欠,限每月秤[抨]還雷6盾。因晚不肯,故甲必

---

① 陳篤生:1830年生,自幼回唐負笈從師業,1852年為父所召來吧。1853年4月15日,瑪腰陳永元擬舉薦其任三朱之職,後為私塾先生,在公館巷教讀。

丹令晚詩礁。”查公舘案牘,果於本年1月8日邱翰請朱象欠雷224盾,朱象認欠,限每月抨還雷6盾。因邱翰不肯承受,令其詩礁。列台問朱象:“自去年5月24日立單以後,有再交關否?此單汝有花押否?本年1月間在公舘質訊,汝有認欠限欲秤[抨]還否?”朱象答曰:“自去年5月24日以後無再交關,此單非晚花押。前在公舘尚未會算,不知有欠與否?晚僅曰如果有欠,晚願抨還。今觀邱翰之數,晚取其豬有記,邱翰取晚之豬無記。謂晚欠雷224盾,不願承坐。”邱翰質曰:“朱象巧詐多端,終難了局。如朱象敢誓無欠,單非其花押,晚情願不討。”朱象答曰:“晚實敢誓。”

公堂會議:“論邱翰控朱象欠項一案,據削視陳篤生之供及查公舘案牘,朱象似不可以無欠為詞,但礙邱翰之數混雜不明,不可取憑,難以確決。茲據邱翰自供,若朱象敢誓無欠,甘願不討。朱象亦供敢誓。可見二比意願相同,欲憑一誓而息爭焉。本堂酌理,可准朱象立誓以消案也。謹詳挨實嗹司叻電察。”

和(荷蘭)1857年7月3日,拜五

公堂設嘧喳嘮。瑪腰陳永元舍仝陳甲濬哲官,黄甲錦章官、陳甲思聰官、陳甲逢義官、高甲西川官、鄭甲肇基官、二朱陳文速官俱在座。高甲俊傑官、蘇甲天庇官報病不到。

(委勘陳炎要向伊離妻林國娘討回兒子陳玉鳳一案)

承副挨實嗹用鉛筆批和(荷蘭)1857年7月1日將諸

字,及和(荷蘭)9 月 16 日第 6706 號日案,為陳炎要向伊離妻林國娘討回兒子陳玉鳳,委勘申詳。

列台吊訊陳炎,供如日案所云。吊訊林國娘,供云:“倘陳炎能訓督兒子成人,氏願奉還。”陳炎答曰:“若交還此子,晚當教督,無致放縱為非。”

公堂列台議曰:“當日陳炎與林國娘成婚,既有給字,其子陳玉鳳可謂明婚之子。按理而論,夫妻離異,子女歸夫,此不易之定制也。於是,本堂即判陳玉鳳付陳炎援歸撫養,不得異言。謹詳副挨實嗹作主,以固本堂案奪施行。”

(默氏陳快生懇請蔭地一事)

具稟人晚生陳快生年六十六歲,住西門,為懇求壤地事:“切晚駑蹇[①]庸質,於和(荷蘭)1836 年 2 月 16 日蒙上人僉舉默事。晚披肝獻膽,克盡厥職。豈知日月易邁,暮年將及。迨至和(荷蘭)1855 年 8 月 10 日,計任十有九年。微軀衰弱,目朦耳聵,四肢無力。自揣不堪任事,膽辭默職,又恐早晚溘然而逝,伏懇公堂大瑪腰仝列位甲台仁慈隱惻,芳徽無盡,飭賜式里坡地脈一穴,闊 12 距、長 24 距,俾晚作壽域以為身後之計。伏冀公堂恩准,晚不特今生感明德於二天,即逝後亦啣隆情於九地矣。不勝待命,翹仰切叩。”

列台閱稟,議曰:“據陳快生所懇蔭地 12 距,查前案凡理默事,既無犯過,因老告辭,俱皆可得,不獨陳快生一人哉!合宜准懇。”存案。

---

① 駑蹇:謙辭,指才能鈍劣。

和(荷蘭)1857年7月8日,拜三

公堂設嘧喳嘮。瑪腰陳永元舍仝甲必丹高俊傑官,陳甲濬哲官、黃甲錦章官、陳甲思聰官、陳甲逢義官、高甲西川官、鄭甲肇基官、二朱陳文速官俱在座。蘇甲天庇官報病不到。

(公堂詳覆副挨實嗹致問吧城1858年亞片傌仔招標一事)

承副挨實嗹於和(荷蘭)1857年7月7日來書,祈查勘酌量詳覆。為承厘力突於和(荷蘭)1857年7月4日第2314號致書挨實嗹,為遵王上經案奪,於和(荷蘭)1858年亞片傌仔要分各處發叫,但吧城要分作三處發叫可否?如果作三處發叫,要知此三處亞片配內配外各處該用土若干?

列台閱書,即吊訊亞片財副蔡廣,供云:"吧城每月約略消土266.6斤,文登每月約略消土42.6斤,干冬圩每月約略消土42.6斤。"

吊訊亞片瞨官陳江水,不在家。伊掛哵人陳國順甲到堂,供云:"吧城每月約略消土293.6斤,文登每月約略消土40.66斤,干冬圩每月約略消土40斤。"

列台問陳國順甲曰:"和(荷蘭)1858年亞片傌仔吧地轄內作一處發叫妙乎?抑作三處分叫妙乎?"陳國順甲答曰:"作一處發叫為妙,必得高價。如分作三處發叫,恐有傷礙虧本。"

吊訊亞片大財副徐金爐甲,供云:"在吧城每月約略消土293斤,干冬圩每月約略消土40斤,文登每月約略消土

40斤。"

公堂會議:"論吧城轄内要作三處分叫,倘小本之人則敢爭買,其傌仔必得高價。吧城每月堪消土293斤,文登每月堪消土43斤,干冬圩每月堪消土42斤。如要多消者,可照例取絲南土四分之一。轉思要作三處分叫,各賲必有相鬥爭兌,受虧血本。内中各賲所用之土,必有不足,必有有餘,以致多人受害。又恐有多端虧本,必不敢爭價。本堂細思此事,不若先試一總叫,然後分折加價者得為妙。謹詳副挨實嗹裁奪。"

(查勘詳覆黎亞鳳控張郎欠項一案)

挨實嗹司叻於和(荷蘭)1857年6月12日第6號致書公堂,附去第36號詩礁字,為黎亞鳳控張添郎一案。祈查勘事情及數簿,具詞詳覆。

第36號詩礁字:"黎亞鳳住西唧橋,控張添郎住羗園。因取貨並現項,共欠雷折銀190盾,任討不還,伏乞追究,並支諸費。"

奉命吊訊黎亞鳳,供云:"如詩礁字所言。"有數呈覽。即獻和(荷蘭)1855年8月1日起《日清》一本,和(荷蘭)1856年6月17日起至和(荷蘭)1857年4月15日止小本《《草清》》一本,和(荷蘭)1855年《總簿》一本。台查黎亞鳳之數,内記張添郎去條:乙卯十月初二日起至丙辰四月初八日止,共去貨雷1 915.97盾;乙卯十月初三日起至丁巳二月十二日止,共來雷1 824.5盾;對除來外,尚結欠去雷91.47盾。台駁黎亞鳳曰:"爾詩礁張添郎欠銀190盾,云何與數不乎?"黎亞鳳答曰:"既然如此,是晚庸才,不訓數法,故有誤所結。願從所欠之雷 91.47 盾,甘願承受。”

吊訊張添郎,供云:“無欠許多,有數呈覽。”即獻和(荷蘭)1855 年《日清》一本,和(荷蘭)1856 年《日清》二本,和(荷蘭)1855 年《總簿》一本,和(荷蘭)1856 年《總簿》一本。台查張添郎之數,内記黎亞鳳來條:乙卯十月初二日起至丙辰十月十二日止,共來貨雷 1 915.97 盾;乙卯十月初三日起至丙辰十月初五日止,共去雷 1 703.1 盾;乙卯十月初二日起至乙卯十一月初八日止,共去雷 121.4 盾,此條張添郎數内無記去數,而黎亞鳳數内有來數。合二條,共去雷 1 824.5 盾。對除外,尚長來雷 91.47 盾,較對與黎亞鳳之數結尾相孚。台將供以訊張添郎,據云:“願依晚之數,該欠雷 91.47 盾清還。”將情申詳公堂大嘧内察奪。

列台覆訊黎亞鳳、張添郎,供如公勃低所勘。黎亞鳳又云:“晚經私下取和,懇抽出此案。”列台將供以訊張添郎,據云:“晚果與黎亞鳳私下取和。”

公堂會議:“論黎亞鳳控張添郎一案,據二比俱懇甘願私下取和,懇抽此案。本堂細思,既原、被之供,並懇取和抽案,當准所懇可也。謹詳挨實嗹司叻察奪。”

和(荷蘭)1857 年 7 月 15 日,拜三

瑪腰陳永元舍仝甲必丹高俊傑舍,雷珍蘭陳濬哲官、黄錦章官、陳甲逢義官、高甲西川官、鄭甲肇基官、大朱賴觀瀾官俱在座。蘇甲天庇官、陳甲思聰官報病不到。

(公堂官員與梁礁綴冥議定修理丹絨大路君厘書條規)

列台仝梁礁緞冥在公館議定條規，修理丹絨大路君厘書，詳列於下：

第一分長 110 戈，要造闊 16 距，其低處要填高 1 半距，其高處要填高闊約半脚距，或加或減。其路中要似龜背，兩邊微斜，欲以消水。其路面透直，務用地稱，稱其得宜，前後平坦，但其低處所欲填 1 半距，先以壁磚角仝沙塗填平，其面頂一概用老槁石[1]埔[鋪]平，而後用壁磚幼或乾沙，抑或舊灰沙填平蓋面。其第二分、第三分、第四分長俱 77 戈，其填法皆從第一分之例總是，第四分內有一節長 8 戈半，當用老槁石疊填港墘，俾路得平闊。如不足 16 距之闊，須用老槁石填疊。誰欲承應者，當候十二日內方得定著。如欲定著，當援二妥人安呾方可，並要向梁礁立君得吙字，可先領四分價得一分之項，餘三分陸續給取，限三個月完竣。如過限未完竣，隨即再叫黎壟。倘高價者承應人，當坐還如減價者，不干承應人之事，但黎壟叫價係銅雷[2]。如要取塗(土)在岸邊死水溝之地，亦可取用。其梁礁諸費，承應人當清還，不干公堂之事。

---

① 老槁石：又作“魯古石”、“老果石”，馬來語 Kolar(Koral) 音譯，石子、鵝卵石，用作鋪路。程遜我《噶喇吧紀略》(乾隆版)云：“用魯古石如螺指大，鋪其上，使無塵埃。兩旁各築磚路，通徒行。”

② 銅雷：亦作銅鐳，简称“鐳”或“雷”。閩南話，古代銅錢，貨幣之一，或泛指錢款。王大海《海島逸志》第五卷《見聞錄・圓餅銀》云：“荷蘭鑄……又有紅銅鑄者，中肖雌虎，名曰鐳，以當錢文之用。”許雲樵校注《開吧歷代史記》康熙四十三年(1704 年)條：“時公班牙(衙)新鑄鐳仔、鈁仔，四城門張掛告示，令人通用鐳、鈁，禁用元通錢。”並注云，“鐳”爲 1 分，“鈁”爲 1 角。

和(荷蘭)1857年7月31日，拜五

公堂設嘧喳嘮。瑪腰陳永元舍、仝甲必丹高俊傑官，蘇甲天庇官、陳甲濬哲官、黃甲錦章官、陳甲思聰官、陳甲逢義官、高甲西川官、鄭甲肇基官、二朱陳文速官俱在座。

(和尚日生、本性因年紀已老懇回唐一事)

承挨實嗹於和(荷蘭)1857年7月30日第2116號來書，為接和(荷蘭)1857年7月6日第224號所詳，為和尚日生、本性，因年紀已老，懇回唐。又舉和尚寬祐並青蓮以補日生並本性之額。餘經案奪准懇。列台閱畢，命當存案。

(方奪侯為申懇明誠書院啓讀定期事)

具稟人晚生方奪侯為申懇定期事："切晚陋劣庸才，前蒙公堂列憲大人不棄，恩准義學於明誠書院學校以教。茲本月6日暫且放下，時當秋夏之交，又屬課功之候，晚再擇於本月18日清吉之辰，擬欲啓讀。合應肅稟奉聞，伏祈列位憲台大人電奪恩准，不勝翹仰之至。切叩。"列台閱稟，批准所懇。存案。

和(荷蘭)1857年8月14日，拜五

公堂設嘧喳嘮。瑪腰陳永元舍仝甲必丹高俊傑舍，雷珍蘭陳濬哲舍、黃錦章舍、陳甲思聰官、陳甲逢義官、高甲西川官、鄭甲肇基官、二朱陳文速官俱在座。蘇甲天庇官報病不到。

（張音娘、陳壟夫婦求離一案）

張音娘年41歲，住觀音亭，叫伊夫陳壟[①]住芝蘭埔："為結髮夫妻二十四載，有生三男一女。長子名永文，年20歲；次子名永秀，年18歲；三子名永水，年11歲；其女名倫娘，年12歲。因拙夫無故逐日欲罵則罵，又嫌氏貌醜。似此薄情，伏乞判離。"

吊訊陳壟年56歲，供云："拙妻所言俱是虛詞，晚與他結髮有廿四歲，未常有他言，豈今日年已老始有嫌妻之醜？可見他有相棄之心，晚願從其離。"將情申詳公堂大嗒內裁奪。

列台覆訊張音娘、陳壟，供如公勃低所詳。

公堂會議："論張音娘、陳壟夫婦求離一案，據二比結髮夫妻有二十四載，況兒女俱已長成，且無大過，論情不得分離。於是，本堂當再伴［判］復合，令陳壟率歸其妻。"二比稱願，唯退。存案。

（鍾丁娘、賴淮山夫婦求離一案）

鍾丁娘年31歲，住八茶礶，叫伊夫賴淮山[②]住仝上："為交寅十載，有生一男，名寒松，年七歲；一女名音娘，年九歲。因拙夫無故毆氏，現有傷痕可證。似此不良，伏乞判離。"

吊訊賴淮山年42歲，供云："因拙妻不執婦道，不敬公姑，逐日喜出外遊。晚略有用手掌之，未至重傷。既然拙妻

---

① 陳壟：據《婚簿》記載，1834年9月25日，32歲陳壟與18歲張音娘成婚。媒妁陳爻娘，男方主婚陳墨（堂叔），女方主婚張淵觀（父）。

② 賴淮山：據《婚簿》記載，1847年12月13日，住八茶貫，32歲賴淮山與21歲鍾丁娘成婚。媒妁吳萱娘，男方主婚賴水生（堂叔），女方主婚鍾文貴（胞兄）。

欲求離，晚願從之。”台按此事前經到堂數次，屢生多端，疊勸不能。將情申詳公堂大嗧內察奪。

列台覆訊鍾丁娘、賴淮山，供如公勃低所詳。

公堂會議：“論鍾丁娘、賴淮山夫婦求離一案，細察二比恩情已絕，各無相向之心。於是，准其當堂離逷，其子女判歸伊父撫養，各無後悔。”二比稱願。存案。

（重修安恤廟捐緣芳名錄）

掌廟宇公勃低陳甲逢義官、鄭甲肇基官仝請曰：自乙卯年十月，因安恤廟[①]牆壁毀壞，募眾勸捐重修此廟，茲已告竣。但該題緣若干並開發修費以外，尚存其項若干，合當呈明。茲將捐緣芳名列下：

特授瑪腰一譽官[②]，喜助鈔銀壹佰貳拾盾。

特授甲必丹高俊傑官，喜助鈔銀貳拾伍盾。

特授雷珍蘭蘇天庇官，喜助鈔銀伍拾盾。

特授雷珍蘭陳濬哲官，喜助鈔銀貳拾伍盾。

特授雷珍蘭黃錦章官，喜助鈔銀貳拾伍盾。

特授雷珍蘭陳思聰官，喜助鈔銀貳拾伍盾。

特授雷珍蘭陳逢義官，喜助鈔銀陸拾盾。

協理雷珍蘭高西川官，喜助鈔銀壹拾伍盾。

協理雷珍蘭鄭肇基官，喜助鈔銀貳拾伍盾。

---

① 安恤廟：亦稱“大伯公廟”，建在吧城東北 4 公里的安恤（Ancol）。1754 年由雷珍蘭林釵觀首倡會捐營建，主要崇祀土地神大伯公，又稱福德正神。

② 一譽官：瑪腰陳永元，字賴卿，號一譽。

賭餉武直迷陳濬祥官①,捐題鈔銀壹佰盾。

欽賜雷珍蘭王慶雲官②,捐題鈔銀壹佰盾。

欽賜雷珍蘭韓碧峰官③,捐題鈔銀壹佰盾。

欽賜雷珍蘭黃仲潤官,捐題鈔銀捌拾盾。

亞片源合公司,喜捐緣金鈔銀貳佰盾。

蔣燈光官,題銀壹百盾。魚餉許清溪官,題銀壹百盾。

簡敬忠官④,題銀捌拾盾。林華官,題鈔銀捌拾盾。

梁龐熙官,題銀捌拾盾。黃寅清官,題銀陸拾盾。

沈添泉官,題銀陸拾盾。林子榮官,題鈔陸拾盾。

王光華官,題銀伍拾盾。張承萬官,題銀五拾盾。

楊日官,題鈔五十盾。謝合官,題鈔銀五拾盾。

陳獎佳官,題銀肆拾盾。黃坑官,題鈔銀肆拾盾。

黃金錠官,題銀肆拾盾。黃芋官,題銀肆拾盾。

林祿官,題銀叁拾盾。王真球官,題鈔銀叁拾盾。

楊降賜官,題銀叁拾盾。石亞榮官,題鈔叁拾盾。

黃秋官,題鈔叁拾盾。林運使官,題鈔叁拾盾。

黃楯官,題銀叁拾盾。鄭檜官,題銀叁拾盾。

黃紹豐號,題銀叁拾盾。林露官,題銀叁拾盾。

楊從官、楊春岩官、從官,題銀叁拾盾。春岩官,題銀貳

---

① 陳濬祥:1820年生,1854年3月13日王上第22號案奪,舉陳濬祥為武直迷加雷珍蘭之職,理美色甘事務。1867年11月15日身故於觀音亭,享年48歲,葬丹絨塚地970號(見《塚地簿》)。

② 王慶雲:即欽賜雷珍蘭王元龍。

③ 韓碧峰:即欽賜雷珍蘭韓青山。

④ 簡敬忠:福建南靖人,住吧城中港仔為商。

拾盾。

許天乞官,題銀貳拾盾。黃向官,題銀貳拾盾。

黃清揚官,題銀貳拾盾。黃江寧官,題銀貳拾盾。

陳連宗官,喜捐題緣金鈔銀貳拾盾。

以上共47人,共捐緣銀2 380盾,折雷2 856盾。

一開付賴亞喜包修安恤廟工料,去雷1 600盾。

一開付賴亞喜包修聖望公廟①工料,去雷300盾。

一開付賴亞喜做旗杆壹對,去工雷180盾。

一開去另貼賴亞喜包修,去人工雷120盾。

計四條,共去雷貳仟貳佰盾。對除外,尚剩雷六百五十六盾正。公堂大嚹內電察。

列台閱畢,議曰:"捐資修廟既然有餘,可暫存。若別處廟宇有壞,可將此項充入為用可也。"存案。

和(荷蘭)1857年8月18日,拜二

公堂設嚹喳嘮。瑪腰陳永元舍仝甲必丹高俊傑官,雷珍蘭黃錦章官、陳甲思聰官、陳甲逢義官、高甲西川官、鄭甲肇基官、大朱賴觀瀾官俱在座。蘇甲天庇官報病不到,陳甲濬哲官登蔀不到。

---

① 聖望公廟:華人崇奉先賢寺廟。萬丹有明代聖墓公廟,存有大石碑,在北加浪也有聖墓公。吧城 聖望港,原為聖墓港,由此可知"聖望"即"聖墓"之改寫,在吧城 安恤大伯公廟後面有聖墓公亭。

(查勘詳覆饒亞任控李河水、孫亞潭偽造數簿欺蔽傭主事一案)

干冬圩外淡於和(荷蘭)1857年7月2日第478號致書公堂,從和(荷蘭)1857年6月30日第360號、15號之書,附望茄寺[①]惹咻和(荷蘭)1857年7月1日第161號,查勘芝加弄及吃唧吃戾公司孫亞躭[②]、李河水一案。

望茄寺惹咻於和(荷蘭)1857年7月1日第161號勘詞,從干冬圩挨實顛於和(荷蘭)1857年6月29日第457號、15號致書,為饒亞任請伊書記人孫亞躭、蔀爹李河水,因偽造數簿欺蔽傭主事。一、可灼見其過。在《公司數》[③]記買粟1 933雙腳[④]又3倪寧[⑤],《牛塹數》[⑥]僅記入粟653雙腳扣外,減粟1 280雙腳又3倪寧,從國例第亞字。二、據饒亞任云:《茄實數》[⑦]係孫亞躭所記,照法李河水不得雜記其內,以此足見二人私相欺罔。三、孫亞躭所記《日清》與《牛塹數》不和。四、其別數又見孫亞躭、李河水,每抽奎鑒光粟,必云欠重討補,至補足其粟,不入牛塹,入其自家。但

---

① 望茄寺:亦作"望加寺",Bekasi,地名,位於吧城以東近郊地區。

② 孫亞枕:原檔下文寫作"孫亞躭"、"孫亞潭"。

③ 《公司數》:商行賬簿。

④ 雙腳:馬來語 Sukat,亦譯作"蘇卡",容量單位。1蘇卡(Sukat)等於4干冬(Gantang,容量單位,類似於中國的"斗",約等於6斤),約盛12.5公斤米。

⑤ 倪寧:馬來語 Ling,計量糧食體積的單位,亦譯作"令"。1令(Ling)等於二分之一朱巴(Cupak),1朱巴約等於1.5斤。

⑥ 《牛塹數》:牛塹,馬來語 Gudang,倉庫。《牛塹數》,指倉庫貨物進出賬簿。

⑦ 《茄實數》:茄實,荷蘭語 Kassier,出納員。《茄實數》,指出納員所记之收支賬簿。

此事現在寺[①]勘察,鑒光人惟待公堂詳覆。五、懇公堂勘訊饒亞任及掌牛壟,可灼見二人之過。

公堂委值月公勃低雷珍蘭陳濬哲官、黃錦章官,查勘詳覆。

奉命吊訊饒亞任年65歲,住小南門,為芝加弄地主,供云:"李河水乃晚之蔀爹,孫亞潭則晚之書記。因他二人之理芝加弄公司《日清》數與《《牛壟數》》不孚,獻數呈覽,又屢次鑒光人挑抽奎粟到公司,或有減重則討補。至補足,將所補之粟不歸之公司,令鑒光人挑入蔀爹李河水之厝,有削視可證。況孫亞潭理記人僅掌《日清》可也,何敢濫記大管數。可見蔀爹、才副互相矛盾,吞噬公司,伏乞追究。"

吊訊李河水年41歲,為芝加弄蔀爹,供云:"晚為蔀爹掌理外事,早出午歸,午出夜歸,所有抽奎及買粟諸事,晚實不知。倘有不平交加,方有請知於晚。況掌牛壟原有番人吧吧斂,買粟則有楊乃郎、大管饒四川掌理。或入或出,俱三人之事,與晚無干。至饒亞任所獻諸削視,此事前曾請過干冬圩外淡及望加寺[②]大狗[③],晚曾受禁並無言及削視。今因孫亞潭詩礁饒亞任,乃獻削視數人,灼見買托圖賴,非真情也。"饒亞任質曰:"當時因晚負病,有向望加寺大狗云此事,懇從短處和息。於是大狗吊問蔀爹李河水及孫亞潭,俱供伊家所有之粟,俱公司項所買,願一盡交還,懇釋放勿究。"李河

① 寺:望茄寺之簡稱。

② 望加寺:亦作"望茄寺",Bekasi,地名,位於吧城以東近郊地區。

③ 大狗:閩南話,警察。

水答曰:“事非如此。因饒亞任買粟孫亞潭粟50餘車,每車價雷45盾,粟價未還,遂請干刀,誣晚等吞罔諸事,伏乞明判。”

吊訊孫亞潭年52歲,為芝加弄公司書記,供云:“《日清》及大管數,實晚所記,但晚無理大管事而記大管數。因大管饒四川日不在公司,故頭家饒亞任恐有失數,令晚代記。至《牛壠數》乃楊乃郎所記,其買粟諸事,俱楊乃郎及大管饒四川掌理,晚不過就所報登賬而已。惟每日饒四川要出往鑒光,則交晚25盾,備在公司買籐仔鹽草,至饒四川歸則清算。若買粟則金圖所買,晚不過記數而已。”將供以訊饒亞任,據云:“晚自和(荷蘭)1855年7月2日嘔血身病,至五六個月方稍愈,並無登蔀,為囑孫亞潭代記大管數,伏乞明察。”

吊訊楊乃郎年46歲,住芝吧留咻,前為饒亞任龜里,供云:“晚為亞任廚工抽奎,若早間,晚尚在公司則買粟及抽奎,收賬則晚同大管同管米間之人收領,遂記入在數。若日晏[①],晚則出往鑒光抽奎矣,則不知詳。但晚在時,未見書記人雜理此事。每日買粟,先在公司言定,則挑入牛壠。掌牛壠人稱過若干重,的單付兑粟人帶到交大管領項。所供是實。”

吊訊饒四川年29歲,住吃唧吃戾,為鍾桂生龜里,供云:“晚前曾為饒亞任大管,掌理雷項。但每日要出往鑒光,則交財副雷100盾或200盾,至少亦四五十盾,備在公司買粟及買別物之用,至歸則清算所買若干登數[②]。如有剩餘,則交還於

① 日晏:閩南話,傍晚。

② 登數:閩南話,記賬。

晚。所買之粟若干，晚無再點，因已入牛壠矣。所供是實。”

台查饒亞任所獻之數，《日清》記和（荷蘭）1855年5月4日起至11月23日止，共收抽奎及還欠粟17 646.2雙腳半把[①]；《牛壠數》記和（荷蘭）1855年5月4日起至11月23日止，共入抽奎及還欠粟17 330.2雙腳把，除外，《牛壠數》減入數316雙腳半把。查月份加減詳下：

和（荷蘭）5月份，減收粟177.2雙（腳）；和（荷蘭）6月份，減收粟213雙腳，加收粟22雙腳半，除外尚減收粟190.4雙腳半；和（荷蘭）7月份，減收粟65.3雙腳，加收粟64.2雙腳，除外尚減1.1雙腳；和（荷蘭）8月份，減收粟96雙腳，加收粟207雙腳半，除外尚加收粟11雙腳半；和（荷蘭）9月份，減收粟4.1雙腳，加收粟82.2雙腳半，除外尚加收粟78.1雙腳半；和（荷蘭）10月份，減收粟36雙腳。上四條，共減收粟452雙腳半。上二條，加收粟89.2雙腳，除外尚減入牛壠粟316雙腳半，與上結相孚。

又查《日清》記和（荷蘭）1855年5月4日起至11月22日止，共買粟3 113.1雙腳把；《牛壠數》記和1857年5月4日起至9月24日止，共收買粟1 880.3雙腳，除外尚減入牛壠粟1 232.3雙腳把。查月份減粟詳下：

和（荷蘭）5月份，減入粟53.1雙腳；和（荷蘭）6月份，減入粟248.2雙腳；和（荷蘭）7月份，減入粟57.2雙腳；和（荷蘭）8月份，減入粟11.4雙腳半；和（荷蘭）9月份，減入粟

① 把：馬來語Cupak，亦譯作“朱巴”，一種量糧食的量器，1朱巴（Cupak）等於四分之一干冬（Gantang），約等於1.5斤。类似於中國的“升”。

144.2雙腳;和(荷蘭)10月份,減入粟574.1雙腳;和(荷蘭)11月份,減入粟143雙腳半。上七個月,共減入粟1 232.3雙腳把,與上結相孚。合二結,共減粟1 548.3雙腳半把。

又查抽奎《日清》每月結條,和(荷蘭)5月分脫落一條,粟10雙腳;7月分脫落二條,減粟6.2雙腳半;8月分脫落三條,10雙腳、21雙腳、6雙腳,共37雙腳。計三個月脫落六條,計粟53.2雙腳半,減結減入《日清》。又收粟《總簿》番人項下,和(荷蘭)8月5日記收爸于嘮粟44雙腳,《日清》僅抄42.2雙腳半,有減1.2雙腳半①,連上脫落及減抄,共粟55雙腳。係理記人之失誤,餘無可指摘。謹詳公堂大嚓內裁奪。

列台覆訊饒亞任及李河水、孫亞潭,及楊乃郎、饒四川,及饒亞任所獻之數,誠如公勃低所詳。饒亞任再獻結冊二本,云是伊婿黃寅清令洪圓結算買粟入粟之額,計失粟1 548.3雙腳半把,與公勃低所勘相孚。

台問饒亞任:"汝請牛壠入粟有減,所減若干汝知否?"饒亞任答曰:"不知,惟捉蔀爹、財副之厝有粟而已。但此事前在望加寺大狗處已經有案,當時大狗委惹咄檢察李河水厝有粟800雙腳,孫亞潭厝有粟1 000餘雙腳。"又問饒亞任:"此數九本,何者為《牛壠數》?"饒亞任遂指一《《草簿》》曰:"此則《牛壠數》也。"又問饒亞任:"此《牛壠數》誰人所掌?"亞任答曰:"乃楊奈郎所掌。"又問饒亞任:"楊奈郎在公司掌理何事?"亞任答曰:"付掌抽奎事。"又問饒亞任:"此數

① 1.2雙腳半:應為"1.8雙腳半",否則與"共粟55雙腳"不符。

之設出汝所命否?”亞任答曰:“晚實不知,乃楊奈郎私下自置。”又問亞任:“另有別人掌牛壠否?”亞任答曰:“有番人吧吧歛管牛壠。”又問:“番人吧歛掌牛壠出入有數否?”亞任答曰:“番人吧吧歛無數。”

台問楊奈郎:“此《牛壠數》汝記否? 汝設此數有出於頭家之命否?”楊奈郎答曰:“此數晚在公司,則晚所記;若出往抽奎,則不知誰記。當時欲設此簿,晚曾有請知於頭家。”

台問饒四川:“每日公司買數誰人掌理?”饒四川答曰:“晚在公司,則晚掌理;若出往抽奎,則楊奈郎掌理。”

台問孫亞潭曰:“當時汝家存粟1 000餘雙腳,此粟從何而來?”孫亞潭答曰:“乃晚自己私項所買。”又問:“汝買粟有數否?”孫亞潭答曰:“無數。”

台問李河水:“汝為亞任蔀爹,每年辛金若干?”李河水答曰:“每年辛金800盾。”又問:“當日汝家抄出粟800餘雙腳,此粟從何而來?”李河水答曰:“乃晚私項所買。”又問:“汝私下買粟有數否?”李河水答曰:“有數。”又問:“今數安在?”李河水答曰:“晚家被亞任抄檢,所有數簿俱亞任取去。”

台問饒亞任:“汝壻黃寅清令洪圓結冊,汝知否?”亞任答曰:“實晚所使。”台問洪圓:“汝結此單果然照數,問心無愧,敢立誓否?”洪圓答曰:“敢誓。”

公堂會議:“論饒亞任請李河水、孫亞潭一案,細察諸供及勘數簿九本,《日清》、《總收》、《牛壠數》、《總入》、抽奎及現買,計失粟1 548.3雙腳半把。據饒亞任所措《牛壠數》一本,亞任自供此簿之設,非出其所命,乃楊奈郎私置,可謂非《公司數》也。且楊奈郎理抽奎事,亦僅或記或無記,其不可用也，明矣。縱上陳失粟1 548.3雙腳半把，未可確指果失與否。況當李河水、孫亞潭值理公司之日，饒亞任並無點算牛壠内存粟若干，又見濛昧難稽。獨勘抽查《日清》，孫亞潭已認自記自結，内中遺脱六條，減入《日清》粟53.2雙腳半，又番人總錯抄一條，減入《日清》粟1.2雙腳，計共減入《日清》粟55雙腳。此僅可責理記人孫亞潭理數不謹，致有遺失耳。謹詳大挨實嗹裁奪。”

(掌廟宇公勃低鄭肇基官繳入修理觀音亭、金德院一單)

據掌廟宇公勃低鄭甲肇基官繳入修理觀音亭、金德院一單，共用去雷602.13盾。

列台閱畢，議曰：“修理廟宇之事，本當捐貲，不宜開費本堂之項。但前公勃低陳甲逢義官繳入修理安恤廟尚存雷656盾，可以開用為是。”謹此存案。

(羅江夏、黃添淑懇追回手指辦並拆破婚字一案)

羅江夏請：“伊小女羅辛娘許配黃添淑之子黃丙水[①]為妻，已于和(荷蘭)五月1日在公舘給婚字，尚未合巹。豈料黃丙水邇來有失神之病，恐後日有悮小女終身。伏懇追回手指，拆破婚字。”

吊訊黃添淑，誠如所言：“晚已經付還手指辦，但婚字尚

① 黃丙水：據《婚簿》記載，1857年5月1日，住惹牙毛吃年22歲黃丙水與年17歲羅辛娘成婚。媒妁黃壬娘，男方主婚黃添叔(父)，女方主婚羅江夏(父)，交寅日丁巳4月13日。公舘理事：蘇天庇，陳思聰。原注：“和1857年8月18日拜三，因自給婚字以後兩家多主不安，然婚字雖給，尚未過門。到日列台吊訊男家黃丙水，女家羅辛娘，二比俱供不願為夫婦，於是本堂准其折破婚字批炤。”

未拆破。既然如此，願從羅江夏所懇，伏乞明察。”謹詳公堂大嗒內裁奪。

列台吊訊羅江夏、黃添淑，供如公勃低所詳。吊訊黃丙水，供云：“晚願從家父所言。”吊訊羅辛娘，供云：“氏願從家父所懇。”

公堂會議：“論羅江夏、黃添淑懇追回手指辦並拆破婚字一案，據男女兩家供云俱願從伊父所言。況二比主婚之人供稱，雖給婚字，尚未過門。按理而論，未成親，遂有口舌之嫌，恐日後更有深遠之慮，合式准其所懇。”於是，會二比主婚當堂拆破婚字，各花押在簿。存案。

和(荷蘭)1857年9月11日，拜五

公堂設嗒喳嘮。瑪腰(陳永元)告假不到。高甲大俊傑舍攝理瑪腰(陳永元)事，仝雷珍蘭陳濬哲官、黃錦章官、陳甲思聰官、陳甲逢義官、高甲西川官、鄭甲肇基官、大朱賴觀瀾官俱在座。蘇甲天庇官報病不到。

(謝芝黎悅娘控許鶴娘討女子張發娘一案)

副挨實嗹於和(荷蘭)1857年8月24日第□致書公堂，祈查勘詳覆日案於和(荷蘭)1857年8月15日第4 134號。為謝芝黎悅娘住觀音亭請云：“已一年之久，氏結髮之夫已故，氏有一女張發娘，年10歲，住班芝蘭埔 高鶴娘[1]之處。今氏要移居，欲攜此女，因高鶴娘不與。”

---

① 高鶴娘：原檔下文寫作“許鶴娘”。“高”與“許”的閩南話發音相近。

奉命吊訊謝芝黎悦娘年28歲，供云："如日案所言。"

吊訊高鶴娘年58歲，供云："謝芝黎悦娘之故夫則張永旁也，少時係氏撫養，既長代其娶妻成人。及生下張發娘，與氏同居，亦氏撫養，於今有十載矣。至上年唐五月間張永旁故，時至八月謝芝黎悦娘遂適他人。有張榮、張二娘，懇氏仍將張發娘代為撫養。因近日謝芝黎悦娘欲攜張發娘同往丹絨遊玩，氏謂曰：'本日不暇，且張發娘身中有恙，容另日可也。'豈知謝芝黎悦娘竟乘一時之怒，遂欲爭執此女。但張發娘有至親伯父張榮、至親姑娘張二娘尚在。如二人之言，或與或否，氏願從其說。"

吊訊張榮年52歲，住觀音亭，供云："謝芝黎悦娘果是晚之弟婦也。但舍弟張永旁自幼與母姨許鶴娘同住，於丙辰年[1]五月初八日不幸短命矣。至八月間，謝芝黎悦娘不能守三年之喪，遂改適他人，且行止不端。晚欲取回張發娘撫養，因晚未有娶妻，僅納番婦，恐不能訓督女儀。但張發娘若付其撫養，恐長大之日，必出乎其類，豈不染晚之恥哉？懇從唐人規矩而斷。"

吊訊張二娘年43歲，供云："如張榮所言。"

台問謝芝黎悦娘曰："汝曾有更適他人乎？"謝芝黎悦娘答曰："因故夫無留遺業與氏度活，故無奈抱琴別調，是情之所迫也，非氏不能守，復嫁之。"

吊訊張發娘年10歲，住班芝蘭埔，供云："母出與廟絕，氏不與聞母氏之事。"台問張發娘曰："汝要從隨于爾母姨，或要

---

① 丙辰年：咸豐六年丙辰，西元1856年。

隨爾母，可實言之。”張發娘答曰：“但家母謝芝黎悅娘經已適他人，氏不願從之，懇願原從母姨許鶴娘。”謹詳公堂大嘧內裁奪。

列台覆訊謝芝黎悅娘及許鶴娘、張榮、張二娘，供如公勃低所勘。

公堂會議：“謝芝黎悅娘請許鶴娘討女子張發娘一案，論唐人規矩，母出廟絕，夫家之事不可問矣。況謝芝黎悅娘夫張永旁故纔二個月，遂適將高律為妾。此夫屍未寒，慾心難制，未免背夫太甚。茲據張榮供稱，張永旁其弟也，張發娘即其姪女矣。夫視姪如子，論情至篤，論親至近，合式此女張發娘當歸伊伯父張榮撫養。因其娶番婦為妻，恐不能教督姪女，而寄養伊姨氏許鶴娘，以學女儀事，極妥也。此女張發娘要討與否，惟張榮之言是聽。謝芝黎悅娘不得與爭。謹詳副挨實嗹裁奪。”

（查勘詳覆楊光榮控李龍長欠厝稅一案）

挨實嗹司叻於和（荷蘭）1857 年 9 月 1 日第 7 號致書公堂，附去第 53 號詩礁字，為緞隆掛吲楊光榮控李龍長一案。祈查勘情由及數簿，具詞詳覆。

第 53 號詩礁字，楊光榮住大南門，詩礁李龍長住檳榔社：“為欠厝稅，和（荷蘭）1855 年 6 月起至 10 月止，共五個月，的雷 40 盾。任討不還，伏乞追究。”

奉命吊訊楊光榮，供云：“晚經私下處和，懇抽出此案。”吊訊李龍長，供云：“誠如所言。”將情申詳公堂大嘧內裁奪。

列台覆訊楊光榮、李龍長，供如公勃低所勘。

公堂會議：“論楊光榮控李龍長一案，據二比之供，俱甘願和息。所懇抽案，准之可也。謹詳挨實嗹司叻裁奪。”

（查勘詳覆張呇呇控吳珠生欠工銀一案）

挨實嗹司叻於和（荷蘭）1857 年 9 月 1 日第 7 號致書公堂，附去第 47 號詩礁字，為張呇呇控吳珠生①一案，祈查勘情由及數簿，具詞詳覆。

第 47 號詩礁字：“張呇呇住聖望港，詩礁吳珠生住八多柔為欠工銀 141.5 盾，任討不還，伏乞追究，並支諸費。”

奉命吊訊張呇呇，供云：“因吳子生有倩晚做工，計 40 工，每工雷 1.2 盾，計雷 48 盾。又托晚代倩別人做工，共 147 工，計雷 176.4 盾。又代倩小工，共 300 工，每工雷 5 方，計雷 150 盾，合共銀 312 盾，已取來雷 204.6 盾，折銀 170 盾又雷 6 方。對除外，尚被吳子生欠去雷 179.8 盾，折銀 141.5 盾，任討不還。晚無奈，故行詩礁。”台問張呇呇曰：“吳子生倩爾做工，及托爾代倩大工並小工及取項，有何指明？”張呇呇答曰：“晚雖不識字，但做大小工及取項，各有略登一草部②呈覽。”

台查張呇呇所獻草部一本，內中所記無法無緒，或有記名或無記名，即有記名，亦多別人名字，俱非吳子生名字。內記伍未生丁巳③三月初九日起至四月初七日止，大工共 26 工。又記張保生三月初九日起至四月初七日止，大工共 25 工。又記林榮生三月初九日起至四月十二日止，大工共

① 吳珠生：原檔下文寫作“吳子生”。

② 草部：亦作《草簿》，商行買賣原始記錄賬簿。

③ 丁巳：咸豐七年丁巳，1857 年。

24工。又記郭江海三月初九日起至四月十一日止，大工共31工。又記劉亞保三月十七日起至四月初四日止，大工共15.5工。又記伍丹祿三月二十三日起至四月初七日止，大工共14.5工。又記伍文攸三月初五日起至三月十二日止，大工共11工。又記張咨咨三月初一日起至四月十一日止，大工共40工。計187工，雷224.4盾。又記代倩小工三月初一日起至四月十二日止，小工共299雷。連上合大工計共雷373.9盾。查三月初一日起至四月十一日止，計八條共來雷204.6盾，折銀170盾又雷5.6方，此條項下並無記名。對除外，尚被吳子生欠去雷169.3盾，折銀141盾又雷1方，與詩礁字不孚，尚加詩礁雷5方。另末二條，十三日記吳子生去雷3盾，十六日來雷2盾，墨蹟有改。

台問張咨咨曰："汝數所記末二條，十三日記吳子生去雷3盾，十六日來雷2盾，云何墨蹟有改？且數內所記與詩礁字不孚，又記做工項下多是別人之名，此何故乎？"張咨咨答曰："二條墨蹟有改，原不在算內。因晚不識字，欲取記憶耳。至數與詩礁字不孚，係晚算錯，願從詩礁字而討。即數內項下多是別人之名，但此數人乃晚代倩同做工於子生者。"

吊訊吳子生，供云："無欠。當時晚付張咨咨包做牛壠，計62間，每間價雷4盾，共工雷248盾，已取去雷249.5盾。對除外，尚長去雷1.6盾。但此事前經二比會面完明，有削視李再生及劉任生二人共證。"

吊訊削視李再生年54歲，住八多柔，供云："晚亦與吳子生包做工。前日，晚與張咨咨同到吳子生家。其張咨咨謂子生曰：'我包做之工經已完竣矣。'吳子生問張咨咨曰：'既已完，汝尚有剩雷多少？'張呇呇應曰：'尚該剩雷30盾。'於是，吳子生遂取雷30盾找付清楚，二比亦面會完明。所供是實，敢立誓。"

吊訊劉任生年36歲，住吧把丹，供云："晚亦與吳子生包做工。當日，吳子生與張呇呇包做牛壠62間，每間價雷4盾。是日，晚在吳子生家，其張呇呇亦在其中，二比面會找付完明。所供是實，敢立誓。"台將供以訊張呇呇，據云："吳子生所獻二削視俱非實情，晚實不識此二人。"將情申詳公堂大嗹內電察。

列台覆訊張呇呇及吳子生及數，誠如公勃低所勘。台問張呇呇："供稱汝取雷30盾有否？"張呇呇答曰："有。晚首次取雷100盾，二次取雷50盾，三次取雷30盾。"台查數內所記，係首次取雷30盾，二次取雷100盾，三次取雷50盾，其供與數不孚。又問張呇呇："當吳子生倩汝做工有人知否？"張呇呇答曰："並無人知見。"

公堂會議："論張呇呇控吳子生一案，細察二造之供，及閱張呇呇所獻《《草簿》》，果然無法無緒，內中所記項下俱非吳子生之名。其或欠或否，無可指明。惟憑二削視李再生、劉任生所供，敢立誓明知張呇呇果係包做工項已經找明，此言與吳子生相詢可取信。張呇呇既無一可指明，所控不得承受。謹詳挨實嗹司叻裁奪。"

和(荷蘭)1857年9月28日，拜一

公堂設嘧喳嘮。瑪腰陳永元舍仝甲必丹高俊傑舍，雷珍蘭陳濬哲官、陳甲思聰官、陳甲逢義官、高甲西川官、鄭甲肇基官、大朱賴觀瀾官俱在座。蘇天庇甲、黃錦章甲登蔀不到。

(公堂詳覆副挨實嗹面諭謂敖文明欲墾惹致地一區)

據瑪腰(陳永元)請:為昨承副挨實嗹面諭,謂敖文明欲墾惹致地一區,蓋築和(荷蘭)人病厝。或肯或否?價項如何?祈速詳覆。請列台參議。”

列台曰:“原夫本堂所置惹致地,擬意欲為唐人塚穴。因丹絨、式里坡二塚不日盈滿,祇恐將來唐人枯骸無所歸依。今承上命,欲懇蓋築病厝在惹致地內,合當遵依。價項多寡,在所不論。上人主裁,自當承受。獨是本堂欲以惹致地為塚,立念已久,此乃正副挨實嗹固所深知。但未經上臺案奪恩准,未敢施行。茲因敖文明欲築病厝於此,誠善事也。職等特懇正副挨實嗹做主,賜下案奪,准此惹致地為塚,斯為幽明沾恩。或言塚有臭氣,其言似謬。蓋唐人之為塚穴也,必開壙六、七腳距之深。富者之家,四圍用磚築壁,內實灰沙,然後覆土。貧者雖無築磚,亦用灰沙充實,然後蓋土。有此作為,臭何由出?倘敖文明果築病厝於此,懇定界限。四邊若離十戈之遙,任做風水,不得阻當,詳明在君得吚內。伏望正副換實嗹曲全成事,得依本堂所懇,不勝感激之至。謹詳副挨實嗹電察。”

和(荷蘭)1857年10月23日,拜五

公堂設嘧喳嘮。瑪腰陳永元舍仝甲必丹高俊傑舍,雷珍蘭陳濬哲官、黃錦章官、陳甲思聰官、陳甲逢義官、高甲西川官、鄭甲肇基官、大朱賴觀瀾官俱在座。蘇天庇甲告假不到。

(陳吉娘、蔡寅賔夫妻求離一案)

承副挨實嗹於和(荷蘭)1857年9月22日連奎,附和(荷蘭)1857年9月18日第4635號日案,委勘陳吉娘請蔡寅賔夫妻求離一案。

列台吊訊陳吉娘,供如日案所言。又云:"氏從蔡寅賔數載,既無給費,且衣褸未嘗有置,兼之任意酷毆。氏決不願再為夫婦。"吊訊蔡寅賔,供云:"晚係貧人,獲利未可一定,有時入手,則給拙妻資費。若未入手,暫時無給,亦或有之。任意酷毆,實無此情。今拙妻決意求離,晚固願從之。"

公堂會議:"論陳吉娘、蔡寅賔夫妻求離一案,細察二比供詞,灼見恩情俱絕,況無自出子女,無可縈懷,想必無回心之日矣。合當准其離逷,各花押在簿,以示無悔。謹詳副挨實嗹作主實行。"

(公堂詳覆副挨實嗹致問丹絨、式里坡塚地收項事)

承副挨實嗹於和(荷蘭)1857年10月□日第1643號致書,祈此10月終詳聞字內所陳十四款。

列台閱書,逐一次序依問詳聞:"亞:所出修塚之項,乃眾人樂助緣金,銀2.775萬。及開公堂櫃內所存銀1.252727萬,已從和(荷蘭)1855年所約而行,已經修理潔清矣。迷:此項所出之處,係丹絨、式里坡二地取息。西:鈁項係公堂收掌藏,輪流掌理,收執鎖匙及數簿。黎:至和(荷蘭)10月終結算,尚存銀5 804.8盾,若干挨後日之費,亦就丹絨、式厘坡二地取息,如或不足,則再為勸捐。公堂當擔戴如現時一般。況今剪除已清,後日用費必然稍減。奕:塚內已築屋57間,地圖指明屋址,另日繳上。嗘:築屋每人該費雷15盾。哮:現時居此計有74人,公堂命當整清其執掌界內,如有暇時,則自栽種,取息加各人各掌其界。現時可謂潔清。逸:每月每人各領辛金,初入之時雷8盾,至六個月後,則每月每人各領雷4盾,其自種自收之息不在算內。音:雖多人居住,塚墳如舊,因其週圍栽植有斂少而已,但居人既有收成,必然有省公堂開費也。因此行實美,本欲再入多人居住,現未有妥者。倘居人不多,則取息定然稍減。阿:牛郎沙里塚已四五十載無葬人矣,現時移葬丹絨、式里坡二地。篚[①]:牛郎沙里既無葬墳,已無收項矣。上14條,依問詳聞副挨實嗹電鑒。"

和(荷蘭)1857年11月6日,拜五

公堂設嘧喳嘮。瑪腰(陳永元)仝甲必丹高俊傑舍,雷珍蘭陳濬哲官、黃錦章官、陳甲思聰官、陳甲逢義官、高甲西川官、鄭甲肇基官、大朱賴觀瀾官俱在座。蘇甲天庇官報病不到。

(承命查勘詳覆破產人黃青松開費治葬伊妻及伊母有無立意偽造無額事)

---

① 亞、迷、西、黎、奕、嗘、哮、逸、音、阿、篚:分別為荷蘭語字母A、B、C、D、E、F、G、H、I、J、K的閩南話音譯。

副挨實嗹於和(荷蘭)1857年10月24日第104號致書公堂,祈查勘酌量詳覆。為承緞卑實葛[①]於和(荷蘭)1857年10月19日第460號、781號致書挨實嗹云:從和(荷蘭)1855年第89號國例第八條,和(荷蘭)人規矩可並用於唐番人等。茲接和(荷蘭)美惜甘於和(荷蘭)1857年10月7日第122號所詳,因有唐人黃青松再入無額間,其數簿記出紡項太多,敘明治葬伊妻及伊母和(荷蘭)3月8日似未可取信。須查勘細詳黃青松果有如此開項否?從唐人規矩,喪葬稱家之有無,今黃青松無額之人如此開用,灼見立意謅造無額[②],合當呈請蘭得叻治罪。

和(荷蘭)美惜甘於和(荷蘭)1857年10月7日第122號上書卑實葛,為閱青松數簿開費治葬伊妻、伊母,甚不合式。於和(荷蘭)3月開費葬妻銀698盾又雷24角,和(荷蘭)8月開葬伊母費銀1 584盾又雷32角。計二條,共開費銀2 252盾又雷56角。余意此事開用甚然過度,實有故意造謅無額,合當申請蘭得叻治罪。

列台閱書,議曰:"論唐人規矩,喪具稱家之有無。故富有之人,動以萬計;中等之人,動以千計;貧寒之人,動以百計;窮窘之人,既無可措求,雖賣身圖葬,亦所不惜。茲黃青松開費葬妻、葬母二次,計共去銀2 282盾又雷56角。論其身業,似屬過度。獨是孝子報親恩惠,不能盡情,遑計身

① 緞卑實葛:緞,馬來語 Tuan,先生;卑實葛:亦作美惜葛、美色葛,荷蘭語 Fiskaal,徵稅官。所謂"緞卑實葛",Tuan Fiskaal,即徵稅官先生。

② 無額:閩南話,破産,倒閉,虧空,失業。

分之何在？且觀其時生理出入，每月尚有千萬計，謂其為貧，未為全貧。況乎列位緞緞猶然取信，因是取之無煩拮借用之，自然過多。此亦恒情所不免耳。細查數内所登開用葬母條目，皆在必需之物。其葬妻開用，總記一條銀 698 盾又 24 角，亦未甚過多，二者並非奢侈太甚。謹詳副挨實嗹電察。”

和(荷蘭)1857 年 11 月 20 日，拜五

公堂設嘧喳嘮：高(俊傑)甲大攝理瑪腰(陳永元)事，仝雷珍蘭陳濬哲舍、黄錦章舍、陳甲思聰官、陳甲逢義官、高甲西川官、鄭甲肇基官、大朱賴觀瀾官俱在座。蘇甲天庇官報病不到。

(戈奢婦人嗎里懇要行三丕牛郎沙里大路一事)

副挨實嗹於和(荷蘭)1857 年 11 月 11 日第 54 號又 16 號致書公堂，祈酌量詳覆。

戈奢婦人嗎里住僆默得倫只入字挨實嗹云：“氏懇挨實嗹憐憫，可行三丕牛郎沙里大路，牧放著流亞二毛含抹哮立，每晚間六點鐘于作冬時，伏乞恩准。”

列台吊訊戈奢婦人嗎里，供云：“賤氏前年經有入字挨實嗹，懇要行三丕牛郎沙里大路，至今未接案奪，以故上書再懇。因里係貧人，惟畜三丕取乳度活，伏乞恩准。”

列台閱書及嗎里口詞，及訊供詞，議曰：“憶自前年 8 月間，戈奢婦人嗎里已經入字挨實嗹，懇要行三丕牛郎沙里大路。本堂業已備詞詳覆，從和(荷蘭)1857 年 8 月 11 日第

360號,9月4日第399號所詳,經蒙挨實嗹案奪和(荷蘭)1857年8月15日第2240號,又蒙副挨實嗹案奪和(荷蘭)1857年10月11日第2321號,俱命本堂伺察嚴禁三丕行于牛郎沙里大路。今嗎里上書再懇,職等細思三丕之行必然成群,且非一日,途中竄跳蹂踏,不特有傷大路已耶,即道旁水溝,亦必踐踏崩壞,壅塞不行。至此時加工修浚,豈不大虧於本堂也哉! 伏懇副挨實嗹從和(荷蘭)1857年10月11日第2321號案奪以行,不勝仰企之至。謹詳副挨實嗹裁奪。"

(許經娘、林文喜夫妻求離一案)

許經娘住小南門,叫伊夫林文喜住丹藍望:"為交寅十五載,有生不育。近因拙夫令氏向韓清郎之妻借項500盾,氏亦從之,僅借其項30盾,將項付他應用。豈知他竟不足其願,忽生怒,遂毆打於氏。如此不良,懇乞判離。"

吊訊林文喜年36歲,供云:"未常有此事。因拙妻終日喜出外遊,使晚甚然羞愧。晚略責之,他必生多端,屢次聲言要分離。如今拙妻既無意相向,晚願從分離。"台勸許經娘曰:"夫婦五倫之大節,無大故不得分離,須從夫援歸和好如初。"礙許經娘執意離異遏。將情申詳。

列台覆訊許經娘、林文喜,供如公勃低所勘。

列台會議曰:"論許經娘、林文喜夫妻求離一案,既勘兩造之供,俱無大過,不宜分衾。細察其情,已見決絕之甚。本堂再三酌量,判合既不久長,孰若判離之為愈也,庶免後日多端。各花押在簿,任從別適無悔。"存案。

和(荷蘭)1857 年 12 月 4 日,拜五

公堂設嘧喳嘮。瑪腰陳永元舍仝甲必丹高俊傑舍,雷珍蘭黃錦章官、陳思聰官,陳甲逢義官、高甲西川官、大朱賴觀瀾官俱在座。蘇天庇甲、陳濬哲甲、鄭肇基甲俱報病不到。

(黃權高等具稟公堂擬換新牛郎哪里佛祖廟上層鏡窗)

晚生黃權高等具稟公堂列位甲必丹台前:"茲因牛郎哪里佛祖廟上層鏡窗由來日久,黑朦否壞。今有剳露員亨美魚幹公司發念換新,不敢自以為是,勢得稟明公堂,准酌施行。"

列台閱稟,准懇。存案。

(李龜呅、林阿那娘求離一案)

承文丁[①]外淡於和(荷蘭)1857 年 11 月 20 日第 1894 號致書,附雷珍蘭黃榮壽訊供,及李龜呅、林阿那娘婚字,祈酌量案奪詳覆。

列台閱書,及閱雷珍蘭黃榮壽訊供及李龜呅、林阿那娘婚字。議曰:"論唐人理家,貧富不等。富有之人,生涯浩大,用費孔繁,何需不應;貧寒之人,雖無繁費,柴米鹽油,一不可缺,此理家之道也。今李龜呅既已娶妻,而又畜妾於別室,未貧可知獨怪。據請其妻盜荳三斗、禾米 15 斗。此家中之用物件,最小事耳。乃因小事而乖大倫,殊不合理。縱林阿那娘取時無告其夫,似此細物乃屬中櫃所主,李龜呅不宜吹毛求疵。況盜荳、盜米二事,俱出伊妾朱江妹娘之口。此李龜呅愛妾何深,待妻何薄,不思結髮之情何在?本堂細

① 文丁:亦作"文登",Benteng,地名,位於吧城西郊。

按李龜吺存心在欲棄妻而寵妾，故意尋端求離。合式李龜吺當警責，方合唐規。第反而思之，若李龜吺既受警責，將懷恨不休，夫妻不睦，終無了日。孰若懇外挨實嗹即召李龜吺，嚴斥其非，嗣後不得如此。當夫妻相愛如初，苟或仍蹈前愆，致其妻稟請，定當警責不宥，然後斟酌離合可否。謹詳文丁外淡裁奪。”

和(荷蘭)**1857年12月22日，拜二**

瑪腰陳永元舍仝甲必丹高俊傑官，陳甲濬哲官、黃甲錦章官、高甲西川官、鄭甲肇基官、大朱賴觀瀾官俱在座。蘇天庇甲、陳思聰甲，陳逢義甲俱不到。

(公舘發叫黎壠付人承稅1858年丹絨、式里坡、惹致三處田園取息)

即日，列台同梁礁緞冥在公舘發叫黎壠，付人承稅和(荷蘭)1858年丹絨、式里坡、惹致三處田園取息。丹絨、式里坡二地之田，叫價銀2 690盾，承應人陳井，安呾人蔣燈光、李彥。丹絨、式里坡二地之園，叫價銀560盾，承應人陳井，安呾人蔣燈光、李彥。惹致田園叫價銀550盾，承應人陳宣，安呾人楊亞四、鍾欽五。

(楊明娘、李榮山夫婦求離一案)

楊明娘年24歲，住打鐵街，叫伊夫李榮山住仝上：“為交寅九載，未有兒子。因拙夫不給資費，家中諸事，置若罔聞。如此薄情，乞判分離。”

吊訊李榮山年32歲，供云：“因拙妻無故逐日歸寧，晚故不與資費。”楊明娘質曰:“氏家母居鄰舍,氏歸寧者,仍然繡花,未常遠遊。”李榮山答曰:“願從妻分離。”台判李榮山援歸其妻,家事須照常給費。奈二比執意分離。將情申詳公堂大嘧內裁奪。

列台覆訊楊明娘、李榮山,供如公勃低所勘。

公堂會議:“論楊明娘、李榮山夫婦求離一案,觀彼夫妻恩情俱絕,各無相向之心,雖欲強判復合,不過暫而不能久。於是准其當堂離遏,各花押在簿。”存案。

和(荷蘭)1858年1月8日,拜五

公堂設嘧喳嘮,值月:高(俊傑)、陳(逢義)。

瑪腰陳永元舍仝甲必丹高俊傑舍,雷珍蘭陳濬哲官、黃錦章官,陳甲思聰官、陳甲逢義官、高甲西川官、鄭甲肇基官、大朱賴觀瀾官俱在座。蘇甲天庇官報病不到。

(蔣秀娘、李啓由夫妻求離一案)

蔣秀娘年17歲,住觀音亭,叫伊夫李啓由①住洪溪:“為交寅三載,有生一子不育。自和(荷蘭)本年8月24日,氏與夫角口,曾到公舘懇公斷。蒙甲必丹勸解和息,令氏宜從夫而歸。氏因忿氣未釋,故暫歸觀音亭家姊蔣秀鸞娘家。迄今三個月餘,並無給費,又未常往視。至其子染病,不肯與知,

① 李啓由:據《婚簿》記載,1855年11月12日,住洪溪,22歲李啓由與15歲蔣壽娘結婚,媒妁沈三娘,男方主婚李鐵石(宗叔),女方主婚蔣慶余(堂兄),結婚日陰曆十月十三日。

以致殀亡。如此薄情，伏乞判離。”

吊訊李啓由年24歲，供云：“自蒙公舘甲必丹判後，他竟不歸，遂與伊姊同居。晚令人往喚數次，不肯回家，晚故不給資費。拙妻意欲使晚另稅別屋與他居住，晚因有老母乏人奉侍，何忍違母順妻，理所不容。況晚素本貧寒，不能從其所欲。如分離之事，晚思無故不願從之。”台勸蔣秀娘當從夫回家。據云切懇分離。將情申詳公堂大嗸內裁奪。

列台覆訊蔣秀娘、李啓由，供如公勃低所詳。據李啓由又云：“晚與拙妻並無與爭端，故不願分離。”列台判曰：“夫婦之情如膠如漆，理之常也。今蔣秀娘與夫結髮已經三載，不過小忿未消，遂有睚眥之怨，似乎不宜決志分離。合式李啓由當援妻歸家，相愛如初。如或不從，到堂再請，定行警責，以戒將來。”唯退。存案。

（陳永全控伊姑陳惜娘擅取家祖香火一案）

陳永全年30歲，住龜勿蚊咯，請伊姑陳惜娘住公司後：“為近日我不在家，他竟敢到處擅取家祖香火，伏乞追究。”

召訊陳惜娘年51歲，供云：“此香火即家父之香火也，但永全之父與氏不過親堂兄弟而已。因永全之父在日，照顧不宜，祗恐永全效尤，奉祀不誠，氏心甚不安，故欲取回自己奉祀。但前日氏往伊家，雖永全不在家，然有伊母在室。氏先告知伊母，然後敢取。”陳永全應曰：“此香火乃家祖及胞叔祖之香火，合在一爐，晚故欲追究。”將供以訊陳惜娘，據云，“果有數人合在一爐。”職勘此香火既是陳永全之祖及伊胞叔祖之香火，與惜娘之父合在一爐。況惜娘婦人也，已經從適他姓，且陳永全又是血脈兒孫，論理此香火合式當歸陳永全奉祀。今因二比爭執不休。職未敢擅專,將情申詳大瑪腰(陳永元)裁奪。

此案於和(荷蘭)1858年1月8日瑪腰(陳永元)將情繳入大嘧內。

列台覆訊陳永全、陳惜娘,供如公勃低所詳。據陳惜娘又云:"氏不欲多端,願將香火交還陳永全奉祀。"永全稱:"願。"

公堂會議:"論唐人之例,水有源,木有本,祖宗派脈相承,方為合理。今陳惜娘雖是陳姓,既已適人,則從其夫之姓矣。欲禮陳家之香火,乖謬太甚。茲願交還,於理亦順。但陳永全當奉祀得宜,方不愧為人後者之本心也。"謹此存案。

和(荷蘭)1858年1月20日,拜三

公堂設嘧喳嘮。瑪腰陳永元舍全甲必丹高俊傑舍,雷珍蘭蘇天庇官、黃錦章官,陳甲逢義官、高甲西川官、鄭甲肇基官、大朱賴觀瀾官俱在座。陳甲濬哲官、陳甲思聰官報病不到。

(承命查勘番婦汙爾控簡桂陽姦伊女林荖鬱娘一案)

承副挨實嗹於和(荷蘭)1858年1月6日第□日案,為番婦汙爾即陳佑之妻住公司,請簡桂陽住仝上:"因女子林荖鬱娘與簡桂陽同住,達知其母,謂已被簡桂陽姦淫。"

吊訊林荖鬱娘年14歲,供云:"於此十九夜,氏忘閉戶,簡桂陽突入,掩口行姦。氏即欲告知家母,而家母不在家。"

吊訊簡桂陽,供云:"晚果有與林荖鬱娘相愛行姦,因二比甘願，已相愛三個月矣。從瑪腰（陳永元）於 1858 年 1 月 5 日第 20 號所詳。”

列台吊訊番婦汙爾住公司，供云：“此唐十一月初三夜，小女林荖鬱娘被簡桂陽姦淫。賤不在家，至次早回來，小女告知賤，遂請公舘。但此乃醜辱之事，不便外揚。倘桂陽能畜小女終身，賤亦情願不究。”

吊訊林荖郁娘年 14 歲，住公司，供云：“氏與簡桂陽仝居，因于唐十一月初三夜，氏入房酣睡，忘閉房門。忽簡桂陽突然入房，招氏行姦，氏不從，但簡桂陽前曾一次入房行姦於氏，氏即欲告知家母，因家母不在家。今又欲招氏行奸，氏恐姦情外露，故告知家母。”

吊訊簡桂陽年 29 歲，住公司，供云：“晚與林荖鬱娘和姦已有三個月矣，每次入房行姦，各付雷為費。如番婦汙爾若願付伊女與晚為偏房，晚自當另備別屋與他居住，照顧得宜，決無半途之廢，況晚之妻陳宣娘亦甚然歡從。”

吊訊陳宣娘年 23 歲，住公司，即簡桂陽結髮之妻，供云：“拙夫與林荖鬱娘通姦，氏實不知。今事已露，不得不苟完此事。倘番婦汙爾及處女林荖鬱娘願與拙夫為側室，而拙夫能照顧得宜，莫誤於人，氏亦甘願任夫納妾，幫理家事，氏斷無後言。”

公堂會議：“論番婦汙爾請簡桂陽姦伊女林荖鬱娘一案，按律例所載，男女私姦，姦夫淫婦各杖一百。今林荖鬱娘處女也，不待父母之命，第因天癸未至，情竇未開，情有可矜，姑開法網免責，宜將此罪再加之簡桂陽身上。桂陽既已有罪，且年登廿九歲，豈曰小子無知，竟敢姦淫及未成人處女。此罪浮於律杖，擬未足蔽辜。獨據番婦汙爾供稱，願將伊女付簡桂陽為妾,不欲生端,林荖鬱娘願充為桂陽小星,甘心受制。簡桂陽之妻陳宣娘亦願其夫桂陽納林荖鬱娘為偏房,共理家政。由此而觀,一干敵主俱已甘願私下處和矣。謹詳副挨實嗹裁奪。”

(續:李啓由、蔣秀娘夫婦求離一案)

李啓由年24歲,住洪溪,請伊妻蔣秀娘住觀音亭:“為交寅三載,有生一子遂殀矣。緣自和(荷蘭)1857年8月24日,拙妻往住觀音亭娘仔伯侯家,晚屢喚不歸。至和(荷蘭)1858年1月8日,他竟到公堂請懇分離,晚思無故不從離遏。蒙列台鏡判拙妻須從晚回家,他仍然不遵,竟竄往娘仔伯侯家居焉。越9日,晚到處付雷10盾,他受之。晚欲援歸,他不從。迨至本早九點鐘,晚復往之,勸他回家,但他不從則止,膽敢趕晚:爾到此何故?我不欲爾到這裡。有削視張芬見證。如此不賢,懇天伸訴,俾晚生當啣恩、死當結草矣。”

吊訊蔣秀娘16歲,供云:“本早拙夫果有到處要攜氏回家,氏實不從。因拙夫無利路,氏適他終無富貴之日,故執意分離。”台問蔣秀娘曰:“前日公堂已判當從夫歸家,何故逃走別處?”蔣秀娘答曰:“氏實不願歸,寧死不願從判。”

吊訊削視張芬年21歲,住洪溪,任副默,供云:“本日九點鐘,晚經過娘仔伯侯門前,見李啓由要攜伊妻秀娘回家,但伊妻不從,遂趕伊夫曰:‘爾到此何故?我不欲爾到這裡。’所供是實,敢立誓。”

職審此事,按唐人規矩,女人未嫁由父,既嫁從夫。況前公堂已經審勘,並無事故,當從夫歸家。蔣秀娘敢竄往別處，踰法實甚，兼之本日到堂應訊，仍然出言不遜，揚聲強辯，尊卑之分安在？似此抗頑惡婦，合宜警責，以戒將來。謹此申詳大瑪腰（陳永元）裁奪。

此案瑪腰（陳永元）將情繳入大噠內。

列台覆訊李啓由、蔣秀娘，供如公勃低所詳。據李啓由又云："晚觀拙妻既然無心于晚，留之恐有後患，不若從離為妙。"

公堂會議："論李啓由所請伊妻蔣秀娘，因前本堂所判，令伊妻當從夫而歸，但蔣秀娘擅敢抗違，且伊夫往唤數次，欲給付資費，而蔣氏往往不納，兼出言不遜，合當警責。此因李啓由恐後患難測，欲從妻分離，合式准其離遏。"於是，二比當堂花押，任從別適，各無反悔，唯退。存案。

（陳發娘、黃雙全夫婦求離一案）

陳發娘年26歲，住羅敛咋，叫伊夫黃雙全住觀音亭："為交寅七載，有生一子名天志，年甫三歲。因拙夫不給資費，且不肯稅屋付氏居住，使氏無處棲身。如此不良，伏乞判離。"

吊訊黃雙全年29歲，供云："晚因無活路，故不能待妻，願從分離。"台謂雙全曰："汝乃後生可畏，豈無發達之日？須援妻而歸，當稅屋與妻居住，給費有常。"礙二比執意離遏。將情申詳公堂大噠內察奪。

列台覆訊陳發娘、黃雙全，供從如公勃低所詳。

公堂會議："論陳發娘、黃雙全夫婦求離一案，據二比供詞恩情已絕。於是准其離遏，任從別適，各無後悔。"二比花押，唯退。存案。

（公堂結算1857年全年出入條段）

副挨實嗹於和(荷蘭)1858年1月13日第2號、3號致書公堂，祈於1月20日以前須詳覆所當指明諸事。為承挨實嗹於1857年12月15日第3609號致書云：從和(荷蘭)1856年2月17日日第23號王上案奪掌理唐人塚君厘書，祈副挨實嗹詳覆所當指明諸事，又當查察公堂紡櫃，又須查察瑪腰(陳永元)所欠公堂之項，有從和(荷蘭)1856年2月17日第23號案奪而行否？又祈諭知公堂當結算全年出入條段，詳覆。

列台閱畢，命當結冊呈付挨實嗹查閱存案。

和(荷蘭)1857年1月起至12月終止，兌丹絨、式里陂風水全年收領條目，並牛郎沙里開費結冊造報。

錄兌丹絨風水條目：

1月13日，兌王麗水一穴，闊12距、長24距，銀67.7盾。

3月25日，兌吳榮輝一穴，闊仝上，銀67.7盾。

6月22日，兌陳榮宗一穴，闊仝上，銀67.7盾。

7月7日，兌莊瑞居一穴，闊仝上，銀67.7盾。

8月29日，兌鍾長生一穴，闊仝上，銀67.7盾。

10月31日，兌莊瑞居一穴，闊仝上，銀67.7盾。

11月27日，兌陳永全一穴，闊仝上，銀67.7盾。

12月10日，兌韓存娘一穴，闊仝上，銀67.7盾。

計八穴，收銀541.6盾。

錄兌式里陂風水條目：

1月3日，賜默葉哘紡一穴，闊12距、長24距，銀免還。30日，兌林音娘一穴，闊仝上，銀67.7盾。

2月4日，兑黄青松一穴，阔12距、長24距，銀67.7盾。24日，兑李秀亭一穴，阔長仝上，銀67.7盾。

3月9日，兑陳千乘一穴，阔長仝上，銀67.7盾。25日，賜默氏葉丁五一穴，阔長仝上，銀免還。

4月14日，兑沈鳳娘一穴，阔長仝上，銀67.7盾；又兑賴美壹穴，阔長仝上，銀67.7盾；又兑蔡有壹穴，阔長仝上，銀67.7盾。16日，兑巫亞野一穴，阔長仝上，銀67.7盾。21日，兑賴俊秀一穴，阔長仝上，銀67.7盾；又兑賴俊秀壹穴，阔長仝上銀67.7盾。

5月1日，兑邱滄海一穴，阔長仝上，銀67.7盾。4日，兑鄒榮陽一穴，阔長仝上，銀67.7盾。5日，兑何順記一穴，阔長仝上，銀67.7盾。16日，兑林江水一穴，阔長仝上，銀67.7盾。30日，兑林榜一穴，阔長仝上，銀67.7盾。

6月3日，兑林進生一穴，阔長仝上，銀67.7盾。11日，兑陳有華一穴，阔長仝上，銀67.7盾。13日，賜默氏張登郎一穴，阔長仝上，銀67.7盾。15日，兑翁茄律一穴，阔長仝上，鈔銀67.7盾。17日，兑林松茂一穴，阔長仝上，鈔銀67.7盾。29日，兑林大戇一穴，阔長仝上，鈔銀67.7盾。

7月2日，兑林松道一穴，阔長仝上，銀67.7盾。4日兑范亞祿一穴，阔長仝上，銀67.7盾；又兑甘德盛一穴，阔長仝上，銀67.7盾；又兑葉岸郎一穴，阔長仝上，銀67.7盾。9日，賜默陳快生一穴，阔長仝上，銀67.7盾。18日，兑李子福一穴，阔長仝上，銀67.7盾。20日，兑林碧輝一穴，阔長仝上，銀67.7盾。

8月10日，兑黄權高一穴，阔長仝上，鈔銀67.7盾。11

日，兑莊吟娘壹穴，闊長仝上，鈔銀67.7盾；又兑陳市壹穴，闊長仝上，鈔銀67.7盾。15日，兑楊恒娘壹穴，闊長仝上，鈔銀67.7盾。19日，兑蔡春水壹穴，闊長仝上，鈔銀67.7盾。

9月7日，兑李長派壹穴，闊長仝上，鈔銀67.7盾。8日，兑黃媽九添買風水，闊40距、長80距，銀152.3盾。18日，兑李寧娘壹穴，闊長仝上，鈔銀67.7盾。28日，兑張俊和壹穴，闊12距、長24距，鈔銀67.7盾。

10月3日，兑張體元壹穴，闊長仝上，鈔銀67.7盾。10日，兑張體元壹穴，闊仝20距、長仝40距，鈔銀541.6盾。

11月1日，兑鍾秀榮一穴，闊長仝上，12距、24距，銀67.7盾。18日，兑蘇吉時一穴，闊長仝上，鈔銀67.7盾。

12月10日，兑吳已來一穴，闊長仝上，鈔銀67.7盾。14日，兑蘇天庇甲壹穴，闊長仝上，鈔銀67.7盾。18日，兑陳然娘壹穴，闊長仝上，鈔銀67.7盾；29日，兑朱木生一穴，闊長仝上，鈔銀67.7盾。

計47穴。除默四穴，實額43穴，收銀3 621.9盾。連上丹絨，合共收兑風水實銀4 163.5盾。

錄收還項，並丹絨、式里坡、惹致地税條目：

6月30日，收邱春福還和（荷蘭）1857年上半年惹致地税，銀255盾。

7月21日，收陳井還和（荷蘭）1857年上半年丹絨、式里坡地税，銀805盾。

7月24日，收陳井還和（荷蘭）1857年上半年丹絨、式里陂地園税，銀165盾。

12月24日，收大瑪腰陳永元舍還來第二次母銀

4 815.63盾；又收陳大瑪腰還利息，和（荷蘭）1857 年 1 月起，12 月止，銀 1 155.78 盾；31 日，收邱春福還 1858 年下半年惹致地稅，銀 255 盾。

承上年和（荷蘭）1856 年 12 月終止，茄實簿結存鈔銀 6 261.75盾。

計七條，收銀 13 713.16 盾。連上兌風水，合收銀壹萬柒仟捌佰柒拾陸盾六角六隻。

錄開雜費，丹絨、式里坡、惹致計列條目：

1 月 1 日，開買婚簿壹本，去鈔銀 8 角。開還和（荷蘭）1857 年上半年丹絨八仙，鈔銀 7.95 盾。開還和（荷蘭）1857 年上半年丹絨上帝八仙，銀 7.65 盾。開還和（荷蘭）1857 年上半年式里坡八仙，銀 95.63 盾。開還和（荷蘭）1857 年上半年惹致八仙，鈔銀 61.2 盾。開往珍干刀還八仙，稅小車二次，去銀 4 盾。

7 月 9 日，買案簿三本，去鈔銀 19.5 盾。

8 月 15 日，開公舘清港，去鈔銀 17.87 盾。

10 月 8 日，開買信紙筆墨，去鈔銀 4.81 盾。

12 月 23 日，還和（荷蘭）1857 年下半年式里坡八仙，銀 95.63 盾；又還和（荷蘭）1857 年下半年惹致八仙，鈔銀 61.2 盾；又還和（荷蘭）1857 年下半年丹絨八仙，鈔銀 7.34 盾；又還和（荷蘭）1857 年下半年丹絨上帝八仙，銀 7.65 盾；開珍干刀去還八仙，稅小車一次，銀 2 盾。

計 14 條，共開費銀 393.13 盾。

錄開費牛郎沙里條目詳下：

1 月 12 日，開鑾律巫讓做工，共去銀 195.3 盾。19 日，開買鏡一個貯牛郎沙里地圖,去銀11盾。21日,開番人守塚,計32名,去1月辛金銀213.32盾;開貼番麵難、目鑾、吧塱代招番人守塚八仙銀30盾。

3月10日,開番人守塚,計32名,去2月辛金銀213.34盾。19日,開鑾律巫讓做工,共去鈔銀207.62盾。

4月11日,開番人守塚,計32名,去3月辛金銀213.33盾。28日,開貼番人築屋,計42名,雷630盾,折銀525盾。

5月6日,開鑾律巫讓做工,共去鈔銀245.18盾;又開番人守塚,計60名,去4月辛金銀400.01盾;開修祀壇,梁礁做君得吠,去筆資銀30盾。

5月14日,開巫讓剪草,去工雷折銀150盾。

6月16日,開番人守塚,計66名,去5月辛金銀439.98盾;開鑾律巫讓做工,共去鈔銀190.4盾。

7月9日,開番人守塚,計45名,去6月辛金銀300盾;又開番人守塚,計31名,去6月辛金鈔銀103.34盾。

8月8日,開鑾律巫讓做工,共去鈔銀191.131盾;開番人守塚,計42名,去7月辛金鈔銀280.02盾;又開番人守塚,計31名,去7月辛金銀103.32盾;又開倩龜里剪草,去工雷折鈔銀70盾。

9月22日,開番人守塚,計43名,去8月辛金銀286.69盾;又開番人守塚,計30名,去8月辛金鈔銀99.99盾;開鑾律巫讓做工,共去工雷折銀113.75盾。

10月8日,開番人守塚,計42名,去9月辛金銀279.99盾;又開番人守塚,計29名,去9月辛金銀96.67盾。開鑾律巫讓做工,共去雷折鈔銀95.07盾。

11月11日，開番人守塚，計16名，去10月辛金銀190.02盾；又開番人守塚，計57名，去10月辛金銀106.67盾；又開鑾律巫讓做工，共去鈔銀107.33盾。

12月5日，開番人守塚，計30名，去11月辛金銀20盾；又開番人守塚，計69名，去11月辛金銀230盾；又開鑾律巫讓做工，共去鈔銀107.34盾。

12月31日，開番人守塚，計5名，去12月辛金銀33.34盾；又開番人守塚，計69名，去12月辛金銀229.99盾；又開鑾律巫讓做工，共去鈔銀142.23盾。

計35條，共用去鈔銀6 251.55盾。連上丹絨、式里坡、惹致，公堂開費共用銀6 644.68盾。對除開費以外，尚結存來銀壹萬壹仟貳佰叁拾貳盾又雷三隻，與大茄實簿結尾相孚。呈上公堂大噹內電閱。

列台閱畢，命當謄抄和(荷蘭)字，呈付挨實嗹查閱。存案。

和(荷蘭)1858年1月30日，拜五

公堂設噹喳嘮。瑪腰陳永元舍仝甲必丹高俊傑舍，雷珍蘭蘇天庇官、陳濬哲官、黃甲錦章官、陳甲思聰官、高西川官、鄭肇基官、朱葛礁賴觀瀾官俱在座。陳甲逢義官報病不到。

(查勘詳覆林永娘、楊一斗夫婦求離一案)

承副挨實嗹於和(荷蘭)1857年12月9日致書公堂，附和(荷蘭)1857年12月7日第6 874號日案，祈查勘林永娘求離。據情詳覆。

和(荷蘭)1857年12月7日第6 871號日案，為林永娘即楊一斗之妻，住瑤內，請伊夫楊一斗年26歲，住班芝蘭："因於和(荷蘭)11月30日，楊一斗率氏到羅金娘，下午約二點鐘，忽有梁礁攜字一張到楊一斗，令氏花押。其梁礁氏不深識，諒必緞冥。楊一斗云：做此字付其掛啪掌理承父厝一座八份之一。氏不肯花押。及梁礁回去，楊一斗遂怒氣頓發，撑氏之頭額，扯髮拖至甲里嗎致巷 楊一斗厝，遂即毆打，有羅金娘見證。但楊一斗屢次如此，薄情太甚，乞判分離。"

吊訊楊一斗，供云："係林永娘令晚往請梁礁，要做薄茄嘮詩字[①]，付晚掛啪買船。晚請梁礁到羅金娘家，林永娘不肯花押，梁礁遂回，並無毆打之情，伏乞明察。"

吊訊羅金娘，供云："氏果見楊一斗毆打其妻林永娘拖歸其家，如和(荷蘭)1857年12月5日第474號瑪腰(陳永元)所詳。"

列台吊訊林永娘住瑤內，供如日案所言。又云："拙夫楊一斗屢次毆氏，絕無夫妻之情，不願再為夫婦，乞判分離。"

列台吊訊楊一斗住班芝蘭，供云："拙妻既然執意求離，晚願從命。"林永娘又云："拙夫既願從離，氏要討金浮花荷包束一個、撥舌衣針一支、銀帳鉤並帶及香楪全副、勿連耳碹壹對、銀鎖匙大小四支帶鍊仔、金手指壹對、柴櫃一隻、金鈕仔八粒、鈔銀1 100盾。"楊一斗云："諸物俱有，晚願交還，

---

① 薄茄嘮詩字：亦作"泊茄嘮詩"、"北葛嘮詩"，荷蘭語 Procuratie，馬來語 Prokurasi，指一種委託書。

但晚要向林永娘討勿連手指一對。”林永娘答曰:“有,氏願交還。”

公堂會議:“論林永娘請伊夫楊一斗求離一案,據二比之供,俱已絕情,不可復合。本堂已經酌量,准其離遏,各花押在簿,永無後悔。其要討物件,另日交還。謹詳副挨實嗹裁奪作主施行,以固本堂案奪。”

和(荷蘭)1858年2月3日,拜三,即咸豐七年十二月廿日

公堂封印。瑪腰陳永元舍仝甲必丹高俊傑舍,雷珍蘭蘇天庇官、陳濬哲官、黃甲錦章官、陳甲思聰官、陳甲逢義官、高甲西川官、鄭甲肇基官、朱葛礁賴觀瀾官、陳文速官俱在座。

(張文、劉桂生懇注明張水露又名張明和,劉倫娘又名劉倫那在婚簿婚字內)

據張文住珍把殺同劉桂生到堂請云:“前年9月11日,晚二人到公舘給婚,付張水露與劉倫娘成婚,但此張水露[①]又名張明和,劉倫娘又名劉倫那,懇注明在簿,並注明在婚字內。”

列台訊勘媒人陳寅娘:“果係如此否?”寅娘答曰:“果然如張文、劉桂生所言。”列台曰:“一人兩名素常亦有,今既實

---

① 張水露與劉倫娘成婚事:據《婚簿》記載:咸豐七年七月二十三日,即和1857年9月11日,24歲,住吉石珍,張水露與16歲劉倫娘成婚註冊。媒妁陳寅娘,男方主婚張文(宗叔),女方主婚劉桂生(胞兄)。

情，仰前年9月份公勃低親視仝朱注明可也。務必公勃低仝朱及兩家主婚及媒人再押在簿。”謹此存案。

公堂封印大吉。風調雨順、國泰民安。定公勃低查驗唐船舺舨，明日算起，每鬮二人，照鬮輪流，週而復初。

一鬮：甲必丹高俊傑舍、雷珍蘭陳逢義官。

二鬮：雷珍蘭蘇天庇官、雷珍蘭陳思聰官。

三鬮：雷珍蘭陳濬哲官、雷珍蘭黃錦章官。

以上應值之人如遇有事不暇，則協理雷珍蘭高西川官、鄭肇基官代之。謹此存案。

咸豐八年正月廿日，和(荷蘭)1858年3月5日，拜五

公堂開印大吉。風調雨順，國泰民安。定應值公舘公勃低，照鬮輪流，週而復初。

一鬮：甲必丹高俊傑官、雷珍蘭陳逢義官，1、4、7、10。

二鬮：雷珍蘭蘇天庇官、雷珍蘭陳思聰官，2、5、8、11。

三鬮：雷珍蘭陳濬哲官、雷珍蘭黃錦章官，3、6、9、12。

定應值外務公勃低，照鬮輪流，週而復初。

一鬮：甲必丹高俊傑官、雷珍蘭陳逢義官，2、5、8、11。

二鬮：雷珍蘭蘇天庇官、雷珍蘭陳思聰官，3、6、9、12。

三鬮：雷珍蘭陳濬哲官、雷珍蘭黃錦章官，1、4、7、10。

定應值干刀公勃低，照鬮輪流，週而復初。

一鬮：甲必丹高俊傑官、雷珍蘭陳逢義官，3、6、9、12。

二鬮：雷珍蘭蘇天庇官、雷珍蘭陳思聰官，1、4、7、10。

三鬮：雷珍蘭陳濬哲官、雷珍蘭黃錦章官，2、5、8、11。

（定掌廟宇，掌塚事，掌水淬、買辦、工役公勃低）

定掌廟宇公勃低：二、四、六。定掌塚事公勃低：一、三、五。定掌水淬、買辦、工役公勃低：一、二，掌水淬；三、四，掌買辦；一、六，掌工役。

以上數條應值公勃低，或照月份、或照位次，須依鬮而行。倘應值之人或有不暇，或有告假，則協理雷珍蘭高西川官、鄭肇基官代之。凡值外務公勃低，須逐日兼察本鑒光街衢，務宜潔淨為要。凡查驗甲舨新客登岸，援人安呾，須公勃低在座鑒察。凡每值夜公勃低，須遵和（荷蘭）1802 年條規，晚間八點鐘起到公舘，而後往巡本界鑒光至次早五點鐘方歸。謹此存案。

公堂設嘧喳嘮，值月：蘇（天庇）、陳（思聰）

瑪腰陳永元舍仝甲必丹高俊傑舍，雷珍蘭蘇天庇官、陳濬哲官、黃甲錦章官、陳甲思聰官、陳甲逢義官、高甲西川官、鄭甲肇基官、大朱賴觀瀾官俱在座。

（林福蔭代默氏故高松愬一葬地事）

具稟人晚生林福蔭住五腳橋代默氏故高松愬一葬地事：“切高松任理默事拾載，並無失職。前有致愬上臺告退默任，蒙上人准其告老。茲不幸于本年唐十二月廿九日辭世矣，係晚代理喪事。因求公堂列憲憐憫恩准，賜與葬地一穴，闊 12 距、長 24 距，在式里陂地，隨所定之例，不勝感德於二天矣。上叩。”

列台閱稟，議曰：“據林福蔭入稟，代故高松愬一穴以葬高松，但高松已任默事有拾載，且無失職。況前係告退默任，理合准懇。”存案。

（方奪侯為申懇明誠書院欲募啓讀事）

具稟人晚生方奪侯為申懇原任事：“切晚庸才陋劣，前蒙公堂列憲不棄，恩准義塾學校以教。晚謹承憲命，灑掃院堂，勗弟子之以學，惟日孜孜，弗敢怠隋。當此黌節而後，正課功之時。擬本年23日清吉之辰，欲募啓讀，理合肅稟奉聞。伏祈列位憲台大人電奪恩准，曷勝惶恐。”

列台閱畢議：“准其啓讀，依稟而行。”謹此存案。

和（荷蘭）1858年3月26日，拜五

公堂設嘧喳嘮，值月：陳（思聰）、黃（錦章）

瑪腰陳永元舍仝甲必丹高俊傑舍，雷珍蘭蘇天庇官、陳濬哲官、黃甲錦章官、陳甲思聰官、陳甲逢義官、大朱賴觀瀾官俱在座。高甲西川官、鄭甲肇基官報病不到。

（委勘詳覆李三娘懇兒子林金元付其撫養事）

承副挨實嗹寄下和（荷蘭）1858年3月22日第□日案，和（荷蘭）3月20日為林三娘請伊夫苟合林碧，因為見棄，有生一子林金元，被林碧據奪，不肯交還。委公堂判斷，詳覆。

列台吊訊林三娘實名李三娘，供如日案所言。吊訊林碧，供云：“晚所以欲棄李三娘者，因其不顧廉恥，夜夜遊蕩，甚至屢次閃匿馬車間，況又盜取時鐘去付伊姊住戈勞屈，種種惡態難容。況兒子林金元，乃晚所生，欲留在家撫養，伏乞

明判。"李三娘質曰:"氏與林碧為夫婦,實無給字[①]。兒子林金元實與林碧所生,現尚幼稚,懇追回付氏撫養至七歲以上,方送歸林碧教督。但林碧須擔支每月養費雷 18 盾交公舘,氏可取領。"將供以訊林碧,據云:"李三娘所言,晚固願從。但李三娘有取衣褲數件,晚欲追回。"李三娘答曰:"衣褲數件實有,氏願交還。"

公堂會議:"據李三娘所供,懇兒子林金元付其撫養,因年尚稚,言實有理。況林碧亦供,樂從其言。灼見二比有議和在先,合式可將林金元交回伊母李三娘撫養,林碧每月幫貼費雷 18 盾,至金元七歲以上,當送歸林碧教督。將情申詳副挨實嗹電鑒。"

(蔡發娘、曾春水夫婦求離一案)

蔡發娘年 23 歲,住觀音亭,叫伊夫曾春水[②]住烏保土庫:"為交寅兩載,未有兒子。因自去年 12 月間與夫角口,趕逐於氏,氏往家兄蔡一水厝。至 12 月歸家,拙夫閉門不納,伏乞判斷。"

吊訊曾春水年 44 歲,供云:"因去年 12 月間小女有病,聞啼聲,晚問何事?據小女云:係被母氏所打。晚不過言小女有病,如有事可告知,何必打至啼哭?拙妻遂以次早五點鐘往伊兄家,並無告知。至六七日,方有貓務[③]到來,令晚當到伊家率妻仝歸。晚云他往時並無告知,今要回何必援

① 無給字:指沒有結婚證書。

② 曾春水:據《婚簿》記載,1856 年 10 月,42 歲曾春水與 21 歲蔡發娘成婚于烏保土庫,媒妁蕭吉娘,男方主婚曾角生(胞兄),女方主婚蔡帖(胞兄)。

③ 貓務:亦作"峇務",馬來語 Babu,女傭。

率。越至 12 月 27 日,拙妻歸家,晚不在室,惟聞鄰右人言,刻間汝妻歸來,汝不在家,汝妻囑云明早要歸。晚次早待至一日,並不見回。至本年 1 月 3 日晚間,晚在公司做實,忽有小子報云拙妻歸家。晚云過年之際,妻既不與我共事,今已過正[①],歸之何益?他既往何處,可再往之。"將供以訊蔡發娘,據云:"氏並無打及小女氏,知女子有病,扶持猶恐不足,何忍打之?"曾春水答曰:"晚不願再納此婦,懇判分離。"蔡發娘曰:"拙夫要離,氏固樂從之。"將情申詳公堂大嗒內察奪。

列台覆訊蔡發娘、曾春水,供如公勃低所詳。

公堂會議:"論蔡發娘、曾春水夫婦離情已決,各無顧盼,雖欲強勸,亦是徒費良言,難冀白髮齊眉。於是准其當堂離遏,花押在簿,任從別適,各無後悔。"唯退。存案。

(陳必、王炎娘夫婦求離一案)

陳必[②]年 33 歲,住中港仔,叫伊妻王炎娘住打鐵街:"為交寅六個月,因晚有病,拙妻不肯照顧,於近日遂移出別處,晚欲吃茶湯飯食,無人使喚,且家中家需俱被搬出。似此不賢極矣,晚賤軀已積久病,在吧服藥全無應效,意欲回唐醫治。今觀此婦既無夫妻之情,留之何益?懇乞判離。但所取去物件詳列於下:唐人眠床一頂、鈔銀 510 盾、和(荷蘭)廚一隻、校椅四隻、燕窩一斤、廚棹櫃一隻,並家內諸物器具,伏乞追究。"

吊訊王炎娘年 25 歲,供云:"因氏亦有病,故不能照顧其

---

① 正:此正為和(荷蘭)新正,即西曆 1 月 1 日(元旦)新年。

② 陳必:據《婚簿》記載,1857 年 10 月 9 日,住中港仔,32 歲陳必與 24 歲王炎娘成婚。媒妁吳敬娘,男方主婚陳光興(堂叔),女方主婚王春英(胞兄)。

夫。但氏移出,係拙夫有命。其諸物件皆有之,惟鈔銀510盾已經用畢,其燕窩年内已賣,將項使用。如夫要求離,固願從之。至所言要追回物件,但氏處色,亦懇明判。”將情申詳公堂大嗱内察奪。

列台覆訊陳必、王炎娘,供如公勃低所詳。

公堂會議:“論陳必、王炎娘夫婦求離案,細觀王炎娘已無相扶之念,況結髮未久,恩愛未深。設此再勸復合,亦難冀乎久安。於是准其當堂離逷,花押在簿,任從別適,各無後悔。”唯退。存案。

(曹永娘、林潤五夫妻求離一案)

曹永娘年23歲,住旦仔低巷,請伊夫林潤五①住小南門:“為交寅七載,有生二女,長曰哵郎,次曰茄薄,年方二歲。因拙夫已經二月餘並無回家,伏乞明判。”

吊訊林潤五,供云:“因拙妻不守規矩,逐日遊蕩賭博。況今晚身有病,不能照顧,懇乞判離。所有物業,俱願付他。”將供以訊曹永娘,據云:“氏願從夫分離。”謹此申詳公堂大嗱内裁奪。

列台覆訊曹永娘、林潤五,供如公勃低所詳。

公堂會議:“論曹永娘、林潤五夫妻求離一案,觀彼夫婦恩情已絕,難判再合。於是准其當堂分離,各花押在簿。”存案。

(王著娘、陳長奕夫婦分離一案)

---

① 林潤五:據《婚簿》記載,1852年7月27日,住大南門,32歲林潤五與17歲曹新娘成婚。媒妁張二娘,男方主婚林亞七(堂叔),女方主婚曹秉郎(堂叔)。

王著娘年21歲，住大南門，叫伊夫陳長奕①住五腳橋："為交寅四載，生下一女，名崧娘。因自三年以，來並無給付資費，且氏前日染病，未見拙夫回歸省視。況氏所用衣針一支、金盆領一個，亦被夫取去質當。似此不良，伏乞判離。"

吊訊陳長奕年22歲，供云："晚因無利路，故不能厚待其妻。但資費之事，家母逐禮拜各有付雷壹盾，晚亦陸續給付，多少與他為用。至拙妻所請衣針並金盆領，但此物俱交家母收存。如要求離，晚不願從之。"台勸王著娘曰："此乃小可，既無大故，不得分離，須從夫援歸，和好如初。"即判陳長奕須給資費與妻為用，奈王著娘堅執不從。將情申詳公堂大嘧內裁奪。

列台覆訊王著娘、陳長奕，供如公勃低所詳。

公堂會議："論王著娘所請欲與伊夫陳長奕分離一案，觀陳長奕恩情未絕，尚有眷戀之心。奈王著娘決意分離，全然無心於夫，灼見情盡不能勸合。於是准其當堂離遏，各花押為炤，任從別適。"唯退。存案。

和(荷蘭)1858年4月17日，拜六

公堂設嘧喳嘮，值月：高(俊傑)、陳(逢義)。

瑪腰陳永元舍仝甲必丹高俊傑舍，雷珍蘭陳濬哲官、

---

① 陳長奕：據《婚簿》載，1855年11月5日，住五腳橋，19歲陳長奕與18歲王著娘成婚註冊。媒妁吳經娘，男方主婚陳姜(房叔祖)，女方主婚王國風(父)。

黃錦章官、陳甲思聰官、鄭甲肇基官、大朱賴觀瀾官俱在座。蘇甲天庇官登部不到。陳甲逢義官、高甲西川官不暇不到。

（公堂詳覆副挨實嗹致問丹絨、式里陂、惹致塚地事）

承副挨實嗹於和（荷蘭）1857 年 12 月 22 日第 37 號又 10 號致書，委問丹絨、式里陂、惹致地，亞、迷、西、黎、挨[①]五條，祈照條據情詳覆。

列台閱書，議曰："亞：從丈地官和（荷蘭）1858 年 3 月 25 日第 127 號書所陳，丹絨地闊 387 畝；式里陂地闊 218 畝；惹致地闊 130 畝，三條合 735 畝。已葬丹絨、式里陂二地僅闊 605 畝，內中有田、有厝、有大路、有樹木，無在額，算為風水約有五份之二。迷：計自和（荷蘭）1853 年起至和（荷蘭）1857 年終止，五年共葬男女老幼屍骸 4 365 人。內有合葬兩人共一墳，約有五份之一。計五年內，墳額約有 3 412 穴。西：計自和（荷蘭）1811 年至今已 46 年，用地丹絨、式里陂二處，約有七份之六。黎：丹絨、式里陂二處，約可再葬八年或十年之久。若添入惹致地，則更遠矣。挨：買地從舊例而行，惟葬捨施無夫妻子女之人，每穴可斂少二腳距，由此積漸而行，便見塚地可以斂用矣。謹詳副挨實嗹裁奪。"

（荷印總督批准定例公堂掌理塚地之項）

承挨實嗹於和（荷蘭）1858 年 2 月 10 日第 442 號致書公堂，為遵王上於和（荷蘭）1858 年 2 月 4 日第 29 號案奪，

---

① 亞、迷、西、黎、挨：荷蘭語字母 A、B、C、D、E 的閩南話音譯。

從和(荷蘭)1856 年 2 月 27 日第 23 號案奪,已經定例公堂掌理塚地之項,當逐年叫稅田園取息。茲再添第九條內,如公堂酌量付人承稅多年,可以增價卻是可行,但不得過於五年之久。仰挨實嗹諭知公堂,准其所懇。存案。

(委勘詳覆黃經娘、朱登郎夫婦求離一案)

承副挨實嗹寄下和(荷蘭)1858 年 3 月 27 日第 1634 號日案,為黃經娘請伊夫朱登郎求離一案,委堂查勘詳覆。

列台吊訊黃經娘、朱登郎,供如日案所言。據黃經娘又云:"拙夫毆氏不祗此次,前一次重毆至耳後血流,後請默氏勸息。今仍舊惡不悛,切懇分離。但此事實因詹旁佛令王毛叻向氏討芬[①],不知何意?氏原欲令對面峇來生往叫詹旁佛詢問,峇來生不暇。氏見詹旁佛從有傷。前經過,遂叫而問之,言未畢,忽拙夫回來,遂發大怒,舉起芬吹[②]毆打於氏,至背後乞判分離。"

吊訊朱登郎年 30 歲,住丹藍望,供云:"晚未有毆妻。因晚自外回家,見門前人數湧集,問拙妻何事?據拙妻云:有詹旁佛令人討芬,正與較論。晚強令速往請默氏,拙妻不從。晚拖之使忽拙妻跌倒,致背後礙石而傷。今拙妻切懇分離,不知何故?抑或有異志,亦未可知?伏乞明判。"

吊訊削視王毛叻年 10 歲,住丹藍望,供云:"晚是有向黃經娘買芬,但取雷衣囊未起,而黃經娘將芬拋擲於晚。晚見其

---

① 芬:閩南話,煙草。

② 芬吹:亦作"煙吹"、"熏喙",閩南話,煙斗,煙筒,煙竿,煙槍。馬來語作 Huncue,源自閩南話"熏喙"、"煙吹"、"芬吹"。

怒，遂疾趨，未嘗與黃經娘言及詹旁佛討芬之事。所供是實，敢立誓。”

吊訊削視詹旁佛年 23 歲，住丹藍望，供云：“晚未常有令人向黃經娘討芬，亦未常有與黃經娘交談。彼黃經娘所言，俱是虛誣。所供是實，敢立誓。”

公堂會議：“論黃經娘請伊夫朱登郎求離一案，大凡常人之情，最鍾愛者夫妻父子也。故唐人之例，父教其子，夫責其妻，不得為過。雖然猶有說焉，苟毆而至重傷，是無夫妻父子之情也，其過同於毆人一體。今黃經娘自供，伊自召詹旁佛到處較論討芬之事，蓋男女授受不親，其夫見此，詎能坐視不怒乎？縱有鞭靻，亦出於情不能禁耳。本堂細案黃經娘所懇分離，殊不合理。婦人而與外人交談，罪不容辭，況敢求離。合當從夫而歸，再詠唱隨可也。謹詳副挨實嗹裁奪。”

（查勘詳覆韓淵生、高阿娘夫婦求離一案）

承副挨實嗹寄下和（荷蘭）1858 年 4 月 12 日第 1923 號日案，為韓淵生請伊妻高阿娘求離一案，祈公堂查勘詳覆。

列台吊訊韓淵生、高阿娘，供如日案所言。據韓淵生又云：“拙妻果然秉性不良，不願再為夫婦，切懇分離。”高阿娘答曰：“氏與拙夫並無異情，所以如此多端，實因家姑及拙夫兄弟、妯娌嗔怒於氏，故致夫妻不睦。如列台憐情，懇願夫妻偕老，則戴德靡涯矣。此事之起，因日者拙夫欲往外飲酒，當出門時，氏勸曰：‘汝我俱依傍人家，夜間宜早歸。’其甥不知，疑氏與夫唆弄何事。及次早，其甥問氏曰：‘昨與夫何言，諒必唆弄我否？’氏未回答。家姑從內出，指氏怒罵曰：'汝要唆弄當有實情，莫以虛詞妄言。'遂扯氏之髮，將欲毆打。拙夫見之，遂即助手。氏本頭上插一長托，拙夫之手礙托而傷，此乃實情。至此刀仔一支，拙夫云係氏要用以刺他，非也。當日家內生端，人人見惡於氏，令氏歸寧母家。氏之衣褸諸物件作一包，欲帶歸母家，因有留下刀仔一支，氏取在手要合包在內。拙夫見之，即云氏欲舉刀刺他。所供是實，伏乞明判。"

公堂會議："論韓淵生請伊妻高阿娘求離一案，細察二比之供及勘其情，尚有戀戀不捨。揣其生端之由，實因他人畜怒所致。可見韓淵生求離之情，非其本心。高阿娘願合之意，出自己臆。況此刀仔乃素常所用之物，執之日間眾人共見之地，未可謂刺人兇器。合式此事，當先斥其姑惡，韓淵生當援歸其妻，依舊和好，方合眾論。謹詳副挨實嗹裁奪。"

(鄭根娘、徐天成夫妻求離一案)

鄭根娘年22歲，住烏鬼巷，叫伊夫徐天成[1]住仝上："為交寅三載，生下一女名奴勿，年纔九個月。因拙夫要向氏取出硂耳碹質當，氏要向小女之耳碹並金手指，而夫不悅。遂毆打於氏，且屢屢亦然，非祇一次也。如此不良，伏乞判離。"

吊訊徐天成年□歲，供云："晚並無毆打於妻。因年內晚有買硂耳碹一對，付妻暫用，言議過正月要取回質當，因妻

① 徐天成：據《婚簿》載，1856年8月11日，住大南門，37歲徐天成與20歲鄭根娘成婚註冊。媒妁劉金娘，男方主婚徐健（宗叔），女方主婚鄭元和（堂兄）。

不肯。如求離一事，懇從公判當如何。”台勸鄭根娘從夫援歸，礙根娘堅執不從。將情申詳公堂大嗒內察奪。

列台覆訊鄭根娘、徐天成，供如公勃低所詳。

公堂會議：“論鄭根娘所請決意欲與伊夫徐天成分離，據徐天成供云，並無毆妻。因無大故，不願分離。灼見尚有眷戀之心，恩情未絕。於是本堂當判再合，面飭徐天成後次仍然如此，定行嚴責，令鄭根娘當從夫而歸。”二比稱願，唯退。存案。

（瑪腰告知今後唐人要做風水丹絨、式里陂二地，須預先請命公堂）

瑪腰（陳永元）請曰：“自今伊始，凡唐人要做風水丹絨、式里陂二地，須預先請命公堂，掌塚君眉司[1]務必到處勘察，然後興工。及告竣，又當請命君眉司再到勘察。務必就所買闊、長若干，不得有加。”

列台議：“當在案，即日奉行無忽。”謹此存案。

（值月公勃低陳濬哲官、黃錦章官繳入 1858 年 3 月份掌兌丹絨及式里陂《風水簿》、《茄實簿》）

據值月公勃低陳濬哲官、黃錦章官繳入和（荷蘭）1858 年 3 月份掌兌丹絨及式里陂《風水簿》二本，掌項《茄實簿》[2]一本，計三本呈覽。

列台閱畢，命當登入《案簿》存案。

---

① 君眉司：荷蘭語 Commissie，馬來語 Komisi，委員，委員會。

② 《茄實簿》：茄實，荷蘭語 Kassier 音譯，出納員。所謂《茄實簿》，即錢款收支賬簿。

和(荷蘭)1858 年 4 月 30 日,拜五

公堂設嘧喳嘮,值月:高(俊傑)、陳(逢義)。

瑪腰陳永元舍仝甲必丹高俊傑舍,雷珍蘭蘇天庇官、黃錦章官、陳甲思聰官、高甲西川官、鄭甲肇基官、大朱賴觀瀾官俱在座。陳甲濬哲官、陳甲逢義官報病不到。

(查勘詳覆陳荷蓮、張挨瓦娘求離一案)

承副挨實嗹寄下和(荷蘭)1858 年 4 月 16 日第 2003 號日案,為陳荷蓮請伊妻張挨娘求離一案,祈公堂查勘詳覆。

列台吊訊陳荷蓮及張挨娘,供如日案所言。據陳荷蓮又云:"因此唐三月初三日,拙妻要往丹絨玩賞踏火,晚曰:'過火之事有何可觀?況稅車又須開費十盾,孰若在家照顧兒女為妙。'拙妻聞言不悅,即於夜間大行較鬧,舉刀欲刺於晚。晚遂把執其手,欲奪其所執之刀。忽伊妹張乃娘從晚背後打以籐,且又提起撻刀啓銷要斬於晚,其時人眾在外共見。但拙妻所行如此,非衹一次,晚已數次請知默氏李佛議。今晚不願再為夫婦,伏乞判離。"

吊訊張挨瓦娘,供云:"氏未嘗有向拙夫求離,亦未嘗與拙夫較鬧。有時家費不充,氏向拙夫索討則有。今拙夫欲求分離,氏不願從。氏尚戀子女,不忍割捨,伏乞明判。"

吊訊默氏李佛議,供云:"果然張挨瓦娘與其夫陳荷蓮屢次生端,其舉刀欲刺其夫,伊妹張乃娘自認果有。前陳荷蓮已有二三次請晚,謂其夫妻不和;其妻張挨娘亦有請晚一次,謂其夫妻較鬧。當時二比俱甘願和息,晚無請知上人。若陳荷蓮所請伊妻逐日外遊,果係實情。此婦果然行止不堪，所供是實。”

公堂會議：“論陳荷蓮請伊妻張挨瓦娘求離一案，大凡唐例，女人未嫁從父，既嫁從夫。是夫也者，乃婦人之主也。故凡出作入息，務期夫命之是從。今張挨娘既不從夫命，膽敢操刀欲刺其夫，悖理甚矣。況張挨娘已經受責，苟非悖理，何以致此？合當判其離遏，已各花押離婚簿，內誌無後悔，其子女盡歸陳荷蓮撫養教督成人。謹詳副挨實嗹察奪施行。”

和(荷蘭)1858年5月14日，拜五

公堂設嘧喳嘮，值月：蘇(天庇)、陳(思聰)。

瑪腰陳永元舍仝甲必丹高俊傑舍，雷珍蘭陳濬哲官、黃錦章官、陳甲思聰官、高甲西川官、鄭甲肇基官、大朱賴觀瀾官俱在座。蘇甲天庇官報病不到。陳甲逢義官登蔀不到。

(查勘詳莊其宗懇為梁礁副刀洛事)

承副挨實嗹於和(荷蘭)1858年3月19日第37號又9號連奎致書，附莊其宗口詞，祈查勘詳覆。

列台吊訊莊其宗住五腳橋，為梁礁緞吉寧書記，供云：“晚果有上書，懇為副刀洛[1]。”所言俱與口詞相孚。台將唐信一紙付與傳抄和(荷蘭)字、牛嘮由語[2]，又將唐信令朱葛礁賴觀瀾官傳抄一紙，各花押在抄字內。台問莊其宗：“汝抄和(荷

---

① 刀洛：馬來語 Tolok，譯員。

② 牛嘮由語：亦作“巫嘮由字”，即馬來語。

蘭)字是此唐信否?”莊其宗答曰:“果是。”

公堂列台閱唐信及莊其宗已抄和(荷蘭)字、牛嘮由語,較之朱葛礁賴觀瀾官所抄和(荷蘭)字,大半懸殊。議曰:“據莊其宗口詞,自稱熟知唐字、和(荷蘭)字,又能唐語、番語,唐字可抄過和(荷蘭)字,和(荷蘭)字能抄過唐字。由此而觀,莊其宗所抄唐信過於和(荷蘭)字,大半遺落,足見莊其宗尚未深知唐字。若和(荷蘭)字抄過牛嘮由語,果然通曉。所懇要任副刀洛,本堂未敢特薦其能。謹詳副挨實嗹裁奪。”

(詳覆副挨實嗹致問鴉片傌仔君厘書現時所用有何該易否?鴉片又有何設法更妙否)

承副挨實嗹於和(荷蘭)1858 年 5 月 7 日第 809 號致書,致問鴉片傌仔君厘書現時所用有何該易否?又祈細酌鴉片又有何設法更妙否?據實詳覆。

列台吊訊鴉片瞨官王文顯甲,不到。伊掛咻人王光華,於和(荷蘭)1858 年 1 月 29 日第 170 號梁礁緞吉寧做王文顯甲付王光華掛咻到堂,供云:“鴉片傌仔君厘書舊則妙矣,不須更易。”

公堂會議:“論據掛咻鴉片瞨官王光華供稱,鴉片傌仔君厘書從舊則妙,其言極是。因其舊規已行,各人熟知,易於遵守,且有利於敖文明。合當仍舊,可也。副挨實嗹裁奪。”

(查勘詳覆副挨實嗹致問鴉片傌仔君厘書現時所用有何該易否?鴉片又有何設法更妙否)

承副挨實嗹於和(荷蘭)1858 年 5 月 7 日第 804 號致書,致問各傌仔條君厘書現所用,有何該易否?又祈細察鴉芬、唐芬[①]有何設法更妙否？據實查勘，酌量詳覆。

列台吊訊照身賤官劉德江甲，不到。伊掛艸人陳恩郎到堂，供云："照身君厘書舊則妙矣，不須更易。"

吊訊宰牛賤官林奇觀到堂，供云："宰牛君厘書舊例可行，惟際番正[②]，各處鑒光給票 2 盾，則宰牛一隻，平分數人，約每 3 斤雷 10 盾，此實有虧於傌仔。賤官每宰牛一隻，可取息雷 30 盾之左右。又捉獲盜宰之人，求禮罰添重而已，此不敢言。礙今日受罰，要懇從重而行，庶別人有所警。"

吊訊宰豬賤官張桃，不到。伊掛艸人馮子昌到堂，供云："宰豬君厘書照舊可行，不須更易。"

吊訊當餉賤官李梓龍，不到。伊掛艸人吳榮輝[③]到堂，供云："當餉君厘書依舊實妙，不宜變易。"

吊訊魚餉賤官陳江流到堂，供云："魚餉君厘書舊例實佳，不用更易。"

吊訊酒餉賤官陳逢義甲，不到。伊掛艸人陳長溪甲到堂，供云："酒餉君厘書從舊為妙，不用別易。"

亞芬賤官瑪腰陳永元舍請曰："亞芬君厘書舊已妙矣，不須更改。其亞芬、唐芬，思不及別法更妙。于現時請，仍

---

① 鴉芬、唐芬：原檔下文寫作"亞芬、唐芬"，閩南語，即爪哇煙、中國煙。鴉或亞，爪亞(哇)之簡稱。

② 番正：即西曆 1 月 1 日元旦新年。

③ 吳榮輝：1822 年生，1844 年 5 月 18 日 23 歲時與 19 歲黃根娘成婚於大港墘，媒妁吳珠娘，男方主婚吳玉生(胞兄)，女方主婚黃日進(宗兄)。1858 年 12 月 22 日，吳榮輝 37 歲時與 20 歲李興娘再婚於中港仔，媒妁曾絨娘，女方主婚李文和(父)。1858 年為當舖業稅承包商。1888 年 7 月 11 日身故，享年 67 歲，葬丹絨塚。

舊為是。”

吊訊咁鈁膦官許清泉甲，不到。伊掛咁人許奎炳到堂，供云：“咁鈁君厘書從舊可行，懇勿再易。”

吊訊賭餉膦官陳江水，不到。伊掛咁人陳長庚到堂，供云：“賭餉君厘書舊固甚妙，不須再易。”

吊訊戲票陳江泰甲，不到。伊掛咁人陳恩郎到堂，供云：“戲票以舊為佳，不須別易。”

吊訊海嶼膦官甘溪元，供云：“海嶼君厘書舊已可用，惟萬丹屢屢販灰到城，海石定然減消。僡仔減得，致有虧本。如上人恩准，懇禁止萬丹載灰，便有益於僡仔矣。”

公堂會議：“論據掛咁照身膦官陳恩郎，掛咁當餉膦官吳榮輝，魚餉膦官陳江流，掛咁酒餉膦陳長溪甲，芬餉膦官瑪腰陳永元舍，掛咁咁鈁膦官許奎炳，掛咁賭餉膦官陳長庚，掛咁戲票膦官陳恩郎，掛咁豬餉膦官馮子昌，俱供稱各人現年所膦之僡仔君厘書，懇仍舊而行。此乃各人熟知舊例，易於守故也，今當從懇。若宰牛膦官林奇觀所請，際番正之時，各處鑒光給票雷 2 盾，則宰牛一隻，平分數人，有虧於僡仔。又捉獲盜宰之人，不過禮罰，有過於輕。海嶼膦官甘溪元，亦請萬丹販灰到城有傷於僡仔。此係實情，二膦之言是也。所懇嚴禁萬丹載灰，改易宰牛給票，捉獲盜宰禮罰從重，出自上人主裁可否。謹詳副挨實嗹裁奪。”

和（荷蘭）1858 年 6 月 4 日，拜五

公堂設嘧喳嘮，值月：陳（濬哲）、黃（錦章）。

瑪腰陳永元舍仝甲必丹高俊傑舍,雷珍蘭陳濬哲官、黃錦章官、陳甲思聰官、陳甲逢義官、高甲西川官、鄭甲肇基官、大朱賴觀瀾官俱在座。蘇甲天庇官報病不到。

(公堂詳覆挨實嗹致問在吧唐人葬墳事項)

副挨實嗹於和(荷蘭)1858 年 5 月 3 日第 14 號又 5 號致書公堂,祈酌量詳覆。

承挨實嗹於和(荷蘭)1858 年 4 月 29 日第 1518 號致書,為承厘力突闍泯於和(荷蘭)1858 年 4 月 20 日第 1504 號致書,附王上和(荷蘭)1858 年 4 月 23 日第5647 號連奎,又附壟[①]挨實嗹和(荷蘭)1858 年 4 月 13 日第 2297 號書,及壟掌塚君眉司和(荷蘭)1858 年 4 月 2 日第 9 號書云:為要更易和(荷蘭)1858 年第 3 號國例塚地君厘書第三條、第十條。一、君眉司掌塚,可秉權付人做墳至 16 戈四方以外,但每墳須還銀 100 盾。二、凡人或要葬別處,挨實嗹可主裁付與,但每墳須還銀 300 盾,此項仍歸塚項櫃內。茲將諸書寄下,祈詳聞唐人葬墳該用何闊?常例富有大戶之人或有加用否?如有,加用至何等闊止?該還何等鈁項?倘富戶宦家,既得君眉司可葬別處,該還鈁項若干。

壟掌塚君眉司於和(荷蘭)1858 年 4 月 2 日第 9 號上書壟挨實嗹云:"職掌理壟轄唐人塚事,凡有理之事,合當請明。因在壟諸唐長有請於職,謂有傷唐例一事。遵王上於和(荷蘭)1858 年第 3 號國例,其第十條實有傷于唐例矣。

---

① 壟:三寶壟(Semarang)簡稱,又譯三馬郎,華僑俗稱壟川。中爪哇省首府。

内中敘明，凡唐人葬穴，不得過於 16 戈四方，此必從和（荷蘭）1851 年第 9 號和（荷蘭）塚君厘書而出，若唐人則難於拘定。今壟各唐長云：從唐例，凡富戶宦家要做風水，必從其欲用如何闊大。因見壟中唐人之墳塚，屢屢不止于 16 戈四方，如果必從第十條國例以行，實有艱于唐人，恐有難處之勢。但欲全其美，有一計可施。誰欲求地為墳，要用若干闊，可付與之，但莫過於取用。若 16 戈四方以外，每穴須還銀 100 盾。即如邇來瑪腰知廚禮馬贏州①故，其子②欲葬出身地，從第 3 條國例，唐人葬穴須集一處，其事甚妙，職亦謂合式可從。但吧番塚，敖文明於和（荷蘭）1855 年第 9 號第 77 條條規，或有富戶宦家要葬別處，挨實嗹可主裁付與。上陳諸事，懇挨實嗹轉奏王上，俯賜恩准所懇，命挨實嗹可主裁，任人葬穴。職可承受任人葬 16 戈四方以外，其該還之鈁，俱充入唐人塚項櫃內。”

公堂列台閱書知悉，議曰：“在吧 唐人之塚地，本公堂向買，乃眾唐人之項。塚項所置，自昔及今，上下相承。唐

---

① 馬贏州：Be Lng Tjoe，正名為馬榮周，號順美。1804 年生於福建 閩南。1815 年前後由三寶壟商人陳梁（Tan Nio）帶來壟地。數年後，陳梁將自己第五個女兒許配給他。21 歲時，馬榮周協助三寶壟首任瑪腰陳長菁代理承包鴉片，二年後回三寶壟料理岳父陳梁生意。當三寶壟二任瑪腰陳烽煙承包鴉片時，馬榮周又被派到八加連當代理承包商，幾年後被任為三寶壟雷珍蘭，官名馬正魁（Be Tjing Khwee）。1839 年 1 月 7 日，升三寶壟甲必丹職。1841 年 12 月 25 日，晉升為三寶壟瑪腰。1857 年去世於吧城，享年 54 歲，有六子。

② 其子：即三寶壟瑪腰馬榮周之子馬淼泉（Be Biauw Tjoan），1845 年 8 月 28 日為三寶壟雷珍蘭，1862 年為三寶壟瑪腰，1904 年卒。其妻陳讓娘（Tan Ndjiang Nio）是原瑪腰陳烽煙之女。

人葬墳大小定有五等：一、葬貧寒之人，每墳只用闊作八腳距、長 12 距，免還塚項。二、葬少有之人，每墳用闊 12 距、長 24 距，還銀 67.7 盾。三、葬巨富之人，每墳用闊 16 距、長 32 距，還銀 220 盾。四、葬富戶之人，每墳用闊 20 距、長 40 距，還銀 541.6 盾。五、葬大富之人，每墳用闊 24 距、長 48 距，還銀 1 218.5 盾。至此為限，雖欲加還，而加用不可得也。唐人葬墳用費該還公堂，不過買地之項而已。倘富家自己有私置之地要葬其墳於地內，原有舊例，並無阻止。但當就上陳所定墳之大小，價項多寡，入還公堂。此例僅用吧城內外居民，若居山頂各處出身地不在此論。謹詳副挨實嗹洞察。”

和(荷蘭)1858 年 6 月 25 日，拜五

公堂設嘧喳嘮，值月：陳(濬哲)、黃(錦章)。

瑪腰陳永元舍仝甲必丹高俊傑舍，雷珍蘭黃錦章官、陳思聰官、陳甲逢義官、鄭甲肇基官、大朱賴觀瀾官俱在座。蘇甲天庇官、陳甲濬哲官、高甲西川官俱報病不到。

(黃青秀、李水娘夫婦離異一案)

黃青秀[①]年 28 歲，住聖望港，叫伊妻李水娘住仝上：“為交寅年餘，未有兒子。因拙妻不執婦道，屢屢不從約法，逐日遊

---

① 黃青秀：據《婚簿》記載，1857 年 4 月 9 日，29 歲黃青秀與 16 歲李承娘成婚于窯內。媒妁蕭吉娘，男方主婚黃媽意(父)，女方主婚李金炳(祖父)。據此，黃青秀到 1858 年時已 31 歲，兩者必有一誤。

蕩番人鑒光。晚略責之,他亦不以為意。但此事前月和(荷蘭)5月19日,晚曾到公舘,請乞分離。蒙甲必丹鏡判,勸晚援妻回歸,晚從所判。及歸家,拙妻仍然舊性不改,違之愈甚。似此不賢,懇判離遏。"

吊訊李水娘年18歲,供云:"並無此事。氏因買物件不過往鄰家而已,未常遠遊。蓋有之矣,亦係家母平素相善之人。但前被拙夫致請公舘,懇要離遏。蒙甲必丹判斷,謂無故不得分離,命氏從夫而歸。氏亦遵命,而不敢違。自回家以來,拙夫不與氏言談,已懷離心。氏因在家憂悶不樂,故往鄰右以消鬱解悶耳。茲觀拙夫果欲分離,氏願從之。"謹此申詳公堂大噠內察奪。

列台覆訊黃青秀、李水娘,供如公勃低所詳。

公堂會議:"論黃青秀、李水娘夫婦離異一案,據伊夫所請,謂李氏不執婦道,不從夫命,致伊夫屢屢到堂,請懇離遏,且李氏供稱願從分離,灼見二比已無相顧之心。於是准其分離,二比各花押在簿,任從別適。"唯退。存案。

(陳松茂、余挨娘夫妻求離一案)

陳松茂①年24歲,住戈奢巷,叫伊妻余挨娘住仝上:"為交寅兩載,未有兒子。因拙妻不從約法,逐日喜遊蕩,且最愛賭博。家母有病,他不肯侍奉。至近日,晚要往山頂欲尋活路,而妻不肯與家母同居。似此不賢,伏乞判離。"

---

① 陳松茂:據《婚簿》記載,1856年12月30日,住八廚沃間,24歲陳松茂與18歲余挨娘成婚。媒妁曾戎娘,男方主婚陳珍生(胞叔),女方主婚堂叔,交寅日丙12月9日。

吊訊余挨娘年 20 歲，供云：“並無此事。因拙夫令氏與伊姊同居，但伊姊逐日無故詈罵，氏不能堪，故不與他同居。但氏雖有外出，不過往母姨之家而已。今拙夫既不願與氏為夫婦，氏願從分離。”台謂陳松茂曰：“此乃小節，何至求離？當援妻而歸。”礙二比堅執不從。將情申詳公堂大嗱內察奪。

列台覆訊陳松茂、余挨娘，供如公勃低所詳。

公堂會議：“論陳松茂、余挨娘夫妻求離一案，按彼夫婦結髮未久，且二比年輕，雖一時之怒，不宜離逷。況無大故，當判再合。於是令陳松茂當援妻攜手同歸，和好如初。”二比稱願，唯退。存案。

（莊沙郎、丁月娘夫妻求離一案）

莊沙郎[①]住茄薄叫伊妻丁月娘住仝上：“為交寅八載，生下一男名利勿，年三歲；一女名層娘，年六歲。因拙妻不理家事，自和（荷蘭）1855 年 7 月 6 日到公舘，蒙甲必丹判斷，令晚率妻回家，仍然舊性不改，家事置若罔聞。如此不賢，伏乞判離。”

吊訊丁月娘，供云：“因拙夫棄妻寵妾，待氏甚然薄情，故氏不願理家政。如拙夫欲求分離，其子女務必判歸於氏，方肯從離。”將情申詳公堂大嗱內裁奪。

列台覆訊莊沙郎、丁月娘，供如公勃低所詳。

公堂會議：“論莊沙郎、丁月娘夫妻求離一案，按莊沙郎

---

① 莊沙郎：又名“莊紗囊”。據《婚簿》載，1850 年 11 月 13 日，住茄薄，32 歲莊沙郎與 19 歲丁月娘成婚。媒妁鄭殷娘，男方准婚莊貫（族叔），女方主婚丁愧（父），陰曆十月二十日完婚。

謂伊妻不理家政，可見二比情由，為夫者迎新棄舊，為妻者心生妬嫉，故夫妻不能和睦。如欲判其分離，因無大故，似非合理。於是判其再合。令伊夫率妻仝歸。”二比稱願。存案。

(張金娘、陳國中夫妻求離一案)

張金娘年20歲，住戈奢巷，請伊夫陳國中[1]住旦仔低巷：“為交寅四載，未有兒子。前因無故被拙夫逐，氏歸寧並無往視，且分文莫給。氏因無奈，到公舘請懇分離。蒙甲必丹判斷，謂無大故不得分離，令氏從夫而歸，氏仍往戈奢巷居住。自此以後，拙夫未常往視，且無給資費。如此薄情，切懇分離。”

吊訊陳國中年23歲，供云：“並無此事。自和(荷蘭)1856年9月16日，拙妻到公舘請要分離，蒙甲必丹判合，令晚率妻而歸。但妻僅歸一日，即再往伊母家，晚故無給資費。今拙妻既然要分離，晚固願從之。”台問張金娘曰：“爾夫所云爾僅歸一日，無故因何再歸寧?”張金娘答曰：“氏自公舘而回，並無歸夫家，所供是實。”將情申詳公堂大嘧內察奪。

列台覆訊張金娘、陳國中，供如公勃低所詳。

公堂會議：“論張金娘、陳國中，按二比各無相向之心，且屢次爭端，不能和合。於是准其當堂離逷，各花押在簿。”唯退。存案。

(瑪腰告知今後不論誰人要向公舘買風水務先掌塚公勃低到處勘察一事)

---

① 陳國中：據《婚簿》載：1855年1月31日，住大南門，20歲陳國忠與16歲張金娘成婚註冊。媒妁鄭銀娘，男方主婚陳清水(胞兄)，女方主婚張英炎(胞叔)，交寅日乙1月23日。

瑪腰(陳永元)請曰:"自今日起,不論誰人要向公舘買風水,務先掌塚公勃低到處勘察址在何處,左右誰人之墓,指明單內。劣[①]乃花押。"

列台曰:"遵命。"存案。

(應值公舘公勃低高俊傑、陳逢義繳入和美惜甘委勘諸負欠吳建賢之項)

據應值公舘公勃低高(俊傑)甲大、陳逢義甲繳入和(荷蘭)美惜甘,委勘諸負欠吳建賢之項,已經召諭,須速到干刀清還。將諸人應供呈閱。

列台閱畢,議曰:"可就公勃低所勘申詳。"謹此存案。

和(荷蘭)1858年7月9日,拜五

公堂設嚹喳嘮,值月:高(俊傑)、陳(逢義)。

瑪腰陳永元舍仝雷珍蘭陳濬哲官,黃錦章官、陳甲思聰官、陳甲逢義官、高甲西川官、鄭甲肇基官、朱葛礁賴觀瀾官俱在座。高(俊傑)甲大仝蘇甲天庇官報病不到。

(查勘申詳李月明、楊詩娘夫妻求離一案)

承副挨實嗹於和(荷蘭)1858年6月26日第3843號日案,為李月明住磚仔橋請伊妻楊詩娘:"因於去年唐四月間,拙妻楊詩娘懇欲歸寧西灣省視父母。及唐五月下城,竟不回家,遂往李亞四厝居住。晚聞知往喚,拙妻不回,云當稅厝另居。越數日,晚再往喚,娘仔李亞四云拙妻已往伊姊楊哲娘

---

① 劣:謙稱。

厝，址在打字石緞屋家。晚隨往處再叫，拙妻又云若不稅厝另居，決不肯歸。又延一個月，晚再往尋，伊姊楊哲娘云拙妻已往三保壟。及本年唐五月初五日，晚見拙妻仝二三嫪人坐在馬車上，衣服已經異式，任喚不肯下車。晚隨即請知默氏邱春福。據默氏云，當請知公舘。晚往請公舘，拙妻之車已行不知何往？伏乞明判究治，並判分離。”仰公堂訊勘詳覆。

公堂即委值月公舘公勃低高（俊傑）、陳（逢義）查勘申詳。此行不算①

列台吊訊李月明住礡仔橋，供如日案所言。

吊訊楊詩娘年20歲，住打字石，供云：“拙夫李月明所言氏無回家年餘，係是實事。前因家父有病，家母到家率歸視病。未幾家父物故，喪事畢，氏即回城。初入門，家姑不納，向母言汝壻尚未有另厝居住，可將汝女率歸，待汝壻若有利路稅屋另居，然後尋回。氏思並無至親可依，故前往打字石家姊楊哲娘家暫寓。但自氏離家以來，拙夫並無照顧，且無給費。適因家姊要往三保壟，氏隨之以去。至云於唐五月初五日，拙夫見氏同嫪人共坐一車，亦係實事。因家姊有寄二位嫪人同玩龍舟，至八廚沃間拙夫遇見，遂請默氏邱春福默氏，令氏當到公舘。其二嫪人不肯同行，況所坐之車嫪人所稅，氏不得自主，故無從命。至次日，氏又染病，不能往赴。”台問楊詩娘：“汝夫既已許久無給資費，又汝姑氏不納於汝，何不請知公舘？如汝自揣無過，何默氏令汝前往公舘，汝竟不得，待副挨實嗹有命方到。”楊詩娘答曰：“此數事氏之愚昧，實氏之

---

① 此行不算：原檔如此。

過。”台又問:“汝往三保壟有告知汝夫否?”楊詩娘答曰:“氏未知規矩,並無告知,亦氏之過。”再訊李月明:“當時汝往楊哲娘家要叫汝妻回歸,有付汝妻資費否?”李月明答曰:“有付雷 5 盾交拙妻之手,及後再往,拙妻已往三保壟矣。卻欲再付,無人承受。自此之後不聞信息,不復再給資費矣。”台又問:“汝既汝妻往三保壟,並無告稟公舘,懇上人移文提到治罪。”李月明答曰:“晚初意謂伊姊率去,並無他慮,豈料有變態?”台又問:“汝見汝妻已裝嫏人服色故駭然異,如若仍裝唐人服色,尚信汝妻為正人恬不呈究否?”李月明答曰:“是。”月明又云:“拙妻既然如此不顧廉恥,留之何益?不用多端,請懇判離。”楊詩娘答曰:“拙夫既要分離,氏固願從。”

公堂會議:“論大凡唐例,婦人既嫁,以夫為主,故或作或往,必由夫命。今楊詩娘不告往壟,及回從無到家,又敢變裝夷服,違法實甚。論李月明妻去年餘,並不尋究。及見變裝夷服,乃駭然驚異,如仍裝唐服則又不究,可見置妻為度外之人,猶不合式。本堂細察二造供詞,俱見有失。茲據李月明供稱不欲多端,願求分離,楊詩娘亦既樂從。二者之恩情已絕,合當准其離逷,各花押在簿,任從各適無悔。謹詳副挨實嗹作主施行,以固本堂案奪。”謹此存案。

(戴秀娘、王海源夫妻求離一案)

戴秀娘年 19 歲,住干貿巷,叫伊夫王海源①住仝上:“為交寅

---

① 王海源:據《婚簿》載,1852 年 9 月 27 日,住戈勞屈,17 歲王海源與 14 歲戴秀娘成婚註冊。媒妁謝庚娘,男方主婚王盛璋(父),女家主婚戴天麟(父),交寅日陰曆八月二十日。

六載，有生不育。因拙夫不給資費，每月僅付氏雷 5 方，不能度活。況又無稅屋與氏居住，使氏棲身無定。似此薄情，懇判分離。"

吊訊王海源年 23 歲，供云："晚因貧乏，故不能厚待其妻。但晚與人為傭，每月祇得辛金雷 10 盾，每禮拜付妻雷 5 方，論此辛金以充口腹尚且不足，焉能稅屋？晚欲與妻仝住頭家之處，因拙妻不肯。晚之家父已故，有繼母已經變類入番矣。拙妻屢欲與繼母居住，晚不從之，他故生端，欲求離遏。既然如此，晚固願從。"

台因此案前和(荷蘭)5 月 5 日戴秀娘曾到公舘請求離遏。今未幾，仍然如此，屢勸不能成功。將情申詳公堂大嚹內察奪。

列台覆訊戴秀娘、王海源，供如公勃低所詳。

公堂會議："論戴秀娘、王海源夫妻求離一案，按王海源與人為傭，每月僅得辛金雷 10 盾，且每禮拜付伊妻雷 5 方，焉得充饑度日？況又無稅屋居住，致令伊妻屢屢到堂生端，灼見伊夫自認貧甚，不能照顧，且二比俱願分離。於是准其當堂離遏，花押在簿，任從別適。"存案。

(沈好娘、黃福星夫妻求離一案)

沈好娘年 21 歲住望茄寺，叫伊夫黃福星[①]住仝上："為交寅三載，未有兒子。因氏自與拙夫交寅以來，夫妻輪流疾病。若

---

① 黃福星：據《婚簿》載，1856 年 9 月 3 日，住望茄寺，22 歲黃福星與 19 歲沈好娘成婚註冊。媒妁曾戎娘，男方主婚黃亞酷(父)，女方主婚沈賚(父)，完婚日陰曆八月十六日。

氏病癒，則拙夫染病，想必非姻緣也，懇判離逷。”

吊訊黄福星年 24 歲，供云：“果如伊妻所言，亦懇判離。”台問二比曰：“必有別故，不然夫妻疾病，何至求離？”二比答曰：“果無別故。”將情申詳公堂大嚧內察奪。

列台覆訊沈好娘、黄福星，供如公勃低所詳。

公堂會議：“論沈好娘、黄福星夫妻求離一案，按彼夫婦供稱，並無別故。謂夫妻輪流疾病，言非姻緣，揣理而斷，卻亦可信。況二比俱願分離，勸之無益。於是准其當堂離逷，二比花押在簿，各無後悔。”唯退。存案。

（許桂宗、曾必娘夫妻求離一案）

許桂宗年 36 歲，住安恤抽奎橋，請伊妻曾必娘住仝上：“為交寅首尾九載，生下一子名子龍，年五歲。因拙妻不執婦道，逐日遊蕩。晚責之，他亦不以為意，且並無尊卑，每與家母應言，必曰爾、我。如此不賢，乞判分離。”

吊訊曾必娘年 25 歲，供云：“拙夫所請之事，氏俱願承認。蓋因拙夫有開亞廊，氏每在店中看守，他必疑氏有竊取其項，氏故欲閒遊。雖有閒遊，亦罕矣。但拙夫懇離逷，氏固願從之。”台判許桂宗：“此乃小過之事，不得分離，須援妻而歸。”又面諭飭曾必娘：“須悔前非，後次不得仍然如此，如爾夫再請，決不輕恕。”礙二比堅執離逷。將情申詳公堂大嚧內裁奪。

列台覆訊許桂宗、曾必娘，供如公勃低所詳。據桂宗云：“拙妻懷孕，如有生產，晚當撫養。”

公堂會議：“論許桂宗、曾必娘夫妻求離一案，據桂宗所請，不過謂伊妻不執婦道，而且並無尊卑，此乃小過之事耳。

且曾氏有懷孕數月,不宜分離。於是准其當堂再判復合。”面飭曾氏:“後次不得仍然如此,如敢再蹈前愆,定行警責。”即令伊夫率妻而歸,二比稱願。存案。

(許雲烈、胡嬌娘夫妻求離一案)

許雲烈[①]年47歲,住鑒光美色近,請伊妻胡嬌娘住公司:“為交寅十一載,有生一子名炎山,年七歲。因晚身染風病,足不能行動。拙妻不肯照顧,且逐日遊蕩。似此不賢,伏乞判離,並懇追討物件計九條詳下:金頭托五戔重九成金壹枝、砼耳碹壹對、砼手指三目壹腳、半元重金串錢一個、金手鍊壹腳、金襪帶一副、安汶柴鑲銀詩禮盤帶盒一個、銀詩禮鍊一條,又馬哖山銀托八枝,及暨家內諸物業。”

吊訊胡嬌娘年27歲,供云:“拙夫所請要討上所陳物件計九條,俱係他收藏在棹櫃內,其鎖匙是他收執。但夫所言,謂氏不顧夫病,試問他致病已經七載矣,是誰照顧?且其子方初產,迄今年登七歲,是誰撫養?可見薄情人不以恩報之,反以仇謝之。茲觀拙夫,果有相棄之心,氏願從之。惟懇此子付氏撫養至年紀十五歲,氏願交還於夫,及小兒所用衣服物件並眠床壹頂、鏡窗廚一座付氏取用,其餘家需一盡,氏願一暨交還。”台將供以訊許雲烈,據云:“晚所請要討物件九條,果係拙妻收執。但小兒晚要自己撫養,他所懇之物,晚不願許與。”職按,此事難判再合。將情申詳公堂大嘧內察奪。

---

① 許雲烈:據《婚簿》載,1848年5月11日,住西門內,37歲許雲烈與17歲胡嬌娘成婚註冊。媒妁謝奎娘,男方主婚許雲彬(從兄),女方主婚胡楊(從伯),完婚日陰曆四月二十一日。

列台覆訊許雲烈、胡嬌娘,供如公勃低所詳。據胡嬌娘又云:"拙夫要求分離,氏願從命。但兒子許炎山,氏未肯交還,須待至12歲方肯送歸。又求眠床一頂、鏡廚一座為用,其餘所有別物俱願交還。"許雲烈允從。

本堂細察二比之供,果見絕情已甚。即判離逷,花押在簿。其子許炎山,至12歲當歸其父許雲烈。二比稱願。存案。

(掌塚公勃低陳濬哲告知凡要做風水丹絨、式里陂二地,務必公勃低勘察指畫長短、廣狹一事)

據掌塚公勃低陳濬哲甲請曰:"而今凡要做風水丹絨、式里陂二地,務必公勃低勘察指畫長短、廣狹,當就何處算起,求指示可便行事。"

列台曰:"當就見灰磚之處丈算為是。"謹此存案。

和(荷蘭)1858年7月23日,拜五

公堂設嚒喳嘮嘮,值月:陳(濬哲)、黃(錦章)。

瑪腰陳永元舍仝甲必丹高俊傑舍,雷珍蘭陳濬哲官、黃錦章官、陳甲思聰官、陳甲逢義官、高甲西川官、鄭甲肇基官、朱葛礁賴觀瀾官俱在座。蘇甲天庇官報病不到。

(查勘申詳荷蘭美惜甘致書公祈向吳建賢合夥人追繳1857年呥鈁公司、照身公司、賭餉公司諸數簿一事)

承和(荷蘭)美惜甘於和(荷蘭)1858年6月9日第257號致書公堂,祈向吳建賢合夥人追出和(荷蘭)1857年呥鈁公司、照身公司、賭餉公司諸數簿,一併繳上,可以清算。

公堂即委值月公舘公勃低陳濬哲甲、黃錦章甲查勘申詳。奉命吊訊呭鈁公司朥官鄒清水住大南門，供云："和(荷蘭)1857年呭鈁公司果是晚為朥官，如和(荷蘭)美色甘要查勘數簿，晚當獻上。"

吊訊照身朥官吳蔭住新把殺，供云："和(荷蘭)1857年照身公司果是晚為朥官，如和(荷蘭)美色甘要查勘數簿，晚當獻上。"

吊訊賭餉公司朥官劉厗住干冬圩，供云："和(荷蘭)1857年賭餉公司果是晚為朥官，如和(荷蘭)美色甘要查勘數簿，晚當獻上。"

職令呭鈁朥官鄒清水、照身朥官吳蔭、賭餉朥官劉厗，須速獻數簿繳入公堂內。將情申詳公堂大嘧內裁奪。

列台閱畢，議曰："可就公勃低所詳，並朥官鄒清水、吳蔭獻出呭鈁、照身數簿繳上。其賭餉之數，據劉厗云，尚要與外人會數，不得如命即繳。"謹此存案。

(副挨實嗹致書公堂令繳還牛郎沙里開創水溝之費銀100盾)

承副挨實嗹於和(荷蘭)1858年7月14日第1325號來書，附抄緞因申柔 和(荷蘭)1858年1月7日第18號書，令本堂繳還銀100盾，係緞因申柔代請一位緞緞顧視牛郎沙里開創水溝之費。

列台閱畢議："當繳上奉還。"謹此存案。

和(荷蘭)1858年9月3日，拜五

公堂設嘧喳嘮，值月：陳(濬哲)、黃(錦章)。

瑪腰(陳永元)告假,不到。高(俊傑)甲大攝理大瑪腰事,仝雷珍蘭蘇天庇官、陳濬哲官、黃甲錦章官、陳甲思聰官、陳甲逢義官、高甲西川官、鄭甲肇基官、大朱賴觀瀾官俱在座。

(鄭根娘、徐天生夫妻求離一案)

鄭根娘年22歲,住烏鬼巷,叫伊夫徐天生住仝上:"為交寅三載,有生一女名奴勿,年二歲。因拙夫逐日招人入室吃鴉,值日有唐人忽入房,與拙夫同床吃鴉。氏見之難容,即取柴器欲打其人,而拙夫竟奪氏之柴,遂槌倒於氏。似此不良,乞判分離。"

吊訊徐天生年39歲,供云:"因晚時常有吃鴉片,忽有病欲吃鴉片,不能裝,故倩人代裝鴉片與晚吃之,未常逐日招人入室。此因拙妻恐晚病故,故欲先請求離。但拙妻所有器用並衣服已經取去,由是觀之,諒必無相向之心,願從分離。"台勸鄭根娘曰:"據爾夫所言,實因有病,故求人代裝鴉片,非平時源源而來者。今爾夫病癒,必不敢再效前尤,當從夫而歸,和好如初。"奈二比執意分離。謹此申詳公堂大嗒內察奪。

列台覆訊鄭根娘、徐天生,供如公勃低所詳。

公堂會議:"論鄭根娘、徐天生夫妻求離一案,細觀彼夫婦,尚有相向之心,況無大故,不得分離。"於是判其再合,令徐天生援妻而歸。二比稱願,唯退。存案。

(續:陳松茂、余挨娘夫婦求離一案)

陳松茂年24歲,住戈奢園,請伊妻余挨娘住仝上:"為交寅兩載,未有兒子。因前遵公堂判斷,令晚援妻回家。晚屢次招回,且家母亦屢次喚回,但拙妻全然不從。況晚曾親見拙妻與外人戲謔，不顧廉恥。乞請上人究治，並懇判離。”

吊訊余挨娘年 20 歲，供云：“氏實不願從夫回家。拙夫屢以惡言佈告鑒光人，且屢次到公舘稟請，氏實羞愧。但拙夫所云氏與外人戲謔，實無此情。今拙夫要求分離，氏固願從。”台見二比恩情已絕，諒不能復合。將情申詳公堂大嘧內裁奪。

列台覆訊陳松茂、余挨娘，供如公勃低所詳。

公堂會議：“論陳松茂、余挨娘夫婦求離一案，據伊夫所請，謂伊妻自供果無此情，灼見尚有眷戀之心。即判陳松茂率妻而歸，面飭余挨娘須從夫命，不得擅敢抗頑。”二比稱願。存案。

（公舘公勃低蘇天庇官、陳思聰官繳入 1858 年 8 月份掌理兑丹絨及式里陂二地《風水簿》並掌項《茄實數》）

據公舘公勃低蘇天庇官、陳思聰官繳入和（荷蘭）1858 年 8 月份掌理兑丹絨及式里陂二地《風水簿》二本，並掌項《茄實數》一本呈閱。

列台閱畢，命當存案。

（方奪俟具稟懇為建造字亭事）

具稟人義學晚生方奪俟，為建造字亭事：“切晚不才，自去年蒙大瑪腰（陳永元）暨公堂列位憲台大人樾蔭，晚經僱工收拾字紙，但積已多，若不建亭於院之西偏，則其焚化字灰未得其宜。因思公堂列憲素行皆善建造廟宇，修理橋路，施捨塚地，設立義塾，凡四海九州，無不共仰芳徽，況吧人乎？玆若恩准建造字亭，乃善之全也。紫陽朱夫子其默祐之，與數善之事其功咸歸於一德，豈不名勝百載以上，而功垂萬載以下者哉！伏乞電奪，瞻仰批示。切叩。”

瑪腰(陳永元)閱稟，批：“凡屬唐人，當從唐例。苟在唐有惜字一事，劣亦不敢廢，鄙意如是。請列台參奪。”列台閱稟，議曰：“准請。”

和(荷蘭)1858年9月24日，拜五

公堂設嘧喳嘮，值月：陳(濬哲)、黃(錦章)。

瑪腰(陳永元)告假，不到。高(俊傑)甲大攝理大瑪腰(陳永元)事，仝雷珍蘭陳濬哲官、陳逢義官、高甲西川官、鄭甲肇基官、朱葛礁賴觀瀾官俱在座。蘇甲天庇官、黃甲錦章官、陳甲思聰官俱報病不到。

(委勘詳覆李亞拱、鍾庚娘離異一案)

承副挨實嗹寄下和(荷蘭)1858年8月17日第4137號日案，委勘鍾庚娘請為夫久罪囹圄乞離一案。祈酌量詳覆。

列台吊訊鍾庚娘年22歲，前住八茶礶陳玉長①界，後移珍新把殺趙清香界，供如日案所言。又云：“拙夫李亞拱②自畜此妾，則昏迷於是，絕不照顧家費。當時主婚伊兄李井二明知，李亞拱並無家業，且無子女，氏將何依？因是，切懇分離。”

---

① 陳玉長：Tan Giok Tiang，初任八茶礶正默氏。1864年1月21日，舉薦為二朱，月俸80盾。1871年2月9日王上第34號案奪，升為大朱，月俸120盾。1882年10月告老時，公班衙賜雷(珍蘭)銜。1895年9月18日身故於八茶礶，享年80歲，葬丹絨塚。

② 李亞拱：又作“李亞恭”。據《婚簿》記載，1853年12月15日，住惹牙毛吃，28歲李亞恭與19歲鍾庚娘成婚註冊。媒妁張二娘，男方主婚李井義(堂兄)，女方主婚鍾新淑(堂兄)，完婚日陰曆十一月十九日。

吊訊李井二年 65 歲，住班芝蘭埔，供云："李亞拱果晚之堂弟，係晚為之主婚交寅鍾庚娘。前年為鍾新淑理記，每月辛金 30 盾，後為八廚沃間米店書記，不知辛金若干。其家業有無，晚實不知，但未知有子女。"台諭李井二曰："汝既為汝弟主事成婚，今汝弟已經受罪，合當照顧其妻，無至凍餒。"李井二答曰："晚乃貧寒之人，自顧不暇。況亞拱所為犯法，晚不敢與，係擅殺姦夫淫婦在默李佛誠界內。但其妻欲求離遏，晚不敢主，惟上臺裁奪。"

吊訊默李佛誠住觀音亭，供云："李亞拱係晚之宗親。當時畜娼在晚界內，因其擅殺姦夫淫婦，以致受罪。所供是實。"

吊訊默陳玉長住八茶貫，供云："當時李亞拱住晚界內，惟以月金糊口，其家並無異物，僅見有和(荷蘭)椅五六隻、棹一隻而已。所供是實。"

吊訊默趙清香住珍新把殺，供云："當時鍾庚娘移居晚界，不過傍宿詹有二之家，並無攜帶物業。所供是實。"

吊訊詹有二年 40 歲，住珍新把殺，供云："鍾庚娘與晚妻同姓，當其移來晚家，僅帶故薦褥、蚊帳及茄令箱一腳，內貯自用衣裳而已。所供是實。"

公堂會議："論夫妻之情，榮則同甘，辱則同苦，理之常也。雖然犯法如是，猶當視其素日相待恩義之厚薄為何如耳。今鍾庚娘請為夫久罪，欲求離遏，揆理雖為未合，按情則有可原。據諸削視供稱，明係李亞拱自招其禍。夫以月得三十盾之辛金，既有妻室為用尚然不足，而又畜妾於異室以分其費，可見李亞拱薄待其妻可知，且當入室操戈之時，身縱不惜，獨不念髮妻之在室，所謂忘身及親者是也，人之無情莫甚於此。況據默氏陳玉長、趙清香供，謂李亞拱並無遺業兼無兒女，伊親李亞三、李井二又不敢擔承鍾庚娘度日之費，天下豈有無水之池而能養魚者乎？本堂細思李亞拱、鍾庚娘離異一事，始終不免。於是當堂案奪，准鍾庚娘所請，任其別適，庶幾無玷鍾庚娘後日之身名，豈不美哉！謹詳褒黎司作主施行，以固本堂案奪。”

和(荷蘭)1858年10月15日，拜五

公堂設嘧喳嘮，值月：高(俊傑)、陳(逢義)。

瑪腰陳永元舍仝雷珍蘭陳濬哲官、黃錦章官、陳甲思聰官、陳甲逢義官、高甲西川官、鄭甲肇基官、大朱賴觀瀾官俱在座。高(俊傑)甲大、蘇甲天庇官報病不到。

(挨實嗹追究雷珍蘭劉德江及劉德祿甲等人知而不報之責)

承瑪腰(陳永元)繳入副挨實嗹和(荷蘭)1858年10月11日第737號又30號連奎，附挨實嗹和(荷蘭)1858年10月9日第3922號書，為閱和(荷蘭)10月8日第372號瑪腰(陳永元)所詳，其唐人劉戽已經定罪，拘禁八日。因其無請上命，又無請知該轄首領，擅傳訛言，遍及各轄。其雷珍蘭劉德江及劉德祿甲、雍仕元甲、陳江泰等知而不請，亦屬有過。宜禁雷珍蘭劉德江官、劉德祿官在伊家八日；又禁雷珍蘭雍仕元官、陳江泰官在伊家各四日；又祈諭知劉德江甲、劉德祿甲，倘後次再有不遵法矩，定請上命，重責不宥。

列台閱畢，議當存案。

（邱安娘、黃元興夫婦求離一案）

邱安娘年21歲，住鑒光美色近，請伊夫黃元興住仝上："為交寅七載，因拙夫屢次向氏取項，至和(荷蘭)9月1日拜三，要再向氏取項。氏云無鐳[①]，他遂將枕褥扯破，並打碎盤碗。氏因不願，故到公舘懇明判。至期，公舘要質訊他，不到。再召，和(荷蘭)9月4日拜六，他又不到。然後，甲必丹令氏暫歸母家。氏先回夫家遇拙夫，遂拍破氏之衣，且毆氏在途中，並拖氏倒在港。現有痕在額上，又足脛亦有傷痕，且有削視番惹八見證。似此不良，伏乞鏡判。"

吊訊黃源興年25歲，供云："拙妻所言俱是虛詞。因和(荷蘭)9月1日拜三，拙妻要向晚取鐳，晚云無鐳。拙妻遂怒而不炊爨，晚亦怒，故將盤碗打破，未常有打毀枕褥。因拙妻要歸母家，晚阻之，他自倒在地，晚要扶起是實，並無有打。"

吊訊削視番惹八住仝上為吏寮長，供云："和(荷蘭)9月1日拜三，賤見黃源興扯破枕褥。至次日公舘令馬礁往召，因他不在室，賤候他回來，即告知，令他此拜四當到公舘。至拜六下午，賤見伊二人俱倒在地相毆，伊夫在上，伊妻在地。賤遂勸止，即將二人帶往請知默氏。據默氏云：此乃夫婦之事，令伊二人當到公舘請知甲必丹，所供是實。"職未敢擅專，將情申詳高甲必丹大裁奪。此案高(俊傑)甲大將情繳入嘮喳嘮內察奪。

列台覆訊邱安娘、黃元興，供如公勃低所詳。據邱安娘又云："氏不願多端，從今不欲與他再為夫妻，懇求分離。"據

① 無鐳：無錢，閩南語。

伊夫黃元興云:“拙妻既然欲求離遏,晚願從之。”

公堂會議:“論邱安娘、黃元興夫婦求離一案,據邱安娘所請,謂伊夫黃元興毆打,致此心懷不願,意欲懇責伊夫,且伊夫既不能待妻,屢敢向妻索討其項,致此生端,故邱氏不願再與伊夫為夫婦,況黃元興亦供願從分離,灼見二比恩情俱絕。”於是准其當堂離遏,二比花押在簿,任從別適。存案。

(陳層娘、黃松茂夫妻求離一案)

陳層娘年33歲,住皮寮,叫伊夫黃松茂[①]住仝上:“為交寅十載,有生不育。因拙夫不給資費已經五個月矣,致氏難度過日。無奈於和(荷蘭)8月25日,氏到公舘請懇分離。迨至和(荷蘭)9月3日,蒙公堂列位甲必丹判再合,令氏從夫仍歸。因此和(荷蘭)9月25日拜六晚,無故被拙夫毆氏,似此不良,氏愈忍而愈辱,終無了局,切懇判離。”

吊訊黃松茂年40歲,供云:“拙妻所云謂晚不給資費,並無此事。晚與人為傭,每領辛金時,即付拙妻資費,或付雷12盾,或付雷13盾,未常有缺。至此和(荷蘭)9月25日拜六晚,因拙妻不肯炊爨,且不肯洗滌衣庫[褲],晚略嫌之,他謂水濁,遂以此而生怒,但晚並無毆妻。如拙妻要求分離,晚願從之。”台因伊夫婦屢屢求離,任勸不能和睦。將情申詳公堂大嘧內裁奪。

列台覆訊陳層娘、黃松茂,供如公勃低所詳。

---

① 黃松茂:據《婚簿》記載,1850年2月28日,住惹牙蘭,28歲黃松茂與25歲陳層娘成婚註冊。媒妁鄭銀娘,男方主婚黃印(宗兄),女方主婚陳江水(堂兄)。完婚日陰曆正月二十日。

公堂會議:"論陳層娘、黃松茂夫妻求離一案,按二比供詞,恩情已絕,諒不能再合,屢勸無益。"於是准其當堂離遏,各花押在簿。存案。

(許長協、陳毛力娘夫婦求離一案)

許長協[①]年27歲,住八戈然,請伊妻陳毛力娘住仝上:"為交寅纔二個月餘,因拙妻懶惰不理家政,室中諸事,俱置而不聞。似此不賢,伏乞判離。"

吊訊陳毛力娘年18歲,供云:"氏既嫁從夫命,但家中諸事氏非敢懶惰。因拙夫自交寅以來,不與氏言談。氏欲與之言,他不肯應接。如夫欲求離,氏願從之。"台勸許長協曰:"此乃小故之事,當忍耐,且成婚未久,何忍分離?當援妻而歸。"礙二比執意分離。將情申詳公堂大嗒內察奪。

列台覆訊許長協、陳毛力娘,供如公勃低所詳。

公堂會議:"論許長協、陳毛力娘夫婦求離一案,按伊夫婦成婚未幾,香氣猶在,遂欲求離,論理不得。無奈二比離情已決,雖欲強勸,不能久安。"於是准其當堂離遏,二比花押,唯退。存案。

(郭財娘、戴俊夫妻求離一案)

郭財娘住公司,叫伊夫戴俊[②]住仝上:"為結髮20載,有生

---

① 許長協:據《婚簿》記載,1858年7月27日,住八戈然,27歲許長協與18歲陳毛力娘成婚註冊。媒妁謝庚娘,男方主婚許銀河(父),女方主婚陳玉珩(堂兄)。完婚日陰曆六月二十九日。原注:"據默氏吳龍生云,許長協果是吧生長。"

② 戴俊:據《婚簿》記載,1839年5月15日,住烏鬼巷,38歲戴俊與18歲郭彩娘成婚註冊。媒妁戴清娘,男方主婚戴炳(宗叔),女方主婚郭永麟(胞兄),完婚日陰曆四月十五日。據此可知,戴俊成婚時所報年歲不實。

二子。長曰南山，年 17 歲；次曰東海，年 12 歲。因拙夫逐氏，且閉門不納，伏乞判離。”

吊訊戴俊年 63 歲，供云：“此因拙妻不顧廉恥，所行不端，逐日欲出則出。晚阻之，他亦不聽從。今拙妻欲求離，晚願從之，但他所取晚之物件，當逐一交還。其條目詳下：抹連硿耳碹一對，價銀 160 盾；撥石硿手指 14 粒，硿一對，價銀 210 盾；青硿手指邊鑲小硿二粒一腳，價銀 150 盾；金盆冷帶一條，價銀 200 盾；金串錢二條，價銀 350 盾；帳並眉計二副，價銀 100 盾。以上計六條。懇乞判還。”以訊郭財娘，據云：“抹連硿耳碹一對，價銀 100 盾，已經兌去；撥石硿手指 14 粒一腳，兌出銀 150 盾；帳眉一條，兌銀 13 盾，此三件果有之。因拙夫回唐，家中乏項，已兌出將項以充家用，餘者氏並無收取。”戴俊質曰：“晚回唐，家中資費已備足用，此乃拙妻取兌，將項雇倩姦夫應用。”郭財娘質曰：“如氏果有雇倩姦夫，是誰何不指明？”台觀彼夫妻各無相向之心。將情申詳公堂大嗒內裁奪。

列台覆訊郭財娘、戴俊供如公勃低所詳。

公堂會議：“論郭財娘、戴俊夫妻求離一案，細觀二比之供，恩情已絕，各無相向之心，不能再判復合。”於是准其當堂離遏，其二子判歸伊父，其物件當另行詩礁。二比花押在簿，任從別適，各無後悔。唯退。存案。

和(荷蘭)1858 年 10 月 29 日，拜五

公堂設嘧喳嘮，值月：高(俊傑)、陳(逢義)。

瑪腰陳永元舍仝甲必丹高俊傑舍、雷珍蘭蘇天庇官、陳濬哲官、黃甲錦章官、陳甲逢義官、高甲西川官、鄭甲肇基官、朱葛礁陳文速官俱在座。陳甲思聰官登蔀不到。

(查勘詳覆唐人鄭宴祥素行如何)

承副挨實嗹於和(荷蘭)1858 年 9 月 27 日第 106 號又 8 號致書公堂,附挨實嗹於和(荷蘭)9 月 25 日第 3713 號第鑾字連奎致書副挨實嗹,祈查勘唐人鄭宴祥[1]素行如何,具詞詳覆。

為承和(荷蘭)美惜甘[2]於和(荷蘭)1858 年 9 月 22 日第 1276 號奉書,挨實嗹祈查察唐人鄭宴祥現在干刀理數,如挨實嗹允從,職等要申文上臺,擢為和(荷蘭)美惜甘雷職,懇將書轉奏王上定奪。

和(荷蘭)美惜甘列台惶恐上書王上云:"從和(荷蘭)1858 年 8 月 24 日第 44 號王上案奪,准美惜甘擢舉一位唐人為雷。因職等前已上書致懇,現有鄭宴祥經在干刀理數,見其行止可用。伏懇王上賜准,即舉鄭宴祥為室[3]。從唐

① 鄭宴祥:The Ljan Siang,唐生,少曉詩書,1856 年來吧時,在文丁為人當龜里(苦力),後在美色甘理數(會記)。1859 年 3 月 23 日王上案奪,舉為荷蘭美色甘唐人公務,月俸 100 盾。挨實連 1860 年 6 月 8 日第 1955 號致書,舉鄭宴祥為美色甘雷珍蘭。1878 年 5 月 24 日為公堂二朱。1883 年 1 月 9 日升為大朱,月俸 120 盾。鄭宴祥書法工整莊雅,堪為公堂書記中之冠。1883 年 8 月 11 日辭世,賜蔭穴闊 24 腳距,長 48 腳距,長子鄭仲才料理其葬事。

② 和(荷蘭)美惜甘:指吧城的荷蘭美惜甘,建於 1655 年。同年,設立武直迷(Boedelmeester,遺產監護人)機構。武直迷委員會由荷蘭人和華人組成,處理死後無嗣或子女尚未成年的華人遺產,並利用所得收入建華人醫院和孤兒院(包樂史:《巴達維亞華人與中荷貿易》,南寧:廣西人民出版社,1997 年,第 71 頁。)

③ 室:Lid,荷蘭語,(委員會)委員。

美惜甘之例，有雷珍蘭之職，每月領俸100盾，萬望恩准和(荷蘭)1858年8月24日第44號案奪。”

為閱和(荷蘭)美惜甘於和(荷蘭)1858年6月23日於字第20號又743號書，又閱和(荷蘭)1857年12月22日第13號案奪，遵祖家大王旨諭，當擢舉一位唐人為和(荷蘭)美惜甘室，每月給俸銀100盾。

列台閱書及諸字畢，皆曰：“鄭宴祥原非吧人，惟此一二年內，有見面一次或二次而已。其素行所未深知，僅聞五年前在芝安恤有干累暗鴉片事。邇者訟師緞勞其孫亦有問及鄭宴祥，非無故也。”

吊訊默氏黃景山住三間土庫即鄭宴祥所居之界，供云：“唐人鄭宴祥於和(荷蘭)1856年來吧，初居文丁新把殺 黃淡吧地。及黃淡吧故，乃入做黃媽九龜里。在吧並無生理，亦無恆產，又無妻室，聞有妻居在芝帽叻 茂[①]界。因前在芝帽叻為李永利龜里，遂居焉。所供是實。”

公堂會議：“論和(荷蘭)美惜甘要舉一唐人為室，將為取信之人也，務得至妥當之人方可。況和(荷蘭)美惜甘一人獨任數事，所關甚大。本堂既未深知，洵不敢輕薦。細按此事，當就原處細勘尤妙。謹詳副挨實嗹察奪施行。”

(查勘詳覆韓青山掛咄故王傑生懇追回已還戈嘮得嘮八仙)

承挨實嗹於和(荷蘭)1858年10月16日第4054號奕

① 茂：茂物(Bogor)之簡稱。

字致書，附雷珍蘭知廚禮韓青山官[①]口詞，懇追回已還戈嘮得嘮八仙銀 500 盾，並附列上臺書。祈查勘詳覆。

列台吊訊雷珍蘭知廚禮韓青山官掛哵故王傑生，供云："晚弟果有上書王上，懇追回已還王九和、王九合、王友娘所得遺項戈嘮得嘮八仙銀 500 盾。因晚弟深知王九和、王九合果是故王傑生親生之子，獨王友娘聞之人言，亦王傑生之女，不知詳細。但其弟王柏生有做削視字，指明王九和、王九合、王友娘，俱王傑生子女，可訊問便知。"

吊訊削視王柏生年 30 歲，住打鐵街，供云："晚果有向梁礁做削視，指明王九和、王九合係王傑生與賴宣娘，即勿洛娘親生之子。其王友娘曾聞王傑生有言，與嫡妻林章娘所生。然生產何處及何時日，晚實不知，其林章娘已故十餘年。所供是實，敢立誓。"

吊訊賴宣娘年 36 歲，即故王傑生之副室，住文丁，供云："氏與王傑生生下一子名王九和，年 6 歲；其王九合，年七歲，乃王傑生與邱勿娘所生產在五腳橋伊母之家；其王友娘，氏知王傑生之女，因聞王傑生有言，與正妻林章娘所生。當氏入門時，即有此女，然不知產在何處及何時日。所供是實，敢立誓。"

公堂會議："據雷珍蘭知廚禮韓青山官供稱，王九和、王九合果係故王傑生親生之子，其王友娘不知詳細。又據賴

---

① 韓青山：字碧峰，1811 年生。1854 年 3 月 13 日王上第 22 號案內為欽賜雷珍蘭，1855 年 10 月 24 日任命雷珍蘭智廚禮韓青山理水鋸病厝及鍊間（監獄）達 5 年。1858 年 12 月 24 日上書求甲丁知廚禮（欽賜甲必丹），1860 年 3 月 25 日身故，享年 49 歲。妻梁水娘。有繼子韓懷仁，子韓懷然，側室生韓欣然，韓宣娘。

宣娘、王柏生俱供稱,王九和、王九合果是故王傑生之子,現二母俱在可質。其王友娘雖知王傑生之女,然不指明生產位處時日,可謂知之未詳。合式韓青山甲懇追回王九和、王九合已還八仙,可以承受。其王友娘可以免還。謹詳挨實嗹裁奪。”

(公堂詳覆副挨實嗹懇要築一實九鬱厝及小厝於惹致地)

承副挨實嗹於和(荷蘭)1858 年 10 月 18 日第 2052 號又 1 號致書,附一丹藍望地圖,指明之處,懇要築一實九鬱[①]厝及小厝,肯付與否?具詞詳覆。

列台閱書及閱所附地圖指明要築實九鬱屋之處,議曰:“公堂所置惹致地將為後來必用,懇免築實九鬱屋於此,誠為萬幸。如必欲用此處,本堂亦當從命。祈即插號指明該用若干闊大,餘外任本堂作為。可即存案,無貽後慮。謹詳副挨實嗹察奪。”

(鍾亞滿不踐約包修牛郎沙里祀壇,公堂拆破與鍾亞滿所做君得吙字)

瑪腰(陳永元)請曰:“前期有請,去年與鍾亞滿做君得吙字,付其包修牛郎沙里祀壇。今已越年,尚未畢事。已召鍾亞滿及安呾人楊忠信、蔡東山,俱供鍾亞滿既不踐約,甘願拆破君得吙字,二比不得尋究長短。”

列台已議,樂從。是日,已令朱葛礁賴觀瀾官仝鍾亞滿向梁礁緞吉寧臺前請明,二比甘願拆破前所做君得吙字矣。列台曰:“領命。”存案。

---

① 實九鬱:又作實狗鬱,荷蘭語 Schout 音譯,治安官員。

和(荷蘭)1858 年 11 月 5 日,拜五

公堂設嘮喳噼,值月:蘇(天庇)、陳(思聰)。

瑪腰陳永元舍仝甲必丹高俊傑舍,雷珍蘭蘇天庇官、黃錦章官、陳甲思聰官、陳甲逢義官、鄭甲肇基官、大朱賴觀瀾官俱在座。陳甲濬哲官、高甲西川官報病不到。

(查勘詳覆黃四江控薛貴強淫伊妹黃癸娘一案)

承副挨實嗹於和(荷蘭)1858 年 11 月 1 日第□致書,附和(荷蘭)1858 年 10 月 28 日第 5197 號日案,為黃四江請薛貴強淫伊妹黃癸娘,祈查勘詳覆。

列台吊訊黃四江年 18 歲,住珍把殺,供如日案所言。又云:"此拜一夜,晚在更寮守更,至天明歸家約五點半鐘,舍妹黃癸娘向晚言,夜間已被薛貴強淫。方憤怒間,見棹脚有人閃避,問是誰?薛貴走出,晚隨逐之不執,奪其煙筒一支,遂往請默氏林永元,率往公勃壟處請知。"

吊訊薛貴年 31 歲,住珍把殺,供云:"此拜一夜約九點鐘,係黃癸娘啓戶付晚入其厝內,直入其房。其妹弟三人俱有目見,但黃癸娘與晚通姦已有五次,首次付雷 15 盾,二次付銀 3 元又銀 2 盾,三次付紗囊二條,留列職衣三領,四次無所付與,五次再付雷 2 盾。因晚與黃鴻儀相愛四、五年,每夜必到其厝,六點往七點回。因于本年唐七月廿日,晚到其厝,黃鴻儀令晚往買鴉片煙,將行欲出,從黃癸娘房門經過。黃癸娘向晚借雷 15 盾,晚隨付借。後晚向黃癸娘討雷,黃癸娘無可應還。俟至唐七月廿八日乃與晚言,其繼父逐日怒罵,乏雷資用,今汝妻無給婚字,我願從汝永為夫婦。故

於是夜,約晚入房行姦,又囑後次再來,可擲沙厝上為號。首次一點入,二次十一點入,三次一點入,四次八點入,五次九點入。晚若擊門,黃癸娘即啓戶納之。”台問薛貴曰:“既五次姦淫,房中有何物色?”薛貴答曰:“房內有和(荷蘭)床一頂、蚊帳赤布為之,又有褥仔烏色,又有枕頭三個,被單一領甚大,置於櫃仔上,要用即取之。窗下棹櫃一隻,床腳又有磁硿、木扣等物,又有籐蓆一領,鋪于地上,黃癸娘與其妹東望共睡於此。晚與黃癸娘交淫,席地而已。”

吊訊黃癸娘年15歲,住珍把殺十五間,供云:“氏家內同居計有六人:繼父黃鴻儀、兄黃四江、妹東望、弟黃四金及黃崑茂。因此拜一夜約八點鐘,氏令妹東望關鎖門戶,鎖畢將鎖匙交于繼父之手。氏率弟妹入房安睡,其時燈光尚亮,二弟睡于床,氏與東望睡在地籐蓆之上。薛貴何時入房,氏實不知,因尚酣眠。約三點時,覺有人加在身上行淫,遂欲叫聲,而其人手執枕頭塞氏之口,事畢而去。及天明,家兄黃四江回家,氏急白中夜被姦之事,惟一次而已。薛貴所言五次,乃是虛妄。”台問黃癸娘:“汝前在公勃低台前已認有與薛貴姦淫五次,且有取雷二次,取物一次,今何異言?”黃癸娘答曰:“係薛貴教氏當言如此,如有別言,汝我皆當受罪。氏懷懼,故從其言,而向公勃壟妄認。”台問黃癸娘:“汝房內有何物件?”黃癸娘答曰:“房內有眠床一頂、棹櫃一隻。無廚,床下置有盤碗諸物,又有貯酒於此,帳褥枕頭俱有。”

吊訊東望又名黃水娘,年13歲,住珍把殺十五間,供云:“此拜一夜約八點鐘,係氏鎖閉門戶,鎖畢將鎖匙交于繼父之手。其薛貴何時入房,氏實不知。房門原無關鎖,因鎖面有壞。薛貴入房所為何事，氏亦不知，惟未事之日拜一，薛貴有交氏銀3盾又2盾，云要還欠于繼父。氏取項交于繼父，並述薛貴所言。繼父云：薛貴果有欠我。"台問黃水娘："汝云拜一夜薛貴入房，不曾見別次有見薛貴入否？"黃水娘答曰："不見。"

公堂會議："從唐例，夫婦通姦，男女俱該受罪。今薛貴與黃鴻儀朋友至愛，合當相顧妻女。憑薛貴自供，乃黃癸娘招其入房。縱有此情，當思友誼為重，不宜作此悖倫之事。且黃癸娘年纔15歲，情竇初開，慾火未熾，和姦之跡不明。如黃癸娘果有私情，則藏之惟恐不密，何敢告知其父其兄？且中夜事畢，何不放走薛貴待天明事露？由此而觀，黃癸娘之被姦，出於盜迫，非出於自願。依清律而定罪，貴當滿流滿杖。今在夷地，唐刑不用。懇責籐籐刑20，且革回唐，以警後人無敢效尤者。查薛貴從唐到汶[①]，自汶來吧，並無案奪字准居[②]。謹詳副挨實嗹作主施行，以固本堂案奪，可維唐人風化。"

(查勘詳覆緞黎雍掛吶吳蔭控蔣翰欠項一案)

挨實嗹司叻於和(荷蘭)1858年10月20日第41號致書公堂，附第75號詩礁字，為緞黎雍掛吶吳蔭控蔣翰一案，祈查勘二比數簿有從法度否？具詞詳覆，原字寄回。

緞黎雍掛吶吳蔭住珍新把殺控蔣翰住小南門內："為交關來往，尚欠去銀57.85盾。於和(荷蘭)1858年1月25日，蔣翰去大火酒一勞，銀7盾；又去紅兀文黎嘮一勞[③]，銀7.75

① 汶：井里汶(Cirebon)的簡稱。

② 無案奪字准居：即沒有入境證。

③ 勞："勞申"簡稱，荷蘭語Dozijn音譯，意爲一打，十二個。

盾；又去密唧，銀 5 盾。和(荷蘭)2 月 9 日，又去大火酒 16 勞，銀 104 盾；又去紅兀文黎嘮 16 勞，銀 124 盾；計共去貨的銀 247.75 盾。和(荷蘭)1858 年 2 月 12 日，還來銀 129.1 盾；4 月 26 日，來吉寧棗 5 擔 73 斤，的銀 57.3 盾；又來茶半斤，銀 3.5 盾。計共還銀 189.9 盾，除外尚欠去銀 57.85 盾。屢討不還，伏乞追究，並支所費。”即委公舘值月公勃低甲必丹高俊傑官、雷珍蘭陳逢義官查勘詳覆。

奉命吊訊吳蔭住新把殺為商，供云：“如詩礁字所言，有數呈覽。”台查吳蔭所獻之數，與蔣翰交關丁巳[①]十二月十一日起至丁巳十二月廿六日止，記蔣翰去貨計五條，共銀 247.75 盾；又查丁巳十二月廿九日起至戊午三月十三日止，記蔣翰來貨並項計三條，共銀 189.9 盾。對除外，尚被蔣翰欠去銀 57.85 盾，與詩礁字相孚。

吊訊蔣翰住小南門為商，供云：“無欠許多，僅欠雷 15.8 盾，有數呈覽。”台查蔣翰所獻之數，查丁巳十二月廿四日起至戊午正月十七日止，記吳蔭來貨計五條，共銀 231.1 盾；又查丁巳十二月廿七日起至戊午正月十三日止，記吳蔭去貨並項計六條，共銀 214.67 盾。對除外，結吳蔭長來銀 16.43 盾，與伊自供尚差銀 3 盾又雷 3.2 方。

職勘吳蔭所獻《草清》、《日清》並《總簿》，較對無訛，其數有法可取憑。而蔣翰所獻之數，似非《總簿》，且無《草清》、《日清》，內中僅記數條與人交關而已，其數俱無照法，不得取憑。謹此申詳公堂大噅內察奪。

---

① 丁巳：咸豐七年丁巳，西元 1857 年。

列台覆訊吳蔭及蔣翰,及二比之數,誠如公勃低所勘。據蔣翰又云:"晚果有吳蔭交關,僅欠雷15.8盾而已。晚前有還吳蔭烏仔銀50元,吳蔭並無入數。"台問蔣翰:"汝所獻之數,云何無《日清》且無《草清》?"蔣翰答曰:"晚乃小可生理,僅記《總簿》取記憶而已。"台查吳蔭之數,有記蔣翰還烏仔銀50元,若此條無入,則吳蔭當坐欠蔣翰矣,何蔣翰自供尚欠吳蔭雷15.8盾?灼見其言近譌。

公堂會議:"查吳蔭之數,《日清》、《草清》、《總簿》全備,來往條目分明,有合立數之法。共結蔣翰欠銀57.85盾,洵可取信。若蔣翰之數,《日清》、《草清》俱無,惟《總簿》一本,僅記九人項下,且觀筆跡似一筆記就,立數無法,且又可疑。合式當就吳蔭詩礁欠銀57.85盾清還吳蔭為是。謹詳挨實嗹司叻裁奪。"

和(荷蘭)1858年11月11日,拜四

公堂設嘧喳嘮,值月:蘇(天庇)、陳(思聰)。

瑪腰陳永元舍仝甲必丹高俊傑舍、雷珍蘭蘇天庇官、高甲西川官、鄭甲肇基官、大朱賴觀瀾官俱在座。陳甲濬哲官、黃甲錦章官、陳甲思聰官、陳甲逢義官俱有事不到。

(查勘詳覆蔣四英控陳兵強淫伊女張甘娘一案)

承副挨實嗹於和(荷蘭)1858年11月3日第□致書,附和(荷蘭)1858年11月1日第5237號日案,為蔣四英請陳兵強淫伊女張甘娘,祈查勘詳覆。

列台吊訊蔣四英年46歲,住洪溪,供如日案所言。又云:

"因陳兵之妻與氏相愛,屢屢招小女張甘娘到其家伴睡,為其夫為默氏,每夜必出巡更。自此六月以後,小女任招不往。氏因有疑,乃見小女懷腹日大,詰之不告。繼以樸責,乃自認已被陳兵強淫。伏乞嚴究。"

吊訊張甘娘年20歲,住洪溪,閨門處女,供云:"陳兵之妻黃婁娘屢屢招氏到其家為伴,或投宿或否。不意此唐三月間,氏與黃婁娘同睡一床,忽陳兵入房用手掩氏之口,橫強姦淫。氏雖手足尚能鼓動,其如力不勝,何其妻作酣眠之狀,佯為不知。及事畢,陳兵乃言曰:'汝若出首,定弊汝命。'自後陳兵之妻屢屢再招,氏絕不一往。今已懷孕七個月,實陳兵階之厲也。"

吊訊陳兵年43歲,住洪溪為副默,供云:"晚與張甘娘行姦已有四五次。自前年九月間,拙妻不在家,張甘娘自來晚家與晚戲謔,情不能禁,乃行此事。今既錯誤,晚願畜養張甘娘終身。"蔣四英質曰:"前年九月間,小女張甘娘往伊姊張月娘家,因張月娘分娩至月餘方歸,那有九月間小女往汝厝與汝戲謔?"

吊訊黃婁娘即陳兵之妻,年34歲,住洪溪,供云:"氏果時有招張甘娘到家伴睡,因拙夫逐夜巡更。去年唐九月間,氏有往吉石珍拙夫之妹陳貓娘之厝。若本年三月間,氏未嘗有往。其張甘娘與拙夫所作何事,氏實不知。所供是實,敢立誓。"

吊訊張月娘年24歲,即張甘娘之姊,住洪溪,供云:"氏於去年唐九月間分娩,舍妹張甘娘來家共理家事,至唐十一月乃歸,一連住月餘,未嘗有一次回家。"

台問張甘娘:"時常陳兵有到汝厝否?"張甘娘答曰:

"無。"台問陳兵:"汝云與張甘娘行姦四五次,有付物件抑雷項否?"陳兵答曰:"物件則無,惟只一次向晚討雷四五盾,晚付雷一二盾而已。"台問陳兵:"汝付雷一二盾,有人見否?"答曰:"無。"

公堂會議:"從唐例,夫婦私姦,男女俱該受罪。況張甘娘,處女也;陳兵,默氏也。以本鑒光之默,而淫本地之處女,其罪尤甚。據張甘娘所供,陳兵橫強姦淫,其跡似非。如果橫強,登時何不喚醒陳兵之妻以圖救護?又何不登時回家以告其母?匿跡藏形,亦屬有過。據陳兵之妻黃婁娘自供,果有招處女張甘娘到其家伴睡,自當知所顧護,何可縱姦?若是刿無他人,乃其夫也。本堂細按上陳三人,俱該受罪。陳兵本任默氏,姦淫處女,合當擬以籐刑,且革其職。張甘娘不待父母之命,敢行鑽踰之羞,合當充役。因已懷孕七個月,不宜重責,懇拘禁一禮拜。其黃婁娘縱夫姦淫處女,罪等其夫,懇充役一個月。庶後之為夫為婦者,知所警也。謹詳副挨實嗹作主施行,以固本堂案奪。"

(黃茶娘、林茄郎夫妻求離一案)

黃京娘[①]年 35 歲,住八茶礑,請伊夫林茄郎:"為交寅十八載,有生不育。因拙夫並無給付資費已經六載矣。於二年前,拙夫遂往文登住茄嘮哇芝。於今兩載,並無給費及音信,使氏望眼成穿,何至薄情?但拙夫已經昨日回城,懇判分離。"

吊訊林茄郎年 44 歲,供云:"願從妻分離。"台因彼夫妻屢屢到堂求離,任勸不能和睦。合當將情申詳公堂大嗱內

① 黃京娘:原档下文作"黃茶娘"。

裁奪。

列台覆訊黃茶娘、林茄郎，供如公勃低所詳。

公堂會議："論黃茶娘、林茄郎夫妻求離一案，據黃茶娘所請，謂伊夫並無給費，致氏心情已絕，況林茄郎亦願從離。酌見二比恩情俱無相向，雖欲再判復合，終無了局。於是當堂准其二比離遏，各化押在簿。"存案。

（林茶娘、吳蒼柳夫婦求離一案）

林茶娘年18歲，住觀音亭，叫伊夫吳蒼柳住仝上："為交寅兩載，未有兒子。因此三日內，拙夫並無給付資費，且無安頓福食米。其枕褥俱各變賣，及氏之銀盆冷一個、金手指一個，亦被拙夫發售。況無眠床，使氏睡眠在地。如此不良，乞判分離。"

吊訊吳蒼柳年20歲，供云："晚因貧寒，與人為傭割老古草，每月辛金雷10盾，每日付妻雷3方以充家用。依拙妻所請，使晚厚待則不能。如欲求離，晚固願從。"台勸林茶娘曰："此因三日汝夫無給資費，何至求離？當從夫而歸。"礙林茶娘誓死不歸。將情申詳公堂大嚓內裁奪。

列台覆訊林茶娘、吳蒼柳，供如公勃低所詳。

公堂會議："論林茶娘、吳蒼柳夫婦求離一案，據林茶娘所請，謂伊夫不能顧其妻，致欲求離。憑吳蒼柳自供，謂伊貧寒已甚，不能待妻豐厚，難怪林氏之求離，而吳蒼柳亦願從離。於是本堂酌量准其二比分離，當堂花押，任從別適，各無後悔。"唯退。存案。

（掌地宅八仙君眉司致書公堂懇其惹致地八仙依舊而行一事）

承甲必丹高俊傑舍繳入掌地宅八仙君眉司於和(荷蘭)1858年11月1日第□致書。甲丁高俊傑云:"已閲口詞,所懇其惹致地八仙和(荷蘭)1859年、1860年、1861年三年仍依舊而行,不須更易。"

列台閲畢,議當存案。

(甲必丹高俊傑官、雷珍蘭陳逢義官繳入1858年10月份掌理兑丹絨及式里陂二地《風水簿》並掌項《茄實簿》)

據公舘公勃低甲必丹高俊傑官、雷珍蘭陳逢義官繳入和(荷蘭)1858年10月份掌理兑丹絨及式里陂二地《風水簿》二本,並掌項《茄實簿》一本呈閲。

列台閲畢,命當存案。

(查勘詳覆饒亞行懇辭掛咻故鄭亞三之事)

承蘭得叻於和(荷蘭)1858年11月3日第49號致書,附饒亞任口詞,辭掛咻惹難故鄭亞三;又附唐美惜甘字第946號、957號,又附鄭亞三達心眠字第77號。祈查勘饒亞任曾有理過故鄭亞三遺項抑遺業否?具詞詳覆,原字繳回。

列台吊訊饒亞任:"果有上書蘭得叻懇辭掛咻惹難故鄭亞三。因晚年邁,凡事自顧不暇,不能料理他人之事。況晚自來居在山頂,罕有落城[①],未嘗經理鄭亞三之事,萬望恩准所懇。"

吊訊張丙娘年43歲,住小南門,即故鄭亞三之妻,供云:"自拙夫故時至今所事務俱楊亞四自理,饒亞任雖同為掛咻,所居山頂,罕有回家。縱有回來暫時,不過到處問及而已。所供

① 落城:閩南話,進城、入城。

是實，敢立誓。”

吊訊楊亞四年46歲，為商住小南門，供云：“晚仝饒亞任果然掛咻故鄭亞三，但自鄭亞三故日以來，俱晚料理其事。饒亞任居在山頂，罕有回家，惟囑託凡事晚可自理。因此饒亞任未嘗干理此事。所供是實，敢立誓。”

公堂會議：“據饒亞任所供因其老邁，且居遙遠，不能料理故鄭亞三之事，係是實情。此又自言未理故鄭亞三之事也。及據張丙娘、楊亞四所供，明見饒亞任未曾經理故鄭亞三之事則實矣。所懇要辭掛咻，惟冀蘭得叻裁奪。謹詳上裁。”

補和（荷蘭）1858年7月9日，拜五

公堂設嘧喳嘮，值月：高（俊傑）、陳（逢義）。

瑪腰陳永元舍仝雷珍蘭陳濬哲官、黃錦章官、陳甲思聰官、陳甲逢義官、高甲西川官、鄭甲肇基官、朱葛礁賴觀瀾官俱在座。甲必丹高俊傑舍同雷珍蘭蘇天庇官報病不到。

（張錦廷控廖龍官二阻撓伊侄女張糞箕娘婚事一案）

據張錦廷投稟供稱，為阻撓婚事：“切晚有姪女張糞箕娘，住干冬圩，與其表兄廖龍官二同居。前家兄張老三身故，係晚掛咻，兄嫂鍾氏不能守節，已經改適從人，姪女隨之以去。迨鍾氏染病，遂往干冬圩與其姊同居。未幾鍾氏物故，其姊夫妻亦故，僅存孤女張糞箕娘與其表兄廖龍官二同居，今年二十有二，屢次有人求婚，廖龍官二並不許允。近有戈勞屈 何姓又要求婚，先向廖龍官二言過，已見依允。後乃

向晚商及此事，晚即出年庚，遂往干冬圩要與廖龍官二相商。豈料廖龍官二變言不依，且以惡語相加。伏乞明判。”

列台吊訊張錦廷，供如稟中所言。又云：“晚非必欲討回姪女張糞箕娘，欲速完婚事而已。”

吊訊廖龍官二，供云：“張糞箕娘雖晚表妹，然與其母舅鍾妙精同居教養，晚不敢與謀婚事。倘有人求，必向其母舅相商，晚焉敢以惡語加人乎？伏乞明察。”

吊訊鍾妙精住干冬圩，供云：“自姊夫張老三故後，甥女張糞箕娘係晚撫養，並不見伊叔張錦廷一來省視及給費諸事。今甥女長成，張錦廷乃知其親，欲為成婚，未嘗有商於晚。惟一時到處，即云姪女許配於人，晚應曰：‘姻親若妥甚妙。‘今聞何姓求婚之人，其父素有癲疾，晚不敢據允，僅曰容待探問細詳。張錦廷遂怒形於色，致請干冬圩甲必丹，繼請公堂列位甲必丹，不知其怒何故？伏乞明鑒。”

吊訊張糞箕娘，供云：“氏乃張老三之女，自幼從母舅鐘妙精撫養，不知家叔張錦廷有掛咁故父。然未嘗見家叔一來省視，所供是實。”

公堂會議：“男大當婚、女大當嫁，情也理也。今糞箕娘年已廿有二，正標梅待字之時，幸而有吉士欲逑，為之長者，當亦奉承之。不暇第張錦廷雖有掛咁其兄張老三，竟置姪女于遐陬而不負托於人，殊為大過。鍾妙精雖屬甥舅之親，然撫養張糞箕娘成人，功亦偉矣。本堂按判張糞箕娘一段婚事，張錦廷、鍾妙精二人相商方可，但不得再延二年之久。苟二年之久，鍾妙精仍不以甥女許配，將欲以甥女為居奇，合當判歸張錦廷自主擇婚，無容別議。”存案。

補和(荷蘭)1858 年 8 月 19 日,拜四

公堂設嘧喳嘮。高甲必丹大攝理大瑪腰(陳永元)事,同雷珍蘭陳濬哲官、陳思聰官、陳甲逢義官、高甲西川官、鄭甲肇基官、二朱陳文速官俱在座。蘇甲天庇官、黃甲錦章官報病不到。

(公堂詳覆副挨實嗹委問鴉片事七條)

承副挨實嗹於和(荷蘭)1858 年 8 月 3 日第 1449 號致書,委問一、二、三、四、五、、六、七,計七條鴉片事,祈留稽察,逐條依問詳聞。

列台閱書。吊訊朴官陳江水,供云:"自和(荷蘭)1853 年至和(荷蘭)1857 年鴉片傌仔係晚承朴,但前 1853 年、1854 年、1855 年三年,黃永快掛哵料理公司事,一暨數簿俱黃永快收去。今黃永快已故,不知其數有存與否?"台問陳江水:"1853 年、1854 年、1855 年三年鴉片消長或加、或減,汝知否?"陳江水答曰:"不知,有書記人蔡廣可問。"台又問:"此五年內煮鴉片如何? 配煮有參異物否?"陳江水答曰:"煮鴉片有番人膏、唐人膏二等。煮番人膏,每鼎用烏土 2 立半、紅土 7 觔,又參入土屎 5 兩。煮唐人膏,則每鼎用烏土 3 立、紅土 6 觔,並無參亞片屎。"台又問:"前五年每年得利幾何?"陳江水答曰:"1853 年、1854 年無數可呈,惟書記人蔡廣掌理數務,必知其詳。其 1856 年、1857 年,尚未算數,得失未知。"

列台吊訊蔡廣年 49 歲,住八茶礶,供云:"晚為鴉片公司書記掌理數事,其和(荷蘭)1853 年、1854 年、1855 年三年之數，既已算明，則掛哷鴉片賧官黄永快收去。”台問蔡廣：“汝理鴉片公司數務，必知1853年、1854年、1855年三年鴉片消或加、或減，且知三年得失若干？”蔡廣答曰：“雖無全憶，頗知一二，願陳於下：和（荷蘭）1853年、1854年鴉片消長平平而已，至和（荷蘭）1855年則稍加，至和（荷蘭）1856年則又加消，至和（荷蘭）1857年則稍減矣。至得利一事，晚亦略知，和（荷蘭）1853年約得利60千之左右，1854年約得利60餘千，1855年約得利83千之左右；1856年雖未算數，約得利203餘仟；1857年約得利130千之左右。然尚有外欠約30餘仟，可算折半而已。所供是實，敢立誓。”

公堂會議：“據賧官陳江水理記蔡廣供稱，及查和（荷蘭）1856年、1857年鴉片公司數簿，謹將委問七條，逐條參酌復聞：一、自和（荷蘭）1853年至1857年係陳江水承賧鴉片傌仔，吧、茂、萬、旺[①]、南旁[②]合叫，每月配土475斤，系南在外，傌仔在外。其出入膏土，1856年、1857年二年有數可查，另有式達填明。二、細查和（荷蘭）1856年、1867年數內，灼見所兌鴉片前加而後減，其1853年、1854年、1855年無數可查。據書記人蔡廣供稱，亦有加減之不同究，不若1856年消長為最多。三、五年內兌鴉片始終同價，買成兩，每兩價雷24盾；買成角，每兩價雷26盾；買罖錢零分，每兩價雷32盾。賧官陳江水所言如是，詢之外人，亦無間言。

---

① 吧、茂、萬、旺：分別為：吧城、茂物、萬丹、茄荖旺（Krawang）的縮寫或簡稱。

② 南旁：Rembang，又作“南旺”、“南望”、“寧望”，地名。位於中爪哇北岸，三寶瓏之東。

四、賧官陳江水供稱，煮鴉片有番人膏、唐人膏二等，參入烏、紅土加減，惟番人膏，每鼎參入翻土屎5兩，餘無別參，此係實情。本堂已經虛心探訪，並無異聞。五、五年內之算數得利，據蔡廣供稱，逐年指明，堪為取信，蓋得失不外於數。蔡廣既理數，務必深知其實。故五年內之得利算數，可就蔡廣上陳之供以詳。六、所設兑鴉片位處，賧官本有酌量，所設之處，必有益於賧，自有益於傌仔。苟若減處未妥有二：一則不利買人之便，二則懸隔遙遠，要買不易，有阻飲人之慾心。七、致蠻系南俱不用，任賧官任意取買。昔年有行之，然當時傌仔未有，若現今之高貴者，且任賧隨處可買，則隨人可賣，必致混雜難防。雖易買賤兑，加消有益於現時之賧，必有傷於後年之賧，且亦有害於飲鴉之人。飲鴉之人既聞舊賧將罷，必赦賤鴉片，傾囊典質以加買，飲之不盡，藏至新賧，司權四處搜拏，豈不貽害於飲鴉之人乎？本堂細按，不若仍舊為妙。謹詳副挨實嗹電察。”

和(荷蘭)1858年11月19日,拜五

公堂設嘧喳嘮。瑪腰陳永元舍同甲必丹高俊傑舍，雷珍蘭蘇天庇官、黃錦章官、陳甲思聰官、陳甲逢義官、鄭甲肇基官、朱葛礁賴觀瀾官俱在座。陳濬哲甲、高甲西川官赴干刀不到。

(查勘詳覆謝高生即名謝楚齡果是此人否)

承唐美惜甘於和(荷蘭)1858年10月4日第991號又899號書，又附訟師緞伴奚嗎掛呭陳金彩掛呭謝高生即名謝楚齡口詞,又附和(荷蘭)1847年第38號削視字、和(荷蘭)1848年第152號削視字、和(荷蘭)1853年第78號削視字、和(荷蘭)1858年9月11日第46號削視字,又10月20日第80號削視字,又附抄故謝兩達心眠字,又附瑪腰陳永元舍和(荷蘭)8月12日詳聞訟師緞伴奚嗎之書,祈本堂勘察此謝高生即名謝楚齡果係實情?果是此人否?具詞詳覆,原字繳回。

列台閱書及口詞,及諸削視字,及故謝兩達心眠字,及瑪腰陳永元舍之書,已經喻意。逐一細勘於下:

吊訊陳金彩掛冊謝高生即名謝楚齡,供云:"晚果付訟師緞伴奚嗎掛冊代謝高生又名謝楚齡入字美惜甘懇求二事。因有削視指明謝高生即名謝楚齡,即故謝兩達心眠內所陳之人,伏乞明察。

吊訊削視楊南星年45歲住八廚沃間,供如第46號削視字所言。

吊訊削視楊來日年27歲住大南門,供如第80號削視字所言。

列台要訊前和(荷蘭)1848年所做第152號削視字謝楚生、楊總、鄒東,俱無其人。據謝文興云:"謝楚生現已回唐,其楊總即名楊從,前住小南門;鄒東即名周東,前住八茶礩,俱不知現時往于何地。"

吊訊小南門舊默林棟年57歲,供云:"晚已告退默任十餘年,前任小南門果有楊從郎幫楊答家,後因做假削視字故黃詩牛遺業,懼罪逃回唐山,其同事三人俱已受罪。所供是實,敢立誓。"

吊訊默八茶礩許奎炳,供云:"晚之界內並無鄒東、周東之名，查之十餘年前之鑒光簿[①]，亦無此名。所供是實，敢立誓。”

吊訊新厝仔舊默謝祝生年51歲，供云：“晚已忘憶年月，當時有謝楚生叫晚到梁礁處云要做字，惟梁礁問晚：‘汝識謝楚生、楊從、周東果是此三人之名否?’晚答曰：‘果是。’現今三人不知何往，亦不知當日做字何事? 所供是實，敢立誓。”

吊訊和(荷蘭)1853年做第78號削視字謝三祥年29歲，住奎汴港，供云：“晚前曾同葉振向梁礁做削視字，係謝光榮向晚言：‘汝當盟誓。’晚問：‘盟誓何事?’謝光榮曰：‘誓汝云當日在唐並無謝楚齡。’晚應曰：‘誓無謝楚齡則敢。’後來竟無盟誓，因梁礁無叫。”台問謝三祥：“據削視字內敘明謝三祥同謝鑾所做，今汝云同葉振，何汝供與字相殊?”謝三祥答曰：“葉振原屬葉姓，後與謝姓過房，乃從姓謝。所供是實，敢立誓。”

列台要訊謝楚生，回唐不到。伊掛哷人簡敬忠到堂，供云：“其謝楚生居唐龍溪縣，晚居南靖縣，相去遙遠。其家中之事，所不可知。晚雖有掛哷謝楚生，不過代領實洛巴章地稅而已。所供是實，敢立誓。”

列台要訊謝光榮，回唐不到。伊掛哷人陳丁到堂，供云：“晚但掛哷謝光榮一人而已，其兄弟幾人，晚實不知。所供是實，敢立誓。”

吊訊謝文興年26歲，住三間土庫，供云：“晚係故謝兩之男子，自11歲回唐，本年再來。晚之兄弟計有六人，長謝文

---

① 鑒光簿：按唐人各街區設置的戶口名簿，記有各戶戶主及成員姓名、年齡及職業等。吧城華人公舘檔案中尚保存有18本戶口名簿。

福,次謝光榮,三謝文水,四謝楚生,五即晚也,六有繼兄弟名文厚,餘有大姊而已。”台問謝文興:“其謝高生又名謝楚齡亦汝兄弟否?”謝文興答曰:“謝高生乃家父買他充為傭工而已。”台又問:“汝父買謝高生充為傭工,其時約有幾歲?”文興答曰:“買時約十三四歲,居一年餘則來吧。”台又問:“其謝高生原屬何姓?”謝文興答曰:“諒是北溪人陳姓者。”台又問謝文興:“現時楊南星、楊來日有做削視字,汝知否?”文興答曰:“楊來日所居離晚七十里之遙,那知此事?楊南星所言出其自口,因謝文福已故,質無人也。”

吊訊謝高生即名謝楚齡,年 24 歲,住公司,供云:“晚果名謝楚齡,因當日晚初到吧,家兄謝文福令晚當認名謝高生,不可認為謝楚齡,來吧已有 12 年。上山時,家兄文福率往山頂居二年,適有番人荖干報云,當速下落城,汝兄謝文福將欲謀害於汝。於是晚同番荖干下城,居公司月餘無生活,乃往海嶼做工,約有八九年之久。晚來吧係家父所命,初到遇見瑪腰(陳永元),乃姊夫林可同往,後數日姊夫林可再率晚見瑪腰(陳永元)。林可向瑪腰(陳永元)言,此人乃謝楚齡非謝高生。瑪腰(陳永元)命當請知朱葛礁批明字內。於是晚同林可向朱葛礁陳三元官言明,不知朱葛礁如何批寫詳覆上臺。”台問謝高生又名謝楚齡:“汝在唐兄弟幾人?在吧兄弟幾人?”謝高生答曰:“在唐兄弟八人,長謝光榮,次謝楚生、謝文興,四即晚也,五謝強生,六謝來生,七謝南生,八謝武生。在吧兄弟三人,長謝光福,次謝文福,三謝文水。因晚到吧時,家母則言,此三人亦汝兄弟。”台問謝高生:“汝居在唐,門首何向?時常汝睡何處?家內如何安頓?”謝高生答曰:

"在唐之厝坐南朝北,後廳奉祀香火,前廳家父同家母居住,晚睡在護厝而已,後益則家兄謝光榮所寓。"

公堂會議:"論唐美惜甘委勘謝高生即名謝楚齡一案,一、要訊同得業人謝光榮、謝楚生俱回唐,不得訊。據其掛哵人簡敬忠、陳丁云:不知其事。二、要訊前做削視字第150號、第78號謝楚生、楊從、周東、謝鑾,俱無其人。惟謝三祥尚在,據其自供做字之後,並無盟誓,且字內敘明同謝鑾做削視字。今言同葉振做削視字,不知其同做字人果是謝鑾抑是葉振?三、查唐美惜甘第991號又899號之書,敘明謝文興有向美惜甘言,謝高生係謝兩欲買為子,然未有做過房書;又查和(荷蘭)1848年第152號削視字,指明謝高生乃故謝兩過房子。較之現時謝文興之供,又見不孚。四、瑪腰陳永元舍於和(荷蘭)1858年8月12日詳聞訟師緞伴奚嗎書,及楊南星、楊來日所做第46號、80號,俱指明謝高生即名謝楚齡。本堂細按上第一、二、三之條,或無人可訊,或有人可訊,做削視字並無盟誓,難決是非。惟憑第四條瑪腰陳永元書,敘明和(荷蘭)1847年3月17日第111號式達詳覆挨實嗹,有註謝高生即名謝楚齡要尋伊兄謝文福,及楊南星、楊來日削視字,指明謝高生即名謝楚齡。細繹三人之言,誠可謂謝高生即名謝楚齡,即是謝兩之子矣。將情申詳唐美惜甘詳察裁奪,原字附回。"

列台參議,定付人承稅丹絨、式里陂之田條規詳下:

壹、付人承稅丹絨、式里陂之田,三年為限,和(荷蘭)1859年1月1日起至12月終止。

貳、承稅之人須援二妥人安呾可為公堂取信者,於黎壟之時，須有其人，否則再叫黎壟，承應人當擔戴一切虧本。

叁、公堂付稅二地之田而已，山頂之園及鑒光不在稅內。其田抽奎，務須遵敖文明所定條規而行。

肆、稅田人可用吃唧西邊護厝，若有毀壞，稅田人當修理，不則公堂倩人修理，稅田人當還費。又可用祀壇前之埕，以曝粟。

伍、一暨公班衙番，稅田人不得召用。

陸、倘上人或公堂要填田為路，或要開水溝，稅田人不得阻當。

柒、倘天時不順，禾稻不長，稅田人不得求減稅價。

捌、稅田人須照顧水溝，如有毀壞當修補，不則公堂倩人修理，稅田人須還費。

玖、稅田人須遵敖文明已定條規，倘後復有更易，抑別有所命，稅田人當遵命而行。

拾、稅項和(荷蘭)6 月終須還一半，至和(荷蘭)12 月終還明。如過限無還，抑不遵公堂所定條規，石破君得吙不用，詩礁此稅，再叫黎壟。倘有減價，稅田人及安呾人當擔戴補足，如有加價，不干稅人之事。

十一、稅田人及安呾人須一體擔戴，倘承稅人已故，安呾人當擔還稅項。如安呾人一故，又當再添一人可為公堂取信者。

列台參議，定付人承稅丹絨、式里陂之園及菓子樹木，條規詳列於下：

壹、付人承稅丹絨、式里陂二地之園及菓子樹木，以一年為限，於和(荷蘭)1859 年 1 月 1 日起至 12 月終止，但稅主須援二妥人安呾，可為公堂取信者，於黎壟時，須有其人，否則再叫黎壟，一切虧本，稅人擔戴。

貳、稅主可抽奎二地之園面小冬及菓子，務須遵敖文明所定之條規而行。內中二地之田不在稅內，其二地公班衙番不得召用。

叁、凡墓旁墓手，不得栽植菓子及蕉叢什物，務必潔淨為要。原有大樹，稅主不得砍伐，倘或枯死要用，當請知公堂，然又當與鑒光人相商價項，否則每樹禮罰 50 盾。如公堂有命，要做風水，或要添闊，或要新做，礙有樹木要砍樹木，稅人不得阻當，亦不得討還價。

肆、凡灌田水溝，不得壅塞；或要新開大路、新開水溝，稅主不得阻當，不得駕言虧本之事。

伍、凡丹絨公司[①]及親丁厝，及巫讓間，及馬廄，及吃郎大伯公厝，及兩旁護厝，及上帝廟，及兩邊護厝，不入稅內。

陸、二地內大路倘掌塚蠻律，或公堂人牛車要行，運儎灰沙，稅主不得阻當。

柒、稅人既已承稅二地之園，倘遇天時不順，或別出條規，稅主及安呾人當擔戴稅項。如安呾人一故，當補一人；或稅人故，則安呾人擔還稅項。

捌、既已做字，承稅不得轉稅別人。

玖、稅項於和(荷蘭)6 月終須該還一半，至 12 月終還明。倘或過期，抑不遵公堂所定條規，立破君得吙不用，詩礁此稅，再叫黎壟。所有虧本，稅人及安呾人當擔戴。

---

① 丹絨公司：又作"丹絨義塚公司"，丹絨塚地管理機構，刻有"丹絨公司"印章一枚，以收取費用。丹絨(Tandjoeng)塚地位於吧城西南。1809 年華人集資購得，20 世紀 70 年代被拆毀。丹絨塚地管理人先後有：陳猜、陳井、陳朋、邱塗、邱枝頭、邱思珍、邱繼興、邱武德、許慶寧、李雲宗、陳昌福等。

和(荷蘭)1858 年 12 月 24 日,拜五

公堂設嘧喳嘮。瑪腰陳永元舍仝雷珍蘭蘇天庇官、陳逢義官、高甲西川官、朱葛礁陳文速官俱在座。甲必丹高俊傑官因伊子上書避議。陳甲濬哲官登蔀不到。黃甲錦章官、陳甲思聰官因自上書避議。鄭甲肇基官報病不到。

(瑪腰陳永元、雷珍蘭黃錦章、陳思聰,雷珍蘭知廚禮韓青山、許清泉、唐美惜甘王元龍懇為甲丁知廚禮之職)

副挨實嗹於和(荷蘭)1858 年 11 月 19 日第 3177 號又 1 號致書,附瑪腰陳永元舍、雷珍蘭黃錦章官、陳甲思聰官、雷珍蘭知廚禮韓青山官、許甲清泉官、唐美惜甘王元龍官[①]懇陞甲丁知廚禮之職,充補故甲丁知廚禮王文顯官之缺。祈查勘酌量,誰者可堪?特此薦聞。

雷珍蘭黃錦章惶恐上書王上云:"職於和(荷蘭)1849 年曾蒙王上擢舉為雷珍蘭,今欲再懇加陞甲丁之職。因思職先曾祖黃聯公,前朝敇文明特授甲丁之職,厥後先祖早喪,家父黃燎光又受甲丁之職,歷世勤勞王事,因敢伏懇王上推恩賜職加陞。職之理事多年俱見,范圍不越,列台首領未敢非議,況職亦曾任選代察唐美惜甘陳森數項,亦見精察無遺。如得加職,則職之效力於公能有竟哉!希乞恩准。"

雷珍蘭陳思聰惶恐上書王上云:"職於和(荷蘭)1849 年

---

① 王元龍:Ong Goan Liong,亦作"王元隆",1808 年生於吧城,1842 年 6 月 19 日 36 歲時,與 27 歲甘志娘成婚於西門。承父之業,初任西門默氏,1851 年為雷珍蘭知廚禮,1856 年為唐美色甘雷珍蘭(武直迷),1858 年 12 月 24 日上書懇賜甲丁(甲必丹)知廚禮之職,1859 年 12 月 20 日升甲必丹知廚禮。1866 年 1 月 16 日去世,享年 59 歲。

曾蒙王上9月5日第2號案奪，擢為雷珍蘭知廚禮之職，後陞雷珍蘭，任理公堂事務。如此皇恩疊至，誠王上原情。念職家父勤勞王事有年，但職自承任以來，效力承命靡有貽悠，經有九年之久。竊慕稍進官階，因無虛缺。今聞甲丁知廚禮王文顯已故，職懇充補其職，仍在公堂任事，萬望恩准。”又附一書上挨實嗹，懇推誠薦拔，將書呈奏王上，賜准所懇，不勝待命之至。

瑪腰陳永元惶恐上書王上云："職知雷珍蘭陳思聰上書王上，懇補甲丁知廚禮之職，仍在公堂任事。憶有九年前，王上擢舉陳思聰為雷珍蘭知廚禮，曾承挨實嗹諭知，此職係王上念職勤勞王事多年，欲酬微績。附案奪字呈閱。後又陞陳思聰任理公堂雷珍蘭。自受任以來，謹守官箴，無敢踰越，職所深知，諒王上亦必聞知。但職任事已30餘年，未敢再懇加官，惟冀兒子陳思聰可得陞職於職在月之日，則職之沭恩可勝言哉！如王上思甲丁知廚禮之職有艱于公堂任事，前甲丁知廚禮黃永祿、甲丁知廚禮黃燎光曾有是任。伏懇王上殊恩下逮，准職所懇，則榮荷倍深，不勝企仰之至。”又附一書上挨實嗹，懇嘉言薦拔，將書呈奏王上，賜准兒子陳思聰口詞所懇。

雷珍蘭知廚禮韓青山年47歲，住大南門惶恐上書王上云："職於和(荷蘭)1854年4月25日曾蒙挨實嗹寄下沃治字，為遵王上於和(荷蘭)1854年4月13日第22號案奪，擢為雷珍蘭知廚禮之職。自此之後，謹守法矩，凡有益於人者，不憚為之。從和(荷蘭)1855年10月19日3198號挨實嗹書諭知，職曾理鍊間[①]犯人、死故棺木衣衾五年之久，並無

① 鍊間：亦作"練間"，閩南話，監獄。

求還，敖文明已經領情，特為鳴謝，職之歡欣何似。今聞甲丁知廚禮王文顯邇日已故，必虛其缺，因敢上書致懇王上特賜此職，萬望恩准。”又附一書如上云，云上揆實嗹懇嘉言擢薦，將書轉奏王上，賜准所懇。

雷珍蘭知廚禮許清泉惶恐上書王上云：“職聞甲丁知廚禮王文顯邇來已故，想王上欲舉一人充補其職，但職自受職以來，益加慎守，因敢上書致懇充補甲丁知廚禮之職，萬望恩准。”又附一書上揆實嗹嘉言薦拔，將書轉呈王上，賜准所懇。

武直迷王元龍惶恐上書王上云：“職自和(荷蘭)1851年曾蒙王上擢舉為雷珍蘭知廚禮，及和(荷蘭)1856年唐美惜甘有缺，即陞為雷珍蘭，理美惜甘事。兢兢効力，慎守官箴，列上臺深知有素。今聞甲丁知廚禮已故，其缺有虛，職懇充補是職。倘蒙俯賜，當益加努力以勤王事，則後之從事於公者益有砥礪焉。希乞垂鑒賜准。”又附一書上揆實嗹懇鼎力推薦嘉言，轉奏王上，將書附繳，不勝仰企之至。

列台閱書及閱諸口詞，議曰：“論上陳上書五人，俱有雷職在身。然既可舉為雷，自可陞為甲丁。但雷珍蘭黃錦章、雷珍蘭陳思聰，現在座公堂位列第四、第五。前和(荷蘭)1833年雷珍蘭戴明基曾上書，懇陞甲丁知廚禮之職，其位第四，其時王上無准所懇。及和(荷蘭)1838年王上恩典，獎賞公堂一、二、三，三位雷珍蘭恩賜甲丁知廚禮之職，其年甲丁知廚禮戴明基遂故其缺，無人承補。至和(荷蘭)1841年甲丁知廚禮葉文選又故，則雷珍蘭黃燎光補入甲丁知廚禮之職。至和(荷蘭)1846年甲丁知廚禮黃永祿告老，其缺又無承補。至和(荷蘭)1849年甲丁知廚禮黃燎光告老，則雷珍蘭高俊傑補入其職，至今公堂內惟一人甲丁之職而已。

如王上念其世績，欲陞一人加職，懇公堂坐位仍依舊序次而列。若雷珍蘭王元龍理唐美惜甘事，自前以來唐美惜甘未有甲丁之職，如王上恩典要加其職，亦懇坐位當從舊序次而列。至若雷珍蘭知廚禮韓青山、雷珍蘭知廚禮許清泉，係韓青山在先受職。本堂已將列位事款聲明，惟冀上臺裁奪採取。謹詳副挨實嚏鑒察。"

(林光瓊、連文清、陳江流、李伯達、高瓊瑤、陳江水、林溪勝、王文成諸人懇補雷珍蘭知廚禮之職)

承副挨實嚏於和(荷蘭)1858年11月19日第3177號又1號致書，附林光瓊、連文清①、陳江流、李伯達②、高瓊瑤③、

---

① 連文清：Ni Boen Tjiang，1800年生，隨父連鳳池經商，1858年上書求職未得。1860年7月9日為欽賜雷珍蘭，1865年10月12日為雷珍蘭，1872年2月3日為甲必丹。另據《婚簿》載，1838年10月17日，住洪溪，19歲連文清與15歲湯球娘成婚，媒妁陳月娘，男方主婚連鳳池(父)，女方主婚湯仙鶴(父)。1862年11月23日，43歲連文清與19歲黃清娘再婚，其父連鳳池任主婚人。1870年8月22日，51歲連文清與16歲李丙娘再次結婚，男女年歲相差35歲，其父連鳳池又任主婚人。據《塚地簿》載，1885年4月19日，連文清身故於洪溪，終年"66歲"。其子連益章甲理喪事，葬丹絨。對比《婚簿》多次所載，連文清終年應為86歲，為唐人公堂成員中最高壽者。

② 李伯達：Lie Paht，李長哥甲之子。1830年生於中港仔。據《婚簿》載，1851年2月24日，住中港仔，22歲李伯達與24歲陳雲娘成婚，媒妁郭一娘，男方主婚李長官甲大(父)，女方主婚陳鏗昌(父)。1858年上書求職，王上1859年12月20日第3號案奪，舉為武直迷加雷珍蘭，理美色甘事，月俸100盾。

③ 高瓊瑤：Ko Ken Jaauw，高長宗甲大之孫，高俊傑甲大之子，1831年生於窯內，為商。據《婚簿》載，1852年5月16日，21歲高瓊瑤與18歲連志娘(1841—1891)成婚，媒妁郭一娘，男方主婚高俊傑甲(父)，女方主婚連鳳池(父)。王上1863年1月5日第13號32號案奪，舉為唐美色甘雷珍蘭知廚禮。王上1867年12月12日第3號案奪，升為唐美色甘雷珍蘭，1885年1月15日升公堂甲必丹知廚禮。

陳江水、林溪勝[①]、王文成諸人口詞,懇補雷珍蘭知廚禮之職。祈查勘酌量詳覆。

林光瓊住廿六間惶恐上書王上云:"晚任默事已23年,屢次同胡勃實君眉司茶,俱見遵命,未嘗致貽後愆。前曾上書,懇補雷珍蘭知廚禮未得擢舉。現因甲丁知廚禮王文顯邇日已故,定虛一缺,晚懇充補其職,萬望恩准。"

連文清住吧惶恐上書王上云:"晚乃為商之人,凡事俱獲如意,因欲懇補一職榮身。現有甲丁知廚禮王文顯已故,必虛其缺。晚懇充補是職,如不可得甲丁知廚禮,乞賜雷珍蘭知廚禮之職,萬望恩准。"又附一書上挨實嗹,懇推誠薦拔,將書轉奏王上,賜准是仰。

李伯達住吧惶恐上書王上云:"晚聞甲丁知廚禮王文顯邇日已故,必虛其缺,晚懇充補。如不可得甲丁知廚禮之職,懇補為雷珍蘭知廚禮。因思晚父李長哥曾居甲丁知廚禮之職,為其後者竊欲繼承前徽。況晚所為,素稱良善,亦得李長哥遺業四份之一,未得一職榮身,深為抱歉。若得俯賜,晚當更展微忱効命於公。萬望恩准。"

高瓊瑤吧生,年27歲惶恐上書王上云:"晚父高俊傑現任公堂甲丁之職,先祖高長宗亦任甲丁之職,為唐人之長,先曾祖亦任雷珍蘭之職。爰溯前世,俱皆受職。今聞甲丁知廚禮王文顯已故,有虛其缺。伏懇王上推恩,賜晚充補是職。如欲陞雷珍蘭知廚禮補缺,晚懇補入雷珍蘭知廚禮之

① 林溪勝:1827年生,地頭主。1858年上書求職。先後在萬丹(Bantan),西冷(Serang)任雷珍蘭。1873年11月辭職,時為西冷(西壟)甲必丹。

職，萬望恩准。”

陳江水住珍把殺惶恐上書王上云：“晚係吧生，年 31 歲，為地主掌地頭及掌把殺累年，曾贌過敖文明傌仔，現尚任贌亦為商。小公大當及大富商，皆深知晚乃誠實忠厚為人。近聞甲丁知廚禮王文顯已故，必虛其缺。晚懇充補是職，以榮厥身。倘甲丁知廚禮有人充補，晚懇補入雷珍蘭知廚禮之職。懇挨實嗹轉奏王上，不勝仰望之至。”

林溪勝住吧惶恐上書王上云：“晚係故雷珍蘭知廚禮林源益[1]之子，平生外議不染，非特有承先人之業，則凡唐人尊長俱皆愛惜，況未嘗有犯褒黎司事，王上勘察實情，便可詳知晚之素行。今聞甲丁知廚禮王文顯已故，必虛其職。伏懇王上賜晚補入雷珍蘭知廚禮之職，萬望恩准。又附一書上挨實嗹，懇推恩擢取，將書轉奏王上，賜准所懇。”

陳江流住吧惶恐上書王上云：“晚係吧生，為商。邇聞甲丁知廚禮王文顯已故，想定有雷珍蘭補職，必虛一雷珍蘭知廚禮之缺。晚久慕一職榮身，自揣生活足以自供可保慎重，況晚曾任默事五年，未嘗有染非議，列位上臺素所深知。自和(荷蘭)1857 年曾贌過魚餉傌仔，本年繼之，來年再繼之。因敢伏懇王上推誠，賜晚充補雷珍蘭知廚禮之職，則晚之感戴，奚似益當為公而行。伏乞恩准。”又附一書上挨實嗹，懇良言薦擢，將書呈進王上，賜准所懇。

王文成住吧惶恐上書王上云：“晚前曾上書懇補甲丁知廚禮之職。一、因晚所行素稱良善；二、因晚乃故甲丁知廚

① 林源益：1847 年為萬丹雷珍蘭知廚禮，子林溪勝甲。

禮王文顯之胞弟；三、因晚掛咿掌業，得業故甲丁王文顯擔理鴉片偒仔鈁項，況來年鴉片偒仔晚再贌過，較之本年之價更高。如王上念晚有助於公，賜晚補職，則來年之偒仔又當更陞，又當再贌。又思鴉片乃大條之偒仔，欲掌其事，不可無任職之人。如王上欲陞雷珍蘭知廚禮充補甲丁之缺，晚懇補入雷珍蘭知廚禮之職，亦見宏恩之特賜也。萬望恩准。"附前書懇補甲丁知廚禮之職，內云："晚掛咿故甲丁王文顯得業四份之一，敖文明欲舉一職，必敢富厚之人，因敢上書致懇。"又附一書上挨實嗹，懇嘉言擢取，將書呈奏王上，賜晚補職。不勝待命之至。

附抄瑪腰陳永元舍呈上案奪字，和(荷蘭)1849 年 9 月 14 日第 2474 號挨實嗹致書瑪腰陳永元舍。為遵王上於和(荷蘭)1849 年 9 月 5 日第六條第 2 號案奪："舉陳思聰為雷珍蘭知廚禮之職，合當諭知。因敖文明念及瑪腰久年勤勞王事，雅意特頒，以酬勞績。前曾達知瑪腰可向敖文明懇求是職，余是以轉奏王上，謂瑪腰已 20 餘年理事，勤慎可嘉，合當加恩酬獎。今陳思聰年齒未及而獲是職，足見優待之至。祈瑪腰再加効力，則後之獲福能有既乎！"

列台閱書及閱諸口詞，議曰："論上陳八人上書，懇補雷珍蘭知廚禮之職，俱皆堪任，有缺可補之。唯冀上臺採取可焉。謹詳副挨實嗹鑑衡裁奪。"

(查勘詳覆浪甲丁黃永羡懇伊子黃長生為浪雷珍蘭知廚禮之職)

承副挨實嗹於和(荷蘭)1858 年 12 月 10 日第 122 號又 1 號連奎，附挨實嗹和(荷蘭)12 月 9 日第 4857 號逸字連奎，又和(荷蘭)12月7日第16436號王上連奎,又附浪[①]挨實嗹和(荷蘭)11月10日第1799號書,及浪甲丁黃永羨[②]口詞,懇伊子黃長生為浪雷珍蘭知廚禮之職,倘後來或甲丁黃永羨告假、或告老,要付其子襲職。祈查勘酌量詳覆。

浪甲丁黃永羨惶恐上書王上云:"職已年邁,因有子黃長生已經受室,懇舉為雷珍蘭知廚禮之職,現為商吧地。如可得職,當令居浪再加教督,後來或有不測,則可將任付子黃長生承繼。憶之和(荷蘭)1855年7月9日,曾蒙王上第1號案奪,准黃長生代理甲丁事。因職欲告假回唐,若返棹,則仍任理。伏懇王上恩准,不勝榮荷之至。"

列台閱書及諸連奎,及浪挨實嗹書,及浪甲丁黃永羨口詞,議曰:"論黃長生在吧為商數年是實,但少年氣性未定,所為多乖,況有驕傲之氣,並無尊卑之分,且欲代理其父甲丁黃永羨公事,誠為未妥。須先擇賢能、深知禮義之人,方不負朝廷立官至意。謹詳副挨實嗹裁奪。"

(胡紗囊入稟懇承伊父胡再生掌理完劫寺事)

據胡紗囊入稟,懇承伊父胡再生掌理完劫寺事,自供願倩副手一人巡顧塚事,自支所費。

列台閱稟,議曰:"可准所懇。"存案。

(甲必丹高俊傑告知當禁年少之人買蔭墳為壽域)

據高(俊傑)甲大請曰:"現公舘買風水,十餘歲人則買蔭墳為壽域。夫既曰壽,則老者之稱也,奚可以少者而亦買

---

① 浪:北加浪岸(Pekalongan)簡稱。

② 浪甲丁黃永羨:中爪哇北岸北加浪岸 唐人甲必丹黃永羨。

墳,衹恐相習綿延,後日老成之輩,將何以處之?孰若禁止為是。"

列台曰:"所言誠是。議自今伊始,凡丹絨、式里陂二地,不得任人買風水為蔭墳。倘前已買過,有單執照,可任築做而已。"存案。

和(荷蘭)1859年1月14日,拜五

公堂設嘧喳嘮。瑪腰陳永元舍仝甲必丹高俊傑舍,雷珍蘭蘇天庇官、黃錦章官、陳甲逢義官、高甲西川官、鄭甲肇基官、朱葛礁陳文速官俱在座。陳甲濬哲官因親戚避議。陳甲思聰官報病不到。

(查勘詳覆黃清淵、賴觀瀾懇任荷蘭美色甘窒事)

承副挨實嗹於和(荷蘭)1859年1月7日第40號又1號之書,附黃清淵①、賴觀瀾口詞,懇任和(荷蘭)美色甘窒事。祈將所入口詞,二人選取誰人可堪任職?又當試勘能深知唐字及數法及和(荷蘭)字謄寫番語,猶為稱職。祈查勘薦舉,具詞詳覆。

黃清淵吧生,住八廚沃間惶恐上書王上云:"晚聞和(荷蘭)美惜甘要用唐人為窒,晚願為承任。晚係故甲丁黃永

① 黃清淵:Oeij Tjengian,黃永祿甲之子,1837年生。據《婚簿》載,1856年9月7日,20歲黃清淵與16歲王盛娘成婚於八廚沃間,媒妁郭一娘,男方主婚黃燎光(宗叔),女方主婚王元龍(父)。挨實連1860年4月12日第1236號,舉黃清淵為雷珍蘭知廚禮;1861年2月8日王上302號,升為實任雷珍蘭;王上1872年2月3日第27號,升特授甲必丹。

禄之男子，又娶唐美惜甘窒雷珍蘭王元龍之女為妻，又為雷珍蘭陳濬哲內弟。晚父自和（荷蘭）1819年任理公事，至和（荷蘭）1846年告老，計有27年，前任雷珍蘭職，後陞甲丁粉方僦烈[1]在座公堂。況晚曾從岳父王元龍幫理唐美惜甘數事，諒必精知。但要理無額間之人，想敖文明必欲選取堪信之人。晚之家業足以自供，因是伏懇王上垂恩俯賜此職。萬望恩准。”另一書上挨實嗹，將書轉達王上，賜准所懇。

朱葛礁賴觀瀾惶恐上書王上云：“末職係生唐山漳州，現年53歲，明婚所出，自幼學習文字。於和（荷蘭）1824年到吧，即為教讀先生六年，諸學父俱無間言。後即為船主掌理船事，商販四方，亦皆如意，未嘗與人多端。惟忍以持躬，和以處眾。及後即稅地頭勞冉媚十年掌理地事，未嘗一次干犯褒黎司事，又見遵法而行。至和（荷蘭）1853年曾蒙王上8月13日第20號案奪，即舉為公堂二朱之職。又和（荷蘭）1856年，又蒙王上案奪，陞為公堂大朱之職。所任大朱，每月得俸120盾，今已五年。任理公事，公堂列台未當毀言致譴，即外員首領亦愛悅無間。因念自居吧34年，始終或理公或理私，未有巨細事蹟，在上下干刀，無非勤慎所致也，諒敖文明必有憐情。苟可稍進官階，定欲垂恩俯賜。雖俸金較之現時有減，然罕遇有缺可陞。今聞敖文明欲舉一窒兼以雷職，任事和（荷蘭）美惜甘，每月得俸金100盾。末職前已敘明能知唐字及數法，又知禮義，因敢上書致懇。

---

① 甲丁粉方僦烈：甲必丹知廚禮，即榮譽甲必丹。

伏乞王上俯賜雷珍蘭之職，理和(荷蘭)美惜甘室事。萬望恩准。"另一書上挨實嗹，懇將轉達王上，賜准所懇。不勝榮荷之至。

列台閱書，議曰："論朱葛礁賴觀瀾上書懇任和(荷蘭)美色甘室事，依口詞所陳，果然實情。況年紀老成，為人醇厚樸素，誠可取信。且深知唐字以及數法，雖不識和(荷蘭)字，然可令人傳寫。此乃據理而薦，可堪任職。論黃清淵上書懇任和(荷蘭)美色甘室事，依口詞所陳，謂伊係故甲丁黃永祿官之子，唐美色甘武直迷王元龍官之女壻，雷珍蘭陳濬哲官之內弟，果然實情。察其為人年登 23 歲，少年誠實，可取信。但其唐字、數法以及巫嘮由字頗知些少，惟冀上人裁奪。謹此詳覆副挨實嗹裁奪。"

(陳朋懇承理丹絾、式里陂塚事)

據陳朋請云："丹絾、式里陂塚事，前係晚之堂兄陳井料理鑾律事。今陳井已故，懇將此事仍然付晚承理。伏乞恩准。"

列台參議："現未有人掌事，可准陳朋暫為兼理。"存案。

(蔣燈光懇代理陳井承稅丹絾、式里陂、惹致三地田園取息)

據蔣燈光請云："丹絾、式里陂、惹致三地田園取息係陳井承稅，今陳井已故，為晚掛咄，合應請明。"

列台命蔣燈(光)："當尋一妥人，再為安呾方可。"蔣燈(光)答曰："遵命。"存案。

和(荷蘭)1859 年 1 月 20 日,拜四

公堂設嘧喳嘮。瑪腰陳永元舍仝甲必丹高俊傑舍,雷珍蘭黃錦章官、陳逢義官、高甲西川官、鄭甲肇基官、朱葛礁陳文速官俱在座。蘇甲天庇官登蔀。陳甲濬哲官因戚避議。陳甲思聰官報病不到。

(公堂獨薦大朱賴觀瀾可堪荷蘭美色甘雷珍蘭之職)

承副挨實嗹於和(荷蘭)1859 年 1 月 18 日第 137 號又 1 號速速致書公堂,為閱和(荷蘭)1859 年 1 月 18 日第 18 號、19 號書所詳,從和(荷蘭)1859 年 1 月 7 日第 40 號又 1 號之書,祈公堂速即酌量,薦舉誰人該先任此職?速速覆聞。

列台閱書,會議曰:“從本堂於和(荷蘭)1859 年 1 月 17 日第 18 號所詳,已經僉舉大朱賴觀瀾年紀老成,為人醇厚樸素,且深知唐字及數法,誠可取信,可堪和(荷蘭)美色甘窒缺。今再承致問,必須誰人該先任此職。本堂再為酌定,獨薦大朱賴觀瀾可堪和(荷蘭)美色甘雷珍蘭之職,兼理室事。謹此詳覆副挨實嗹裁奪。”

和(荷蘭)1859 年 1 月 21 日,拜五

公堂設嘧喳嘮。瑪腰陳永元舍仝甲必丹高俊傑舍,雷珍蘭陳濬哲官、黃錦章官、陳甲逢義官、高甲西川官、鄭甲肇基官、二朱陳文速官俱在座。蘇甲天庇官、陳甲逢義官登蔀。陳甲思聰官報病俱不到。

(查勘詳覆沈鶴算果是沈命之子否)

承挨實嗹於和(荷蘭)1859年12月10日第4870號致書,附厘力突和(荷蘭)1858年12月9日第4375號之書,又附王上和(荷蘭)1858年12月19日第17212號連奎,又附戈奢 緞勿黎核掛哶沈鶴算口詞及諸字,懇追回戈嘮得嘮八仙沈鶴算得業于沈命。祈公堂查勘此沈鶴算指明果是沈命之子否?勘畢詳覆。

戈奢 緞勿黎核掛哶唐人沈鶴算惶恐上書王上云:"從沈命達心眠字所陳,付子沈鶴算掛哶得業,但沈鶴算前已照例還戈嘮得嘮八仙10八仙,計銀5 397.93盾,因謂沈鶴算非沈命明婚子也。但晚所知,如沈鶴算得業于沈命,不當還此八仙,因沈命達心眠字敘明沈鶴算是其子。因敢上書,伏懇王上推恩,賜還前已還戈嘮得嘮八仙銀5 397.93盾。萬望恩准。"

沈命達心眠字內敘明已分諸黎噶[①]之餘,付子沈鶴算承得。又立沈鶴算、沈自得掛哶惹難,立掛哶掌業人沈鶴算。

列台閱書及口詞。吊訊沈鶴算年31歲,住文丁新圩耕園為業,供云:"晚是付戈奢緞勿黎核掛哶上書王上,懇追回已還戈嘮得嘮八仙銀5 397.93盾。因晚果是沈命之子,家母故時,晚尚幼稚,但知是番人,不知是人女婢抑是出身人[②]?"

---

① 黎噶:荷蘭語 Legaat,遺贈的財物。

② 出身人:閩南語,指已贖身為自由的人,即吧城官方人口公告中的"獲釋奴隸"(荷蘭語 Mardijkers),指贖身奴隸或因功獲得自由的奴隸。吧城政府把居民分為自由民(Frije Bewoners)和奴隸(Lijfeigenen)兩大類,獲釋奴隸被列為自由民。

台問沈鶴算:"汝云不知汝母是女婢抑是出身人,別有削視可指明否?"沈鶴算答曰:"有唐人羅排及前黃待甲之巫讓番系嗙明知可訊。"

吊訊削視羅排年49歲,住觀音亭為牙行,供云:"晚憶二十餘年前家姊夫陳奎炳甲素與黃待老甲交關,故家姊夫常常往黃待老甲之厝。適家姊家中有事,命晚往黃待老甲家叫姊夫回來,見有貓務抱一小孩在手,問之貓務,云係是沈命之子,即此沈鶴算是也,其來歷晚實不知。所供是實,敢立誓。"

吊訊削視系嗙年約50歲,住磘內,前為黃待甲巫讓,現今鄭肇基甲燒灰巒律,供云:"賤知沈鶴算果是沈命與黃待老甲之女婢毛摘嘮嘮所生。其毛摘嘮嘮始自三保壟買來,未幾即與沈命契愛。當懷孕時,賤即知之,然不知生在何處。及沈鶴算約有一歲時,又見貓務抱出,問之,據云此係毛摘嘮嘮與沈命所生之子,其毛摘嘮嘮已故多年,故時沈鶴算約有五六歲。所供是實,敢立誓。"

公堂會議:"查閱沈命達心眠字所陳,謂沈鶴算是其男子,但無敘明出何母所生。茲據削視羅排供稱,沈鶴算果是沈命之子。又據削視番系嗙指明,沈鶴算係沈命與黃待老甲之女婢毛摘嘮嘮所生之男子,當懷孕時,即已詳知。本堂細按,此番系嗙前為黃待老甲巫讓,與沈命同聚一處,沈命行事,所知必審。況沈命達心眠字敘明沈鶴算是其男子,誠可謂沈鶴算果是沈命之子,但出於黃待老甲之女婢毛摘嘮嘮所生者。所懇之事,惟憑上臺裁奪。謹詳挨實嗹電察。"

(王貞娘、陳安六夫妻求離一案)

王貞娘年 27 歲,住水鋸仔頂,請伊夫陳安六住仝上:"為交寅有 12 載,有生二子。長曰盛元,年五歲;次曰源成,年三歲。因拙夫並無稅屋與氏居住,前二禮拜,遂將氏寄于李佛誠[1]之家。因李佛誠之妻惡語亂罵,氏不能容。但拙夫既能娶妻,雖不能備華屋與妻居住,亦當有草舍與氏同居。何忍將妻托寄他人,使氏羞恥無地。此事於和(荷蘭)1858 年 12 月 27 日,氏無奈到公舘請懇公斷,蒙甲必丹判斷,令拙夫當稅屋與氏居住,命氏從夫而歸,氏遵命無違。近因拙夫雖有稅屋與氏居住,並無給付資費,且未嘗回家。既然如此,氏誓死不歸,切懇判離。"

吊訊陳安六年 37 歲,供云:"自蒙公舘甲必丹判後,晚即時稅屋與妻居住,每月付雷 6 盾。因晚歸家,拙妻不納,且言曰不欲與晚相見,如見晚面,其心懔懔。晚忍而避之,求宿後舍,而妻亦不容之,未審何意。但分離一事,晚不願從之,懇判再合。"台因王貞娘執意求離,已無心於夫矣。故別生多端,屢屢到堂,任勸不能結局。將情申詳公堂大嚹內裁奪。

列台覆訊王貞娘、陳安六夫婦,供如公勃低所勘。

公堂會議:"論王貞娘、陳安六夫妻已經十二光陰矣,款洽情深,豈可無大故而失栢舟之節,未免貽笑國風。於是判其當堂和合。"二比稱願,唯退。存案。

---

① 李佛誠:Lie Hoetseng,1830 年生。據《婚簿》載,1853 年 10 月 3 日,24 歲李佛誠與 21 歲鄭兼娘成婚於觀音亭。任默 6 年,優意告退。為商界翻譯,能通福建、廣東 嘉應州諸語。1874 年 8 月 6 日為欽賜雷珍蘭,直到 1884 年為止。另據《婚簿》記載,1878 年 5 月 13 日,住磚仔橋,49 歲李佛誠與 47 歲王貞娘再婚,男女方主婚人均為男女雙方自己。李佛誠前妻於 1876 年 10 月身故。

(林習娘、陳王芳夫妻求離一案)

林習娘年42歲,住千冬圩,請伊夫陳玉芳住同上:"為結髮26載,並無兒子。因拙夫棄妻寵妾已經十二載,並無給付資費,惟氏自己尋作女工以為度日。但拙夫自前與氏交寅,夫妻協力覓利築造一屋,以為夫婦居住。近因拙夫殘忍將屋變賣他人,價銀2 950盾。蔀爹劉厍憐氏,前有相助拙夫築屋,故扣出銀400盾付氏取用,餘者俱皆拙夫取去,將項一盡交伊妾使用。逐日與妾氏暢樂,丟氏無安身之地,使氏靜言思之,終身無望矣。如此不良,懇乞判離。"職欲召陳玉芳到堂質訊,因他住在外轄,合當將情申詳大瑪腰(陳永元)裁奪。於和(荷蘭)1859年1月21日,瑪腰(陳永元)將情繳入大嚡內。

列台吊訊林習娘,供如公勃低所詳。列台吊訊陳玉芳,供云:"拙妻既然欲與晚分離,固願從之。"

公堂會議:"論林習娘、陳玉芳夫妻求離一案,據林習娘執意分離,且伊夫亦願從,灼見夫妻恩情俱絕,不能再合。於是當堂准其離邊,各花押在簿,任從別適,各無後悔。"唯退。存案。

補和(荷蘭)1857年12月22日

(公堂發叫黎箍付人承稅1858年全年丹絨、式里陂、惹致三地田園取息)

瑪腰陳永元舍仝甲必丹高俊傑舍,雷珍蘭蘇天庇官、陳濬哲官、黄甲錦章官、陳甲思聰官、陳甲逢義官、高甲西川官、鄭甲肇基官、朱葛礁賴觀瀾官仝梁礁緞冥在公堂發叫黎塱,付人承稅和(荷蘭)1858年全年丹絨、式里陂、惹致三地田園取息。

列台叅議,定付人承稅丹絨、式里陂之田條規詳下:

壹、付人承稅丹絨、式里陂之田一年為限,和(荷蘭)1858年1月1日起至12月終止。

貳、承稅之人須援二妥人安呾,可為公堂取信者。於黎塱之時,須有其人,否則再叫黎塱,承應人當擔戴一切虧本。

叁、公堂付稅二地之田而已,山頂之園及鑒光不在稅內。其田抽奎務須遵敖文明所定條規而行。

肆、稅田人可用吃唧西邊護厝,若有毀壞,稅田人當修理。不則公堂倩人修理,稅田人當還費。又可用祀壇前之埕以曝粟。

伍、一暨公班衙番,稅田人不得召用。

陸、倘上人或公堂要填田為路,或開水溝,稅田人不得阻當。

柒、倘天時不順,禾稻不長,稅田人不得求減稅價。

捌、稅田人須照顧水溝,如有毀壞,當修補。不則公堂倩人修理,稅田人須還費。

玖、稅田人須遵敖文明已定條規,倘後復有更易,抑別有所命,稅田人當遵命而行。

拾、稅項和(荷蘭)6月終須還一半,至和(荷蘭)12月終還明。如過限無還,抑不遵公堂所定條規,立破君得吷不用,詩礁此稅,再叫黎塱。倘有減價,稅田人及安呾人當擔戴補足;如有加價,不干稅人之事。

十一、稅田人及安呾人須一體擔戴，倘承稅人已故，安呾人當擔還稅項；如安呾人一故，又當再添一人，可為公堂承受者。

列台參議，定付人承稅丹絨、式里陂之園及菓子樹木條規，詳列於下：

壹、付人承稅丹絨、式里陂二地之園及菓子樹木，以一年為限，於和(荷蘭)1858年1月1日起至12月終止，但稅主須援二妥人安呾，可為公堂取信者。於黎壟時，須有其人，否則再叫黎壟，一切虧本，稅人擔戴。

貳、稅主可抽奎二地之園面小冬及菓子，務須遵敖文明所定之條規而行。內中二地之田不在稅內，其二地公班衙番不得召用。

叁、凡墓旁墓手，不得栽植菓子及蕉欉什物，務必潔淨為要。原有大樹，稅主不得砍伐，倘或枯死要用，當請知公堂，然又當與鑒光人相商價項，否則每樹禮罰50盾。如公堂有命，要做風水，或要添闊，或要新做，礙有樹木要砍樹木，稅人不得阻當，亦不得討還價。

肆、凡灌田水溝，不得壅塞；或要新開大路、新開水溝，稅主不得阻當，不得駕言虧本之事。

伍、凡丹絨公司及親丁厝，及巫讓間，及馬廄，及吃啷大伯公厝，及兩旁護厝，及上帝廟，及兩邊護厝，不入稅內。

陸、二地內大路倘掌塚鑾律，或公堂人牛車要行，運儎灰沙，稅主不得阻當。

柒、稅人既已承稅二地之園，倘遇天時不順，或別出條規，稅主及安呾人當擔戴稅項。如安呾人一故，當補一人；

或稅人故，則安呾人擔還稅項。

捌、既已做字，承稅不得轉稅別人。

玖、稅項於和(荷蘭)6月終須該還一半，至12月終還明。倘或過期，抑不遵公堂所定條規，立破君得吘不用，詩礁此稅，再叫黎壟。所有虧本，稅人及安呾人當擔戴。

丹絨、式里陂田叫稅價銀2090盾，承應人陳井，安呾人蔣燈光、李彥。

丹絨、式里陂園叫稅價銀560盾，承應人陳井，安呾人蔣燈光、李彥。

惹致田園叫稅價銀550盾，承應人陳宣，安呾人楊亞四、鍾欽五。

補和(荷蘭)1858年12月1日，拜三

(公堂發叫黎壟，付人承稅1859年全年丹絨、式里陂、惹致三地田園取息)

公堂設嘧喳嘮。瑪腰陳永元舍仝甲必丹高俊傑舍、雷珍蘭蘇天庇官、陳濬哲官、黃甲錦章官、陳甲思聰官、陳甲逢義官、高甲西川官、鄭甲肇基官、朱葛礁賴觀瀾官仝梁礁綴吉寧在公舘發叫黎壟，付人承稅和(荷蘭)1859年全年丹絨、式里陂、惹致三地田園取息。

列台參議，定付人承稅丹絨、式里陂之田條規詳下：

壹、付人承稅丹絨、式里陂之田三年為限，和(荷蘭)1859年1月1日起至12月終止。

貳、承稅之人須援二妥人安呾，可為公堂取信者。於黎塱之時，須有其人。否則再叫黎塱，承應人當擔戴一切虧本。

叁、公堂付稅二地之田而已，山頂之園及鑒光不在稅內。其田抽奎，務須遵敖文明所定規條而行。

肆、稅田人可用吃啷西邊護厝，若有毁壞，稅田人當修理。不則公堂倩人修理，稅田人當還費，又可用祀壇前之埕以曝粟。

伍、一暨公班銜番，稅田人不得召用。

陸、倘上人或公堂要填田為路，或要開水溝，稅田人不得阻當。

柒、倘天時不順，禾稻不長，稅田人不得求減稅價。

捌、稅田人須照顧水溝，如有毁壞，當修補。不則公堂倩人修理，稅田人須還費。

玖、稅田人須遵敖文明已定條規，倘後復有更易，抑別有所命，稅田人當遵命而行。

拾、稅項和(荷蘭)6月終須還一半，至和(荷蘭)12月終還明。如過限無還，抑不遵公堂所定條規，立破君得吷不用，詩礁此稅，再叫黎塱。倘有減價，稅田人及安呾人當擔戴補足。如有加價，不干稅人之事。

十一、稅田人及安呾人須一體擔戴。倘承稅人已故，安呾人當擔還稅項。如安呾人一故，又當再添一人，可為公堂取信者。

列台參議，定付人承稅丹絨、式里坡之園及菓子樹木條規詳列於下：

壹、付人承稅丹絨、式里陂二地之園及菓子樹木，以一年為限，於和(荷蘭)1859 年 1 月 1 日起至 12 月終止，但稅主須援二妥人安呾，可為公堂取信者。於黎壟時，須有其人，否則再叫黎壟，一切虧本稅人擔戴。

貳、稅主可抽奎二地之園面小冬及菓子，務須遵敓文明所定之條規而行。內中二地之田不在稅內，其二地公班衙番不得召用。

叁、凡墓旁墓手，不得栽植菓子及蕉欉什物，務必潔淨為要。原有大樹，稅主不得砍伐，倘或枯死要用，當請知公堂，然又當與鑒光人相商價項，否則每樹禮罰 50 盾。如公堂有命，要做風水，或要添闊，或要新做，礙有樹木要砍樹木，稅人不得阻當，亦不得討還價。

肆、凡灌田水溝，不得壅塞；或要新開大路、新開水溝，稅主不得阻當，不得駕言虧本之事。

伍、凡丹絨公司及親丁厝，及巫讓間，及馬廄，及吃唧大伯公厝，及兩旁護厝，及上帝廟，及兩邊護厝，不入稅內。

陸、二地內大路倘掌塚鑾律，或公堂人牛車要行，運儎灰沙，稅主不得阻當。

柒、稅人既已承稅二地之園，倘遇天時不順，或別出條規，稅主及安呾人當擔戴稅項。如安呾人一故，當補一人；或稅人故，則安呾人擔還稅項。

捌、既已做字，承稅不得轉稅別人。

玖、稅項於和(荷蘭)6 月終須該還一半，至 12 月終還明。倘或過期，抑不遵公堂所定條規，立破君得吙不用，詩礁此稅，再叫黎壟。所有虧本，稅人及安呾人當擔戴。

丹絨、式里陂田叫稅價銀 2 625 盾，承應人陳井，安呾人蔣燈光、李彥。

丹絨、式里陂園叫稅價銀200盾,承應人同上,安呾人同上。

惹致田園叫稅價銀860盾,承應人同上,安呾人同上。

和(荷蘭)1859年1月23日,禮拜

公舘封印,設嘧喳嘮。瑪腰陳永元舍同甲必丹高俊傑舍,雷珍蘭陳濬哲官、黃錦章官、陳思聰官、高西川官、鄭甲肇基官、大朱賴觀瀾官俱在座。蘇甲天庇官同陳甲逢義官登蔀不到。

(邱塗為懇乞營生事)

具稟帖人晚生邱塗[①],為懇乞營生事:"緣晚曩者曾與家岳陳猜[②]料理丹絨數項事務,後猜棄世,岳叔陳井[③]承其兄之業,晚亦與之幫理塚務數項,經今十有八載。晚雖蹇劣,然塚內諸事頗詳,兼妻子生長丹絨,不忍播遷。叩懇公

---

① 邱塗:丹絨塚地鑾律(Mandor,土公,墓葬管理人),1816年生,1841年為丹絨塚地鑾律陳猜助手。1859年為丹絨、式里陂塚地鑾律(管理人)。另據《婚簿》記載,1844年4月2日,住丹絨公司,29歲邱塗與18歲陳那娘成婚。媒妁許新娘,男方主婚丘清(宗叔),女方主婚陳猜(胞叔)。

② 陳猜:1794年生。據《婚簿》記載,1825年9月21日,住丹絨義塚公司,31歲陳猜觀與16歲林臥勿娘成婚。媒妁袁珠娘,男方主婚陳德隆(族兄),女方主婚林文章(父)。據1825年10月14日的公堂案卷,云其已理塚事二年。1849年6月15日的公堂案卷,則云其已於1845年身故,享年52歲。

③ 陳井:陳猜弟,1845年至1858年承理丹絨塚地事。1859年1月14日身故,其堂弟陳朋繼任。

堂列位大人格外施恩,付晚承理先岳叔陳井塚事,庶幾亦可贍顧岳母一家大小,不致令其母子離散,亦列台大人之盛德也。牘敢冒瀆,伏望恩准,曷勝感戴之至。”

列台閱稟議:“准邱涂理丹絨、式里陂二地塚事。”存案。

公堂封印大吉。風調雨順,國泰民安。

定公勃低查驗唐船、舯舨,明日算起,每鬮二人,照鬮輪流,週而復初。

壹鬮:甲必丹高俊傑官、雷珍蘭陳逢義官。

貳鬮:雷珍蘭蘇天庇官、雷珍蘭陳思聰官。

叁鬮:雷珍蘭陳濬哲官、雷珍蘭黄錦章官。

以上應值之人,如遇有事不暇,則協理雷珍蘭高西川官、鄭肇基官代之。謹此存案。

和(荷蘭)1859年1月26日,拜三

公堂設嘧喳嘮。瑪腰陳永元舍同甲必丹高俊傑舍,雷珍蘭蘇天庇官、陳濬哲官、黄甲錦章官、陳甲思聰官、陳甲逢義官、高甲西川官、鄭甲肇基官、大朱頼觀瀾官俱在座。

(查勘詳覆楊一斗懇充荷蘭美惜甘雷珍蘭掌理之職)

承副挨實嗹於和(荷蘭)1859年1月26日第10號又8號致書公堂,附唐人楊一斗口詞,祈速速查勘,酌量詳覆。

楊一斗為商住吧惶恐上書王上云:“晚聞和(荷蘭)美惜甘要舉一人為甲丁,或為雷珍蘭掌理室事,晚已久慕,願為敖文明使用。因敢上書,懇充是職。是自揣凡寫和(荷蘭)字、

唐字以及數法俱已精知,即行止亦稱良善。如敖文明要舉別人任職,晚懇願為下屬,免還月俸。萬望王上推恩,賜准所懇,不勝仰荷之至。"又另一書上挨實嗹,懇將書轉達王上,良言薦拔賜晚任美惜甘雷珍蘭之職。如不可得,懇為雷珍蘭下屬,幫理公務,免還月俸。晚所慕功名而已,萬望恩准。

列台閱書及楊一斗口詞,問楊一斗曰:"此書果汝所入否?"楊一斗答曰:"晚年 28 歲為商,果有上書王上,懇充和(荷蘭)美惜甘雷珍蘭之職,掌理室事。如不得雷珍蘭之職,願為下屬,月俸與上員均分。"台問:"汝口詞中有云,如不可得雷珍蘭之職,願為下屬,免還月俸。今言欲與上員均分,何供與詞頓異?"楊一斗答曰:"口詞所言免還月俸,非晚意見。"台將其自己所入口詞,付其觀閱,讀不分曉;又將已傳抄口詞之唐字,令其宣讀,字句多有差訛。

公堂會議:"論楊一斗行止、學問,無一見長。據列台臆見,俱謂未可堪職。因是,本堂未敢輕薦,所懇不得承受。謹詳副挨實嗹裁奪。"

咸豐九年正月廿日,和(荷蘭)1859 年 2 月 22 日,拜二

公堂開印大吉。風調雨順,國泰民安。

定應值公舘公勃低,照鬮輪流,週而復初。

壹鬮:甲必丹高俊傑官、雷珍蘭陳逢義官,1、4、7、10。

貳鬮:雷珍蘭蘇天庇官、雷珍蘭陳思聰官,2、5、8、11。

叁鬮:雷珍蘭陳濬哲官、雷珍蘭黃錦章官,3、6、9、12。

定應值外務公勃低,照鬮輪流,週而復初。

壹鬮:甲必丹高俊傑官、雷珍蘭陳逢義官,2、5、8、11。

貳鬮:雷珍蘭蘇天庇官、雷珍蘭陳思聰官,3、6、9、12。

叁鬮:雷珍蘭陳濬哲官、雷珍蘭黃錦章官,1、4、7、10。

定應值干刀公勃低,照鬮輪流,週而復初。

壹鬮:甲必丹高俊傑官、雷珍蘭陳逢義官,3、6、9、12。

貳鬮:雷珍蘭蘇天庇官、雷珍蘭陳思聰官,1、4、7、10。

叁鬮:雷珍蘭陳濬哲官、雷珍蘭黃錦章官,2、5、8、11。

(定掌廟宇,掌塚事,水淬、買辦、工役公勃低)

定掌廟宇公勃低:二、四、六。定掌塚事公勃低:一、三、五。

定掌水淬、買辦、工役公勃低:一、貳,掌水淬。三、四,掌買辦。五、六,掌工役。

以上數條應值公勃低,或照月份,或照位次,須依鬮而行。倘應值之人或有不暇,或有告假,則協理雷珍蘭高西川官、鄭肇基官代之。凡值公舘公勃低,須逐日兼察本鑒光街衢,務宜潔淨為要,不宜港墘任人栽植樹木。凡查驗甲板新客登岸,援人安呾,須公勃低在座鑒察。凡每值夜,公勃低須遵和(荷蘭)1802 年條規,晚間八點鐘起到公舘,而後往巡本界鑒光,至次早五點鐘方歸。謹此存案。

(1858 年全年丹絨、式里陂兌風水及公堂全年收支條目)

錄和(荷蘭)1858 年 1 月起至 12 月終止,丹絨、式里陂兌風水及全年收項條目,並開費牛郎沙里及丹絨、式里陂並公舘諸費,結冊造報。

承和(荷蘭)1857年12月終,存來銀11 232.025盾。

錄兌式里陂風水條目:

1月11日,兌李長茂一穴,闊12距、長24距,銀67.7盾。12日,兌林任娘壹穴,闊長仝上,銀67.7盾。

2月2日,兌涂己娘一穴,闊長仝上,銀67.7盾。12日,賜林福蔭求默高松一穴,闊長同上,免還銀。25日,兌許榮娘壹穴,闊長仝上,銀67.7盾。

3月2日,兌梁德水一穴,闊長仝上,銀67.7盾。

3月10日,兌蔡高山一穴,闊長同上,銀67.7盾;又兌鄭海水風水一穴,闊16距、長32距,銀220盾。3月30日,兌林栢舟一穴,闊16距、長32距,銀220盾。

4月6日,兌鄭成福一穴,闊12距、長24距,銀67.7盾。15日,兌黃東啓風水壹穴,闊長仝上,銀67.7盾。16日,兌王涼海風水壹穴,闊16距、長32距,銀220盾。26日,兌賴渭源壹穴,闊12距、長24距,銀67.7盾。

5月17日,兌黃亞來一穴,闊長仝上,銀67.7盾。22日,免馮元力壹穴,闊長仝上,銀67.7盾。26日,兌黃青榮壹穴,闊長仝上,銀67.7盾。

6月12日,兌林榮生一穴,闊長仝上,銀67.7盾。14日,兌陳憲文風水一穴,闊12距、長24距,銀67.7盾。22日,兌賴美壹穴,闊長仝上,銀67.7盾。24日,兌鄭獅壹穴,闊長仝上,銀67.7盾;又兌許奎炳風水壹穴,闊16距、長32距,銀220盾。

7月8日,兌邱水溶壹穴,闊12距、長24距,銀67.7盾。

7月27日,兌沈松茂一穴,闊20距、長40距,銀541.6

盾。

8月3日，兑鄭中山一穴，闊12距、長24距，銀67.7盾。12日，兑李長茂、林榜風水一穴，闊長仝上，銀67.7盾；又黃景山因伊父黃石葬在伊本地望吃山一穴，闊20距、長40距，銀541.6盾。

8月13日，兑林有志一穴，闊12距、長24距，銀67.7盾；又兑黃詩風水壹穴，闊長同上，銀67.7盾；又兑黃東水風水壹穴，闊長同上，銀67.7盾。

8月21日，兑簡敬忠壹穴，闊長同上，銀67.7盾；30日，兑鍾栢壽風水一穴，闊長同上，銀67.7盾。

9月9日，兑陳逢義甲一穴，闊16距、長32距，銀220盾。

10月1日，兑李長茂一穴，闊12距、長24距，銀67.7盾；4日，兑林文娘風水一穴，闊長同上，銀67.7盾；又兑李亞鑾風水壹穴，闊長同上，銀67.7盾。8日，兑張深風水壹穴，闊長同上，銀67.7盾；22日，兑甘溪宗風水一穴，闊長同上，銀67.7盾。

11月1日，兑王歡一穴，闊長同上，銀67.7盾。2日，兑胡呥郎風水一穴，闊長同上，銀67.7盾；15日，兑胡王媽曲風水一穴，闊長同上，銀67.7盾；又兑紀讓娘風水一穴，闊長同上，銀67.7盾。

12月2日，兑馮元力風水一穴，闊12距、長24距，銀67.7盾；又兑馮元力風水一穴，闊長同上，銀67.7盾。8日，兑張渭源風水一穴，闊長同上，銀67.7盾。

12月15日，兑陳江水一穴，闊12距、長24距，銀67.7

盾；又兑陳紅娘風水一穴，闊長同上，銀 67.7 盾；又兑陳江雨風水一穴，闊長同上，銀 67.7 盾；又兑陳茂生風水一穴，闊長同上，銀 67.7 盾；又兑陳必娘風水一穴，闊長同上，銀 67.7 盾；又兑馮元力風水一穴，闊 16 距、長 32 距，銀 220 盾。30 日，兑戴明山風水一穴，闊 12 距、長 24 距，銀 67.7 盾。

計 51 穴，除默壹穴，實額 50 穴，收銀 5 397.9 盾。

錄兑丹絨風水條目：

4 月 19 日，兑劉倫一穴，闊 12 距、長 24 距，收銀 67.7 盾。30 日，兑莊來一穴，闊 12 距、長 24 距，收銀 77.7 盾。

5 月 17 日，兑黃波光一穴，闊 12 距、長 24 距，收銀 67.7 盾。

11 月 6 日，兑林月娘一穴，闊 12 距、長 24 距，收銀 67.7 盾。16 日，兑曾天生一穴，闊 16 距、長 32 距，收銀 220 盾；又兑曾天生壹穴，闊 12 距、長 24 距，收銀 67.7 盾。

計六穴，收銀 558.5 盾。

錄收還項並丹絨、式里陂、惹致地稅條目：

8 月 17 日，收陳宣還和 1858 年上半年惹致地稅，來銀 275 盾。

11 月 27 日，收陳井還和(荷蘭)1856 年下半年丹絨、式里陂田園銀 666.65 盾；又收陳井還和(荷蘭)1857 年下半年丹絨、式里陂田稅，來銀 705 盾；又收陳井還和(荷蘭)1857 年下半年丹絨、式里陂園稅，來銀 165 盾；又收陳井還和(荷蘭)1858 年上半年丹絨、式里陂田稅，來銀 1 045 盾；又收陳井還和(荷蘭)1858 年上半年丹絨、式里陂園稅，來銀 280 盾。

12月30日，收瑪腰陳永元舍還第三次來銀4 815.63盾；又收還來利息和(荷蘭)1858年1月起至12月止還來利銀866.81盾；又收陳宣還和(荷蘭)1858年下半年惹致地稅，來正銀275盾。

計九條，共收銀9 194.09盾。承上和(荷蘭)1857年12月終，存來銀並兑風水及諸人還項計四條，總收來銀26 383.5盾。

錄開牛郎沙里並丹絨、式里陂及公館什費條目詳下：

2月2日，開牛郎沙里巫讓守塚六名，去和(荷蘭)1月份辛金銀40盾；又開巫讓守塚計73名，去和(荷蘭)1月份辛金正銀243.33盾；又開鑾律巫讓剪草去辛金鈔銀91.04盾；又番岆亞里 日本亭剪草，去和(荷蘭)1857年1月至6月止辛金銀40盾；又開番人六名築屋，貼去鈔銀75盾。

3月3日，開牛郎沙里巫讓守塚八名，去和(荷蘭)2月份辛金銀53.34盾；又開巫讓守塚計71名，去和(荷蘭)2月辛金銀236.67盾；又開鑾律巫讓剪草去辛金銀89.47盾；又開買椰栽共1 000粒，去鈔銀200盾。

4月9日，開牛郎沙里巫讓守塚7名，去和(荷蘭)3月份去辛金鈔銀46.68盾；又開巫讓守塚計72名，去和(荷蘭)3月辛金銀240盾；又開鑾律巫讓剪草，去辛金銀128.815盾；又開買椰栽共300粒，去鈔銀60盾。

5月7日，開牛郎沙里巫讓守塚七名，去和(荷蘭)4月份辛金銀46.68盾；又開巫讓守塚計72名，去和(荷蘭)4月份辛金鈔銀240盾；又開鑾律巫讓剪草，去辛金鈔銀87.12盾；又開貼巫讓二名築屋，去鈔銀19.17盾。

6月4日，開牛郎沙里巫讓守塚四名，去5月份銀26.67盾；又開巫讓守塚計75名，去和（荷蘭）5月份辛金銀250盾；又開鑾律巫讓剪草，去辛金銀80.88盾。17日，開還和（荷蘭）1858年上半年式里陂八仙，去銀95.63盾；又開丹絨地和（荷蘭）1858年上半年八仙，去鈔銀7.34盾；又開惹致地和（荷蘭）1858年上半年八仙，去鈔銀61.2盾；又開丹絨上帝廟和（荷蘭）1858年上半年八仙，去鈔銀7.65盾；又開往珍干刀還八仙稅獨輋，去銀2.5盾。

7月7日，開牛郎沙里巫讓守塚四名，去和（荷蘭）6月辛金銀26.67盾；又開巫讓守塚計75名，去6月份辛金鈔銀250盾；又開鑾律巫讓剪草，去辛金鈔銀104.73盾；又開網穴巫讓築屋五人貼工，去銀62.5盾；又開番呥嗎開水溝長90戈，去工鈔銀56.25盾；又開番麵蘭開水溝長55戈，去工鈔銀34.38盾。27日，開因新奈干刀對副淡手代僱人牛郎沙里開水溝，去工銀100盾。

8月30日，開牛郎沙里巫讓守塚60名，去和（荷蘭）7月份辛金銀40盾；又開巫讓守塚計79名，去和（荷蘭）7月份辛金銀263.35盾；又開胡財生出瑪腰（陳永元）、甲大（高俊傑）花押，巫讓清水滿鑾律，共去銀71.66盾。

9月11日，開牛郎沙里巫讓守塚5名，去8月份辛金銀33.34盾；又開巫讓守塚計79名，去和（荷蘭）8月份辛金去銀263.36盾；又開鑾律辛金，去龜里工銀22.5盾；又開買椰栽共500粒，去鈔銀100盾。

10月8日，開牛郎沙里巫讓守塚6名，去和（荷蘭）9月銀40盾；又開巫讓守塚計79名，去和（荷蘭）9月份辛金銀

263.33 盾；又開鑾律二人，去辛金鈔銀 22.5 盾；22 日，開公舘買紙筆墨，去銀 5.5 盾。

11 月 16 日，開牛郎沙里巫讓守塚計 79 名，去 10 月份銀 40 盾；又開巫讓守塚 79 名，去和(荷蘭)10 月份辛金銀 263.33 盾；又開鑾律二人，去辛金鈔銀 22.5 盾。

12 月 8 日，開還式里坡和(荷蘭)1858 年下半年八仙，銀 95.63 盾；又開還惹致地和(荷蘭)1858 年下半年八仙，去鈔銀 61.2 盾；又開還丹絨地和(荷蘭)1858 年下半年八仙，去鈔銀 7.34 盾；又開還丹絨上帝廟和(荷蘭)1858 年下半年八仙，去銀 76.5 盾；又開往珍干刀還八仙稅獨輦，去銀 2.5 盾。15 日，開牛郎沙里巫讓守塚 5 名，去 11 月辛金銀 33.33盾；又開守塚巫讓 80 名，去和(荷蘭)11 月辛金鈔銀 266.67 盾；又開鑾律二名，去辛金鈔銀 22.5 盾。

12 月 30 日，開番人守塚 85 名，去 11 月份辛金銀 283.33盾；又開鑾律二人，去辛金三個月又 40 日，共去銀 35.25 盾；又開水溝及造橋買竹填路，共去鈔銀 123.12 盾；又開鍾亞滿修理完劫寺祀壇，去鈔銀 1 666.67 盾。

計 58 條，共用銀 7 160.275 盾。對除開費外，尚結存來銀壹萬玖千貳百貳拾叁盾貳角四隻。呈上大嘧内電閱。

公堂設嘧喳嘮。

列台閱畢，議當謄抄和(荷蘭)字，繳呈挨實嗹電閱。存案。

(甲必丹高俊傑官、雷珍蘭陳逢義官繳入 1859 年 1 月份丹絨及式里陂兑《風水簿》及《茄實簿》)

據公舘公勃低甲必丹高俊傑官、雷珍蘭陳逢義官繳入和(荷蘭)1859 年 1 月份丹絨及式里陂兑《風水簿》壹本，及

《茄實簿》呈閱。

列台閱畢,命當存案。

和(荷蘭)1859年3月18日,拜五

公堂設嘧喳嘮。瑪腰陳永元舍仝甲必丹高俊傑舍,雷珍蘭蘇天庇官、陳濬哲官、黃錦章官、高西川官、大朱賴觀瀾官俱在座。陳思聰甲、陳逢義甲、鄭肇基甲不到。

(委勘劉庠、吳建賢有無合夥照身、哵鲂事)

具稟人鄭宴祥協理美惜甘石滑實達公務事:"承和(荷蘭)美惜甘緞勃禮實嗹之命,委查合夥賬簿事。因吳建賢生理不就,將業償入石滑實達公理。照得吳建賢數中,有記協順賭餉公司去在本銀2 400盾。故本干刀行文,蒙公堂仰問劉庠官,並討結冊。至1858年5月26日得接公堂覆文第274號云:劉庠官已到公堂面訴協順賭餉公司分作186分,吳建賢應得24分。然吳建賢未有出本在內,故將其份額歸過劉庠官承得。至和(荷蘭)1858年10月20日,本干刀再行文第397號追究協順賭餉賬簿三本。今查得協順日、草二清簿中,有記和(荷蘭)1857年1月30日收過吳建賢應得24分,來在本銀2 400盾,又按吳建賢安呾人逐月給辛金雷60盾,此二事者確見前訴之言不符也。又查得和(荷蘭)1857年12月31日日、草清簿中,有記吳建賢於和(荷蘭)9月24日將股聲賣過劉庠官,回去在本銀2 400盾。如果吳建賢過賣於9月間,何不立即登記?及至12月終而記錄,此則難以準信。況劉庠官並無片紙為證,口訴實所難

憑。今將協順賭餉賬簿三本奉呈，乞蒙公堂列位甲必丹大人閱查明斷，追究結冊，勿使吳建賢之業有虧矣。肅此，奉公堂列位甲必丹大人明察。”

承和(荷蘭)美惜甘和(荷蘭)1858 年 12 月 1 日第 431 號，附鄭宴祥稟詳，及和(荷蘭)1857 年協順賭餉數簿三本。為閱和(荷蘭)1858 年 5 月 26 日第 274 號前詳，劉庠已供吳建賢無入在本，從君得吠所陳，已無應份。已查協順《日清》、《草清》於和(荷蘭)1 月 31 日記吳建賢入在本銀 2 400 盾，又記吳建賢每月該領辛金雷 60 盾，又於和(荷蘭)12 月 31 日記吳建賢對和(荷蘭)9 月 24 日將應份賣過劉庠，回去在本銀 2 400 盾。若果如此，何不於 9 月間記出此數，待至和(荷蘭)12 月 31 日而記出數，度理察情，實難取信。祈公堂再為細勘，令其結冊呈繳。

列台吊訊劉庠年 60 歲，住干冬圩，供云：“晚前所云吳建賢無入在本，蓋謂在本單已經收回，如無在本一體。此事因於和(荷蘭)1857 年 10 月間吳建賢入禁，晚有安咀照身、哴鈁二傌仔，和(荷蘭)9 月份，吳建賢侵用無還。至和(荷蘭)10 月 12 月，干刀召晚推迫，故晚代出銀 4 000 盾湊還和(荷蘭)9 月份照身、哴鈁二傌仔，吳建賢甘願將其所得賭餉 24 份估賣於晚，送還在本單可證。”台問劉庠：“此在本單誰人所出？”劉庠答曰：“理茄實事李潭所出。”台又問：“據汝云和(荷蘭)10 月間即收回在本單，何延至和(荷蘭)12 月 31 日方記吳建賢對和(荷蘭)9 月 24 日將股賣過劉庠回去在本雷 2 400盾？”劉庠答曰：“晚意謂賤官乃晚自做，在本單既已收回，且年未終，何必記出？和(荷蘭)12 月 31 日乃年終之期，欲結算數，晚方獻出此單記吳建賢回去在本之條。”台問劉庠：“汝云已買吳建賢份，有何指明自己有置數否？”劉庠答曰：“晚無大生理、無置數簿，所有合夥僞仔條、各號公司數簿登記而已。當時與吳建賢言約買份額，乃吳蔭同言，交項交單俱吳蔭之手，餘無可指，惟此在本單及經手之人而已。”台又問劉庠：“數内吳建賢每月該領辛金雷 60 盾，誰人領去？”劉庠答曰：“和(荷蘭)10 月以前吳建賢自領，至 11 月 12 月晚已買其份額，則晚領之。”台又問劉庠：“至和(荷蘭)9 月賭餉或得利或虧本？”劉庠答曰：“和(荷蘭)9 月以前賭餉尚有得利，但被外人拖欠，晚與吳建賢言議已買其額，得失不干其事，惟收回在本而已。”

吊訊削視吳蔭年 41 歲，住珍新把殺為商，供云：“吳建賢果有合夥和(荷蘭)1857 年賭餉僞仔，其年自和(荷蘭)7 月間，晚已染病，至和(荷蘭)10 月稍愈，干刀召晚仝吳建賢及劉庠到干刀推討照身、呥鈁僞仔項。約 10 月半，吳建賢到晚厝言，將其應份賭餉賣與劉庠。晚隨通知，劉庠許允。晚乃令書記人向劉庠領銀 2 400 盾交與吳建賢。其在本單原在晚手，令吳居帶往交于劉庠。其時言約，吳建賢甘願收回在本，得失不干其事。所供是實，敢立誓。”

吊訊削視理茄實事李潭年 26 歲，住中港仔，供云：“此單果晚所出。當時出單即交劉庠之手，晚收在本銀亦劉庠手交。所供是實，敢立誓。”據劉庠又云：“李潭所云收項在晚之手是實，因晚有合夥照身、呥鈁僞仔，該入在本銀 5 000 盾，吳建賢為茄實，晚衹交去銀 2 600 盾，餘 2 400 盾過入吳建賢在本賭餉之項。”台問：“汝云合夥照身、呥鈁在本銀 5 000 盾，既現交去銀 2 600 盾,又過吳建賢在本賭餉銀 2 400 盾,合足 5 000 盾,有執單否?"劉戽答曰:"有。"遂獻出單二張呈閱。

台查劉戽所獻二單,一收茲收劉戽蔀爹來在呭鈁並照身 210 份,應得 105 份,共來鈔銀 2625 盾,付單為炤,奉上劉戽蔀爹台炤,下寫和(荷蘭)1857 年 1 月 31 日大茄實單,蓋紅印合成呭鈁公司,吳建賢花押。一云茲收過和(荷蘭)1857 年來在本呭鈁鈔銀 3775 盾,付單為炤,奉上劉府蔀爹戽官台炤,下寫和(荷蘭)1857 年 10 月 16 日吳建賢單,印蓋合成呭鈁公司,並無花押。謹將所勘情由申詳和(荷蘭)美惜甘裁奪。如必欲令結冊呈閱,可行詩礁。

(黃其娘、朱登郎夫妻求離一案)

承副挨實嗹於和(荷蘭)1859 年 2 月 28 日寄下和(荷蘭)1859 年 2 月 26 日第 968 號日案,為黃其娘請伊夫朱登郎。因屢次被毆,乞判分離。委公堂察勘酌量,任其分離,具詞詳覆。

列台吊訊黃其娘年 20 歲,住惹呀蘭,供如日案所言。又云:"拙夫朱登郎毆辱於氏非祇一次,實不能堪。今不用多究,但懇分離而已。"吊訊朱登郎年 38 歲,住同上,供云:"晚乃肩挑生理,日間遍行街市,夜間九點鐘即睡,直至天明,那有三點鐘無故起而毆妻。拙妻黃其娘所行不端有日矣,晚惟蓄怒含羞而已。既要求離,晚固願從。"

公堂會議:"論黃其娘請伊夫朱登郎求離一案,據二比之供,俱已絕情,想無回心之日。本堂細按,令當判其離遏,無貽後禍,各花押在簿,誌無後悔。將情申詳副挨實嗹作主施行,以固本堂案奪。"

(陳是娘、廖已生夫婦求離一案)

陳是娘年35歲,住秦郎安椰園,請伊夫廖已生住丕雙貓抵:"為交寅十八載,有生一女名壬娘,年16歲,已經適人。因拙夫不給資費,且無故遂生狼心,竟向番默出字逐氏。但氏思因夫妻有給婚字,合當到公舘請知。今觀拙夫如此薄情,乞判離遏。"

吊訊廖已生年40歲,供云:"因拙妻逐日在家生端,屢屢聲言要分離,晚不能堪,故向番默出字①,任其欲往何處。今拙妻果欲求離,晚固願從之。"台勸陳是娘曰:"既為夫妻拾八載,恩情亦厚矣,況小故之事,何忍求離?"即令伊夫廖已生當援妻而歸,和好如初。礙二比堅執分離。將情申詳公堂大嚹內察奪。

列台覆訊陳是娘、廖已生,供如公勃低所詳。

公堂會議:"論陳是娘、廖已生夫婦求離一案,細察二比供詞,離情已決,恩義斷絕,難復舊好。"於是當堂准其離遏,二比花押在簿,任從別適,各無反悔。唯退。存案。

和(荷蘭)1859年4月1日,拜五

公堂設嚹喳嘮。瑪腰陳永元舍同甲必丹高俊傑舍,雷珍蘭蘇天庇官、陳濬哲官、黃甲錦章官、陳甲思聰官、陳甲逢

---

① 番默出字:番默指爪哇人居住區管理人。居住在爪哇人居住區的唐人要往他處,按規定要由該處頭目先開身份證明。廖已生住在番區,則應由番默出字。

義官、鄭甲肇基官、大朱賴觀瀾官俱在座。高甲西川官報病不到。

(挨實嗹諭知公堂:浪甲丁黃永羡懇伊子黃長生為浪雷珍蘭知廚禮之職不得承受)

承挨實嗹於和(荷蘭)1859年3月18日第1103書諭知,為遵王上於和(荷蘭)1859年3月15日第4號案奪,為閱浪甲丁黃永羡上書懇伊子黃長生為浪雷珍蘭知廚禮之職,已閱浪挨實嗹於和(荷蘭)1859年11月10日、12月1日第1799號、1903號書,又閱吧挨實嗹於和(荷蘭)1859年2月4日第493號書,又閱公堂和(荷蘭)1859年1月17日第13號所詳,灼見黃長生年齒尚小少,所行不善,未閫唐訓,所懇不得承受。存案。

(林清溪入稟為其堂兄默氏林崇清懇求蔭地事)

具稟人晚生林清溪為懇求地脈事:"切晚之堂兄林崇清任理新厝仔默事十有餘載,克盡厥職。詎料邇來不幸溘然而逝矣,係晚代理其喪事。膽懇公堂列位憲臺仁慈愷惻,芳徽無盡,飭賜式里陂風水壹穴,闊12距、長24距,葬故林崇清為雙壙之墳。伏祈列位大人恩准,彼崇清雖逝,後亦啣恩于九原矣。不勝待命,翹仰切叩!列台閱稟批,恩准所懇。"存案。

(黃淵泉、李金娘夫婦求離一案)

黃淵泉[①]年29歲,住烏鬼巷,請伊妻李金娘:"為與晚交寅

---

① 黃淵泉:據《婚簿》記載,1855年12月29日,住烏鬼巷,25歲黃淵泉與18歲李錦娘成婚註冊。媒妁林二娘,男方主婚黃溶川(宗叔),女方主婚李光涼(胞兄),完婚日乙十一月二十二日。

六載，未有兒子。因上年唐十月初七日，拙妻歸寧母家住亞森墟，晚屢喚不歸，況晚到處，拙妻不肯相見。晚無奈到公舘懇甲必丹行文，召拙妻回歸。今拙妻已回城，不肯歸晚之家，且城褒黎司亦令拙妻當從晚而歸，而拙妻執意不從，伏乞判斷。”

吊訊李金娘年22歲，供云：“氏果於上年唐十月初七日歸寧，但拙夫到處，氏逐次相見。此因拙夫之母與氏難和，氏曾求夫另稅厝與氏居住，拙夫不許。今拙夫既然拘氏禁舘兩日，氏羞恥不願與他再為夫婦，切懇判離。但氏之物件，務必逐一付還，其物件條目詳下：金盆泠面壹個，拔舌硂耳碹壹對，八寶金手指壹對，金頭托壹支，幼金手指一對，銀盆泠帶九節，銀盆泠面並後二個，小銀鎖匙並鍊仔小盒仔全付，拔舌三目硂手指及一目硂手指計二腳，金鈕仔計38粒，小律硂衣針一支，碎金銀一小袋，呥郎拾條，沓澤呥郎二條，吧力葛並紅毛冬岸二條，職衫並小褸計13條，宇午衫二件，白衫二件，淺衫二件，式寧壟一條，門眉並帳一付，職衫料二件，職衫二件，金葱鞋一雙，白短衣一件，柴梳兩個，茄令箱二腳，計27條。”

台將供以訊黃淵泉，據云：“拙妻所言要向晚討此27條之物件，內中只有職衫料五節，色衫二件，白地衫二件，白地手巾一條，女鞋二雙，茄令箱二腳，門眉帳全副，計七條而已。如不信者，可問家母陳添娘便知。”

吊訊陳添娘年46歲，供云：“有之。”遂獻上諸物件，計27條。台查點陳添娘所獻之物件，計27條，果與李金娘所言孚同。台將陳添娘之供質黃淵泉，供云：“依家母所云，諸物件計27條誠是。但內中金盆泠面壹個，扳舌硂耳碹一對，八寶金手指一對，金頭托一支，此四條係晚所置。餘 23 條之物件，晚甘願付拙妻取去。但分離之事，晚願從之。”以訊李金娘，據云：“此 27 條果氏之物件。今拙夫既願還 23 條之物，氏願先收，餘四件，憑公堂判斷。”職將二比之供並金盆冷面一個，拔舌碎耳碹一對，八寶金手指一對，金頭托一支。謹此申詳公堂大嗒內裁奪。

列台覆訊黃淵泉、李金娘，供如公勃低所詳。據黃淵泉又云：“晚不願多端，但金盆冷面一個，拔舌碎耳碹一對，八寶金手指一對，金頭托一支，此四件之物晚願付拙妻取去。其分離一事，晚亦願從。”

公堂會議：“論黃淵泉、李金娘夫婦求離一案，細按二比供詞，俱見絕情，各無相向之心，難判再合。”於是當堂准其離遏，各花押在簿，任從別適。唯退。存案。

(續：王貞娘、陳安六夫婦求離一案)

王貞娘年 27 歲，住水鋸仔頂，請伊夫陳安六[①]住同上：“為交寅十二載，有生二子。長曰盛元，年五歲；次曰源成，年 3 歲。因拙夫並無稅屋與氏居住，前二禮拜遂將氏寄於李佛誠之家，因李佛誠之妻惡語亂罵，氏不能容。但拙夫既能娶妻，雖不能備華屋與妻居住，亦當有草舍與氏同居，何忍將妻托寄他人？使氏羞恥無地。此事於和(荷蘭)1858 年 12 月 27 日，氏無奈到公館請懇公斷，蒙甲必丹判斷，令拙夫當

---

① 陳安六：據《婚簿》載，1847 年，住大港墘，25 歲李安六與 16 歲王貞娘成婚註冊。媒妁媽清水，男方主婚陳宴秋(父)，女方主婚王嚴(宗親)，交寅日陰曆十一月二十八日。

稅屋與氏居住，並無給付資費，且未常回家。既然如此，氏不願與他再為夫婦，切懇判離。”

吊訊陳安六年 37 歲，供云：“自蒙公舘甲必丹判後，晚即時稅屋與妻居住，每月付雷 6 盾。因晚回家，拙妻不納，且言曰不欲與晚相見，如見晚一面，其心懔懔。晚忍而避之，求宿後舍，而妻亦不容之，未審何意。但分離一事，晚不願從，懇判再合。”台因王貞娘執意求離，已無心於夫矣。故別生多端，屢屢到堂，任勸不能結局。將情申詳公堂大嘧內裁奪。

列台覆訊王貞娘、陳安六，供如公勃低所詳。據陳安六又云：“拙妻既然如此，晚願從分離。”

公堂會議：“論王貞娘、陳安六夫婦求離一案，細觀二比供詞，俱見恩情已絕，難判復合。”於是准其當堂離遏，各花押在簿，任從別適。唯退。存案。其二子判歸伊父撫養。

（金德院和尚青連、寬佑、三友，三人不守僧規事）

據金德院主持僧林德陞請云：“現今院內和尚青連、寬佑、三友，三人不守僧規，飲鴉、畜妓、賭蕩，靡所不為。欽賜雷珍蘭陳逢覺官處心敬佛，朝夕必至，深知此情。懇公堂察奪。”

列台請問陳逢覺甲，供云：“晚弟居吧四十餘年，閱過金德院僧人已數十，未見有如現時和尚之罔法亂為。一、和尚青連屢屢留人戲優，穢亂亭規。二、和尚寬佑終日賭蕩，不理亭務。三、和尚三友畜娼納優，且阿使良家子弟為匪。是三者，誠可謂野僧矣，奚堪登入院門。所供是實。”

請問掌廟宇協理雷珍蘭鄭肇基官，供云：“據陳逢覺甲及主持僧林德陞所言，果係實情。”

公堂會議:“凡屬僧人,當淨心寡,慾奉祀神明,庶馨香斯無慚忒。今院内僧人青蓮、寬佑、三友已經自履穢行,合式當寄回唐。但此三人從和(荷蘭)1857年7月30日、8月27日第2116號、2404號挨實嗹案奪,已准居吧,係本堂上書。致懇伏望挨實嗹作主施行賜下案奪,可寄上陳三僧回唐,准本堂可在唐再召三僧到吧以代。萬望恩准,不勝企仰之至。”

和(荷蘭)1859年4月15日,拜五

公堂設嘧喳嘮,值月:高(俊傑)、陳(逢義)。

瑪腰陳永元舍同甲必丹高俊傑舍,雷珍蘭蘇天庇官、黄錦章官、陳甲思聰官、陳甲逢義官、高甲西川官、鄭甲肇基官、朱葛礁陳文速官俱在座。陳甲濬哲官往隆崗不到。

(舉唐人鄭宴祥為荷蘭美惜甘室)

承挨實嗹於和(荷蘭)1859年4月1日第1269號致書,為遵王上於和(荷蘭)1859年3月23日第4號案奪,遵祖家大王命,和(荷蘭)美惜甘干刀當用一位唐室,每月領俸銀100盾。即舉唐人鄭宴祥為和(荷蘭)美惜甘室,辦理公務,每月領俸銀100盾。

列台閱畢,議當存案。

(遣和尚青蓮、寬佑、三友三人回唐)

承挨實嗹於和(荷蘭)1859年4月14日第1445號致書,為閱和(荷蘭)4月8日第133號所詳,謂和尚青蓮、寬佑、三友,三人不守僧規,要寄回唐。從和(荷蘭)1857年30

日、8月27日第2116號、2404號書已經案奪，准公堂所懇。

列台閱畢，議當存案。

（溫二娘、陳日新夫婦求離一案）

溫二娘年23歲，住聖望港，請伊夫陳日新[①]住同上："為交寅七載，有生二子。長曰挨不，年七歲；次曰維龍，年二歲。自前拙夫與氏交寅，夫婦相敬如賓。及後拙夫再納一偏房，遂棄妻寵妾，無故屢屢逐氏。伏乞明判。"

吊訊陳日新年27歲，供云："因拙妻不理家政，晚故更納一妾以奉侍家祖母。如拙妻既然不從夫命，晚懇判分離。"據溫二娘質曰："如拙夫欲棄氏，但此二子求判付氏撫養。"台判陳日新當援妻而歸，宜思結髮恩愛，不得寵偏房而棄正室。礙陳日新堅執離遏。將情申詳公堂大嗲內裁奪。

列台覆訊溫二娘、陳日新，供如公勃低所詳。

公堂會議："論婦之道以和為貴，今觀為夫者棄妻寵妾，致令溫二娘有閨門之怨，難得琴瑟之調和。於是准其離遏。次子陳維龍時年尚幼，暫付溫二娘撫養，待至年八歲當歸還陳日新。以本月起，逐月陳日新當交雷3.6盾與溫二娘為費。"二比稱願。存案。

（徐寧娘、李崑茂夫婦求離一案）

徐寧娘[②]年35歲，住大使廟，請伊夫李崑茂住仝上："為交寅

---

① 陳日新：據《婚簿》記載，1852年11月1日，21歲陳日新與17歲溫二娘成婚於聖望港，媒妁吳經娘。

② 徐寧娘：據《婚簿》記載，1852年9月30日，28歲徐寧娘與聖望港30歲李崑茂成婚。媒妁沈三娘，男方主婚人李弼官（宗叔），女方主婚人蔡劉娘（母）。

八載,有生不育。因氏有病,拙夫置之不聞,及生子而子染病,亦不以為意。於昨日拙夫無故毆氏。如此不良,懇乞判離。”

吊訊李崑茂年37歲,供云:“晚並無毆妻。因拙妻不執婦道,欲出則出,未常告知。晚略責之,他則生端。如此不賢,晚願從分離。況屢次到堂投告,則晚之羞愧難以立世。”台按:此事屢屢到堂,任勸不能和睦,諒二比各無相向之心。將情申詳公堂大嚹内裁奪。

列台覆訊徐寧娘、李崑茂,供如公勃所詳。

公堂會議:“論徐寧娘、李崑茂夫婦求離一案,細觀二比,恩情俱絕,難冀和諧。於是准其當堂離逷,二比花押在簿。”存案。

和(荷蘭)1859年5月27日,拜五

公堂設嚹喳嘮,值月:蘇(天庇)、陳(思聰)。

瑪腰陳永元舍仝甲必丹高俊傑舍,雷珍蘭蘇天庇官、黄錦章官、高西川官、鄭肇基官、朱葛礁賴觀瀾官俱在座。陳甲濬哲官報病不到。

(查勘詳覆龔梓娘懇要入過房子鄭順香如親出一體可均得遺業事)

承蘭得叻於和(荷蘭)1859年5月19日第48號致書公堂,附和(荷蘭)3月30日第31號龔汶水掛㗝伊妹龔梓娘掛㗝惹蘭及掌業伊故夫鄭海水口詞,懇要入過房子鄭順香如親出一體,可均得遺業。祈公堂查勘酌量詳覆。

鄭海水於和(荷蘭)1855年1月2日向梁礁緞吉寧全削視做達心眠字第1號云:"前所做達心眠字俱削除不用,今願付女名鄭東娘厝一間,址在八茶礶帶地,又願付姪女鄭江娘銀1 000盾,至長成可領。未長成,可存在唐美惜甘。如不幸未長而早逝,則遺項仍歸掌業人。又願付兄鄭一水,船一隻,大九車第108號。又願付姊鄭喜娘,即曾妹之妻銀500盾。又願付曾天生,船一隻,大八車第55號。又付妻龔梓娘,終身如無改嫁,又無從人另居別室,所有取息可付取領,惟當先還諸浮舍甲[①]而已,不須立人安呾。又懇兄鄭一水與妻同居,至女子長成出嫁。立掛啉得業人鄭東娘、鄭江娘、鄭吉水三人均分,如不幸早逝無存後嗣,其業歸於生者得之。立掛啉惹蘭龔梓娘理葬事,又須照顧鄭東娘、鄭江娘,此二女未長成,所取息俱付龔梓娘取領。又懇唐美惜甘莫與此事。做字畢,梁礁將字宣讀與鄭海水知悉。"和(荷蘭)1857年7月10日,鄭智仝伊妻番婦啉里吧仝鄭海水向梁礁緞吉寧做過房書第43號云:"鄭智仝伊妻啉里吧云:'晚係苟合夫妻,生一子,年一歲,未有命名。今欲名曰鄭順香,願付與鄭海水過房,如其己子一般。從今以後,悉任鄭海水養育教督。'鄭海水云:'晚過繼鄭智之子鄭順香為子,願養育如己子一般,身後之事可同明婚親生子,均得遺業,凡屬家人當以己子相視。'"

唐美惜甘於和(荷蘭)1858年10月27日第986號又984號案奪,為閱龔汶水掛啉龔梓娘掛啉伊故夫鄭海水所

① 浮舍甲:又作"浮錫甲",馬來語Pusaka,遺產,源自梵文。

入口詞，謂鄭海水已立掛咁得業人鄭東娘、鄭江娘、鄭吉水，但鄭海水前有做過房書，過繼一子名鄭順香。又鄭海水之妻腹中遺孕，請問二者將何分發？

唐美惜甘案奪，謂鄭順香不得入於份內，因達心眠字並無敘明。雖達心眠字做於在前，若果欲以為子，臨終之時定有更易。從唐例，其妻遺孕苟生男子，可與兄弟均同得業。但鄭海水做達心眠字時，未有親生子女，故立過房女以得業。如有親生子女則不然。今按此遺腹所生，若是女子，亦可同得業。

列台吊訊龔汶水年23歲，住廿六間為商，供云："晚果代家姊龔梓娘入字蘭得叻，所懇如字內所言，係出自家姊所命。"又云："當日晚姊夫鄭海水病纔二日即故，當病篤之時約下午三點鐘，家姊命晚請梁礁，云欲再做達心眠字，謂姊夫有言，前做達心眠未有言及過房子一事。晚隨往請梁礁緞吉寧，梁礁坐車先行，晚隨後步行。及梁礁到厝，姊夫鄭海水已不能言語。晚踵至亦見，果然昏迷不省人事。先二日，姊夫少恙即與晚言，要請梁礁再做字。晚應曰無甚大病，做字何為？竟已不果。所供是實，敢立誓。"

吊訊龔梓娘年33歲，即鄭海水之寡妻，住八茶磌，供云："氏果有命弟龔汶水代入字蘭得叻，懇欲入過房子鄭順香同為故夫得業人。當日故夫鄭海水染病，五日而故，前三日不過寒熱而已。及危篤，拙夫命氏使弟龔汶水往請梁礁要再做字，亦云前做之字未有敘及過房子一事，約下午三點鐘之候，梁礁到厝，拙夫鄭海水已不能言語。今氏入字，亦念故夫遺言。試思無分與過房子，則氏之生女可得四份之一。苟分與過房子，則氏之生女僅得五份之一。由此而推，氏實舍多而就寡。故立志無他，無非欲為故夫存嗣後耳。懇列憲原情賜奪，准氏所懇，氏之幸也。”

公堂會議：“按唐例，子有親生，亦有螟蛉，然可為承宗繼祀則一也。若鄭海水之過繼鄭順香為子，殆將為嗣續宗支計。細查盒洛書[①]所陳，鄭海水已向梁礁自言願視鄭順香如親生子一般，身後可同得業，此言足當達心眠字矣。矧達心眠字做於在前，苟做在後，既無敘明願付黎噶若干，已認為子該同得業。今龔汶水代其姊龔梓娘上書，所懇之事合理順情，且遵唐例，可以承受無疑。謹詳蘭得叻裁奪。”

和(荷蘭)1859年6月15日，拜三

公堂設嘧喳嘮，值月：陳(濬哲)、黃(錦章)。

瑪腰陳永元舍仝甲必丹高俊傑舍，雷珍蘭陳濬哲官、黃錦章官、高甲西川官、鄭甲肇基官仝朱葛礁陳文速官俱在座。蘇甲天庇官報病，陳甲思聰、陳甲逢義告假不到。

(詳覆副挨實嗹致問來年1859年僞仔條君厘書有要更易否)

承副挨實嗹於和(荷蘭)1859年6月9日1257號又1號致書瑪腰(陳永元)，來年僞仔條君厘書有要更易否？祈速詳聞。

---

① 盒洛書：盒洛，荷蘭語 Heler 音譯，意為承認、接納、接受、認證。所謂盒洛書，即認證書。

列台吊訊鴉片賧官王文成，不到。伊掛吶人王光華到堂，供云："亞片君厘書懇從舊可也，不須改易。"台問王光華："現鴉片多消，要再添致鑾土否？"王光華答曰："致鑾土不宜再添。"

列台吊訊吶鈁賧官王庸脩，供云："吶鈁君厘書依舊可也。"

列台吊訊賭餉賧官劉戽，供云："賭餉君厘書仍舊可也，惟定夜間十二點鐘止賭，有過於迫。懇可添至一點，因屢屢十二點止賭，則當在席算數稍過點聲，遇褒黎司人便捉，有虧於賧官。"

列台吊訊當餉賧官陳江泰甲，不到。伊掛吶人吳榮輝到堂，供云："當餉君厘書舊例雖妙，但定利息每盾每月六雷半，有艱結算。懇定每盾每月或七雷或六雷作為成數，容易結算。又懇至年終，倘若過賧於和(荷蘭)1月2日，當結冊呈繳上臺查閱，有過於迫。懇繳冊可緩至和(荷蘭)2月半，猶為從容不迫。"

列台吊訊戲餉賧官劉德江甲，供云："戲餉君厘書從舊可行，惟懇遇禮拜或大好日[①]過至下午二點鐘，可任便演唱，不須請令褒黎司，亦有人祝壽或值禮拜或大好日，必請令褒黎司方可演唱，又費許多蹺蹊遂罷息，致有虧本於傌仔。"

列台吊訊魚餉賧官陳江流，不到。伊掛吶人李昆茂到堂，供云："魚餉君厘書照舊可行，不須更易。"

列台吊訊照身賧官李佛議，供云："照身君厘書舊已妙

---

① 大好日：閩南話，重要(主要)節日。

矣，不須更易。獨惜上人嚴禁新客，唐人日希，致有虧本。”

列台吊訊宰豬瞨官陳茂生，不到。伊掛啲人陳扳桂到堂，供云：“宰豬君厘書從舊已妙，不宜改易。”

吊訊海嶼瞨官甘溪元，供云：“海嶼君厘書依舊可也，不須再易。”

吊訊宰牛瞨官番毛含抹啲禮，供云：“宰牛君厘書從舊則妙，不須更易。”

吊訊酒餉瞨官陳逢義甲，不到。伊掛啲陳長溪甲到堂，供云：“酒餉君厘書從舊可也。”

請問鴉芬瞨官瑪腰陳永元舍，供云：“亞芬君厘書從舊可也，不宜更改。”

公堂會議：“據掛啲鴉片瞨官王光華，啲鈁瞨官王庸脩，掛啲魚餉瞨官李昆茂，海嶼瞨官甘溪元，掛啲宰豬瞨官陳扳桂，宰牛瞨官番毛含抹啲禮，掛啲酒餉瞨官陳長溪甲，鴉分瞨官瑪腰陳永元舍俱供稱：所瞨之傌仔君厘書懇從舊而行於來年，因各人熟嫻舊規，易於遵行，從懇可也。其賭餉瞨官劉戽，掛啲當餉瞨吳榮輝，戲餉瞨官劉德江甲，照身瞨官李佛議諸人各有所請。本堂細按，若賭餉瞨官劉戽懇定君厘書，夜間可至一點鐘止賭，其言有理，礙有傷於民人，宜從舊為妙。其掛啲當餉瞨官吳榮輝懇定利息每月盾六雷或七雷可為成數，容易結算。但利息每月六雷半，自昔及今未嘗更易，亦無窒礙。不若從舊為便。又懇倘若換瞨於和（荷蘭）1月2日當結冊呈繳上臺有過於迫，此係實情。但限至一個月半，有過於久，可付限一個月足矣。至戲餉瞨官劉德江懇或遇禮拜或大好日，若過二點鐘可任便演戲不須請命，其言近理。蓋下午二點鐘禮拜已散,已無所犯。倘上人肯從,固妙。至照身賧官李佛議所請因嚴禁新客,唐人日希,致有虧本,其言雖是。礙王令森嚴,有難從恳,合宜從舊為是。謹詳副挨實嗹裁奪。”

和(荷蘭)1859年7月9日,拜五

公堂設密查嘮,值月:高(俊傑)、陳(逢義)。

瑪腰(陳永元)告假登蓈,高(俊傑)甲必丹大攝理大瑪腰(陳永元)事,仝雷珍蘭蘇天庇官、陳濬哲官、黄甲錦章官、陳甲思聰官、陳甲逢義官、高甲西川官、朱葛礁賴觀瀾官俱在座。鄭甲肇基官避議不在座。

(查勘詳覆從唐例可黜沈芳娘執掌黄淡巴遺業否)

承唐美惜甘於和(荷蘭)1859年4月7日第281號又311號致書公堂,附字四紙。為閲茂[1]掛吶掌理唐美惜甘緞干里些、緞密實滑於和(荷蘭)3月15日第7號書,又閲雷珍蘭鄭肇基官口詞,又閲武直迷王元龍官3月14日所詳,及查和(荷蘭)1856年10月6日黄淡巴向梁礁緞明孫做達心眠字第28號,因黄淡巴之妻沈芳娘現已往丹絨與李永利同居。據諸字所陳,祈公堂察按,從唐例,可黜沈芳娘執掌黄淡巴遺業否?具詞詳覆。

黄淡巴第28號達心眠字内有云:“願望吾妻沈芳娘終身行止無虧,子黄哲仁付與同居顧護教督,他人不得干與。

---

① 茂:茂物(Bogor)之簡稱。

立掛咄掌業人妻沈芳娘,弟黄嗎九,又名黄溫文。”

雷珍蘭鄭肇基官口詞云:“職與黄淡巴誼近戚屬。觀黄淡巴達心眠字,合當請明其沈芳娘 黄淡巴之寡妻,已于八月前已率伊子黄哲仁往丹絨偎與李永利同居,和(荷蘭)1858 年 12 月 11 日謹請。”

武直迷王元龍官 3 月 14 日書詳:唐美惜甘云去承和(荷蘭)1858 年 2 月 17 日第 1322 號致書,委勘黄淡巴之妻沈芳娘往丹絨與李永利同居,職訊沈芳娘之兄方泰山,住珍把殺,供云:“晚素有來往黄淡巴之厝,因故父母香火奉祀於此。”問方泰山:“汝妹沈芳娘並甥黄哲仁現已何往?”方泰山答曰:“妹沈芳娘與甥黄哲仁已往丹絨存歷,欲與李永利合巹成婚矣。”方泰山又云:“因於唐十月廿八夜沈芳娘晏睡,晚自先睡,不知如何?至次早六點鐘,沈芳娘同伊子黄哲仁率二女巫讓往丹絨 李永利之家。至十一月初一日,沈芳娘則與李永利合巹成婚。”又問:“汝妹與李永利成婚有給婚字否?”方泰山答曰:“不知。”方泰山又云:“自前年春初,晚曾聞沈芳娘欲與李永利交寅。晚已責嫌,沈芳娘遂怒。晚所以有到其厝,因先父母奉祀於此。所供是實。”

茂掛咄掌理唐美甘於和(荷蘭)1859 年 3 月 15 日第 7 號書覆吧 美惜甘云:“為承和(荷蘭)1859 年 2 月 11 日第 140 號、141 號致書,已查沈芳娘即黄淡巴之妻,現居丹絨與李永利合住,然未有明婚夫婦。”

列台問雷珍蘭鄭肇基官,供云:“沈芳娘乃晚弟妻,弟黄淡巴之妻。當黄淡巴臨終時,遺託掌業育子照顧煙祀。今沈芳娘已經數月往丹絨與李永利同居,其子黄哲仁亦同率去。家中煙祀無人看顧，且寡婦之人漂蕩於外，有何規矩？”

列台吊訊沈芳娘年27歲，即黃淡巴之寡妻，供云：“氏非他往，乃往丹絨與李永利同居約有七個月之久，曾向于冬圩干刀做君得吰字，立約氏與李永利當以夫妻之情相待。氏既從約而行矣，但每逢十五、初一日，氏亦有歸家點香火。如不能自歸，亦有囑人代顧香火，無致廢墜而忘耳。”列台吊訊李永利年42歲，住丹絨，供云與沈芳娘相孚。

公堂會議：“據沈芳娘自供，既改適李永利，相待如夫妻一般，灼見沈芳娘背夫改嫁之事明矣。依唐例而論，母出廟絕，夫家之事不可問也。謹詳唐美惜甘電察。”

和(荷蘭)1859年7月15日，拜五

公堂設密喳嘮，值月：高(俊傑)、陳(逢義)。

高(俊傑)甲必丹大攝理大瑪腰(陳永元)事，仝雷珍蘭蘇天庇官、陳濬哲官、黃甲錦章官、陳甲思聰官、陳甲逢義官、高甲西川官、鄭甲肇基官大朱賴觀瀾官俱在座。

(查勘詳覆黃元哥掛㖠謝祝生控謝庚三欠項一案)

承挨實嗹司叻於和(荷蘭)1859年5月24日第51號致書公堂，附黃元哥住鑒光貓吱掛㖠謝祝生住新厝仔，控謝庚三住吧八丹：“為交關尚欠去雷29.16盾，折銀24.36盾。屢討不還，伏乞追究並支諸費。”

公堂委值月公勃低雷珍蘭蘇天庇官、陳思聰官勘察申詳。

奉命吊訊謝祝生住新厝仔，供云：“如詩礁字所言，有數呈覽。”吊訊謝庚三住吧把丹，供云：“晚果有與謝祝生交關，對除外有欠雷 29.16 盾，折銀 24 盾雷 3.6 方，求要逐月抨還。”台查謝祝生所獻之數，係戊午年即和（荷蘭）1858 年《草清》並《總簿》計二本。其《草清》所登與《總簿》相孚，內記戊午九月十六日家庚三官去磁仔計 12 條，共的雷 9.18 盾；九月十八日去盤碗，計 18 條，共的雷 25.98 盾。計 20 條，共雷 35.16 盾，折銀 29 盾又雷 3.6 方；戊午十二月十二日，記還來 6 盾，折銀 5 盾。對除外，尚欠去雷 29.16 盾，折銀 24 盾又雷 3.6 盾，與詩礁字相孚。將情申詳公堂大密內裁奪。

列台覆訊謝祝生、謝庚三，及二比之數，誠如公勃低所勘。台問：“二比更有何詞欲白否？”二比俱應曰：“無。”

公堂會議：“據謝庚三自供，果然有欠謝祝生雷 29.16 盾。但因現未有便項，懇求抨還。蓋欠人之債，既可寬限，定無詩礁。今謝祝生既然詩礁，定必要討，謝庚三當照詩礁坐還為是。謹詳挨實嗹司叻裁奪。”

（查勘詳覆徐祥五控鄧才郎欠項一案）

徐祥五住聖望港控鄧才郎住打鐵街：“為借項除還來外，尚欠去雷 121 盾，折銀 100 盾又雷 1 盾。因屢討不還，伏乞追究並支諸費。”

公堂委值月公勃低雷珍蘭蘇天庇官、陳思聰官勘察申詳。

奉命吊訊徐祥五住聖望港，供云：“如詩礁字所言。”又云：“當日鄧才郎所欠晚之項，屢討不還。晚曾請知伊界內默氏鍾肇聰，求其判斷。默氏鍾肇聰即召鄧才郎訊問，其鄧才郎供認有欠雷 175 盾，每月抨還雷 10 盾。晚聽其所判，彼時有削視徐煌初見證。嗣後鄧才郎有託利亞五來還雷數次除外,尚被欠去銀100盾又雷1盾。所供是實,敢誓。有一手摺呈覽。”吊訊鄧才郎住打鐵街,供云:“無欠。如晚果有欠,有何憑據?”吊訊削視默氏鍾肇聰年44歲,住打鐵街,供云:“上年八月間,有徐祥五到敝請知,為被鄧才郎欠去雷175盾,懇晚公判。晚即召鄧才郎問其有欠否?其鄧才郎云果有欠徐祥五雷175盾。晚即判每月鄧才郎當還徐祥五雷10盾,二比甘願。但後來有還其項否?晚實不知。所供是實,敢誓。”吊訊削視徐煌初年47歲,住班芝蘭埔為卜筮,供云:“如鍾肇聰所言。”又云:“敢誓。”吊訊削視利亞五年38歲,住八茶礦做鞋,供云:“上年有鄧才郎交晚四五次之雷,托晚代還徐祥五手,未知所還何項?至於鄧才郎有欠、無欠,晚實不知。所供是實,敢立誓。”台將諸削視之供以訊鄧才郎,據鄧才郎云:“當時鍾肇聰未嘗有召晚到伊家訊問,但此諸削視若敢盟誓,晚甘願依詩礁字清還。”台查徐祥五所獻手摺,內中記鄧才郎來往與詩礁字相孚。謹此申詳公堂大密內察奪。

列台覆訊徐祥五及鄧才郎,及削視鍾肇聰、徐煌初、利亞五,供如公勃低所詳。台問二比及諸削視:“更有詞欲白否?”俱答曰:“無。”

公堂會議:“徐祥五控鄧才郎一案,二比俱無數簿可稽,又無單憑可證。但徐祥五有削視鍾肇聰、徐煌初、利亞五,然不能深知所欠何項,亦不能知後來有還明與否?茲據鄧才郎自願,若徐祥五及削視人敢盟誓,伊願照詩礁坐還。本堂細按,欲為削視原當立誓在先,可免再誓,合式當附徐祥五盟誓。誓畢,鄧才郎當還銀100盾又雷1盾于徐祥五,可以畢案矣。謹詳挨實嗹司叻察奪。”

和(荷蘭)1859 年 7 月 22 日,拜五

公堂設密喳嘮,值月:高(俊傑)、陳(逢義)。

高(俊傑)甲必丹大攝理大瑪腰(陳永元)事,仝列雷珍蘭陳濬哲官、陳思聰官、陳甲逢義官、高甲西川官、鄭甲肇基官、大朱賴觀瀾官俱在座。蘇甲天庇官、黃甲錦章官告假不到。

(查勘詳覆葉發生懇要追回已還戈嘮得嘮八仙一事)

承挨實嗹於和(荷蘭)1859 年 6 月 18 日第 2259 號奕字致書公堂,又附諸字。祈查勘酌量詳覆,原字寄回。

為承掌僑仔厘力突於和(荷蘭)1859 年 6 月 17 日第 2209 號致書,因訟師緞福民掛呭唐人葉發生為商住吧上書王上,懇要追回已還戈嘮得嘮八仙銀 1 570 盾又雷 2.1 方,和(荷蘭)1854 年掌戈嘮得嘮干刀已經收去,係故葉旋遺業所出。但從達心字所陳,葉發生現年 18 歲未有娶室。從削視字所陳,葉發生在唐已經娶室,可謂成人矣。第觀削視字之言,尚未明確。祈查勘,酌量詳覆。

緞福民掛呭葉發生住吧惶恐上書王上云:"唐人葉發生係葉旋之男子,掛呭得業於葉旋。從和(荷蘭)1850 年 6 月 22 日葉旋向梁礁緞明孫做達心眠字第 168 號,其葉旋故時,葉發生尚在唐,故還每 10 八仙于戈嘮得嘮干刀。現葉發生來吧,即其生身之地,從戈嘮得嘮君厘書,葉發生可討回已還八仙銀 1 570 盾又雷 2.1 方,有和(荷蘭)1854 年掌戈嘮得嘮八仙單可證,將單奉閱。又附削視字於和(荷蘭)1858 年 2 月 3 日向梁礁緞吉寧所做第 14 號,指明此人果是葉發生。因是上書致懇,萬望恩准。"

唐人葉旋於和(荷蘭)1850年6月23日向梁礁緞明孫做達心眠字第168號云:"前所做之字俱削除不用。茲再做敘明於下:所付黎噶遺業内當支其費,願付女葉友娘已嫁溫必住吧銀500盾;又願付溫羆,銀300盾;又願付葉畝,銀300盾;又願付親兄弟葉必,銀300盾;又願付兄弟葉廷獻在唐,銀300盾;又願附堂兄弟葉富在唐銀300盾;又願付溫福隆住吧銀100盾;又願付溫里磨娘住吧銀100盾;又願付女葉友郎即溫羆之妻厝一間、磚壁蓋瓦,址在小南門。"和(荷蘭)1850年1月4日梁礁緞明孫做字第25號:"葉旋身故之日,可以取領遺業内當支其費。又付子葉全生住唐,厝一間,址在小南門第295號。"於和(荷蘭)1848年8月11日梁礁緞明孫做字第51號,但此厝葉全生不得變賣,妻林色娘在日可以取息。又附子葉發生竹屋一間,址在小南門,蓋瓦。"和(荷蘭)1837年4月10日梁礁緞民孫做字第20號:"言議仝上又付子葉屬水住吧厝一間,磚壁蓋瓦,址在小南門。"和(荷蘭)1850年6月19日梁礁緞明孫做字第139號:"言議從上所陳。又付妻林色娘地一所,帶厝二間,在唐鑒光,磚壁蓋瓦,勿洛阿第三室第69號八仙單,第244號的棲銀6 000盾,戈勿力和(荷蘭)1848年12月1日第664號。此厝林色娘不得變賣,如或年老有故要賣,當賣與子女。立掛咄得業男子三人:葉全生在唐,現年21歲;葉發生住吧,現年九歲;葉厲水,現年一歲。各得均分。如有未有室而故,該得之業歸於生者;如已娶室而故,其業當歸伊子。上陳該得之業,須待林色娘故後方可取領;未故之時,可掌各業取息。倘林色娘或改嫁,或行止不端,其該得遺業盡付烏有,且黜掌業。立掛咁掌業人林色娘，倘林色娘伊兄林岐生代理掌業，如林岐生或故，葉萬可代理。立掛咁惹蘭林岐生料理喪事及諸事，如林岐生或故，葉萬可代理。如遺項不足所用，其物件可的棲付林色娘承買，切莫黎塱。付掛咁惹蘭人銀500盾。梁礁做字畢，將字始末宣讀。葉旋曰：誠如所言。”梁礁緞吉寧和(荷蘭)1858年2月3日做削視字第14號，為葉畝同陳朗向梁礁云：“此葉佛生果係故葉旋明婚所出之男子，但葉佛生在唐已娶余喜闇娘為妻，在必都社 南亞檜轄。當晚與葉佛生同伴來吧時，余喜闇娘已有懷孕在身，與伊母同居。”葉某①又云：“晚與葉旋係親堂兄弟，自幼及長，俱所詳知，屢屢為之帶信往來。今率葉佛生來吧，係出其母所命。”陳朗又云：“其葉佛生在唐，幼少時與晚同聚一處，故詳知其事。今晚等所供是實，敢立誓。”

列台吊訊葉發生年18歲，住小南門，供云：“晚果付緞福民掛咁入字王上，懇追回戈嘮得嘮八仙銀1570盾又雷2.1方，係故父葉旋遺付與晚之業，內詳知晚之事情，有削視葉畝、陳朗。現陳朗已經回唐，再獻削視葉保全、林微力，詳知附削視字奉閱。”

列台吊訊削視葉畝年50歲，住小南門，供云：“晚果向梁礁緞吉寧做削視字，謂晚深知葉發生又名葉佛生，果係故葉旋與林色娘明婚所生之男子，在唐已娶謝享娘為妻。晚與葉發生在唐同居一室，去年同船來吧。所供是實，敢立誓。”

吊訊削視葉保全年55歲，住打鐵街，供云：“晚果向梁礁緞

① 葉某：原文如此。依上下文判斷，此葉某即葉畝。

吉寧做削視，謂晚深知當日葉旋娶林色為妻，生一子名發生，亦名佛生，產在小南門。及九歲回唐，晚曾親送到薄面[①]落船。所供是實，敢立誓。”

吊訊削視林微力住觀音亭，年53歲，供云：“晚果向梁礁緞吉寧做削視字，謂此葉發生又名葉佛生，果係葉旋與林色娘所生之子，產在小南門。因晚當時為林岐生龜里，林岐生與葉旋乃妹舅之親，晚所以有時常往來葉旋之家，葉旋亦曾抱子在外遊玩，常言此是其親生之子。所供是實，敢立誓。”

吊訊林色娘年42歲，住小南門，即葉旋之寡妻，供云：“此葉發生，又名葉佛生，乃氏與夫葉旋親生之子，九歲回唐，去年再來到吧。”

吊訊林岐生年51歲，住丹絨勞兀，供云：“晚為葉旋掛922惹蘭，明知此葉發生又名葉佛生，係妹林色娘與葉旋親生之子，產在小南門，九歲回唐，去年再來吧，果是此人是實。所供是實，敢立誓。”

公堂會議：“據諸削視所供，確見此葉發生果係葉旋與林色娘所生之男子，其名葉發生，又葉佛生究是一人之名是實。所懇追回戈嘮得嘮八仙，惟冀上臺裁奪。謹詳挨挨嗹鑒察。”

(查勘詳覆緞黎雍掛92鍾亞郡控佘亞兌欠費一案)

承挨實嗹司叻於和(荷蘭)1859年6月10日第60號致書，附61號詩礁字。為緞黎雍掛92鍾亞郡控佘亞對[②]一

① 薄面：又作泊面、萡面，馬來語 Pabean，海關。

② 佘亞對：原檔下文寫作“佘亞兌”。

案，祈查勘二比如何，具詞詳覆，原字繳回。公堂即委值月公勃低甲必丹高俊傑官、雷珍蘭陳逢義官勘申詳。

奉命吊訊鍾亞郡，供云："如詩礁字所言，有數呈覽。"又云："此事上年唐十二月廿八日，晚曾奉單與余亞兌，而余亞兌云：'無欠許多。'且將單扯破。晚心抱不願，即往請伊界內默氏李佛誠，求其判斷。其李佛誠即召余亞兌訊問，而余亞兌供招有欠銀50盾。及後任討不還，晚故向上臺詩礁。有削視默氏李佛誠及詹祿山二人明知見證。"台查鍾亞郡所獻之數，係一《草簿》而已，内中記戊午八月初十日起至拾壹月廿七日止，計七條，共去柴器員棹計雷417.6盾，另去銀5盾，合共去雷423.6盾，折銀353盾。又記戊午七月廿日起至十二月廿六日止，計四條，共來雷340.8盾。又另來枋25片，的雷14.4盾，二條合共來雷355.2盾，折銀296盾。對除外，尚欠去雷68.4盾，折銀47盾，減詩礁銀7盾。台問鍾亞郡曰："云何減詩礁銀7盾？"鍾亞郡答曰："因有做二小棹未畢，故無詩礁。"

吊訊余亞兌，供云："無欠。依晚之數尚被鍾亞郡欠去雷85.8盾，有數呈覽。"台查余亞兌所獻之數，係一小簿而已。内中記戊午七月廿五日起至十二月廿八日止，計八條，共去雷509.8盾，折銀424盾又雷1盾。又記戊午八月初十日起至十二月十二日止，計七條，共來柴器棹，的雷424盾，折銀353盾又雷4方。又做棹二隻未來，對除外，尚欠去雷85.8盾，折銀71盾又雷6方。察其簿内，鍾亞郡之郡字有圖解且有折破。

吊訊削視默氏李佛誠年30歲，住觀音亭，供云："唐戊午十二月廿八日即和(荷蘭)1859年1月31日,有鍾亞郡到敝請知,為被余亞兑欠去銀57盾,懇晚判斷。晚即召余亞兑問:'其有欠否?'余亞兑答曰:'僅欠銀50盾。'但嗣後有還無還?晚實不知。所供是實,敢誓。”

吊訊削視詹祿山年24歲,住觀音亭新厝仔板店為傭,供云:“唐戊午十二月廿八日,晚適在李佛誠家,因有鍾亞郡請知默氏李佛誠,為被余亞兑欠去銀57盾,懇李佛誠判斷。而余亞兑云:'有欠銀57盾。'後來有還無還?晚實不知。所供是實,敢誓。”

台將二削視之供以質余亞兑,又問:“簿內鍾亞郡之郡字有圖解且有折破,此何謂也?”余亞兑答曰:“晚不識字,其數係託別人代記。但二削視之供,俱是虛詞,晚並無在默氏李佛誠面前坐欠。如二削視若敢盟誓,晚甘願依詩礁字清還。”將情申詳公堂大密內察奪。

列台覆訊鍾亞郡、余亞兑,供如公勒低所勘。台問余亞兑曰:“汝自憶尚欠鍾亞郡雷若干?”余亞兑答曰:“晚有付鍾亞郡做員棹二隻尚未完工,若做畢交還訖,尚欠鍾亞郡雷7.8盾而已。”台鞫余亞兑曰:“汝數所結鍾亞郡尚欠汝雷85.8盾,何供與數異?”余亞兑又曰:“晚付做員棹二隻,工雷60盾。若既做完,又當扣起。又晚出鑿花工銀28盾,亦登在數。但此鑿花工銀,晚該自出,晚所以有記入鍾亞郡數內。鑿花人領雷時,即記鍾亞郡去條,待後來此棹做完,欲記鍾亞郡回來。”台問余亞兑:“汝記鑿花去雷作幾條?”余亞兑答曰:“作二條記而已。”台查余亞兑數內,並無記鑿花去銀之條。還駁余亞兑曰:“汝云鑿花去銀作二條記汝數内，並無此條，汝供與數相左何也？”余亞兑答曰：“數非晚自記，係懇人代筆，或至二三日觸憶，乃令代筆人記數者也。”

公堂會議：“細察二比之數，俱無照法，且有圖改，不堪敢信。惟憑二削視之供，余亞兑有欠似實，但礙余亞兑直指削視人所言虛謁，倘二削視仝鍾亞郡若敢立誓，他願照詩礁坐還。蓋為削視原當監誓，余亞兑何必懇削視人再誓也。本堂細按此案，當付鍾亞郡立誓為當。苟誓畢，余亞兑當照詩礁坐還。謹詳挨實嗹司叻裁奪。”

（公堂上書荷印總督懇執掌唐人葬墳之所事）

公堂惶恐上書王上云：“近聞人傳和（荷蘭）1859 年 9 月 17 日第 75 號戈蘭字[①]有云，在牛郎沙里 紅橋頭有一小地名惹吉嘮，闊 49 沓、長 177 沓；又在蚊茄勿殺杆冬三丕路左右有二小地，左一闊 241 沓、長 364 沓；右一闊 433 沓、長 498.3 沓。經遵叻柔實低司案奪，要叫黎壟。因於本年 4 月 14 日曾謄入戈蘭字内，要知誰人執掌，當自投報。職等未經閱此，以故恬然不覺。今觀上陳三小地，確是唐人葬墳之所也。自二百年前唐人葬骸為墳於斯，鱗疊密佈，亦因私地盈滿，故涉越公界耳。查牛郎沙里碑文記載，已於和（荷蘭）1791 年 7 月 22 日土庫内上臺委雙柄微吃鑾、雙柄迷吃潑親臨勘察。據二雙柄詳覆，唐人葬墳果有侵入公界。因先唐人甲必丹雷珍蘭上書，懇求唐人葬墳要用加闊。幸蒙上臺開恩，從和（荷蘭）1791 年 7 月 22 日案奪第一、第貳，謂

① 戈蘭字：馬來語 Koran，報紙、報刊。

經埋葬在前，不必尋究，准照唐人所懇地圖埋葬。我唐人等盡歌功頌德，至今不替焉。迨和(荷蘭)1856年4月18日、9月6日第1086號、2155號正副挨實嗹疊次致書勅諭，命當作速修整牛郎沙里塚，剪草通溝，勿致穢氣蒸人。本堂凜遵上命，遂即捐貲於眾，且發本堂素蓄鈁櫃所存，暨傭工剪除草木、開溝造鍼，使穢氣渾消一片，渙然雅觀。計共用費四十餘千盾，已於和(荷蘭)1857年10月31日第442號詳聞矣。嗣後再費，至今約用共有五十餘千盾。茲勘第75號戈蘭字所陳，要叫黎壟三小地，與本堂自置之地相連，葬墳數千在乎其內，約已開用修理之費不下二十餘千盾。厥後又蒙副挨實嗹和(荷蘭)1857年3月25日、10月 日第306號、1642號致書，令本堂當多集巫讓支費築屋其間，植以菓樹椰欉，又令繪圖繳上註明何處築屋，點紅為號。但居此巫讓八十餘名，本堂逐月貼以辛金，至今仍行未息。是此三地者，雖非本堂買置，然本堂執掌既百有餘年矣。伏望王上推恩，憐念下民，人人各有祖先、父母墳葬在此三地之內。兼之本堂修整用費孔多，出於眾人之助，民情所關甚重。因敢匍乞王上，懇如先前開恩，將此三小地賜與本堂執掌，永遠為業，立戈勿力字以為照鑒。勿致來生之人，復有滋弊。我等唐人，幽明戴德，可勝言哉！沾恩切叩。”

瑪腰(陳永元)批云：“已閱。大朱所做之字，要入挨實嗹，懇轉奏王上。所言始末俱備，鄙見妥當可行。但事不宜遲，將書呈上。列台查閱，如若同意，祈即花押在內，可即謄入和(荷蘭)字，以便上請。”

和(荷蘭)1859年10月7日,拜五

公堂設密喳嘮,值月:高、陳。瑪腰陳永元舍仝甲必丹高俊傑舍,雷珍蘭陳濬哲官、黃錦章官、陳甲思聰官、陳甲逢義官、高甲西川官、鄭甲肇基官、朱葛礁賴觀瀾官俱在座。蘇甲天庇官報病不到。

(查勘詳覆唐人李梓隆做達心眠字付正妻懷孕遺腹子掛哳得業事)

承挨實嗹於和(荷蘭)1859年9月9日第3362號逸字致書公堂,祈查勘酌量詳覆。

為承緞伴勿厘兀掌戈嘮得嘮八仙首領於和(荷蘭)1859年9月8日第14號致書云:"因有唐人李梓隆[①]於本年和(荷蘭)3月7日已故,前和(荷蘭)1858年6月7日向梁礁緞吉令做達心眠字,付正妻懷孕遺腹子掛哳得業。但子既未脫腹,後無再做達心眠字,似無掛哳字。況有至親胞弟李梓鳳,又有過房子李千昭。其李千昭之生身父母俱在。從唐美惜甘案奪,可除出胞弟,當付過房子掛哳得業。余未敢遽即承受,祇恐唐人規例或有干礙,或可灼見係親生子與人。蓋梁礁做過房字,遇人則做,奚究唐規曲折揣故人之意,僅願付過過房子黎噶銀十萬盾,足見不願與親生均分得業。懇挨實嗹致詢公堂,酌量誰人該得此業?據例詳覆。因此

① 李梓隆:又作"李子隆",祖父李長哥甲必丹知廚禮,叔祖李宙哥特授甲必丹,父親李伯泰雷珍蘭知廚禮。為地頭主,曾求職上書,以"吃鴉過度"未許。1859年3月7日身故。

戈嘮得嘮八仙掛吶惹蘭人不肯納還，想後當詩礁迫討。祈留心研酌，莫致差謬。”

列台吊訊故李梓隆掛吶惹蘭人陳甘郎[①]甲，供云：“年 49 歲，住大港墘，理李梓隆掛吶。李梓隆達心眠字有云：付過房子李千昭黎噶十萬盾，又付胞弟李梓鳳黎噶 30 000 盾。其嫡妻陳經娘並懷孕未嘗生產，惟其二婆陳江娘前有懷孕，後小產不育。其時李梓隆尚在，後來聞有孕，但此過房子乃吳榮輝之妾賴金娘所生。其吳榮輝則李梓隆正妻陳經娘之母舅，其胞弟李梓鳳與李梓隆同父異母，其妹李吉娘則李梓鳳同父同母。所做過房書現存小商[②]，不知幾人花押在內。現唐美惜甘已經案奪，付過房子李千昭總得遺業。”

吊訊故李梓隆掛吶惹蘭人李遐，供云：“年 59 歲，住聖望港，理李梓隆掛吶。李梓隆達心眠字有云：付過房子李千昭黎噶十萬盾，又付胞弟李梓鳳黎噶 30 000 盾。所云遺腹子，乃其二婆陳江娘後來小產已故。並有言及，若遺腹生男命名李千美，願付得業，生女命名李美娘。今李梓隆故已多月，並無分娩，可謂無矣。但此過房子乃吳榮輝之子，不知何母所生，若見過房書便知。其過房書，晚亦不知幾人花押在內。李梓鳳與李梓隆同父異母，其妹李吉娘則與李梓鳳同父同母。若吳榮輝則李梓隆正妻陳經娘之母舅，其陳經娘未聞有孕，或生產。晚卻略知唐例，得業由親及疏。在吧

---

① 陳甘郎：Tan Kamlong，1811 年生於大港墘，1844 年 1 月 26 日為欽賜雷珍蘭，1847—1877 年為甲必丹智廚禮。

② 小商：亦作“小雙”，為“小雙柄”（亦作“小相柄”）的簡稱，荷印地方評議院。

則有達心眠字。”

吊訊吳榮輝年38歲,住舊把殺,供云:“晚果有一子付李梓隆過房。當初生時,李梓隆向求不與,及週歲再求,晚又不與。後李梓隆向晚言:汝婴賴金娘經許我願子付過房,已做過房書,晚因而從之其過房。李梓隆正妻陳經娘並無花押,晚同李梓隆押號而已。陳經娘係晚之甥女,未有懷孕,未嘗生產。其二婴陳梓娘不知有生與否?晚妾賴金娘,至今晚尚畜養。”

吊訊陳經娘年26歲,住舊把殺,即李梓隆之寡妻,供云:“氏並無懷孕,未嘗生產。果有過房一子,名李千昭,係氏母舅吳榮輝之二婴所生。因拙夫意欲,氏因而從之。過房時年三歲,今年既五歲矣。拙夫未嘗有言其二婴有生子與否。此過房子當做過房書時,氏實不知,惟有梁礁問氏:‘汝夫欲過繼吳榮輝之子為子,汝合意?’氏答曰:‘合意。’吳榮輝及其二婴並無在處。”

吊訊李伯達年30歲,住中港仔,供云:晚乃李梓隆之胞叔,當時李梓隆做達心眠字,晚實不知。及故後,乃知現李梓隆有胞弟李梓鳳,年13歲,又有胞妹李吉娘,年16歲。李梓隆並無子女,聞其二婴陳江娘雖有懷孕一次,後來脫胎出腹而故。至李梓隆故後,聞達心眠字有云,願付過房子李千昭黎噶銀十萬盾。但此過房子乃吳榮輝所生,其吳榮輝即李梓隆嫡妻之母舅,論序次此過房子正李梓隆正妻之表弟。以弟為子,人倫何在?合式過房,先就至親,奚可取及異姓?且無告知伊母,又無請知宗人尊長。晚意不願過房此子為嗣,付得先業。”

吊訊李伯適年 25 歲，住中港仔，供云：“李梓隆乃晚之胞姪，其過繼吳榮輝之為子，晚實不知。及李梓隆故後，方知其有過房子也。但此過房子乃吳榮輝二婁所生，命名李千昭。姪婦陳經娘未嘗懷孕，未有生產。惟聞李梓隆二婁陳江娘有孕二次，俱小產不育。當時李梓隆有做達心眠字，晚亦不知。及李梓隆故後，聞有達心眠字敘明願付過房子黎噶十萬盾，願付遺腹子掛咿得業。若生男，命名李千美；若生女，命名李美娘。後遺腹子已經小產不育。合式唐例得業，當歸至親。今此過房子叫李梓隆，乃表姊夫，奚可為子？現李梓隆有胞弟李梓鳳，又有胞妹李吉娘，且李梓隆之業係得于先父李長哥。”

吊訊陳宣娘年 34 歲住中港仔，即李伯泰甲之寡妻，供云：氏與李伯泰生下一子名李梓鳳，現年 13 歲；一女名李吉娘，現年 15 歲。其李梓隆乃拙夫前妻所生，李梓隆有做達心眠字，氏實不知。李梓隆正妻陳經娘未嘗懷孕，惟其二婁陳江娘聞有孕二次，俱墜胎不育，亦不知李梓隆有過房一子。及李梓隆故後，乃知此子皆吳榮輝所生。其吳榮輝則媳婦陳經娘之母舅，一姓吳，一姓李，並非至親，過繼傳嗣，殊不合式。今觀李梓隆之宗人伯叔，俱不喜悅。伏乞列台明察。”

吊訊陳江娘年 20 歲，住檳榔社，即李梓隆之愛妾，供云：“前年氏與李梓隆有生一子，刻間已故已年餘矣。後又懷孕五月，遂墜胎在於去年間，何月忘憶。其李梓隆有過繼吳榮輝之一子為子，氏實不知情。”

吊訊賴金娘年 28 歲，住舊把殺，即吳榮輝之妾，供云：“氏果有一子付李梓隆過繼為子，其時年方二歲，今年五歲。初生時李梓隆即懇求為子，氏不肯與。及後李梓隆與拙夫兩相言下定著，氏乃從之。氏與吳榮輝所生尚有一女，現在家。今氏情願此子付與李梓隆過繼為嗣，但做過房書，氏無花押在內，其李梓隆正妻陳經娘亦無在處。”

公堂會議：“據諸供謂李梓隆達心眠字有云：願付遺腹子得業，僅願付過繼子黎噶十萬盾。揣故人之意，不願過繼子與親生子均分得業，可知必願其業歸於骨肉至親之人也。論唐例，欲過繼為子，務必由親及疏，擇昭穆相當之人。今李梓隆過繼吳榮輝之子，乃屬異姓，為不合式。況吳榮輝乃李梓隆正妻之母舅，吳榮輝之子與李梓隆正妻同輩，以表弟為兒子，又見尊卑失序，可謂悖理之甚。按例而論，李梓隆現既無子，其得業人當惟親是問。謹詳上裁。”

（王發娘、陳永順欲求分離一案）

王發娘年28歲，住吉石珍，請伊夫陳永順住干冬圩：“為結髮十二載，有生一子，名江文。但拙夫原吉石珍人，於三年前拙夫移往干冬圩，與伊母娘仔陳鐳同居。自此三年內並無給付資費，且未常回家，每約三四個月有回家一次。如他回家，必向氏索取雷項，氏若無項付與，他必怒氣生端。如此不良，伏乞判離。”職欲召陳永順到堂質訊，因陳永順住干冬圩，係屬外轄，合當將情申詳大瑪腰裁奪。此案和（荷蘭）1859年10月7日拜五，瑪腰（陳永元）將情繳入大密內察奪。

列台覆訊王發娘，供如公勃低所詳。吊訊陳永順，供云：“拙妻既欲求離，晚固願從之。”

公堂會議：“論王發娘請伊夫陳永順因畜妻顧盼不周欲求分離一案，今據二比之供，皆曰欲離，酌見二比情意已決，不得復合。”於是准其當堂離遏,各令花押在簿,任從別適。其子陳江文判歸伊父撫養。”二比稱願。存案。

(林懇娘、唐宗良夫婦求離一案)

林懇娘年26歲,住油車,請伊夫唐宗良住同上:“為交寅12載,有生一子名沓攸,年10歲。因拙夫終日吃鴉賭博,不尋活路,且此三年來,未常付氏資費,氏無奈包老古芬並縫紝為活。適值日氏外出,忽拙夫回家,啓氏之箱,將氏之金手指印一腳,又金鈕五粒,遂將此二物質當。如此不良,懇乞判離。”

吊訊唐宗良年30歲,供云:“晚前與人為傭,每領身勞項,皆有付拙妻取用。但近來半個月內,因身勞希少,不能充用家費,是以停止,欲別圖經營。因是日拙妻不在家,晚故啓拙妻之箱,取其金手指印一腳,又金鈕五粒質當他人,將項與人合夥,作賣蝦小生意。如拙妻果欲求離,晚固願從之。”謹此申詳公堂大密內察奪。

列台覆訊林懇娘、唐宗良,供如公勃低所詳。

公堂會議:“論林懇娘、唐宗良夫婦求離一案,細觀彼夫妻各無相向之心,況唐宗良貧甚,自顧不暇,故不得顧其妻。”於是准其當堂離遏,其子唐沓攸判歸伊父撫養。二比各花押在簿,以誌無後悔,任從別適。存案。

和(荷蘭)1859年12月2日,拜五

公堂設密喳嘮,值月:陳(濬哲)、黃(錦章)。

瑪腰陳永元舍仝雷珍蘭蘇天庇官、陳濬哲官、黃甲錦章官、陳甲逢義官、鄭甲肇基官、二朱陳文速官俱在座。高(俊傑)甲大、陳甲思聰官、高甲西川官俱不在座。

(黃國娘、陳如陵夫妻欲求分離一案)

黃國娘年23歲,住大當後,請伊夫陳如陵住戈踏代:"為交寅四載,有生不育。因拙夫前有向家姑黃只娘措撥去銀100盾,又借去飾硂金頭托一支,價銀300盾。於二禮拜前,姑令氏向拙夫取討,而拙夫遂觸怒,將氏之衣褸丟出外面,即逐氏而揚言欲與氏分離。至於家中資費,置若罔聞。似此不良,懇乞判離。"

吊訊陳如陵年24歲,供云:"因是日晚自外而歸,晚欲喫飯,使拙妻備飯,拙妻言曰:我非爾奴婢,遂不從命。且言要分離,欲再擇夫勝晚者有十人,所供是實。但分離之事,晚固願從之。"台勸黃國娘當從夫而歸。礙國娘堅執不從。將情申詳公堂大密內裁奪。

列台覆訊黃國娘、陳如陵,供如公勃低所詳。據黃國娘又云:"拙夫曾付氏一單,令氏可別往他處。"將單呈閱。列台將單觀閱,係寫和(荷蘭)字。問陳如陵曰:"此是爾所付否?"答曰:"非晚所付,又非晚所寫。"列台令如陵讀來聽,如陵即讀此單,係陳如陵花押,要付伊妻任往分離。

公堂會議:"論黃國娘請欲與伊夫陳如陵分離一案,細觀彼夫妻尚有眷戀之心,且無大故,不得分離。"於是判再合,每月陳如陵當給雷20盾與伊妻為費。二比稱願,唯退。存案。

(曾辛娘、胡進夫妻求離一案)

曾辛娘年27歲,住訖勞洛,請伊夫胡進住仝上:"為交寅首尾十五載，有生一女二男。其女名絨娘，年 10 歲；男名壬生，年八歲；次男名江喜，年五歲。因近來拙夫無故毆氏，當毆之時，不管鐵器燒紅亂傷。自此角口以後，其門關閉，不肯付氏而入。似此不良，伏乞判離。”

吊訊胡進年 54 歲，供云：:“拙妻不執婦道，若有小故之事，晚略嫌之，他必強言硬語亂罵不已。因近日小兒嬉戲，竟至倒身於地，晚果怒氣。及晚間小兒要喫飯，拙妻遂將飯揀倒，小兒啼哭。晚因乘怒，果有略撐之，實無大傷。如今拙妻若要求離，晚果願從之。”台勸二比當和好而歸，礙二比俱懇分離。將情申詳公堂大嗎內察奪。

列台覆訊曾辛娘、胡進，供如公勃低所詳。

公堂會議：“論曾辛娘、胡進夫妻求離一案，但夫婦如齒舌，雖有小故，不致分離。本堂當判再合。”二比稱願。存案。

（丁月娘、莊咻郎夫妻求離一案）

丁月娘年 28 歲，住道啷，請伊夫莊咻郎住茄薄：“為交寅九載，有生一女一男。其女名層娘，年八歲；其子名利勿，年五歲。因拙夫棄妻寵妾，但氏前曾二次到公舘請懇分離，因甲必丹判再合，氏從命而歸，於今有三四載矣。氏在家，拙夫每月付雷三盾餘，衣褸俱置而不聞，且氏逢疾病，拙夫未常聞及。如此不良，切懇分離。”

吊訊莊咻郎年 41 歲，供云：“因拙妻逐日喜出外遊，不理家政。如拙妻所言要分離，晚固願從之。”謹詳公堂大嗎內裁奪。

列台覆訊丁月娘、莊咻郎，供如公勃低所詳。

公堂會議:"論丁月娘、莊啉郎夫妻求離一案,細察二比恩情已絕,各無相向之心,難判再合。於是准其當堂離逷,其子女判歸伊父莊啉郎撫養,二比各花押在簿,任從別適。"唯退。存案。

(薛永文、葉溫娘夫妻求離一案)

薛永文年 32 歲,住毛六甲街,請伊妻葉溫娘住大南門:"為交寅五載,有生不育。於和(荷蘭)10 月 22 日,拙妻到公舘請要與晚分離,謂晚不給資費,不顧衣食。此事蒙甲必丹明判,令晚率妻而歸,晚從命欲援妻而歸。詎料拙妻竟不肯歸家,而往他處。既然如此,必不欲與晚為夫婦,伏乞判離。"

吊訊葉溫娘年 30 歲,供云:"氏遵公舘甲必丹所判,氏歸家拙夫不納。今拙夫要分離,氏固願從之。"將情申詳公堂大嗒內察奪。

列台覆訊薛永文、葉溫娘,供如公勃低所詳。

公堂會議:"論薛永文、葉溫娘夫妻求離一案,細觀二比絕情已甚,雖欲強判復合,難冀白首。"於是,准其當堂離逷,二比各花押在簿,唯退。存案。

和(荷蘭)1859 年 12 月 22 日,拜四

瑪腰陳永元舍仝甲必丹高俊傑官,雷珍蘭陳濬哲官、陳思聰官、陳甲逢義官、高甲西川官、鄭甲肇基官、大朱賴觀瀾官俱在座。蘇甲天庇官、黃甲錦章官俱不在座。

(公堂發叫黎鼈,付人承稅 1860 年全年丹絨及式里陂二地之園取息)

列台仝梁礁緞霞里牙在公舘發叫黎壟，付人承稅和(荷蘭)1860年全年丹絨及式里陂二地之園取息，其君厘書同和(荷蘭)1859年所定而行，一叫一年為限。

丹絨及式里陂二地之園，叫價銀210盾，承應人邱塗，安呾人蔣燈光住小南門、林安生住礠內。

(查勘緞哵窒洛掛哵荷蘭美惜甘控娘仔魏炳南欠項一案)

挨實嗹司叻於和(荷蘭)1859年9月21日第104號致書公堂，附字四張及數簿一本。為緞哵窒洛掛哵和(荷蘭)美惜甘掌張駿發遺業，控娘仔魏炳南又名娘仔魏亮工尚欠去銀138.15盾。據被告人云，僅欠銀44.5盾而已。祈公堂查勘數簿，指明詳覆，原字寄回。

緞哵窒洛掛哵和(荷蘭)美惜甘掌張駿發遺業，控娘仔魏炳南又名娘仔魏亮工為欠銀138.15盾，屢討不還，伏乞追究並支諸費。

公堂委公勃低值月雷珍蘭陳濬哲官、黃錦章官勘察申詳。

奉命吊訊娘仔魏炳南即名黃三娘，年28歲，住吉石珍，供云：“氏前果有與張駿發交關，(對)除外，僅欠雷44.5盾而已。依此欠，氏願還。但今所詩礁之名，其張駿發數內係記引嬸先生欠項，氏思之，若引嬸先生之名，多有人仝叫做引嬸先生。如記引嬸先生之名，要令氏清還，氏不願承受。”台問黃三娘曰：“爾何以知張駿發數內記引嬸先生之名？”黃三娘答曰：“因前和(荷蘭)美惜甘唐人財副告知於氏也。”台又問曰：“依詩礁字內，爾自供欠銀44.5盾，今言係欠雷44.5

盾，何以相殊?”黄三娘答曰:“氏在干刀衹言欠盾 44.5 盾，實非認欠銀 44.5 盾。”台復問曰:“爾前與張駿發交關逐次取貨，何條件知否? 並逐次還項若干憶否?”黄三娘答曰:“因日已久卻忘憶矣。但氏之數已交干刀取去。氏所言之詞，俱皆實情，敢立誓。”

台查張駿發之《總清簿》，内登記引嬸先生丁巳年二月初八日起至丁巳七月二十日止，計 37 條，共去布路的銀 502.281 盾；丁巳年二月十五日起至丁巳七月廿七日止，計 27 條，共來銀 364.15 盾。對除外，尚欠去銀 138.131 盾。將情申詳公堂大嗰内察奪。

列台覆訊娘仔魏炳南又名娘仔魏亮工，實名黄三娘，供如公勃低所詳。台問黄三娘:“據汝所云:名娘仔魏炳南，又名娘仔魏亮工，更有別名為人呼喚否?”黄三娘答曰:“或有人喚曰娘仔先生，但氏所欠張駿發數僅雷 44.5 盾而已，有數可觀。”台問黄三娘:“數現何在?”黄三娘答曰:“已獻上干刀。”台即馳書挨實嗹司叻，懇寄下黄三娘數觀閱。台查黄三娘之數，僅小簿一本，並無法度，且寫鴉字，用以鉛筆。遂令黄三娘自讀，傳抄唐字。於唐丁年四月十二日起至七月廿二日止，計取張駿發貨 14 條，共價 289.28 盾；又丁年四月十九日起至八月初七日止，計還張駿發雷 14 條，共雷 266 盾。對除外，尚欠張駿發雷 23.28 盾。較之所供，又見不孚。

公堂會議:“據黄三娘自供，與張駿發交關實有。然數中所記引嬸先生，非其名。及閱黄三娘之數，取貨日子、貨價，多與張駿發數和同，灼見引嬸先生即黄三娘。況乎自供有人喚他娘仔先生，蓋曰娘仔曰引嬸稱之詞，既可稱曰娘仔，自可稱為引嬸先生之名無異，可謂確是無疑。今觀張駿發《總簿》一本所記，依法而立，可為取信。若黃三娘之數，無法無緒，且寫鴉字，用以鉛筆，誠不可用。合式黃三娘當照詩礁欠銀 138.15 盾坐還為是。謹詳挨實嗹司叻裁奪。”

(公堂再為詳覆葉發生一事)

承挨實嗹於和(荷蘭)1859 年 12 月 5 日第 4546 號致書，為從和(荷蘭)9 月□日第□所詳，再為詳覆葉發生一事。

列台閱書，悉知上意。再訊葉發生又名葉佛生，年 18 歲，住小南門，供云："晚係葉旋之子，兄弟三人：長葉傳世，次葉雄，三即晚身是也。於年九歲回唐，至和(荷蘭)1857 年再來吧。當 16 歲時，在唐已娶過謝險娘為妻。起行來吧之時，謝險娘已懷孕在身。至和(荷蘭)1858 年唐家母寄信達知，謂拙妻險娘已生下男兒，有母氏家信可證。但晚原意欲來吧，省視生母林惜娘，幸遇家叔葉畝回唐帶回家母之信，召晚來吧，遂與葉畝同船而來。本年在吧，又娶陳秋娘為妻。遵母所命，明婚給字，現在吧亦開舖生理。雖有時要再回唐，不過來往看顧兩邊門戶而已，非久居於唐也。"再訊削視葉畝，供如葉發生所言。台查所獻家信，係葉發生母謝氏寄付與葉發生，內中敘明，第三媳婦險官於去年十一月十八日寅時已生下男兒。

公堂會議："據葉發生及削視葉畝所供，又閱其家信，灼見葉發生在唐已娶妻生子是實。蓋在唐之人貧富不等，苟富有之子，身既壯大，年十六歲娶妻生子亦有之，不足為異。

若謂葉發生來吧，尚當葉畝阿提①，因其年稚，固不可執此以論。夫外出遠方，必求相伴人之情也，奚論老幼？況今在吧已經娶妻，可謂長成之人矣。所懇追回戈嘮得嘮八仙，如上臺恩准，可以承受。要知居吧或居唐，據其所供不過來往而已。既有妻室，又有生理，在吧可謂居吧之人。謹詳挨實嗹裁奪。”

和(荷蘭)1859年12月30日，拜五

公堂設嘧喳嘮，值月：陳(濬哲)、黄(錦章)。

瑪腰陳永元舍仝甲必丹高俊傑官，雷珍蘭黄錦章官、陳思聰官、陳甲逢義官、高甲西川官、鄭甲肇基官、二朱陳文速官俱在座。蘇甲天庇官、陳甲濬哲官俱報病不到。

(吳葉娘、甘振東夫妻求離一案)

吳葉娘年27歲，住小南門，請伊夫甘振東②住新把殺：“為交寅11載，有生三子：長曰淨武，年11歲；次子名福壽，年九歲；三子名福山，年七歲。因前日完劫寺鬧熱③，氏抱子往廟遊玩。及至回家次日，拙夫遂發怒逐氏。今氏不願與他再為夫婦，請懇分離。”

吊訊甘振東年29歲，供云：“拙妻屢屢外出，日前往完劫

---

① 阿提：馬來語Ati(Hati)，關心、關照、關懷。

② 甘振東：據《婚簿》記載，1849年3月28日，住珍新圩19歲甘振東與17歲吳葉娘成婚註冊。媒妁陳恩娘，男方主婚人甘金(從叔)，女方主婚人吳丁仔紡(父)。

③ 鬧熱：閩南話，意為熱鬧。

寺遊玩，至次日方歸，晚故致怒。如今拙妻欲分離，晚固願從之。”將情申詳公堂大嚕內察奪。

列台覆訊吳葉娘、甘振東，供如公勃低所詳。

公堂會議：“論吳葉娘、甘振東夫妻求離一案，觀吳葉娘決意離遏，且甘振東亦願從離，可見二比恩情已絕，各無相向之心。於是當堂准其分離，其三子俱歸伊父撫養。”二比各稱願，花押在簿，任從別適。存案。

(黃婹于、陳兵夫婦求離一案)

黃婹于年35歲，住洪溪，請伊夫陳兵[①]住仝上：“為交寅18載，未有兒子。因拙夫不顧衣食，且出入不與氏言語。前氏致病幾乎危矣，他置若罔聞。此事於和(荷蘭)1859年10月7日在公堂內，蒙列位甲必丹判再合，令拙夫每月當給雷12盾，與氏為用，氏遵命所判。詎料拙夫不遵所判，於唐九月十三日衹付氏雷5盾，十月初一日又付銀一元，十月十八日付雷貳盾，十一月初五日付雷3盾，餘並無給付。今氏不能忍耐，切懇分離。”

吊訊陳兵年44歲，供云：“自蒙公堂所判，晚遵命不敢有違。當未判之後，晚已先付拙妻雷五盾。餘者所付之雷，俱如拙妻所言，惟十月初一日係付銀2元。如拙妻要分離之事，憑列位甲必丹公斷定奪。”將情申詳公堂大嚕察奪。

列台覆訊黃婹于及陳兵，供如公勃低所詳。

---

① 陳兵：據《婚簿》記載，1841年6月19日，住五腳橋，26歲陳兵(冰)與16歲黃婹娘成婚註冊。媒妁葉敬娘，男方主婚陳長髮(父)，女方主婚黃銳(宗叔)，交寅日辛五月十三日。

公堂會議:“論黃婴于、陳兵夫婦求離一案,按黃婴于果無心於夫矣,況陳兵又無利路,不能照顧其妻,以致伊妻不能忍耐。本堂當判其分離,二比各花押在簿。”存案。

(升王元龍官為甲必丹知廚禮之職,舉李伯達官為武直迷加雷珍蘭銜)

承挨實嗹於和(荷蘭)1859年12月22日第4803年致書,為遵王上於和(荷蘭)1859年12月20日第3號案奪,即陞武直迷加雷珍蘭銜王元龍官為甲必丹知廚禮之職,優意退理美惜甘事。又舉李伯達官為武直迷加雷珍蘭銜,理唐美惜甘事,每月給俸銀100盾。謹此存案。

(雷珍蘭蘇天庇為病懇辭理事,薦舉一人以代)

挨實嗹於和(荷蘭)1859年12月14日第4678號逸字致書公堂,附雷珍蘭蘇天庇口詞。祈酌量詳覆,並祈薦舉一人以代。

雷珍蘭蘇天庇惶恐上書王上云:“職於和(荷蘭)1847年3月10日第9號蒙王上案奪,舉任公堂雷珍蘭之職,於和(荷蘭)1847年3月19日任理職事。邇者因身多疾病,伏懇王上垂恩賜職告辭職位。但憶自任事以來,兢兢効力,自揣無慚。惟冀恩上加恩,留存原銜榮身,不勝榮荷之至。所至懇者,一懇優意准辭。二懇加銜甲必丹知廚禮之職。如有難於此賜,懇原銜留存為幸。”

列台閱書及口詞,議曰:“論雷珍蘭蘇天庇為病懇辭理事,果係實情。倘王上垂憐,准懇可也。至懇王上加恩,賜賞甲丁知廚禮之職,溯其自身已經理事十三年,未有微愆可摘,況乎其祖其父曾為武直迷及雷珍蘭,可謂歷世勤勞王事矣。加恩賜奬,實為合式。如不能依懇,即留銜致仕,亦見王上殊恩有加無已也。且歷觀前世,本堂在座之人,或雷或甲邁年致仕,俱留原銜榮身。至要薦一人以代其缺,照常而論,當薦協理雷珍蘭高西川理事在先,可以代之。然必就座位而陞,雷珍蘭蘇天庇現居次雷,苟王上准其告辭,當以三雷陞為二雷補缺,餘俱從序次而陞,雷珍蘭高西川不過可補六雷之位而已。謹詳挨實嗹裁奪。"

和(荷蘭)1860 年 1 月 11 日,拜三

公堂設嘧喳嘮。蘇(天庇)、陳(思聰)值月。

瑪腰陳永元舍仝甲必丹高俊傑官,雷珍蘭陳濬哲官、黃錦章官、陳甲思聰官、陳甲逢義官、高甲西川官、大朱賴觀瀾官俱在座。蘇甲天庇官、鄭甲肇基官報病不到。

(委勘陳森遺業内尚存遺項若干)

承唐美惜甘於和(荷蘭)1857 年 8 月 20 日第 813 號、633 號致書,附故陳森數簿。委勘陳森數内為經雷珍蘭黃錦章官在前已結算造冊,祈再為細察,指明故陳森尚存遺項若干詳覆。本堂將案即委公勃低甲必丹高俊傑官、雷珍蘭陳思聰官勘察,並請武直迷王元龍官備問情由。

據公勃低甲必丹高(俊傑)、雷珍蘭陳(思聰)繳入一冊,謂經覆查雷珍蘭黃錦章官所結之冊,並掛咞人所結諸冊,逐一詳明於内。

列台覆閱訖,致請武直迷王元龍官到堂備問。覆訊故陳森掛咞人陳雲行、陳狻、林彰化,將公勃低所結條目宣讀諭知。據掛哵人陳雲行等供云:“公舘甲必丹所結之冊皆是,但內中當再扣出九條,192 446.69 盾方可孚數。憑美惜甘要討存銀 162 939 盾,如上所陳,該扣九條已扣出還李甲長欠項二條 66 142.38 盾,餘七條未扣,銀 126 304.31 盾。”台查公勃低所結之冊,從雷珍蘭黃錦章官所結,於和(荷蘭)1850 年起,即陳森物故之年,至和(荷蘭)1851 年、1852 年聲明掛哵人收項條目,源記、源發及園腳還賬,及蘇天庇甲還賬,以至西灣、源發、石橋、萬山諸得利,計十一大條,共收銀 224 094.9 盾。台問掛哵人陳雲行等:“憑汝所云,結內當再扣出九條,有何緣故?”陳雲行云:“或有欠人該還,況當時諸蔀俱陳森為茄實,雖有諸條得利之項係其扣去,遺業內並無存項。倘無扣出九條,其項從何而來?”台查公勃低所結除九條,內該還六條付其扣出,尚存實銀136 092.975 盾,又存被人外欠銀 149 818.93 盾,又存西灣蔀底銀 107 626 盾。又另有開外費冊四本,源通、源發共一本,萬山一本,順發、源發共一本,因其開條未見盡安,未知美惜甘肯承受否?是以未算。

公堂會議:“據公勃低甲必丹高(俊傑)、雷珍蘭陳(思聰)所詳,結陳森遺業,內尚存實銀 136 092.975 盾,又存被外欠銀 149 818.93 盾,又存西灣蔀底銀 107 626 盾,計三大條。但外欠之條,仍存外欠之額,西灣蔀底自有承接之人該坐,獨存實銀 136 092.975 盾,係在掛哵人身上擔戴。但陳雲行供稱,該再扣出九條內中所應開者第一、第二、第三、第七、第八、第九,計六條,已付開出,惟第四、第五、第六三條,揆理而論,不應扣出。何則?石橋、西灣二蔀公司,陳森之蔀也，雖有合夥林彰化，其在本得利俱已開還明白。今欲開遺項三條以還於蔀，蔀亦陳森遺業，即欲開出，又當收來方為合式。至另有記開外費冊四本，內中若美惜甘或有不承受之條，掛哳人又當坐賠。謹詳唐美惜甘裁奪。”

（駱梅娘、陳榮發夫妻求離一案）

駱梅娘年21歲，住小南門，請伊夫陳榮發住八廚沃間：“為交寅四載，有生一子名糞基，年纔六個月。因拙夫已有二個月不給資費，使氏饑餓難當，伏懇判離。”

吊訊陳榮發年26歲，供云：“晚所有利入手，盡交拙妻收用。晚逐月往安恤為商，約有八次，每次一去有四日之久，即回家，回家暫停一日，即再往，一往之間，各有付與拙妻雷三四盾之左以為使用。但分離之事，晚不願從之。”台勸駱梅娘當從夫而歸，礙駱梅娘堅執分離。將情申詳公堂大嗒內察奪。

列台覆訊駱梅娘、陳榮發，供如公勃低所詳。

公堂會議：“論駱梅娘、陳榮發夫妻求離一案，細觀二比恩情，尚有眷戀之心。本堂當判再合，每月陳榮發當給雷12盾與伊妻為費。”二比稱願，唯退。存案。

公堂封印大吉。風調雨順，國泰民安。

定公勃低查驗唐船、舺板，明日算起，每鬮二人，照鬮輪流，週而復初。

壹鬮：甲必丹高俊傑官、雷珍蘭陳逢義官。

貳鬮：雷珍蘭蘇天庇官、雷珍蘭陳思聰官。

叁鬮：雷珍蘭陳濬哲官、雷珍蘭黃錦章官。

以上應值之人如遇有事故不暇,則協理雷珍蘭高西川官、鄭肇基官代之。謹此存案。

咸豐十年正月二十日,即和(荷蘭)1860年2月11日,拜六

公堂開印大吉。風調雨順,國泰民安。

定應值公舘公勃低,照鬮輪流,週而復初。

壹鬮:甲必丹高俊傑官、雷珍蘭陳逢義官,1、4、7、10。

貳鬮:雷珍蘭蘇天庇官、雷珍蘭陳思聰官,2、5、8、11。

叁鬮:雷珍蘭陳濬哲官、雷珍蘭黄錦章官,3、6、9、12。

定應值外務公勃低,照鬮輪流,週而復初。

壹鬮:甲必丹高俊傑官、雷珍蘭陳逢義官,2、5、8、11。

貳鬮:雷珍蘭蘇天庇官、雷珍蘭陳思聰官,3、6、9、12。

叁鬮:雷珍蘭陳濬哲官、雷珍蘭黄錦章官,1、4、7、10。

定應值干刀公勃低,照鬮輪流,週而復初。

壹鬮:甲必丹高俊傑官、雷珍蘭陳逢義官,3、6、9、12。

貳鬮:雷珍蘭蘇天庇官、雷珍蘭陳思聰官,1、4、7、10。

叁鬮:雷珍蘭陳濬哲官、雷珍蘭黄錦章官,2、5、8、11。

(定掌廟宇,掌塚事,掌水淬、買辦、工役公勃低)

定掌廟宇公勃低:二、四、六。定掌塚事公勃低:一、三、五。

定掌水淬、買辦、工役公勃低:一、二,掌水淬。三、四,掌買辦。五、六,掌工役。

已上數條應值公勃低,或照月份,或照位次,須依鬮而行。倘應值之人或有不暇,或有告假,則協理雷珍蘭高西川官、鄭肇基官代之。凡值外務公勃低,須逐日兼察本鑒光街衢,務宜潔淨為要。凡查驗甲板及唐船新客登岸,援人安咀,須公勃低在座監察。凡每值夜公勃低,須遵和(荷蘭)1802年條規,晚間八點鐘起當到公舘,而後往巡本鑒光,至次日早五點鐘方歸。謹此存案。

(荷印當局批覆公堂所懇牛郎沙里三小地現可交盤付與公堂執掌)

承挨實嗹於和(荷蘭)1860年2月7日第442號致書,遵敖文律仁得嘮掌握因蘭地[1]和(荷蘭)1860年1月31日第16號案奪,為閱褒吉律仁得嘮和(荷蘭)1859年9月17日第536號、2754號書,從和(荷蘭)1859年4月4日第25號案奪及丈地官書,及叻柔實低司和(荷蘭)1859年9月2日案奪:"一、定牛郎沙里三小地現已為公堂所用。二、已閱和(荷蘭)1859年11月28日第4445號挨實嗹書,附公堂口詞,又閱王朱[2]於和(荷蘭)1859年10月18日第2339號書。三、又閱掌傌仔厘力突和(荷蘭)1859年12月16日第4472號書,經同叻班厘里酌議案奪,從公堂所懇牛郎沙里三小地現可交盤付與公堂執掌,但須從上人所命,務必照顧得宜。欽此。"存案。

和(荷蘭)1860年2月24日,拜五

公堂設嘧喳嘮,值月:陳(逢義)、陳(濬哲)。

---

① 因蘭地:荷屬東印度(Nederlands-Indies)之别译。

② 王朱:王上朱葛礁簡稱,即荷印總督的秘書。

瑪腰陳永元舍仝甲必丹高俊傑官,雷珍蘭陳濬哲官、黃錦章官、陳甲思聰官、高甲西川官、鄭甲肇基官、大朱賴觀瀾官俱在座。陳甲逢義官登蔀不到。

(荷印當局批准雷珍蘭蘇天庇官所懇優意告退理事,升雷珍蘭知廚禮高西川官為特授雷珍蘭)

承挨實嗹於和(荷蘭)1860 年 2 月 17 日第 579 號致書,為遵敫文律仁得嘮於和(荷蘭)1860 年 2 月 11 日第 10 號案奪,閱雷珍蘭蘇天庇官和(荷蘭)1859 年 11 月 19 日口詞,因病懇辭公堂理事;又懇加銜甲必丹知廚禮之職,或留原銜榮身。已閱挨實嗹和(荷蘭)1 月 30 日第 332 號所詳,閱和(荷蘭)1859 年 9 月 5 日第 2 號案奪:"一、所懇優意告退理事,准其所懇。至懇加銜甲必丹或留原銜,不得承受。二、即陞雷珍蘭知廚禮高西川官為特授雷珍蘭,任事公堂之職。"謹此存案。

定應值公舘公勃低,照鬮輪流,週而復初。

壹鬮:甲必丹高俊傑官、雷珍蘭高西川官,1、4、7、10。

貳鬮:雷珍蘭陳濬哲官、雷珍蘭陳逢義官,2、5、8、11。

叁鬮:雷珍蘭陳思聰官、雷珍蘭黃錦章官,3、6、9、12。

定應值外務公勃低,照鬮輪流,週而復初。

壹鬮:甲必丹高俊傑官、雷珍蘭高西川官,2、5、8、11。

貳鬮:雷珍蘭陳濬哲官、雷珍蘭陳逢義官,3、6、9、12。

叁鬮:雷珍蘭黃錦章官、雷珍蘭陳思聰官,1、4、7、10。

定應值干刀公勃低,照鬮輪流,週而復初。

壹鬮:甲必丹高俊傑官、雷珍蘭高西川官,3、6、9、12。

貳鬮:雷珍蘭陳濬哲官、雷珍蘭陳逢義官,1、4、7、10。

叁鬮:雷珍蘭黃錦章官、雷珍蘭陳思聰官,2、5、8、11。

(定掌廟宇,掌塚事,掌水滓、買辦、工役公勃低)

定掌廟宇公勃低:二、四、六。定掌塚事公勃低:一、三、五。定掌水滓、買辦、工役公勃低:一、二,掌水滓。三、四,掌買辦。五、六,掌工役。

已上數條應值公勃低,或照月份,或照位次,須依鬮而行。倘應值之人或有不暇,或有告假,則協理雷珍蘭鄭肇基官代之。凡值外務公勃低,須逐日兼察本鎣光街衢,務宜潔淨為要。凡查驗甲板及唐船新客登岸,援人安呾,須公勃低在座監察。凡每值夜公勃低,須遵和(荷蘭)1802 年條規,晚間八點鐘起當到公舘,而後往巡本鎣光,至次日早五點鐘方歸。謹此存案。

(查勘詳覆謝作猷控詹亞丁欠厝稅銀一案)

挨實嗹司叻於和(荷蘭)1859 年 8 月 29 日第 92 號致書公堂,附第 74 號詩礁字。為謝作猷掛咄故林嘉和控詹亞丁一案,祈查勘數簿。據詹亞丁謂,伊先出修理厝費銀 342.4 盾,祈查勘酌量,此費誰者當坐? 具詞詳覆。

謝作猷住廿六間掛咄故林嘉和控詹亞丁住洪溪:"為欠厝稅和(荷蘭)1858 年 12 月起至和(荷蘭)1859 年 5 月止,計六個月,每月稅銀 12.5 盾,共欠銀 75 盾。屢討不還,伏乞追究並支諸費。"

公堂委公舘值月公勃低蘇天庇官、陳思聰官查勘申詳。

奉命吊訊謝作猷住廿六間掛咄故林嘉和供如詩礁字所言。

吊訊詹亞丁住洪溪為貓氏[①]，供云："上年唐三月間，晚居林嘉和之厝在洪溪，每月稅雷 15 盾。其厝有壞，林嘉和令晚代修理，該修費之項若干，可就厝稅扣起，口說為憑，不用做梁礁字。晚居林嘉和之厝已有十三個月，前林嘉和在時，有先還去七個月，尚欠六個月該雷 90 盾，折銀 75 盾。晚代他修理厝共費銀 342.4 盾，扣出厝稅銀 75 盾除外，林嘉和尚欠晚之銀 267.4 盾。晚有一《草簿》一本，伏祈查察，且晚當時代林嘉和修理其厝所費之項，他果有明言要付晚扣抵厝稅，有削視默氏蕭廣源，並削視溫雙榮、削視鍾九城明知此事，可吊問便知。"

吊訊削視默氏蕭廣源年 37 歲，住洪溪為正默，供云："上年林嘉和在時，同詹亞丁到敝。據林嘉和云：他有厝在敝界內，係林捷二承稅，求晚代趕林捷二移出，欲將其厝與詹亞丁承稅，每月稅雷 15 盾。云厝有壞，使詹亞丁代為修理，所費若干，要與詹亞丁扣抵厝稅。林嘉和言曰，口可為憑，不用做梁礁字。但詹亞丁居林嘉和之厝約有半年餘之久。所供是實，敢立誓。"

吊訊削視溫雙榮年 40 歲，住東居為土水，供云："上年唐三月間，晚知詹亞丁代修理林嘉和之厝在洪溪。晚與詹亞丁為傭，其灰沙、磚器、柴料至於龜里工資，俱是詹亞丁開發。但所修理之項若干，晚實不知。所供是實，敢誓。"

吊訊削視鍾九城年 30 歲，住戈勞屈為木匠，供云："上年晚與詹亞丁為傭，果知林嘉和在洪溪有一厝，付詹亞丁代修理其

① 貓氏：亦作"峇氏"，荷蘭語 Baas 音譯，頭人、工頭。

厝。若修竣，林嘉和願付詹亞丁扣抵厝稅。林嘉和又云：可以口為憑，不用做梁礁字。晚所知如此，餘事不知。所供是實，敢誓。”

台將諸削視之供以訊謝作猷，據謝作猷云：“其詹亞丁居林嘉和厝約有年餘，當林嘉和在時，晚屢見詹亞丁有還厝稅。然如默氏蕭廣源所言，詹亞丁居此厝祗有半年餘，酌見所言之詞俱是虛偽，不可取信。餘二削視溫雙榮及鍾九城所言，俱與詹亞丁為傭，雖知林嘉和有與詹亞丁代修理其厝，然林嘉和若已還其項矣。彼二削視尚不知也，可見此二削視亦不得取信。”

台查詹亞丁所獻一《草簿》，記林溪河對修理洪溪高車園屋，代買柴料及磚灰沙並什貨及發龜里工資，戊午三月起至四月止，共費雷 410.8 盾，折銀 342.35 盾，與詩礁字少五鐳。將情申詳公堂大嘧內察奪。

列台覆訊謝作猷及詹亞丁，供如公勃低所詳。台問謝作猷曰：“汝詩礁詹亞丁從何而來？有數可指明否？”謝作猷答曰：“林嘉和無做生理並無置數，晚見尚存詹亞丁厝稅單，故知詹亞丁有欠厝稅，就單詩礁而已。”又問：“素常厝稅單是誰所寫？”謝作猷答曰：“或林嘉和自寫，或晚代寫。”又問：“林嘉和何時物故？”謝作猷答曰：“和(荷蘭)1858 年 2 月間，林嘉和已故。”又問：“當林嘉和故後，向詹亞丁討厝稅或令人或自往？”謝作猷曰：“乃命巫讓往討。”台問詹亞丁：“汝欠厝稅六個月果有否？”詹亞丁答曰：“有，但欲扣抵修厝之費。”又問詹亞丁：“汝稅林嘉和之厝何月起？修理厝何月完竣？已還厝稅幾個月作幾次還？”詹亞丁答曰：“稅厝乃和

(荷蘭)4月起，修厝二個月完工，還厝稅七個月作二次，首次還二個月，二次還五個月。”台又問：“汝既為林嘉和修厝約欲扣抵厝稅，何於七個月不扣而全還乎？”詹亞丁答曰：“因林嘉和云要用雷項，令晚全還在先，後來可扣。”又問：“汝何時搬出此厝？”詹亞丁答曰：“林道生買過此厝約有六日之久，晚即搬出。”

覆訊削視默氏蕭廣元年37歲，住洪溪，供云：“當時林嘉和懇晚為其趕出居厝之人，云欲將厝付詹亞丁修理稅居，開費詹亞丁支理。晚應曰：或欲言約，當向梁礁做君得吮，晚遂他往，不知後來議約如何。”台問蕭廣元曰：“汝前在公舘所供何與今有異？”蕭廣元答曰：“公舘所言即是矣，現未詳陳耳。敢立誓，以質所言。”

覆訊削視溫雙榮年41歲，住東居，供云：“晚果有做工修理林嘉和之厝，其時工資及買料之項，俱詹亞丁手發出。其項從何而來，晚實不知。所供是實，敢立誓。”

覆訊削視鍾九城年30歲，住戈勞屈，供云：“晚知尚未修厝時，有林嘉和對詹亞丁云，要將其厝付詹亞丁修理，開用之費後來扣抵厝稅。晚亦同做工於此。其所發工資及買料之項，見是詹亞丁發出。所供是實，敢立誓。”

公堂會議：“論謝作猷控詹亞丁欠厝稅銀75盾，合式詹亞丁該還。據詹亞丁及削視所供，謂詹亞丁代出修理之費要扣厝稅，當修理未完，未可會算，先還二個月猶之乎可及，既修完矣，再還五個月，並無扣抵。況相約扣抵之事，並無單憑可證。及至林嘉和已故，明知此項難以扣抵，何不詩礁在先？待至謝作猷詩礁要討厝稅，方言欲扣修理之費，灼見詹亞丁臨事抵言,有涉於短。以故,本堂案擬詹亞丁該還是也。謹詳挨實嗹司叻裁奪。"

(錄 1858 年存項,及錄 1859 年公堂全年收支條目)

錄和(荷蘭)1858 年 12 月終存項,及錄和(荷蘭)1859 年全年兑丹絨及式里陂二地風水收項,及開丹絨、式里陂、惹致還全年八仙,及開牛郎沙里巫讓守塚辛金,造報結冊。

承和(荷蘭)1858 年 12 月終存來大櫃内銀 192 23.23 盾。

錄兑式里陂風水條目:

1 月 8 日,兑陳逢義甲壹穴,闊 20 距、長 40 距,銀 541.6 盾。15 日,兑蔣燈光風水壹穴,闊 12 距、長 24 距,銀 67.7 盾。17 日,兑陳亞添風水壹穴,闊 16 距、長 32 距,銀 220 盾。18 日,兑蔡春池風水壹闊穴,16 距、長 32 距,銀 220 盾。

3 月 19 日,兑賴淮山壹穴,闊 12 距、長 24 距,銀 67.7 盾。28 日,陳甘郎甲因李子龍故,葬在伊本地頭望吃山,闊 20 距、長 40 距,銀 541.6 盾。29 日,兑張水風水壹穴,闊 12 距、長 24 距,銀 67.7 盾。30 日,李伯達因伊妻陳雲娘葬在伊本地頭勃生二攬抹,闊 16 距、長 32 距,銀 220 盾。

4 月 2 日,林清溪代默故林崇清求蔭壹穴,闊 12 距、長 24 距,免還。8 日,兑陳文達風水壹穴,闊 12 距、長 24 距,銀 67.7 盾。

5 月 20 日,兑林其觀風水壹穴,闊 12 距、長 24 距,銀 67.7 盾。27 日,兑吳順正風水壹穴,闊 12 距、長 24 距,銀 67.7 盾。

6 月 1 日,兑甘欽風水壹穴,闊 12 距、長 24 距,銀 67.7 盾。11 日,兑宋國珍風水壹穴,闊 12 距、長 24 距,銀 67.7

盾。15日,兑吳富生風水壹穴,闊12距、長24距,銀67.7盾。18日,兑林丁仔鈁風水壹穴,闊12距、長24距,銀67.7盾。23日,兑雷根娘風水壹穴,闊12距、長24距,銀67.7盾。25日,兑陳宣風水壹穴,闊12距、長24距,銀67.7盾。28日,兑蕭時妹風水壹穴,闊12距、長24距,銀67.7盾;又兑林維風水壹穴,闊12距、長24距,銀67.7盾。

7月5日,兑蔡茂林風水壹穴,闊12距、長24距,銀67.7盾。6日,兑陳敬郎風水壹穴,闊12距、長24距,銀67.7盾。12日,兑陳蔡風水壹穴,闊12距、長24距,銀67.7盾。18日,兑陳碧麟風水壹穴,闊12距、長24距,銀67.7盾。23日,楊清水報葬伊故妻在式里陂 蘇天庇甲地一穴,闊長仝上,銀67.7盾。29日,兑陳如陵風水壹穴,闊12距、長24距,銀67.7盾。30日,兑簡敬忠風水壹穴,闊12距、長24距,銀67.7盾。

8月2日,兑甘榮光風水壹穴,闊12距、長24距,銀67.7盾。16日,兑蔡南風水壹穴,闊12距、長24距,銀67.7盾。30日,兑蕭希賢風水一穴,闊12距、長24距,銀67.7盾。

9月10日,兑李道五風水一穴,闊12距、長32距,銀220盾。17日,兑林若山風水壹穴,闊12距、長24距,銀67.7盾。21日,兑蔡曲風水壹穴,闊12距、長24距,銀67.7盾。

10月5日,兑楊四海風水一穴,闊12距、長24距,銀67.7盾。12日,兑王元龍甲風水一穴,闊12距、長24距,銀 67.7 盾。14 日，兌許璿璣風水壹穴，闊 12 距、長 24 距，銀 67.7 盾。18 日，兌陳樸順風水壹穴，闊 12 距、長 24 距，銀 67.7 盾。

11 月 4 日，兌鄒河濱壹穴，闊 12 距、長 24 距，銀 67.7 盾。

12 月 5 日，兌涂亞俊壹穴，闊 12 距、長 24 距，銀 67.7 盾。19 日，兌林富生風水壹穴，闊 12 距、長 24 距，銀 67.7 盾。

計共 40 穴，除付默一穴，實額 39 穴，收銀 4 197.3 盾。

錄兌丹絨風水條目：

8 月 10 日，兌黃乾風水壹穴，闊 12 距、長 24 距，銀 67.7 盾。11 日，兌涂大戇風水壹穴，闊 12 距、長 24 距，銀 67.7 盾。19 日，兌陳江流風水壹穴，闊 12 距、長 24 距，銀 67.7 盾。20 日，兌王天恩風水壹穴，闊 12 距、長 24 距，銀 67.7 盾。30 日，兌黃娘那風水壹穴，闊 12 距、長 24 距，銀 67.7 盾。

9 月 30 日，兌吳金元壹穴，闊 16 距、長 32 距，銀 220 盾。

12 月 8 日，兌吳延今一穴，闊 12 距、長 24 距，銀 67.7 盾。29 日，兌陳榮敦壹穴，闊 12 距、長 24 距，銀 67.7 盾。

計八穴，收銀 693.9 盾。以上連式里陂兌風水計 47 穴，收銀四仟八百九拾壹盾貳角。

錄收還項及還地稅條目：

和(荷蘭)1859 年 6 月 29 日，蔣燈光掛咞故陳井，還和(荷蘭)1858 年下半年丹絨、式里陂田稅銀 1 045 盾；又還和

（荷蘭）1858年下半年丹絨、式里陂園稅來銀280盾。

和（荷蘭）1859年12月29日，收瑪腰陳永元舍還第四次銀4 815.63盾；又還來和（荷蘭）1859年全年利息來銀577.87盾。

和（荷蘭）1859年12月31日，收蔣燈光掛哷故陳井，還和（荷蘭）1859年全年丹絨、式里陂田稅銀2 625盾；又還和（荷蘭）1859年全年丹絨、式里陂園稅銀200盾；又還和（荷蘭）1859年全年惹致田園地稅銀860盾。

計七條，共銀10 403.5盾。連上年存項及兑丹絨、式里陂風水，並收還項及地稅，共銀34 517.93盾。

錄開雜費丹絨、式里陂、惹致及牛郎沙里計列條目：

和（荷蘭）2月26日，開牛郎沙里番人守塚計85名，去和（荷蘭）1月份辛金銀283.34盾。

3月11日，開牛郎沙里番人守塚計85名，去和（荷蘭）2月份辛金銀283.34盾。

4月28日，開牛郎沙里番人守塚計85名，去和（荷蘭）3月份辛金銀283.34盾；又開牛郎沙里買椰栽貳百伍拾粒，去銀31.25盾。

5月20日，開牛郎沙里番人守塚85名，去和（荷蘭）4月份辛金銀283.34盾。

6月11日，開還式里陂和（荷蘭）1859年上半年八仙，去銀95.63盾；又開還惹致和（荷蘭）1859年上半年八仙，去銀61.2盾；又開還丹絨和（荷蘭）1859年上半年八仙，去銀6.34盾；又開還丹絨上帝廟 和（荷蘭）1859年上半年八仙，去銀7.65盾；又開還往珍干刀還八仙稅獨輦，去銀2.5盾。

25日，開牛郎沙里番人守塚計85名，去和（荷蘭）5月份辛金銀283.33盾。

7月23日，開牛郎沙里番人守塚計85名，去和（荷蘭）6月份辛金銀283.33盾。

8月20日，開牛郎沙里番人守塚計85名，去和（荷蘭）7月份辛金銀283.33盾。

9月24日，開牛郎沙里番人守塚計85名，去和（荷蘭）8月份辛金銀283.34盾。

10月31日，開牛郎沙里番人守塚計85名，去和（荷蘭）9月份辛金銀283.33盾。

11月28日，開牛郎沙里番人守塚計85名，去和（荷蘭）10月份辛金銀283.33盾。

12月29日，開牛郎沙里番人守塚計85名，去和（荷蘭）11月份辛金銀283.34盾。30日，開還式里陂 和（荷蘭）1859年下半年八仙，去銀95.63盾；又開還丹絨 和（荷蘭）1859年下半年八仙，去銀7.34盾；又開還惹致 和（荷蘭）1859年下半年八仙，去銀61.2盾；又開還丹絨上帝廟 和（荷蘭）1859年下半年八仙，去銀76.5盾；又開往珍干刀還八仙稅獨犛，去銀2.5盾。31日，開牛郎沙里番人守塚計85名，去和（荷蘭）12月份辛金銀283.34盾。

計23條，共用去銀三仟柒佰七拾九盾九角三隻。對除外，尚存銀三萬零柒佰三拾捌盾。謹此申詳公堂大密內查閱。

列台閱畢冊，命當就所結之冊謄寫和（荷蘭）字，繳呈上挨實嗹電閱。存案。

和(荷蘭)1860年3月10日,拜六

公堂設密嗒嘮,值月:黃(錦章)、陳(思聰)。

瑪腰陳永元舍仝雷珍蘭陳濬哲官、陳思聰官、陳甲逢義官、高甲西川官、鄭甲肇基官、大朱賴觀瀾官俱在座。甲必丹高俊傑官、黃甲錦章官俱報病不到。

(承命委薦一人可補協理雷珍蘭之職)

承挨實嗹於和(荷蘭)1860年3月2日第733號致書,祈薦取一人為雷珍蘭知廚禮,協理公堂事務。現有上書致懇三人:黃清淵,即故甲必丹知廚禮黃永祿之男子;陳文速,現任公堂二朱之職;林光瓊,為默氏。

列台閱書,悉知語意。遂于三人中斟酌,各抒意見詳下:

鄭肇基甲評:"三人中惟二朱陳文速經理事四年餘,合式當取補職。"

高西川甲評:"三人俱可堪職,但二朱陳文速經已任事四年,合式當取。"

陳逢義甲評:"協理雷珍蘭高西川官已經陞雷,合式二朱陳文速當陞為協理雷珍蘭之職,況已任事四年餘。"

陳思聰甲評:"二朱陳文速已任事四年餘,合式當陞,餘待後會。"

陳濬哲甲評:"林光瓊從前所論,二朱陳文速有理事公堂,其黃清淵世系實美,且曉事務,合式可取補職。"

瑪腰陳永元總論:"三人上書,俱可堪職。照法而行,雷珍蘭知廚禮高西川官已陞雷珍蘭實授,合式二朱陳文速當陞為協理雷珍蘭之職，理事公堂。因有理事四年餘，熟嫺公務。餘者後會有期。”

公堂會議：“承命委薦一人可補協理雷珍蘭之職，本堂已經參論，謂雷珍蘭知廚禮高西川官已陞為特授，雷珍蘭之職照序而行，合式二朱陳文速官當陞為協理雷珍蘭之職。因其已理事四年餘，毫無微愆可摘。餘者後會有期。謹詳挨實嗹裁奪。”

（承命詳覆各傌仔君厘書用於1860年有欲更易否）

承副挨實嗹於和（荷蘭）1860年3月2日第448號又1號致書，致詢各傌仔君厘書用於是年，有欲更易否？祈速詳覆。

列台閱書。吊訊亞片瞨官王文成，不到，伊掛咞人王光華到堂。當餉瞨官陳江泰甲不到，伊掛咞人楊如松到堂。戲餉瞨官劉德江甲不到，伊掛咞人陳玉山到堂。海嶼瞨官涂大戇不到，伊掛咞人楊忠信到堂。亞芬贌官瑪腰陳永元，咞鈁瞨官雷珍蘭陳思聰，照身瞨官李佛議，宰豬瞨官張桃，宰牛瞨官林奇觀，魚餉瞨官陳江流，酒餉瞨官雷珍蘭陳逢義。上11瞨俱供稱，所贌之傌仔懇君厘書從舊則妙，不須更易。獨賭瞨官劉戽供云：賭傌仔君厘書舊則妙矣，但現今唐人戲班缺少，各處公司不得逐日演戲，致賭寂靜。如上人恩典，乞准在唐提召戲班到處應用，賭事必然興鬧。又懇每月各把殺可賭20日，入在君厘書內，庶免屢屢上書，求人做字。

公堂會議：“據掛咞亞片瞨官王光華，掛咞當餉瞨官楊如松，掛咞戲餉瞨官陳玉山，掛咞海嶼瞨官楊忠信，亞芬瞨官瑪腰陳永元，咞鈁瞨官雷珍蘭陳思聰，照身瞨官李佛議，牢豬贌官張桃，宰牛贌官林奇觀，魚餉贌官陳江流，酒餉贌官雷珍蘭陳逢義俱供稱，懇所贌之傌仔君厘書依舊則妙，不須更易。蓋各人熟嫺舊規，易於遵行。此實有理，從懇可也。至賭餉贌官劉庳供稱：因唐人戲班缺少，不得逐日公司演戲，致賭寂靜，有傷於傌仔。懇可在唐召取戲班到吧應用，此為傌仔而言，卻是有理。但上命嚴禁新客，惟上人裁奪。至懇每月各把殺可賭20日，定入君厘書內，如上人肯依每月各把殺可賭十五日足矣。惟冀上臺裁酌尤當。謹詳副挨實嗹裁奪。”

和(荷蘭)**1860年3月23日，拜五**

公堂設密喳嘮，值月：黃(錦章)、陳(思聰)。

瑪腰陳永元舍仝甲必丹高俊傑官，雷珍蘭黃錦章官、陳思聰官、高甲西川官、鄭甲肇基官、大朱賴觀瀾官俱在座。陳甲濬哲官喪事不到。陳甲逢義官登蔀不到。

(謝水娘、鍾桂四夫妻求離一案)

謝水娘年20歲，住戈勞屈，請伊夫鍾桂四住訖勞洛：“為交寅一載，未有兒子。因拙夫此唐正月、二月並無給付資費，且氏所付衣褸俱不肯付與。如此薄情，懇乞判離。”

吊訊鍾柱四年39歲，供云：“因晚未有利路，故此正月、二月未有給付資費。如拙妻要分離，晚願從之。”台勸謝水娘曰：“憑汝夫所言，目下未有利路，當忍耐，待汝夫運限亨通，自然同享富貴，宜從夫而歸。”奈水娘執意分離。謹詳公堂大密內察奪。

列台覆訊謝水娘、鍾桂四,供如公勃低所詳。

公堂會議:"論謝水娘、鍾桂四夫妻求離一案,細觀二比恩情已絕,各無相向之心。於是當堂准其離遏,二比各花押在簿。"唯退。存案。

(徐江娘、宋辛淑夫妻求離一案)

徐江娘年30歲,住道唲,請伊夫宋辛淑住仝上:"為交寅十三載,有生一女,名文質娘,年十一歲;一子名東,年四歲。因拙夫之母姨劉氏常往拙夫家,無故罵氏娼婦雜種子,氏與他理會,他竟即請干刀,將氏受罪充役八日。及氏回家,拙夫不理納。如此不良,懇判分離。"

吊訊宋辛淑年32歲,供云:"拙妻與晚之母姨角口,晚卻不在家。但家父有病,拙妻不肯奉侍。如此不賢,願從分離。"台勸二比,此乃小節之事,何至分離?令當相率而歸,礙二比堅執離遏。謹此申詳公堂大密內察奪。

列台覆訊徐江娘、宋辛淑,供如公勃低所詳。

公堂會議:"論徐江娘、宋辛淑夫妻求離一案,細察二比恩愛已絕,而堅於分離,毫無效於琴瑟,此固難以判合。於是當堂准其離遏,但宋辛淑之子名宋東,年四歲,情願付伊妻徐江娘撫養,但不得易姓,又不得過房於人,亦不得求討資費。"於是二比當堂各花押在簿,唯退。存案。

(溫本枝娘、賴馬嘮夫妻求離一案)

溫本枝娘年20歲,住大當前,請伊夫賴馬嘮住詑勞洛:"為交寅四載,未有兒子。因拙夫棄妻寵妾,且無給付資費,逐日在伊妾處歡樂,不思回家。此事上年和(荷蘭)9月間蒙公堂判斷,令拙夫當除妾就妻。詎料拙夫不遵所判,置若罔聞,迄今有六個月矣，未見回家，分文莫與。迨至唐上年十二月間，氏歸寧勞冉哖，視舍妹有病，拙夫許之，囑氏不可越過年。氏衹往半個月即回家，而拙夫未常回家。因舍妹疾未瘳，氏告知翁姑，欲復往視焉，翁姑許之，氏故再往。至本年正月，氏歸夫家，拙夫仍然不在家。既然如此厚妾而薄妻，氏不能容，切懇分離。”

吊訊賴馬嘮年26歲，供云：前公堂所判，晚依命。因年內拙妻欲歸寧視伊妹有病，晚謂曰可待至正月間方可，而他不聽，欲強往之，晚亦順從，稅車仔付他歸寧。自此以後，至今方回家。如此不賢，晚願從分離。”將情申詳公堂大密內裁奪。

列台覆訊溫本枝娘、賴馬嘮，供如公勃低所詳。

公堂會議：“論溫本枝娘、賴馬嘮夫妻求離一案，揣二比各無眷戀之情，況賴馬嘮情注於寵妾，亦既拋妻，而資費全無給付，為妻者其何以堪？本堂當准其離遢，任從別適。”二比各花押在簿，唯退。存案。

和(荷蘭)1860年4月20日，拜五

公堂設密喳嘮，值月：高(俊傑)、高(西川)。

瑪腰陳永元舍仝甲必丹高俊傑官，雷珍蘭黃錦章官、高西川官、鄭甲肇基官、大朱賴觀瀾官俱在座。陳甲濬哲官、陳甲思聰官、陳甲逢義官俱不到。

(黃清淵官榮任雷珍蘭知廚禮之職，協理公堂事務)

承挨實嗹於和(荷蘭)1860年4月12日第1236號致

書，為遵赦文律仁得嘮和（荷蘭）4月4日第九號案奪，舉黃清淵官為雷珍蘭知廚禮之職，協理公堂事務。即日協理雷珍蘭黃清淵官榮任，凡應值公勃低依舊而行，倘特授之人或有事故不暇，則協理雷珍蘭鄭肇基官、黃清淵官代之。惟公館值夜，每拜四、拜五則二員協理，應值仍依序次而行。謹此存案。

（林雙娘、李佳和夫妻求離一案）

林雙娘年41歲，住觀音亭，叫伊夫李佳和住仝上："為交寅廿二載，有生不育。因拙夫年內犯事被禁，至過年尚在禁內，而家中有存多少項，氏取用家費。及拙夫出禁，使氏賠還，將氏之金手指一對、砼耳碹一對、銀鎖匙一串，計三件質當，銀25盾；又小耳碹一對，兌銀10盾，珠仔衣針一支，兌雷10盾，計共雷52盾以賠之。況自拙夫出禁以來，並無給付資費。如此不良，懇乞判離。"

吊訊李佳和年41歲，供云："晚有存澹泊[①]項，拙妻取去賭博，晚略責之實有，並無令他賠還。但分離一事，晚思無故不願從之。如拙妻所當之物件，晚願贖回。"台勸林雙娘曰："汝夫既要贖回所當之物，其理則直矣，宜從夫而歸。"礙林雙娘堅執分離。將情申詳公堂大密內察奪。

列台覆訊林雙娘、李佳和，供如公勃低所詳。

公堂會議："論林雙娘、李佳和夫妻求離一案，觀李佳和雖恩情未絕，奈林雙娘堅執分離，況李佳和室如懸罄，終窶且貧，既無脂膏俯畜其妻，致令林雙娘拮据難堪。於是當堂

① 澹泊：閩南話，少許。澹泊項，意爲少許錢財。

准其離遢，任從別適。”二比各花押在簿，唯退。存案。

（陳曲娘、許敦厚夫妻求離一案）

陳曲娘年22歲，住磚仔橋，請伊夫許敦厚住大南門：“為交寅首尾五載，有生一女，名水娘，年三歲。因前公堂判斷，令拙夫當還家父之廚一隻，但此廚已經付還於氏。自此以後，拙夫並無喚氏回家，且無給付資費三個月矣。如此不良，懇乞判離。”

吊訊許敦厚年37歲，供云：“晚曾屢喚拙妻回家，他不肯。晚若入妻家，他即阻之，不肯付晚入伊室。如此，晚故無給付資費。但分離，晚願從之。”將情申詳公堂大密內察奪。

列台覆訊陳曲娘、許敦厚，供如公勃低所詳。

公堂會議：“論陳曲娘、許敦厚夫妻求離一案，觀許敦厚自顧不暇，難畜其妻。於是當堂准其離遢，但許敦厚所生之女名許水娘，年方三歲，暫時付伊妻陳曲娘撫養至年七歲，當還伊夫取回。即判許敦厚，每月當給雷捌盾與陳水娘為費。”二比各花押在簿，唯退。存案。

（溫二妹、蕭廣元夫妻求離一案）

溫二妹年34歲，住洪溪，請伊夫蕭廣元住仝上：“為交寅十七載，有生四子：長曰正永，年10歲；次曰正山，年七歲；三曰正龍，年四歲；四曰正春，年二歲。因拙夫棄妻寵一番婦，終日與番婦眷戀，日夜同食同眠，已經有三年之久，未常與氏同宿一霄。如此薄情，氏不願與他再為夫婦，懇分離。”

吊訊蕭廣元年33歲，供云：“晚雖有納一番婦，其居亦在本鑒光內，相離不遠，晚常回家。但拙妻要分離，晚願從之。”台勸溫二妹曰：“既為夫婦有十七載，況生下四子，恩愛亦厚矣，何忍小故而割離？須忍耐，從夫而歸。”即面飭蕭廣元：“當除去番婦而就正妻，如不然，必當儆責，後悔以無及。”礙二比堅執離遏。謹此申詳公堂大密內察奪。

列台覆訊溫二妹、蕭廣元，供如公勃低所詳。

公堂會議：“論溫二妹、蕭廣元夫妻已經十七載矣，情深意愜，膠漆誠聯，斷不可因小故而效雁行之折翼也。蕭廣元即畜一番婦，此無關輕重之事，猶可判其除去而就正妻。況琴瑟既調於好合，戒旦每凜於雞鳴。其夫妻之相得，閱歷亦已久矣。於是當堂判其再合，但蕭廣元當每月給雷 50 盾，付伊妻為費。即令伊夫率妻而歸，再詠和好。”二比稱願。存案。

（謝嘮鈁娘、陳松茂夫妻求離一案）

謝嘮鈁娘年 22 歲，住聖望港，叫伊夫陳松茂住八廚沃間：“為交寅四載，未有兒子。因拙夫棄妻寵一番婦，迄今有個月矣，並無給付資費。如此不良，伏乞判離。”

吊訊陳松茂年 28 歲，供云：“因拙妻逐日遊蕩，且常與男人戲謔言談。晚略嫌之，他必生怒。況拙妻已經往居陳文瑞家，晚故無給付資費。但分離，晚願從之。”台勸二比曰：“此乃微事也，何至求離？令陳松茂當率妻而歸。”礙二比堅執分離。謹此申詳公堂大密內裁奪。

列台覆訊謝嘮鈁娘、陳松茂，供如公勃低所詳。

公堂會議：“論謝嘮鈁娘、陳松茂夫妻求離一案，據二比之供，各無相向之心，雖欲強判復合，難冀白首。於是當堂准其分離。”二比各花押在簿，唯退。存案。

（邱寧水、沈全娘夫妻求離一案）

邱寧水年 36 歲,住質寧貞,請伊妻沈全娘住仝上:"為交寅十一載,未有兒子。因拙妻不理家政,不從夫命。如此不賢,伏乞判離。"

吊訊沈全娘年 33 歲,供云:"因此一個月前,氏無心與夫為夫婦,故不願理家政。氏固欲從分離。"台問二比曰:"既無大故,何至分離?令二比當相率而歸,和好如初。"礙二比堅執分離。將情申詳公堂大密內察奪。

列台覆訊邱寧水、沈全娘,供如公勃低所詳。據邱寧水又云:"拙妻屢屢不告晚知,私自歸寧越宿幾霄,晚所以有嫌疑,故欲求離。"據沈全娘供云:"因拙夫屢屢無故逐氏歸寧,氏每無奈而歸。家母不肯收納,雖有之不過暫宿一二霄而已,仍然歸夫家。今拙夫既然如此,氏願從分離。"

公堂會議:"論邱寧水、沈全娘夫妻求離一案,據邱寧水、沈全娘二比執意分離,灼見夫妻恩愛已絕,不能再合。"於是當堂准其離遏,二比各花押在簿,唯退。存案。

(廖辛娘、梁礁海夫妻求離一案)

廖辛娘年 20 歲,住薑園,請伊夫梁礁海住公司:"為交寅三載,未有兒子。因氏每欲向拙夫取雷買羔丕[①],而拙夫云不與,又云不欲與氏再為夫婦,遂逐氏。如此不良,伏乞判離。"

吊訊梁礁海年 36 歲,供云:"並無此理。因拙妻不執婦道,不從夫命。如此不賢,願從分離。"台勸二比曰:"此乃無過,何至分離?命二比當相率而歸。"礙二比執意分離。謹詳公堂大密內察奪。

---

① 羔丕:亦作"高丕"、"戈丕"。馬來語 Kopi 音譯,咖啡。

列台覆訊廖辛娘、梁礁海,供如公勃低所詳。

公堂會議:"論廖辛娘、梁礁海夫妻求離一案,據二比之供,俱已情盡意絕,各無相向之心。本堂當判其分離,任從别適,各無後悔。"二比花押在簿,唯退。存案。

(古水娘、韋亞三夫婦求離一案)

古水娘年26歲,住鑒光毛六甲,請伊夫韋亞三住仝上:"為交寅七載,有生二女。長曰七娘,年四歲;次曰二娘,年二歲。因拙夫不尋活路,並無給付資費,衹寵一番婦,逐日與番婦戀戀不離。此事上年和(荷蘭)7月14日、和(荷蘭)10月31日,氏曾到公舘請懇分離,屢蒙甲必丹判歸,氏屢屢從命。如今拙夫仍然舊性不改,終日與番婦眷戀,不顧妻子。氏屢忍難當,切懇判離。"

吊訊韋亞三年28歲,供云:"晚有付資費,不願與妻分離。"將情申詳公堂大密內裁奪。

列台覆訊古水娘、韋亞三,供如公勃低所詳。

公堂會議:"論古水娘、韋亞三夫婦求離一案,據韋亞三恩情雖未絕,而心專寵於番婦,終日與番婦歡娛陶融,不顧其妻,難怪古氏執意求離。於是當堂判其離逷,二女俱判歸伊父撫養。"二比各花押在簿。存案。

和(荷蘭)1860年5月18日,拜五

公堂設密喳嘮,值月:陳(逢義)、陳(濬哲)。

瑪腰陳永元舍仝甲必丹高俊傑官,雷珍蘭陳濬哲官、黃錦章官、陳甲思聰官、陳甲逢義官、高甲西川官、鄭甲肇基官、黄甲清淵官、大朱賴觀瀾官俱在座。

(荷印當局批復許清波官為雷珍蘭知廚禮之職)

承挨實嗹於和(荷蘭)1860年4月26日第1401號致書公堂,為遵王上於和(荷蘭)1860年4月18日第1號案奪雷珍蘭知廚禮韓青山官之缺,已閱和(荷蘭)1860年4月3日第1313號、1324號諸字所詳及口詞,即舉許清波官[①]為雷珍蘭知廚禮之職。

(鄭順娘、林光太夫妻求離一案)

鄭順娘年44歲,原住文丁,今到城居余清郎家,請云:"氏與文丁人林光太結髮夫妻已經廿二載,有生二子:長曰必香,年21歲,已經娶媳;次曰必和,年19歲。因近來氏所為不端,被拙夫捉獲,已將氏送交文丁褒黎司,將氏責罪,充役23日。氏醜事難掩,無面目與他再為夫婦,懇乞分離。"

職因林光太住文丁界,係屬外轄。將情申詳大瑪腰(陳永元)裁奪。此案瑪腰(陳永元)將情繳入大密內察奪。

列台覆訊鄭順娘,供如公勃低所詳。吊訊林光太,供云:"如拙妻要分離,晚願從之。"

公堂會議:"論鄭順娘、林光太夫妻求離一案,觀鄭順娘與林光太結髮夫婦已經廿二載矣,可謂交情孔厚。一旦效中冓之風,法采蘭之賦,廉恥不顧,致令為夫者捉獲。既然如此,雖判再合,夫妻豈能久安於來日?於是本堂當

---

① 許清波:Khouw Tjengpo,1860年4月18日為欽賜雷珍蘭,任至1883年。據《婚簿》載,1856年2月7日,住小南門,18歲許清波與15歲吳福娘成婚註冊。媒妁沈三娘,其胞兄欽賜雷珍蘭許清泉為男方主婚人,女方主婚人亦為其胞兄吳碧山。

判其離遏，二比各花押在簿。其子當歸伊父撫養。”唯退。存案。

(黄國娘、陳如陵夫妻求離一案)

黄國娘年24歲，住戈踏代，請伊夫陳如陵住檳榔社：“為交寅五載，有生不育。因拙夫不尋活路，不給資費，又取氏之金盆冷二個，兑500盾，將項拙夫取用。如此不良，伏乞判離。”

吊訊陳如陵年25歲，供云：“晚果有取拙妻之金盆冷二個，是他甘願付晚發售，晚亦有付拙妻取去砼耳碹一對，價銀500盾。但其資費，晚照常給付。此因拙妻不從夫命，逐日欲出則出，晚略阻之，他必生多端。如欲求離，晚願從之。”將情申詳公堂大密內裁奪。

列台覆訊黄國娘、陳如陵，供如公勃低所詳。

公堂會議：“論黄國娘、陳如陵夫妻求離一案，觀陳如陵自給不敷，誠難以顧其妻。於是本堂判其分離，任從別適。”二比各花押在簿，唯退。存案。

(陳二妹、劉海郎夫妻求離一案)

陳二妹年21歲，住臭橋，請伊夫劉海郎住實滑巷：“為交寅才一載，未有兒子。因拙夫不顧衣食，且棄妻寵妾，屢屢無故趕逐。此事於和(荷蘭)3月23日公堂案奪，判拙夫當除妾就妻，令拙夫於三日内當唤氏而歸。至今拙夫並無來唤。如此不良，切懇分離。”

吊訊劉海郎年24歲，供云：“前公堂所判，晚已遵命，遂即趕去其妾。因拙妻自已不歸，但晚卻無往唤。如求離一事，晚思無故不願從。”將情申詳公堂大密内裁奪。

列台覆訊陳二妹、劉海郎，供如公勃低所詳。

公堂會議:"論陳二妹、劉海郎夫妻求離一案,據劉海郎之供,恩情雖未絕,奈陳二妹執意分離,難判再合。於是本堂准其離逷。"二比各花押在簿,唯退。存案。

和(荷蘭)1860年6月8日,拜五

公堂設嘧喳嘮,值月:黃(錦章)、陳(思聰)。

瑪腰陳永元舍仝甲必丹高俊傑官,雷珍蘭陳濬哲官、黃錦章官、陳甲思聰官、陳甲逢義官、高甲西川官、鄭甲肇基官、黃甲清淵官、大朱賴觀淵瀾官俱在座。

(余挨不娘、陳松茂夫妻求離一案)

余挨不娘年22歲,住洪溪,請伊夫陳松茂住新厝仔:"為交寅三載,未有兒子。因拙夫無故毆氏,且無給費。但氏已無心與他再為夫婦,懇乞分離。"

吊訊陳松茂年26歲,供云:"晚並無毆拙妻,其資費晚有給付。因家母有病,拙妻不肯照顧,晚略嫌之實有。至本4月1日,拙妻無故遂逃去,致生此釁。如分離一事,晚不願從。"將情申詳公堂大嘧內裁奪。

列台覆訊余挨不娘、陳松茂,供如公勃低所詳。

公堂會議:"論余挨不娘、陳松茂夫妻求離一案,觀陳松茂雖欲再合,奈余挨不娘堅執分離。於是本堂判其離逷。"二比各花押在簿,唯退。存案。

(黃榮娘、朱登郎夫妻求離一案)

黃榮娘年17歲,住西門,請伊夫朱登郎住仝上:"為交寅八個月,未有兒子。因拙夫自清明迄今,並無給付資費。因近日誣氏盜取物件。如此不良,伏乞判離。”

吊訊朱登郎年40歲,供云:“因近清明時,拙妻屢欲歸寧。因他有生爪鴉瘡,晚阻之,恐他歸寧濫食物件,他竟強歸寧。後伊母援回家,未幾拙妻復歸寧。伊母有言,使晚不用給費,言他自已有項可用,晚是以無給費與他為用。及後拙妻包藏衣褸、雞蛋、亞芬共包一包,逃往默家。晚疑而欲察之,他遂啓籬巴而出。如此不賢,願從其離。”將情申詳公堂大嘧內察奪。

列台覆訊黃榮娘、朱登郎,供如公勃低所詳。

公堂會議:“論黃榮娘、朱登郎夫妻求離一案,據二比之供,恩愛已絕,俱無心以作菊蓉之好合。於是本堂判其分離。”二比各花押在簿,唯退。存案。

和(荷蘭)1860年7月13日,拜五

公堂設嘧喳嘮,值月:高(俊傑)、高(西川)。

瑪腰陳永元舍仝雷珍蘭陳濬哲官、陳思聰官、陳甲逢義官、高甲西川官、鄭甲肇基官、黃甲清淵官、大朱賴觀瀾官俱在座。甲必丹高俊傑官、雷珍蘭黃錦章官俱報病不到。

(荷蘭美惜甘唐窒鄭宴祥官升任雷珍蘭職)

承挨定嗹於和(荷蘭)1860年6月8日第1955號致書,為遵王上於和(荷蘭)1860年5月27日第4號案,從和(荷蘭)1859年5月10日第17號案奪,准和(荷蘭)美惜甘所請,如一年以後唐窒鄭宴祥官無玷官箴,可求雷珍蘭之銜。茲閱和(荷蘭)美惜甘和(荷蘭)1860年3月7日第340號之書,又閱挨實嗹和(荷蘭)1860年5月10日第1571號所詳,即陞唐室鄭宴祥官雷珍蘭職。謹此存案。

(公堂拒絕緞亞迷嘮懇要築馬廄及灶房在牛郎沙里地內)

公堂惶恐上書挨實嗹云:"聞之人言,在牛郎沙里有三小地要叫黎塱。查第75號戈蘭字所陳,果有是事。因於本年4月14日曾謄入戈蘭字,要知誰人執掌,當自投報。本堂未經閱此,以故不知。但此三小地唐人葬墳數千在乎其內,當和(荷蘭)1791年7月22日土庫內上臺已准唐人甲必丹雷珍蘭所懇,謂前經埋葬,不必尋究,可為唐人葬地。本堂至今仍然掌管整頓無異。迨和(荷蘭)1856年4月18日、9月6日第1086號、2155號又1號正副挨實嗹馳書勑諭,本堂已經遵命,約用費銀四十餘千盾,於和(荷蘭)1857年10月31日第442號已詳聞副挨實嗹矣。嗣後再費,至今共前約有五十餘千盾,分與三小地之額,約有二十餘千盾。現居此巫讓八十餘名,每月終,本堂給以辛金,至今仍行不息。是此三小地雖非本堂自有,然本堂執掌已百有餘年。現本堂上書王上,懇三小地賜與本堂執掌,立戈勿力字本堂名上。伏懇挨實嗹轉為呈進,猶望良言曲成其美,本堂當永遠整理照顧得宜,莫致來生之人復有滋弊。我等唐人世世子孫無忘厥德。沾恩切叩。"

列台因前期和(荷蘭)6月8日公堂嚓喳嘮接閱緞亞迷嘮上書,懇要築馬廄及灶房在牛郎沙里地內,即委公勃低高(俊傑)甲大、黃錦章甲到處勘察。據二公勃低詳云:緞亞迷嘮所懇要築屋之地,自昔年以來已付番人承稅,每年稅項納清,且多種菓木蕉欉。謹詳。

列台接閲高(俊傑)、黄(錦章)二公勃低所詳,議曰:"公堂牛郎沙里墳地自和(荷蘭)1792年以來,墳域不得加增,所有曠地俱付人承税取息,以供守廟人之費。今緞亞迷嘮所懇之地,係老番宇申税掌。問之,據云:已數年居此,且多種椰欉、菓木、蕉仔。雖有閑曠之處,已犁耕要種五穀,欲為度活,合式地既税人不宜奪而别税。且此番居此數十年,多種菓子在内,未嘗負欠税項,仍當付此番承税為是。緞亞迷嘮所懇,不得承受。"存案。

和(荷蘭)1860年7月24日,拜二

公舘議事。瑪腰陳永元舍全甲必丹高俊傑官,雷珍蘭陳濬哲官、黄錦章官、陳甲思聰官、陳甲逢義官、高甲西川官、鄭甲肇基官、大朱賴觀瀾官俱在座。黄甲清淵官報病不到。

(連文清官榮任理雷珍蘭之職)

承挨實嗹於和(荷蘭)1860年7月17日第2509號致書公堂,遵王上於和(荷蘭)1860年7月9日第12號案奪,為閲和(荷蘭)1860年5月3日第47號第1條案奪,定挨實嗹選擇詳覆,從和(荷蘭)1849年9月5日第2號案奪,即敘明如特授有缺,當取協理之人補代,務勤能方可。兹閲和(荷蘭)1860年5月18日第1659號,及公堂再添二員胡勃實,諭之職俱理事。公堂又舉唐人連文清官為雷珍蘭知廚禮之職,協理公堂事務。陞雷珍蘭知廚禮鄭肇基官為實授雷珍蘭之職,又舉陳江水官為實授雷珍蘭,6月28日第1659號亞字所詳。但亞字所詳,係覆王朱和(荷蘭)1860年6月27

日第 1360 號之書。

即日協理雷珍蘭連文清官榮任。

定應值公舘公勃低,照鬮輪流,週而復興。

壹鬮:甲必丹高俊傑官、雷珍蘭陳江水官,1、5、9。

貳鬮:雷珍蘭陳濬哲官、雷珍蘭鄭肇基官,2、6、10。

叁鬮:雷珍蘭黃錦章官、雷珍蘭高西川官,3、7、11。

肆鬮:雷珍蘭陳思聰官、雷珍蘭陳逢義官,4、8、12。

定應值外務公勃低,照鬮輪流,週而復興。

壹鬮:甲必丹高俊傑官、雷珍蘭陳江水官,2、6、10。

貳鬮:雷珍蘭陳濬哲官、雷珍蘭鄭肇基官,3、7、11。

叁鬮:雷珍蘭黃錦章官、雷珍蘭高西川官,4、8、12。

肆鬮:雷珍蘭陳思聰官、雷珍蘭陳逢義官,5、9、1。

定應值干刀及蘭得叻及日案,照鬮輪流,週而復興。

壹鬮:甲必丹高俊傑官、雷珍蘭陳江水官,3、7、11。

貳鬮:雷珍蘭陳濬哲官、雷珍蘭鄭肇基官,4、8、12。

叁鬮:雷珍蘭黃錦章官、雷珍蘭高西川官,5、9、1。

肆鬮:雷珍蘭陳思聰官、雷珍蘭陳逢義官,6、10、2。

(定掌廟宇,掌塚事,掌水浖、買辦、工役公勃低)

定掌廟宇公勃低:二、四、六、八。

定掌塚事公勃低:一、三、五、七。

定掌水浖公勃低:一、二。定掌買辦公勃低:三、四。定掌工役公勃低:五、六。定掌檢察唐鑒光:七、八。定協助瑪腰干刀二員協理。

以上數條應值公勃低,或照月份,或照位次,須依鬮而行。倘應值之人或有不暇,或有告假,則協理雷珍蘭黃清淵官、連文清官代之。凡七、八二員公勃低，須逐日兼察本鑒光街衢，務宜潔淨為要，不宜港墘任人栽樹木。凡查驗甲板新客登岸，援人安呾，須公勃低在座鑒察。凡每值夜公勃低，須遵和(荷蘭)1802年條規，晚間八點鐘起到公館，而後往巡本界鑒光，至次早五點鐘方歸。謹此存案。

和(荷蘭)1860年7月27日，拜五

公堂設嘧喳嘮，值月：黃(錦章)、高(西川)。

瑪腰陳永元舍仝雷珍蘭陳濬哲官、黃錦章官、陳甲思聰官、陳甲逢義官、高甲西川官、鄭甲肇基官、陳甲江水官、黃甲清淵官、連甲文清官、大朱賴觀瀾官俱在座。甲必丹高俊傑官報病不到。

(勘察詳覆葉元意果即葉孝達心眠字敘明得業之人否)

承唐美惜甘於和(荷蘭)1860年7月13日第765號又747號致書公堂，附訟師緞多倫掛咄黃蘭娘掛咄葉元意掛咄得業於葉孝口詞，懇要領故葉孝遺業；又附訟師緞多倫獻出諸字：一、掛咄字第52號，黃蘭娘掛咄葉元意，和(荷蘭)1860年6月29日向梁礁掌干冬圩褒黎司緞南抹伴多倫所做，此黃蘭娘即葉甕之妻掛咄勿殺。二、掛咄字第53號，訟師緞多倫掛咄黃蘭娘代討葉孝遺業，年月日仝上，做人仝上，字內言明若領此項，須有葉元意、黃蘭娘同見。三、削視字第59號，和(荷蘭)6月30日梁礁仝上所做，指明此葉元意果即葉孝達心眠字敘及之人。四、諸唐信。五、武直迷陳俊祥和(荷蘭)7月5日所詳，謂接一信係葉孝達心眠字，敘明掛

哵掌業人葉然所寄，內云葉元意掛哵得業於葉孝，其人已故，今到吧要領業之人乃葉媽意，係林養之子，付與葉基螟蛉，況前葉甕亦有報知謂葉元意已故。六、一唐信抄番語，武直迷李伯達傳過。七、和(荷蘭)窒緞厘勞洛 和(荷蘭)7月9日所詳，謂接和(荷蘭)7月7日第765號連奎，已勘情由，可謂確明葉元意即葉孝達心眠內敘及之人。叻美惜甘閱訟師緞吉令掛哵美惜甘於和(荷蘭)1860年7月11日在密喳嘮內指示，謂細閱諸掛哵字及諸詳覆及諸唐信，俱見相左不和。懇寄上公堂，祈勘察酌量此葉元意果即葉孝達心眠字敘明得業之人否？諸唐信或真或否？勘畢詳覆。

訟師緞多倫掛哵葉元意現住吧，即葉孝之子掛哵得業於葉孝，入字美惜甘云："從和(荷蘭)1847年6月3日葉孝向梁礁緞明孫做達心眠字第1860號，葉元意掛哵得業，憑削視字所陳，確見葉元意果是此人，在唐已經娶妻。懇美惜甘速將葉元意該得葉孝遺項賜交，可出收單執照。萬望恩准。"

唐人葉甕住珍把殺、葉基又名葉中基，住珍把殺、葉生住竹樹巷為商、鄭梓經住亭仔腳為商同於和(荷蘭)1860年6月30日向梁礁掌干冬圩褒黎司緞南抹伴多倫做削視字第59號，其唐人葉甕、葉基不識番語，雷珍蘭劉德江傳言。上陳削視四人梁礁俱識面，俱有所知葉元意之事，詳下："謂葉元意邇來從汶[①]搭貓吷[②]協源甲丁鄭自來吧，明係葉基親生之子，後與葉孝過繼有過房書，果是葉孝於和(荷蘭)1847年6月3日做達

---

① 汶：井里汶(Cirebon)之簡稱。

② 貓吷：馬來語 Balok 或 baluk，一種小貨船。

心眠字第1860號敘及之葉元意者。做字之時，有削視同見。"上陳諸削視又云："此葉元意將近二年之久已娶妻于唐，在題崎社近廈門。一、據葉甕自云，伊係葉元意之叔，與葉孝兄弟。當和(荷蘭)1846年、1857年在唐居一室。二、據葉基自云，伊甘願出子葉元意付與葉孝螟蛉。三、據葉生自云，伊係葉元意伯叔兄弟，在唐同居一處，自幼即識，至和(荷蘭)1856年回唐。四、據鄭梓經自云，伊係葉孝同襟，又是葉元意之內叔。當和(荷蘭)1849年在唐即確識。"上陳諸削視，俱敢誓所言是實。

批：挨實嗹朱已見字，諸人盟誓畢。李伯達甲丹息叻[1]唐信對過，和同陳濬祥甲所詳，仝上所云。

列台吊訊葉保全年56歲，住打鐵街，與蘇天庇甲理數，付閱唐信一紙。據云："此信果晚所寫寄與葉元意者。因葉元意到汶寄來信云要到吧領葉孝遺業，現有伊親葉甕欲為刁難弄破其事，故晚覆信云如有此情，當與他言好方不敗事。晚與葉元意僅知其名，未識其面。前約一個月餘，葉甕在公司對晚言葉元意已故。晚聞此言，因寄信與葉元意，乃云要領此項，須與葉甕私下言和乃當。"台指信中添註私和二字，問葉保全："此汝所寫否？"葉保全答曰："此私和二字，非晚添註。所供是實，敢立誓。"

吊訊削視葉甕年39歲，住珍把殺出水生理，供云："晚果向梁礁做削視字。晚在唐居漳州府龍溪縣北溪頭磁仔社，即

① 息叻：亦作"實叻"、"石叻"、"叻"，新加坡古名，馬來語Selat(Silat)音譯，原意爲"海峽"。

許茂社，與葉孝兄弟同室。當和(荷蘭)1846年晚回唐，親見葉基之子葉元意立過房書付與葉孝過房，其過房書係晚親帶來吧，交與葉孝。其時葉元意約年八歲。累年晚曾寄信付葉元意，並無回音。今來吧，果是此人。"台駁葉甕曰："據汝所云，此人果是葉元意，何汝與葉保全言葉元意已故？且又向陳濬祥甲亦言葉元意已故？"葉甕答曰："晚與葉保全在公司有言，葉元意到汶許久，未來見面，不知是生是死？我在此料理葉孝煙祀，非言葉元意已故。"又問："陳濬祥甲聞葉元意到汶，有寄信與甲必丹否？云何到汶二月餘，並無來吧，不知是生是死？"葉保全質曰："晚聞葉甕所言是實，敢立誓。"葉甕又云邇來葉元意在唐曾向和(荷蘭)做削視字，指明此葉元意果是葉孝過房子，其字現在蔡總手，已經詩礁要討此字。台又駁葉甕曰："如此人果是葉元意，何葉然寄信與美惜甘云葉元意已故，此是何因？"葉甕答曰："因葉元意素與葉然不睦，其時葉元意到汶，葉然致書與蔡西湖，懇葉元意代領伊該得美惜甘遺項銀20 000盾。葉元意覆書云，我不才，不能代領。以故葉然蓄怨，寄信亂言。夫葉然之得葉孝遺項銀20 000盾，當和(荷蘭)1853年已做字賣過和尚永鎮師，且葉孝協源店中貨物本項百餘千盾，俱被開花已盡，後致藉名逃走，眾所共知。當葉元意未復信時，葉然曾寄信與鄭梓經，懇代為周旋葉元意之事。晚又聞葉元意有言，當伊到叻時，葉然令其做字，付和嘯人掛咄代領此項，葉元意不肯。及至廖[1]，又有廖甲必丹向葉元意云要買此業作八折，葉元

[1] 廖：廖內群島(Riau)的簡稱。

意又不肯,此葉然之蓄恨所自來也。所供是實,敢立誓。”

吊訊削視鄭梓經年39歲,住亭仔腳為出水生理,供云:“晚果向梁礁做削視字,謂詳知葉元意事,已盟誓。因晚前在汶做生理,於和(荷蘭)1849年唐山 葉孝全家搬移廣東居住,其時葉然令晚回廣東令其全家搬回原籍。晚到廣東與岳母相見,即葉孝之三嬸率同全家之人與晚會面,指曰此即某嬸,彼係某叔,亦有葉元意在內,指曰此即葉元意,乃葉基付與葉孝過房,出腹時即言定,至和(荷蘭)1846年乃做過房書付葉甕帶到吧。其葉基在廣東亦有相見,其人耳聾,尚可憶認。更有葉熟每年帶信回唐,亦知此事。晚言如或不實,縱可欺一人,焉得欺眾?”台問鄭梓經:“汝與葉孝何親?汝見葉元意他年幾歲?”鄭梓經答曰:“葉孝乃晚妻兄,晚見葉元意約年十歲。所供是實,敢立誓。”

吊訊削視葉基年53歲,在唐居漳州 石碼①許茂社,現到吧居珍把殺,供云:“晚果向梁礁做削視字,謂晚果將子葉元意付與葉孝過房出自情願,至八歲時乃做過房書,付葉甕帶到吧交與葉孝。其葉孝自少來吧,在唐並無妻室。當葉元意出腹時,即言定付與葉孝過房,今葉元意年22歲。晚曾到廣東居二年,有與鄭梓經相見,葉元意亦有與鄭梓經相見,晚識鄭梓經約有十七八年之久。居廣東時,葉元意約年八九歲之左右,更有葉熟屢屢帶葉孝之信回唐交晚及家母,亦知此事。所供是實,敢立誓。”

---

① 石碼:清代為福建省 漳州府 龍溪縣 石碼鎮,與晉江的石獅鎮、莆田的涵江鎮並稱為福建“三大古鎮”。現為龍海市市區所在地。

吊訊削視葉生年42歲，住竹寮，供云："晚向梁礁做削視字，謂詳知葉元意事。晚在唐居許茂社，與葉孝同處，明知葉元意係葉基親生之子，付與葉孝過房。當出腹時，即言定。至八歲時乃須做過房書，付葉甕帶到吧。其葉孝之母，乃晚之二嬸。晚所知諸事，係二嬸對晚常言。其葉元意當在唐時，晚即識認，項下有痣，今來吧果是此人。其鄭梓經，晚在唐亦曾識面，約至今有十七年。晚居汶已四年，係從廖到汶，現同葉元意來吧。晚曾到廣東，年26歲，僅居二個月而已，未常與鄭梓經相見。所供是實，敢立誓。"

吊訊削視葉熟年55歲，住丹藍望開店，供云："晚前尚為批客，果有帶葉孝家信，常到葉孝之家，葉孝曾有寄燕窩在唐發售買厝，明知葉基之子付與葉孝過房。曾聞葉孝之母有言，此葉元意乃葉孝過房子，已做過房書，至今約有十三四年之間。時葉元意尚少，追憶面貌形狀尚然如舊，果是此人無疑。更有葉普山當日回唐，亦到其家，必然相識。所供是實，敢立誓。"

吊訊削視葉普山年59歲，住大港墘開藥舖，供云："晚與葉孝無甚至親，在唐居三都①。前聞葉孝有言，伊在唐有子葉元意。故晚於又去年回唐到葉孝之家，與葉孝之母相見。晚問其母，聞葉孝有子葉元意，如今何許大？葉孝之母乃援葉元意相見，指曰此人即是也，係葉基付與過房。今此人果是，晚尚識認。所供是實，敢立誓。"

---

① 三都：清代為福建省漳州府海澄縣三都，位於海澄縣東部地區，西接龍溪縣，西北及正北靠泉州府同安縣，東隔海峽面對廈門島。現為廈門市所管轄的海滄區。

吊訊葉元意年 22 歲，本年 3 月到汶，至 5 月登吧，云："晚生父葉基。自少即聞人言付與葉孝過房，所做過房書付與葉甕帶來吧。當晚到叻時，葉然令當做字付和(荷蘭)人掛咁可代領此業。晚應曰：付人掛咁要領現項，後遂不果。及至廖，又有廖甲必丹云：欲買此項作八折。晚應：欲到吧自領，又不果。在廖並無與葉然相見。及至汶，乃有葉然寄信與蔡西湖，懇晚代領伊該得遺業銀 20 000 盾，晚復息云，不能代領，以故葉然與晚蓄恨。所供是實。"

吊訊蔡總年 44 歲，住公司，台付閱一單問："此單汝所付葉元意否?"蔡總答曰："果是。"又問："此單汝要向葉元意討雷，汝何項交他?"蔡總答曰："或在唐對家兄蔡西湖借為家用，或在廈 蔡西湖代還做字費。前家兄蔡西湖果有寄來唐做削視字。因葉元意已將此事做字，付別人掛咁，晚經將字寄回井里汶交還蔡西湖。"台又問："汝單內要討雷 3000 餘盾代還，做字費若干? 他借家用若干?"蔡總答曰："六佰餘盾係代還做字費，餘俱借為家用。"台又問："此人果是葉元意否?"蔡總又答曰："聞葉基所言，或者是也。"

列台勘察諸供，先自各抒意見，詳下：

次位雷珍蘭陳濬哲官評："其削視葉甕、葉基、葉生、鄭梓經四人，俱其至親，不宜承受為削視。惟削視葉熟、葉普山可取信，僅略知而已。"

三位雷珍蘭黃錦章官評："諸削視所供可取信，此事實明。"

四位雷珍蘭陳思聰官評："其削視葉甕、葉基、葉生、鄭梓經，未可取信。惟削視葉熟、葉普山可取信，可謂明矣。"

五位雷珍蘭陳逢義官評："論此事不明，因有人報葉元意已故，且又葉然寄信兩次，前後異詞。要訊葉然，而葉然不在此處。況葉甕又云累年寄信與葉元意，並無回音。”

六位雷珍蘭高西川官評：“因閱葉然寄信與美惜甘云葉元意已故，要訊葉然不在此處。況葉甕又云累年寄信與葉元意，並無回音。又據葉保全言聞葉甕有言，葉元意已故。又向美惜甘云葉元意已故。此事難以指明，惟削視葉生、葉熟，知葉元意是葉基之子，付葉孝過房。餘削視葉甕，其妻為掛咄葉基，係葉元意生父，有涉於親。惟冀美惜甘裁奪。”

七位雷珍蘭鄭肇基官評：“諸削視內中惟葉熟、葉普山、蔡總三人可取信，餘難言。”

八位雷珍蘭陳江水官評：“從鄭甲所評，謂三削視既可取信，餘俱可取信。”

協理雷珍蘭黃清淵官評：“從第五位陳逢義甲所論。”

協理雷珍蘭連文清官評：“憑諸削視所供，可謂明是葉元意。惟葉甕其妻為掛咄，有涉於親。”

首座瑪腰陳總論：“閱諸公所評，內中陳濬哲甲、陳思聰甲、鄭肇基甲俱云，可信二三削視之供，謂此人是葉元意。兼之黃錦章甲、陳江水甲、連文清甲俱論，憑諸削視所供，可謂此人明是葉元意。劣意謂合五削視所供，共指此人果是葉元意，並無一言可疑其非者。況查蔡總手單，要向葉元意討銀 3 068.75 盾，其名葉元意。又蔡總亦云在唐果向和(荷蘭)班[①]做削視字，現已寄回汶交還蔡西湖。觀單內有登代還做字費銀 643.5 盾，明見在唐果做削視字矣。其葉甕

① 和(荷蘭)班：荷蘭大班之簡稱。此指當時荷蘭駐廈門領事館領事。

前有向葉保全言葉元意已故,又向美惜甘言葉元意已故,此事諒必有之。其葉然寄信與美惜甘言葉元意已故,亦或有之。但此二人貪利嫉妬,可謂匪人之甚者。何以言之?其葉甕倏聞葉保全言葉元意已將其事付蔡西湖掛咞,即云葉元意已故。今葉元意來吧做字,付其妻為掛咞,反為葉元意削視。其葉然當和(荷蘭)1853年已將所得葉孝遺業做字賣與和尚永鎮師,後致藉名逃走,褒黎司有案可查。二人所為如此,其言奚可取信?故劣謂,當憑諸削視所供,明見此人是葉元意,即葉基付與葉孝過房為子者。苟非事出於真,蔡西湖在唐確知其事,奚敢以銀項付其借用?觀此又見其實。”

上陳列台各抒意見,不登在會議之內,姑存之以備後日考稽。

公堂會議:“論唐人葉元意一案,細勘諸削視所供,內中削視葉甕,其妻為掛咞;其削視葉基,係葉元意生父,有涉於親,不宜為削視;其葉然縱寄信有云葉元意已故,但其人乃逃走匪人,所言不足為輕重。惟憑削視葉生、鄭梓經、葉熟、葉普山四人同供,俱指此人果是葉元意,即葉孝過房子,並無一言敢指其非者,謂此人是葉元意也可。惟冀美惜甘裁奪。”

(黃桂娘、阮建元夫婦求離一案)

黃桂娘年20歲,住公司後,請云:“氏原住浮里亞朗,與阮建元交寅纔七個月。因此和(荷蘭)5月9日早,氏與外人會話,忽拙夫無故在家中毆打於氏,兩手各有傷,頭上亦有傷,且逐氏至倒在田。但此事氏不願於休,曾請知大瑪腰(陳永元)申冤,而大瑪腰(陳永元)明鏡,將情詳聞褒黎司。及後褒黎司明勘,即將拙夫治罪,受籐20。氏今不願與他再為夫婦，懇乞判離。”

職欲召訊阮建元到堂質訊，因他住在外淡所轄，合當將情申詳大瑪腰（陳永元）裁奪。此案瑪腰（陳永元）繳入大密內裁奪。

列台覆訊黃桂娘，供如公勃低所詳。吊訊阮建元，供云：“晚願從分離。”

公堂會議：“論黃桂娘、阮建元夫婦求離一案，細按彼夫妻恩情俱絕，各無相向之心。於是當堂准其離遏，任從別適。”各花押在簿，唯退。存案。

（陳理娘、吳金元夫婦懇分離一案）

陳理娘年20歲，住八茶礵，請伊夫吳金元①住觀音亭：“為交寅三載，有生不育。因拙夫再納伊故離妻為妾，終日戀戀不離，寘氏棲身無定，使氏有夫似無也。且無給資費，雖有給，多少不足供。此事於和（荷蘭）5月15日，氏到公舘請懇公斷，蒙甲必丹判拙夫當除妾就妻，氏遵命而歸夫家。詎料無故被家姑毆罵，拖氏於道中。於今可見拙夫全無一點夫婦之情，伏乞判離。”

吊訊吳金元年24歲，供云：“晚雖有再納故離妻為妾，並無攜入家中，不過蓄在外處而已。但資費晚照常給付，而家母未常有毆拖之理。但分離，晚不願從。”職按此事彼夫婦

---

① 吳金元：據《婚簿》載，1855年8月8日，住五腳橋，19歲吳金元與16歲陳銀娘成婚註冊。媒妁郭一娘，男方主婚吳富生（父），女方主婚陳吉（胞叔），婚後不合分離。1857年5月11日，21歲吳金元與17歲陳理娘成婚，媒妁蔡勤娘，男方主婚吳富生（父），女方主婚陳澤（父）。婚後，吳金元與前妻陳銀娘重合，引起不和。1860年7月27日，吳金元與陳理娘離婚，而與髮妻陳銀娘破鏡重圓矣。

屢到堂爭控,將情申詳公堂大密內察奪。

列台覆訊陳理娘、吳金元,供如公勃低所詳。據吳金元又云:"拙妻既無心於晚,今晚決意從離。"

公堂會議:"論陳理娘、吳金元夫婦懇分離一案,按伊夫妻屢屢到堂爭控,任判不能久合。覩陳理娘既執意求離,雖欲強判復合,終無了局,且伊夫吳金元亦願從分離,可見二比恩愛已絕。本堂准其分離,二比各花押在簿,任從別適,各無後悔。"唯退。存案。

(張粉娘、林永老夫妻求離一案)

張粉娘年24歲,住戈奢巷,叫伊夫林永老住大南門:"為交寅五載,未有兒子。因於和(荷蘭)1859年3月16日,氏無故被夫趕逐。氏無奈到公舘請判分離,後因甲必丹判氏當從夫而歸,氏從命所判。但氏自歸夫家,因夫屢屢不在家,雖有回家,不過片時即出去,且氏有病,他未常致問,而且逐罵,繼之拖踏。似此不良,切懇判離。"

吊訊林永老年27歲,供云:"自蒙公舘甲必丹判後,而拙妻衹有回家三日而已,遂即不告而歸寧。但妻之病,晚問之,彼應之曰:爾問我何故?晚果有答曰:如爾屢屢強言硬語,可任憑欲往何處,並無拖踏之事。但分離,固願從之。"台因此事彼夫妻屢屢到堂多端,不遵所判。細按張氏,果是頑婦,不從夫家約法,合當將情申詳公堂大密內察奪。

列台覆訊張粉娘、林永老,供如公勃低所詳。

公堂會議:"論張粉娘、林永老夫妻求離一案,第二比供詞俱了然分離。雖欲強判復合,不過暫而不能久。即判其當堂分離,令其各花押在簿,各無後悔。"唯退。存案。

和(荷蘭)1860 年 9 月 28 日,拜五

公堂設密喳嘮,值月:高(俊傑)、陳(江水)。

瑪腰陳永元舍仝甲必丹高俊傑官,雷珍蘭陳濬哲官、黃錦章官、陳甲思聰官、陳甲逢義官、高甲西川官、鄭甲肇基官、陳甲江水官、黃甲清淵官、連甲文清官、朱葛礁陳文速官俱在座。

(黎壬娘、劉灶彝夫妻求離一案)

黎壬娘年 29 歲,住晉朗安,請伊夫劉灶彝住仝上:"為交寅已13 載,生下子女四人,已故三人,尚存女兒劉貓妯厘娘,現年三歲。因拙夫不顧家費,且累次酷毆,並無夫妻之情。此事和(荷蘭)9 月 13 日,氏曾到公舘請懇分離,蒙甲必丹判再合,氏遵命而歸,又被拙夫毆打。氏今誓死不願與他再為夫婦,決求分離。"

吊訊劉灶彝年 51 歲,供云:"晚乃貧寒之肩挑貿易,每月給付雷 3 方為零費,其家中油米柴諸費,晚一盡擔戴,並無酷毆之情。自蒙甲必丹判後,拙妻並不回家,晚焉能有毆打於他?如他果欲求離,晚願從之。"台因彼夫婦任判不能結局,將情申詳公堂大密內裁奪。

列台覆訊黎壬娘、劉灶彝,供如公勃低所詳。

公堂會議:"論黎壬娘、劉灶彝夫妻已經十三載矣,情濃意愜,誠意相將,縱令劉灶彝雖有一時苛刻之心,此無關輕重,猶可勸其寵愛。黎壬娘亦要忍吞,斷不可蓄此恨,而別枕衾之志也。於是當堂判其再合,仍詠倡和之舊好。"二比稱願。存案。

（張丙娘、鄒亞祿夫婦求離一案）

張丙娘年25歲，住磚仔橋，請伊夫鄒亞祿住仝上："為交寅六載，有生二子：長子名金水，年五歲；次子名發水，年三歲。因前拜三，氏回歸自浮里亞朗，方欲仝夫吃飯，忽無故被拙夫毆打。如今氏不願與他再為夫婦，伏乞判離。"

吊訊鄒亞祿年34歲，供云："晚並無毆妻。如拙妻若執意欲分離，晚固願從之。"台判張丙娘："此乃小故之事，當從夫而歸，和好如初。"礙張丙娘堅執分離。將情申詳公堂大密內察奪。

列台覆訊張丙娘、鄒亞祿，供如公勃低所詳。

公堂會議："論張丙娘、鄒亞祿夫婦求離一案，細察二比各無相向之心，任判不能再合。於是本堂准其離別，其二子判歸伊父撫養。"二比各花押在簿，唯退。存案。

（麥傳壽、王水娘夫妻求離一案）

麥傳壽①年44歲，住洪溪，請伊妻王水娘住仝上："為結髮十六載，有生二子、二女，長子名秋安，年七歲；次子名金生，年二歲；長女名發娘，年11歲；次女名新娘，年10歲。因拙妻不從夫命，不理家政，且逐日賭博，及其家中物件一盡搬去，不知何故？如此不賢，伏乞判離。"

吊訊王水娘年32歲，供云："氏不敢違夫命，但拙夫謂氏逐日賭博，其項從何而有也？氏因拙夫屢屢逐氏，而氏不過

---

① 麥傳壽：據《婚簿》載：道光二十五年八月八日，即1845年9月9日，住龍崗，29歲麥傳壽與17歲王水娘成婚註冊。媒妁陳由娘，男方主婚張音娘（生母），女方主婚石純娘（生母）。交寅日乙8月20日，理事人鄭肇基、高俊傑。

往鄰家而已。其物件，氏果有帶往鄰家。但分離之事，氏願從之。”台令麥傳壽當援妻而歸。諭曰：“此乃小故之事，何至分離?”礙二比執意分離。將情申詳公堂大密內裁奪。

列台覆訊麥傳壽、王水娘，供如公勃低所詳。

公堂會議：“論麥傳壽、王水娘夫妻求離一案，據二比所供，俱已絕情。於是本堂判其離逷，但其子女當歸伊父撫養。”二比各花押在簿，唯退。存案。

（陳匏廚娘、葉榮水夫妻求離一案）

陳匏廚娘年25歲，住鑒光貓吰，請伊夫葉榮水住中港仔：“為交寅八年，有生二女。長曰倫也，年八歲；次曰二不老，年七歲；一男名奎，年三歲。因拙夫自交寅以來，並無給付資費，且近來無故疑氏與人通姦，遂捉氏拘禁三日。後褒黎司明判，謂姦事不得指明，遂放休事。氏因此事羞愧無地，不願與他再為夫婦，懇乞判離。”

吊訊葉榮水年25歲，供云：“拙妻行止果然不端，晚捉他通姦實有，因無可指明，致褒黎司放釋休事。況晚家有老母，合式拙妻當與晚同居一室，早晚奉侍，竟然欲晚另稅別屋與他居住。晚子女尚幼，不願分離。晚與人作工染貓澤，尚能顧其妻，願率歸與家母同居。”台判葉榮水當援妻而歸。礙陳匏廚娘堅執分離。將情申詳公堂大密內裁奪。

列台覆訊陳匏廚娘、葉榮水，供如公勃低所詳。

公堂會議：“論陳匏廚娘、葉榮水夫妻結髮已經八載，可謂琴瑟靜好，縱令二比雖因小故，不得離逷。於是令葉榮水當援妻而歸，另稅厝與伊妻居住。”二比稱願，唯退。存案。

補和(荷蘭)1860 年 2 月 29 日

(周淡入稟懇准承義學之師事)

具稟人晚生周淡[1]為懇准承乏事:"切晚生以樗櫟庸材,雖嘗樂業於講說詩書,頗知舌耕事,亦不敢自謂承任愉快。近聞義學之掌教尚未有得其人,仰懇大瑪腰(陳永元)大人暨公堂列位憲臺大人厘慮童蒙立師設教本年義學之師事,幸幸恩施,格外舉充承乏,俾童輩有訓,屯蒙有啓。既不以固陋遐棄而無中權用,亦敢不黽勉訓導而懶然見譏。肅請賜准,沾感切叩。"

列台閱稟,批准周淡為明誠書院掌教,訓督童蒙。存案。

補和(荷蘭)1860 年 6 月 20 日,拜三

公堂設密喳嘮。瑪腰陳永元舍仝甲必丹高俊傑官,雷珍蘭陳濬哲官、黃錦章官、陳甲思聰官、陳甲逢義官、高甲西川官、鄭甲肇基官、黃甲清淵官、大朱賴觀瀾官仝梁礁緞霞里呀俱在座。

(公舘黎壟付人包築丹絨塚祀壇、拜亭條議)

公舘黎壟付人包築丹絨塚祀壇、拜亭條議詳下:一、議祀壇、拜亭,當拆再築如舊樣。若柴料臭壞,當換新的。如

---

[1] 周淡:亦作"周琰"。1811 年生,1860 年 2 月 29 日舉為明誠書院義學師。王上 1861 年 3 月 27 日第 5 號,舉為公堂二朱。據《丹絨塚平安簿》記載,1863 年 12 月 1 日,二朱爺周淡身故於公司後,終年 53 歲,理事人黃嬸娘。葬於丹絨員板(圓頭棺木)。

舊料要再用，須公勃低君眉司可用而用。二、大伯公拜亭亦當修理，有壞當補創。三、神龕有壞，當補創。四、兩邊護厝倘有缺壞，當補好雅觀，簷階有壞亦然。承應人：詹亞丁，價雷 4 000 盾。安呾人：陳京郎、鐘文四。

補和(荷蘭)1860 年 8 月 20 日

(周淡入稟懇准義學再入學啓讀事)

具稟人晚生周淡為稟懇繼任事："荷蒙公堂列位憲臺大人優容大德，既無求全責備，更且宏量待下。是歲，義學諸童蒙辱委教讀經至上半年矣，乃不以淺學而遺，亦奚敢半途而廢。茲擇定本月 21 日清吉再入學啓讀，理當肅稟上聞。伏懇恩准，瀝情切叩。"

和(荷蘭)1860 年 9 月 14 日，拜五

公堂設密喳嘮，值月：高(俊傑)、陳(江水)。

瑪腰(陳永元)告假不到。高(俊傑)甲必丹大攝理大瑪腰(陳永元)事，仝雷珍蘭陳濬哲官、黃錦章官、陳甲逢義官、高甲西川官、鄭甲肇基官、陳甲江水官、連甲文清官、朱葛礁陳文速官俱在座。陳甲思聰官、黃甲清淵官俱報病不到。

(查勘詳覆荷蘭美惜甘掌陳允盛遺業控葉樓欠項一案)

承挨實嗹司叻於和(荷蘭)1860 年 7 月 11 日第 55 號致書公堂，附數簿 18 本及諸字，為和(荷蘭)美惜甘掌陳允盛遺業,控葉樓欠銀 165.16 盾。祈查勘二比數簿詳覆。和(荷蘭)美惜甘掌陳允盛遺業,控葉樓住新厝仔為欠去銀 165.16盾,伏乞追還母利,並支諸費。即委公舘值月公勃低甲必丹雷珍蘭高、陳察勘詳覆。

奉命委查葉樓並陳允盛之數。其葉樓之數,辛亥年[①]協成《日清》一本,又《總簿》一本,又合興《總簿》一本,又壬子年[②]、癸丑年[③]合興《總簿》二本。其陳允盛之簿,庚戌年信記《總簿》一本,辛亥年捷記《總簿》一本,壬子年至丙辰年捷記《總簿》五本,丁巳年[④]永和《總簿》一本。又接和(荷蘭)美惜甘再寄來陳允盛《日清》八本。

吊訊葉樓住新厝仔為商,供云:"晚並無欠陳允盛即陳盛之項。依晚之數,尚被他欠去銀 1.68 盾,有數可查。"台查葉樓之數,癸丑年合興《總簿》結,被陳盛欠去銀 1.68 盾,與供相孚。又查陳允盛之數,丁巳年永和《總簿》有結承上年於甲寅年,葉樓欠去銀 165.08 盾,較之詩礁字,尚減八鐳伸。又查辛亥年至甲寅年《總簿》。總算與葉樓交關,記葉樓項下,共來銀 1 152.91 盾;記葉樓共去貨合銀 1 315.804 盾,合結對除外,葉樓尚欠去銀 162.894 盾,與詩礁字不孚。與結尚減銀 2.186 盾。

台閱二比之數,辛亥年所承庚戌年相孚。而辛亥年起,所往來之數有相差謬,而葉樓又無《日清》。其陳允盛有《日

---

① 辛亥年:咸豐元年辛亥,西元 1851 年。

② 壬子年:咸豐二年壬子,西元 1852 年。

③ 癸丑年:咸豐三年癸丑,西元 1853 年。

④ 丁巳年:咸豐七年丁巳,西元 1857 年。

清》,惟有失壬子年《日清》一本而已。謹此詳覆公堂大密內察奪。

列台吊訊葉樓,供云:"晚與陳允盛交關取貨,各有登記在簿。憑晚之數,僅欠他之雷 1.68 盾而已。所供是實,敢誓。"

公堂會議:"論和(荷蘭)美色甘掌陳允盛遣項控葉樓欠銀 165.17 盾一案,查陳允盛之數,有法可憑,惟失壬子年《日清》一本而已。其葉樓之數無法,不得取憑。本堂所按,合式葉樓當憑數而算,該還銀 162.894 盾為是。謹此申詳挨實嗹司叻裁奪。"

和(荷蘭)1860 年 11 月 16 日,拜五

公堂設密喳嘮,值月:黃(錦章)、高(西川)。

瑪腰陳永元舍全甲必丹高俊傑官,雷珍蘭黃錦章官、陳思聰官、陳甲江水官、黃甲清淵官、連甲文清官、朱葛礁陳文速官俱在座。陳甲濬哲官、陳甲逢義官登蔀,高甲西川官告假,鄭甲肇基官因自己有上書,避論俱不在座。

(鄭肇基上書懇黜沈芳娘之掛呥並追奪其子付別人撫養事)

承蘭得叻於和(荷蘭)1860 年 7 月 26 日第 66 號致書公堂,附和(荷蘭)1859 年 12 月 20 日鄭肇基甲所入口詞,又附唐美惜甘和(荷蘭)1860 年 6 月 7 日第 58 號又 596 號書。因唐婦沈芳娘即黃淡巴之寡妻行止不端,已適李永利,懇追奪掛呥掌業,伊子黃哲仁付與別人掛呥可以教督。祈公堂查勘，酌量詳覆。

鄭肇基甲住吧為商上書蘭得吻云："從黃淡巴達心眠字所陳，付子黃哲仁掛咿得業，立沈芳娘掛咿掌業。當和(荷蘭)1858年沈芳娘援子黃哲仁往丹絨，密與李永利同居如夫婦一體，衆所共知。職思如此所為，想不能撫養此子成人。職係黃淡巴之妹壻，屬在至戚。前和(荷蘭)1858年12月11日、和(荷蘭)1859年9月曾上書美惜甘陳情，懇從唐例，追奪沈芳娘掛咿掌業，蒙美惜甘和(荷蘭)1859年8月31日、10月12日案奪，所懇不得承受，並無諭知。因敢上書蘭得吻鑒察案奪，黜沈芳娘之掛咿，並追回黃哲仁付別人撫養教督成人。沾恩切懇。"

唐美惜甘於和(荷蘭)1860年6月7日第58號又596號致書蘭得吻，爲承和1860年1月13日第四號來書迷字，附唐人鄭肇基甲口詞。從唐窒所詳，謂遵唐例，凡唐人僅可立一正妻，倘或死故、或離異，然後可別立，各吻俱遵此例。現聞李永利已棄其妻，第未離遏。照例而論，不得別立正妻。又聞凡唐婦，其夫已故再嫁，當絕夫家事業，縱有親生之子，不得隨帶，當交還其夫至親。如今沈芳娘與李永利之事，灼見絕情其夫。如可指明，合式不得再掌黃哲仁之業。況黃淡巴達心眠字有言，若沈芳娘終身不易其志，可永掌遺業。今若追取此子於其母，或者有傷此子否？因是未敢。據懇蘭得吻即黜其掛咿，並追奪其子付別人撫養。惟冀上裁。

列台閱書，已悉書中所陳。

公堂會議："論雷珍蘭鄭肇基官上書所懇，追奪故黃淡巴之妻沈芳娘,其子黃哲仁要付與別人撫養教督,依唐人之例,母出與廟絕。而沈芳娘已經改適他人,其子黃哲仁務必歸於至親之人,或兄弟及伯叔撫養誨督為是。因其至親之人並無上書追討,雷珍蘭鄭肇基官雖有掛 ,誼屬外戚。其所懇之事,惟冀上裁。謹此詳覆蘭得叻裁奪。"

(緞伴蘭質懇要買惹致地一小地之事)

承緞伴蘭於和(荷蘭)1860 年 10 月 24 日致書公堂,懇要買一小地,在惹致與伊所居之處淡勿安相連,約長 100 戈,闊 30 戈,或要全賣,其項的棲若干坐還。

列台閱書,議曰:"此惹致地現已付人承稅,言議多年為限,今尚未至限。而緞伴蘭質所懇之事,不得承受。況此地本堂未欲發賣,如欲發賣之時,則為通聞。謹此詳覆。"

(廖吉疾娘、葉仁郎夫妻求離一案)

廖吉疾娘年 20 歲,住聖望港杉板寮,請伊夫葉仁郎①住五腳橋:"為交寅四載,有生一女,名字娘,年二歲。因氏與鄰舍番人言談,被拙夫窺見,疑氏與番人私通。氏因羞恥,不願與他再為夫婦,懇乞判離。"

吊訊葉仁郎年 41 歲,供云:"拙妻果行止不端。因前日與鄰舍之番人通姦,被晚窺見。晚即欲捉獲,他遂逃走。如拙妻要求離,晚不願從。懇從唐人規矩,婦人既為不善,求其依例儆責。"將情申詳公堂大密內裁奪。

列台覆訊廖吉疾娘、葉仁郎,供如公勃低所詳。

---

① 葉仁郎:據《婚簿》載,1857 年 12 月 8 日,住大南門,38 歲葉仁郎與 17 歲廖吉疾娘成婚,媒妁謝庚娘,男方主婚葉雙五(宗兄),女方主婚廖亞四(父)。

公堂會議："論廖吉疾娘、葉仁郎夫妻求離一案，據葉仁郎所供，伊妻行為不顧廉恥，此無關輕重。於是令葉仁郎率妻而歸，再唱和好。"二比稱願，唯退。存案。

（盧哘鈁娘、陳祭龍夫妻求離一案）

盧哘鈁娘年□，住丹藍望，請伊夫陳祭龍住仝上："為交寅四載，未有兒子。因自和（荷蘭）7 月 14 日蒙公舘甲必丹判，令拙夫援氏歸家，至今並無喚叫。且氏有小過，家姑必詈罵，難以忍耐，懇判拙夫另稅厝與氏居住。"

吊訊陳祭龍年 21 歲，供云："晚果無喚拙妻歸家，今晚願率妻而歸。"礙盧哘鈁娘堅執分離。將情申詳公堂大密內裁奪。

列台覆訊盧哘鈁娘、陳祭龍，供如公勃低所詳。

公堂會議："論盧哘鈁娘、陳祭龍夫妻求離一案，細按二比既絕夫婦之情，屢屢爭控。於是當堂判其分離，任從別適。"二比各花押在簿，唯退。存案。

（續：陳匏廚娘、葉榮水夫妻求離一案）

陳匏廚娘年 25 歲，住鑒光貓吱，請伊夫葉榮水住中港仔："為交寅八年，有生二女：長曰倫也，年八歲；次曰二不老，年七歲；一男名奎，年三歲。因拙夫自交寅以來，並無給付資費，且近來無故疑氏與人通姦，遂捉氏拘禁三日。後褒黎司明判，謂姦事不得指明，遂放休事。氏因此事羞媿無地，不願與他再為夫婦，懇乞判離。"

吊訊葉榮水年 25 歲，供云："拙妻行止果然不端，晚捉他通姦實有，因無可指明，致褒黎司放釋休事。況晚家有老母，合式拙妻當與晚同居一室，早晚奉侍，竟然欲晚另稅別屋與他居住,可見心懷有弊。晚子女尚幼,不願分離。晚與人作工染貓澤,尚能顧其妻,願率歸與家母同居。"台判葉榮水當援妻而歸。礙陳匏廚娘堅執分離。將情申詳公堂大密內裁奪。

列台覆訊陳匏廚娘、葉榮水,供如公勃低所詳。

公堂會議:"論陳匏廚娘、葉榮水夫妻求離一案,細觀二比毫無牛、女[①]之情,執別枕衾之志,任判不能再合。於是本堂准其離遏,其子女判歸伊父撫養。"二比各花押在簿,唯退。存案。

(續:黎壬娘、劉灶粦夫妻求離一案)

黎壬娘年29歲,住晉朗安,請伊夫劉灶粦[②]住仝上:"為交寅已13載,生下子女四人,已故三人,尚存女兒劉貓妯厘娘,現年三歲。因拙夫不顧家費,且累次酷毆,並無夫妻之情。此事和(荷蘭)9月13日,氏曾到公舘請懇分離,蒙甲必丹判再合,氏遵命而歸,又被拙夫毆打。氏今誓死不願與他再為夫婦,決求分離。"

吊訊劉灶粦年51歲,供云:"晚乃貧寒之人,肩挑貿易,每日給付雷3方為零費,其家中油米柴諸費,晚一盡擔戴,並無酷毆之情。自蒙甲必丹判後,拙妻並不回家,晚焉能有毆打他?如他果欲求離,晚願從之。"台因彼夫婦任判不能結局,因此和(荷蘭)11月14日,劉灶粦再請伊妻黎壬娘並

---

① 牛、女:牛郎、織女之簡稱。

② 劉灶粦:據《婚簿》載,1848年11月28日36歲劉紹(灶)麟與17歲黎銀(壬)娘成婚于芝弄眼。媒妁黎興振,男方主婚劉繼昌(堂叔),女方主婚黎應隆(堂兄),交寅日戊11月10日。

不遵命，仍不回家，伏乞明判。將情申詳公堂大密內裁奪。

列台覆訊黎壬娘、劉灶犇，供如公勃低所詳。

公堂會議："論黎壬娘、劉灶犇夫妻求離一案，細察二比恩愛已絕，各無眷戀之心，雖欲強判復合，終久不能和好。於是本堂准其離遏，其女判歸伊父撫養。"二比各花押在簿，唯退。存案。

和(荷蘭)1860年12月27日，拜四

公堂設密喳嘮，值月：陳(思聰)、陳(逢義)。

(公館叫黎壟付人承稅1861年全年丹絨及式里陂二地果子園取息)

瑪腰(陳永元)告假。高(俊傑)甲大攝理大瑪腰(陳永元)事，仝雷珍蘭陳濬哲官、黃錦章官、陳甲思聰官、陳甲逢義官、高甲西川官、鄭甲肇基官、陳甲江水官、黃甲清淵官、連甲文清官、大朱賴觀瀾官俱在座。仝梁礁緞霞里呀在公舘叫黎壟，付人承稅和(荷蘭)1861年全年丹絨及式里陂二地菓子園取息，其君厘書從和(荷蘭)1860年而行，一叫一年為限。

丹絨及式里陂二地園價銀620盾，承應人：邱塗。安呾人：林安生、李福郎住磘內。

和(荷蘭)1861年1月4日，拜五

公堂設密喳嘮，值月：高(俊傑)、陳(江水)。

瑪腰(陳永元)告假不到。高甲必丹大攝理大瑪腰(陳永元)事,仝雷珍蘭黃錦章官、陳逢義官、高甲西川官、陳甲江水官、黃甲清淵官、連甲文清官、朱葛礁陳文速官俱在座。陳甲濬哲官、陳甲思聰官、鄭甲肇基官俱不到。

(委勘吳秀娘、羅海爹夫妻懇分離一案)

承副挨實嗹於和(荷蘭)1860 年 12 月 12 日致書公堂,附下日案和(荷蘭)1860 年 12 月 11 日第 7383 號,委勘吳秀娘請伊夫羅海爹[①]懇分離一案。勘畢詳覆。

列台覆訊吳秀娘年 28 歲,住大當後,供云:"如日案所言。"又云:"氏與羅海爹交寅已經十二載,未有兒子。因拙夫前曾無故毆氏,而氏不願休事,即往請公舘懇判分離。蒙甲必丹判再合,氏遵命而歸。今拙夫仍然舊性不改,在外與伊妾暢樂,屢屢不在家,且無給付資費,全無結髮之情。氏誓不願與他再為夫婦,切懇分離。"

吊訊羅海爹年 29 歲,住大當後,供云:"晚有給付資費與拙妻為用,但晚未常不在家。因拙妻不執婦道,屢見往外處與番人戲謔,況拙妻已往外處二個月矣。但拙妻雖姦情未現,而行止不善可知。如分離之事,晚不願從之。"

公堂會議:"論吳秀娘、羅海爹夫妻求離一案,觀羅海爹雖未願分離,然伊妻吳秀娘情意兩絕。據伊夫羅海爹所言,謂伊妻屢與番人相謔,雖姦情未露,其行跡可疑。況此事吳秀娘前曾到堂請欲分離,灼見其主意早已無心於其夫矣。雖欲判復合,恐暫而不能久。本堂揣情而斷,

---

① 羅海爹:據《婚簿》載,1849 年 7 月 28 日,住大南門內 18 歲羅海爹與 16 歲吳秀娘成婚。媒妁李亞三,男方主婚羅亞七(父),女方主婚吳龍二(胞叔)。

當判准其二比離逷。謹此詳覆副挨實嗹裁奪施行，以固本堂所判。”

（林藍娘、湯火土夫妻求離一案）

林藍娘年21歲，住吉石珍，請伊夫湯火土住仝上：“為交寅十一個月，未有兒子。氏因與家姑及小姑不能和睦，是日氏欲歸寧，曾告知拙夫，而夫許之，氏即敢歸寧。後拙夫往請干刀，謂氏竊取物件並不告知而歸寧。氏被禁兩天，使氏羞恥無地。如此不良，氏不願與他再為夫婦，懇判分離。”

吊訊湯火土年21歲，供云：“拙妻所言皆虛偽之詞。因有一次拙妻之弟到敝尋伊姊，云伊父使來要取回房間廚並枕頭，而拙妻遂怒氣，竟即歸寧，遂令人扛回其廚。”台駁湯火土曰：“據爾所言，爾妻既怒伊父，豈有遂歸寧及扛回其廚，此理所不然也。況其廚不是幼器，他既取回此物，爾豈不知乎？”湯火土答曰：“晚卻知之，晚一時誤請干刀，是晚之過也。如分離，晚不願從之。”台勸林藍娘曰：“爾夫既知過，尚有眷戀於爾，且不願與爾分離，當忍小過之事，從夫而歸。”奈林氏堅執分離。將情申詳公堂大嚐內裁奪。

列台覆訊林藍娘、湯火土，供如公勃低所詳。

公堂會議：“論林藍娘、湯火土夫妻求離一案，細察二比，情意兩絕，各無相向之心。於是本堂准其分離，各花押在簿，任從別適。”存案。

（連海水、林劍娘夫妻求離一案）

連海水年25歲，住大當後，請林劍娘住亭仔腳：“為交寅五載，未有兒子。因此唐十二日晚，拙妻不告而自逃回，且竊取去衣褸。如此不賢，伏乞判離。”

吊訊林劍娘年 20 歲，供云："氏祗有取自己所用之衣褸而已，並無逃走。因拙夫無故逐氏，況氏要歸，曾告知家姑被拙夫趕逐，且令更寮人要捉氏。如此不良，氏亦願從分離。"台令二比當相率而歸，謂此事乃小故之事，不得分離。礙二比堅執離遏。將情申詳公堂大嗱內裁奪。

列台覆訊連海水、林劍娘，供如公勃低所詳。

公堂會議："論連海水、林劍娘夫妻求離一案，細按二比，各無眷戀之情。雖欲強判復合，終久不能和睦。於是本堂判其分離，任從別適。"二比各花押在簿，唯退。存案。

(吳八娘、曾坴夫妻求離一案)

吳八娘年 28 歲，住大使廟，請伊夫曾坴[①]住仝上："為交寅八載，有生一女名清娘，年七歲。因拙夫約有年餘並無給付資費，且昨日無故毆氏。如今氏不願與他再為夫婦，切懇分離。"

吊訊曾坴年 33 歲，供云："晚並無毆妻，但資費晚照常給付。如拙妻欲分離，晚思無故不願從之。"台勸吳八娘曰："據爾夫云不願分離，尚有眷戀之心，當從夫而歸為是。"礙吳八娘執意離遏。將情申詳公堂大嗱內裁奪。

列台覆訊吳八娘、曾坴，供如公勃低所詳。

公堂會議："論吳八娘、曾坴夫妻求離一案，細察曾坴雖有眷戀之心，奈伊妻吳八娘堅執離遏。雖欲判合，不過暫時而已，終永不能和好。於是本堂判其分離，但其女曾清娘判歸伊父撫養。"二比各花押在簿，唯退。存案。

---

① 曾坴：據《婚簿》記載，1853 年 9 月 23 日，住烏鬼巷 25 歲曾坴與 20 歲吳發娘成婚。媒妁吳鏡娘，男方主婚曾百雅(宗兄)，女方主婚吳佛庇(父)

(胡炎娘、涂吉才夫妻求離一案)

胡炎娘年22歲,住磚仔橋,請伊夫涂吉才住小南門:"為交寅九個月,未有兒子。因拙夫不顧家費,已經一個月,並無給付資費。且家父身故,他未常往視,又無付送古紙。如此不良,伏乞判離。"

吊訊涂吉才年45歲,供云:"因拙妻之母不與晚同居,遂趕晚移出。但家費前晚卻有付與每月雷五盾,後被趕出,故無給付。但家岳父身故,並無通知,晚故無往視。如今拙妻要分離,晚願從之。"將情申詳公堂大嗎內裁奪。

列台覆訊胡炎娘、涂吉才,供如公勃低所詳。

公堂會議:"論胡炎娘、涂吉才夫妻求離一案,細觀二比,恩情已絕,各無相向之心。本堂判其分離,任從別適。"二比各花押在簿。唯退。存案。

和(荷蘭)1861年1月11日,拜五

公堂設嗎喳嘮,值月:高(俊傑)、陳(江水)。

瑪腰陳永元舍仝雷珍蘭陳濬哲官、黃錦章官、陳甲逢義官、高甲西川官、鄭甲肇基官、黃甲清淵官、連甲文清官、朱葛礁陳文速官俱在座。甲必丹高俊傑官、陳甲思聰官、陳甲江水官俱不到。

(副挨實嗹致問1860年亞片膏行情)

承副挨實嗹於和(荷蘭)1861年1月10日第85號下一致書公堂,祈作速詳聞和(荷蘭)1860年每四個月亞片膏每兩兌銀若干?或過一兩兌銀若干?每分兌銀若干?每錢兌銀若干？

列台閱書，已悉所陳。即將情召問亞片贌官王文成，不到。令伊掛啢陳玉山詳覆，云："其和（荷蘭）1860 年全年通行亞片膏每兩兌銀 20 盾，若 5 兩半兌銀 100 盾，每分兌銀 2.6 方，每錢兌銀 2.6 盾。"謹此詳覆副挨實嗹裁奪。

和（荷蘭）1861 年 1 月 24 日，拜四

公堂設嚧喳嘮。瑪腰陳永元舍仝雷珍蘭陳濬哲官、黃錦章官、陳甲思聰官、陳甲逢義官、高甲西川官、鄭甲肇基官、陳甲江水官、黃甲清淵官、連甲文清官、朱葛礁賴觀瀾官俱在座。甲必丹高俊傑舍 1 月 22 日夜薨。

（公堂薦舉甲必丹候選人以補甲必丹高俊傑之缺）

承瑪腰（陳永元）繳入挨實嗹於和（荷蘭）1861 年 1 月 24 日第 279 號速速致書，祈公堂薦舉誰人該補甲丁之缺？誰人該補雷缺？誰人堪補協理之缺？逐一詳聞。

列台閱書，各抒意見，詳下：

陳濬哲甲論："甲丁之缺，合式照序而陞。今甲丁高俊傑舍既薨，晚弟位列第二，憑挨實連裁奪。若雷缺，協理黃清淵官任事在先，今當陞補。其協理之缺，待有人字懇求，然後酌量。"

黃錦章甲論："上下相承照序而陞，首位既殂，二雷當補其缺。若雷缺，則協理先任事者當陞，其協理之缺，待有人字，然後酌量。若大朱、二朱欲求，合當附陞。"

陳思聰甲論："甲丁之缺，當依序次而陞，憑上人裁奪。

若雷缺，二位協理及大朱、二朱堪陞。”

陳逢義甲論：“甲丁之缺，二雷當陞。其雷缺，協理先任事者當陞。其協理之缺，大朱、二朱有求當升。”

高西川甲論：“甲丁原首位之缺，今首位已殂，合式二雷當陞補缺。其雷缺，則二位協理當補缺，但黃清淵甲任事在先。若協理之缺，未有人入字懇求，倘大朱、二朱有求，當陞補。”

鄭肇基甲論：“從高西川甲所言。”

陳江水甲論：“從高西川甲所言。”

黃清淵甲論：“從陳逢義甲所言。”

連文清甲論：“從陳逢義甲所言。”

瑪腰陳總論：“依序次而行，二雷當陞首位。若雷缺，則協理，大朱、二朱俱可陞。在昔二十年前，本堂內原有甲丁三員，現僅一員而已。凡瑪腰或告病或告假，係甲丁攝理瑪腰事，當有智謀能知進退，又當忘私照公。如上人恩典，懇從前賜添二員甲丁職在公堂內尤妙。”瑪腰將言致詢列台：職所言中理否？雷珍蘭連文清官、陳江水官、鄭肇基官、陳逢義官、陳思聰官俱言瑪腰所言誠是。惟雷珍蘭陳濬哲官、黃錦章官、高西川官、黃清淵官俱云瑪腰懇上人恩典添二員甲丁在公堂內甚妙。所言理瑪腰事，當智謀能知進退及忘私存公，可免敘及。謹詳挨實嗹裁奪。”

和(荷蘭)1861年1月30日，拜三

公堂設嘧喳嘮。瑪腰陳永元舍仝雷珍蘭陳濬哲官、黃錦章官、陳甲思聰官、陳甲逢義官、高甲西川官、鄭甲肇基官、陳甲江水官、黃甲清淵官、連甲文清官、朱葛礁陳文速官俱在座。

(瑪腰轉達挨實嗹有言朱葛礁以後可免往驗唐船、甲板)

瑪腰(陳永元)請:"聞挨實嗹有言,此後凡驗唐船、甲板,朱可免往,二員外務公勃低查驗足矣。"謹此存案。

(周淡入稟懇准義學入學事)

具稟人晚生周淡為懇准原任事:"切思憲臺列位大人崇重聖教,設義學啓童蒙,其功莫大也。晚生以庸劣之材,過蒙拔擢,委承義學師之缺,訓誨孩童輩,凜遵規矩,不敢隕越貽羞。伏祈賜准辛酉年原任義學之師事,正月杪間入學,代行尊誨。若是其下半年,自當遵條規再入稟請知。不勝翹仰之至。切叩。"

公堂封印大吉。風調雨順,國泰民安。

定公勃低查驗唐船、舺舨船,明日算起,每鬮二人,照鬮輪流,週而復初。

壹鬮:雷珍蘭陳濬哲官、雷珍蘭黃清淵官。

貳鬮:雷珍蘭黃錦章官、雷珍蘭陳江水官。

叁鬮:雷珍蘭陳思聰官、雷珍蘭鄭肇基官。

肆鬮:雷珍蘭陳逢義官、雷珍蘭高西川官。

以上應值之人倘有事故不暇,則協理雷珍蘭連文清官代之。謹此存案。

(錄1860年全年公堂收支條目)

錄和(荷蘭)1860年全年兑丹絨及式里陂風水收項及存項,及收地税及收還項,以及開費逐條列明於下:

承和(荷蘭)1859年12月終結存大櫃内,來銀30 738.01盾。

錄兑式里陂風水收項逐條詳下:

1月7日,兑許奎炳風水壹穴,闊12距、長24距,銀67.7盾。

2月9日,兑許清溪甲壹穴,闊12距、長24距,銀67.7盾;又兑藍深淵風水壹穴,闊12距、長24距,銀67.7盾。22日,兑劉亞四風水壹穴,闊12距、長24距,銀67.7盾。

3月10日,兑陳奎炳壹穴,闊12距、長24距,銀67.7盾。

4月6日,鄭肇基甲因伊妻舅黃嫣九葬在伊本地頭新圩一穴,闊20距、長40距,銀541.6盾。19日,韓懷仁報伊父韓青山甲故,葬伊本地頭式里陂壹穴,闊24距、長48距,銀1218.5盾。

5月5日,兑許清波甲風水壹穴,闊12距、長24距,銀67.7盾。21日,兑陳英娘風水一穴,闊12距、長24距,銀67.7盾。

6月2日,兑林婆吉風水一穴,闊12距、長24距,銀67.7盾。14日,兑陳敖泰風水壹穴,闊16距、長32距,銀220盾。27日,兑蔡廣風水壹穴,闊12距、長24距,銀67.7盾。14日,又曾龍安懇蔭地一穴,葬伊父曾明老為默,闊12距、長24距,免還。

7月6日,兑王仁生壹穴,闊12距、長24距,銀67.7盾。

8月9日,兑蔡德全壹穴,闊12距、長24距,銀67.7盾。23日,兑蔡三義風水一穴,闊12距、長24距,銀67.7

盾。

9月11日，兑陳墨風水一穴，闊12距、長24距，銀67.7盾。26日，兑黃糞基娘壹穴，闊12距、長24距，銀67.7盾。

10月17日，兑翁由純風水壹穴，闊12距、長24距，銀67.7盾。26日，兑林宗興風水加添闊4距仝前壹穴，闊20距、長40距，銀321.6盾。

11月1日，兑楊奎炳壹穴，闊12距、長24距，銀67.7盾。2日，兑高傳生風水壹穴，闊16距、長32距，銀220盾。5日，兑鄭進生風水壹穴，闊12距、長24距，銀67.7盾。9日，兑黃祐郎風水一穴，闊12距、長24距，銀67.7盾。10日，兑陳長芳風水一穴，闊12距、長24距，銀67.7盾。23日，兑陳紅毛風水一穴，闊12距、長24距，銀67.7盾。

12月29日，兑楊森鐵壹穴，闊12距、長24距，銀67.7盾。

共27條，除默壹穴，實額26條，銀3943.4盾。

錄兑丹絨風水收項逐條列下：

5月23日，兑吳日升壹穴，闊12距、長24距，銀67.7盾。

9月11日，兑李應風水一穴，闊12距、長24距，銀67.7盾。

11月2日，兑黃得風水一穴，闊12距、長24距，銀67.7盾。

共三穴，收來銀203.1盾。

連上式里陂共兑風水計共29穴，收銀肆仟壹佰肆拾陸盾伍角。

錄收還項及還地稅條目逐一詳下：

12月31日，收瑪腰陳永元舍還來第五次銀4 815.63盾；又還來和(荷蘭)1860年全年利息，來銀288.93盾；邱塗官還和(荷蘭)1860年丹絨及式里陂二地園稅，銀210盾。

計三條，共銀5 314.56盾。連上年存項及兌丹絨、式里陂風水並收還項及還地稅，共銀肆萬零壹佰玖拾玖盾零七隻。

錄和(荷蘭)1860年全年開式里陂及丹絨八仙雜費條目列下：

6月27日，開梁礁緞喂黎托做新那瓦詩[①]往問蔣肉骨娘報知前伊父蔣燈光有安咀故陳井稅丹絨等地，去費銀42盾。30日，開還式里陂 和(荷蘭)1860年上半年八仙，去銀95.63盾；又開還惹致 和(荷蘭)1860年上半年八仙，去銀61.2盾；又開還丹絨 和(荷蘭)1860年全年八仙，去銀73.4盾；又開還丹絨上帝廟和(荷蘭)1860年上半年八仙，去銀7.65盾；又開往珍干刀還八仙稅獨輦，去銀3盾；又開買案薄信紙筆墨共肆件，去銀7.5盾。

10月26日，開唐美惜甘均去兌丹絨風水，自和(荷蘭)1856年起至1860年6月止，共兌風水去銀1 133.95盾.

計八條，共開銀1 358.27盾。

……存來銀叁萬捌仟捌佰肆拾盾零八角。

……內查閱。

……，命當就所結之冊謄寫和(荷蘭)字，繳呈上……存案。

---

① 那瓦詩：荷蘭語 Nieuws，通知、通告。

咸豐十一年正月二十日,和(荷蘭)1861年3月1日,拜五

公堂開印大吉。風調雨順,國泰民安。

(甲必丹陳濬哲官、雷珍蘭黃清淵官、協理雷珍蘭陳文速官升任)

承挨實嗹於和(荷蘭)1861年2月25日第604號致書公堂,遵王上於和(荷蘭)1861年2月17日第9號案奪,因欲補故甲必丹高俊傑官之缺,已閱挨實嗹和(荷蘭)1861年1月29日、2月9日第325號、455號所詳。但後寄之書,係接王朱和(荷蘭)1861年2月8日第302號書。亞:即陞室公堂雷珍蘭陳濬哲官為甲必丹之職,理公堂室事。迷:即陞協理雷珍蘭黃清淵官為實任雷珍蘭之職,理公堂室事。西:即陞2號朱葛礁陳文速官為協理雷珍蘭之職,贊理公堂事務。

即日,甲必丹陳濬哲官、雷珍蘭黃清淵官、協理雷珍蘭陳文速官陞任。存案。

定應值公舘公勃低,照鬮輪流,週而復初。

壹鬮:甲必丹陳濬哲官、雷珍蘭黃清淵官,1、5、9。

貳鬮:雷珍蘭黃錦章官、雷珍蘭陳江水官,2、6、10。

叁鬮:雷珍蘭陳思聰官、雷珍蘭鄭肇基官,3、7、11。

肆鬮:雷珍蘭陳逢義官、雷珍蘭高西川官,4、8、12。

定應值外務公勃低,照鬮輪(流),週而復初。

壹鬮:甲必丹陳濬哲官、雷珍蘭黃清淵官,2、6、10。

貳鬮:雷珍蘭黃錦章官、雷珍蘭陳江水官,3、7、11。

叁鬮:雷珍蘭陳思聰官、雷珍蘭鄭肇基官,4、8、12。

肆鬮:雷珍蘭陳逢義官、雷珍蘭高西川官,5、9、1。

定應值干刀及蘭得叻及日案,照鬮輪流,週而復初。

壹鬮:甲必丹陳濬哲官、雷珍蘭黃清淵官,3、7、11。

貳鬮:雷珍蘭黃錦章官、雷珍蘭陳江水官,4、8、12。

叁鬮:雷珍蘭陳思聰官、雷珍蘭鄭肇基官,5、9、1。

肆鬮:雷珍蘭陳逢義官、雷珍蘭高西川官,6、10、2。

(定掌廟宇,掌塚事,掌水淬、買辦、工役公勃低)

定掌廟宇公勃低:二、四、六、八。定掌塚事公勃低:一、三、五、七。定掌水淬公勃低:一、二。定掌買辦公勃低:三、四。定掌工役公勃低:五、六。定掌檢察唐鑒光:七、八。定協助瑪腰干刀二員協理。

以上數條應值公勃低或照月份,或照位次,須依鬮而行。倘應值之人或有不暇或有告假,則協理雷珍蘭連文清官、陳文速官代之。凡七、八二員公勃低,須逐日兼察本鑒光街衢,務宜潔淨為要,不宜港墘任人栽植樹木。凡查驗甲板新客登岸,援人安呾,須公勃低在座鑒察。凡每值夜公勃低,須遵和(荷蘭)1802 年條規,晚間八點鐘起到公館,而後往巡本界鑒光,至次早五點鐘方歸。謹此存案。

和(荷蘭)1861 年 3 月 1 日,拜五

公堂設嘧喳嘮,值月,陳(… [illegible]

瑪腰陳永元官、甲必丹陳濬[illegible]逢義官、鄭甲肇基官、陳甲江水官、黃甲清淵官、[illegible]官、陳甲文速官、大朱賴觀瀾官俱在座。黃甲錦章官、高甲西川官俱喪事不到。

(周淡、王成權、黃波光、徐秉章、陳篤生入稟懇補二朱之職)

具稟人晚生周淡為懇准擢用事:“晚生切思仕而優則學,學而優則仕,夫亦奚敢自誇於學優登仕也乎?《論語》曰:‘學也,祿在其中矣。’亦竊願有望也。雖然素行循蹈規矩,不敢隕越以貽羞。經蒙惠舉於義學之誨導,亦謂待後重用之意歟。今聞公堂有朱葛礁陳文速官高陞雷珍蘭,應得其人以補額。晚生竊不自量,膽敢冒懇憲臺列位大人洪仁大德,寬其全備之求,量其器才而使。雖未卜大展經綸以為勝任愉快,亦不至貽譏入官竟同操刀。未能仰荷恩准擢用,幸得補承此朱葛礁之職。感戴二天,公侯奕世。切叩。”

具稟人晚生王成權為揀拔真材,懇准承充朱葛礁事:“切權生於吧地,幼還桑梓,尋師求友,讀書多年,正思奮志功名,以備上國之用。何期庚癸頻呼,再回生產之邦,材不甘匏落志,常慕梗楠。幸際此時朱葛礁乏缺,列位老憲臺欲登明以選公,權自念老成而練達,諒葑菲之不棄,定把臂於入林,膽敢瀝情匍叩大瑪腰老大人暨列位甲必丹大人恩准承充,以酬素志。感戴二天,功德無量。沾恩上稟。”

具稟晚生黃波光為求頂任吏書事:“切光雖長吧城,亦嘗奉教於君子,迄今行年三十有八,經商世務,諸凡備嘗,但念功名足為榮祖。是敢冒昧懇求拔擢,倘邀恩寵,敢不益加砥勵以效馳驅,求無負殊遇之恩于萬一耳。”

具稟人徐秉章[①]為懇恩拔擢以繼述志事:"切晚自和(荷蘭)1851年北旋受業,及1859年轉棹來吧,祇以舌耕為業,兼承庭訓,凡諸人情風土稍知一二。茲因亞朱葛礁高陞,其職未補。伏乞公堂暨列位大人恩念世誼之情,得廁末席,則兩世栽培之德,不啻高厚。"

具稟人世姪陳篤生為懇補亞朱葛礁事:"姪自幼回唐負笈從師業,雖未就,其人情物理頗知一二。至壬子年[②]為父所召,轉棹來吧,特以生意計,窮且將舌耕以度口。饑寒見逼,妄僭賓師之虛位。姪本是樗櫟庸才,不宜濫充筆吏。第念世誼相關,必然加恩憐恤。匍乞公堂大瑪腰暨甲必丹列位尊憲臺大人恩准,俯賜襲職。萬代公侯,德仝二天。切叩。"

列台閱稟議:"據周淡、王成權、黃波光、徐秉章、陳篤生五人,俱懇補二朱之職。本堂已經酌量,謂周淡乃老成練達之人,合當補職。餘待後會。謹詳挨實嗹作主,轉奏王上案奪施行。"

(舉方奪侯為明誠書院訓導)

是日,列台僉舉方奪侯為明誠書院訓導童蒙。存案。

(瑪腰定二員協理雷珍蘭逐日在本干刀理事條款)

申和(荷蘭)1860年7月24日瑪腰陳定二員協理雷珍

---

① 徐秉章:Tjie peng Tjiang,1835年生,1851年回唐受業,1859年回吧,住大使廟,為人教讀、理記。1860年12月上書求職,因有耳疾未許。1883年1月9日升為二朱,月俸80盾。1883年3月2日,48歲時與34歲陳絨娘再婚,媒妁吳金娘。男方主婚徐金爐甲(父),女方主婚陳文貴甲(父)。1892年9月去世,享年58歲。

② 壬子年:咸豐二年壬子,西元1852年。

蘭逐日在本干刀理事,條款詳下:

定本干刀該置數簿,凡有公務各件之事,察過親見新客到處名次,及回籍名次,並到限日期該回,並大副挨實嗹到字,並各詳覆,俱各須當記在簿內,切勿有誤方可。該置簿各一本,凡給字、出水鴉地[①]等處,勘得妥當,安呾人朱爺押號。倘是新客當入數,立即交劣詳覆。及新客至期半個月前,令召查察趕,給字回唐。倘及期未回,即請劣[②]詳覆何事故。倘有得病,令速做字求限。如違令挨延,即請劣詳覆,請上人責罪。凡新客到處,逐禮拜召到點額是非其人,而後請知。其值夜諸僚友,自陳逢義甲起至武直甲止,計九人。其守此公舘牌憑,逐早令送到應胡勃實處。倘有事故或者身體欠安,可交無值夜之僚友:先陳甲大濬哲官、二黃錦章甲、三陳思聰甲、四大朱、五二朱,當照序輪流,代巡守夜在公舘,逐早辰察明,分守更牌。

本干刀置簿連(文清)、陳(文速)二員協理雷珍蘭詳列:

一、置簿二本,大副挨實嗹來諭何事件,月、日、號頭記明。

二、置簿二本,大副挨實嗹已詳覆何事件,月、日、號頭記明。

三、置簿三本,登記唐人來吧。吧生一本,舊客一本,新客一本。記諸名次,搭何甲板,居何處並安呾人住何處,逐禮拜當召到查驗一次。

---

① 出水鴉地:出水,又作"過水",閩南語,去外面。出水鴉地:即從爪哇出去。
② 劣:謙稱。

四、置簿一本，新客限期該回，各船回畢，當詳覆。

五、置簿一本，新客早回給字，逐日詳覆，寫明何名、搭何甲板而來。今給字月、日、年號頭，往回何處，報明詳覆。

六、置簿一本，值夜胡勃實名次，月、日值夜公舘記明，來日便交下鬮之人，勿致有誤。

七、置簿一本，記明諸人民所請供詞。

所置諸數簿，值本干刀胡勃實分掌理列明，連甲文清官料理一、二、三號置簿，計六本。陳甲文速官料理四、五、六、七號置簿，計四本。如二人理事，倘一人或有別事不暇，餘一人當代之。

和(荷蘭)壹仟捌佰陸拾壹年三月初一日，瑪腰陳(永元)。

補和(荷蘭)1860年3月23日，拜五

公堂設嚓喳嘮。值月：(陳思聰、鄭肇基)。

瑪腰陳永元舍仝甲必丹高俊傑官，雷珍蘭陳濬哲官、黃錦章官、陳甲思聰官、高甲西川官、鄭甲肇基官、大朱賴觀瀾官俱在座。陳甲逢義官登蔀不到。

(承命再勘察沈鶴算是沈命親生子抑是過房子)

承挨實嗹於和(荷蘭)1860年1月13日第128號逸字致書公堂，從和(荷蘭)1859年2月26日第73號書附諸字，祈查勘酌量詳覆。

為承掌偒仔厘力突於和(荷蘭)1860年1月13日第134號致書，從和(荷蘭)1859年3月4日第877號書，祈再命公堂勘察詳覆。

掌戈嘮得嘮八仙首領於和(荷蘭)1860年1月10日第2號致書,從和(荷蘭)1859年12月4日第21號,已經詳覆沈鶴算掛咄沈命一案,命勘察沈鶴算是沈命親生子抑是過房子?遵敓文明和(荷蘭)1859年4月16日第31號案奪,灼見公堂所詳,更可取信於削視字所云,現時再做削視字或者即前公堂已訊過之人矣。余觀此事未甚明確,因無指明果是明婚子,懇敓文明從和(荷蘭)1859年4月16日第31號案奪而行。茲將諸字附寄,祈勿承受所懇。

訟師緞多倫掛咄沈鶴算為商住吧,惶恐上書王上云:"當和(荷蘭)1846年5月8日敓文明收去十八仙,有失其當。因無指明是親生子抑過房子,故還去八仙銀5 397.93盾。其時沈鶴算年尚幼稚,掛咄人並無指明沈鶴算何母所出,但沈鶴算曾上書致懇,蒙王上和(荷蘭)1859年4月16日第31號案奪不得承受。因彼時人字,無甚確明故也。後幸遇有唐人劉篦又番系彝明知其事,其劉篦前即沈鶴算之父,至及其系彝,即沈鶴算之父巫讓。因此二人前未言明於掛咄人。茲附削視字已經盟誓,謂沈鶴算果係沈命之子,其所還去八仙銀5 397.93盾,從和(荷蘭)1845年9月29日所做達心眠字,灼見誤還。伏乞王上推恩,賜還此項。萬望恩准。"

唐人劉篦、番系彝仝於和(荷蘭)1859年8月16日向梁礁緞實吉洛做削視字第77號云:"劉篦謂晚確知沈鶴算事情,當其幼稚時即與聚處,明知是沈命之男子。自前晚與沈命相識,常常有到其家,其時沈鶴算脫腹,晚仍在其厝。適有婦人抱孩從內而出,即云此即是沈命之男子也。晚遂與沈命賀喜,沈命甚然悅樂。故自幼至長,見沈命照顧此子甚是愛惜。”番系彜云：“當沈鶴算之母分娩時，賤為其巫讓，及後沈鶴算長大，為沈命茄實。賤尚為其巫讓，未嘗有聞沈鶴算非沈命之子，目見沈命照雇（顧）此子憐愛備至，以故賤知此沈鶴算果係沈命之男子是實。晚等敢立誓，以質所言。”尾批和（荷蘭）1859 年 12 月 13 日已在干刀挨實嗹誓過。知見人：邦龜呅、高西川甲。

吊訊削視番系彜年 51 歲，住磘內為巒律，供云：“賤果向梁礁奚吉洛做削視字，謂沈鶴算果是沈命之男子，出番婦毛摘嘮嘮所生。但此毛摘嘮嘮原是黃待老甲在三保壟買來女婢，後付其出身，與沈命為妾。當時黃待老甲家中事務，惟賤與沈命料理，故深知其事。其毛摘嘮嘮故時，沈鶴算約年六七歲。”台問系彜：“汝知黃待老甲付女婢毛摘嘮嘮出身屬在何時？或買來則付出身，抑與沈命通愛後而後出身？”系彜云：“賤惟知毛摘嘮嘮有出身，不知何時？”台又問：“汝前年有供毛摘嘮嘮與沈命通愛至懷孕，乃黃待老甲付與為妾。又前供又云汝見沈鶴算約有一歲，貓務抱出，汝問此沈命之子否？”系彜答曰：“毛摘嘮嘮果是買來則付與為妾，若賤問貓務之事，從前供為是。”台又問：“汝何以知黃待老甲買來毛摘嘮嘮則付與沈命為妾？”系彜云：“當時沈命欲回唐，不欲置妻。故黃待老甲買來毛摘嘮嘮即付與為妾，以取其心。所供是實，敢立誓。”

吊訊削視羅排年 50 歲，住觀音亭，供云：“晚果向梁礁緞奚吉洛做削視字，謂明知沈鶴算是沈命之男子。因當時晚到沈命厝，見一貓務抱小孩約一歲，晚問沈命，此汝子否？沈命答曰：是，晚遂與賀喜，沈命答曰：天所與也，何喜可賀？

晚本住八廚沃間，因家姊夫陳奎炳甲與黃待老甲相善，常常往來其家，故晚亦常到沈命之室，乃知此事。"台問羅排："據汝削視字所云，謂沈鶴算脫腹時汝在其室，何供與字不字？"羅排云："梁礁之前，晚無出此言，諒必入系彝之供耳，餘俱不知。所供是實，敢立誓。"

吊訊沈鶴算年31歲，住東居，供云："晚果付訟師緞多倫掛哵上書王上，懇追回已還戈嘮得嘮銀5397.93盾。從家父沈命達心眠字所陳，晚實沈命之男子。晚之貓務故時，晚年七歲。家父沈命故時，晚年十七歲，深知晚之來歷。惟唐人羅排、番系彝二人已做削視字呈獻。"台問沈鶴算："更有別人更詳知可指明否？"沈鶴算答曰："前同住三間土庫之人多有知者，然今俱物故矣。"

公堂會議："論從沈命達心眠字所陳，敘明沈鶴算是其男子，雖削視羅排所供與削視字不字，然亦指明沈鶴算是沈命之男子。即削視番系彝所供較前有差，猶指明沈鶴算係是沈命與黃待老甲之出身女婢名毛摘嘮嘮，黃待老甲已付沈命為妾所生之男子。本堂細按，憑二削視之供，惟番系彝所知獨詳，灼見此沈鶴算果非明婚子，乃沈命與妾毛摘嘮嘮所生之男子也。所懇追還戈嘮得嘮八仙，惟冀上臺裁奪。謹詳挨實嗹電鑒。"

補和(荷蘭)**1860年8月24日，拜五**

公堂設嘧喳嘮。瑪腰陳永元舍仝甲必丹高俊傑官，雷珍蘭陳濬哲官、黃錦章官、陳甲思聰官、高甲西川官、鄭甲肇基官、陳甲江水官、黄甲清淵官、連甲文清官、朱葛礁頼觀瀾官俱在座。陳甲逢義官登部不到。

(查勘詳覆吳榮輝懇將其掛㑌黄蔭娘之遺業過名與陳聖王一事)

承蘭得叻於和(荷蘭)1860 年 8 月 3 日第 70 號致書公堂,附唐人吳榮輝和(荷蘭)7 月 10 日口詞及諸字,祈查勘酌量詳覆。

吳榮輝住吧上書蘭得叻云:"晚掛㑌黄蔭娘,從和(荷蘭)1859 年 10 月 9 日所做達心眠字,黄蔭娘有付陳聖王①一業,有戈勿力字可查,地租單第 6661 號,勿洛音第 193 號。因要干刀過名不肯承受,謂大伯公非人可同。伏懇蘭得叻案奪,賜准可將此業黎壟,將項充入陳聖王收存,可從達心眠字而行。伏乞恩准。"

戈勿力字和(荷蘭)1834 年 9 月 3 日第 83 號,達心眠字和(荷蘭)1854 年 10 月 9 日第 30 號,向梁礁緞雙默所做。内云:"黄蔭娘即陳潤德之寡妻,願付陳聖王壁厝帶地一間蓋瓦,趾在聖望港勿洛音第四室第 193 號,地租單第 6661 號,並棹及几棹。如故後三年,掛㑌人當創歸其所付與者香火並歸其處,其厝稅可用每年三次祭祀之費。如未至三年,掛㑌人當料理,照常祭祀。"

列台閲書及吳榮輝口詞。吊訊吳榮輝年 39 歲,住舊把殺,供云:"晚為故黄蔭娘掛㑌惹蘭,果有上書蘭得叻,所懇如字

---

① 陳聖王:開漳(州)聖王陳元光。此處指吧城陳聖王祖廟,位於布蘭達幹街 97 號,其内有匾額曰:"陳氏祖廟"、"追遠堂"、"宗功流馥"、"盛德世祀"。

中所云。”台問吳榮輝:“其故黃蔭娘有掛咞得業人否?”吳榮輝答曰:“無。”

公堂會議:“據吳榮輝口詞所懇,其故黃蔭娘既無掛咞得業,今柔實低司干刀不肯過名與陳聖王,即發叫黎壟,將項充公亦妙。蓋存項與存業均屬一體,如上臺恩典,可承受所懇。伏冀上裁。”

補和(荷蘭)1860年10月4日,拜四

公堂設嘧喳嘮。瑪腰陳永元舍全甲必丹高俊傑官,雷珍蘭陳濬哲官、黃錦章官、陳甲思聰官、陳甲逢義官、高甲西川官、鄭甲肇基官、陳甲江水官、黃甲清淵官、連甲文清官、大朱賴觀瀾官俱在座。

(1855年起到1860年6月終止,兌塚地風水一半額當繳入唐美惜甘)

承唐美惜甘於和(荷蘭)1860年8月8日第969號致書,懇從和(荷蘭)1828年第64號條規,照常兌塚地風水,自和(荷蘭)1855年起到和(荷蘭)1860年6月終止,當繳入唐美惜甘一半額。

公堂委值月公勃低抄錄詳覆。奉命委錄和(荷蘭)1855年兌丹絨風水,查簿內和(荷蘭)1855年並無兌風水。

錄和(荷蘭)1856年兌丹絨風水收項條目:

6月17日,兌邱媽海風水壹穴,闊12距、長24距,銀67.7盾。6月18日,兌蔡偃風水壹穴,闊12距、長24距,銀67.7盾;又兌蔡三風水壹穴,闊12距、長24距,銀67.7

盾;又兌詹春風水壹穴,闊12距、長24距,銀67.7盾。

11月7日,兌蔡梧風水壹穴,闊12距、長24距,銀67.7盾。

12月23日,兌許春淋風水壹穴,闊12距、長24距,銀67.7盾。

以上共六穴,收銀406.2盾。

錄和(荷蘭)1857年兌丹絨風水收項條目:

1月13日,兌王麗水風水壹穴,闊12距、長24距,銀67.7盾。

3月25日,兌吳榮輝風水壹穴,闊12距、長24距,銀67.7盾。

6月22日,兌陳榮宗風水壹穴,闊12距、長24距,銀67.7盾。

7月7日,兌莊端居風水壹穴,闊12距、長24距,銀67.7盾。

8月29日,兌鍾長生風水壹穴,闊12距、長24距,銀67.7盾。

10月31日,兌莊端居風水壹穴,闊12距、長24距,銀67.7盾。

11月27日,兌陳永全風水壹穴,闊12距、長24距,銀67.7盾。

12月10日,兌韓存娘風水壹穴,闊12距、長24距,銀67.7盾。

以上共八穴,收銀541.6盾。

錄和(荷蘭)1858年兌丹絨風水收項條目:

4月19日，兌劉倫風水壹穴，闊12距、長24距，銀67.7盾。30日，兌莊來風水壹穴，闊12距、長24距，銀67.7盾。

5月17日，兌黃波光風水壹穴，闊12距、長24距，銀67.7盾。

11月6日，兌林月娘風水壹穴，闊12距、長24距，銀67.7盾。16日，兌曾天生風水壹穴，闊16距、長32距，銀220盾；又兌曾天生風水壹穴，闊12距、長24距，銀67.7盾。

以上共六穴，收銀558.5盾。

錄和(荷蘭)1859年兌丹絨風水收項條目：

8月10日，兌黃乾風水壹穴，闊12距、長24距，銀67.7盾。11日，兌涂大戇風水壹穴，闊12距、長24距，銀67.7盾。19日，兌陳江流風水壹穴，闊12距、長24距，銀67.7盾。20日，兌王天恩風水壹穴，闊12距、長24距，銀67.7盾。30日，兌黃娘那風水壹穴，闊12距、長24距，銀67.7盾。

9月30日，兌吳金元風水壹穴，闊16距、長32距，銀220盾。

12月8日，兌吳延令風水壹穴，闊12距、長24距，銀67.7盾。29日，兌陳榮敦風水壹穴，闊12距、長24距，銀67.7盾。

以上共八穴，收銀693.9盾。

錄和(荷蘭)1860年兌丹絨風水收項條目：

5月23日，兌吳日升風水壹穴，闊12距、長24距，銀67.7盾。

至和(荷蘭)6月止，兌風水壹穴，收銀67.7盾。

以上和(荷蘭)1856年起至和(荷蘭)1860年6月止,共兌丹絨風水29穴,收銀2 267.9盾。謹此申詳公堂大嘧内察閲。

列台閲書悉知語意,已委公舘公勃低雷珍蘭陳濬哲官、鄭肇基官查察公舘兌丹絨風水數簿,自和(荷蘭)1855年起至和(荷蘭)1860年6月終止。據公勃低詳云,已查數内自和(荷蘭)1855年起至和(荷蘭)1860年6月終止,計兌丹絨地風水29穴,共收來銀2 267.9盾,對半均分,該繳入美惜甘銀1 133.95盾。職等將項繳上,並附結冊一本。祈即照鑒賜下收單執照。謹詳唐美惜甘列臺電察。

補和(荷蘭)1860年10月12日,拜五

公堂設嘧喳嘮。瑪腰陳永元舍仝甲必丹高俊傑官,雷珍蘭陳濬哲官、陳思聰官、陳甲逢義官、鄭甲肇基官、黄甲清淵官、連甲文清官、大朱賴觀瀾官俱在座。黄甲錦章官、高甲西川官、陳甲江水官俱報病,不到。

(查勘詳覆韓青山甲二男子為掛哋韓懷仁、韓懷然系明婚所生之子或是過房子)

承挨實嗹於和(荷蘭)1860年10月2日第3491號逸字致書公堂,附掌戈嘮得嘮緞伴勞勿洛書,祈查勘詳覆。

掌戈嘮得嘮緞伴勞勿洛於和(荷蘭)1860年10月1日第17號致書挨實嗹云:於本年和(荷蘭)3月25日唐人雷珍蘭知廚禮韓青山已故,達心眠字敘明:一、立伊妻梁水娘又名梁就娘,二、韓懷仁,三、韓懷然,為掛哋得業。從達心眠字所陳，韓懷仁、韓懷然係是其子。又付黎噶韓欣然、韓宣娘，二者俱其子女，但非出於明婚。一係側室陳宇力娘所生，一係側室高宣娘所生。當入務律禮根[①]時，有勘問掛咄二子：汝諸兄弟妹俱果出於明婚所生否？據二子粗言應答曰：果是。今再查詳，知一子，乃過房，即李福星之親生子，其李福星現住吧。懇挨實嗹命公堂查勘韓青山甲二男子為掛咄韓懷仁、韓懷然，果係明婚所生之子否？或是過房子耶？又付黎噶韓欣然、韓宣娘，果係出於側室陳宇力娘、陳宣娘否？祈查確詳覆，可從條例而行。

列台吊訊梁水娘年47歲，住亞森腳，即故雷珍蘭知廚禮韓青山之寡妻，供云："氏係韓青山結髮明婚正室，生下一男子名韓懷傑，後因病換名韓懷然此句宜在下有添注，現年21歲。但長子韓懷仁，係拙夫女弟韓樹娘所生，現年22歲初名韓懷傑，後因病換名韓懷仁，自幼即過房與氏養育為子，有立過房書。從拙夫達心眠字所陳，謂韓懷仁、韓懷然俱晚男子，付掛咄得業。其韓欣然、韓宣娘，果係拙夫與側室陳宇力娘、許三娘所生，俱無分業，惟得黎噶而已。即獻梁礁字貳紙，係陳宇力娘、許三娘與拙夫所做，懇查閱。"

吊訊韓懷然年21歲，住亞森腳，供云："晚生父韓青山，母梁水娘。若家兄韓懷仁自幼同室而居，相呼為兄弟，不知同母所生抑非也。從家父達心眠字所陳，謂兄弟俱是男子，故晚有向美惜甘言兄弟俱是韓青山之男子，亦從家父達心眠字

① 務律禮根：亦作"務汝黎均"、"帽老黎巾"，荷蘭語 Boedelrekening，遺產記錄清單或賬目。

所言耳。所供是實。”

吊訊韓懷仁年22歲，住亞森腳，供云：“晚係故雷珍蘭知廚禮韓青山之男子，從達心眠字所陳，掛哘得業。但不知晚出於何母之腹？自幼至長，惟知家父韓青山，母梁水娘而已。所供是實。”

吊訊李福星年52歲，住烏鬼巷，供云：“晚正妻韓樹娘係是故雷珍蘭知廚禮韓青山之妹，明婚結髮生下一子名韓懷傑，後因病換名懷仁。自脫腹時，即付內兄韓青山過房為子，係出自願，有立過房書。其韓懷然，果係韓青山與明婚妻梁水娘所生之男子。所供是實。”

吊訊韓樹娘年42歲，住烏鬼巷，供云：“氏係故雷珍蘭知廚禮韓青山之妹，與李福星明婚夫妻，有生一男韓懷傑，後因病換名懷仁。自出腹時，即付家兄韓青山過房為子，出於自願，有做過房書。其韓懷然，果係家兄韓青山與明婚妻梁水娘所生之男子。所供是實。”

吊訊陳宇力娘年22歲，住仝上，供云：“氏係故雷珍蘭韓青山側室，有生一子名韓欣然，經向梁礁立字，明係與韓青山所生，甘願付與韓青山為子。所供是實。”

吊訊許三娘年30歲，住亞森腳，供云：“氏係故雷珍蘭知廚禮韓青山側室，有生一女名韓宣娘，經向梁礁立字，明係與韓青山所生，甘願付與韓青山為女。所供是實。”

公堂會議：“據諸人所供，灼見韓懷然果是故雷珍蘭知廚禮韓青山與明婚妻梁水娘所生之男子，其韓懷仁係韓青山之妹韓樹娘與李福星所生，付與韓青山過房為子，言實事亦實。若再閱二梁礁字，又見韓欣然、韓宣娘，果係韓青山與側室陳宇力娘、許三娘所生，誠可謂韓青山庶出子女矣。謹詳挨實嗹電察。”

補和(荷蘭)**1861年1月18日，拜五**

公堂設嘧喳嘮。瑪腰陳永元舍仝雷珍蘭陳濬哲官、黃錦章官、陳甲逢義官、高甲西川官、鄭甲肇基官、陳甲江水官、黃甲清淵官、連甲文清官、朱葛礁賴觀瀾官俱在座。甲必丹高俊傑官染病不到，陳甲思聰官登蔀不到。

公舘發叫黎壟付人包修觀音亭路一帶港墘及亭內後蓋港墘及二橋條規詳下：

一、此黎壟作三次發叫。

二、第一叫黎壟，付人包築港墘自義學前之橋起至班芝蘭橋止，及亭內後蓋港墘，所有崩壞或欹斜，當一暨拆棄，築新地基。當添補栽柚入土三腳距半深，其隙處當用石塞密，上面比舊加高三疊磚，趾用二磚半，上面用一磚半，惹呀當用六臨四方，每六腳距用一支。

三、叫第二次黎壟，付人包修二橋，亭前一，學前一。及亭前橋起至班芝蘭橋止，路邊用抽作欄。其亭前之橋修理而已，所壞添補換新。若學前之橋，當拆盡再造，樑枋俱用新料，憑君眉司勘察可用而用。枋用二臨半，俱惹致柴[1]樑十臨四方。其港墘柚欄大當五臨四方，出地高約

---

① 惹致柴：惹致，即惹致樹，馬來語 Jati，柚木，一種優質木材。所謂惹致柴，即柚木。

三腳距半，入土深二腳距，週圍用石塞住。如舊柚不中用，當換新。

四、第三叫黎塱，付人包填一帶大路，自亭前橋起至班芝蘭橋止，俱填高一腳距，先用舊壁沙填一腳距，面蓋小石半腳距。倘有低處，當填加高與別處平。

五、誰應此工役，當做君得吶，援二妥人安呾，字費應人自支。

六、誰應此工役做字後，可先領叫價四份之一。

七、誰應此工役，限三個月須完工。如過三個月未畢，再叫黎塱。一暨虧本，應人當支，安呾人一體擔戴。

八、叫價從上而下，誰最低價者得之。

九、叫後三日內，當即截港興工，不得遲緩。

王約司承應包築港墘，價雷 4 000 盾。安呾人：王心敬、王深。

李亞桂承應包造兩橋及路欄，價雷 900 盾。安呾人。

林冉鑾承應包填路，價雷 400 盾。安呾人。

和(荷蘭)1861 年 4 月 8 日，拜一

公堂設嘧喳嘮。陳(濬哲)甲必丹大攝理大瑪腰(陳永元)事，仝雷珍蘭陳思聰官、陳逢義官、高甲西川官、鄭甲肇基官、連甲文清官、陳甲文速官、大朱賴觀瀾官俱在座。黄甲錦章官、陳甲江水官、黄甲清淵官俱不到。

(義學師周淡官榮任公堂二朱之職)

承挨實嗹於和(荷蘭)1861 年 4 月 3 日第 1142 號致書

公堂，為遵王上於和(荷蘭)1861年3月27日第5號案奪，已閱挨實嚏於和(荷蘭)1861年3月14日第860號所詳，即舉義學師周淡官為公堂亞朱葛礁之職，辦理公堂事務，從和(荷蘭)1861年2月17日第9號王上案奪而行。即日，列台在公舘敬請二朱周淡官榮任大吉。存案。

定值月公舘公勃低

一鬮：甲必丹陳濬哲官、雷珍蘭黃清淵官，1、5、9月。

二鬮：雷珍蘭黃錦章官、雷珍蘭陳江水官，2、6、10月。

三鬮：雷珍蘭陳思聰官、雷珍蘭鄭肇基官，3、7、11月。

四鬮：雷珍蘭陳逢義官、雷珍蘭高西川官，4、8、12月。

定值外務公勃低

一鬮：甲必丹陳濬哲官、雷珍蘭黃清淵官，2、6、10月。

二鬮：雷珍蘭黃錦章官、雷珍蘭陳江水官，3、7、11月。

三鬮：雷珍蘭陳思聰官、雷珍蘭鄭肇基官，4、8、12月。

四鬮：雷珍蘭陳逢義官、雷珍蘭高西川官，1、5、9月。

定值干刀公勃低

一鬮：甲必丹陳濬哲官、雷珍蘭黃清淵官，3、7、11月。

二鬮：雷珍蘭黃錦章官、雷珍蘭陳江水官，4、8、12月。

三鬮：雷珍蘭陳思聰官、雷珍蘭鄭肇基官，1、5、9月。

四鬮：雷珍蘭陳逢義官、雷珍蘭高西川官，2、6、10月。

(定掌廟宇，掌塚事，掌水淬、買辦、工役公勃低)

定掌塚地公勃低：一、三、五、七。

定掌廟宇公勃低：二、四、六、八。

定掌水淬公勃低：壹、貳。

定掌工役公勃低：三、肆。

定掌買辦公勃低：五、六。

定掌街衢公勃低：七、八。

以上應值之人，照鬮輪流，週而復初。或有事故，則協理雷珍蘭連文清官、陳文速官代之。上二員協理雷珍蘭，當在瑪腰(陳永元)府中辦事。

定朱葛礁值月理事公舘

大朱賴觀瀾官：1、3、5、7、9、11。

二朱周淡：2、4、6、8、12。

定朱葛礁值月理事瑪腰府中

大朱賴觀瀾官：2、4、6、8、12。

二朱周淡官：1、3、5、7、9、11。

定值夜公舘

壹鬮：陳逢義甲。貳鬮：高西川甲。

叁鬮：鄭肇基甲。肆鬮：陳江水甲。

伍鬮：黃清淵甲。陸鬮：連文清甲。

柒鬮：陳文速甲。捌鬮：陳濬祥甲。

玖鬮：李伯達甲。

上陳應值之人，或有事故不暇，則公堂內首二、三位及二員朱葛礁代之，仍亦照鬮輪流，自上而下，週而復初。存案。

(挨實嗹致書瑪腰，祈照常抄寫唐字于公堂二朱周淡沃治字)

承挨實嗹於和(荷蘭)1861年4月15日第1311號逸字致書瑪腰(陳永元)，附公堂二朱周淡沃治字，祈照常抄寫唐字於上，寫畢寄與傳話人，再寫番字、番語。

遵敖文律仁得嘮掌握因蘭地於和(荷蘭)1861年3月27日第5號案奪,舉周淡官為公堂二朱之職。凡諸黎庶各宜欽遵,須行沃治字執炤。

補和(荷蘭)1861年1月11日,拜五

公堂設嘧喳嘮,值月:高(西川)、陳(逢義)。

瑪腰陳永元舍仝雷珍蘭陳濬哲官、黃錦章官、陳甲逢義官、高甲西川官、鄭甲肇基官、黃甲清淵官、連甲文清官、朱葛礁陳文速官俱在座。甲必丹高俊傑舍、陳甲思聰官、陳甲江水官不到。

(林宗興懇限二禮拜入字向美色甘領出清還陳井遺項)

列台吊訊林宗興住小南門,供云:"晚有掛咄故蔣燈光、掛咄故陳井,有欠過於和(荷蘭)1860年全年丹絨及式里陂二地田稅,銀2 625盾;又欠於和(荷蘭)1860年全年惹致地田園稅,銀860盾。但故陳井有遺項,俱入在唐美色甘。今懇限二禮拜,當入字向美色甘領出清還。"列台准其所懇。存案。

補和(荷蘭)1861年3月15日,拜五

公堂設嘧喳嘮。瑪腰陳永元舍同甲必丹陳濬哲官,仝雷珍蘭黃甲錦章官、陳甲思聰官、鄭甲肇基官、黃甲清淵官、陳甲文速官、朱葛礁賴觀瀾官俱在座。陳甲逢義官登部,高甲西川官喪事,陳甲江水官報病,連甲文清官報病俱不到。

(原任朱葛礁徐金爐憶答買公舘之事)

列台請問原任朱葛礁徐金爐官:"當年之事,係寅兄在座花押,必知此情。"徐金爐官答曰:"當日瑪腰(陳永元)有請要買公舘之事,已向高俊傑甲議定價銀 3 500 盾。因高俊傑甲云:鄭若思甲掛些先甲大(高長宗)亦在座,此公舘經連字當人,倘贖回之日,即當過與公堂。其公舘前尚狹小,後改移後壁①,係公堂出費,是葉文選甲董事。"

承挨實嗹來書於和(荷蘭)1861 年 2 月□日,為承王上案奪,寄下唐冊一本,委外務公勃低向梁礁處查勘和(荷蘭)字如何意見。存案。

和(荷蘭)1861 年 4 月 12 日,拜五

公堂設嚈喳嘮。瑪腰陳永元舍同甲必丹陳濬哲官,仝黃甲錦章官、陳甲思聰官、陳甲逢義官、高甲西川官、陳甲江水官、連甲文清官、陳甲文速官、朱葛礁賴觀瀾官俱在座。鄭甲肇基官、黃甲清淵官外務不到。

(承命查勘詳覆李梓隆遺業一案)

承蘭得叻於和(荷蘭)1861 年 1 月 18 日第 5 號致書附諸字,為訟師緞伴奚嗎掛嗹李伯達掛嗹李梓鳳,控陳甘郎、李雲霞同美色甘掛嗹李梓隆遺業一案。祈查勘詳覆,原附字繳回。

公堂列台已閱原、被告訴之詞,會議曰:"遵唐例過房子

---

① 後壁:閩南話,後面,後邊。

與親生子一般，縱過及異姓，唐、吧亦有，務必告知週親，俱得喜悅方可。倘無至親指摘生端，外人所不得異論。既有親人生端致訟，公廷自當照律而行。查大清律例第六本，戶部內第四條第三節敘明：'乞養異姓為子，亂已宗族，責罪杖六十。子與異姓為嗣，亂人宗族，罪同，杖六十，其子歸宗。'第五節又云：'若立嗣雖係同宗，而尊卑失序，罪同，杖六十，其子歸宗，改立應繼之人。'後附條例第一節云：'無子，許令同宗昭穆相當之侄承繼，先盡同父周親，次及大功小緦麻。如俱無方，許擇立遠房及同姓。'第三節又云：'無子，除依律外，不得於所後之親，聽其告官別立，且有牽引事實。乾隆三十九年獻縣[①]民李會白無子，先經過繼同姓不宗李嗣業為子，後因致控，斷令李嗣業歸宗，其將李會白遺貲所捐職銜，咨部註銷，且追封典。'今梓隆過繼吳英輝之子吳杞連，現名李千朝[②]為嗣，有犯不遵上陳律例四條，且以戚輩而論，李梓隆之正妻陳庚娘，姊也；吳英輝之子吳杞連，今名李千朝，弟也。以弟為子，又見尊卑失序，正有犯上陳律例第五條所禁。謹詳蘭得吻裁奪。"

(承命詳覆1862年各傌仔條君厘書有欲更易否)

承副挨實嗹於和(荷蘭)1861年4月3日第799號又1號致書公堂，祈速即詳各傌仔條行於和(荷蘭)1862年，有欲更易否？

---

① 獻縣：今河北省 獻縣。位於河北省中南部，滏陽、滹沱河畔，距省會石家莊市143公里。

② 李千朝：1859年10月7日案卷作"李千昭"。

列台吊訊鴉片賧官許清泉甲，不到。伊掛嗹人王光華到堂，供云："亞片君厘書愬從舊可行，不須改易。"

列台吊訊魚餉賧官陳江泰甲，不到。伊掛嗹人鄭宴祥甲到堂，供云："魚餉君厘書可從舊為妙，不須更易。"

列台吊訊賭餉賧官劉庠，不到。伊掛嗹人陳玉山到堂，供云："賭餉君厘書從舊則妙，不用再易。"

列台吊訊戲餉賧官劉德江甲，不到。伊掛嗹人陳玉山到堂，供云："戲餉君厘書從舊則可，不須再易。"

列台吊訊當餉賧官陳江泰甲，不到。伊掛嗹人徐金爐甲到堂，供云："當餉君厘書從舊可也，不用改易。"

列台吊訊宰豬賧官張德茂，供云："宰豬君厘書從舊已妙，不用更易。"

列台吊訊宰牛賧官林奇觀，供云："宰牛君厘書從舊可行，不須改易。"

列台吊訊酒餉賧官陳逢義甲，供云："酒餉君厘書從舊可也，不用再易。"

列台吊訊照身賧官黃永良，供云："照身君厘書從舊已妙，不須更易。"

列台吊訊嗹舫賧官陳思聰甲，供云："嗹舫[1]君厘書從舊可用，不用改易。"

列台吊訊芬餉賧官瑪腰陳永元舍，供云："芬餉君厘書從舊已妙，不須更易。"

列台吊訊海嶼賧官甘溪元，供云："海嶼君厘書仍舊則

① 嗹舫：亦作"哵舫"，荷蘭語 Shahbandarijen 或 Sjahbandarijen，營業稅。

可，不用改易。”

公堂會議：“據掛𡃁鴉片賧官王光華，掛𡃁魚餉賧官鄭宴祥甲，掛𡃁賭餉賧官陳玉山，掛𡃁戲餉賧官陳玉山，掛𡃁當餉賧徐金爐甲，宰豬賧官張德茂，宰牛賧官林奇觀，酒餉賧官陳逢義甲，照身賧官黃永良，𡃁鈁賧官陳思聰甲，芬餉賧官瑪腰陳永元舍，海嶼賧官甘溪元俱供，稱諸僞仔條君厘書懇從舊為妙，若其熟嫻素常條規，易於遵行，則黎庶亦知舊例。本堂細按，依舊可也。謹詳。”

和(荷蘭)1861年4月27日，拜六

公堂設嘧喳嘮。瑪腰陳永元舍同甲必丹陳濬哲官，仝雷珍蘭黃錦章官、陳思聰官、高甲西川官、鄭甲肇基官、黃甲清淵官、連甲文清官、陳甲文速官、朱葛礁賴觀瀾官俱在座。陳甲逢義官、陳甲江水官登蔀不到。

(唐美色甘致書公堂懇要抄1852年2月28日第□字)

承唐美色甘於和(荷蘭)1861年4月10日第□致書公堂，懇要抄於和(荷蘭)1852年2月28日第□字。

列台會論：“可抄，繳上。”

列台會議買公舘厝之事

公堂已向掛𡃁故高(俊傑)甲大、高甲西川官懇買公舘，議定價銀8 000盾。字費，過公堂自支。上手之事不與，惟做君得叻字之費，賣主支理。其既往之事，二比俱不得尋究，各自甘願。即午十二點鐘，瑪腰(陳永元)同朱葛礁及物主高瓊瑤同到梁礁干刀立字。存案。

和(荷蘭)1861 年 5 月 22 日,拜三

公堂設嘧喳嘮。瑪腰陳永元舍同甲必丹陳濬哲官,仝雷珍蘭黃錦章官、陳思聰官、陳甲逢義官、高甲西川官、鄭甲肇基官、陳甲江水官、黃甲清淵官、連甲文清官、陳甲文速官、朱葛礁賴觀瀾官俱在座。

(挨實嗹致書公堂懇造 1862 年唐人節日適遇荷蘭月是何月何日)

承挨實嗹書,懇造和(荷蘭)1862 年唐人大好日適遇和(荷蘭)月是何月何日? 作速詳聞。

列台閱書議:"可造繳上,瑪腰(陳永元)花押可也。"存案。

和(荷蘭)1861 年 6 月 7 日,拜五

公堂設嘧喳嘮。瑪腰陳永元舍同甲必丹陳濬哲官,仝雷珍蘭黃錦章官、陳思聰官、陳甲逢義官、高甲西川官、黃甲清淵官、陳甲文速官、朱葛礁賴觀瀾官俱在座。鄭甲肇基官、陳甲江水官、連甲文清官不到。

(承命查勘詳覆唐例得業、祭祀之事)

承挨實嗹於和(荷蘭)1861 年 6 月 3 日第 1991 號逸字致書公堂,附一口詞。祈查勘酌量詳覆。

訟師緞班軒納入字挨實嗹云:一、要知唐人有掛呰得業,照常當開用年節祭祀之費否? 二、在唐婦人無用年節祭祀之費,因無掛呰得業。三、倘若在吧 唐婦若有得業,當開用年節祭祀之費否? 祈公堂照例衡量詳覆。

陳甲大論:"從唐例,得業當在於男子,故年節祭祀在所不無。在唐婦人原無得業,惟得出嫁時首飾粧奩而已,故無干與祭祀之費。在吧有子之人,子當擔戴祭祀之費;若婦人既嫁從夫為姓,不須干與父家祭祀。"

黃錦章甲因親,不在議。

陳思聰甲論:"從陳逢義甲所詳。"

陳逢義甲論:"照例子女雖俱得業,其男子當擔年節祭祀之費。女子雖有得業,不須干與。二、在唐倘富家,雖女子亦有得業,粧奩隨嫁之業,祭祀之費不須干與。三、在吧女子有掛嗤得業,如其心欲祭祀,亦不為過;不祭祀,亦不為過。但當從夫之命。"

高西川甲論:"從陳甲大所議。"

黃清淵甲論:"從陳甲大所評。"

陳文速甲論:"從陳逢義甲所言。"

瑪腰(陳永元)論:"唐例祭祀之事,有男歸男,無男歸女。"

公堂會議:"唐例,男子為重,故得業必在男子,年節祭祀男子擔支,不可或缺。女子既嫁,不須干與。在唐婦人非無得業,出嫁隨帶粧奩亦有,既嫁從夫,當順其夫所命,不須干與祭祀之費。在吧婦人得業亦有,若有子嗣,則男子當擔支祭祀之費,婦人惟出其心欲祭可,不祭亦可,務必當從夫所命。謹詳挨實嗹裁奪。"

和(荷蘭)1861年6月19日,拜三

公堂設嘧喳嘮。瑪腰陳永元舍同甲必丹陳濬哲官,仝雷珍蘭黃錦章官、陳思聰官、陳甲逢義官、高甲西川官、鄭甲肇基官、陳甲江水官、黃甲清淵官、連甲文清官、陳甲文速官、朱葛礁賴觀瀾官俱在座。

(公勃低陳濬哲甲等報告承委勘察丹絨塚事)

據公勃低陳濬哲甲、陳思聰甲、高西川甲、陳江水甲詳云:"前期承委勘察丹絨塚事,職等於和(荷蘭)6 月 14 日已到塚,細觀眼見大路填補將完。據陳鉗指,有塚墳圍作園,亦至其處細察,係在田墘數墓,圍種班蘭。"又指一二處云:"付番人作園,係舍施地,亦到處觀看,所指之處俱發草無痕。又指一處,亦到處觀察,係二大墳相連,墳前埕下隙地有種瓜仔,墳亦無傷。"又指一處,草木叢穢,亦到處觀看,已剪除潔清。職等問陳鉗:"有別處可嫌否?"陳鉗答曰:"如斯而已。"

訊問陳鉗:"諸公勃低所詳如何?"陳鉗答曰:"其時晚欲再指別處,甲必丹云,天氣大暑難行往。"吊訊陳素,供云:"當時晚仝往看諸處。"問:"列位甲必丹有云大暑難往否?"陳素答曰:"諸甲必丹無出此言。"存案。

和(荷蘭)1861 年 7 月 4 日,拜四

公堂設嘧喳嘮。瑪腰陳永元舍同甲必丹陳濬哲官,仝雷珍蘭陳思聰官、鄭肇基官、高甲西川官、陳甲江水官、黃甲清淵官、連甲文清官、陳甲文速官、朱葛礁賴觀瀾官俱在座。黃甲錦章官、陳甲逢義官俱登蓎不到。

(承命詳覆病厝內病人、癲人食肉之多寡)

承唐美色甘於和(荷蘭)1861年6月26日第800號又718號致書公堂,祈酌量病人、戇人在病厝內,其飧食每日每人食之肉,第一笨[①]四份之一或當加添至半笨否?詳覆。

公堂會議:"唐人食肉不等,壯大者食多,弱小者食寡。在外之人,一日三飧多有鱗禽異味,兼之每日一笨四份之一不為多。況在病厝之人,一日只二餐,並無異味,即增添以肉固妙。謹詳唐美色甘裁奪。"

(承命查勘詳覆廖珠娘懇與范亞亮分居一案)

承副挨實嗹於和(荷蘭)1861年6月28日第3483號致書公堂,附第3483號日案。祈查勘酌量詳覆。

和(荷蘭)1861年6月27日第3483號日案,為唐婦廖珠娘即范亞亮苟合之妻,住茂物,請唐人范亞亮廚工打鐵住大南門:"為初與范亞亮苟合同居,二十日適當競渡之辰,氏告夫欲往觀。越二日早起,范亞亮與氏言唐語,氏恬不應,因不知語意。范亞亮隨即發怒逐氏,即往新把殺家姊處暫居。范亞亮遂請大九[②],謂氏逃走。干刀判責,禁氏三日。今懇欲與范亞亮分居歸茂,從和(荷蘭)6月25日第309號瑪腰(陳永元)所詳。"

列台覆訊廖珠娘、范亞亮,供如日案所言。據廖珠娘又云:"氏懇要歸茂父家,切不願與范亞亮同居再為夫婦。因范亞亮薄情太甚,請氏干刀,致氏受禁三日,羞恥無地。"范

---

① 笨:荷蘭語 Pond,英語 Pound,磅,重量單位。1磅等於16盎司,1磅等於7.5市兩。

② 大九:亦作"大狗",閩南話,警長。

亞亮質曰:"其父廖福蘭已取晚銀三次,共有 88 盾,議將女廖珠娘付晚為妻,期於偕老。今交寅纔二十日,遂欲歸茂,不以晚為夫,心實不願。如他果欲歸茂,晚亦不強留,但其父取晚銀 88 盾當交還,晚自家用費二百餘盾,亦懇坐還方願。"

公堂會議:"據廖珠娘、范亞亮二比所供,灼見其無向公堂給下婚字,乃是苟合而已。今廖珠娘因其夫已請干刀,致其受罪,可見范亞亮已先絕情其妻矣。本堂細按,廖珠娘所懇可以承受。惟冀上臺裁奪。謹詳副挨實嗹鑒察。"

(張月娘、陳勤順夫妻求離一案)

張月娘住三間土庫,年 28 歲,請伊夫陳勤順住仝上:"為交寅已經六載,生下一女陳玉娘,現年五歲。因拙夫不顧氏之衣食資費,或有一個月其姊給費四五盾,或數月不給,且黨巫讓欺淩,關鎖米間。女子每日當費用二十餘鐳,及衣服諸事,並不照顧,實難忍耐,伏乞判離。"

吊訊陳勤順年 30 歲,供云:"拙妻所言俱屬虛詞。晚雖無甚利路,有時所費不周,家姊常常給付費用。欲求分離,晚亦願從。"台令陳勤順:"汝妻張月娘既無犯過,當照顧得宜,期於偕老。家事汝支每月當再給雷 8 盾,付汝妻母子為用。"陳勤順願從,礙張月娘決意欲離,不得了局。將情申詳公堂大嘧內裁奪。

列台覆訊張月娘、陳勤順,供如公勃低所詳。

公堂會議:"論張月娘、陳勤順夫妻求離一案,細觀二比,恩情俱絕,各懷心已無眷戀之念。於是准其當堂離遏,其女判歸伊父陳勤順撫養,暫付張月娘,待長大當送還。"二比各花押在簿,唯退。存案。

(公堂議准開公堂櫃内之項修理丹絨祀壇)

公堂會議:"修理丹絨祀壇之用雷 4 100 盾,合式該開公堂櫃内之項。"存案。

(挨實嗹案奪嚴察新客來吧事)

承挨實嗹於和(荷蘭)1861 年 6 月 27 日第 2372 號案奪,嚴察新客來吧,諭知列台協理勤力,遵命而行。凡新客起山,仝朱君眉司明白其姓名、住居及安呾人,新、舊客、吧生、商人列單,繳入公舘在簿。每禮拜當一次在公舘查點,勘驗此新客其人有在否?點明詳覆。又仝公舘公勃低召内外默氏諭知,凡新客居其界内,務必嚴察。如新客要遷,當速請公舘。公舘隨即請知瑪腰。如不從命,過 24 點鐘無請,禮罰 100 盾,且要籐責,亦不可給字付其他往。如新客或有病痛,亦當請知。如新客或故,當親身灼見,請知公舘,公舘詳覆瑪腰。倘諸默氏已到堂諭知諸事,當登數簿。凡船到港往驗,遵干刀之命,不得推諉至月終,交盤下月公勃低上陳諸事,如列台中或不從命,即請知於挨實嗹。存案。

和(荷蘭)1861 年 7 月 12 日,拜五

公堂設嗹喳嘮。瑪腰陳永元舍同甲必丹陳濬哲官,仝雷珍蘭黃錦章官、陳逢義官、高甲西川官、鄭甲肇基官、陳甲江水官、連甲文清官、朱葛礁賴觀瀾官俱在座。陳甲思聰官、黃甲清淵官、陳甲文速官不到。

(承命查勘詳覆楊層娘懇離其夫陳思睿一案)

承副挨實嗹於和(荷蘭)1861年7月11日第3714號附一日案,祈公堂查勘詳覆。

公堂會議:"論楊層娘懇離其夫陳思睿[①]一案,但陳思睿為人舉動不堪,自前年褒黎司已革出回唐,況今已入番,其楊層娘所懇可以承受。謹詳副挨實嗹裁奪。"

和(荷蘭)1861年8月2日,拜五

公堂設嘧喳嘮。瑪腰陳永元舍同甲必丹陳濬哲官,仝雷珍蘭黃錦章官、陳思聰官、陳甲江水官、黃甲清淵官、陳甲文清官、陳甲文速官、朱葛礁賴觀瀾官俱在座。陳甲逢義官、高甲西川官、鄭甲肇基官不到。

(緞亞迷嘮懇要用公堂地少許一事)

甲必丹陳濬哲官、雷珍蘭黃錦章官、雷珍蘭陳思聰官、雷珍蘭連文清官,為緞亞迷嘮到堂懇用牛郎沙里園地一腳距餘。

公堂會議:"另日公勃低往勘定奪,職等已到處勘視,緞亞迷嘮懇要用公堂地少許,眼見其水溝一人該得一半,惟侵起三腳距半,至尾一腳距至半腳距,斜角長約一戈半。"

公堂會議:"准其所懇,但當從褒黎司所命,當公堂要用,即當奉還。"謹此存案。

---

① 陳思睿:據《婚簿》記載,1856年4月20日,住班芝蘭17歲陳思睿與18歲楊賛娘成婚註冊。媒妁郭一娘,男方主婚陳永元(父),女方主婚楊得水(父),交寅日丙辰3月28日。公勃低:甲必丹高俊傑,雷珍蘭高西川,朱葛礁賴觀瀾。

（陳言娘、鄭元和夫妻求離一案）

陳言娘年 25 歲，住八茶礦，請伊夫鄭元和："為交寅已經五年，有生不育。拙夫逐日酷毆趕逐，氏思並無過失難堪。薄情如此，伏乞判離。"

吊訊鄭元和年 25 歲，住西門，供云："拙妻並不照顧晚父之衣食，晚父年已 70 歲，尚自洗其衣服。晚歸家果有怒罵，若毆逐之事實無此情。"陳言娘質曰："氏因身中染病，果有一次無洗家翁衣服。"將供以訊鄭元和，答云："有病固無可怪，況每逢初一日、十五日，喚他早起烹茶，他每出怨言，晚如何不怒。今拙妻言要分離，晚固願從之。"台勸其夫妻並無因大故，不得分離，當相率歸家，和好如舊。礙二比不可勸合。將情申詳公堂大嘧內裁奪。

列台覆訊陳言娘、鄭元和夫妻求離一案，供如公勃低所詳。據鄭元和又云："晚所交寅，因欲供奉父母，拙妻每次早間叫起炊爨，他便出口亂罵。似此不孝，如要分離，固願從之。"陳言娘答云："拙夫所言俱誣，因拙夫寵妾，頓忘髮妻，切懇分離。"

公堂會議："既夫妻二比割愛絕情，准其離逷，任從各適無悔可也。"存案。

和（荷蘭）1861 年 8 月 23 日，拜五

公堂設嘧喳嘮。瑪腰陳永元舍仝雷珍蘭黃錦章官，陳逢義官、高甲西川官、陳甲江水官、黃甲清淵官、連甲文清官、陳甲文速官、朱葛礁賴觀瀾官俱在座。甲必丹陳濬哲官、陳甲思聰官、鄭甲肇基官不到。

(查勘陳江娘或再醮或姦情一案)

承訟師緞嗹各掛嗹甲丁知廚禮陳甘郎,從和(荷蘭)1858年6月7日李梓隆向梁礁緞吉寧做達心眠字,立陳甘郎為掛嗹惹蘭,呈上故李梓隆達心眠字奉閱。因達心眠字有云:“掛嗹人陳甘郎,每月當給付陳江娘費銀500盾。如欲停給此項,當陳江娘行止不端,或再醮[①],或姦情外露。然當請唐叻評議。”今陳江娘與陳甘郎生端,固已二個月停給每月費銀500盾。但陳甘郎所以不給此項,緣已確知陳江娘行止不端,類於匪人,曾向梁礁緞夏里呀做君得吙字,欲與蔡連好許約結為夫妻。經有偷姦在前,又曾偷姦於楊泮水、林奇觀,至今尚然。第不知其曾通姦若干人,可獻削視朱登四之妻,及陳煖之妻,現住於把殺亞奄。伏公堂電察,揭止每月給付費銀500盾。切叩。

附節錄故李梓隆達心眠字,和(荷蘭)1858年6月7日李梓隆住中港仔,向梁礁緞吉寧做達心眠字第30號,內中有云:“願付妻陳江娘厝一間,在小南門,前買自李溫;又每月當給費銀500盾。倘陳江娘或再醮或姦情,當請公堂評論案奪。”

列台吊訊甲丁知廚禮陳甘郎年51歲,住大港墘,供如請詞所言。又云:“職已確知陳江娘行止不端,曾被人捉拏姦夫,又有人眼見果有姦情外人,有默氏及更寮頭可證。”

吊訊默氏鑒光呀澤番名亞蔽力哘蠻,年40歲,供云:“因於拜六夜,即和(荷蘭)8月17日之夜約二點鐘,賤獨行巡更,忽

① 再醮:舊時稱寡婦或婦女改嫁或再嫁為“再醮”。

有更寮人報陳江娘厝有人潛入。賤同副默盒律亞金及鑒光實嗹媚溫到陳江娘厝要查，扣門無人答應。賤見其窓尚開，隨往鄰厝問峇峇陳永全，永全即同賤再到處扣門。適間陳江娘啓邊門而出，遂邀賤坐在吃唧椅上。賤問：'有人投宿否？'陳江娘答曰：'有峇峇奎投宿。'陳江娘乃叫其人而出，係在後室房門，初見穿水褸烏褲。陳江娘自認係伊留其經宿，其時厝內惟陳江娘與峇峇奎而已。及欲牽往見亞二蘭，乃入大厝房間，不知何房取白衫而換。此事已請褒黎司，陳江娘已受禮罰銀 3 盾。所供是實，敢立誓。"

吊訊副默番盒律亞金年 32 歲，住鑒光安汶，供云："賤於此禮拜夜巡更約二點鐘，途遇正默問有人報投宿否？賤答曰：'無。'正默云：'此陳江娘厝有人投宿。'乃同到陳江娘厝約一點鐘之久，不見動靜。實嗹鑒光媚溫乃往厝後登質覽冥樹上觀望，果有人在人厝出左房門出，往大厝後小室。報畢，再扣其門，陳江娘方啓邊門出。默問：'有人投宿否？'陳江娘答曰：'有峇峇奎投宿。'陳江娘遂叫峇峇奎出來，初見穿水褸龍江紋烏褲。後欲押往見亞二蘭，峇峇奎入吃唧內換白衫白褲，不知是串是布。賤問：'宿此何故？'峇峇奎答曰：'因獨輦無火把。'又問：'既無火把，何不坐獨輦而歸？'峇峇奎語塞。所供是實，敢立誓。"

吊訊實嗹鑒光番媚溫年 53 歲，住畢藉龜室，供云："賤於禮拜夜約九點鐘，見有人入陳江娘厝至十點鐘不見其出，乃請知默氏。默氏同副默及賤同到陳江娘厝扣門，約一點鐘無人答應。賤乃往厝後攀登質覽冥樹上，窺望見陳江娘同一峇峇相隨入房。再扣其門，約一點鐘久，陳江娘乃啓邊門而出。默氏問：‘有人投宿否？’答曰：‘無。’陳江娘請默氏坐於吃唧前椅上，陳江娘自叫呇呇出來，穿水褐烏褲。後欲押往見亞二蘭，呇呇乃入吃唧換白衣白褲。其時厝內惟陳江娘及一呇呇而已，餘無別人。所供是實。敢誓。”

陳甘郎甲再請曰：“不僅此已也，更有削視番婦知巴陳煖之妻，及呰里奄朱登四之妻確知陳江娘與人通姦實情。”

吊訊削視番婦知巴年35歲，即陳煖之妻，住珍把殺，供云：“賤為龜里林奇觀煮食，屢見陳江娘到宰牛公司投宿，眼見與林奇觀同房出入，約於唐五月間，每次或四五日，或一禮拜。賤本無在公司經宿，夜間十二點即歸，其二人早早已睡。賤無領月金，惟陳江娘到時，陳江娘每日或貼四五十雷而已。所供是實，敢立誓。”

吊訊削視番婦呰里奄即朱登四之妻，年35歲，住珍把殺，供云：“賤本洗衣為活，常到林奇觀公司取衣而洗，故知陳江娘屢到宰牛公司與林奇觀投宿，或一二日，賤居公司鄰厝第四間，夜間坐厝外，常見陳江娘有時在林奇觀樓上，有時同林奇觀入房間。他在公司來往約三個月之久，或經宿二三夜，或經宿一二夜，常見其同坐共食。及娘仔錦文移居，陳江娘到公司僅二三次而已，亦有經宿。所供是實，敢立誓。”

吊訊陳江娘年22歲，住牛郎茄弄，台問：“此禮拜夜有該默氏捉呇奎投宿汝厝內否？”陳江娘答曰答：“呇奎乃氏之表弟，於禮拜夜果有投宿氏家。因忘記報默氏，經已被捉。”台又問：“汝居吃唧內房幾間？”陳江娘答曰：“大厝內左右二房，氏睡在房。”台又問：“當默氏查問，汝何不認呇奎是汝表弟？”陳江娘答曰：“愴惶之際，不及詳言是表弟，惟言有呇奎投宿。”默氏質曰:“陳江娘初時云無,後乃認有。”台又問:“當默氏扣門,何不即開?”陳江娘答曰:“氏一婦人耳,雖聞扣門,焉敢遽開? 此處比近原多銃兵雜擾,惟在戶內潛窺有相識人否? 及陳永全扣門,氏本相識,即開矣。”台問:“彼咨奎到汝厝何事而致投宿?”陳江娘答曰:“咨奎自前氏居小南門故夫李梓隆開店,即同氏胞弟看店。及後胞弟同咨奎往讀和(荷蘭)冊,乃換陳甘郎甲之子守店。今來探氏,因氏於翼日禮拜欲往丹絨視墓,故留投宿,要令其代倩馬車及往把殺安惹,那有與表弟而為不切之事?”台又問:“汝云表弟咨奎汝付睡後室小房,當時欲往見亞二蘭,何又入大厝換白衣。”陳江娘答曰:“其換衣,氏實不知換在何處? 焉有婦人見男人換衣之理?”台又問:“默氏見咨奎穿水褸,其水褸從何而有?”陳江娘答曰:“氏實不知,或者他自帶來。”台又問:“汝有與蔡連好向梁礁做君得叻約結為夫妻否?”陳江娘答曰:“有。初時被人唆使致做君得吷,約當一個月方可定著。及後尋思若作此事,將來每月費銀500盾不可再得。氏曾向梁礁折破此字,其事不成。”台又問:“汝與蔡連好做字,汝自招也,抑他求汝?”陳江娘答曰:“係蔡連好同陳永全到氏家懇求三四次,及末次再來,蔡連好僅到陳永全家而已,約七點到九點即歸。”台又問:“其時陳永全之厝尚有誰人?”陳江娘答曰:“其時陳永全亦不在家,惟其母在而已。”又問陳江娘:“據削視番婦知巴、嗤里奄所供,汝曾到珍把殺宰牛公司與林奇觀同房共食經宿,此情有否?”陳江娘答曰:“氏到珍把殺果有,係在陳錦文家。因陳錦文乃氏宗親,其要與氏契愛。若與林奇觀同房共食實無,其番婦知巴亦氏素不識面,未嘗倩他煮食。氏到陳錦文家,其妻自煮,並無倩人。氏乃為客,何必倩人煮食? 若番婦呰里奄衹有一次取氏衣往其厝洗,並無常常。且氏不識林奇觀是何人?”呰里奄質曰:“賤曾見日間十一點,汝同林奇觀入房。”陳江娘答曰:汝口任汝自言何事而不可?“台又問:”訟師字內又指汝與楊泮水偷姦?“陳江娘答曰:”氏並無此事。“

公堂會議:“據諸削視所供,陳江娘所行可謂未善。唐人男女有別,況孀寡之婦,雖屬表戚,不宜留宿于厝之後房,猶是同在一屋之內,難免他人疑議。惟其自供,果與蔡連好做君得吖約結夫妻,縱未成就,揣其立心已有背夫之念。但此係屬詩礁之案。”

和(荷蘭)1861 年 9 月 13 日,拜五

公堂設嘧喳嘮。瑪腰陳永元舍同甲必丹陳濬哲官,仝雷珍蘭黃錦章官、陳思聰官、陳甲逢義官、高甲西川官、陳甲江水官、黃甲清淵官、連甲文清官、陳甲文速官、朱葛礁周淡官俱在座。鄭甲肇基官不到。

(委勘文登 唐婦賴丁岸娘控伊夫戴坤水一案)

閱文登雷珍蘭黃露水官所詳,為奉文登外淡命送下唐婦賴丁岸娘請伊夫戴坤水一案,附到一干原、被,懇將情酌量察奪。

賴丁岸娘請伊夫戴坤水:“為交寅三年,有給婚字。當氏出嫁時,氏父母付帶金頭托一枝、硂耳鎚一對、金手指二腳、金盆領一個、銀鎖匙一串、衣箱一腳、茄令箱一腳。自從拙夫以來,並無給下資費,氏所帶金硂銀器已經兑盡,付拙夫為血本。拙夫所做生理,俱見虧蝕,餘則食盡。氏再令拙夫當覓利度日,拙夫答曰:氏當自覓利,行彼偏僻之事,但莫觸我之目。若果然如此,則拙夫欲令氏為匪人矣。況拙夫自已衣褲俱是氏備用,今氏不願再為夫妻,懇判分離。"

吊訊戴坤水住文登把殺,供云:"拙妻之言晚果無給付資費是實,使晚肩挑貿易,如有獲利,則與共食。乃晚貧寒之人,並無別等生活計。若言晚令其行偏僻事,惟莫觸我目,此是虛言。今拙妻既與晚不能相合,亦何事不可言。特因拙妻屢要外遊,晚只言其少婦不宜如此,拙妻遂怒,則言起兑物件之事,但物件係其自已要兑盡,屢言晚不肯覓利,欲與晚離遏,晚亦願從。既拙妻不以我為夫,晚亦所不能強。"

列台覆訊賴丁岸娘、戴坤水,將黃露水甲所詳二比供詞宣諭,問原、被:"誠如所言否?"二比俱答曰:"誠是。"台又問賴丁岸娘:"據汝所請已載詳字內,更有別詞欲請否?"賴丁岸娘答曰:"餘無別請,惟決意懇判分離而已。"台問戴坤水:"據汝所訴供詞已載詳字內,再有別詞欲訴否?"戴坤水答曰:"無。惟拙妻決意求離,晚亦願從之。"

公堂會議:"詳勘賴丁岸娘、戴坤水告訴之供,賴丁岸娘請其夫三年無給付資費,所得度活者,惟伊隨帶物件兑充為本以資,今已兑盡矣。戴坤水自認其妻所言誠是,且自供其貧寒困乏,不能別圖生活。本堂細按,戴坤水既自認貧寒,其妻物件既已兑盡,焉得復有可以再兑?若日食資費,日引月長終不可缺。語不云乎,一朝無食,父子無義,況其妻也?論夫妻父子之情,人盡夫也,父一而已,胡可比也?勢不得不判其離遏。賴丁岸娘、戴坤水俱甘願押號在離婚簿內，任各別適無悔。謹此達聞文登雷珍蘭消冊。”存案。

(林高麗娘、張理夫妻求離一案)

林高麗娘年34歲，住丕鬆三木，請伊夫張理：“為交寅十四年，有生不育。因於前年拙夫屢次酷毆，甚至欲行刺殺，曾請該地蠻律，不能申理。自本年五月間氏落城，至今並無給下資費。似此不情，伏乞判離。”

吊訊張理年38歲，同住，供云：“前在丕鬆三木果有一次拙妻用冷飯與巫讓食，又獨用糟馬無參得嘮絲[①]與配，晚稍嫌之，他遂出口亂罵，一時忍性不住用手掌他，餘無別事。”林高麗娘質曰：“拙夫有畜偏房，寵信太過，置氏若閒人，故屢生端，無非為其偏房之事。”張理答曰：“晚畜偏房亦拙妻所命。若云無給資費，晚昨到城，即付大姨銀貳元欲與拙妻為費。今既不能和睦，要懇分離，晚固願從。”台勸林高麗娘：“汝夫妻既已十四載，並無大故，特因巫讓小事遂欲分離，殊不合理。當從夫歸家，依舊和好為是。”林高麗娘決意不從。將情申詳公堂大嘧內裁奪。

列台覆訊林高麗娘、張理，供如公勃低所詳。又據張理云：“晚意欲再援拙妻歸，如今拙妻果不肯，亦從其意願而已。”

公堂會議：“林高麗娘、張理夫妻俱已心異情絕，不可勸合，任其當堂離分，各別適往。”存案。

---

① 嘮絲：馬來語 Lopis 或 Lupis，爪哇點心名。一種糯米糕，以椰絲拌上棕櫚糖汁食用。

和(荷蘭)1861 年 9 月 27 日,拜五

公堂設嘧喳嘮。瑪腰陳永元舍同甲必丹陳濬哲官,仝雷珍蘭黃錦章官、陳逢義官、高甲西川官、黃甲清淵官、陳甲文速官、朱葛礁周淡官俱在座。陳甲思聰官、鄭甲肇基官、陳甲江水官、連甲文清官俱不到。

(涂有德懇蔭地風水壹穴以葬伊父默氏涂江淮為墳事)

列台閱涂有德稟懇蔭地風水壹穴,闊 12 距、長 24 距,以葬伊父默氏涂江淮為墳。

公堂會議:“當准涂有德所懇。”存案。

(命林冉鑾再填觀音亭路一事)

據公勃低陳逢義甲詳:林冉鑾包填觀音亭路無從君得吻字而行,令當再填至平坦,流水倒港邊再填文登港小石方可。林冉鑾遵命。存案。

和(荷蘭)1861 年 10 月 25 日,拜五

公堂設嘧喳嘮。瑪腰陳永元舍同甲必丹陳濬哲官,仝雷珍蘭黃錦章官、陳思聰官、陳甲逢義官、高甲西川官、鄭甲肇基官、陳甲江水官、黃甲清淵官、連甲文清官、朱葛礁賴觀瀾官俱在座。陳甲文速官不到。

(查勘詳覆曾幼娘、古海郎夫妻求離一案)

副挨實嗹於和(荷蘭)1861 年 10 月 23 日第□致書公堂,附第 5486 號日案。祈查勘酌量詳覆。

和(荷蘭)1861 年 10 月 22 日第 5486 號日案,為曾目兜

予亞律即古海郎之妻，住珍把殺，請伊夫古海郎年24歲，為龜里抽奎，住珍把殺："因已年餘，古海郎並無給下資費，於此拜一夜向古海郎討費，古海郎遂發怒，至毆打左手有傷痕，懇判分離。"

第一七轄公勃壟訊供，古海郎云並無毆打拙妻，係其妻用口咬古海郎。仰公堂勘察詳覆。

列台吊訊曾目兜予亞律即名曾幼娘，年19歲，住珍把殺，供如日案所言。又云："拙夫每夜遊蕩至一二點方歸，氏稍嫌之，遂怒毆。氏實不能堪，切懇分離。"

吊訊古海郎年24歲，住珍把殺，供云："晚屢有給付拙妻資費，每日至少三四十雷，或有在衣袋內，拙妻自取即三四盾亦有之。若毆妻，實無此事，拙妻用口咬晚則有之。今既請干刀，晚無顏再為夫妻，願求分離。"曾幼娘質曰："拙夫毆氏實有，現左股有傷可證。"台問曾幼娘："汝云汝夫毆汝，有人見否？"曾幼娘答曰："係在厝內，無人見證。"台勘其傷痕不明。

公堂會議："據二比之供，灼見其夫妻之情絕，毆打之事既無證見，可謂不明。但見其求離之心，二比俱決。本堂細按，准其所懇。即付離遏，任各別適無悔。將情申詳副挨實嗹作主施行。"

(續：查勘陳江娘或再醮或姦情一案)

列台接閱訟師緞奚哖掛嗤甲丁知廚禮陳甘郎和(荷蘭)1861年10月17日上書，附故李梓隆達心眠字和(荷蘭)1858年6月7日第30號梁礁緞吉寧所做，請唐婦陳江娘即故李梓隆之妻："為從李梓隆達心眠字所陳，立陳甘郎為掛嗤惹蘭，倘李梓隆故，後每月當給付陳江娘銀500盾。如欲停還此項，當陳江娘或再醮或姦淫，憑公堂酌量裁奪可否？前訟師緞嗤各經懇公堂勘察陳江娘行止，從和(荷蘭)9月2日第465號之書，灼見陳江娘行止多有毀議，然無敘明此應給月費500盾當還與否？因敢再懇公堂按例裁奪指示，或還或否？"

公堂會議："從和(荷蘭)9月2日第465號之書，灼見陳江娘行止多有不合唐例，深為可疑。況其自供果有做君得吖欲再醮夫事，雖不果，揣其立心已背愛其夫李梓隆矣。本堂細按，其該得月費銀500盾可以免還。但錢項之事，合當投控吻柔實低司裁奪為是。謹詳。"

和(荷蘭)1861年11月22日，拜五

公堂設嘧喳嘮。瑪腰陳永元舍同甲必丹陳濬哲官，仝雷珍蘭陳思聰官、陳逢義官、高甲西川官、黃甲清淵官、陳甲文速官、朱葛礁周淡官[①]俱在座。黃甲錦章官、鄭甲肇基官、陳甲江水官、連甲文清官俱不到。

(訟師緞多倫致問諸削視所供皆可取信可從其言否)

據訟師緞多倫致書，問前公堂所詳訟師二書，其在公堂所訊諸削視俱是好人否？其所供皆可取信可從其言否？懇即達聞。

公堂會議："承訟師緞多倫來書，問前詳訟師緞嗤各緞奚哖二書諸削視可是善人，可為取信。但削視之事，不過將情勘訊，其可取信與否，惟憑吻里裁奪。"

---

① 周淡官：亦作周琰官。

(林英娘、胡寶林夫婦求離一案)

林英娘年 26 歲,住大南門,請伊夫胡寶林:"為交寅三年,有生一男胡呇呇,年二歲。因此拜六,和(荷蘭)11 月 16 夜,拙夫毆逐,謂已無屬意於氏,至額上有痕傷可證。今不欲多究,惟懇分離而已。"

吊訊胡寶林年 36 歲,住大南門,供云:"晚並無毆打林英娘,若其額上之傷,係其自觸頭於棹。林英娘既要求離,晚固願從。"台問林英娘:"當汝夫毆汝之時,有人眼見否?"林英娘答曰:"多有人見,但不得指定何人?"台又問林英娘:"為何事毆汝?"林英娘答曰:"因氏洗覽匏[1]不淨,點火不光,拙夫遂怒,即行毆打。"胡寶林質曰:"非因洗覽匏之事而致生端,乃晚買豆芽食餘,喚女子食之,拙妻遂怒氣勃發,生端角口,毆打之事實無此情。"台查林英娘,果然額上有傷。台按:"其夫妻求離,合當詳入公堂判斷。"因其額上有傷,故將情申詳大瑪腰(陳永元)裁奪。

列台覆訊林英娘、胡寶林,供如公勃低所詳。胡寶林又云:"此事已經處和。"以訊林英娘,供云:"如拙夫從氏所勸,莫蕩游、莫飲酒、莫亂口,氏願依舊和好。"胡寶林答曰:"願從拙妻所勸,當堂相援回歸。"本堂准懇。存案。

(葉是娘、邱東水夫妻求離一案)

葉是娘年 26 歲,住班芝蘭巷,請伊夫邱東水:"為交寅五年,未有生兒女。前經請公舘判斷,和(荷蘭)1859 年 4 月 15 日令氏夫妻和好,著邱東水攜氏歸家。後竟不然,及至 7 月

---

① 覽匏:荷蘭語 Lamp,馬來語 Lampu,燈泡、燈罩。

間，拙夫再請公舘，願從分離，至今無給資費，伏乞判離。”

吊訊邱東水年27歲，住五脚橋，供云：“晚經攜拙妻歸家，奈他不從。至云於和(荷蘭)1859年7月間，晚言願從分離，實無此情。況晚尚給資費，不願從離。”台見葉是娘屢到公舘求離，屢勸不能和合。況和(荷蘭)1859年至今已越三年，並無給資，亦無尋喚葉是娘回家，可謂無夫妻之情。將情申詳公堂大嘧內裁奪。

列台覆訊葉是娘、邱東水，供如公勃低所詳。據邱東水又云：“如晚之物件交還晚，願從離。”

公堂會議：“論葉是娘、邱東水夫妻參商四載，並無存問視之心，可謂絕情。況邱東水謂物件既還，則願從離。可見重物賤妻，猶不合理。本堂細按，合當准其離逷，各從別適無悔。”存案。

和(荷蘭)1861年12月13日，拜五

公堂設嘧喳嘮。瑪腰陳永元舍同甲必丹陳濬哲官，仝雷珍蘭黄錦章官、高西川官、鄭甲肇基官、連甲文清官、陳甲文速官、朱葛礁賴觀瀾官俱在座。陳甲思聰官、陳甲逢義官、陳甲江水官、陳甲江水官不到。

(唐美色甘委問唐人婚姻之例)

承唐美色甘於和(荷蘭)1861年11月29日第1794號又1540號致書，委問唐美色甘仝公舘經給付葉望娘婚字交寅於甘文進事。因葉元意控唐美色甘，謂葉甕不得主婚。唐美色甘意謂主婚當於掌業人，此葉望娘之掌業係唐美色

甘，合式美色甘唐室可為主婚安頓其事。又問從唐例，既給婚字可謂成婚抑當宴客拜神方謂成婚？又承唐美色甘室陳俊祥云，遵美色甘命，又問當給婚字時主婚人報知合巹之期，後竟改易可乎？

列台閱書及口言，悉知語意。議曰："論婚姻一事，在唐則婚書禮帖為重，此禮既行，則成夫婦矣。在吧則給婚字為重，婚字既給，則成夫妻矣。縱有後悔，斷無改移。若宴客拜神，不過遵行古禮私家之事，過則已焉，非若婚字確憑，百年不朽。倘遇事故，可獻公廷，此婚字所為重也。論葉甕主婚於葉望娘，未為不是。當葉孝、葉元和父子繼亡，葉望娘為尚幼稚，依養在葉甕家，蓋亦有年。古語云：'生不如養。'其葉甕之謂歟！為之主婚成人例固宜也。況此事前有人用名葉元意曾投請公堂，謂葉甕不得主婚其妹。本堂業經勘訊葉元意，自供未給婚字。十日前，伊姻親引嬸二果有告知，謂葉望娘不日要交寅。如葉元意心有不悅，一聞此言，自當速向葉甕詢問致控公舘，奚可待其婚字既給，夫妻既成而後稟請，不已遲乎？可見葉元意藉端啓釁，欲悮葉望娘婚姻大事明矣。唐美色甘意謂主婚當於掌業人，此論又非吧人做達心眠字立掌業人，未必盡屬至親，異姓亦有之。從唐例，主婚當父母，既無父母必由親及疎，未有異姓之人可為主婚者也。公舘給婚字，必問定合巹之期，上下相承例也，固無關於婚姻之事。如有預擇之日，曾報知公舘，後遇賢師復選曰其日不吉則易，以前後何傷之有？謹詳唐美色甘電察裁奪。"

（1862 年至 1864 年稅惹致地田園、丹絨、式里陂田、丹絨、式里陂園三年取息招標事）

一、叫稅惹致地田園取息三年為限，和(荷蘭)1862年1月份起至1864年12月終止，全年價銀495盾，承應人：邱塗；安咀人：李昆茂、李彥。

一、叫稅丹絨、式里陂田取息三年為限，和(荷蘭)1862年1月份起至1864年12月終止，全年價銀2 200盾，承應人：邱塗；安咀人：李昆茂、李彥。

一、叫稅丹絨、式里陂園取息三年為限，和(荷蘭)1862年1月份起至1864年12月終止，全年價銀350盾。承應人：邱塗；安咀人：李彥、鄭成福。

和(荷蘭)1862年2月21日，拜五

瑪腰陳永元舍甲必丹陳濬哲官，雷珍蘭黃錦章官、陳思聰官，雷珍蘭陳逢義官、高西川官，雷珍蘭鄭肇基官、陳江水官，雷珍蘭黃清淵官、連文清官，雷珍蘭陳文速官、朱葛礁賴光瀾俱在座。

(承命詳覆天地會圖冊所載之內容)

承叻柔實低司公勃哵里於和(荷蘭)1862年2月10日第18號致書，附一唐簿，祈達知所云何事？其人結党何意？果不事生業，專以劫殺為務否？

列台閱書，悉知語意。隨讀遍唐簿首四帙，已破不盡可觀。惟見果是天地會事，係在康熙十二年[1]甲寅歲[2]，即和

① 康熙十二年：康熙十二年為癸丑歲(西元1673年)，而不是甲寅歲。

② 甲寅歲：查康熙十三年甲寅為1674年，而不是1649年。

(荷蘭)1649年[1]。其時明帝崇禎初滅,清朝順治新登大寶,明之妃子朱祝結會欲圖報復。下十帙繪有廟貌、香爐、棋杆、牌號、黃蓋,及帥旗、將旗、令旗。再下20帙,則集記門聯及各詩詞。又再下42帙,則集記各色口白,及祝神語詞。末10張,集記36條誓章。至末三帙俱破盡,不得觀閱。此簿所載,俱係古事,已過一百八十八年,並無訂記現時人名。本堂切思,誰人收藏此簿,從簿所行,灼見立心不軌,匪人是實。附回原寄唐簿一本,謹詳叻柔實低司臺前。

(劉三娘、黃亞善夫妻求離一案)

據公舘公勃低詳,劉三娘年18歲,住導唧,請伊夫黃亞善:"為交寅纔五個月,於初交寅後十二日,氏身染病,請知拙夫欲回家養病。拙夫許允,於是回家。拙夫並無到處看視,且無給下資費。似此不情,乞判分離。"

吊訊黃亞善年43歲,住小南門:"拙妻交寅十二日,遂請欲回家養病,果有此情。當回家時,將晚兒子率歸,晚有給資費。後晚往其家,見兒子病睡於地,並無照顧。晚將子援歸,並叫妻同歸,他竟不從。是以自六月間無給資費。"台問劉三娘:"汝夫叫汝回家,焉何不從?"劉三娘答曰:"拙夫常常關氏房中,恐回家復然,是以不敢從歸。"台勸其夫妻當依舊和好,劉三娘堅執要離。將情申詳公堂大嗒內裁奪。

列台覆訊劉三娘、黃亞善,供知公勃低可詳。

公堂合議:"據二比所供,灼見絕情已甚。今當准其離遏。"存案。

---

① 1649年,為順治乙丑六年,而不是康熙年。

(承挨實嗹致書造用於 1863 年之唐曆)

承挨實嗹和(荷蘭)1862 年 2 月 18 日第 633 號致書,祈造唐曆用於和(荷蘭)1863 年繳上。又祈報知現時唐帝何名?

列台閱:"當遵命,但現時唐來通書見有禎祥年號,聞後來有再易同治,尚未有字跡可見。謹詳。"

和(荷蘭)1862 年 3 月 17 日,拜一

公堂設嘧喳嘮。瑪腰陳永元舍、甲必丹陳濬哲官,雷珍蘭陳思聰官、陳逢義官,雷珍蘭鄭肇基官、黃清淵官,雷珍蘭陳文清官、陳文速官,朱葛礁周淡官俱在座。黃錦章甲、高西川甲、陳江水甲不到。

(委勘林順德入字于唐美惜甘懇恩准交寅事)

承唐美惜甘於和(荷蘭)1861 年 12 月 24 日第 1707 號致書,附二口詞,祈查勘酌量詳覆。列台閱書及閱二口詞,悉知語意。

吊訊林順德年 19 歲,住磚仔橋,供云:"晚果有入字於唐美惜甘,懇恩准交寅。"吊訊陳淑娘年 46 歲,住大園內即林欣之寡妻,供云:"氏果有入字唐美惜甘,懇莫准林順德交寅。因氏子林順德忤逆不孝,欲削破過房書。"台將口詞宣諭,俾知語意。陳淑娘又云:"口詞所言非氏本意。"

本堂細按,字既與供殊,實難酌議其事。因將二口詞繳回唐美惜甘列臺鑒察。

(李珠娘投稟懇撤破婚字一案)

據李珠娘投稟，稱伊夫劉奇生[1]已四載無息，不知何往。懇撤破婚字。

吊訊劉永南年72歲，住洪溪，即劉奇生之父，供云："此劉奇生果是晚養子。自交寅二個月後，不知何往，於今四載並無信息。今媳婦李珠娘懇要撤破，任其別適，願聽其便。雖交寅時，晚為主婚。既擔悞，不敢強留。況晚養子劉奇生已飲亞[2]無度，欺騙外人，終無完局。既悞於前，不敢再悞於後，伏乞公堂裁奪。"

公堂會議："據劉永南所供，已知其子終無成日，不敢強留其媳。情理固宜，合當准李珠娘所懇，但當申請褒黎司日案判定方可。"

(郭珠娘懇其子吳木生可掛咁故吳詩牛為得業人)

承蘭得叻於和(荷蘭)1862年3月24日第38號速速致書公堂，附訟師緞伴郎葛掛咁郭珠娘住吧即吳貴隆之寡妻吳木生之母掛咁未長成子吳木生口詞，因於去年和(荷蘭)1861年1月28日曾上書蘭得叻，懇其子吳木生可掛咁故吳詩牛為得業人，吳詩牛遺業美惜甘掌理可附承得美惜甘恩准，付郭珠娘執掌。如肯承受，願援人安咀。祈公堂勘察酌量詳覆。

訟師緞伴郎葛掛咁郭珠娘上書蘭得叻，謂此郭珠娘即

① 劉奇生：亦作"劉記生"。據《婚簿》記載，1858年6月26日，住洪溪，劉記生28歲與18歲李子(珠)娘成婚註冊。媒妁蔡勤娘，男方主婚劉永南(父)，女方主婚與李結炳(宗兄)，交寅日戊午5月22日。公勃低：陳文速，黃錦章。原注：劉記生自唐來吧，有案奪字1856年2月9日第360號。1856年2月27日批出。

② 飲亞：即吸食鴉片。

故吳貴隆之寡妻，吳木生之母掛呭未長成子吳木生。因唐婦黃玉娘故，吳武西之妻從和(荷蘭)1852年1月17日第51號梁礁緞吉令所做達心眠字，願付孫吳詩牛，亞：厝一間，趾(址)在八茶礶，又銀2 000盾。迷：又厝帶地及諸不動之物及婢僕已付吳蔭娘，僅可取息，可轉歸吳詩牛名下，又銀2 000盾已入在美惜甘。但吳詩牛於和(荷蘭)1857年無病已故在唐病厝，並無做字，並無親生，及過房子女，又無妻室及同胞男女兄妹。其父吳長任前已先故，惟存其母李福娘。追溯吳詩牛祖父故吳武西有子吳貴隆，現亦故，已娶郭珠娘為妻，生下一子吳木生。其吳木生即吳詩牛之兄弟，為最近之親。故吳詩牛所存遺業，合當伊得。從唐例，婦人之親，雖至近不宜得業。伏懇蘭得叻作主，立未長成子吳木生為掛呭吳詩牛得業人，美惜甘掌理吳詩牛遺業可付郭珠娘掛呭執掌。如賜恩准，當援人安呾。沾恩切叩。郭珠娘供詞失抄，補下第四帙。①

吊訊削視陳和娘年78歲，住大使廟，與郭珠娘、吳武西並無牽連親戚，供云："氏知吳貴隆果是吳武西與其妾鶯喬所生之子，其生有二：一早夭，不知是男或女？獨吳貴隆長成交寅二次，前妻生一子早逝，後娶郭珠娘生一子名龜律，唐名不知。因娘仔武西故後，氏則罕到其處。"台問陳和娘："其鶯喬，吳武西既納為妾，厥後再做戲否？吳武西子女計共幾人？"陳和娘答曰："鶯喬將生吳貴隆時，則不復做戲。吳武西正妻生子吳庚長、吳長任，女嫛勿殺、嫛吉疾。鶯喬生子名貴隆。"

① 郭珠娘供詞：見1862年4月18日"補記郭珠娘供詞"。

台又問陳和娘："吴武西交寅正妻係處女否？或吴武西故後有再嫁否？"陳和娘答曰："吴武西交寅正妻係處女，武四故後無再嫁。"又問陳和娘："其吴長任之妻李福娘其夫故後何如？"陳和娘答曰："吴長任之妻其夫故後，則再適陳啓淮甲。所供是實，敢立一誓。"

公堂會議："查黄玉娘達心眠字有曰：伊夫之子吴貴隆，憑諸削視所供，確見吴武西娶黄玉娘為妻，終身不二，生子吴長任；又納鶯喬為妾，生子吴貴隆。此二人屬同胞兄弟。嗣後吴長任娶李福娘為妻，生子吴詩牛；吴貴隆娶郭珠娘為妻，生子吴木生。唐例昭穆之序，吴詩牛與吴水生實為親堂兄弟，屬至近之親，且李福娘 吴詩牛之母已經出嫁，其吴詩牛遺業合當吴詩牛至親承得。謹詳蘭得叻大嚓內裁奪。"

(吴瑞娘、高瓊琚夫妻求離一案)

據吴瑞娘年二十五歲，住大南門，告伊夫高瓊琚①："為結髮四載，未有兒女。因自交寅僅有三月，夫妻相得。過此，則逐日不和，視氏如仇。所買紗囊付氏應用，逐日追討。後氏回家與母氏同住約將一年，拙夫並無看視，且無給費。其所以然者，因拙夫盡心憐愛戲婢，氏之不能忍耐，非祇一日，已三年餘，伏乞判離。"

吊訊高瓊琚舍年 24 歲，住大港墘，供云："晚與拙妻甚然相得，自交寅至今，未常口較，惟見岳母之女巫讓逐日往來。

---

① 高琼琚：1839 年生，甲必丹高俊傑之子。据《婚簿》记载，咸丰八年十月八日即 1858 年 11 月 13 日，住窑内 20 岁高琼琚与 21 岁吴瑞娘成婚註册。媒妁郭一娘，男方主婚高俊傑(父)，女方主婚吴南阳(胞叔)，交寅日戊午 10 月 13 日。公勃低：陈思聪、郑肇基、陈文速。

問之，拙妻遂怒，不知何故？所云晚迫討紗囊，實無此事。拙妻雖然回家，晚亦常常往視，並不見面，即欲付費要交誰人？今拙妻懇要分離，惟憑甲必丹裁斷。但拙妻已守父喪，何未三載經已變紅，不知何意？”將供以訊吳瑞娘，答云：“因拙夫全無向氏之心，惟戲婢是愛，氏之痛心過甚，是以變紅並非別意。”台勸：“汝夫妻俱無大故，且兩家俱是良家門第，分離甚非美事，合當依舊和好。”吳瑞娘堅執不從。將情申詳公堂大嘧內裁奪。

公堂會議：“論高瓊琚與妻吳瑞娘既已蓄怨多年，且高瓊琚素行不堪，人所共知。今當准吳瑞娘所懇，判其夫妻分離。”存案。

和(荷蘭)1862年4月18日，拜五

公堂設嘧喳嘮。瑪腰陳永元舍、甲必丹陳濬哲官、列台俱在座。陳江水甲、鄭肇基甲、連文清甲不到。

(詳覆副挨實嗹致問1862年亞片行情如何)

承副挨實嗹於和(荷蘭)1862年3月31日第14號又27號速速致書公堂，附挨實嗹於和(荷蘭)1861年10月31日第4163號書，抄厘力突和(荷蘭)1861年10月26日第5065號書，致問和(荷蘭)1862年亞片所為如何？詳覆。

列台吊訊亞片贌官許清泉甲，不到。伊掛咻人王光華到堂，供云：“年54歲，住大南門。”據稱：“本年亞片贌教文明，無配系南土，現時足用，後來未知。現兌膏半兩至一兩，每兩價銀貳拾伍盾，一角莊每兩兌銀貳拾陸盾，一分莊每分兑银三鈁目。今消長有減，每日吧轄約減 20 餘兩，茂物、萬丹、茄荖旺消長各有稍減，較之吧轄相差不多。如無起價，配土則不足用，若有益於朥官，如上年可配付系南土更妙。”

公堂會議：“論本年亞片朥教文明無配，系南土飲者，各斂極為美妙。現將朥官所兑膏價，聞之人言，廣東、實叻亞片高貴，行情可堪。倘若再起，恐異地低價，反為不美。謹詳副挨實嗹電鑒。”

(林味娘、許恒盛夫妻求離一案)

據林味娘年 24 歲，住公司後，請伊夫許恒盛：“為交寅三年，有生一女年三歲，名匏廚。因拙夫常無故趕逐氏，似此不情，不願再與為夫妻，伏乞判離。”

吊訊許恒盛年 39 歲，仝住，供云：“晚未嘗無事趕逐拙妻。茲他既要分離，晚亦願從之。”臺勸林味娘與許恒盛：“夫妻並無因大故，不得分離，仍然夫妻相愛同歸。”礙二比各堅執分離。將情申詳公堂大嚓內裁奪。

列臺覆訊林味娘、許恒盛，供知公勃低所詳。據許恒盛又云：“拙妻現時有孕三個月。”

公堂會議：“據許恒盛所供，林味娘既有孕三個月，不得離遏，待分娩後再作定奪。”存案。

(補記郭珠娘供詞)

補記上四帙，和(荷蘭)1862 年 3 月 17 日，拜一。

公堂嚓喳嘮，郭珠娘訊供。

吊訊郭珠娘年二十五歲，住烏褒土庫，供云：“氏果有入字蘭得叻，所言悉如字內云云。”又云：“氏交寅吳貴隆已七年。去年間吳貴隆已故，但吳貴隆係吳武西與妾鶯喬所生之子，有削視鍾鬧熱娘、陳和娘明知。氏與吳貴隆生下一子吳木生,現年六歲,即氏掛咞入字之人。吳武西共有三子二女,長子吳長庚早故,次子吳長任,三子氏夫吳貴隆;長女吳蔭娘、次女吳曲娘亦故。今氏懇故吳詩牛遺業付吳木生承得,因吳詩牛與吳木生係至親兄弟。”臺問郭珠娘:“如吳貴隆果是吳武西之子,何吳詩牛故時無入字致懇此事?”郭珠娘答曰:“聞拙夫吳貴隆有言,自和(荷蘭)1861 年 1 月間經緞半夏瑪有代已入字致懇與美惜甘時,事未行而拙夫已故。”

吊訊吳蔭娘年 51 歲,住烏褒土庫,供云:“氏弟吳貴隆乃家父吳武西與妾鶯喬所生之子,鶯喬自家父納為妾則在厝理家,不復做戲。氏同母兄妹二男二女,長兄長庚八歲已亡,次兄長任至 27 歲乃故,於十八歲時交寅李福娘。氏係長女,次妹吳曲娘,年 42 歲亦故。若吳貴隆,氏之同父異母弟,交寅二次,首次母氏主事,後次則氏主事,至今已七年,生子吳木生。貴隆若在,今年 32 歲矣。”臺問吳蔭娘:“吳詩牛已故幾年?如吳貴隆果吳武西之子,何吳詩牛故時無入字致懇?”吳蔭娘答曰:“吳詩牛故已六年,其時氏則有入字,因氏屬女兒,既已出嫁,不宜得業,以故美惜甘案奪,付其母李福娘承得其付。氏弟吳貴隆即付緞伴夏瑪掛咞入字美惜甘。”臺又問吳蔭娘:“美惜甘既已案奪付李福娘承得,何汝又入字?”吳蔭娘答曰:“李福娘雖是吳詩牛之母,已經再嫁,夫家之業不宜承得。”臺又問吳蔭娘:“汝父吳武西故後,汝母有再嫁否?”吳蔭娘答曰:“無。”

吊訊鶯喬年約五十二歲,住烏褒土庫,供云:“此吳貴隆果賤與吳武西所生之子,又生一女名挨勃,12 歲已故。吳貴隆娶郭珠娘為妻已六年，生子一名龜律，唐名木生，現年六歲。吳貴隆去年已故。”

吊訊削視鍾鬧熱娘年五十七歲，住烏褒土庫，與吳武西 郭珠娘比鄰，並無牽連親戚，供云：“氏果知吳貴隆係吳武西之子，與其戲婢鶯喬所生。自吳武西納鶯喬為妾，鶯喬則不復做戲，生下男女各一：男名吳貴隆，女名吳挨勃娘，早夭。其正妻則生男女各二：長男長庚，早故；次男長任，長成娶妻李氏，不知其名，生下二子，一早逝。一名吳詩牛，約年 21 歲、22 歲，未娶而故。其吳貴隆交寅二次，前妻生一子早故，後娶郭珠娘乃生吳木生，今年約五六歲。”臺問鍾鬧熱娘：“吳武西交寅正妻係處女否？吳武西故後有再嫁否？”鍾鬧熱娘答曰：“吳武西交寅正妻係處女，吳武西故後亦無再嫁。若吳長任之妻其夫故後，則再嫁。所供是實，敢立誓。”

(簡絨娘控伊繼母徐文質娘一案)

據公舘公勃低高（西川）詳。

簡絨娘[1]年三十五歲，住觀音亭，請伊繼母徐文質娘：“為氏父簡租已過世近一年，他竟通姦於番名牛明。此番日夜常在厝內，極不合式。但氏尚有妹二人與他同住一厝，年已皆長大，並未交寅。既他從姦於番人，誠恐氏之二妹或至被他連累，有不美名。氏向他懇此二妹交付照顧，並不肯從。伏乞追究。”

吊訊徐文質娘年 43 歲，住大使廟，供云：“氏故夫簡租已過世一年，尚有二女，長名金娘，年 17 歲；次名銀娘，年 15 歲，

---

① 簡絨娘：原檔下文寫作“簡戎娘”。

並未交寅,與氏同住。今此簡戎娘,係金娘、銀娘之大姊,要取他二妹往住他家,任憑簡金娘、簡銀娘之意欲如何。倘要從他姊同住,氏亦願聽從,並不敢阻止。又他言氏有通姦於番明牛,並無此情,氏豈不知顧體面?但氏有承故夫做粿生理,不能無倩巫讓番,是以倩番明牛為巫讓,以應差使。或因店事多勞,即有付番在厝宿夜,並未嘗無事任從日夜常在氏家。"將供以訊簡戎娘,稱願往取簡金娘、簡銀娘二人同住。二比兩願,唯退。存案。

據簡戎娘再請云:"氏往取妹簡金娘、簡銀娘,皆不肯從。又番明牛向氏言,汝之妹如無他惹呀[1],豈能生活乎?"臺據簡戎娘再請,即欲吊番明牛訊究。奈簡戎娘懇將情申詳瑪腰(陳永元)究治。謹此詳大瑪腰(陳永元)裁奪。瑪腰(陳永元)將案繳入公堂。

列台覆訊簡戎娘三十五歲,住觀音亭,供云:"如公勃低所詳。"又云:"氏妹簡金娘已經有孕。"吊訊陳新禧年四十三歲,住觀音亭,即簡戎娘之夫,供云:"二小姨多有人求親,岳母俱不許允。公舘判後,拙妻往討,又不肯付還,想其中必有不美之事。"

吊訊徐文質娘年四十四歲,住大使廟,供云:"氏與簡租交寅有給婚字。"臺問:"汝二女有人求親,何不許允?"徐文質娘答曰:"因拙夫故未一年,有唐例。今其大娣若主意要配誰人,氏當從命。"

公堂會議:"據諸人所供,止例二處女當歸伊姊許配成人為是。"存案。

---

① 惹呀:馬來語 Jaga,照顾、照料。

和(荷蘭)1862 年 5 月 2 日,拜五

公堂設嘧喳嘮。瑪腰陳永元舍、雷珍蘭黃錦章官,雷珍蘭陳思聰甲、陳逢義甲,雷珍蘭高西川甲、黃清淵甲,雷珍蘭連文清甲、陳文速甲,朱葛礁周琰[1]在座。甲必丹陳濬哲官,雷珍蘭鄭肇基甲、陳江水甲不到。

(劉貞娘、林宗漢夫妻求離,黃銀娘、林福恩夫妻求離二案)

承文登外淡寄下二日案,劉貞娘請伊夫林宗漢;又黃銀娘請伊夫林福恩[2],俱懇判離。

列臺吊訊劉貞娘年二十九歲,住八芝嗹,供云:"如日案所言。"吊訊林宗漢年三十五歲,供云:"晚雖二個月不在家,家中油米俱付應用,又且有亞參付兑為費。"劉貞娘云:"氏無別求,惟願分離而已。"林宗漢答曰:"既拙妻決意分離,晚固願從。"

公堂會議:"量已既二比執意要離,其情已絕,諒無回心之日。准其離遏可也。"存案。

吊訊黃銀娘年三十一歲,住文登,供如日案所言。又云:"氏已交寅一十五年。拙夫所為,實在不堪,惟懇分離而已。"吊訊林福恩年三十六歲,住文登,供云:"拙妻所言家父之事,實無此情。晚所以無給資費,因晚已招回數次,拙妻不從,且晚曾有稅厝要付另居,拙妻不從,是以無給資費。如拙妻肯從晚所

---

① 周琰:亦作周淡。

② 林福恩:據《婚簿》載,1848 年 10 月 4 日,住文丁 22 歲林福恩與 19 歲黃銀娘成婚註冊。媒妁林萬福,男方主婚林明宗(父),女方主婚黃雷生(胞兄)。

欲,晚當照顧得宜。拙妻既懇分離,晚願從之。”

公堂會議論:“林福恩、黃銀娘一案,既已八年參商,可見二比恩情俱絕。且當日林福恩亦已請干刀,夫妻之情已薄。嗣後又無回心,歷許多年。今黃銀娘懇要分離,其夫願從。公堂酌量,合當准懇。”存案。

(李音娘、蔡春基夫妻求離一案)

又承文登外淡寄下李音娘、蔡春基一案。其李音娘所請物件如有存者,當即交還。如無者,可詩礁。夫妻之事,已見二比俱絕情,准其離遏可也。若兒子已付其夫撫養一年餘,並無生端。可見其夫愛惜,無容他慮,可仍付夫撫養。倘不付,李音娘欲省視,蔡春基不得阻止。存案。

(蔡慶娘、吳亞皆夫妻求離一案)

據公舘公勃低陳(逢義)、高(西川)詳。

蔡慶娘年十七歲,住戈勞屈,請伊夫吳亞皆:“為交寅二年,未有孕育。拙夫於正月間無故打氏亦忍耐,仍然和好。茲已四個月無給資費,拙夫既無夫妻情,又無事趕逐,伏乞判離。”

吊訊吳亞皆年二十一歲,住東基,供云:“晚並無打拙妻,實是拙妻打晚,經有請默氏。但晚於每月果有給費五盾或六盾。茲他既要分離,晚亦願從之。”臺勸其夫妻和好同歸,並無大故,不得分離。礙二比堅執分離,不可勸合。將情申詳公堂大嘧內裁奪。

列臺覆訊蔡慶娘、吳亞皆,供如公勃低所詳。吳亞皆又云:“既拙妻欲求分離,晚固願從。”

公堂會議:“既二比甘願要離,雖無甚故,准懇可也。”存案。

和(荷蘭)1862 年 5 月 18 日,拜五

公堂設嘮喳嘮。瑪腰陳永元舍、甲必丹陳濬哲官,雷珍蘭陳逢義甲、高西川甲,雷珍蘭鄭肇基甲、黃清淵甲,雷珍蘭連文清甲、陳文速甲,朱葛礁周琰俱在座。雷珍蘭黃錦章甲、陳思聰甲、陳江水甲不到。

(公堂拒絕緞某懇要築瓦屋在牛郎沙里地)

閱緞 和(荷蘭)5 月 8 日上書公堂,懇要築瓦屋在牛郎沙里地。悉知語意。

公堂會議:"當先修書詞,此屋誰人付其恩准蓋築?如竹屋暫付借用,容易搬棄猶似可也。今欲蓋瓦,公堂未得許允。待其復息,然後定奪。"存案。

和(荷蘭)1862 年 5 月 23 日,拜五

公堂設嘮喳嘮。瑪腰陳永元舍、甲必丹陳濬哲甲,雷珍蘭高西川官、黃清淵官,雷珍蘭連文清官、陳文速官俱在座。雷珍蘭黃錦章官、陳思聰官,陳逢義甲、鄭肇基甲、陳江水甲不到。

(委勘番宇熱詩礁詹接生及蔡城娘二案)

承蘭得叻於和(荷蘭)1862 年□月□日第簡絨娘致書,委勘番宇熱詩礁詹接生及蔡城娘[①]二案,勘畢申詳。

要訊詹接生,已故;要訊番宇熱,不到。

---

① 蔡城娘:原檔下文寫作"蔡城"。

臺查番宇熱，獻故詹接生之手指，歷來每月不過做棺五、六付，何於尾條7月1日記做棺三十副？屬為可疑。況陳休元供云：手指尾條手跡不同，要知事實，該查詹接生大數，方見明白。但詹接生現已故，數存美惜甘，未可定奪。謹詳蘭得呐電鑒。

要訊番宇熱，不到。

吊訊蔡城，問："何手指汝記50盾而數僅記五盾？"蔡城答曰："乃錯筆，果是五盾而已，當時算數亦算五盾。"

公堂會議："查番宇熱所獻手指，宇熱當欠雷五十盾餘。已因蔡城數內宇熱僅欠雷肆盾一鎊，但蔡城已認於7月之條錯筆，相差肆拾五盾而已。扣出之此條，仍與蔡城之數相孚。況蔡城之數照法而立，合當從蔡城之數為是，宇熱所控不得承首。謹詳蘭得呐電鑒。"

(馮孟娘、林新貴夫妻求離一案)

據公館公勃低陳(濬哲)、黃(清淵)詳。

馮孟娘年二十二歲，住八戈然，請伊夫林新貴："為交寅五載，生下一男，名茄鍾，現年三歲。因拙夫已三年無給資，且又畜別人為妻，伏乞判離。"

吊訊林新貴年三十五歲，住八戈然，供云："拙妻所請，言無給資費，乃是虛言。惟於去年間，晚見拙妻所為不良，將晚所獲些少微利，俱分送與番人，故晚於去年五月間送於伊父之家。從此之後，晚即無給資。今拙妻欲求分離，晚固願從。但兒子係晚所生，懇判回撫養。馮孟娘答曰：此兒子氏已畜養多年，不願交還。"臺曰："汝二比既決意欲離，兒子之事，當聽公堂判斷為是。"謹詳公堂大嘧內裁奪。

公堂覆訊馮孟娘、林新貴,供如公勃低所詳。

公堂會議:"既已二比決意欲離,可見絕情已甚。今當准懇,付其離退。其兒子既馮孟娘願交還,可付林新貴撫養。"存案。

和(荷蘭)1862年6月20日,拜五

公堂設嘧喳嘮。瑪腰陳永元舍、甲必丹陳濬哲官,雷珍蘭黃錦章官、陳思聰官、陳逢義官,雷珍蘭高西川官、鄭肇基官、陳江水官,雷珍蘭黃清淵官、連文清官、陳文速官,朱葛礁賴觀瀾俱在座。

(委勘詳覆唐人林仁生數簿指明誰人買來事)

承蘭得叻於和(荷蘭)1862年6月18日第79號致書,委勘唐人林仁生數簿,指明誰人買來?詳覆。

列臺吊訊林仁生年三十五歲,住小南門為商,供云:"晚果有兑米與史丹[①]嗎哌[②],其戈奢色些啉不過為牙行議價而已,故數簿所記俱史丹之名。"臺查林仁生《總簿》一本,唐辛酉年九月即和(荷蘭)1861年第46號,記史丹之名於唐辛酉九月初四起至十月二十二日止,史丹還銀四條,共9 169.7盾。又對戈奢些啉來銀一條,記壹佰盾。又對戈奢些啉過八仙一條,來銀178.63盾。三條合共來銀9 448.32盾。

---

① 史丹:又作"蘇丹",阿拉伯語、馬來語Sultan音譯,伊斯蘭國家君主的稱號。在東南亞地區多作王公,地方酋長。

② 嗎哌:即馬辰,Banjarmasin,地名。在加里曼丹(婆羅洲)南部,《東西洋考》作文朗馬神,有專條。

又記唐辛酉年九月十六日起至唐九月廿二日止，去米四條，共 64 車 25.92 擔。又唐辛酉年九月十五日起至唐十一月二十日止，去零米及什物 13 條，共雷 416.3 盾。查《日清》條目俱對，惟唐辛酉年九月十四日，《日清》記史丹同些啉還銀三仟盾，《總簿》抄在史丹名下。”臺問林仁生：“汝《總簿》所記來往俱史丹之名，何《日清》唐辛酉年九月十四日《日清》記史丹同些啉還銀三仟盾，《總簿》抄在史丹一人名下？”林仁生答曰：“初戈奢色些啉到晚舖買米，議價定著，每車銀壹佰肆拾貳盾。茄郎龜里在內，即云：“此米係是史丹要買。他不過做牙行，每車要得八仙銀壹盾。”及唐辛酉年九月十四日，史丹仝色些啉坐車到舖要還銀三仟盾，晚見史丹身上取出交晚。其時色些啉即向晚書記人劉德二云：“當記其自己名字。書記人不肯，因此項出在史丹身上，乃記史丹仝些啉還銀三仟盾。”至唐辛酉九月二十四日，史丹再還銀壹仟壹佰盾，即云：“此米係其自己採買，戈奢色些啉不過做稱口而已，數簿來往當記其自己之名。”故從此之後，數簿盡記史丹之名。”

吊訊劉德二年四十二歲，住小南門，為林仁生記數，供云：“當唐辛酉年九月十四日，史丹仝色些啉到舖還銀三仟盾，晚見史丹自己衣袋取出。色些啉對晚云：‘當記其自己之名。’晚心疑，隨向問史丹備陳色些啉所言。史丹答曰：‘我之各事俱託些啉料理，記二人之名亦可。’”臺問劉德二：“《日清》既記二人之名，何《總簿》抄在史丹一人名下？”劉德二答曰：“晚未深知數法，惟知此米果是兌與史丹。”

公堂會議：“據林仁生及其書記人劉德二所供，又查林仁生《總簿》、《日清》所記，確見兑米與嗎嘱史丹 淡日律嘮亞貓實迷嘮，其戈奢色些啉、泯些逸貓嗄宣為牙行是實。況於唐辛酉年十月十一日，記對色些啉過八仙，入史丹數内來銀 178.63 盾，愈確見色些啉為牙行之跡。謹此申詳蘭得叻大嗠内裁奪。”

（勘察詳覆唐人甘欽、陳雙林控番人戈閣欠鐳一案）

承蘭得叻於和（荷蘭）1862 年 5 月 14 日第 63 號致書公堂，附諸字，為唐人甘欽、陳雙林掛咞故涂江淮惹蘭，控番人戈閣[①]。祈將甘欽、陳雙林所獻數簿勘察詳覆。

詩礁字人甘欽仝陳雙林為商住吧，為涂江淮掛些惹蘭，控番人戈閣住拏默：“為欠去銀 166.59 盾，伸雷壹佰九拾九盾九鈁。因前有取魚，屢次索討不還伏，乞追究並支所費。”番人戈閣販魚住新吧殺，訴云：“賤有領蘭得叻帽老交來詩礁字，係甘欽仝陳雙林所控，因有掛嗤涂江淮，令當還銀 166.59 盾，伸雷壹佰九拾九盾九鈁，謂賤有取其魚。”從挨實嗹命，限十四日當還明。訴云：“賤並無欠涂江淮之項，涂江淮尚欠賤之馬銀四十貳盾。其涂江淮前為柔仔眼魚蛔之數，皆係假造。如蘭得叻要知買賣魚蛔照常之弊詳下：一、凡兑魚之人，當先交定鐳，或貳拾盾，或叁拾盾，或至五拾盾，從其生理大小而入。其一日所買魚價，明日當還明。會數之時，未常有減照常之例。如此之有削視可證。懇蘭得叻斥出甘欽、陳雙林詩礁，令其自還所費。從和（荷蘭）例第 186 號番人條規，當再還賤已先出費五拾盾。”

---

① 戈閣：原檔下文寫作“戈各”。

據公舘公勃低陳、黄勘詳，奉命吊訊甘欽、陳雙林，供如詩礁字所言。臺問甘欽、陳雙林："汝詩礁番戈閣欠鐳壹佰九拾九盾八鈁貳占，有何可據?"甘欽、陳雙林答曰："晚等掛哖涂江淮，為憑涂江淮之數結算，番戈閣尚欠鐳壹佰九拾九盾八鈁貳占，照數詩礁，有涂江淮數簿二本，和(荷蘭)簿仔《日清》六本可查。"台又問甘欽、陳雙林："其涂江淮之《總簿》所記條目從而來?"甘欽、陳雙林答曰："係就和(荷蘭)簿仔《日清》所錄。"

臺查涂江淮《總簿》，唐辛酉年和(荷蘭)1862 年第 18 號，有記番戈各承上年十二月終結，尚欠鐳壹佰七拾壹盾三鈁陸占。自和(荷蘭)1 月 27 日起至 9 月 15 日止，計 31 條，戈各再欠鐳 29.54 盾。二條合算共欠鐳貳佰零零九占。又和(荷蘭)6 月 30 日來鐳一條壹盾，對除來外，番戈各尚欠鐳壹佰九十九盾八鈁貳占，較與詩礁字加鐳八占。再查和(荷蘭)簿仔《日清》，内中所記或用唐筆，或用鉛筆，或的傌隻，或有記盾聲，全非立數之法，人閱不曉。令其書記王其元列單記明，自和(荷蘭)1861 年 1 月 1 日起至和(荷蘭)1861 年 9 月 17 日止，戈各應魚 171 百條，共的去鐳 2475.85 盾。又自和(荷蘭)1861 年 1 月 2 日起至至和(荷蘭)1861 年 9 月 18 日，戈各還鐳 125 條，共鐳 2 736.24 盾。對除外，和(荷蘭)1861 年 1 月起至和(荷蘭)1861 年 9 月 18 止，涂江淮尚欠戈各鐳 260.39 盾。據甘欽、陳雙林云："依此而算，尚未貫入八仙。"再貫八仙鐳 297.17 盾除外，番戈各反欠涂江淮鐳 37.08 盾，較之《總簿》所記又見不敷。但此八仙之條，查其《日清》、《總簿》，並無敘明當貫入，惟據甘欽、陳雙林自言而已。

要訊番戈各，不到。達氏楊皆傳言訟師，示他當挨實嗹有命，到公舘應訊。將情申詳公堂大嚈喳嘮內察裁奪。

列臺覆訊甘欽、陳雙林，供如公勃低所詳。還問之："更有別辭可指明否?"甘欽、陳雙林答曰："無。"

吊訊番戈各年三十二歲，住新把殺，供云："賤果有為涂江淮魚仔腳。自憶未嘗有欠涂江淮之項，照常魚仔腳買魚，上日賣，下日還，不得拖欠。縱有一二次不足，或欠半盾，或欠二三鈁。賤入魚仔腳時，曾有入馬一隻，價鐳肆拾貳盾，為壓地。若將馬價充入，賤憶則無欠矣。"臺問戈各："前公舘召汝，為何無到堂應訊?"戈各答曰："因烏友[①]叫招，賤不在家。及回，拙妻忘記報知，所以無到公堂應訊。"

公堂會議："閱公勃低所詳，再召原、被覆訊。查故涂江淮《日清》、《總簿》，詩礁戈各欠鐳壹佰九拾九盾捌鈁貳占實難指明。何則？據甘欽、陳雙林所指，和(荷蘭)簿仔則為涂江淮《日清》所記，混淆無序，無從立數之法。又令書記人王其元抄明而算，較與《總簿》又見不孚，可謂其數不可為用。甘欽、陳雙林所控不得承受。謹詳蘭得叻大嚈內裁奪。"

和(荷蘭)1862年7月10日，拜四

公堂設嚈喳嘮。嗎腰陳永元舍，雷珍蘭黃錦章官、陳思聰官，雷珍蘭高西川官、陳江水官，雷珍蘭連文清官、朱葛礁

① 烏友：亦作"烏拔"、"烏拔氏"、"烏人"、"烏"，荷蘭語 Oppasser，馬來語 Opas 或 Upas，衙役，差役，看守，員警。

周琰官俱在座。甲必丹陳濬哲官、陳逢義官、鄭肇基官、黃清淵甲、陳文速甲不到。

(查勘詳覆林珠控李銀娘一案)

承蘭得叻於和(荷蘭)1862年□月□日第□致書附詩礁字。為林珠控李銀娘[①]一案,委即查勘詳覆。

吊訊林珠年六十三歲,住新厝仔,供云:"晚歸吧已五個月。自陳梓塔故後,遂無來往。晚控李銀娘要討一半厝一間,因前買厝是晚之項,眾人共知。"臺問:"汝云買厝是汝之項,有何指明否?"林珠答曰:"前拙妻買厝時,有寄信付晚,令當寄項來還。"臺問:"汝妻既有寄有信,其信何在?"林珠答曰:"其信已經失落無存。"臺問:"汝妻染病許久,汝知否?"林珠答曰:"拙妻染病約二年餘,雖知無回。至拙妻故時,李銀娘寄信達知,晚曾對陳顯支還所費銀貳佰七十五盾,又對李英娘銀捌拾盾,又還糊帋沓祿工銀壹拾九盾,又還黃統銀五拾四盾。晚曾問李銀娘所開用拙妻喪事若干,錄單報知,晚欲交還。"李吟娘答曰:"無。僅用所還之項而已。自六年前以來,晚亦有寄費為用。"

吊訊李吟娘年四十一歲,住新厝仔,即溫亞三之妻開嫁粧店,供云:"娣夫林珠已一十八年無回吧,前氏在甘美措甘云壹拾四年,是忘記自家娣致病臭腳五年,氏數十次寄信,懇其回歸省視,並不一回。家娣之日食以及病故諸費,俱氏擔支,連厝八仙,亦氏支還。況家娣買厝之項,非林珠之項,原係家娣

① 李銀娘:原檔下文寫作"李吟娘"。

得勞得黎[①]銀壹仟肆佰盾以買。當時設勞得嚟在八茶礶。”

公堂會議：“訊林珠控李銀娘一案，從唐例，妻死歸夫。但林珠已不守唐例，與妾聚首把東[②]置下。至妻在吧，不顧衣食、疾病辛苦。其妻李順娘名為有夫，仍無夫一般。況前其妻經自往把東尋夫，及回並無送歸，可見林珠之薄情已甚。且李順娘曾向梁礁緞母律做達心眠字，經有敘明家中物業，盡付其妹兌為喪費，意中即厝亦在其內，乃自李順娘生時及疾病死項，俱付李銀娘料理，即此厝付其承得，不為遂分。謹詳。”

和(荷蘭)1862年7月16日，拜三

公堂設嚓喳嘮。瑪腰陳永元舍、雷珍蘭陳逢義官，雷珍蘭高西川官、鄭肇基官，雷珍蘭黃清淵官、朱葛礁周琰官俱在座。甲必丹陳濬哲官、黃錦章官、陳思聰甲、陳江水甲、連文清甲、陳文速甲不到。

(詳覆副挨實嗹致問亞片傌仔君厘書用於1863年全年有欲更易否)

承副挨實嗹於和(荷蘭)1862年7月12日第2988號又壹號致書公堂，祈酌量亞片傌仔君厘書用於和(荷蘭)1863年全年有欲更易否？從和(荷蘭)1861年第97號國例已經

---

① 勞得黎：荷蘭語 Lotere，馬來語 Lotré，彩票。

② 把東：亦作“巴東”、“吧東”、“把冬”，皆爲Padang對音，地名，位於今印度尼西亞 蘇門答臘島西岸。

改易，從和(荷蘭)1861 年第 98 號國例所定，配付亞片土可再減否？在吧界兑飲亞片處可減否？於和(荷蘭)7 月 20 日詳覆。

列臺吊訊亞片賧官許清泉，不到。伊掛嗹人王光華到堂，供云："亞片君厘書從舊則妙，不須更易。教明文[①]配付致鑾土不得再減，減則不足用。兑飲亞片處亦懇照舊。"

公堂會議："據掛嗹亞片賧官王光華所供，亞片君厘書懇從舊固可，但本年教文明配付致鑾土已行，年年諒不足用。所以兑價陞高，來年若再減配，兑價定然再陞。價至過高，恐暗貨必入，難以防緝。若欲減兑飲亞片處，城轄惟哨口、磚仔橋、洪溪、油車四處，丹藍望、結石珍、新把殺三處，亦可再減一處。憑上人裁擇為當。謹詳副挨實嗹裁奪。"

(詳覆副挨實嗹委問各傌仔條君厘書有欲更易否)

又和(荷蘭)1862 年 7 月 12 日第 2991 號又 1 號致書，委問各傌仔條君厘書有欲更易否？

列臺吊訊海嶼賧官甘溪元，掛嗹當餉賧官徐金爐，賭餉賧官、戲餉賧官劉德江，芬餉賧官嫣腰陳永元，咁鈁賧官陳思聰，照身賧官周琰，掛些魚餉賧官陳玉辨，酒餉賧官陳逢義。九賧俱供云："所賧之傌仔君厘書用於來年懇從舊則妙。"宰豬賧官王天水，不到。伊掛嗹人陳金茂供云："宰豬君厘書懇從舊，惟懇上人禁阻生豬勿付出口，因本處欠用。如不可禁，懇定每隻豬要出口往別埠，還傌仔陸盾。出口用本澳，每只還傌仔肆盾。"宰牛賧官番毛含抹咁禮供云："宰

① 教明文：亦作"敎明文"，荷蘭語 Gouvernement，指荷印政府。

牛君厘書懇從舊，惟願文丁轄壹拾壹處小把殺免兌牛肉，因各把殺挑往牛肉五觔兌祇貳觔而已，開除所費，甚是有虧。和(荷蘭)1860 年以前並無此令，1860 年以後乃命各把殺當兌牛肉。”

公堂會議：“據海嶼、當餉、賭餉、戲餉、芬餉、哵餉、照身、魚餉、酒餉諸贌官所供，其所贌之傌仔君厘書，俱懇照舊從之可也。因各人熟知舊例，易於遵行故耳。其掛些宰豬贌官陳金茂，懇禁阻生豬出口，不得允從。所懇生豬出口傌仔陞價，如上人恩准，固可。其宰牛贌官番含抹些禮，所懇文丁 11 處小把殺兌牛肉，因枉費虧本，實在有理。本堂酌量，如上人肯賜恩典，懇此牛傌仔削除猶妙。蓋牛之一物大有功於民生，貧富俱藉其力，非若別等獸畜無助於人，可為伙食用也。別等禽獸固多，可為伙食可代牛肉。教文明原以愛民為心，苟准所懇，牛必賤價，貧者有力可買。凡一暨因蘭地開墾，必多五穀，自然豐盛，各人安心樂業，盜風必息。如不准懇，亦懇定每禮拜宰牛一次，如宰三丕之例，各小把殺免兌牛肉，惟吧城、文丁、干冬圩三處可宰兌肉，用肉之人到處採買，庶免贌官枉費，且每日減殺數牛。如遇番人作正[1]及婚姻大事，要宰一牛，務先請令褒黎司恩准方可。不然，牛必日日陞價，貧者無力可買，將田園荒蕪，民不聊生，盜賊必熾。惟冀上人裁奪。”

---

① 番人作正：亦作“番仔正”，閩南話，指西洋人的陽曆新年(1 月 1 日元旦)，與華人陰曆新年“唐人正”相對。正，指正月，元月，一月。

和(荷蘭)1862年7月25日,拜五

公堂設嘧喳嘮。嗎腰陳永元舍、甲必丹陳濬哲官,雷珍蘭黃錦章官、陳思聰官,雷珍蘭高西川官、黃清淵官,雷珍蘭連文清官、朱葛礁周琰官俱在座。雷珍蘭陳逢義官、鄭肇基官,雷珍蘭陳江水官、陳文速官不到。

(查勘詳覆林海娘果系林長庚親生女子否)

承蘭得叻於和(荷蘭)1862年5月31日第70號致書公堂,附第65號詩礁字及諸字。為訟師緞多倫掛些唐人林豐年掛些林海娘即吳清番[①]之寡妻,因林長庚已自認林海娘是其親生女子。祈查勘詳覆。

訟師緞多倫掛些林豐年為淥面茄實,掛些林海娘即吳清番之寡妻,控為林海娘係林長庚親生女子:"從和(荷蘭)1851年6月3日林長庚向梁礁緞嗎逸做達心眠字,在文丁干刀第58號,至和(荷蘭)1852年8月8日林長庚已故,達心眠字敘明,立掛些得業人其妻王元娘及林北山、林東山、林秉翰三男子,林海娘僅得黎噶銀五拾盾。林海娘不願,因而致控。但林北山、林東山、林秉翰俱林長庚庶出子,林海娘則林長庚與明婚妻王珠娘所生女子,其王元娘於和(荷蘭)1854年4月19日又故,無做達心眠字,所得遺業歸於蔡興娘及子林珠生。蔡興娘已交寅於林東山,林珠生尚幼,現唐美惜甘掌理。林東山犯罪出流外地,現住閩浙嗎哌[②],其妻隨去。

---

① 吳清番:原檔下文寫作"吳清元"。

② 閩浙嗎哌:地名,即馬辰(Banjarmasin)之別譯。

余意欲林長庚所做達心眠字有違唐例，不得將其遺業付其妻及其庶出子，明婚女子僅得黎葛銀五拾盾，甚悖唐人規矩。公堂意見：若謂林海娘不得認為子，有犯第 11 條、第 75 號國例。公堂之論不直，如不從和(荷蘭)例而行，恐後來親生子不宜得業，可付盡庶出子得業。因林海娘果係林長庚親生女子，合式當得一半，與王元娘均半。今林海娘亦願一半分與三兄弟，從美惜甘條規和(荷蘭)1828 年第 18 號、第 46 號國例，如林長庚親生子女不宜得業，當敘明在此條國例內。但第二本第三條遺業條規，從和(荷蘭)1855 年第 79 號國例已定，外地各色人等該用如何？余懇林海娘該分林長庚遺業五份之一，從第 126 號番人條規，雖各人所居異地，可召到蘭得叻臺前聽斷。現林北山、林秉翰住文丁轄，林東山及妻蔡興娘住閩淅嗎哌，林珠生未長成住吧。因詩礁在吧蘭得叻，懇蘭得叻召集林北山、林秉翰、林東山、蔡興娘俱到蘭得臺前，認林海娘果是林長庚親生女子，懇削除林長庚達心眠字為林海娘無得遺業，懇即分與林長庚業內五份之一。蘭得叻限期令其結冊清算，命林北山、林秉翰、林東山所得遺業內 80 份之四份與林海娘執掌，命蔡興娘、林珠生所得遺業內 80 份之二份與林海娘執掌，並令擔支上陳詩礁所費。"將案即委公舘值日公勃低勘察申詳。

奉命吊訊林海娘年五十六歲，住鑒光美惜近，供云："氏果付林豐年掛些，要討故家父林長庚遺業。因氏係故林長庚與明婚妻王珠娘親生女子，從唐例合式當盡得故父遺業，今亦分與諸弟，願得五份之一。其胞弟林北山、林東山、林秉翰俱庶出子，不宜盡得故父遺業。氏交寅吳清元年方一十八歲，家父招入進贅，係家父主理婚事，禮儀俱備，亦付氏首飾及該用物件。自交寅之後，拙夫同氏俱居家父厝內二十二年，亦甚厚待拙夫，助本付拙夫自理油車。至氏年四十歲時，拙夫浪費不聽家父所命，被逐，援氏往居文丁。自此之後，氏即罕到家父之厝，然有時往來省視。及氏父病，氏亦時時探問，人言稍安，於心不快，隨往省視，至則家父已故矣。遂停此視斂，懇白布一節，欲為喪服，諸弟妹不肯。氏視斂畢，則歸文丁。及出葬，氏亦親到送葬，居七日乃歸。”

吊訊林北山年三十五歲，住龍岡，供云：”晚果有掛些故父林長庚為掌業得業人，係遵故父達心眠字而行。當晚幼時，果知林海娘仝吳青元同住家內，其林海娘交寅時事，晚實不知。至晚六歲時，大娣林海娘同夫吳青元遂移居文丁。自此之後，林海娘每年約來家三四次。至晚年一十六交寅時，林海娘亦有來家。以後即不見來往，至今約十八、十九年矣。及家父身病一年餘，並無到家看視。及家父已故，乃來。至出葬送至半途，不知何往？及卒哭，亦不見到。”吊訊林東山，不到。林北山掛些，應供如上。

吊訊林秉翰年二十三歲，住龍崗，供如林北山所言。將情申詳公堂大噼內裁奪。

列臺覆訊林海娘年五十六歲，住鑒光美惜近，供如公勃低所詳。臺問林海娘：“更有別詞欲白乎？”林海娘答曰：“無。”覆訊林北山年三十五歲，林秉翰年二十三，歲住龍崗，供如公勃低所詳。據林北山又云：“晚父做達心眠時，非有忘憶家娣林海娘，曾付黎噶銀五十盾。晚前經寄林嘉和交他，礙其不收。”

林海娘答曰:“氏未曾有見林嘉和要交黎噶銀五十盾。”林北山曰:“現今欲交。”林海娘曰:“氏不願承受。”

公堂會議:“勘得林海娘,林北山、林秉翰二比供詞,又閱林長庚達心眠字,遵唐例而論,凡女子不宜得業,所得為出嫁時攜帶粧奩而已。今林海娘自供伊交寅時,其父曾付其首飾該用物件,又助夫血本生理油車,父女之情可謂足矣。若男子苟無嫡出,雖庶與嫡一般,總可得業,唐人所以承宗為重也。況林長庚臨終有做達心眠字,合當從字而行。林海娘所控不得承受。謹詳蘭得叻裁奪。”

(嗎腰(陳永元)繳入前公堂與唐美惜甘爭控案奪字計七紙)

列臺命:“堂(當)存入大櫃內,以備後來稽考。”存案。

和(荷蘭)1862年8月15日,拜五

公堂設嘧喳嘮,值月:黃(黃錦)、陳(江水)。

嗎腰陳永元舍、甲必丹陳濬哲官,雷珍蘭黃錦章官、陳逢義官,雷珍蘭鄭肇基官、黃清淵官,雷珍蘭連文清官、朱葛礁賴觀瀾官俱在座。雷珍蘭陳思聰官、雷珍蘭高西川官、陳江水官、雷珍蘭陳文速官不到。

(陳如昌、李美娘夫妻求離一案)

據陳如昌年二十八歲,住打鐵街,請伊妻李美娘:“為交寅三年,有生一女,年二個月。拙妻與晚不能和睦,並不聽晚之命,又不孝於翁姑。似此不賢,伏乞判離。”

吊訊李美娘年二十六歲,住觀音亭,供云:“氏果有與拙夫及翁姑皆不能和睦，懇另厝付居。至拙夫要分離，不聽願從。”陳如昌質曰：“晚所以交寅，亦欲妻之孝事父母。況晚貧乏之人，不能另稅厝付居。懇准離遏。”臺勸其夫妻同歸和好如舊，礙陳如昌堅執分離，不能判合。將情申詳公堂大嚹內裁奪。

公堂會議判：“陳如昌夫妻再合。”存案。

(蔡滾娘、陳得水夫妻求離一案)

據蔡滾娘年三十一歲，住五腳橋，請伊夫陳得水：“為交寅一年餘，未有孕育。因氏初交寅十餘日，有向拙夫言厝邊有人要取雷項付氏，或者二十五盾，或三十盾，氏皆不肯收。但此厝邊之人有言曰：陳得水之面貌如何？我要看視。茲汝要交寅於磘內之人，當夫妻和好。如來年生產男兒，我要常往見。拙夫竟然趕逐，氏出即往處氏之母家，至今並不攜歸，亦不給資費。伏乞判離。”

吊訊陳得水年□，住磘內，供云：“如拙妻於此所言，果然是實。晚懼其將來有醜行，隨即趕逐。茲拙妻既要分離，晚固願從之。”台勸其夫妻相率同歸，和好依舊。礙二比不可勸和。將情申詳公堂大嚹內裁奪。

公堂設嚹，准其當堂離遏，各花押在簿，任其別適。存案。

(媽腰詢問列台要喜捐樂助造安恤橋否)

媽腰(陳永元)請曰：“已蒙挨實嗹恩准，任造安恤橋。請問列臺要喜捐樂助否?”

列臺曰：“可就外人先捐為是。”存案。

和(荷蘭)1862年9月10日,拜三

公堂設嘧喳嘮。嗎腰陳永元舍、甲必丹陳濬哲官,雷珍蘭黃錦章官、陳思聰官,雷珍蘭陳逢義官、高西川官,雷珍蘭黃清淵官、連文清官,朱葛礁周琰官俱在座。雷珍蘭鄭肇基官、陳江水官、陳文速官不到。

(覆聞副挨實嗹致問唐胡勃實值夜公舘一事)

承副挨實嗹於和(荷蘭)1862年9月1日第3586號又1號致書,因公堂兩朱及唐美惜甘窒上書懇免值夜公舘,但夜間值守公舘早起又辨公事,實有艱於唐胡勃實。因要知此守公舘有何取益?余欲公堂詳聞,若無重故,或可削免否?如公堂細思實有關係,公堂可酌量上書,懇添設現任雷共理事務,庶免重任。又要知雷珍蘭知廚禮自有此職以來,未嘗助理現任雷之事,因何故而可免理?

承副挨實嗹於和(荷蘭)1862年9月1日第3586號又1號致書,致問唐胡勃實值夜公舘一事,祈即覆聞。

列臺閱書,悉知語意。議曰:"論唐胡勃實值夜公舘,實在有益。故自古以來,原有此例。因夜間鑒光人民,或有夫妻角較,或遇盜火以及爭鬥諸事,自有定處,易便投請、訊勘。欲廢乎?此斷然不可。苟欲宥輕,懇定每夜八點至十二點,應值胡勃實當親在公舘顧守巡察,至十二點過,則更深人靜,事件必希,值夜胡勃實可歸安息,預防明早辦理公事。守公舘之達氏當在此伺候,倘有人要請,立即報知應值之人到處勘察,如此則稍輕矣。若再添現任雷珍蘭,又見不宜。本堂原有六雷兩朱,上下繼承已十餘世無異。至和(荷蘭)1845年添設二員協理雷珍蘭,至和(荷蘭)1860年因新客之事大繁,則再添二員協理。現任雷珍蘭已經足用,倘添設則過多,第值夜公舘明早又理公事,實在有艱於胡勃實。然已當此任,合當竭盡厥職。

本堂當安頓得宜,從舊例自四雷至八雷及二員協理雷珍蘭,計有七員,每禮拜七日,依鬮輪流,週而復初。如應值之人有事,則首二三雷代之。如代人俱不暇,則大二兩朱可代。如此安頓,人數足矣,奚用更添?論雷珍蘭知廚禮之銜自昔則有,原無助理現任之事,但可得此職,當其祖上曾任勞王事,或其已身有助教文明,或其人一生良善,深知禮義廉恥,且老成練達,方敢上書致懇。本堂勘詳推薦,挨實嗹轉奏王上,乃賜一職榮身。故欲得此職,誠不易也。今也不然,自十五年前以來,頓然異矣。謹詳副挨實嗹電鑒。"

(副挨實嗹批覆公堂所詳公舘值夜條規)

副挨實嗹於和(荷蘭)1862年9月17日第3777號又1號致書嗎腰(陳永元),經閱公堂於和(荷蘭)9月15日第524號所詳,其字內所敘明公舘值夜條規,經案奪承受,俱可依從。但公舘該值夜,當輪流承理,共雷珍蘭七員:陳逢義官、高西川官、鄭肇基官、陳江水官、黃清淵官仝協理二雷連文清官、陳文速官。如該值夜有事故,則甲大濬哲官、雷珍蘭黃錦章官、陳思聰官當代之;或陳甲大、黃錦章甲、陳思聰甲又有事故,即大二兩朱代之。謹錄。

(邱奴娘、林有得夫妻求離一案)

邱奴那娘[1]年二十一歲，住新厝仔，請伊夫林有得："為交寅一年餘，未有生育。因拙夫時欲打氏，亦有一次毆打至流血，氏亦不較。又往往要持刀殺氏，是以氏之大家將氏寄伊妗婆厝，後又將氏寄伊母舅之家。迨氏回家約有三日，又再打，閉門無食一夜。又前日，拙夫要殺氏，尋無，竟自割喉。況今又三個月，無給資費。且拙夫如此心神不定，常欲持刀殺氏，誠恐性命難保。若是不信，可以詢問母舅李天鍾便知。伏乞判離。"

吊訊林有得年一十九歲，住新厝仔，供云："晚並無戇神，亦未有往往毆打拙妻，亦未有打拙妻至流血，更未有持刀欲殺拙妻。若晚被拙妻欺負，則往往有之。前有一次晚之母病，晚囑不可開店窗，拙妻不聽，晚果有怒罵。後晚之母因晚與妻不能和睦，即將拙妻寄晚母舅李天鐘之厝。未幾日，即帶拙妻回家。但晚所以自割喉，因拙妻請公舘要分離，晚自愧被拙妻欺負若此，是以割喉尋死。至拙妻之所費，晚並母親給付足用。今拙妻言要分離，晚不願從。"

吊訊削視李天鍾年四十九歲，住小南門，供云："前日晚之妹李和娘身病，因伊子林有得夫妻不能和睦，即將伊媳婦邱奴那娘寄在晚之厝。約五六日李和娘病好，即帶邱奴那娘回家。後不多日，他子媳又夫妻不睦，李和娘又將邱奴那娘寄晚之厝。約一二日，邱奴那娘懇要往處外媽之厝，李和娘即送前往。至邱奴那娘言伊夫林有得要打他、要殺他，即晚並不知情。所供是實。"職勸其夫妻相率同歸，和好如舊。礙

[1] 邱奴那娘：原檔下文亦作"邱奴娘"。

邱奴那娘堅執分離，難以勸合。將情申詳公堂大嗎内裁奪。

列臺覆訊邱奴娘、林有得，供如公勃低所詳。陳、高。

本堂判："當暫停此事，或可回心，固無大故。且林有得似有心神不定，待再召訊其母。"存案。

和(荷蘭)1862年9月29日，拜一

公堂設嗎喳嘮。媽腰陳永元舍、甲必丹陳濬哲官，雷珍蘭陳逢義官、高西川官，雷珍蘭鄭肇基官、黃清淵官，雷珍蘭連文清官，朱葛礁周琰官俱在座。雷珍蘭黃錦章官、陳思聰官、雷珍蘭陳江水官、陳文速官不到。

(副挨實嗹致問因教文明要整理大路恐有礙公堂之地，如有侵礙，肯允從否)

媽腰(陳永元)請曰："承副挨實嗹致問，因教文明要整理大路，自梭蘭巷起至勃星抽街橋止。自今以往，教文明自修自掌，任便行人往來，恐有礙公堂之地。如有侵礙，肯允從否？"

列臺議曰："此條大路原來即有，教文明要自修自掌甚妙。況又無傷塚地之事，從之可也。"謹此存案。

和(荷蘭)1862年10月3日，拜五

公堂設嗎喳嘮。媽腰陳永元舍、甲必丹陳濬哲官，雷珍蘭黃錦章官、高西川官，雷珍蘭陳江水官、黃清淵官，雷珍蘭連文清官、陳文速官，朱葛礁賴觀瀾官俱在座。雷珍蘭陳思聽官、陳逢義官、雷珍蘭鄭肇基官不到。

(甘文進懇夫妻攜手同歸一案)

甘文進[①]年一十七歲,住結石珍,請伊妻葉望娘:"為交寅十一個月,經有懷孕六個月。但晚交寅時即與拙妻同居葉甕厝內,因拙妻於三個月前向晚言,其所有金硂器寄交伊叔葉甕,又做字坐欠葉甕銀 10 000 盾。晚隨向問葉甕果有此情否? 葉甕隨即怒駡,晚欲入內問拙妻所言如何? 葉甕阻止不肯付入室內,且被毆打趕逐,從此遂不敢再回拙妻之家。況晚與拙妻並無事故,且拙妻有孕六個月。伏乞明鏡判,斷拙妻當從晚仝居。"

吊訊葉望娘年一十五歲,住結石珍,供云:"氏果有懷孕六個月。因拙夫久不回家已三個月,無給資費,且敢將氏付之金鈕仔七粒,印仔金手指[②]一腳,金手指一腳,鈔銀一盾,放蕩費盡。爾者又請干刀,致公勃壟吊問,使氏露面愧恥。似此不情,伏乞判離。"甘文進質曰:"拙妻果有與晚金手指一腳,被失落房內難尋,拙妻早已知詳。若拙妻所言,取其金鈕仔及金手指並鈔銀一暨費盡,並無此事。但晚所請干刀,是請葉甕橫逆大甚,晚欲入見拙妻不肯付入,更被趕逐毆打。並又請葉甕欺騙拙妻,使拙妻做事他之銀 10 000 盾。"臺勸其夫妻無因事故,令葉望娘從伊夫甘文進仝居。礙葉望娘執意不肯,要懇分離。將情申詳公堂大嘧內裁奪。

---

① 甘文進:據《婚簿》載,1861 年 10 月 23 日,住吉石珍 18 歲甘文進與 14 歲葉望娘成婚註冊。媒妁郭一娘,男方主婚甘六藝(胞兄),女方主婚葉甕(堂叔)。據此可知,甘文進在 1862 年應為 19 歲。而非 17 歲。

② 印仔金手指:閩南語,金戒指印,指刻有姓名的金戒指印章。

列臺復訊甘文進、葉望娘,供如公勃低所詳。據甘文進又云:"果然三個月無給資費。因晚原從拙妻居葉甕之家,自與葉甕生端之後,晚即不敢回歸,以固無給資費。若拙妻所云,付晚金鈕仔、金手指及鈔銀,晚並無見此物。其金印手指一腳果有因失落在房內,拙妻亦知之。"葉望娘質曰:"氏今惟懇分離而已。因拙夫已請公勃壟吊氏訊問,恥辱大甚。"

公堂會議判曰:"細勘二比之供,夫妻之間並無事故。雖甘文進有請干刀,係葉甕之事,與葉望娘無涉。唐例,女以男為家,既與葉甕不能相安,甘文進焉可再入葉甕之家?合當葉望娘從夫別居。況葉望娘已孕六個月,斷無分離之理。葉望娘堅執不從。謹詳副挨實嗹作主,嚴命迅飭葉望娘從甘文進另居,以固本堂案奪,以遵唐例規。至仰乞褒黎司判斷夫妻攜手同歸。"存案。

和(荷蘭)1862年10月14日,拜六

公堂設嘧喳嘮。瑪腰(陳永元)告假,陳甲大攝理瑪腰(陳永元)事。雷珍蘭陳思聰官,雷珍蘭高西川官、連文清官,雷珍蘭陳文速官,朱葛礁賴觀瀾官俱在座。雷珍蘭黃錦章官、陳逢義官,雷珍蘭鄭肇基官、陳江水官,雷珍蘭黃清淵官不到。

(承命勘察熾昌錄一單諸負欠人等正名及安呾人皆可堪否)

承熾昌干刀於和(荷蘭)1862年10月8日第音字3號致

書公堂,附熾昌錄一單諸負欠人等,祈查勘量酌,速速詳覆。

公堂列臺會議:"將字委公舘值月公勃低,勘察正名及安呾人皆可堪否? 限三日當申詳。"

和(荷蘭)1862年11月14日,拜五

公堂設嘧喳嘮。瑪腰陳永元舍、甲必丹陳濬哲官,雷珍蘭黃錦章官、黃清淵官,陳文速官、朱葛礁周琰官在座。雷珍蘭陳思聰官、陳逢義官、雷珍蘭高西川官、鄭肇基官,雷珍蘭陳江水甲、連文清甲不到。

(葉茄泊娘、林梅生夫妻求離一案)

據公勃低黃(錦章)、陳(江水)詳,葉茄萡娘年二十三歲,住洪溪,請伊夫林梅生①:"為交寅八年,生下一女一男。其女名未蜜娘,年五歲;其男名林啓懷,年二歲。因現拙夫寵愛一妾,棄舊迎新。凡事不以氏為夫妻。似此不情,伏乞判離。"

吊訊林梅生年二十五歲,住洪溪,供云:"晚所以有再置一妾,亦因拙妻凡事不肯照顧,恍若旁人。今拙妻言要分離,晚願從之。"臺勸其夫妻相率同歸,和好依舊。礙二比不可勸合。將情申詳公堂大嘧內裁奪。

列臺覆訊葉茄萡娘、林梅生,供如公勃低所詳。

公堂會議:"據二比所供,灼見二比情決欲離,斷難再合,准其離遏可也。"存案。

---

① 林梅生:據《婚簿》載,1855年8月20日,住蕉仔奎19歲林梅生與16歲葉乾娘成婚。媒妁謝庚娘,男方主婚林倫生(胞兄),女方主婚葉粟(父)。

(韓林光、范灶娘夫妻求離一案)

據公勃低黃(錦章)、陳(江水)詳,韓林光年二十四歲,住臭橋,請伊妻范灶娘:"為交寅四年,生下一子名韓糞箕,年二歲。因晚要率拙妻移居在晚父母之厝,拙妻執意不肯隨從。倘如拙妻意見,果要晚另別稅厝,即晚不能別稅。似此不賢,伏乞判離。"

吊訊范灶娘年二十歲,住班芝蘭埔,供云:"拙夫欲率氏仝居於他父母之厝,氏不能忍耐。如是移居在氏父母之厝,或稅居於別厝,氏願隨從。茲拙夫言要分離,氏願聽從之。"臺判其夫妻無因大故,不得分離,務當相率同歸,和好如舊。礙二比執意難合。將情申詳公堂大噠內裁奪。

列臺覆訊韓林光、范灶娘,供如公勃低所詳。

公堂會議:"據二比所供,夫妻俱求分離,可見其心已灰,雖欲再強其再合,終難白首。准其離遏可也。"存案。

(林永勝入稟懇伊父林逢泰蔭墳壹穴)

據林永勝入稟,懇伊父林逢泰[1]蔭墳壹穴,闊 12 距、長 24 距。

列臺閱稟,議曰:"林逢泰已經正近十餘年,今遷物墳。本堂原有恩准蔭葬穴之例,准之可也。"存案。

和(荷蘭)1862 年 11 月 21 日,拜五

公堂設噠喳嘮。嗎腰陳永元舍、甲必丹陳濬哲官,雷珍

① 林逢泰:即林芳泰,曾任吧城舊把殺與公司後默氏。

蘭陳思聰官、高西川官，雷珍蘭鄭肇基官、黃清淵官，雷珍蘭陳文速官、朱葛礁周琰官俱在座。雷珍蘭黃錦章官、陳逢義官，雷珍蘭陳江水官、連文清官不到。

（承命勘察黃源泉、王睿哲有無合夥三合棧生理）

列臺吊訊黃源泉年三十四歲，住浪四五年，住帽十年，吧未有居住，臺問："生理是汝自做否？"黃源泉答曰："是晚自做。"又問："此數六本從何抄來？"黃源泉答曰："係從順昌《草清》抄來。因前抄一本多差，故重抄六本。此四本數，晚不知何來？晚已登吧，云何得寄來吧？"台問黃源泉："此數一結六本，一結四本，何者先抄？"黃源泉答曰："四本先抄，後因吳振業抄悮，乃再抄六本。緞勿喞獻一和（荷蘭）字，請伊掛些黃源泉致問公堂，余甚不解浪人可審訊在此？雖浪上人[①]勘察不真，亦有壟上人[②]可以勘判。惜乎大晚，如更早，余要託梁礁該問副挨實嗹。明早，余亦欲託梁礁致問。"

列臺再細查順昌《日清數簿》一本，唐二月二十七日即和（荷蘭）4月6日，首帙头條記源記來銀15 000盾；又4月9日記源記對寶份過來辛金，銀648盾；三又記對公司新場寶辛金兩個月，來銀324盾；二又對小南門寶在來銀1 800盾；又對公司新場賗傌仔在本，去銀800盾；又對買洋煙庚申[③]十一月起至辛酉[④]二月止，共銀640盾；又對公司伙食什費，去銀380盾；又對代出賭什用，去銀430盾。以上諸

---

① 浪上人：指北加浪岸（Pekalongan）的行政長官。

② 壟上人：指三寶壠（Semarang）的行政長官。

③ 庚申：咸豐十年庚申，西元1860年。

④ 辛酉：咸豐十一年辛酉，西元1861年。

條,先三本無抄,六本有抄。

公堂會議:"據黃源泉自供,三合棧是其自己生理,王睿哲不過為其龜里,亦有時寄布路託其代兌。又云:"自己生理,自己無開辛金。"查黃源泉數簿內所記收布路之條,俱記三合棧來條,並無王睿哲項下,且有記源記即黃源泉字號借辛金四個月,去銀 800 盾。即此而論,灼見三合棧合夥是實,不然何以王睿哲來布路無記王睿哲項下,而記三合棧項下?王睿哲為龜里無開辛金,鋪主黃源泉竟開辛金,足見黃源泉供與數背立,謊圖僥是實,況乎唐數最重原本,此順昌《草清》則其原本。黃源泉云前抄之數三本不用,因有差訛,故再抄六本。既抄而又重抄,若非行詐,何為乎?又云六本之數俱從順昌《草清》抄來,細觀順昌《草清》一本首帙下面唐辛酉二月廿七日和(荷蘭)1861 年 4 月 6 日,記源記即黃源泉字號來銀 5 000 盾,下記三合棧王睿哲去銀 15 000 盾。又唐辛酉二月三十日和(荷蘭)1861 年 4 月 9 日,記源記即黃源泉對實在本及辛金三條,來銀 2772 盾,下記三合棧王睿哲對實在本及辛金、傌仔及買洋煙什費七條,去銀 5022 盾。但此順昌《草清》首帙下面,明見脫易再粘。下四帙俱有舊丁空,且長短與順昌原本不齊,從可知數非全年原本。黃源泉果然立心不端,脫易謊造。深究其情,前抄三本不用,非為差訛故也。再抄六本可用,實欲添入順昌《草清》首帙,謊造數條故耳。謹詳副挨實嗹裁奪。"

(鄭炎娘、徐炳彛夫婦求離一案)

據公勃低陳(逢義)、高(西川)詳,鄭炎娘年一十九歲,住三間土庫,請伊夫徐炳彛:"為交寅三年,未有生育。因當交寅時,拙夫有交氏銀 75 盾。後拙夫共取去銀 37 盾,其 30 餘盾氏已費用。拙夫要追討此氏用之項,遂即趕逐氏歸母家,至今約有一年之久。自氏於上年七月被趕逐回家,拙夫於八月即來就氏仝住,雖氏因被趕逐回家,或翁姑為有事務叫氏往,氏亦從命隨往隨回。及至此二月,拙夫並不前來,亦無給資費。況今拙夫又再娶唐妾一人在家內,且前日氏有病二次,報知拙夫,亦不來視病何如。但氏於交寅日,有壓茶古之金盾仔貳個,既拜三日後,翁姑即先討回此金盾仔。又氏於納采日,翁姑有付氏硂實得寧手指一對。及交寅拜三日,翁姑有付氏金盆領帶一條為回拜之禮物。又大姑回拜,有與氏硂鈕仔一付,乃大姑於上年二月尾間親自見氏面,言其前所回拜之硂鈕仔,此汝罕用可以取還他,他要換硂耳鎚與氏以便常用。後大姑既取回此硂鈕仔,亦不照約換付硂耳鎚。迨氏於上年七月被趕回家時,翁姑即使伊妹李贇祺之妻林雲娘,向氏討回其納采所付之硂實得寧手指一對,又討拜三日所回拜之金盆領帶一條。似此不情,氏無可倚望,伏乞判離。”

吊訊徐炳彝年二十二歲,住大使廟,供云:“晚與拙妻角口是有,若言趕逐,實無此情。又晚亦無向拙妻言要討其所用之項,但拙妻已歸其母家,因此四月間叫其回晚之家,拙妻不回,是以不給資費。且拙妻既叫不回,即晚於旦夕之間身體欠安,乏人照顧,是以現娶一妾以應代看家內。至拙妻言晚之母討其回拜等之金硂器,是晚母親之事,實不知情。茲據拙妻言要分離,晚願從之。”

吊訊鄭炎娘之翁姑即娘仔徐金爐甲,不到。徐金爐甲到,供云:“據劣媳婦鄭炎娘所言,討其回納采及回拜等所付之金硂器等,皆是虛詞。因前拙妻有使伊妹林雲娘向鄭炎娘取硂頭托一支,即他將所付用之金硂器、金盾仔貳個,硂寶寧指一對,盆金領帶一條,硂鈕仔一副,一暨取出來,還是以收之,並不是他要回歸時即向取討。況當時納采及回拜所付之物件,亦是付與借用。且劣家資不比富裕,如家中所有些少金硂器,即是備應一家通用,固不能如富家,一人即備一副金硂器。所供是實。”

吊訊林雲娘。據鄭炎娘言:“他被趕逐之時,即氏之大娣使向他討回其納采及回拜之金硂器等,並無此情。但前氏之大娣因要用硂頭托一支,即使氏向他取出此硂頭托,未知他意如何,竟將所付用之金硂器等,金盾仔貳個、硂實得寧手指一對、金盆領帶一條、硂鈕仔一副一暨取出付還,是以收之。所供是實。”

吊訊鄭炎娘之大姑徐燦娘是陳江水甲之妻,不到。陳江水甲到,供云:“鄭炎娘交寅拜三日,拙妻果有回拜付與鄭炎娘硂鈕仔一副,拙妻亦無心要討回此物。但後拙妻有聞伊母言,為要向鄭炎娘取硂頭托一支,他竟將拙妻所回拜之硂鈕仔一併取還於伊母。現今此硂鈕仔收在伊母之手。所供是實。”

臺判其夫妻和好如舊,相率同歸。礙以鄭炎娘為無可倚望,執意要分。徐炳粦亦難解勸再合。將情申詳公堂大嚓內裁奪。

列臺覆訊鄭炎娘,供云:“壓茶佑金仔貳個,係家姑手取回;其納采回禮硂挨實寧勿連手指一對,又拜三日壓拜金盆冷帶一條,俱姨婆林雲娘取回。家姑坐在校椅,氏見姨婆親手交家姑收去,此事約交寅後九個月。其大姑三日回拜硂鈕仔一付,中用勿連硂,邊用磨硂,係大姑親身討回。諸物討畢,拙夫隨即趕氏,用脚踢氏之廚,因而歸寧母家,亦姨婆伴行。後二次,則氏自回。因拙夫迫討氏侵用之項,無計可施,故自歸家,欲商母氏婉轉備還。此係壓拜之儀,約有75盾,家姑取去銀九盾,拙夫取去銀二十八盾,餘存銀38盾,零星用盡,不得記憶用於何事。所供事情是實,敢立誓。”

吊訊林蕉娘年五十三歲,住大使廟,供云:“氏非要討諸物。因長媳欲作客,令舍妹向鄭炎娘取硂簪一支,不知鄭炎娘何意,將遂諸物交還,氏則收之,至今向存。”臺問林蕉娘曰:“諸物既尚存,願交還否?”林蕉娘曰:“物係拙夫所置,拙夫在處可問。”

吊訊徐金爐甲,供云:“婦人從夫,本其和諧到老。今既若此,非媳婦矣。物歸故主,理之常也。”

吊訊徐炳擽年二十二歲,住大使廟,供云:“晚並無趕逐拙妻,每月亦有給付資費。”鄭炎娘質曰:“當拙夫同居於氏母家約有五個月,果有每月付氏銀10盾。後此至今,並無給費,且無看視。”徐炳擽答曰:“逐月晚俱有給費,有手摺記明。”鄭炎娘答曰:“實無此情。憶有一次拙夫到氏家,適氏理髮,有出其衣袋銀五盾置之棹上。及氏理髮畢,拙夫又收回,連人不見。”鄭炎娘又曰:“其拜三日壓拜之儀約銀75盾,家姑取去銀九盾,拙夫取去銀28盾,又有家母所付金手指伴二對,亦家姑取去,氏俱要討。”林蕉娘答曰:“金手指伴二對果有,氏願交還,銀九盾,氏實無取。”徐金爐甲又曰:

"其小女所付回拜硂鈕仔一付，現存拙內手，願交還。"林蕉娘又曰："壓茶佑金仔貳個，氏果有收，亦願交還。"

公堂會議："據二比所供，俱見絕情已甚。准其離遢可也，物件之事屬詩礁。"存案。

和(荷蘭)1862年12月12日，拜五

公堂設嘧喳嘮。媽腰陳永元舍、甲必丹陳濬哲官，雷珍蘭陳思聰官、高西川官，雷珍蘭鄭肇基官、陳江水官，雷珍蘭陳文速官，朱葛礁賴觀瀾官俱在座。雷珍蘭黃錦章官、陳逢義官，雷珍蘭黃清淵官、連文清官不到。

(承命查勘詳覆王文成懇為王守哥遺業一半得業人)

承蘭得呌於和(荷蘭)1862年11月24四日第163號致書公堂，附第□詩礁字："為訟師緞多倫掛些王文成仕丹藍望，從和(荷蘭)1862年9月27詩礁字，懇蘭得呌案定入王文成為王守哥遺業一半得業人。此王文成，人言係王守哥與唐婦黃銀娘所生之子，黃銀娘即王守哥之側室，為契愛人。王文成僅懷孕四月，王守哥遂故。其時王守哥曾立達心眠字，付子王文顯為得業人，王文成娣亦為得業人，其娣王貴娘即黃銀娘與王守哥所生之女子，王貴娘生時王守哥尚存。王守哥已付遺業甚大，其王文成尚未分娩，故無敘入達心眠字內，所以無得王守哥遺業。因是致控，懇當入為得業人。據訟師緞英勿力掛些陳俊祥、連文清，陳俊祥掛些王文顯未長成子王必珍、王必則；連文清掛些王文顯已長成子王必祚；於和(荷蘭)1862年10月20日蘭得呌臺前申訴。訴詞附閱，懇公堂酌量詳覆。一、懇達知有人與妾或孌父故後所生之子，從唐例遺業條內可得遺業否？其明婚妻並無所出。二、從唐例忘憶無入在達心眠字內，當如何處置？或有妙計可圖否？”

訟師緞多倫掛些王文成住丹藍望為地主，上書蘭得吻云：“約十餘年前王守哥為蔀爹吧殺丹藍望，曾納黃銀娘十六歲為側室，將近一年，生下一女名王貴娘；再後四年，遂生一子名王文成。當王守哥病篤，曾向梁礁緞迷做達心眠字，和(荷蘭)1863年[①] 6月22日第64號，為身後可用，已付女子王貴娘甚大黎噶，又付子王文顯掛些得業。做字之後，王守哥曾向親戚言忘憶人黃銀娘腹孕五個月，後來或者生男，其親戚亦言當安頓妥當。其王守哥云病已稍愈後來再作區處。孰意其病日危，竟致身亡。再後四個月，乃生一子名王文成，諸親戚共推為王守哥之子，而無得業。從唐例，當與王文顯同為得業人，是以致控。懇蘭得吻案奪，入王文成為王守哥得業人。王文成之兄王文顯曾付王文成掌掛些掌業，顧育諸幼子，從和(荷蘭)1858年4月21日梁礁緞明孫做達心眠字第135號，其時要控此事，有違規矩。今王文成已懇蘭得吻於和(荷蘭)1862年9月15日案奪，舉美惜甘唐室陳俊祥掛些王文顯幼子，其二幼子之外，又有子名王必祚，從吻柔實低司案奪，立連文清為掛些。伏乞蘭得吻案奪，入王文成為王守哥一半得業人，命陳俊祥掛些王文顯幼子，連文清掛些王必祚。立即清算王守哥遺業一半，交盤與王文成。切控。”

---

① 1863年：原檔如此，當為1862年。

訟師緞英勿力掛些陳俊祥、連文清訴云:"其訟師緞多倫掛些王文成控王必祚,謂王文成係王守哥與妾黃銀娘所生之子,王守哥已不坐認,致控陳俊祥掛些王文顯幼子王必珍、王必則,連文清掛些王必祚,因王必祚及二弟為王文顯得業人,王文顯為王守哥得業人,懇要分王守哥遺業,不宜之條詳下:一、從王守哥達心眠字,王文顯為得業人未行削止;王守哥達心眠字所陳,非王文成得業乃王文顯獨自得業。懇蘭得叻勿受所控,遵達心眠字而行,王文顯當自得業。二、未有人與妾生子不得指定其父,或其父不認為子,若此王文成,已見其父不認。三、從唐例,其父既不認為子,便不得認其父遺業。四、王文成已為王文顯得業人,如王文顯子當算王守哥遺業一半與王文成,其王文成所得猶當清算追出。今王文成所懇欲得之業已混參,可謂削死,其額如可分得,亦僅一半之三角。然既混參,從不得致控。即致控要分王守哥遺業一半于王文顯之子,可問之自身,其自身亦當清算,況已混參削死矣。懇蘭得叻斥出,勿受所控,令支諸費。切訴。"

列臺閱書及閱告訴供詞,議曰:"一、唐例遺書為重,猶在吧之以達心眠字為重也。故凡妾婁,其夫故後遺孕子,既無敘入達心字內,雖明婚妻無所出,不宜得業,因其父尚未定認為子故也。二、唐人最重愛者也,子女也。所做達心眠字將為子女計,未有人為子女計後事而忘憶乎?子女無入達心眠字,即或有之,婁妾所出不宜得業。蓋謂知子莫若父,此中幽隱之情,人所難度。若明婚妻所出,不論父在已生,父亡而生,俱可得業。但當從達心眠字所陳,分別大小承受。倘無立達心眠,當均分。謹詳蘭得叻大嘧內裁奪。”

和(荷蘭)1863年1月13日,拜二

公堂設嘧喳嘮。媽腰陳永元舍、甲必丹陳濬哲官,雷珍蘭黃錦章官、陳思聰官,雷珍蘭高西川官、陳逢義官,雷珍蘭鄭肇基官、陳江水官,雷珍蘭黃清淵官、連文清官,朱葛礁周琰官俱在座。雷珍蘭陳文速官不到。

(承命詳覆挨實嗹致問唐人生理及掌傌仔條數簿用荷蘭字番語及分業二事)

承挨實嗹致問,謂唐人生理及掌傌仔條數簿用和(荷蘭)字、番語及分業二事,祈酌量詳覆。

列臺閱畢,悉知語意。議曰:“唐人數簿用和(荷蘭)字實艱生理之人,因唐人多者略知唐字,用以此記數,一觀便曉。況唐人生理不比土庫,凡事必身必躬,遇事隨手而記,甚為便易,且小可生理,覓利無幾,若用和(荷蘭)字,必別請書記,辛金何由而出?兼之本主不識和(荷蘭)字,不知所記是非,又恐生端於後來。本堂細按,不若從舊,唐數用唐字為妙,但當字畫分明,人人一見而知,則可。如不從命,後來若有爭較,叻叻勿受,其數無虧,可謂自作之咎也。”

列臺又議唐人分業一事。唐人之例達心眠字為重,故有立達心眠字者,當從達心眠字而行。倘內中所分或有多寡不宥齊,務當敘明何故,但嫡子不得忘憶無敘入達心眠內,所分大小當承受。如有人臨終不及做達心眠字,有嫡子一,庶出子一,未嫁女子一,妻一。遺業作十二份而分,嫡子得六,庶出子得三,未嫁女子得一,本妻得二。如有嫡子二,庶出子二,女子二,妻一,作 22 份而分。二嫡子得 12 份,二庶出子得六,二女子得二,妻得二。如有過房子,同庶出之例。如無嫡子,則庶及螟蛉可承嫡額、庶額,免算作九份而分。餘若無者,俱可類推。如嫡庶中有一二先故,其子可承得父業。如嫡庶子俱無,則其父母及兄弟及妻均分。如其妻先已再醮,不宜分得如女子。父母兄弟及妻又無者,則其至近之親可得。如婦人夫在而故,業歸伊子。如無子,則歸伊夫,又無夫,則歸夫兄弟可耳。謹詳副挨實嗹裁奪。"

和(荷蘭)1863 年 2 月 6 日,拜五

公堂設嘧喳嘮。嗎腰陳永元舍、甲必丹陳濬哲官,雷珍蘭黃錦章官、陳思聰官,雷珍蘭高西川官、鄭肇基官,雷珍蘭陳江水官、黃清淵官,雷珍蘭連文清官、陳文速官,朱葛礁賴觀瀾官俱在座。雷珍蘭陳逢義官登蔀不到。

(舉湯如素為和(荷蘭)美惜甘室,高瓊瑤、韓懷然為唐美惜甘室)

承嗎腰(陳永元)繳入挨實嗹於和(荷蘭)1863 年 2 月 3 日第 437 號又 1 號致書,為遵王上於和(荷蘭)1863 年 1 月 5 日、10 日第 13 號、32 號案奪,舉唐人湯如素[①]為和(荷蘭)美

① 湯如素:1815 年生。王上 1863 年 1 月 5 日第 13 號,舉為和美色甘理事。1872 年 2 月 28 日,舉為和美色甘甲必丹知廚禮。1877 年 2 月 17 日身故于毛六甲街,享年 63 歲,葬丹戎塚地。

惜甘室。又舉高瓊瑤、韓懷然[①]為唐美惜甘室加雷珍蘭知廚禮銜,從任事之限。又遵王上於和(荷蘭)1862 年 12 月 30 日第 17 號案奪,舉林江文為亞片公勃低,無職任,使掌傌仔厘力突事。存案。

同治元年壬戌歲十二月二十日,和(荷蘭)1863 年 2 月 7 日,拜六

公堂封印大吉。風調雨順,國泰民安。

嗎腰陳永元舍、甲必丹陳濬哲官,雷珍蘭黃錦章官、陳思聰官,雷珍蘭陳逢義官、高西川官,雷珍蘭鄭肇基官、陳江水官,雷珍蘭黃清淵官、連文清官,雷珍蘭陳文速官,朱葛礁賴觀瀾官、周琰官俱在座。

定查驗唐船甲板唐叻來吧公勃低名次鬮聲詳下:每鬮二人,每二日為一鬮,明日算起。

一鬮:甲必丹陳濬哲官、雷珍蘭黃清淵官。

二鬮:雷珍蘭黃錦章官、雷珍蘭陳江水官。

三鬮:雷珍蘭陳思聰官、雷珍蘭鄭肇基官。

四鬮:雷珍蘭陳逢義官、雷珍蘭高西川官。

上定四鬮,照鬮輪流,週而復初。倘應之人或有事故不暇,則協理雷珍蘭連文清官、陳文速官代之。謹此存案。

---

① 韓懷然:Han Hoaij Djian,韓青山甲之子,1839 年生。1863 年 1 月 10 日第 32 號,舉為唐美色甘雷珍蘭知廚禮。1872 年 10 月 31 日第 11 號,舉為公堂雷珍蘭。1876 年 6 月 7 日,身故於亞森腳,享年 38 歲。

同治二年癸亥歲，和(荷蘭)1864年[①]3月9日，拜一

公堂開印大吉。風調雨順，國泰民安。

嗎腰陳永元舍、甲必丹陳濬哲官，雷珍蘭黃錦章官、陳思聰官，雷珍蘭陳逢義官、高西川官，雷珍蘭鄭肇基官、陳江水官，雷珍蘭黃清淵官、連文清官，雷珍蘭陳文速官，朱葛礁賴觀瀾官、周琰官俱在座。

定應值公舘公勃低，照鬮輪流，週而復初。

壹鬮：甲必丹陳濬哲官、雷珍蘭黃清淵官，1、5、9。

貳鬮：雷珍蘭黃錦章官、雷珍蘭陳江水官，2、6、10。

叁鬮：雷珍蘭陳思聰官、雷珍蘭鄭肇基官，3、7、11。

肆鬮：雷珍蘭陳逢義官、雷珍蘭高西川官，4、8、12。

定應值外務公勃低，照鬮輪流，週而復初。

壹鬮：甲必丹陳濬哲官、雷珍蘭黃清淵官，2、6、10。

貳鬮：雷珍蘭黃錦章官、雷珍蘭陳江水官，3、7、11。

叁鬮：雷珍蘭陳思聰官、雷珍蘭鄭肇基官，4、8、12。

肆鬮：雷珍蘭陳逢義官、雷珍蘭高西川官，1、5、9。

定應值干刀公勃低，照鬮輪流，週而復初。

壹鬮：甲必丹陳濬哲官、雷珍蘭黃清淵官，3、7、11。

貳鬮：雷珍蘭黃錦章官、雷珍蘭陳江水官，4、8、12。

叁鬮：雷珍蘭陳思聰官、雷珍蘭鄭肇基官，1、5、9。

肆鬮：雷珍蘭陳逢義官、雷珍蘭高西川官，2、6、10。

定掌塚地應值公勃低：一、二、五、七。

---

① 1864年：原檔如此，當為1863年。

定掌廟宇公勃低:二、四、六、八。

定各掌公勃低:一、二,掌水淬。三、四,掌買辦。五、六,掌工役。七、八,掌街衢。

以上定鬮聲,照鬮輪流,週而復初。倘應值之人或有事故不暇,則二員協理雷珍蘭連文清官、陳文速官代之。謹此存案。

(公舘公勃低繳入公堂1862年全年鈁出項入結冊)

承和(荷蘭)1862年12月份公舘公勃低陳(逢義)、高(西川)繳入公堂和(荷蘭)1862年全年鈁出項入結冊。

列台閱畢,命朱葛礁賴觀瀾即填和(荷蘭)字,繳上挨實嗹查察。

(補錄1861年全年公堂鈁項出入條目)

補錄和(荷蘭)1861年12月終公舘公勃低陳(逢義)、高(西川)結冊,和(荷蘭)1861年全年公堂鈁項出入條目詳下:

承和(荷蘭)1860年12月終,存來大櫃內計銀三萬捌仟捌佰肆拾盾零捌角。

錄兑式里陂風水條目:

和(荷蘭)1861年1月21日,兑沈松茂風水一穴,闊12距、長32距,收銀220盾。

2月5日,兑楊得娘風水一穴,闊12距、長24距,收銀67.7盾。21日,鄒建良因伊父鄒清水報葬式里陂 韓懷仁地風水一穴,闊長16距、長32距,照例還銀220盾。26日,兑陳基泉風水壹穴,闊12距、長24距,收銀67.7盾。28日,兑馬長茂風水一穴,闊12距、長24距,收銀67.7盾。

3 月 22 日，兌高仰風水一穴，闊 12 距、長 24 距，收銀 67.7 盾。

4 月 16 日，兌陳蔡風水一穴，闊 12 距、長 24 距，收銀 67.7 盾。4 月 16 日，賜林進生為默愻蔭風水一穴，闊 12 距、長 24 距，免還銀。19 日，兌鄒建良風水一穴，闊 12 距、長 24 距，收銀 67.7 盾；又兌高瓊瑤風水一穴，闊 12 距、長 24 距，收銀 67.7 盾。

5 月 21(日)，兌黃清源風水一穴，闊 16 距、長 32 距，收銀 220 盾。31 日，兌黃開祚風水一穴，闊 16 距、長 32 距，收銀 220 盾。

6 月 7 日，賜吳金麟為默愻蔭風水一穴，闊 12 距、長 24 距。27 日，兌許勃風水一穴，闊 12 距、長 24 距，收銀 67.7 盾。

7 月 4 日，兌王光華風水一穴，闊 12 距、長 24 距，收銀 67.7 盾；又兌李弼成風水一穴，闊 12 距、長 24 距，收銀 67.7盾。9 日，兌林金祿風水一穴，闊 12 距、長 24 距，收銀 67.7 盾。11 日，兌甘溪淡風水一穴，闊 12 距、長 24 距，收銀 67.7 盾。26 日，兌楊哘鈁風水一穴，闊 12 距、長 24 距，收銀 67.7 盾。

8 月 5 日，兌黃成光風水一穴，闊 12 距、長 24 距，收銀 67.7 盾。14 日，兌戴麟娘風水一穴，闊 12 距、長 24 距，收銀 67.7 盾。16 日，兌王元龍甲風水一穴，闊 12 距、長 24 距，收銀 67.7 盾。30 日，兌蔡文福風水一穴，闊 12 距、長 24 距，收銀 67.7 盾。31 日，兌許清泉風水一穴，闊 12 距、長 24 距，收銀 67.7 盾。

10月3日，兌葉行風水一穴，闊12距、長24距，收銀67.7盾。8日，賜陳亞三懇伊父陳亞插為默蔭風水一穴，闊12距、長24距。25日，兌王深官風水一穴，闊12距、長24距，收銀67.7盾。

11月2日，兌陳玉彜風水一穴，闊12、距、長24距，收銀67.7盾。

12月19日，兌李福郎風水一穴，闊12距、長24距，收銀67.7盾。27日，兌陳豹官風水一穴，闊16距、長32距，收銀220盾。

計31穴，除付默氏3穴，實額28穴，共銀2 657.1盾.

錄兌丹絨風水條目

和(荷蘭)1861年4月18日，兌邱內水風水一穴，闊12距、長24距，收銀67.7盾.

8月26(日)，兌丁木全風水一穴，闊16距、長32距，收銀220盾。

9月7日，兌黃祝風水一穴，闊12距、長24距，收銀67.7盾。

10月6日，兌王仁生風水一穴，闊12距、長24距，收銀67.7盾。24日，兌蔣玉娘風水一穴，闊12距、長24距，收銀67.7盾。

計五穴，共銀490.8盾。

以上連式里陂兌風水共實33穴，計銀3 147.9盾。

錄收丹絨、式里陂、惹致地稅條目：

和(荷蘭)1861年7月31日，林崇興掛些蔣燈光掛些故陳井，對唐美惜甘和(荷蘭)1860年稅丹絨、式里陂田，惹致園,全年來銀三仟肆佰捌拾五盾正。

和(荷蘭)1861年8月5日,邱塗對還和(荷蘭)1861年1月份起至6月份止上半年丹絨、式里陂園稅,來銀三佰壹拾盾正。10月3日,林宗興掛些蔣燈光掛些故陳井稅惹致田園並式里陂、丹絨田上半年來稅銀1 742.5盾。

計三條,共收銀5 537.5盾。

(1861年各項開費條目)

和(荷蘭)1861年7月31日,開還詹亞登包修丹絨祀壇前拜亭,去銀三仟三佰三拾三盾肆角正;又開還丹絨、惹致、式里陂上帝廟對和(荷蘭)1860年下半年、1861年全年計八仙及什費,去銀五佰零五盾零貳占;又開還稅馬車往新干刀換舊抄盾項,去銀三盾五角。

8月31日,開對緞勿寧呀代做字入丈地官懇免加陞惹致地八仙,去筆資銀壹拾五盾正;又開小商朱代抄前年美惜甘案奪式里陂地筆資,去銀貳拾貳盾三角正。

11月2日,補開和(荷蘭)9月10日置公舘對高瓊瑤舍手過名,去銀捌仟盾正;又開補對連文清甲手還買公舘八仙,去銀肆佰壹拾盾正;又開補對小商做字過名買公舘,去銀陸拾肆盾五角;又開補對還丈地干刀做字買公舘,去銀貳拾柒盾五角;又開對杜俊傑包漆丹絨祀壇,去銀五佰盾正。

12月20日,開還公舘對和(荷蘭)1861年下半年八仙並費用,去銀貳拾盾零四角捌占。

計11條,共用去銀12 901.7盾。

對除開費外,尚結存該銀三萬肆仟六佰貳拾肆盾五角。

謹此申詳公堂大嘧內鑒察電閱。

(錄 1862 年全年公堂鈁項出入結冊)

錄和(荷蘭)1862 年全年公堂鈁項出入結冊,和(荷蘭)1862 年 12 月終。公勃低陳(逢義)、高(西川)詳。

承上年 12 月終存來大櫃內銀三萬肆仟陸百貳拾肆盾五角。

錄兌式里陂風水條目:

和(荷蘭)1862 年 1 月 11 日,兌黃音聲風水一穴,闊 12 距、長 24 距,收銀 67.7 盾。17 日,兌林坤山風水一穴,闊 12 距、長 24 距,收銀 67.7 盾。23 日,兌任順德風水一穴,闊 12 距、長 24 距,收銀 67.7 盾。

2 月 4 日,兌楊光明風水一穴,闊 12 距、長 24 距,收銀 67.7 盾。5 日,兌陳金燭風水一穴,闊 12 距、長 24 距,收銀 67.7 盾。11 日,兌詹金娘風水一穴,闊 12 距、長 24 距,收銀 67.7 盾。12 日,兌張鸞娘風水一穴,闊 12 距、長 24 距,收銀 67.7 盾。21 日,兌李新增風水一穴,闊 16 距、長 32 距,收銀 220 盾。22 日,兌張二娘風水一穴,闊 12 距、長 24 距,收銀 67.7 盾。

3 月 10 日,兌黃沙囊風水一穴,闊 12 距、長 24 距,收銀 67.7 盾。

4 月 2 日,兌陳玉麟風水一穴,闊 12 距、長 24 距,收銀 67.7 盾。25 日,兌陳瑞金風水一穴,闊 12 距、長 24 距,收銀 67.7 盾。26 日,兌吳元和風水一穴,闊 12 距、長 24 距,收銀 67.7 盾。28 日,兌陳千乘風水一穴,闊 12 距、長 24 距,收銀 67.7 盾。

5月9日，兌林及官風水一穴，闊12距、長24距，收銀67.7盾。5月27日，兌沈福星風水一穴，闊12距、長24距，收銀67.7盾。

6月6日，兌吳建達風水一穴，闊12距、長24距，收銀67.7盾。14日，兌吳佛龍風水一穴，闊20距、長40距，收銀541.6盾。20日，兌甘大養風水一穴，闊12距、長24距，收銀67.7盾。21日，兌葉榮華風水一穴，闊12距、長24距，收銀67.7盾。

7月3日，兌黃有娘風水一穴，闊12距、長24距，收銀67.7盾。17日，兌葉靳風水一穴，闊12距、長24距，收銀67.7盾。22日，兌楊志明風水一穴，闊40距、長80腳距，收銀152.3盾。25日，兌王諶娘風水一穴，闊16距、長32距，收銀220盾。

8月8日，兌楊金容風水一穴，闊12距、長24距，收銀67.7盾。13日，兌陳瓊瑞風水一穴，闊12距、長24距，收銀67.7盾。16日，兌黃膽官風水一穴，闊12距、長24距，收銀67.7盾。22日，兌黃膽官風水一穴，闊12距、長24距，收銀67.7盾。

9月4日，兌邱尊賢風水一穴，闊12距、長24距，收銀67.7盾。23日，兌蔡竹官風水一穴，闊12距、長24距，收銀67.7盾。24日，兌郭娘那風水一穴，闊12距、長24距，收銀67.7盾。

10月11日，兌陳復振風水一穴，闊12距、長24距，收銀67.7盾。14日，兌戴朋山風水一穴，闊12距、長24距，收銀67.7盾。10月15日，兌陳森娘風水一穴，闊12距、長24距，收銀67.7盾。21日，兑鄭進生風水一穴，闊12距、長24距，收銀67.7盾。

11月11日，兑鍾南報風水一穴，闊12距、長24距，收銀67.7盾。14日，兑陳思聰甲風水一穴，闊12距、長24距，收銀67.7盾。

12月13日，兑王益娘風水一穴，闊12距、長24距，收銀67.7盾。

計38條，合收來銀3 588盾。

（錄惹致、丹絨及式里陂地、田園租金條目）

和（荷蘭）1862年4月28日，收故陳井對林宗興手還來和（荷蘭）1861年7月份至12月終地税，銀壹仟七佰肆拾貳點伍盾；又收邱塗税惹致、丹絨及式里陂地税、田園，於和（荷蘭）1862年1月至6月終，銀1 522.5盾。貳條計共收銀3 265盾。

（錄1862年全年公堂開支條目）

和（荷蘭）1862年4月28日，開修整公舘，還去銀900盾；又開丈地干刀丈地費用，去銀290盾；又開式里陂全年八仙，去銀191.25盾；又開還丹絨全年八仙，銀7.34盾；又開還惹致地全年八仙，去銀122.4盾；又開還上帝廟全年八仙，去銀15.3盾；又開還公舘全年八仙，去銀47.43盾；又開還税馬車往干刀還八仙，去銀3.75盾。計8條，共用去銀1 316.47盾。計除開費外，尚結該存銀肆萬零壹佰陸拾壹盾零三占。謹此申詳公堂大嚁內鑒察電閲。

和(荷蘭)1863 年 3 月 20 日,拜五

公堂設嘧喳嘮。媽腰陳永元舍、甲必丹陳濬哲官,雷珍蘭黃錦章官、陳思聰官,雷珍蘭高西川官、鄭肇基官,雷珍蘭陳江水官、陳文速官,朱葛礁周琰官俱在座。雷珍蘭陳逢義官,雷珍蘭黃清淵官、連文清官不到。

(承命查勘張才娘掛些幼子鄭渙水控鄭進生掛些掌業幼女孫鄭意娘一案)

承蘭得叻於和(荷蘭)1863 年 1 月 30 日第 29 號致書公堂,附第□詩礁字及諸字:"為訟師緞福馬逸掛些張才娘即鄭元璣之寡妻,掛些幼子鄭渙水上書蘭得叻,控唐人鄭貞生料理鄭元璣遺業所付鄭元璣遺業小地壹角,與鄭意娘當即交盤與鄭渙水其地八仙單第 913 號前已過名鄭意娘,從美惜甘和(荷蘭)1862 年 12 月 10(日)第 1768 號又 1840 號書,指明鄭意娘係鄭元璣女子出於番婦,未交寅張才娘時即有之。祈公堂酌量詳聞,鄭意娘該得鄭元璣遺業如何份額?"

訟師緞福馬逸掛些張才娘掛些幼子鄭渙水,控鄭貞生:"從唐美惜甘案奪,鄭元璣於和(荷蘭)1860 年 11 月 5 日故,無立達心眠字。遺業小地一半八仙單第 913 號,鄭渙水得一角,鄭意娘得一角,俱已過名。從唐美惜甘案奪,付鄭貞生執掌,但鄭意娘非鄭元璣明婚女子。況無立達心眠字,不宜得業。因上書致控,懇蘭得叻命鄭貞生掛些鄭意娘交盤鄭意娘所得遺業於鄭元璣小地一角已過名鄭意娘,付與鄭渙水。限十四日,若不從令,凴致控人任意以行。訟師緞福哯掛些鄭貞生掛些鄭意娘訴云：據張才娘即鄭元璣之寡妻，掛些鄭渙水所控其鄭元璣遺業分與子女，係遵唐美惜甘之命，晚不知如何，懇蘭得叻案奪，勿受所控，命張才娘自支所費。”

唐美惜甘於和(荷蘭)1862年12月10日第1768號又1860號致書上蘭得叻，從和(荷蘭)1862年10月6第129號抄鄭元璣遺業，確見鄭意娘果係鄭元璣女子，合當得業。張才娘已自告知敘明在遺業單首，何今竟背前言？從唐美惜甘窒和(荷蘭)1862年1月30日第103號、110號書詳，鄭意娘非鄭元璣明婚女子，出於未交寅張才娘之前，産在鄭元璣厝，顧復養育，已付其姓，所以不得改易。從常例，唐人死故，無立達心眠字，依和(荷蘭)例。遵蘭得叻和(荷蘭)1862年6月10日第492號案奪，鄭元璣遺業小地一半，當過名一角與鄭意娘。

唐美惜甘窒於和(荷蘭)1862年1月30日第103號、110號書詳，確見鄭元璣遺業僅有小地一半八仙單第913號，的棲價銀360盾，當付與鄭意娘年四歲一角額，鄭渙水一角額。又閱鄭貞生口詞所懇，敘明字內可付鄭貞生執掌，即付案奪，命鄭貞生當過名與鄭元璣子女，又當照顧養育，鄭元璣之欠當還。如要過名，當告知美惜甘。

吊訊張才娘年二十四歲，住鑒光美惜近後，供云：“氏果付訟師緞掛些上書蘭得叻，控家翁鄭振生掌理鄭意娘業得於鄭元璣，懇當即交盤過還與鄭渙水。”又云：“氏不識鄭意娘何人？當氏交寅時，雖見家中有一番婦及一女子，不知是誰？並無人告知是鄭元璣女子。鄭元璣遺業分與鄭意娘，氏亦不知。

當鄭元璣故後，家翁向氏言，少頃有磨老[1]提字到汝，可花押。片刻間果有磨老提字來令氏花押，氏遂押號於上，不知何事。及後，美惜甘送字來方知分鄭元璣遺業與鄭意娘。氏不願，因是致控。”

吊訊鄭貞生，即鄭進生年五十九歲，住廿陸間，供云：“晚不知此中情由，為滉美惜甘命，分鄭元璣遺業與鄭意娘。但此鄭意娘係鄭元璣未交寅時畜番婦君宗所生女子，至兩歲，鄭元璣乃交寅張才娘，番婦君爾（宗）不自安身，遂自出去，惟留女子在家養育。”

公堂會議：“論張才娘掛些幼子鄭渙水控鄭進生掛些掌業幼女孫鄭意娘一案，已經勘訊原、被供詞，灼見鄭意娘係鄭元璣與妾君宗所生女子，鄭渙水係鄭元璣與明婚妻張才娘所生男子。從唐例，凡女子不宜得業，矧鄭意娘非出於明婚妻所生，合式鄭元璣遺業當歸於鄭渙水。張才娘所控可以承受。謹詳蘭得叻裁奪。”

（戴一娘、黃亞二夫妻求離一案）

據公舘公勃低陳（思聰）、鄭（肇基）詳，戴一娘年二十歲，住烏布土庫，請伊夫黃亞二：“為交寅三年，並無生產。因拙夫多以氏不合意，時時怒趕，亦久無給資費，又常不回家。即翁姑亦常怒罵趕逐，似此不情，伏乞判離。”臺問：“汝夫並汝翁姑如何怒罵趕逐是因何事？”戴一娘答曰：“氏因此 1 月 9 日身病，不能料理家事，翁姑先怒罵趕逐，拙夫亦如是從之。”

吊訊黃亞二年二十八歲，住仝上，供云：“拙妻于此十二月，

---

① 磨老：亦作“帽老”、“茂老”，荷蘭語 Procureur，訴訟代理人，檢察官。

每每早晨睡起，即往鄰家。晚母向拙妻言，如何早起即往別厝，不在家理事？拙妻膽敢反怒晚之母。至暮晚回家，晚之母將此事告知，晚即嫌之。拙妻又憤怒，將晚之衣折破。況拙妻有言，與他可分離之時，他要點燭。”戴一娘答曰：“此言點燭，非氏之言，係是翁姑所言。”黃亞二答曰：“今不必再多言，且晚家貧無可以養拙妻。既拙妻果要分離，晚願從之。”台勸其夫妻無因大故，不得分離。礙二比各執意要分。將情申詳公堂大噧內裁奪。

(何水娘、陳昭明夫婦求離一案)

據公舘公勃低陳(思聰)、鄭(肇基)詳，何水娘年二十四歲，住磘內於和(荷蘭)1861 年 5 月 29 日請伊夫陳昭明[①]：“為交寅已經八年，產下二女，長金娘，年七歲；次銀娘，年四歲。因拙夫已六個月無給資費，經前懇分，茲再伏懇判離。”

吊訊陳昭明年二十六歲，仝住磘內，供云：“拙妻所言已六個月無給資費，此是虛言。晚於每月給付資費約有三四十盾，多得則多與之，今願每月給雷拾盾為費。若要分離，晚不願從。”台勸何水娘：“汝夫既不願分離，情猶未絕，且欲每月給費雷 10 盾可以足用，合當從夫同歸，和好依舊。”礙何水娘堅執要分。將情申詳公堂大噧內裁奪。

(承命查勘詳覆郭珠娘掛些幼子吳木生控李福郎、李長先、李永娘、陳賀娘一案)

---

① 陳昭明：據《婚簿》記載，1854 年 5 月 8 日，住窯內 19 歲陳昭明與 16 歲何水娘成婚。媒妁蔡勤娘，男方主婚陳堤岸(叔祖)，女方主婚何才三(堂叔)。原注：“陳昭明是吧生。”

承蘭得叻於和(荷蘭)1863年1月30日第30號致書，附第□號詩礁字及諸字："為訟師緞多倫掛些郭珠娘掛些幼子吳木生，控李遠娘得業人李福郎、李長先、李永娘、陳賀娘。祈公堂按例酌量詳覆。"

吊訊郭珠娘年二十五歲，住八茶礩貫，即吳貴隆之寡妻吳木生之母，供如詩礁字所言。又云："氏夫吳貴隆係吳武西之子，出於妾鶯嬌所生，果付訟師緞多倫掛些，要討回吳詩牛遺業於李福郎、李長先、李永娘、陳賀娘。因氏子吳木生係吳武西之繼派吳詩牛親堂兄弟，當得吳詩牛遺業。"

吊訊李福郎年四十二歲，住聖望港，供云："吳詩牛故，無立達心眠字，其業付與李遠娘，係唐美惜甘案奪。但吳詩牛之業原得自黃玉娘，合式吳姓之業當歸吳姓，乃有所歸。今晚得業於李遠娘，係晚姑親。"

吊訊李長先年三十三歲，住礚內，供如李福郎所言。

吊訊李永娘年四十六歲，住礚內，即李沛翰之女，周黎西之寡妻，供云："郭珠娘父不知何人？其夫吳貴隆，氏姑生前陳起，係戲婢鶯嬌與馮四海、黃待老所生。今吳詩牛遺業歸伊母李遠娘，即氏親姑，氏等得業於姑，故人所付，氏欲執掌，不願交還。"

公堂會議："論郭珠娘掛些幼子吳木生，控李福郎、李長先、李永娘、陳賀娘一案，勘得原、被所供，及查黃玉娘達心眠字，確見吳貴隆，吳武西庶出子；又確見吳詩牛之業實得自黃玉娘，吳武西之妻。論世代相傳，吳詩牛、吳木生俱吳武西之孫，二者為親堂兄弟，吳詩牛故時無子女又無妻室，合式伊至親吳木生該得。"存案。

和(荷蘭)1863年4月17日,拜五

公堂設嘧喳嘮。媽腰陳永元舍、雷珍蘭陳思聰官,雷珍蘭陳逢義官、高西川官,雷珍蘭鄭肇基官、黃清淵官,雷珍蘭連文清官、陳文速官,朱葛礁賴觀瀾俱在座。甲必丹陳濬哲官、雷珍蘭黃錦章官、陳江水官不到。

(荷印總督准雷珍蘭陳逢義辭任,陳文速官補入雷珍蘭職)

據挨實嗹於和(荷蘭)1863年4月18日第1362號又11號致書媽腰(陳永元),遵王上於和(荷蘭)1863年4月14日第6號案奪,為閱和(荷蘭)1863年1月30日雷珍蘭陳逢義口詞,已閱挨實嗹和(荷蘭)1863年2月27日第738號又11號所詳,已經案奪禮意准雷珍蘭陳逢義告辭雷任,因其老邁。即陞雷珍蘭知廚禮協理公堂事陳文速官補入雷珍蘭任,辦理公堂室事為是。

(高瓊瑤甲掛些伊父高俊傑甲大繳入唐丙辰年捐緣修理牛郎沙里塚存銀)

據高瓊瑤甲掛些伊父高俊傑甲大繳入唐丙辰年捐緣修理牛郎沙里塚開費以外,尚存銀陸佰三拾五盾正。

列臺閱畢議:"此項可暫存在外櫃,倘遇少可之費,可以開用。"存案。

和(荷蘭)1863年4月21日,拜二

公堂設嘧喳嘮。媽腰陳永元舍、甲必丹陳濬哲官,雷珍

蘭黃錦章官、陳思聰官，雷珍蘭陳逢義官、高西川官，雷珍蘭陳江水官、鄭肇基官，雷珍蘭黃清淵官、連文清官，雷珍蘭陳文速官，朱葛礁賴觀瀾官俱在座。

特授雷珍蘭陳文速官陞任

嗎腰(陳永元)繳入挨實嗹和(荷蘭)1863 年 4 月 18 日第 1362 號又 11 號書，為遵王上於和(荷蘭)1863 年 4 月 14 日第 6 號案奪，為閱雷珍蘭陳逢義官口詞，從和(荷蘭)1863 年 2 月 27 日第 738 號所詳，優意准其告辭雷任，因其老邁。即陞協理雷珍蘭陳文速官補入雷珍蘭之任，辨理公堂室事。存案。

定應值公舘公勃低，照鬮輪流，週而復初。

壹鬮：甲必丹陳濬哲官、雷珍蘭陳文速官，1、5、9。

貳鬮：雷珍蘭黃錦章官、雷珍蘭黃清淵官，2、6、10。

叁鬮：雷珍蘭陳思聰官、雷珍蘭陳江水官，3、7、11。

肆鬮：雷珍蘭高西川官、雷珍蘭鄭肇基官，4、8、12。

定應值外務公勃低，照鬮輪流，週而復初。

壹鬮：甲必丹陳濬哲官、雷珍蘭陳文速官，2、6、10。

貳鬮：雷珍蘭黃錦章官、雷珍蘭黃清淵官，3、7、11。

叁鬮：雷珍蘭陳思聰官、雷珍蘭陳江水官，4、8、12。

肆鬮：雷珍蘭高西川官、雷珍蘭鄭肇基官，1、5、9。

定應值干刀蘭得叻及日案，照鬮輪流，週而復初。

壹鬮：甲必丹陳濬哲官、雷珍蘭陳文速官，3、7、11。

貳鬮：雷珍蘭黃錦章官、雷珍蘭黃清淵官，4、8、12。

叁鬮：雷珍蘭陳思聰官、雷珍蘭陳江水官，1、5、9。

肆鬮：雷珍蘭高西川官、雷珍蘭鄭肇基官，2、6、10。

(定掌廟宇，掌塚務，掌水淬，掌買辦、掌工役、掌工役公

勃低及定掌檢察唐鑒光公勃低)

定掌廟宇公勃低:二、四、六、八。

定掌塚務公勃低:一、三、五、七。

定掌水淬公勃低:壹、貳。

定掌買辦公勃低:叁、肆。

定掌工役公勃低:伍、陸。

定掌檢察唐鑒光公勃低:柒、捌。

上陳數條應值公勃低,或照月份,或照位次序,依鬮而行。倘應值之人或有不暇,或有告假,則協理雷珍蘭連文清官代之。謹此存案。

(涂辛長、葉賓娘夫妻求離一案)

據公舘公勃低高(西川)、鄭(肇基)詳,涂辛長[①]年三十三歲,住鑒光美惜近,請伊妻葉賓娘:"為交寅八年,有生一女,名涂厘勃娘,年四歲。因拙妻日日外行往馬車間,並不在家理事,任晚勸觧,他終不聽。似此不賢,伏乞判離。"

吊訊葉賓娘年二十二歲,住茄菪,供云:"氏未嘗日日外遊,亦無妄去馬車間。況拙夫亦久無給資費,今拙夫既不以氏為夫妻,未知其何意?但氏亦願從拙夫之要離。"臺勸其夫妻無因大故,雖有小礙,務當和好如舊,相率同歸。礙二比各執意要分。將情申詳公堂大嘧內裁奪。

列臺覆訊涂辛長、葉賓娘,供如公勃低所詳。

---

① 涂辛長:據《婚簿》記載,1856 年 7 月 8 日,住小南門 25 歲涂辛長與 15 歲葉賓娘成婚註冊。媒妁蕭吉娘,男方主婚涂亞華(父),女方主婚葉山鶴(堂兄),交寅日陰曆 6 月 8 日。

公堂會議:"據二比所供,灼見並無相面之心,准其夫妻離遏可也。"存案。

(高來娘、盧源泉夫妻求離一案)

據公舘公勃低高(西川)、鄭(肇基)詳,高來娘再請夫盧源泉:"為從公舘所判,拙夫每月要給付費銀 10 盾。和(荷蘭)12 月 10 日拙夫有給費銀壹拾盾,及近唐正月,拙夫再給銀壹拾盾以應做節。至過唐正月初間,拙夫再有給付銀壹拾盾以為資費。茲自唐正月初九日,拙夫即不回家,亦無給費些少。似此不情,伏乞判離。"

吊訊盧源泉,供云:"晚從公舘判再合,每月當給費銀壹拾盾,晚亦有給付拙妻費銀三次,每次皆銀壹拾盾。茲自此和(荷蘭)3 月、4 月,果無給付資費。況拙妻言要分離,晚願從之。"臺勸其夫妻依原相率同歸,和好如舊。礙二比各執意要分。將情申詳公堂大嚓內裁奪。

列臺覆訊高來娘、盧源泉,供如公勃低所詳。

公堂會議:"據二比所供,其夫盧源泉尚有戀戀不捨之心,雖高來娘屢欲求離,俱因資費不足故也。今盧源泉既願給付資費,今當再合,依舊和好為是。"謹此存案。

(沈貞娘、蘇克中夫婦求離一案)

據沈貞娘年二十歲,住聖望港杉板寮,請伊夫蘇克中:"為交寅五年,未有生產。因拙夫舉動不輕,棄妻寵妾,不以氏為夫妻。拙夫已取番妾在家中,氏亦不以為較,拙夫竟棄氏為外人。況拙夫所做之事路,每月祇可領辛金壹拾五盾,如何有足於家用否?又聞再有取妾在外,亦久無給資費,且將氏之物件小粒硂耳鎚一對、金盆領一個、銀盆領一個、金手指兩對，一暨典當蕩用。茲自上年九月，拙夫寵妾致妾膽敢欺氏。無奈氏回於母家，至今計五六個月，拙夫並不叫氏回歸，亦不來問視氏，又無給費些少，即或有之，亦當至二三個月即給付壹盾或半盾而已。似此不情，伏乞判離。”

吊訊蘇克中年二十四歲，住馬目，供云：“晚並無取妾在內在外。據拙妻言，晚典當他之物件，果有之。因晚身病，拙妻自願將其所用物件，令晚取往典當，以應資費。況茲拙妻言晚無給費，晚於清明日亦有取銀壹拾五盾以為祭費。若今拙妻要同晚回歸，晚願將所有每月辛金 15 盾一半給付。”臺勸沈貞娘：“汝夫既要照顧給費，又無娶妾，務當和好如舊，相率同歸。”礙沈貞娘執意要分。將情申詳公堂大嘧內裁奪。

公堂會議：“不得離遏，當再合為是。”存案。

（黃長潤為伊父懇賜准蔭地一事）

據黃長潤入稟：“為伊父為默五腳橋已二十二年，今因身故，懇賜准蔭地一穴，闊 12 距、長 24 距為葬穴。”

公堂會議：“照例合當准懇。”存案。

和（荷蘭）1863 年 5 月 7 日，拜四

公堂設嘧喳嘮。瑪腰陳永元舍、甲必丹陳濬哲官，雷珍蘭黃錦章官、陳思聰官，雷珍蘭陳逢義官、高西川官，雷珍蘭鄭肇基官、陳江水官，雷珍蘭黃清淵官、陳文速官，雷珍蘭連文清官，朱葛礁周琰官俱在座。陳逢義甲告老不在座。

（承命查勘詳覆唐人詹光烈素常果有買賣亞片否）

承副挨實嗹於和（荷蘭）1863 年 4 月 21 日第 1487 號又

1號致書公堂,附數簿一結。祈查勘唐人詹光烈[①]素常果有買賣亞片否?勘畢詳覆。

本堂將案仰公舘公勃低雷珍蘭高西川官、雷珍蘭鄭肇基官勘察申詳。

列臺細閱公舘公勃低所詳覆。訊詹光烈及諸削視及數簿,誠如公舘公勃低所詳。議曰:"詹烈之案數簿兩本:崑鴻字號,詹烈已自認自己之數內中有記榮義來二清三條10兩;又記生物員之條去二清,且自供所買二清,係要自用。若有人求買,則與之;又自供所置煙吹四支,去年間果有外人就其厝借飲亞片。灼見詹烈素時集黨飲煙,買賣二清是實。若數內諸人名下所記,逐日去壹分貳分,並無敘明何物?據詹烈自供,係兑藥散,並無定價。已訊諸人,亦供果有向詹烈買藥散或藥丸,不知何價?因各人身帶有病,就此而觀,不得指明數內所記一分二分果是亞片,抑是何物?但依數而算,所記一分二分,每分約的價銀三角行,與亞片價相同。若果是藥散,其價定有高下不齊,故謂詹烈買賣亞片僅屬可疑,而不能確指也。謹詳副挨實嗹裁奪。"

和(荷蘭)1863年5月19日,拜二

公堂設嘧喳嘮。嗎腰陳永元舍、甲必丹陳濬哲官,雷珍蘭陳逢義官、高西川官,雷珍蘭黃清淵官、陳文速官,朱葛礁

---

① 詹光烈:原檔下文寫作"詹烈"。

周琰官俱在座。雷珍蘭黃錦章官、陳思聰官，雷珍蘭鄭肇基官、陳江水官，雷珍蘭連文清官不到。陳逢義甲告老不在座。

(郭談娘懇請要討故夫陳瑞馨之香火一案)

據公舘公勃低陳(濬哲)、陳(文速)詳，郭談娘年三十九歲，住旗杆脚，為要取伊夫陳瑞興①之香火。請云："氏係陳瑞興之妻，交寅二十二年，生下一女三男：其女名陳馬蚋娘，年一十九歲；其子名陳榮和，年一十四歲；次子名陳榮興，三子名陳木和，年四歲。氏經已五年不與拙夫同住，氏回居於母家。因拙夫身病危重，叫氏回照顧。拙夫之病及至拙夫身故，氏思與拙夫在時既不能和好，又久相離，是以氏帶夫服祇到除靈日而已。玆拙夫之香火，氏欲取奉祀，乃氏之姑陳奎炳娘敢阻，不肯付氏取拙夫之香火，伏乞訊判。"

吊訊陳葵炳娘年三十四歲，住大南門大巷內，供云："氏之兄嫂郭談娘前日果有欲取氏兄陳瑞興之香火，氏思他與氏兄陳瑞興在生時不能相愛，亦經已相離五年之久。及至氏兄陳瑞興病重告知與他，即欲望他來照顧氏兄之病，不多日氏兄身死，他竟不與氏兄帶喪服。況他欲取氏兄之香火，不照規矩，似欲為盜。是以氏不肯付他取去，又將此香火之事告知於胞弟陳瑞全。玆氏兄陳瑞興之香火，已交付氏弟陳瑞全取置其厝。"

---

① 陳瑞興：原檔下文亦作"陳瑞馨"。據《婚簿》記載，1842 年 7 月 15 日，住公司後 20 歲陳瑞興與 18 歲郭談娘成婚註冊。媒妁郭一娘，男方主婚陳金生(父)，女方主婚郭漢(宗叔)。

吊訊陳瑞全年二十五歲，住公司後，供云："今晚胞兄陳瑞興之香火果有取置在晚之厝。茲晚兄嫂郭談娘欲取晚兄之香火，但他與晚兄在生時抱反目之怨，又相離五年之久。況晚兄病故，他竟不服喪，且他又無定居之處，亦是依倚於人。是以晚將兄之香火取置於晚之厝，俾得祖父、兄弟之香煙同聚一處。"郭談娘質曰："此拙夫之香火，氏欲取奉祀以表願守寡之心。若此男女諸子果欲從伊叔陳瑞全，又氏叔陳瑞全果欲取以撫養成人，氏亦願聽從，不敢多端。"將情申詳公堂大噼內裁奪。

公堂會議："論郭談娘所請要討故夫陳瑞馨之香火一案，據其自供，與伊夫生時已經五載異處，疾病寒暑不相詢問，名雖夫妻，而情實同於路人。及陳瑞馨故日，郭談娘自供，居喪僅至卒哭，灼見薄情又甚。今曰念夫情切，欲討香火奉祀，誓願守節終身。似此今昔異情，其然信其然乎？古人云："生不奉養，死祭何益？"此言何謂也。若陳瑞全與陳瑞馨同胞兄弟，係骨肉至親，既自供願養嫂祀兄，顧育姪兒，正合唐人規矩。為其嫂者，苟立志寡守，當就養不惶而與兒女聚處，方有守節之範可觀。而郭談娘乃又不然，仍欲傍居其母娘仔玉郎家。夫以薄產之人攜帶香火子女傍依於人，殊不合式。縱謂母女情親，然已嫁出則為別人婿，及外孫分屬外戚。本堂已經察理度情，遵例而論，陳瑞興香火當歸伊弟陳瑞全奉祀，乃為萬全。若子女年登八歲，亦當歸陳瑞全撫養教督成人。其幼子陳木和年纔四歲，可付郭談娘暫養，待年八歲仍歸陳瑞全教督為是。"存案。

(溫二娘、蕭廣元夫妻求離一案)

據溫二娘年三十七歲,住在鑒甘毛六甲,請伊夫蕭廣元:“為交寅二十年,有生三子:其子名蕭振英,年 13 歲;又男名蕭振山,年九歲;又名蕭振良,年七歲。因拙夫於三年前入禁間,至上年十二月拙夫幸出。自拘禁時並不告知與氏,又自上年十二月至今,亦不叫氏回歸,更無給費些少。似此不情,伏乞判離。”

吊訊蕭廣元年三十七歲,住洪溪,供云:“拙妻已自六年前其所行不端,亦不照顧家內。茲他要分離,晚願從之。”臺判:“溫二娘與蕭廣元為二十年夫妻,又有生三男子,勸其和好如舊,相率同歸。”礙二比各執要分,情意已絕,不可再合。將情申詳公堂大嘧內裁奪。

列臺覆訊溫二娘、蕭廣元,供如公勃低所詳。

公堂會議:“據二比所供,夫妻既不能相安,其心各有所向,實難勸合。准其離遏可也,但子女歸蕭廣元撫養。”存案。

(許來娘、莊新客夫婦求離一案)

據許來娘年二十七歲,住應菜河[①],請伊夫莊新客:“為交寅三年,有生一女,名莊那娘,年三個月。因拙夫棄妻寵妾,致使氏回居於母家,亦已久無給資費。經於和(荷蘭)1 月 22 日,氏請知於公舘,亦已經蒙公舘甲必丹訊判,著拙夫當每月給雷貳拾五盾付氏為費,並另稅厝付氏居住,又當二三日

① 應菜河:亦作“甕菜河”。應菜或甕菜,實為蕹菜,為旋花科番薯屬一年生或多年生草本,又名空心菜。應菜河或甕菜河,為吧城地名,源於昔日華人在此種植此類蔬菜甚多。此地名另一說,源於廈門的甕菜河。據《廈門志》卷二引乾隆 薛起鳳《鷺江志》云:“長寮河在城南袁厝山下,一名鯤池。……夏月種甕菜。俗名甕菜河”。

巡視一次。兹拙夫仍是無給費用，又無稅厝付居，且並無來看視。似此不情，伏乞判離。”

吊訊莊新客年四十八歲，住鑒光貓厘，供云：“晚果有給付資費。據拙妻言無給費，係是虛誣。況晚貧窮之人，實無能另稅厝付居。今拙妻既要分離，晚願從之。”謹將情詳公堂大嘧內裁奪。

列臺覆訊許來娘、莊新客，供如公勃低所詳。

公堂會議：“既已二比決意，合當准其離遏。許來娘要討物件其價銀 525 盾，莊新客限後來甘願清此詩礁之事。但子女當歸莊新客撫養，如許來娘要暫養亦可，莊新客每月貼費。”存案。

和(荷蘭)1863 年 6 月 5 日，拜五

公堂設嘧喳嘮。媽腰陳永元舍、甲必丹陳濬哲官，雷珍蘭黄錦章官、陳逢義官，雷珍蘭高西川官、鄭肇基官，雷珍蘭黄清淵官、陳文速官，雷珍蘭連文清官、朱葛礁賴觀瀾官俱在座。雷珍蘭陳思聰官、陳江水官不到。陳逢義甲告老不在座。

(承命查勘詳覆楊光蔭控張保生欠費一案)

承挨實嗹司叻於和(荷蘭)1863 年 6 月 15 日第 138 號致書，附數簿七本、單一張，係楊光蔭控張保生欠雷 217.5 盾一案，祈查勘詳覆。即仰公舘公勃低雷珍蘭黄錦章官、黄清淵官勘察申詳，將詳附閱。

奉命為承挨實嗹司叻於和(荷蘭)1863 年 6 月 15 日第

138號書，附數簿大小計七本、單一張，係楊光蔭之案。茲將此數簿七本、單一張，仰公舘值月公勃低勘察繳詳。

吊訊楊光蔭年四十八歲，住鑒光美惜近為商，供云："晚果有詩礁張保生取貨共欠去雷217.5盾。"臺問楊光蔭："此數簿七本、單一張，是何人之數、單否？"楊光蔭答曰："此數簿大小計七本、單一張，皆是晚之數單，亦是晚親筆記寫。但晚於近來所做頭緒，不成生理，其此數簿衹是記以自知。"臺問："辛亥年之《總簿》有記結長來雷270盾，如何不入單內？"楊光蔭答曰："此係是借母雷250盾又貫利息雷20盾，共雷270盾。以此《總簿》有記，而不入於單內。"臺問："和（荷蘭）1862年8月24日，此單內一條張保生去烏仔銀三員伸雷9.52盾，如何無記數簿內？"楊光蔭答曰："晚有記知在粉牌，是以有記他此條之去項。況晚亦有削視二人。"臺問："單內和（荷蘭）1863年2月9日，對綴隆手討厝還母雷250盾，又還十四年九個月利息雷331.875盾，此二條如何無數？"楊光蔭答曰："因晚後來無設數，況且有梁礁字可指明。"台問："汝當日要還此項，他既有欠汝之項，如何不扣抵否？"楊光蔭答曰："晚當日有出梁礁字，欲扣抵此欠項。奈他不肯付扣抵，且他言無欠。"台問："此一本簿仔，丙申年十二月二十七日和（荷蘭）1857年1月22日起至記簿尾丁酉年九月十七日和（荷蘭）1857年11月3日，此是《日清》否抑是《草清》否？"楊光蔭答曰："此是晚自記以自知的。"台問："此簿仔記至和（荷蘭）1857年3月23日止，長21帙，以下計空24帙。又和（荷蘭）1857年6月26日再記至簿尾和（荷蘭）11月3日止，計420帙，汝如何此記寫？"楊光蔭答曰：

"此簿仔中有空計 24 帙,因晚尚有浮數簿仔一本,即要就此空帙抄記此所浮之數。"台查果有簿仔一本,記和(荷蘭)1857 年 3 月 24 日起至和(荷蘭)6 月 25 日止之數。據楊光蔭指曰:"此即浮數之簿仔。"

吊訊張保生年六十四歲,住大南門,供云:"晚並無欠此雷 217.5 盾。若此烏仔銀三員,晚果有收取,因他前有先借銀八盾,即將此烏銀抵還。所供是實。"

台勘此楊光蔭詩礁之案,其所獻大小數簿並無照數法。將情申詳公堂大嚓內裁奪。

列台閱詳覆訊楊光蔭、張保生,及覆訊數、單,誠如公勃低所詳。問:"二比更有別辭欲白乎?"俱答曰:"無。"

公堂會議:"論楊光蔭控張保生一案,據二比所供,相懸天壤。及查楊光蔭所獻數簿七本、單一張,又見單數不孚,或單有條,而數已無記;或數有記,而單無條。楊光蔭自供,單內張保生去烏仔銀三員一條,係抄之粉牌。雖有數七本,《日清》、《草清》,俱無可謂無源之數,況於和(荷蘭)1857 年數一本,首尾有記,中間放空 24 帙。據楊光蔭自供,尚有浮數欲再補入。夫和(荷蘭)1857 年至今已經七載,其數尚留空帙欲補入浮數,足見楊光蔭之數欲用臨時而記,可增可減出其自已欲為,大背立數之法。本堂切案,楊光蔭數、單,俱不堪用,此案可以削消。謹詳挨實嗹司叻裁奪。"

(林箕娘、黃東啓夫婦求離一案)

據林箕娘年二十二歲,住質寧貞,請伊夫黃東啓:"為交寅三年,未有生產。因拙夫常以氏為不合,每每嫌氏為懶惰不理家事,氏即懇要回於母家。自氏回母家至今,計有一年半之久,拙夫並不叫氏回歸,亦無給費些少。似此不情,伏乞判離。”

吊訊黃東啓年六十六歲,住廿六間,供云:“拙妻言晚常不合意,實無此情。惟因拙妻每每不理家事,晚有些嫌之,他即懇要回伊母家。但拙妻既回伊母家,晚亦有叫他回歸,他終不歸,至今計一年餘,晚以此無給資費。今他欲懇分離,晚願從之。”臺勸其夫妻無因大故,不得分離,務宜相率同歸,和好如舊。礙二比各執意要分。將情申詳公堂大嚓內裁奪。

吊訊林箕娘、黃東啓,供如公勃低所詳。

公堂會議:“量二比堅執要離,斷再不能會合,合當准其離遏可也。”存案。

(唐情娘、黃明厚夫妻求離一案)

據唐情娘年二十二歲,住戈勞屈,請伊夫黃明厚:“為交寅六年,有生一子,名黃水,年二歲。因氏子身病,拙夫不以為知,且又責罵氏不肯照顧,況已三個月並無給資費,更累累無故趕逐。似此不情,伏乞判離。”

吊訊黃明厚年二十六歲,住戈勞屈,供云:“晚果有略嫌拙妻不肯照顧孩子之病,又晚於每禮拜亦有給費銀壹盾。至其言被趕逐,實無此情。茲拙妻既要分離,晚願從之。”謹將情詳公堂大嚓內裁奪。

列臺覆訊唐情娘、黃明厚,供如公勃低所詳。

公堂會議:“據二比供詞,確見夫妻決意欲離,已經按理察情,准其所懇。但兒子年方二歲,當暫付唐情娘撫養,待至七歲,黃明厚方可領回。”存案。

和(荷蘭)1863年6月26日,拜五

公堂設嗒喳嘮。瑪腰陳永元舍、甲必丹陳濬哲官,雷珍蘭黃錦章官、陳思聰官,雷珍蘭陳逢義官、高西川官,雷珍蘭黃清淵官、陳文速官,雷珍蘭連文清官、朱葛礁賴觀瀾俱在座。雷珍蘭鄭肇基官、陳江水官不到。陳逢義甲告老不在座。

(羅而娘、陳戈律夫妻求離一案)

據羅而娘年二十三歲,住丹藍低巷,請伊夫陳戈律:"為交寅四年,生下一女纔六個月,未有命名。為拙夫不以氏為夫妻經已十二個月之久,並無給付資費些少,又敢盜取氏之衣褙典當。似此不情,伏乞判離。"

吊訊陳戈律年二十四歲,住鑒光萬難,供云:"晚於每禮拜果有付拙妻費銀15盾。若據拙妻言有盜取他之衣褙典當,係是他自願取付晚是實,並非盜取。茲拙妻言要分離,晚願從之。"羅而娘質曰:"拙夫於近清明日果有要付氏雷五盾,但拙夫面言,此雷付氏即要取此生之女子,以此氏不取其雷。"臺判其夫妻無因大故,須當相率同歸,和好依舊。礙二比各執意要分。將情申詳公堂大嗒內裁奪。

列臺覆訊羅而娘、陳戈律,供如公勃低所詳。

公堂會議:"論夫妻所供,羅而娘之心可謂硬於鐵。雖陳戈律百般婉訴,終無回心。但陳戈律既貧如洗,究難偕老矯首之婦,合當准其離逿。其子尚幼,當付羅而娘暫養,每月陳戈律當給費雷2.5盾。"陳戈律又云,兒子之事,任羅而娘自裁,伊不得給費,可任羅而娘之意以行。存案。

（連英娘、王俊秀夫婦求離一案）

據公舘公勃低黃（錦章）、黃（清淵）詳，連英娘年二十二歲，住八戈然，請伊夫王俊秀："為交寅六載，有生不育。因拙夫常常遊閒不作事路，況家貧乏其費何從而出？氏亦有迫數次著拙夫往尋利路，奈拙夫惟欲浪蕩閒佚，乃今拙夫已將家中所有物件賣盡，雖一壞竹貓黎床亦無，氏以此回居母家。似此放蕩無可望其照顧，伏乞判離。"

吊訊王俊秀年三十九歲，住三角橋，供云："晚固有做頭路[1]，即做公班銜牛壟掃灰。如無人倩工，晚亦有在家耕園。晚雖家貧，亦不敢無照顧家費。若拙妻言晚賣盡家中物件，自晚母親死後，並無家器遺存。但拙妻之回伊母家，因晚親武軒舍一日取帶雞菜等，令拙妻烹煮，拙妻不特不肯烹調，且遂怒自回家伊母。今拙妻要分離，晚不願從。"臺勸其夫妻無因大故，宜相率同歸，和好如舊。礙連英娘執意要分。將情詳公堂大嘧內裁奪。

列臺覆訊連英娘、王俊秀，供如公勃低所詳。

公堂會議："既已二比情絕，准其離遏可也。"存案。

（黃來娘、王春魁夫婦求離一案）

據公舘公勃低黃（錦章）、黃（清淵）詳。黃來娘年二十一歲，住丹藍望，請伊夫王春魁："為交寅三年，生下一子，名王登九，年一歲。因拙夫要再娶妾，與氏說知，氏不肯許，他遂即憤怒亂罵。又且毆打，將氏拖出於門外。如此拙夫實無夫妻之情，伏乞判離。"

---

① 頭路：閩南話，泛指工作或職業。

吊訊王春魁年二十一歲，住丹藍望，供云："晚並無此薄待拙妻之情，係是拙妻因每夜隨便要遊行把殺，晚有嫌罵些少，拙妻遂憤至端。茲拙妻言要分離，晚願聽從。"臺勸黃來娘及王春魁並無因大故，不得分離，當相率同歸，和好依舊。礙二比各執意要分，不可勸合。將情申詳公堂大噠內裁奪。

列臺覆訊黃來娘、王春魁，供如公勃低所詳。

公堂會議："據二比所供，灼見其心各有所向，既已決志，終難強合。今當准其離遏，但兒子名王登九，年方一歲，當暫付黃來娘撫養，待年登歲方歸王春魁領回教督。未領之時，王春魁每月當給雷肆盾為費。"存案。

和(荷蘭)1863 年 7 月 6 日，拜一

公堂設噠喳嘮。嗎腰陳永元舍，雷珍蘭黃錦章官、陳思聰官，雷珍蘭陳逢義官、高西川官，雷珍蘭黃清淵官、陳文速官，雷珍蘭連文清官、朱葛礁周琰官俱在座。甲必丹陳濬哲官、雷珍蘭鄭肇基官、陳江水官不到。陳逢義甲告老不在座。

(訊勘詳覆戴仁里、陳傍佛娘夫妻求離一案)

承副挨實嚏於和(荷蘭)1862 年 7 月 1 日第 3305 號致書，附第 3305 號日案，為戴仁里請伊妻陳傍佛娘不肯從其移居磚仔磘。祈訊勘察奪詳覆。此案於和(荷蘭)1863 年 6 月 26 日公堂設噠，陳傍佛娘已請求離。

本堂已經勘訊二比供詞，見戴仁里尚有不舍其妻之心，陳傍佛娘雖欲求離，揣其情似尚戀夫之意。於是命其二比暫歸，冀有回心，諭知待後期設噠，再作裁奪。

列臺閱書及日案，再訊戴仁里年二十七歲，住磚仔橋，供云："晚本不欲請干刀，惟一次因拙妻不肯從晚移居，請知默氏李宗良 觀音亭默氏，亦命拙妻當從晚移居。拙妻堅執如故，默氏遂同晚往稟公勃壟，壟壟①乃入日案。"吊訊陳傍佛娘年一十八歲，住觀音亭，供云："拙夫移居，仍欲傍依於人，氏是以不願從夫移居。況住磚仔橋離家姊之厝又遠。且拙夫已請干刀，致氏入禁三日，恥辱大甚，切欲求離。"戴仁里答曰："既然拙妻決意求離，晚亦不欲再以為妻。"

公堂會議："據戴仁里、陳傍佛娘二比供詞，足見絕情已甚。本堂酌量案奪，准其離遏，但兒子戴朝成，年一歲，當歸伊父戴仁里。現暫付陳傍佛娘撫養，待至七歲，戴仁里方得取回。自今以後，戴仁里當每月貼費雷肆盾為養育之資。將情申詳副挨實嗹作主施行，以固本堂案奪，以遵唐例。"是此存案。

和(荷蘭)1863年8月14日，拜三

公堂設嘧喳嘮。瑪腰陳永元舍，甲必丹陳濬哲官、雷珍蘭陳思聰官、逢義官，雷珍蘭高西川官、鄭肇基官，雷珍蘭陳文速官、連文清官，朱葛礁賴觀瀾官俱在座。雷珍蘭黃錦章官、陳江水官，雷珍蘭黃清淵官不到。陳逢義甲告老不在座。

(公堂裁奪荷蘭人教讀先生懇欲借義學設教事)

嗎腰(陳永元)請曰："昨有和(荷蘭)人教讀先生懇欲借

① 壟壟：公勃壟(荷蘭語 Commandant，馬來語 Komandan，警官或警長)復數的簡稱，意為：警官們或警長們。

義學設教[①],余命當待公堂裁奪。兹據義學師鄭潤祥請,此和(荷蘭)人已將椅桌搬移學內。祈列臺擬意裁奪。”

公堂會議:“夷夏兩途不得相雜,既有唐師在學設教,和(荷蘭)先生所懇,不得承受。命當般(搬)出物件,不得停留。”存案。

(媽腰諭知列台公堂議事之日當齊到在座不得以小恙而推託)

媽腰(陳永元)諭知列臺:“凡該嘧之期[②],若無重病,當齊到在座,不得以小恙而推託,有病則不在座。”存案。

(媽腰諭知告戒唐人對荷蘭人當禮貌相加)

媽腰(陳永元)又請曰:“近承上命,謂我唐人往往不禮於和(荷蘭)人。此後祈列臺告戒我唐人,凡遇和(荷蘭)人近前,不論有職無職,除水首[③]無藉人以外,當禮貌相加。余經告知諸默氏矣。”存案。

(補錄和(荷蘭)1861年本堂上書王上,懇准發公堂蓄項銀捌仟盾置買公舘)

詞云:“夫唐人之公舘,即唐人之公堂也。爰稽伊始,乃和(荷蘭)一千七百四十二年,迨今歷有百餘載。舉凡唐人之事,不論大小,或告、或訴,咸歸於此申理。於此,即

① 和(荷蘭)人教讀先生懇欲借義學設教:由荷印政府開設的荷文學校,開始衹收荷蘭官吏及歐洲人子女就讀,禁止華人、印尼人入學。到1860年取消了這個禁令,華人子女得以進入荷文學校,因而方有1863年荷蘭人欲借義學辦荷文學校之事。

② 該嘧之期:嘧,嘧喳嘮(馬來語 Bicara)的簡稱,為公堂每星期定期舉行的議事會議,每星期至少一次。

③ 水首:即水手。

案籍[①]、婚簿[②]，以及鈁櫃，亦皆存貯於此。此公館之關於唐人固甚大焉。曩因公堂有未蓄積，無力置屋永為公館，故兩次播移。初在棋杆腳[③]，後移中港仔，致公堂案籍、婚簿，多有遺失。其時公堂列位先公豈不知公館累移之不善？其如有志未逮，何及和(荷蘭)1809 年、1828 年公堂乃上書王上，懇賜准告貸於和(荷蘭)、唐二美惜甘之項，始置丹絨、式里陂二地以為原本。嗣後賣墳收稅支開公堂該用，餘累年抨還二處欠項，至和(荷蘭)1854 年纔得清楚。餘存之項，又置惹地致[④]價銀兩萬伍仟盾。自此之後，逐年費餘之項蓄積至今，存在櫃內。雖曰不多，約而計之肆拾仟盾矣。此中不特兌塚之項而得鳩集若是，且有兌逐年收取田園租稅，現時每年尚有三千餘盾參入在內。年年結冊呈閱，各有聲明，較之兌塚之項，更有加焉。查和(荷蘭)1856 年第 23 號王上案定條規，有云賣塚之項，當設櫃存在公館，凡遇塚務及祭祀之費，可以開用。則此公館為公堂存櫃之所，王上所知，亦王上所命。苟舍而不置業，非己有，其業主定必發叫黎壟售於別人，將公堂案籍、婚簿、鈁櫃存於何處？即欲仍舊存於首領之家，又違上陳第 23 號王上案奪之命。第以兌塚之項用於塚事，固宜也。若收取稅項，則與塚務無涉。發此而置一公館，亦是為國為

---

① 案籍：即《公案簿》，為《公堂案簿》和《公館案簿》總稱，簡稱《案簿》。

② 婚簿：《成婚註冊存案簿》的簡稱。包括成婚申報書，成婚審查書，成婚批准書及結婚證書等。

③ 棋杆腳：亦作"旗杆腳"，即旗杆街，Jalan Tiang Bendera，地名，位於吧城城北。

④ 惹地致：當為"惹致地"，亦作"喏致地"，Djati，惹致塚地之簡稱，在丹絨塚地之南。該處原為柚木(Djati)產地，故名。

民為公堂建萬世無疆之福，豈不盛哉！豈不快哉！何以言之？公館、公堂追溯其原，乃王上所賜立者。故凡遇敖文明或上司委勘事情，諸唐員當在座設嘧於此；下情欲申，亦設嘧於此；逐日又輪值二位雷珍蘭勘察民事於此，誠此公館我唐人所不可無者，亦敖文明不時下問尤不可無耳。本堂尋思，舍此不置，亦當築立別處。與其別創之艱難，用費十餘千方足，孰若買就之便，易省約也。所以不得不買，因而竟買也。今承來書，謂公堂兌塚之項，不得開用外。此惟有蓄存逐年收稅之項，參存櫃內。懇挨實嗹原情，准可開出公堂蓄項銀捌仟盾，以還買公館之價。如不許允，懇挨實嗹將情轉奏王上，懇發敖文明庫項備還買價，更為感德靡涯矣。謹詳。"

和(荷蘭)1863年9月16日，拜三

公堂設嘧喳嘮。嗎腰陳永元舍、甲必丹陳濬哲官，雷珍蘭黃錦章官、陳思聰官，雷珍蘭陳逢義官、高西川官，雷珍蘭陳江水官、黃清淵官，雷珍蘭陳文速官、連文清官，朱葛礁周琰官俱在座。雷珍蘭鄭肇基官不到。陳逢義甲告老不在座。

(劉低娘、楊亞興夫妻求離一案)

據公館公勃低陳(濬哲)、陳(文速)詳，劉低娘年三十七歲，住東居，請伊夫楊亞興①："為交寅二十年，有生二子一女，其

① 楊亞興：據《婚簿》記載，1844年5月31日，住小南門27歲楊亞興與18歲劉丁娘成婚註冊。媒妁蘇榮娘，男方主婚楊英(堂兄)，女方主婚劉壬秀(胞兄)。

子名楊亞有，年一十九歲；次子名楊亞二，年一十六歲；又女名楊三娘，年一十四歲。為氏住在東居，拙夫於唐十一月間往東居打氏，又自十一月至今，並無叫氏回歸，且氏之子女亦無往看，又拙夫亦無給費。似此不情，伏乞判離。”

吊訊楊亞興年五十六歲，住竹寮，供云：“晚已多次叫拙妻回歸，即晚之子女亦是多次懇求拙妻，奈他終不肯降心相從。但拙妻於上年和(荷蘭)6 月 14 日、和(荷蘭)11 月 11 日，已有二次請公舘要分離，俱蒙公堂判合，並令晚當給付資費。礙拙妻任叫不歸，以此晚不願給費。若拙妻言被晚打，實無此情，且晚恐其不歸，亦何敢打之？茲拙妻要願分離，晚思子女莫恃，不願聽從。”謹將情詳公堂大噠內裁奪。

列臺覆訊劉低娘、楊亞興，供如公勃低所詳。

公堂會議：“據二比所供，足見劉低娘其心已欲分離，情絕既甚，其子女係歸其夫楊亞興。今當准其離遏可也。”存案。

(陳銀娘、林僭夫妻求離一案)

據公舘公勃低高(西川)、鄭(肇基)詳，陳銀娘年二十六歲，住公司，請伊夫林僭：“為交寅九年，生一女一子：其女名林惜娘，年八歲；子林紅鶯，年六歲。為氏於前夜七點鐘率子女同往五腳橋小妹家至八點時回，並無干礙。及早拙夫自把殺回，即無故怒罵打氏，並且趕逐，是以氏往處大姊家在打鐵街。茲氏不願再回，亦不以被打為較，伏乞判離。”

吊訊林僭年五十六歲，住公司，供云：“為前日晚不在家，拙妻竟任意出遊而倩別人顧家。至 7 月 13 日，晚初回家，拙妻於暮時七點即再自出去，並不告知。拙妻既出約有一點鐘久,朱天賜即來叫拙妻,言是拙妻之母使其來叫。晚思朱天賜是匪人,即拙妻定行止不端。今拙妻既要分離,晚亦願從之。"臺勸其夫妻和好依舊,相率同歸。礙二比各執意分離。將情申詳公堂大嚒內裁奪。

列臺覆訊陳銀娘、林僭,供如公勃低所詳。

公堂會議:"據二比所詞,確見夫妻決意欲離。已經按理察其情,准其所懇。但兒女係歸林僭,今當准其離遏可也。"存案。

(周淡娘、陳三英夫婦求離一案)

據公舘公勃低詳,周淡娘年二十三歲,住鑒光毛吺甲,請伊夫陳三英:"為交寅五載,未有子女。因拙夫無告,擅取氏絲紗囊一條、貓滓紗囊二條、金手指一對,且去年至今未嘗給下資費。似此不情,乞判分離。"

吊訊陳三英年三十歲,住舊把殺,供云:"拙妻所言擅取紗囊手指,俱是虛詞。每月加減,晚常常給費為用,家內之事,家母一暨擔支。初因拙妻歸家做節,晚已屢次叫回,拙妻只託病畏風,不意此一二日間,竟往請媽腰(陳永元)大人,晚實不知情。晚思夫妻五載,恩情不捨,不願分離,願援妻歸家照顧得宜。"周淡娘堅執求離。將情申詳公堂大嚒內裁奪。

列台覆訊周淡娘、陳三英,供如公勃低所詳。陳三英又云:"晚不願分離,拙妻所言俱是虛詞。"周淡娘云:"氏祇願求離而矣。"

公堂會議:"判當暫歸,夫妻可仍舊和好為是。"存案。

(胡紗囊入稟懇承租牛郎沙里地內園事)

據胡紗囊入稟懇牛郎沙里地內園稅,可逐月收取。

公堂會議:"准懇。"存案。

(媽腰諭知凡在座黎壟胡勃實當指明承應人及安呾人可擔戴與否)

媽腰(陳永元)繳入副挨實嗹和(荷蘭)1863 年 8 月 30 日第 3124 號又 1 號書,諭知:"凡在座黎壟,胡勃實當指明承應人及安呾人可擔戴與否?倘後來承應人及安呾人不足擔戴,致敖文明虧本,在座胡勃實當擔戴。請問列臺如何臆見。"

列臺曰:"凡承應事必經媽腰(陳永元)手勘察詳覆,如有不當,媽腰(陳永元)裁奪可也。"媽腰(陳永元)曰:"若如此,後任在座胡勃實呈視黎壟畢,當詳聞何人承應、何人安呾,或可或否,然後定奪。如無寄劣奎勘,則不突劣之事。"存案。

(陳思娘、鄒河珠夫婦求離一案)

據公舘公勃低陳(濬哲)、陳(文速)詳,陳思娘年二十八歲,住結石珍,請伊夫鄒河珠:"為交寅十一年,未有生產。因氏每於母舅家身病,叫拙夫往看氏之病,拙夫不肯往。即氏帶病回家,家中竟有娶妾一人,氏不能忍耐。況又無給資費,亦不肯照顧家事。似此薄情,伏乞判離。"

吊訊鄒河珠年二十九歲,住鑾光毛六甲,供云:"拙妻所言他身病,晚不能往看病,因晚有事無暇即不能往看拙妻之病。但晚於唐七月廿二日經有給費銀十盾,且前晚因無利路,即給資費或有不足。而今晚有利路,每月辛金三十盾,願每月給付費壹拾五盾。"臺判其夫妻無因大故,不得分離。況此鄒河珠願每月給費壹拾五盾,務宜夫妻相率同歸,和好依舊。礙陳思娘執意分離。將情申詳公堂大噶內裁奪。

列臺覆訊陳思娘、鄒河珠,供如公勃低所詳。

公堂會議:"據二比所供,陳思娘其心似鐵,不得勸合。茲將判其離遏可也。"存案。

(蘇它娘、林宗生夫婦求離一案)

據公舘公勃低黄(錦章)、黄(清淵)詳,蘇它娘年三十五歲,住港口,請伊夫林宗生①:"為交寅一十八載,生一男林文拱,年一十五歲。為拙夫棄妻寵妾,時時怒罵氏以與伊妾觀看,又無事屢屢憤怒趕逐,致氏屢屢往回氏之母家在文登,已多次。今氏因後次被怒趕逐回氏母家,計十個月。且拙夫之薄情亦經一年半,並無給付資費。雖氏尚在家未被趕逐之時,拙夫視氏等於別人,亦未嘗相告語。似此僥薄,伏乞判離。"

吊訊林宗生年三十七歲,住港口,供云:"拙妻所言俱是虛詞。前日拙妻經嘗心神不定,至拙妻之要回伊母之家,是拙妻自欲前往,非因晚有憤怒趕逐。前晚落城,拙妻在家,膽敢與晚之母親較鬧搬出,自備日食並不照顧晚之母親,但晚有些嫌拙妻果有此情。若言晚之娶妾,經娶十三年之久,不是近日初取,亦是拙妻自願與晚再偏取。迨前拙妻有回伊家母家,晚每每有給付資費,惟此後次拙妻回伊母家計十個月,晚固無給資費是實。上年十二月尾,拙妻要回伊母家,

① 林宗生:據《婚簿》記載,1846年11月25日,住港口20歲林從生與18歲蘇桃娘成婚註冊。媒妁林萬福,男方主婚林甫(父),女方主婚蘇江漢(胞兄)。

云伊家母年老欲回養奉伊母，彼時亦有給費付拙妻帶往。後晚使人叫拙妻回歸，拙妻不肯回，是以無給資費。玆拙妻言要分離，晚不願從。如拙妻累要分離，可暫候一二年晚之子長成完婚，即任拙妻所欲。"將情申詳公堂大嘧內裁奪。

列臺覆訊蘇它娘、林宗生，供如公勃低所詳。

公堂會議："據二比所訴詞，各懷異志。臺勸其夫妻依舊和好，相率而歸。蘇它娘堅執要離，終不贊合。其情既絕，今將准其離遏可也。"存案。

和(荷蘭)1863年10月15日，拜四，三點鐘

公堂 嗎腰(陳永元)府中設嘧喳嘮。嗎腰陳永元舍、甲必丹陳濬哲官，雷珍蘭黃錦章官、陳思聰官，雷珍蘭陳逢義官、高西川官，雷珍蘭鄭肇基官、黃清淵官，雷珍蘭陳文速官、連文清官，朱葛礁賴觀瀾俱在座。雷珍蘭陳江水官不到。陳逢義甲告老不在座。

(承命詳覆可削除哵鈁傌仔而設工作傌仔以代否)

嗎腰(陳永元)繳入副挨實嗹和(荷蘭)1863年10月12日第3608號又1號書，附抄王上於和(荷蘭)1863年8月20日第8號書，與掌任仔厘力突、栽種厘力突協同挨實嗹參試，可削除哵鈁傌仔而設工作傌仔以代否？詳覆。懇列臺各立意見，三日內詳覆為是。

據陳(濬哲)甲大詳云："其肩挑貿易之傌仔可以削除，各亞廊如舊，但各亞廊總分上、中、下而還，若各造作之店，亦當分上、中、下而還。"

列臺意同，惟連文清甲云："肩挑貿易之傌仔可除，各亞廊如舊，各造作亦當還傌仔，其各地主亦當就地大小納傌仔為可。"存案。

（查勘詳覆周淡娘、陳三英夫妻求離一案）

承副挨實嗹和（荷蘭）1863年10月20日第4677號又30號致書，附周淡娘口詞及一物單，祈查勘詳覆。即委公舘公勃低黃錦章甲、黃清淵甲勘察，據詳云：奉命吊訊周淡娘年二十三歲，住惹寧安，供云："氏果有入字副挨實嗹，所懇三事，誠如字內所陳。"臺問周淡娘："汝夫尚愛惜於汝，何决欲求離？又汝所要討諸物件是汝隨帶粧奩，抑是汝夫買置付汝？"周淡娘答曰："因拙夫陳三英取氏物件付其戲婢月春帶用，終日迷溺其處，未嘗回家，是以氏不能忍耐，切懇分離。若諸物件，俱非攜帶粧奩，果是合巹後拙夫所與及家姑付氏應用。"吊訊陳三英年三十歲住舊把殺，供云："晚照顧拙妻並無缺憾，常常給付資費。拙妻謂晚取其金手指一對、絲紗囊一條、貓澤壟紗囊二條、機白辛午衣一領、機白淺衫一領，俱是虛詞。他既蓄怨，何事不言？晚思待妻情足，不願從離。"

吊訊楊紅娘年四十八歲，住舊把殺，供云："周淡娘所討物件存在周淡娘房內，氏未嘗啓視，諒必皆有。但銀66盾，氏果有取，經已置物付周淡娘奉送其親戚，現已無餘，亦無至130盾之多。"

要訊陳梅娘，報病不到。伊母楊紅娘云："果有金浮花盆領一個，係氏妹娘仔陳驥付周淡娘借用，現存氏手。因物主要討，氏是以取之。"

列臺細閱公勃低所詳，覆訊周淡娘、陳三英、楊紅娘諸供，俱與詳字相孚。周淡娘又云："拙夫陳三英所行不堪已甚，自畜月春至今，未嘗念及於氏，已兩年無給資費。況又取氏之物件付月春帶用，是以決意欲離。其楊紅娘取氏銀130盾，今反言僅取銀66盾，氏不願承受，惟懇討足130盾。因於拜三日後，楊紅娘取銀130盾，係諸親戚壓拜。楊紅娘對氏言，如此之多已算過。"楊紅娘質曰："果無130盾，僅66盾而已，亦俱皆買物付周淡娘回送親戚。"楊紅娘又云："媳婦周淡娘甚是不孝，每氏飲食，伊入房間坐臥。"陳三英質曰："拙妻所行果然如此，興念及此，論其不敬姑長，晚亦願從離。"

公堂會議："已訊周淡娘、陳三英、楊紅娘，所供灼見周淡娘所行媳道有虧，況陳三英心願從離，可謂兩情俱絕。本堂已經撥理度情，准其離逷。但物件之事，乃房幃之間，難以指明，可向權處詩礁。"謹詳。

據公舘公勃低陳(思聰)、陳(江水)詳："周淡娘、陳三英一按(案)已見兩情欲絕，祈公堂會議，足見其形難與再合。既已二比甘願從離，今當准其離逷可也。"存案。

和(荷蘭)1863年11月24日，拜二

公堂設嘧喳嘮。嗎腰陳永元舍、甲必丹陳濬哲官，雷珍蘭黃錦章官、陳思聰官，雷珍蘭陳逢義官、高西川官，雷珍蘭陳文速官、連文清官，朱葛礁周琰官俱在座。雷珍蘭鄭肇基官、陳江水官，雷珍蘭黃清淵官不到。陳逢義甲告老不在座。

（陳金娘、詹朱良夫妻求離一案）

據公舘公勃低黃（錦章）、黃（清淵）詳，陳金娘年三十歲，住大社，請伊夫詹朱良："為做夫妻十三年，有生一女詹血娘，年七歲。因拙夫往題緣回家，並無事故，忽然怒罵，又將氏帶往交回氏父。氏思無所差失，拙夫竟如此僥薄。且拙夫於三年前因被捉新客，氏有字安呾，懇准拙夫可住把[1]。今拙夫不以氏為夫妻，氏懇前有入字安呾，自此可以削除，恐後日拙夫有何生端，氏不以為知。伏乞判離。"

吊訊詹朱良年三十六歲，住丹絨加逸，供云："晚往題祖師公緣回家，聞陳訓向晚言拙妻自晚出門，日夜外遊，常不在家，晚有些嫌之。拙妻乘夜攜取衫褸欲逃，幸晚捉回。及至天明，即帶拙妻交還伊父。茲拙妻言要分離，晚固願從之。"臺問詹朱良："此女子汝妻不願付汝何如？"詹朱良答曰："既拙妻不願將此女子付晚，但晚亦願將此女子付他。"臺問詹朱良："前時汝妻為入字安呾汝可住把，此案奪字何在否？"詹朱良答曰："此案奪字置在家中不帶來。"陳金娘再請："氏已有孕六個月，如後日生男女，氏亦不願付他。"詹朱良答曰："此汝胎孕如後日生男女他不願付，即晚亦願從。"將情申詳大媽腰（陳永元）裁奪。瑪腰（陳永元）繳入公堂察奪。

列臺覆訊二比，供如公勃低所詳。

公堂會議："據二比所供，確見一彼一此之心既無相依，夫妻之情斷絕，所勸竟不能再合。然其女子詹血娘係歸陳

---

[1] 把：亦作"吧"、"巴"，噶喇吧國、巴達維亞、吧國、吧城的簡稱。

金娘,況陳金娘現身懷孕六個月,第後或生男女,亦皆歸陳金娘為是。今當准其判離,各另別適。"存案。

(鍾蘭娘、羅光和夫婦求離一案)

據公舘公勃低詳,鍾蘭娘年二十歲,住洪溪,請伊夫羅光和:"為交寅三年,生下一女子羅壬娘,年一歲。因氏身懷孕,拙夫帶氏往住氏之父母家,但拙夫自氏住在父母家,氏已分娩生下女子,並無給費,至今計有一年餘,拙夫並無叫回歸,亦久無給資費。前氏之可忍耐,以氏之父身無恙,尚能備充家中費用。今氏之父入病厝,氏無人可照顧。似此薄情,伏乞判離。"

吊訊羅光和年二十三歲,住磚仔橋,供云:"拙妻自住在他父母之家,計有一年餘之久,固常給付資費,即前拙妻已孕產女子,晚亦有給費。茲拙妻既要分離,晚願從之。"臺勸其夫妻和好同歸,礙二比執意各要分離。將情申詳公堂大喀內裁奪。

列臺覆訊鍾蘭娘、羅光和,供如公勃低所詳。

公堂會議:"已見二比絕情,准其離遏,其女子現暫付鍾蘭娘撫養後至七歲,當歸羅光和結配為是。"存案。

和(荷蘭)1863 年 11 月 17 日,癸亥十月初□日

協理雷珍蘭許清溪官榮任。

承挨實嗹於和(荷蘭)1863 年 11 月 12 日第 4054 號又 11 號致書公堂,為遵王上和(荷蘭)1860 年 5 月 3 日第 47 號案奪，公堂在座一員首位杯實嗹[①]，八員輔位為室，二員協理，二員朱葛礁。遵王上和(荷蘭)1863年4月14日第6號案奪，協理雷珍蘭陳文速官陞為現任，補雷珍蘭陳逢義官之缺。茲查公堂尚少一員協理雷珍蘭，因已酌量，不須另有薦拔，孰若舉一員雷珍蘭知廚禮在座公堂，即陞雷珍蘭知廚禮許清溪官，入在座公堂為協理之職。

定應值公舘公勃低，照鬮輪流，週而復初。

壹鬮：甲必丹陳濬哲官、雷珍蘭陳文速官，1、5、9。

貳鬮：雷珍蘭黄錦章官、雷珍蘭黄清淵官，2、6、10。

叁鬮：雷珍蘭陳思聰官、雷珍蘭陳江水官，3、7、11。

肆鬮：雷珍蘭高西川官、雷珍蘭鄭肇基官，4、8、12。

定應值外務公勃低，照鬮輪流，週而復初。

壹鬮：甲必丹陳濬哲官、雷珍蘭陳文速官，2、6、10。

貳鬮：雷珍蘭黄錦章官、雷珍蘭黄清淵官，3、7、11。

叁鬮：雷珍蘭陳思聰官、雷珍蘭陳江水官，4、8、12。

肆鬮：雷珍蘭高西川官、雷珍蘭鄭肇基官，1、5、9。

定應干刀、蘭得叻及日案，照鬮輪流，週而復初。

壹鬮：甲必丹陳濬哲官、雷珍蘭陳文速官，3、7、11。

貳鬮：雷珍蘭黄錦章官、雷珍蘭黄清淵官，4、8、12。

叁鬮：雷珍蘭陳思聰官、雷珍蘭陳江水官，1、5、9。

肆鬮：雷珍蘭高西川官、雷珍蘭鄭肇基官，2、6、10。

(定掌廟宇，掌塚務，掌水滓，掌買辦、掌工役、掌工役公勃低及定掌檢察唐鑒光公勃低)

---

① 杯實嗹：荷蘭語 President，總統、董事長、理事長。

定掌廟宇公勃低：二、四、六、八。

定掌塚務公勃低：一、三、五、七。

定掌水淬公勃低：一、二。

定掌買辦公勃低：三、四。

定掌工役公勃低：五、六。

定檢察唐鑒光公勃低：七、八。

定助理媽腰干刀：二員協理。

上陳數條應值公勃低，或照月份，或照位次序，依鬮而行。倘應值之人或有不暇，或有告假，則協理雷珍蘭連文清官、許清溪官代之。凡七、八二員公勃低，須逐日檢察本鑒光街衢，務宜潔淨為要，不宜港墘任人栽植樹木。凡查驗甲板新客登岸，援人安呾，須公勃低在座鑒察。凡每值夜公舘公勃低，須遵挨實嗹所定條規，晚間八點鐘起到公舘任巡本界鑒光，至十二點方歸。如有事故報知，立當到處勘察。謹此存案。

和(荷蘭)1863 年 12 月 9 日，拜三

公堂設嚕喳嘮。媽腰陳永元舍、甲必丹陳濬哲官，雷珍蘭黃錦章官、陳思聰官，雷珍蘭陳逢義官、高西川官，雷珍蘭鄭肇基官、陳江水官，雷珍蘭陳文速官、連文清官，雷珍蘭許清溪官，朱葛礁賴觀瀾官俱在座。雷珍蘭黃清淵官不到。陳逢義甲告老不在座。

(陳瑪力、方奪佅、王禎祥、陳篤生、陳丕典、高大雅、周宗紹、林寬綽、陳玉長九人俱入字懇補二朱周琰缺)

承嗎腰(陳永元)繳入副挨實嗹和(荷蘭)1863年12月□日第□書,懇嗎腰(陳永元)速舉一人,以代二朱周琰之缺。據陳瑪力[①]、方奪侯、王禎祥[②]、陳篤生、陳丕典、高大雅、周宗紹、林寬綽、陳玉長九人俱入字,懇補二朱周琰缺。茲將各呈稟記錄。

具稟人陳嗎力,為懇恩擢用事:"切晚在唐原系舌耕為活,及居吧十有餘載,恪遵規矩,經之營之,惟卑自牧。第思碌碌無聞,實負一生之空寄,假能側身承侍大人長者之門,豈非三生之幸乎!然而隆時未遇,則薦引無階,縱懷才,終難自達。邇聞亞朱葛礁周琰官辭世,必欲擢舉一人襲職。晚以樗櫟微才,願為充任補缺。伏望大嗎腰(陳永元)大人暨列位甲必丹大人肇啓帲幪之恩,納為幾前役使,但夙夜効力。伏懇列憲臺大人恩准施行,不勝啣恩待命沾感。切叩。"

具稟人方奪侯,為懇恩造就事:"切晚學淺才疎,前蒙公堂恩准掌教義塾,越經兩任。晚在職行職,無敢有越厥志。茲聞有二朱任未定之秋,晚願効微勞以酧夙志。伏乞大嗎腰(陳永元)大人暨列位尊憲台大人廣帲幪之德,垂格外之仁鴻慈,拔舉電察詳文,賜晚得執案首前矛。凡事分勞遣飭則精蘊,自可相融無異,罝兔之野人亦得以杆外而衛內,引領候命,曷勝翹仰之至。"

---

① 陳瑪力:原檔下文寫作"陳嗎力"。

② 王禎祥:1827年生於唐山,成長來吧,以教書為業。1853年7月11日27歲時與黃燎光甲必丹之女23歲黃音娘成婚。

具稟人王禎祥，為請代攝理朱葛礁事："切祥自登陸吧國，教讀為業，殷勤謹恪，思欲策名，無勢可乘。仰聞公堂大衙門尚缺朱葛礁之職，祥頗務時敏，欲求攝理。第恐庸才碌碌，未能拜爵，虔脩稟章一道，請嘗試之。謹稟。切叩陳府大媽腰(陳永元)仝列位甲必丹大人電鑒。"

具稟人陳篤生，為積學待用，懇恩拔擢事："緣晚自妙齡之年旋歸於故國，追隨師友，坐破乎寒氊。惟思繼承父志，以紹箕裘之譽，遐想侍立麾下，以附驥尾之光。適間二朱缺職，未得其人。謹叩堦下，陳書告懇。所謂焦桐①遇蔡邕②而成琴，繫馬逢伯樂③而長嘯，良有以也。伏乞公堂大人展開青眼，俯賜襲職。晚雖不能濟美前徽，亦不致美錦學製，忝屬世誼，膽求加恩憐恤。倘蒙收錄，自當犬馬効勞。臨稟悃切，誠惶誠恐，不勝翹首之至。仰懇大媽腰(陳永元)大人暨公堂甲必丹大人鈞鑒。"

具稟人陳丕典，為乞恩求情："晚也不才，素常庸碌，寸建未能，守安分，認質經營，未嘗妄作。今聞有二朱之缺，晚願効微勞。幸若得登龍門，則聲價十倍矣。伏懇大媽腰(陳永元)大人暨列位尊賢臺大人叨蒙恩准，念及憐敏，勿以鄙陋之才、寒微之輩，則當竭力殷勤，始終條理，不敢有越厥職。晚俯伏待命，感恩不盡。"

---

① 焦桐：東漢蔡邕以已焦之桐木為琴，後世因稱琴曰焦桐。

② 蔡邕：東漢陳留人，字伯喈，博學，好辭章，能畫，善鼓琴，為中郎將。王允誅董卓，邕坐黨死獄中，著有《獨斷》、《蔡中郎集》。

③ 伯樂，即孫陽，春秋秦穆公時人，善相馬。在虞阪，有騏驥俯車下，見伯樂而長鳴。伯樂下車泣之，驥乃俯而噴，仰而鳴，聲聞於天。

具稟人高大雅:“住大南門,年居四十歲,在吧十三載,教讀為業。存忠厚以待人,守正直以一已。至若書數頗明,南音[1]始識。近聞公堂缺乏書理之人,晚不忖才疏學淺,敢持書上聞。伏乞公堂大媽腰(陳永元)並列位甲必丹明鏡詳察提拔用。謹稟切叩。”

具稟人周宗紹,為求充備員恩准擢用事:“切晚生自中華,幼習詩書,恪遵師教,凜承嚴訓,不敢作奸犯科。及長到吧,已歷二十有餘載。自知無德無才,凡事有為有守,循規蹈矩不染毫非。茲緣副朱葛礁周琰官已經病沒,此缺乏人任理。晚不揣愚昧,膽敢冒瀆,叩求媽腰(陳永元)大人暨列位甲必丹大人洞顯燭微,恩準備充朱葛礁之位,俾晚得以夙夜精勤,奉命奔走,無荒無怠,盡力盡心,以供厥職於北闕,不致濫吹於南郭。晚不勝殷勤懇待命之至,敬此上稟須至稟者。”

具稟人林寬綽:“為聞公堂有一二朱缺,伏惟大媽腰(陳永元)大人恩舉。倘蒙不棄菲材,垂青攜拔效職吏目,雖事務不能精其微,至於大略亦嘗頗知其風矣。非敢自矜,決不敢致誚素餐也。肅此上大媽腰(陳永元)大人尊臺電察。”

具稟人陳玉長:“蓋聞天地應運生才,而國家因材器使。現聞二朱辭世,公堂未得其人。苟不拔擢以補其職,則公堂諸務何人贊襄厥事。然晚在吧閱歷有年,凡舉動作事,遵規守法。且前蒙媽腰(陳永元)大人提拔默職,晚已經十有五載,風土人情頗悉其中。倘大人不棄庸材,樂育栽培,願當

① 南音:此處指馬來語,荷蘭語。

輔弼公忠，不致有忝厥職矣。呈家印大嗎腰（陳永元）老先生老大人暨列憲臺大人電察。”

許清溪甲評：“陳玉長、王禎祥、方奪猴、林寬綽俱待後會，陳嗎力可堪此職。高大雅、陳篤生可待後會。”

連文清甲評：“內中惟陳嗎力可堪，餘待後會。”

陳文速甲評：“從上所評，陳嗎力可堪，餘待後會。”

陳江水甲評：“陳嗎力、林寬綽、周宗紹可堪，餘待後會。”

陳思聰甲評：“陳嗎力可堪此職，餘俱待後會。”

高西川甲評：“陳嗎力、王禎祥可堪，餘待後會。若高大雅，因親避議。”

黃錦章甲評：“陳嗎力諸僚友俱云可堪，弟亦從之。若陳篤生，伊父曾任公事，可堪。其王禎祥，因親不議。若陳玉長為默已久，可堪。餘待後會。”

陳濬哲甲大評：“陳嗎力、林寬綽、陳玉長三人可堪，餘待後會。”

嗎腰（陳永元）評：“諸僚友所評俱舉陳嗎力可堪，弟亦從之。因其人妥當，才學可堪。”

公堂會議：“既閱諸評，俱舉陳嗎力可堪，想其人必果言行無歉，合當舉之以補二朱周琰官之缺。”

（嗎腰（陳永元）送交高西川甲、連文清甲唐鑒光經紀冊一本）

令的各舖戶，每年該納若干，的畢申詳。

（公堂所定值月每鬮二人，如同鬮之人有事，仍是同鬮之人當理）

據黃錦章甲請："每次同僚友一鬮二人，一人頂上半月，一人理下半月。若該理之人有事，則不干同鬮之事。懇公堂在案。"

媽腰（陳永元）諭曰："公堂所定每一鬮二人，若上半月、下半月之份，係私下之事。如同鬮之人有事，仍是同鬮之人當理。"存案。

（林南海、許水娘夫妻求離一案）

據公舘公勃低陳（濬哲）、黃（清淵）詳，林南海年二十二歲，住洪溪，請伊妻許水娘："為交寅四年，生下一女林清娘，年三歲。因拙妻事翁姑不孝順，後晚之祖母在文登過世，拙妻不肯往視殮及送葬，亦不帶喪服。晚於是趕逐，已有兩年之久。似此不賢，伏乞判離。"

吊訊許水娘年二十二歲，住洪溪，供云："如拙夫所言，氏不孝於翁姑，是氏一時差失罪大，氏亦已知罪莫宥，願受責罰消罪。據拙夫言要分離，氏不願從。"臺勸其夫妻和好如舊，況今許水娘已自知罪，亦願受責，務宜夫妻相率同歸。礙林南海執意要分離。將情申詳公堂大嚓內裁奪。

列臺覆訊林南海、許水娘於和（荷蘭）1863 年 11 月 15 日公舘再請，二比終不能相安，切懇分離。

公堂會議："據林南海所請，其妻許水娘實不成媳婦之道。今其夫決志要分，想難以再合，當准其離逷可也。"存案。

（荷印總督批復舉李伯適為丹仔蚋、潤嗟二處雷珍蘭知廚禮之職）

據挨實嗹於和（荷蘭）1863 年 6 月 26 日第 2221 號又 11 號致書公堂，為遵王上於和（荷蘭）1863 年 6 月 20 日第 18

號案奪，舉李伯適[①]八芝嗹地主，為丹仔蚋、潤嗟二處雷珍蘭知廚禮之職，當住丹仔蚋。

(雷珍蘭陳逢義已准告老，可永久留存雷珍蘭職榮身)

據副挨實嗹於和(荷蘭)1863 年 11 月 4 日第 3863 號又 1 號致書媽腰(陳永元)，為遵王上於和(荷蘭)1863 年 9 月 29 日第 14 號案奪，雷珍蘭陳逢義已經優意准其告老，停理公務，可永久留存雷珍蘭職榮身為是。

和(荷蘭)1863 年 12 月 16 日，拜五

公堂設嗹喳嘮。媽腰陳永元舍、甲必丹陳濬哲官，雷珍蘭黃錦章官、陳思聰官，雷珍蘭高西川官、鄭肇基官，雷珍蘭陳江水官、黃清淵官，雷珍蘭陳文速官、連文清官，雷珍蘭許清溪官、朱葛礁賴觀瀾俱在座。

(林招娘、劉永和夫妻求離一案)

據公舘公勃低陳(思聰)、陳(江水)詳，林招娘年一十八歲，住觀音亭，請伊夫劉永和："為交寅兩載，未有生產。因拙夫不給資費，雖同室而居，氏身有病，拙夫並無看視。似此不情，乞判分離。"

吊訊劉永和年一十九歲，住大鐵街，供云："晚素常給費與拙妻資無缺，即有病，晚亦照顧得宜。拙妻求離，晚不願從，願

---

① 李伯適：1835 年生，李長哥甲之子，李伯達甲之弟。據《婚簿》記載，1854 年 12 月 13 日，住中港仔 20 歲李伯適與 17 歲蔣經娘成婚註冊。媒妁郭一娘，男方主婚李長哥(父)，女方主婚蔣清泰(胞兄)，交寅日甲 10 月 28 日。1876 年 4 月 13 日身故於中港仔，享年 42 歲，葬丹絨 146 號塚地。

每禮拜給雷 3.5 盾付拙妻為費。”將供以訊林招娘，稱願，唯退。存案。

後和(荷蘭)11 月 23 日，林招娘到公舘再請其夫不依前言，已三禮拜無給資費，切懇分離。吊訊劉永和，供云：“拙妻既然不顧廉恥，屢屢生端，晚願從離。”將情申詳公堂大嚓內裁奪。

列臺覆訊林招娘、劉永和，勘察二比供詞，灼見絕情已甚，難以作合。今特准其離遏。存案。

(邱貞娘、陳清標夫婦求離一案)

據公舘公勃低高(西川)、鄭(肇基)詳，邱貞娘年二十二歲，住洪溪，請伊夫陳清標：“為交寅四載，未有兒女。因拙夫日夜遊蕩忘返，留氏隻身在家。且已一個月餘無給下資費，誠不良之甚也。伏乞判離。”

吊訊陳清標年二十三歲，住聖望港，供云：“拙妻果有不守婦道，晚有一夜住芬土庫至十二點回家，拙妻竟自走歸伊母之家洪溪，其母亦不送歸，且率往請嗎腰(陳永元)，又請公舘。似此不情，晚不願再以為妻，願求分離。”臺勸二比：汝夫妻既無事歉疑，若此乃小節，齒舌相爭，誰人無之，何必分離？相率歸家，依舊和好可也。礙二比堅執不從。將情申詳公堂大嚓內裁奪。

列臺覆訊邱貞娘、陳清標，供如公勃低所詳。據陳清標又云：“如拙妻願歸，晚亦承受。”邱貞娘答曰：“切不情再以為夫，已將氏物件典盡。”陳清標答曰：“典質其物實有，係拙妻自願。”

公堂會議：“揣其情，實無大故，待後期再作裁奪。”

（林亞盛、涂燭妹娘夫妻求離一案）

據公舘公勃低陳（思聰）、陳（江水）詳，林亞盛[①]年二十三歲，住戈勞屈，請伊妻涂燭妹："為交寅已經首尾二年，未有兒女。因與拙妻不能和睦，日日角較，乞判分離。"

吊訊涂燭妹娘年一十九歲，住勃冉汶，供云："氏與拙夫果不能相安，終不了局，願從分離。"臺勸二比：既無大事相關，口較乃小節細故，不可執意求離，當相率歸家，依舊和好。礙堅執不從。將情申詳公堂大嗹內裁奪。

列臺覆訊林亞盛、涂燭妹娘，供如公勃低所詳。

公堂酌議："既二比決志要離，准之可也。"存案。

（林全娘、葉文圭夫婦求離一案）

據公舘公勃低陳（思聰）、陳（江水）詳，林全娘年二十六歲，住西門，請伊夫葉文圭："為交寅九載，生下一男名葉金生，年七歲。因拙夫並無給下資費已四個月，且無回家，竟將氏之縵一條、金荷包束一個取去典當。又言不以氏為妻，逐氏回歸母家已半月餘，亦無叫回。似此不情，乞判分離。"

吊訊葉文圭年二十六歲，住打鐵街，供云："拙妻所言，晚無給費四個月係是實情。即當其物件亦有，因晚身病，拙妻甘願付晚當為養病。趕逐回母家則無，係拙妻自欲歸寧。"台勸其夫妻既無甚大故相關，不宜分離，當相率歸家，依舊和好。二比唯退。和（荷蘭）1863 年 8 月 19 日。

公堂案和（荷蘭）1863 年 11 月 11 日，林全娘到公舘再

---

① 林亞盛：據《婚簿》記載，1862 年 11 月 4 日，19 歲林亞盛與 16 歲涂燭娘成婚於戈羅屈。媒妁李英娘，其父林芹爹任主婚人。

請:"氏已回家,拙夫無給資費,切懇分離。"吊訊葉文圭,供云:"晚願從離。"將情申詳公堂大噶内裁奪。

列臺覆訊林全娘、葉文圭,供如公勃低所詳。

公堂會議:"判當兒子歸夫,林全娘不從,不得分離,待後期再作酌量定奪。"

和(荷蘭)1864年1月18日,拜一

公堂設嘧喳嘮。媽腰陳永元舍、甲必丹陳濬哲官,雷珍蘭黄錦章官、陳思聰官,雷珍蘭高西川官、陳江水官,雷珍蘭黄清淵官、陳文速官,雷珍蘭連文清官、許清溪官,朱葛礁賴觀瀾官俱在座。雷珍蘭鄭肇基官不到。

(柳丁岸、蔡勤娘夫妻求離一案)

據公舘公勃低陳(思聰)、陳(江水)詳,柳丁岸[①]年三十二歲,住新厝仔,請伊妻蔡勤娘:"為交寅已經八載,未有兒女。因拙妻行止不端,與人通姦。前經褒黎司判責,充役三個月。似此不賢,乞判分離。"

吊訊蔡勤娘年二十四歲,住新厝仔,供如柳丁岸所言,願從分離。將情申詳公堂大噶内裁奪。

列臺覆訊柳丁岸、蔡勤娘,供如公勃低所詳。

公堂會議:"既已二比致請干刀,且蔡勤娘亦經受責,斷

---

① 柳丁岸:據《婚簿》記載,1856年12月17日,住中港仔25歲柳登岸與17歲蔡勤娘成婚。媒妁謝庚娘,女方主婚蔡喬木(胞兄),男方主婚自己。原注:據男家柳登岸云,晚並無該親,且父母早故,批照。咸豐六年11月20日即吧1856年12月17日給。

難再合。准其離遏可也。”存案。

(倪思娘、謝亞四夫婦求離一案)

據公舘公勃低陳(濬哲)、高(西川)詳,倪思娘年二十歲,住八茶礝,請伊夫謝亞四[①]:“為交寅七年,生下一女謝音娘,年五歲。(拙夫)常常無事毆打,今氏身病,又被他趕逐。既他趕氏回母家,他亦有來看氏,但他入門即大聲亂罵。雖他有叫氏回歸,氏以此不肯回,伏乞判離。”

吊訊謝亞四年二十八歲,住八茶礝,供云:“晚並無嘗有趕逐拙妻,亦無毆打之事。茲他因身病自回伊母家,晚亦有尋他回家,他不肯同歸。今據拙妻請要分離,並無因大故,晚不願從。”臺勸其夫妻無因大故,不得分離,當和好同歸。礙倪思娘堅執難勸。將情申詳公堂大嚓內裁奪。

列臺覆訊倪思娘、謝亞四,供如公勃低所詳。

公堂會議:“灼見夫妻情絕,再不能和合。准其離遏可也。”存案。

(張福娘、林永義夫婦求離一案)

據公舘公勃低陳(思聰)、陳(江水)詳,張福娘年一十八歲,住小南門,請伊夫林永義[②]:“為交寅衹有一年,未有子女。因前禮拜四即和(荷蘭)1863 年 12 月 31 日,拙夫無故毆氏,況

---

① 謝亞四:據《婚簿》載,1857 年 12 月 11 日,住丹仔望 24 歲謝亞四與 18 歲倪秀娘成婚。媒妁劉金娘,男方主婚謝亞桂(堂兄),女方主婚倪侃生(胞叔)。據此,1864 年 1 月謝亞四歲應為 31 歲。

② 林永義:據《婚簿》載,1863 年 1 月 31 日,住水鋸社 23 歲林永義與 16 歲張福娘成婚註冊。媒妁李英娘,男方主婚林新建(父),女方主婚張上(父),交寅日癸亥 12 月 18 日。

今兩個月無給資費。似此不良，乞判分離。”

吊訊林永義年二十四歲，住牛郎茄弄，供云：“晚果有毆打拙妻，因其不從夫命，資費逐月有給，惟此和（荷蘭）1863 年 12 月內晚即無給與。今拙妻欲求分離，晚固願從。”臺見二比果無相向之心，不能勸合。將情申詳公堂大嚀內裁奪。列臺覆訊張福娘、林永義，供如公勃低所詳。

公堂議會：“既已二比情絕，准其離遏可也。”存案。

（劉美娘、葉江賜夫婦求離一案）

據公舘公勃低陳（思聰）、陳（江水）詳，劉美娘年一十九歲，住英勿叻，請伊夫葉江賜：“為交寅一年，有生不育。固前拜二即和（荷蘭）1864 年 1 月 5 日，拙夫詐言家母有病，率氏歸寧，竟到公舘言要分離。嗣後氏仍歸夫家，家姑遂毆打且辱罵。似此不情，乞判分離。”

吊訊葉江賜年二十四歲，住戈勞屈，供云：“晚果於前拜二因率妻到公舘，因拙妻不顧晚病，今欲求離，晚固願從。”將情申詳公堂大嚀內裁奪。

列臺覆訊劉美娘、葉江賜，供如公勃低所詳。

公堂會議：“既已二比生端屢屢，合當准其離遏。”存案。

（劉水娘、葉庚壽夫妻求離一案）

據公舘公勃低陳（文速）、黃（清淵）詳，劉水娘年一十八歲，住蕉仔街，請伊夫葉庚壽[①]：“為交寅四個月，因氏身病於此和

① 葉庚壽：據《婚簿》記載，1862 年 9 月 4 日，住水鋸社 23 歲葉庚壽與 18 歲劉水娘成婚註冊。媒妁葉二娘，男方主婚葉雙五（堂兄），女方主婚劉亞四（胞叔）。

(荷蘭)27 日,懇言於家姑,要回氏母家醫病。拙夫帶氏前往氏之母家在英勿叻,氏思英勿叻地離城遙遠,要請醫師甚艱。氏於 28 日來小南門胞兄張新桂家,以便請先生服藥。拙夫稅馬車載氏回至家,將門關閉,家姑亂罵遂並毆打,現氏額上被傷有痕可證。茲氏不以被打為較,即欲請家姑與拙夫同無情,伏乞判離。"

吊訊葉庚壽年二十三歲,住蕉仔街,供云:"晚交寅有收拜三日禮封之項,有被岳母侵用。拙妻自言要回伊母家算明其侵用,後拙妻竟來小南門伊兄家。晚聞知使人往問,拙妻言伊身病要來伊兄家醫治,晚即稅馬車載拙妻回歸。其入門時,晚之母有責拙妻如果身病,何不歸自己厝調醫,竟調醫於他人家?拙妻膽敢大言,以晚母不待為媳婦。是以晚母怒用手輕搧一二,未知其如何有此傷痕?今拙妻既要分離,豈能留強?"臺勸劉水娘:"夫妻雖有小礙,並非大故,不得分離,務當相愛從勸。"奈劉水娘執意要分。將情申詳公堂大嚀内裁奪。

列臺覆訊劉水娘、葉庚壽,供如公勃低所詳。

公堂會議:"據二比所供,並無大故,不得分離。葉庚壽當援歸,和好如舊。倘葉庚壽再請,劉水娘不歸,當送褒黎司臺治罪。"

即於和(荷蘭)1863 年 12 月 12 日,劉水娘同葉庚壽到公舘再請:"夫妻終不能和合,切懇分離。"據公舘公勃低高(西川)、鄭(肇基)詳,公堂酌量,已見情絕,准其離遏可也。存案。

和(荷蘭)1864 年 1 月 28 日,拜四

公堂設嘧喳嘮。媽腰陳永元舍、甲必丹陳濬哲官,雷珍蘭黃錦章官、陳思聰官,雷珍蘭高西川官、鄭肇基官,雷珍蘭陳江水官、黃清淵官,雷珍蘭陳文速官、連文清官,雷珍蘭許清溪官、朱葛礁賴觀瀾官俱在座。

大和蘭(荷蘭)1864 年 1 月 28 日,即同治二年十二月二十日,拜四。公堂封印大吉。風調雨順,國泰民安。

定查驗唐甲板來廈、廣、叻[1],於明日算起,每二日為一鬮,每鬮應值兩人,照鬮輪流,週而復始。

壹鬮:甲必丹陳濬哲官、雷珍蘭陳文速官。

貳鬮:雷珍蘭黃錦章官、雷珍蘭黃清淵官。

叁鬮:雷珍蘭陳思聰官、雷珍蘭陳江水官。

肆鬮:雷珍蘭高西川官、雷珍蘭鄭肇基官。

大和蘭(荷蘭)1864 年 1 月 28 日,即同治癸亥十二月二十日。定應值公舘月份鬮聲詳下:

壹鬮甲必丹陳濬哲官、雷珍蘭陳文速官,1、5、9。

貳鬮雷珍蘭黃錦章官、雷珍蘭黃清淵官,2、6、10。

叁鬮雷珍蘭陳思聰官、雷珍蘭陳江水官,3、7、11。

肆鬮雷珍蘭高西川官、雷珍蘭鄭肇基官,4、8、12。

定應值外務月份鬮聲詳下:

壹鬮甲必丹陳濬哲官、雷珍蘭陳文速官,2、6、10。

貳鬮雷珍蘭黃錦章官、雷珍蘭黃清淵官,3、7、11。

---

① 廈、廣、叻:分別為廈門、廣州、新加坡的簡稱。

叁鬮雷珍蘭陳思聰官、雷珍蘭陳江水官，4、8、12。

肆鬮雷珍蘭高西川官、雷珍蘭鄭肇基官，1、5、9。

定應值干刀月份鬮聲詳下：

壹鬮甲必丹陳濬哲官、雷珍蘭陳文速官，3、7、11。

貳鬮雷珍蘭黃錦章官、雷珍蘭黃清淵官，4、8、12。

叁鬮雷珍蘭陳思聰官、雷珍蘭陳江水官，1、5、9。

肆鬮雷珍蘭高西川官、雷珍蘭鄭肇基官，2、6、10。

定掌塜地公勃低：一、三、五、七。其應掌牛郎沙里塜位處，胡紗囊所掌之額係二員協理雷珍蘭掌之。其胡紗囊當時時巡視。

定掌廟宇公勃低：二、四、六、八。

定各掌公勃低：

定掌水滓公勃低：壹、貳。

定掌買辦公勃低：叁、肆。

定掌工役公勃低：伍、陸。

定掌街衢公勃低：柒、捌。

以上應值之人，照鬮輪流，週而復初。倘應值之人或有事故不暇，則二員協理雷珍蘭連文清官、陳江流官代之。謹此存案。

是日，協理雷珍蘭陳江流官陞任。

承挨實嗹於和(荷蘭)1864年1月20日第275號又11號致書公堂，為遵王上於和(荷蘭)1864年1月12日第12號案奪，即舉陳江流為雷珍蘭知廚禮，協理公堂事務，是日榮任。存案。

重申和(荷蘭)1860年7月24日公堂設嘧，媽腰陳(永

元)定二員協理雷珍蘭,逐日在本干刀理事,條款詳下:

本干刀該置數簿,凡有公務各件之事,察過親見新客到處名次,及回籍名次,並到限日期該回,並大挨實嗹、副挨實嗹到字,並各詳覆,俱各須當登記在簿內,切勿有悮方可。該置簿各一本,凡給出水字、鴉地等處,勘得妥當安呾,朱爺[①]押號。倘是新客當入字,立即交劣詳覆。新客至期半個月前,令招到查察趕給字回唐。倘及期未回,請劣詳覆責罪。凡新客何事故,如有得病,令速入字求限。如違令挨延,請劣詳覆責罪。凡新客到處,逐禮拜招到點額是非其人,而後請知其值夜諸僚友。自高西川甲起,至二員協理雷珍蘭計七人,其守公舘牌霓,逐早令送到應值胡勃實處。倘有事故或身體欠安,可交無值夜之僚友,先陳甲大濬哲官、二黃錦章甲、三陳思聰甲、四大朱、五二朱,當照序輪流,代巡守夜在公舘,逐早晨察明分守夜牌霓。

本干刀置簿連(文清)、陳(江流)二員協理雷珍蘭辦理。

一、置簿二本,大挨實嗹、副挨實嗹來諭何事件,年、月、日、號頭記明。

二、置簿一本,大挨實嗹、副挨實嗹已詳覆何事件,年、月、日、號頭記明。

三、置簿三本,登記唐人來把、把生一本,舊客一本,新客一本。各記諸名次、搭何甲板、居何處、安呾何人、住何處,逐禮拜當招到查驗一次。

四、置簿一本,記新客限期、該回各船。回畢,當詳覆。

---

① 朱爺:公堂秘書朱葛礁的尊稱。

五、置簿一本，記新客早回給字，逐日詳覆，寫明何名、搭何甲板而來。今給字年、月、日、號頭，往何處，報明詳覆。

六、置簿一本，記值夜胡勃實名次，月、日，值夜公舘記明，來日便交下闧之人，勿致有悮。

七、置簿一本，登記諸人民所請供詞。

上陳置簿七款，二員恊理分掌列明：雷珍蘭連文清官應理壹、貳、叁號，六本；雷珍蘭陳江流官應理肆、伍、陸、柒號，四本。如二員恊理理事或有不暇，則在處一人代之；如二人俱有事，則內事值公舘者代之，外事則外務公勃低代之。

大和蘭(荷蘭)1860 年 7 月 24 日公堂設嘧內嗎腰(陳永元)定和(荷蘭)1861 年 3 月 1 日申，和(荷蘭)1863 年 11 月□日申，和(荷蘭)1864 年 1 月 28 日又申。

(承命詳覆唐人交寅之例)

據雷珍蘭黃清淵官請，謂承副挨實嗹命達知公堂："邇者林順德一事因從唐例，新郎、新婦不得相通言甚是不妙。祈後次凡有唐人要交寅，務兩家主婚到公舘，預先請知，領一字凴，便可交寅。既畢事，然後新郎、新婦親到公舘花押。"

嗎腰(陳永元)再請："承命。凡唐人交寅可從舊之例，務必有所指明公堂臆見如何。祈即詳覆。"

公堂會議："凡居吧之人，不論唐、番人等，各有成例，俱當遵行。我唐人交寅之例，惟凴兩家父母或至親主婚主意傳言而已。苟主婚人合意議定，合當交寅，新郎、新婦不須干與。自昔及今，已有千萬人計未聞生端滋事。今林順德之事，亙古未有者，究其所以然，無非欲討遺業故耳。我唐人設一公舘，原欲利人之便，既有兩家主婚合媒妁人齊到公舘懇給婚字,既無別情牽帶,合當給與。茲本堂懇成例仍行照常,既給婚字,擬定日月之期,便可交寅。既畢事,欲領婚字,當執交該單澋,指明已見交寅畢事方可。如定期交寅過後八日婚字未領,定有別情,本堂合當察究。謹詳副挨實嗹察奪。”

和(荷蘭)1864年2月4日,拜四

公堂設嘧喳嘮。媽腰陳永元舍,雷珍蘭黃錦章官、陳思聰官,雷珍蘭鄭肇基官、黃清淵官,雷珍蘭陳文速官、連文清官,雷珍蘭陳江流官,朱葛礁賴觀瀾官俱在座。甲必丹陳濬哲官、雷珍蘭高西川官、陳江水官不到。

(鄭根娘、徐天生夫妻求離一案)

據公館公勃低陳(濬哲)、高(西川)詳。鄭根娘年二十六歲,住公司,請伊夫徐天生:“為交寅八年,生二女:長名徐毛力,年三歲;次名徐未有,年四個月。因拙夫有一年之久無給資費,氏若要取所費,拙夫即怒言,如氏要去可以自去。似此不情,伏乞判離。”

吊訊徐天生年四十二歲,住公司,供云:“晚果有逐月給付所費,亦未嘗因有事故而怒及拙妻。茲拙妻既言欲分離,晚亦願從之。”臺勸鄭根娘:請徐天生要分離,並無因大故,不得隨便各別適,務當和好如舊,攜手同歸。礙二比執意要分,可合艱難。將情申詳公堂大嘧內裁奪。

列臺覆訊鄭根娘、徐天生,供如所詳。

公堂會議:“灼見二比之情既絕,不能再合,准其離遏可也。”存案。

(蕭國海、李新娘夫妻求離一案)

據公舘公勃低黄(錦章)、陳(文速)詳,蕭國海年二十五歲,住鑒光湖北,請伊妻李新娘:"為交寅於本年二月[①],因拙妻每每隨便自外遊,並不言知。茲竟逃走,並帶去其衣服物件等。似此所行不端,伏乞判離。"

吊訊李新娘年一十九歲,住洪溪,供云:"氏並無逃走,是因拙夫屢屢趕逐,以致不能忍耐,回歸父母之家。但氏被拙夫趕逐,經有請知甲大。今拙夫暨薄情要分離,即氏願聽從之。"臺勸其夫妻無因大故,不得分離,當相率同歸,和好如舊。礙奈二比俱要分遏。將情申詳公堂大嗒內裁奪。

列臺覆訊蕭國海、李新娘,供如所詳。

公堂酌量:"既已見二比堅執要離,即將准其離遏。"存案。

(委勘八廚亞間副默洪榮水控林道生一案)

承副挨實嗹於和(荷蘭)1864 年 2 月 1 日第□致書,附和(荷蘭)1864 年 1 月 26 日第 500 號日案,委勘副默八廚亞間請林道生一案。勘畢申詳。

列臺閱書及日案,悉知語意。

吊訊洪榮水年三十七歲,為八廚亞間副默氏,為牙行生活,供云:"因前年和(荷蘭)12 月間,林道生兒子林德輝黑夜睡在晚厝邊,晚令人召林道生欲送交其兒子。林道生不到,晚遂請干

① 本年二月:誤。據《婚簿》記載,1862 年 2 月 27 日,住聖望港 25 歲蕭國海與李卿申之女 19 歲李新娘成婚,媒妁蕭吉娘。1862 年 2 月 27 日即同治元年 1 月 29 日,由此案卷中所謂"本年二月"的"二月"應為陽曆,不是陰曆。所以,"本年二月"應更正為"前年二月"。

刀，副挨實嗹命晚當看視此兒子。於此禮拜夜，林德輝仝伊母姨再到晚家請知，被伊繼母陳鸞娘毆打赤身，亦無給下伙食。晚隨勘驗，遍身無傷，惟見其衣有血跡。即命巡更人貓厘及伯珍甲長往召林道生，二次俱不到，且其妻云雖王上叫召，亦不往。晚訊林德輝及伊母姨羅招娘，言在大默邱滄海之前非晚自己。晚因再往請干刀。”

吊訊林道生年四十八歲，住八廚亞間為商，供云：“晚極照顧兒子。此林德輝生母故時，晚遂欲率歸養育，因其母姨不肯，晚亦聽其便。此兩個月前，晚援歸在家，令看亞廊。於前又拜六夜，忽不知何往？經令巫讓尋覔不見，已請知公勃壟。至此前拜一日約十點鐘，遇見近緞亞喃土庫處，隨令巫讓帶歸，至路中遇洪榮水奪去，送到干刀。但此乃洪榮水恨心於晚，故意生端，欲蹈晚於罪。”臺問林道生：“汝云洪榮水致恨於汝，因為何事？”林道生答曰：“前洪榮水欠晚雷項，晚令人索討。後亦清還，則對人言，務必害晚至苦而後止，是以知其有恨心於晚也。”

吊訊林德輝年一十二歲，住八廚亞間，供云：“晚與家父林道生同居，原居母姨羅招娘家，後家父帶回僅一個月餘，生母已故，果有付晚衣褲日食，家母亦無毆打晚。此前拜一日，晚行行至近緞亞喃土庫，遇見家父林道生，隨令巫讓率晚歸家。至途中遇見洪榮水，遂率晚到干刀。所言諸事，俱默氏洪榮水預先教晚，當言養母毆打如此。”臺問林德輝：“洪榮水教汝當言如此在何處？”林德輝答曰：“係在五腳橋，近洪榮水厝，即前拜六夜。”臺問林德輝：“洪榮水教汝之時有人見聞否？”林德輝答曰：“並無人見聞。即前一次洪榮水云晚睡其厝邊,亦無此事,晚方與廚工冷水討雷,洪榮水率晚往實九鬱及干刀則有。"

吊訊陳鑾娘年三十六歲,住八廚亞間,即林道生之妻,供云:"氏並無毆打兒子林德輝。其前又拜六夜,氏往惹呀難家母妗家,及歸不見兒子林德輝,乃令巫讓尋覓,恐其墜水。既尋不獲,拙夫乃請公勃壟。後於拜一日,拙夫乃遇見近緞亞喃土庫處,命巫讓帶歸,至途中洪榮水奪去往干刀,係聞夫所言。但此子與氏同居約將兩個月。"臺問陳鑾娘:"洪榮水令人叫召汝夫,汝在何處?"陳鑾娘答曰:"氏在厝之後落,聞洪榮水令人要召夫,拙夫已不在厝。若後回來已報知,半夜即往,默門已閉。若此當叫氏,氏必隨往矣。"

吊訊大默邱滄海住五腳橋為八廚亞間正默氏,供云:"此前禮拜拜六夜,洪榮水召晚到伊家,果有林德輝仝其母姨投請,被伊繼母陳鑾娘毆打,亦無給付日食。晚見洪榮水,查驗其身無傷,並不見其衣有血痕。及明日,乃見其衣有血痕,係在衫之前。"臺問邱滄海:"林德輝仝其母姨投請之時,汝原在洪榮水家抑是投請時汝方到處?"邱滄海答曰:"林德輝仝其母姨已先在處,晚係洪榮水令子請到其家,故聞林德輝所言如此。"林德輝質曰:"血痕之衣,晚借之地[他]人,不知染之何物,或者荖葉涎所染亦未可知。"

吊訊削視楊貓厘年一十七歲,為巡更人,住三仔蚋巷,供云:"此前拜六夜,果有副默洪榮水令晚仝葉伯珍往召林道生之妻,四次俱不見面,晚在門外聲叫而已。"

吊訊削視葉伯珍年四十三歲,為巡更甲長,住五腳橋,供云:"此前拜六夜,果有副默洪榮水令晚仝貓厘往召林道生二次,俱不見面,惟門外聲叫而已,內無人應答。”

吊訊羅招娘年四十二歲,住二角橋,即林德輝之母姨,供云:“因氏姪林德輝於前又拜六夜忽到氏家,云被伊母毆打,已逃走。氏思恐其父母誣其盜竊諸事,故率姪仝往默氏洪榮水厝請知。其時,洪榮水亦驗其身,並無傷痕。”

公堂會議:“據諸削視所供,灼見洪榮水所請俱是不明,所請陳鑾娘痛毆兒子林德輝,不特陳鑾娘供無此事,即林德輝亦供無此事。且洪榮水自供,已察其身無痕,不明一也。所請令人往召林道生兩次不到,據削視葉伯珍、楊貓厘所供,言詞不對。一云默氏令召林道生之妻二次,一云默氏令召林道生四次,不明二也。且正默邱滄海亦言,伊係洪榮水令兒子請到其家聽其勘事,以副默而召正副,令人不解其意如何。大凡唐人教子之例,若子未長成,苟或有過,雖加鞭撲,無處可投。若子已長成,所為悖逆,則投請上人,處死不辭。謹詳副挨實嗹裁奪。”

同治三年甲子歲正月二十日,和(荷蘭)1864年2月27日

公堂開印大吉。風調雨順,國泰民安。

二朱陳玉長官榮任。

承副挨實嗹於和(荷蘭)1864年2月6日第392號又1號致書公堂,為遵王上和(荷蘭)1864年1月21日第14號案奪,舉陳玉長為二朱葛礁之職,每月得俸銀捌拾盾,現為八茶礶正默氏。

定應值公舘公勃低

逐日早晨八點鐘至下午二點鐘,須在座公舘,免諸人民待久,放伊經紀生活,致傷資本。

壹鬮:甲必丹一[1]陳濬哲官、雷珍蘭八[2]陳文速官,1、5、9。

貳鬮:雷珍蘭二黃錦章官、雷珍蘭六黃清淵官,2、6、10。

叁鬮:雷珍蘭三陳思聰官、雷珍蘭七陳江水官,3、7、11。

肆鬮:雷珍蘭四高西川官、雷珍蘭五鄭肇基官,4、8、12。

定應值外務公勃低

壹鬮:甲必丹陳濬哲官、雷珍蘭陳文速官,2、6、10。

貳鬮:雷珍蘭黃錦章官、雷珍蘭黃清淵官,3、7、11。

叁鬮:雷珍蘭陳思聰官、雷珍蘭陳江水官,4、8、12。

肆鬮:雷珍蘭高西川官、雷珍蘭鄭肇基官,1、5、9。

定應值干刀公勃低

壹鬮:甲必丹陳濬哲官、雷珍蘭陳文速官,3、7、11。

貳鬮:雷珍蘭黃錦章官、雷珍蘭黃清淵官,4、8、12。

叁鬮:雷珍蘭陳思聰官、雷珍蘭陳江水官,1、5、9。

肆鬮:雷珍蘭高西川官、雷珍蘭鄭肇基官,2、6、10。

定掌塚地公勃低

甲必丹陳濬哲官、雷珍蘭黃錦章官、雷珍蘭陳思聰官、雷珍蘭高西川官。列位留心巡察清潔,除草木,清水溝。守人有一不遵,便請公堂謹諭。

定掌廟宇公勃低

公事辦外有暇,早晚巡察廟宇等處,内外有無掃清,四

---

① 甲必丹一:指該官員在公堂中排位或排序第一。

② 雷珍蘭八:指該官員在公堂中排位或排序第八。

圍椅棹列正清潔，每朔、望，焚香點灯敬茶；初二、十六敬牲醴茶酒。守廟人等為頭有利，當小心敬奉，遵我唐之例。如違，便請公堂。

定掌各樣公勃低

甲必丹陳濬哲官、雷珍蘭黃錦章官，掌水淬，壹、貳[①]。

雷珍蘭陳思聰官、雷珍蘭高西川官，掌買辦，叁、肆。

雷珍蘭鄭肇基官、雷珍蘭黃清淵官，掌工役，伍、陸。

雷珍蘭陳江水官、雷珍蘭陳文速官，掌鑒光街衢，柒、捌。

定巡察唐鑒光值月公勃低

早晨八點鐘要到公舘，先早巡唐鑒光有無掃清，四圍水溝安頓好勢，有一不遵，便請嗎腰(陳永元)，皆當辦理責罰。

定值月輪流，大朱、二朱在嗎腰干刀執筆細察公務等事

大朱葛礁賴觀瀾官，1、2、5、6、9、10。

副朱葛礁陳玉長官，3、4、7、8、11、12。

定值月輪流，大朱、二朱在公舘執筆記供等事

大朱賴觀瀾官，3、4、7、8、11、12。

二朱陳玉長官，1、2、5、6、9、10。

定辨浮厘書[②]及公舘、嗎腰干刀等事公勃低，大朱、二朱須早晨八點鐘起至三點鐘止方回。

定公堂嘧喳嘮期逐拜五設嘧喳嘮，公勃低須到處在座，如無事故，嗎腰當報知，免到。公堂嘧喳嘮期，著公舘大朱、

---

① 壹、貳：指公堂中排位第一、第二的官員。

② 浮厘書：荷蘭語 Plakkaat，馬來語 Plakat，佈告、通告。

二朱須在座記供。嗒畢,即抄正案簿在嗎腰干刀處,不得帶歸。定限三日至六日當交嗎腰押號明白,便繳入公堂。

以上應值之人,照鬮輪流,週而復初。倘應值之人或遇事故不暇,則協理雷珍蘭連文清官、協理雷珍蘭陳江流官代之。倘二人有事故及體欠安,則無著君媚書者,須向前代理,免誤公事,祈勿推委。謹此存案。

(錄 1863 年全年公堂收項及開費結冊)

茲錄和(荷蘭)1863 年全年公堂收項及開費結冊呈覽。

承上年和(荷蘭)1862 年 12 月終,結存來銀 40 161.03 盾。

計開兌式里陂地風水抄錄:

和(荷蘭)1 月 13 日,兌楊清水風水一穴,闊 12 距、長 24 距,收來銀 67.7 盾。1 月 29 日,兌沈炎娘風水一穴,闊 12 距、長 24 距,收來銀 67.7 盾。

2 月 5 日,兌高世頭風水一穴,闊 12 距、長 24 距,收來銀 67.7 盾;又兌馬克俊風水一穴,闊 12 距、長 24 距,收來銀 67.7 盾。2 月 14 日,兌陳水生風水一穴,闊 12 距、長 24 距,收來銀 67.7 盾。2 月 16(日),兌黃芋風水一穴,闊 12 距、長 24 距,收來銀 67.7 盾。

3 月 6 日,兌沈松茂[①]風水一穴,闊 12 距、長 24 距,收來銀 67.7 盾;3 月 12 日,兌吳溪水風水一穴,闊 16 距、長 32 距,收來銀 220 盾。3 月 17 日,兌杜俊傑風水一穴,闊

① 沈松茂:Sim Siong Bouw,福建永春仙嶺人,沈愈之子,1836 年生,1853 年 11 月 6 日 18 歲時與 19 歲許玉娘成婚於大使廟。1866 年 3 月 2 日為協理雷珍蘭,1868 年 2 月 10 日升雷珍蘭,1872 年 2 月因欠錢入獄黜職。1881 年 10 月 24 日身故於磚仔橋,享年 46 歲。

16距、長32距，收來銀220盾。3月30日，兑梁亞五風水一穴，闊12距、長24距，收來銀67.7盾。

和(荷蘭)4月10日，兑曾新禧風水一穴，闊12距、長24距，收來銀67.7盾。4月23日，兑楊森鐵風水一穴，闊12距、長24距，收來銀67.7盾。

5月9日，兑范水源風水一穴，闊12距、長24距，收來銀67.7盾。5月20日，兑羅桂娘風水一穴，闊12距、長24距，收來銀67.7盾；又兑李永昌風水一穴，闊20距、長40距，收來銀541.6盾。

6月11日，兑蘇啓娘風水一穴，闊12距、長24距，收來銀67.7盾。6月13日，兑魏俊德風水一穴，闊12距、長24距，收來銀67.7盾。

7月1日，兑羅華江風水一穴，闊12距、長24距，收來銀67.7盾。7月2(日)，兑王四季風水一穴，闊12距、長24距，收來銀67.7盾。7月14日，兑鄧友娘風水一穴，闊12距、長24距，收來銀67.7盾。7月31日，兑蔡飯官風水一穴，闊12距、長24距，收來銀67.7盾。

8月1日，兑陳延輝風水一穴，闊12距、長24距，收來銀67.7盾。8月22日，兑黄文侃風水一穴，闊12距、長24距，收來銀67.7盾；又兑葉讀官風水一穴，闊12距、長24距，收來銀67.7盾。8月31日，兑鄭成福風水一穴，闊16距、長32距，收來銀220盾。

9月18日，兑黄永和風水一穴，闊12距、長24距，收來銀67.7盾。

10月12日，兑甘葉娘風水一穴，闊12距、長24距，收來銀 67.7 盾。

12 月 9 日，兌王約司風水一穴，闊 12 距、長 24 距，收來銀 67.7 盾。

和(荷蘭)12 月 15 日，兌陳來娘風水一穴，闊 12 距、長 24 距，收來銀 67.7 盾。

計 29 條，結共收銀 2 741.8 盾。

又計開兌丹絨地風水抄錄：

和(荷蘭)7 月 29 日，兌陳如章風水一穴，闊 12 距、長 24 距，收來銀 67.7 盾。

9 月 12 日，兌陳基全風水一穴，闊 12 距、長 24 距，收來銀 67.7 盾。

計 2 條，結共收銀 135.4 盾。

收丹絨、惹致、式里陂抄錄：

和(荷蘭)4 月 10 日，收邱塗官還丹絨、惹致、式里陂地稅，和(荷蘭)1862 年下半年還來額銀伍佰貳拾貳點伍盾。

和(荷蘭)7 月 18 日，收邱塗官還丹絨、惹致、式里陂地稅，和(荷蘭)1862 年下半年額，來銀壹仟盾正。

和(荷蘭)12 月 31 日，收邱塗官還丹絨、惹致、式里陂地稅，和(荷蘭)1863 年上半年額，來銀壹仟五佰貳拾貳盾。

計 3 條，結共來銀 3 044.5 盾。

(錄 1863 年全年開費條目)

開和(荷蘭)6 月 26 日還式里陂地八仙，全年去銀壹佰九拾壹點貳伍盾。

開和(荷蘭)6 月 26 日還惹致八仙，全年去銀壹佰貳拾貳點肆盾；又開和(荷蘭)6 月 26 日還丹絨上帝廟地八仙，全年去銀壹拾五盾三角；又開和(荷蘭)6月26日還丹絨地八仙，全年去銀七盾三角四占；又開6月26日還公舘地八仙，全年去銀肆拾七盾四角三占；又開和(荷蘭)6月26日稅馬車往還八仙並費用，去銀肆盾五角。

計6條，共結去銀388.22盾。

(1863年公堂全年收支結存數目)

對除用費外，結和(荷蘭)1863年12月終止，尚存現銀肆萬五仟陸佰九拾肆盾伍角。

(錄諸默氏蔭地免還條目)

茲和(荷蘭)1863年4月25日，葉祿懇伊兄葉天生[①]為觀音亭默故，例給付葬穴墳闊12距、長24距，免還。

和(荷蘭)5月9日，黃長闊懇伊父黃大和為默五腳橋故，例付葬穴墳闊12距、長24距，免還；又盧貞為公堂達氏，懇伊妻悅娘故，給付葬穴墳闊12距、長24距，免還。

和(荷蘭)7月31日，鍾新客懇伊父鍾春魁為默大南門故，給付葬穴墳闊12距、長24距，免還。

餘者施地用闊八腳距、長16距，俱免還，不能備載多寡。

謹結冊呈公堂列臺電察。

列臺閱畢，議當填和(荷蘭)字，呈繳挨實嗹電察。存案。

和(荷蘭)1864年3月11日，拜五

公堂設嘧喳嘮。嗎腰陳永元舍、甲必丹陳濬哲官，雷珍

① 葉天生：初任班芝蘭副默。1859年後任觀音亭默，1863年4月身故。

蘭黃錦章官、鄭肇基官，雷珍蘭陳江水官、黃清淵官，雷珍蘭陳文速官、連文清官，雷珍蘭陳江流官、朱葛礁陳玉長官俱在座。雷珍蘭陳思聰官、高西川官不到。

(副挨實嗹致書公堂為要知唐界内或有古物件)

承嗎腰(陳永元)命繳入公堂副挨實嗹書和(荷蘭)於1864年3月4日第715號又1號，為要知唐界内或有古物件，如有者可詳聞，敖文明要承坐。經諭知諸默氏，若有者須報知。倘列臺或有，祈即達聞。存案。惟黃錦章甲自謂伊家有藏蓄古玩。

(蔡嬌娘入稟懇著女兒婚事)

據蔡嬌娘入稟並獻掛些字，懇伊女兒要成婚，伊自己要主婚，有事不到。托伊母舅楊光蔭掛些代押。

列臺會議："准懇。"存案。

(蔡曲娘、沈萬慶夫妻求離一案)

據公舘公勃低陳(思聰)、陳(江水)詳。蔡曲娘年二十二歲，住茄攬抹，請伊夫沈萬慶年□(歲)："為交寅首尾兩載，未有兒女。因拙夫已兩年並無給氏衣食、資費，苟無父親養飼，幾乎餓死。似此不情，乞判分離。"

吊訊沈萬慶年二十歲，住文丁新圩，供云："晚非無給費許久。因交寅後，晚有寄岳父銀250盾。適際去年清明要用，向家岳討雷，家岳云未有便項可還拙妻，遂取金盆領一個付晚。後晚思欲別圖，要率拙妻移居文丁，拙妻不從，且岳父辱罵不止，此係去年五月間事。至九月間，再往拙妻之家，居至十月十四日乃再回文丁。何謂晚已兩年無給資費？今拙妻懇要分離，晚固從之。"臺問："汝二比既然欲離，試自思之尚有餘情未絕否?"二比皆答曰:"若不分離,恐有後禍。"將情申詳公堂大嚈內裁奪。

列台覆訊蔡曲娘、沈萬慶,供如公勃低所詳。

公堂會議:"察其情不能勸合,既二比決意要離,心如鐵石,非言辭可戒。即將准其各另別適是也。"存案。

(卓連章、林然娘夫婦求離一案)

據公舘公勃低陳(思聰)、陳(江水)詳。卓連章[①]年三十八歲,住小南門,請伊妻林然娘:"為去年十二月間交寅,原係入贅,今已滿月,晚要搬移,拙妻不從,且以惡言相加。伏乞明判。"

吊訊林然娘年二十歲,住鑒光毛吶甲,供云:"氏非不願從拙夫搬移,因氏之母親衹生氏一人而已,今已年邁,懇偕移傍食,亦可照顧諸事。拙夫不肯,可見拙夫無留情氏之母親,氏亦不願與他為夫,懇乞判離。"臺勸林然娘曰:"汝夫妻並無事故,衹因要偕母搬移而致生端,不得分離,當援歸依舊和好,暫勸汝夫回心,或者可肯同汝母搬移。"礙林然娘決意不從。將情申詳公堂大嚈內裁奪。

列臺覆訊卓連章、林然娘,供如公勃低所詳。

公堂會議:"既已二比情分欲絕,再難勸合。況卓連章亦無女壻之情,無怪林然娘其意決求離者,且其隱事難以指明,致各恨心,是以夫妻求離故如是耳。今將准其離逷。"存案。

---

① 卓連章:1828 年生,1846 年來吧。據《婚簿》記載,1864 年 1 月 14 日,住小南門 37 歲卓連章與 20 歲林然娘再婚。媒妁劉勤娘,男方主婚卓班(宗叔),女方主婚林進隆(宗叔),交寅日癸亥 12 月 13 日。

（委勘詳覆謝廉娘、林宗岩夫妻求離一案）

承副挨實嗹於和（荷蘭）1864 年 3 月 7 日第 1409 號致書，附一日案。為謝廉娘請伊夫林宗岩並無利路已一年餘，無給資費，且將物件典盡，實無夫妻之情，乞判分離。委即查勘詳覆。

列臺吊訊謝廉娘年二十三歲，住八廚沃間，供如日案所言。又云："氏無別求，惟懇分離而已。若拙夫所當物件苟不能贖回，氏願自贖。"

吊訊林宗岩年三十一歲，住八廚沃間，供云："晚因無做吳蔭龜里，無利路，所以有典當家中物件，亦拙妻甘願付晚，借當在西門 陳東生手，價銀 55 盾。所當之物件，銀盆領帶兩條、金鱟印手指一對、硿撥舌手指一腳、金石仔手指邊飾硿一腳、硿撥舌衣針一支、銀鎖匙全付。其所請硿耳碹一對、紗囊七條，晚前果有取當，後已贖回交還拙妻矣。其金盆領一個，係其母自當自贖，不干晚事。"謝廉娘質曰："拙夫所言虛詞，氏並無收接拙夫交還耳碹、紗囊諸物。其金盆泠一個，果係拙夫所當，家母贖回銀 55 盾。"林宗岩答曰："晚思未嘗有過，不願分離。"謝廉娘答曰："何謂無過？拙夫已一年餘並無給下衣食資費，其金盆泠一個，氏將沐浴脫放置棹上，拙夫取當並無告知。其餘諸物俱氏不在家，拙夫擅開廚門取去典當。氏今不能再耐，前年已二次稟請公舘，拙夫仍是舊性不悛，是以氏欲決意求離。"

公堂會議："據謝廉娘所供，伊不在家，其夫擅開廚門取當物件，及在棹上取去金盆泠一個，兼一年無給資費。據林宗岩所供，係伊妻甘願付其借當諸物件。此閨房之事無人證見，難以質實。茲就林宗岩所供而論，審察其言，為夫不遵規法，非出伊妻甘願付其借當物件，況謝廉娘上年投請伊夫在公舘兩次，林宗岩仍然不知有咎，致今謝廉娘決意求離，情絕終無回合之心。且察林宗岩所行，不顧愧恥是實。本堂已判夫妻離逷，礙林宗岩尚有牽戀之心，懇副挨實嗹作主，即判謝廉娘、林宗岩夫妻離逷，以固本堂案奪。"存案。

(李江娘、謝巳生夫婦求離一案)

據公舘公勃低陳(思聰)、陳(江水)詳，李江娘年二十三歲，住鑒光毛吶甲，請伊夫謝巳生："為交寅九年，生下一男，名謝順來，年方四歲。因拙夫無事怒罵趕逐已經多次，不能忍耐。況今拙夫付一字浼，令氏回歸父家，且家中物件俱典當既盡。似此不情，乞判分離。"

吊訊謝巳生年四十四歲，住鑒光毛吶甲，供云："近因裁縫無工夫，是以有典當物件，如有得利自當贖回。實拙妻敢梗口詞嫌，晚果有怒罵些少。後因拙妻執意要歸伊父之家，晚果有付他一字，任其回歸。今懇拙妻憐念兒子，不可分離。"臺勸曰："汝夫妻既無別事生端，求離不得，當援歸依舊和好。"二比稱願，唯退。存案。至和(荷蘭)1864年3月1日，夫妻到堂再請，不能和睦，終無了局，切懇分離。將情申詳公堂大嗒內裁奪。

列臺覆訊李江娘、謝巳生，供如公勃低所詳。

公堂會議："論李江娘與謝巳生可謂有夫妻之情，所有物件既付借當並無贖回，李江娘仍又歸家相依，謝巳生何不知過，而又生端於後來。今其夫妻相率到堂，切懇分離，灼見情愛已絕。今當准懇，任其離逷。"存案。

（陳娘那、鍾玉興夫妻求離一案）

據公舘公勃低陳（思聰）、陳（江水）詳，陳娘那又名陳文娘年三十六歲，住吉石珍把殺，請伊夫鍾玉興：“為交寅六載，未有兒女。因拙夫自交寅至今，並無給氏資費，且無故毆逐，實是拙夫寵妾太過，所以如此。似此不情，乞判分離。”

吊訊鍾玉興年三十九歲，住鑒光茄攬抹，供云：“拙妻所請俱是虛詞，晚未嘗毆逐拙妻。今拙妻要求分離，晚固願從。”將情申詳公堂大嚓內裁奪。

列臺復訊陳娘那、鍾玉興，供如公勃低所詳。

公堂會議：“據陳娘那所請，鍾玉興寵妾太過，致有生端求離。鍾玉興既不能彼此兩顧，而願從妻求離，誠所謂恩情兩絕矣。今當准其離遏。”存案。

（承命造唐曆敘明唐重要節日用於和荷蘭 1865 年全年）

承嗎腰（陳永元）令繳入挨實嗹於和（荷蘭）1864 年 3 月 23 日第 1040 號又 12 號書，為要造唐曆敘明唐大好日用於和（荷蘭）1865 年全年。

列臺閱畢議：“當遵命而行。”存案。

和（荷蘭）1864 年 4 月 1 日，拜五

公堂設嚓喳嘮。嗎腰陳永元舍、甲必丹陳濬哲官，雷珍蘭黃錦章官、陳思聰官，雷珍蘭陳江水官、陳江流官，朱葛礁陳玉長官俱在座。雷珍蘭高西川官、鄭肇基官，雷珍蘭黃清淵官、陳文速官，雷珍蘭連文清官不到。

（廖長娘、甘榮州夫妻求離一案）

據公舘公勃低陳（思聰）、陳（江水）詳。廖長娘年一十八歲，住臭橋，請伊夫甘榮州①："為交寅二年，生下一男名甘巳土，年纔三個月。因已三個月，拙夫無給下資費。前者家翁與拙夫角較，資費俱家翁給與。今自生產至今，無給下分文。似此不情，乞判分離。"

吊訊甘榮州住班芝蘭巷內，供云："晚於本年正月初四日到拙妻之家，有付拙妻資費。初五日再往，拙妻不在家，問之岳母，據云不知。及拙妻回家，則怒罵不休，晚即無再往。今拙妻懇要分離，晚不願從。"臺勸廖長娘曰："汝夫不忍分離，尚有憐汝之心，當援歸依舊和好。"廖長娘堅執不從，將情申詳公堂大嘧內裁奪。

列臺覆訊廖長娘、甘榮州，供如公勃低所詳。

公堂會議："據二比所供，無甚大故，且甘榮州愛妻之心未忘，且待後期，然後定奪。"存案。

（陳江川懇公堂准再抄婚字一張）

據陳江川投稟："因伊婚字失落，懇公堂准再抄一張，以為永照。"

列臺閱稟，議曰："陳江川所懇，可以承受，但當注明年、月、日，已付重抄。"存案。

---

① 甘榮卅：亦作"甘榮秋"。據《婚簿》記載，1862 年 5 月 15 日 18 歲甘榮秋與 16 歲廖丁娘成婚，其父親甘太陽為主婚人。《婚簿》又有加注："據班芝蘭默楊忠信來單云，此甘榮秋果是峇峇，在吧生長"。

和(荷蘭)1864年4月15日,拜五

公堂設嗒喳嘮。嗎腰陳永元舍、雷珍蘭黃錦章官,雷珍蘭陳思聰官、鄭肇基官,雷珍蘭黃清淵官、連文清官,雷珍蘭陳江流官、朱葛礁陳玉長官俱在座。甲必丹陳濬哲官,雷珍蘭高西川官、陳江水官,雷珍蘭陳文速官不到。

(陳英娘、沈江柳夫婦求離一案)

據公舘公勃低高(西川)、鄭(肇基)詳,陳英娘年二十四歲,住聖望港杉板寮,請伊夫沈江柳:"為交寅七年,生下一女,名沈癸娘,年方五歲。因拙夫無故毆逐,揚聲辱駡於途,恥辱不堪,伏乞判離。"

吊訊沈江柳年三十三歲,住聖望港,供云:"晚並無毆打拙妻,惟有略嫌逐日外遊,拙妻遂梗口角較,果有掌他一次,亦拙妻扯晚頭髮故也。今拙妻懇要離,晚實願從。"臺勸陳英娘、沈江柳:"據汝二比所供,俱非大故,縱有時角口,亦夫妻常事,何必決志求離? 當率歸家,依舊和好。"礙二比俱堅執求離。將情申詳公堂大嗒內裁奪。

列臺覆訊陳英娘、沈江柳,供如公勃低所詳。

公堂會議:"據陳英娘所供,伊夫無故毆打辱駡於途,因欲求離。沈江柳自供,實因其妻梗口角較,所以掌他。細察二比之情,灼見各懷異志,合當准其離逷。"存案。

(吳光漢、邱得娘求離一案)

據公舘公勃低高(西川)、鄭(肇基)詳,吳光漢年三十九歲,住鑒光望改來,請邱得娘:"為晚與同住一十三年,如夫妻相視。生下一女名吳良娘,年一歲;一男名吳永來,年七歲。因邱得娘所行不端，雖不能指明，屢屢可疑。懇各異居，但子女俱晚與邱得娘所生，懇付晚撫養，伏乞明判。”

吊訊邱得娘年三十三歲，住鑒光望改來，供云：“吳光漢請氏行止不端，實是虛詞。氏雖有往別厝，非是別人乃大姨之厝，亦日食照顧不足故也。今吳光漢懇要異居，氏實願從。若子女乃氏所生，不願交付。”臺問邱得娘：“汝已一十三年與吳光漢同住，如何相待？”邱得娘答曰：“有如夫妻一般。”又問：“此一女一子，汝與誰人所生？”邱得娘答曰：“俱與吳光漢所生。”臺諭曰：“汝二人既已一十三年同居，然無給婚字，屬為苟合，既不合意，任各所適可也。若子女之事，邱得娘自供果與吳光漢所生，且一十三年同居，相視如夫妻一般，合當交付吳光漢撫養為是。”邱得娘堅執不肯。將情申詳公堂大嗎內裁奪。

列臺覆訊吳光漢、邱得娘，供如公勃低所詳。據邱得娘又云：“吳光漢現時未有定處可居，自身傍依於人，倘他自己有厝，欲養子女，氏願交還。”

公堂會議：“據邱得娘所供，伊與吳光漢同居一十三年，相待如夫妻一般，且子女俱與吳光漢所生，明見此一女一子吳姓非邱姓也，合當歸吳光漢撫養。礙吳光漢隻身依人，欲攜帶子女，誰其顧之？邱得娘欲暫養，待吳光漢有定處居住，然後交還，實為有理，從之可也。”存案。

（黃德山、張珠娘夫妻求離一案）

據公舘公勃低高（西川）、鄭（肇基）詳，黃德山年三十歲，住大南門，請伊妻張珠娘：“為交寅二年，未有兒女。因拙妻逐日外遊，不顧家中煮食、洗滌諸事。適間見其番人言語港墘，一時難忍，幾乎毆打。似此罔法，伏乞判離。”

吊訊張珠娘年一十七歲，住大南門，供云：“氏非外出遊耍，實拙夫無給資費，故往鄰家尋有繡花獲利為費。今拙夫懇要分離，氏實願從。”臺諭張珠娘：“婦人治家為務，汝既逐日外遊，無怪汝夫疑心。自今以後汝能痛改前非否？”張珠娘答曰：“氏懇判離，不願再以黃德山為夫。”將情申詳公堂大嗱內裁奪。

列臺覆訊黃德山、張珠娘，供如公勃低所詳。張珠娘又云：“伊身懷孕三個月。”黃德山質曰：“有孕與否，晚實不知。縱然有孕，後來生子，晚不追究，因拙妻所為不貞故也。”臺問張珠娘：“汝腹孕之物與誰有之？”張珠娘答曰：“係與黃德山。”臺問黃德山：“汝云汝妻不貞致其有孕，可指明其人否？”黃德山答曰：“不得指明。”

公堂會議：“論黃德山、張珠娘，雖然夫挾嫌，終無了局，合當准其離遏。但腹中有孕三個月，黃德山既不能指明通姦何人，則未得確非黃氏子也。姑待分娩後再作定奪。”存案。

和(荷蘭)1864年4月22日，拜五

公堂設嗱喳嘮。媽腰陳永元舍、甲必丹陳濬哲官，雷珍蘭黃錦章官、陳思聰官，雷珍蘭陳江水官、連文清官，雷珍蘭陳江流官、朱葛礁陳玉長官俱在座。雷珍蘭高西川官、鄭肇基官，雷珍蘭黃清淵官、陳文速官不到。

(承命查勘詳覆委公堂修橋一事)

據副挨實嗹於和(荷蘭)1864年4月18日第2390號致書,附一日案。祈公堂查勘詳覆。

第四轄及第五轄公勃蘭[①]請,因丹絨大路有一橋名曰新橋,今已崩壞。照常此橋若壞,唐公舘令速修為幸。

列臺閱書及日案,議曰:"此橋乃是大路,通於媽腰噸、茂物等處,行人來往甚多,且離公堂之地約有一支抽之左。前雖唐人修理此橋,因有許願故也。今既崩壞當修,未有許願之人。如果公堂當修,餘無別項可出,惟懇可發公堂蓄項可以支用。惟冀副挨實嗹裁奪。"

(許娘那、李有郎夫婦求離一案)

據公舘公勃低高(西川)、鄭(肇基)詳,許娘那年一十八歲,住結石珍,請伊夫李有郎:"為交寅首尾三載,未有產育。因自去年拙夫令氏歸寧母家,並無看視,亦無給費,伏乞明判。"

吊訊李有郎年二十八歲,住臭橋,供云:"晚已數次往喚拙妻歸家,拙妻不肯。晚所以置之不較,故無給費,餘無別情。"臺諭李有郎曰:"汝云汝妻並無別故,惟因往叫不歸而致兩地懸情,殊不合式。汝再往伊家再叫歸家,依舊和好。如其不從,當請該默氏見證。"李有郎答曰:"令晚再喚拙妻固易,但拙妻每於夜間要舉刀自刺,且欲刺晚。若再如此如何?"許娘那質曰:"令氏回夫家,氏實願從。但拙夫逐夜與氏同床,無半點鐘久則不知何往。"二比俱懇求離。將情申詳公堂大嗒內裁奪。

列臺覆訊許娘那、李有郎,供如公勃低所詳。

---

① 公勃蘭:亦作公勃壟:荷蘭語 Commandant,指揮官、地方防衛首長。

公堂會議:"據二比所供,俱絕情之辭。若不准其離逷,恐有後禍。本堂按情而論,合式當准所懇,任各所適可也。"存案。

和(荷蘭)1864 年 4 月 29 日,拜五

公堂設嘧喳嘮。嗎腰陳永元舍、甲必丹陳濬哲官,雷珍蘭黃錦章官、陳思聰官,雷珍蘭鄭肇基官、黃清淵官,雷珍蘭陳文速官、連文清官,雷珍蘭陳江流官、朱葛礁陳玉長官俱在座。雷珍蘭高西川官、陳江水官不到。

(續:廖丁娘、甘榮秋夫妻求離一案)

據公舘公勃低陳(思聰)、陳(江水)詳,廖丁娘[1]年一十八歲,住臭橋,請伊夫甘榮秋[2]:"為交寅兩載,生下一男,名甘巳土,年纔三個月。因拙夫既三個月餘無給資費。前拙夫未與其父生端,資費俱家翁給發些少為用,今則無矣。似此不情,乞判分離。"

吊訊甘榮秋年二十歲,住死港巷,供云:"晚於本年正月初四日到拙妻之家,有付資費。至初五日再往,拙妻則不在家。問之岳母,云不知何往。及拙妻回家,怒罵於晚,遂無再往。今拙妻懇要分離,晚不願從。"臺勸廖丁娘曰:"汝夫尚有憐汝之心,不忍分離,合當從夫歸家,依舊和好。"礙廖丁娘堅執不從。將情申詳公堂大嘧內裁奪。

---

① 廖丁娘:1864 年 4 月 1 日案卷寫作"廖長娘"。

② 甘榮秋:1864 年 4 月 1 日案卷寫作"甘榮州"。

列臺覆訊廖丁娘、甘榮秋,供如公勃低所詳。

公堂會議:"彼夫妻果係二比甘願,准其離逷。"存案。

(黃木娘、甘福星夫妻求離一案)

據公舘公勃低高(西川)、鄭(肇基)詳,黃木娘年二十四歲,住觀音亭十八間,請伊夫甘福生①:"為交寅七載,有產不育。因拙夫取氏淺衣向當,但此淺衣乃氏借之别人。且既數年並無給資費,又畜别婦於外。似此不良,乞判分離。"

吊訊甘福星年二十三歲,住仝上,供云:"晚並無取拙妻淺衣往當。若云數年無給資費,他何能度活至今?晚乃為傭倩守更,每夜得雷陸角,則肆角付拙妻為費。因晚已半個月無做賣魚生理,所以如此。憶有一次,晚嫌其外遊忘歸,拙妻遂怒將盤碗鼓破後,遂歸寧伊母之家。致今稟請公舘,拙妻今懇求離,晚不願從,願付暫居伊母之家,每月晚願給雷陸盾為用。"臺諭黃木娘曰:"貧富乃命所註定。今汝夫雖無利路,亦當相依。倘後來有運亨之日,自可同享安樂。況汝夫尚爾憐愛,當相率歸家,再賡唱隨。"黃木娘質曰:"氏不願再與甘福星為夫,如不准分離,氏恐不能忍耐,致請干刀,莫怪氏之妄為也。"將情申詳公堂大嚺内裁奪。

列臺覆訊黃木娘、甘福星,供如公勃低所詳。

公堂會議:"經黃木娘之詞,灼見其情絕滅,亦難再合。茲彼夫妻既無相向之心,准其分離可也。"存案。

---

① 甘福生:原檔下文寫作"甘福星"。據《婚簿》載,1859 年 1 月 11 日,住惹牙蘭 18 歲甘福生與黃談之女 18 歲黃木娘成婚。據默氏甘溪宗報單云:"甘福生系吧生長。"

和(荷蘭)1864年5月14日,拜五

公堂設嘧喳嘮。媽腰陳永元舍、甲必丹陳濬哲官,雷珍蘭陳思聰官、高西川官,雷珍蘭鄭肇基官、黄清淵官,雷珍蘭陳文速官、陳江流官,朱葛礁賴觀瀾官俱在座。雷珍蘭黄錦章官、陳江水官,雷珍蘭連文清官不到。

(許金娘、楊永吉夫婦求離一案)

據公舘公勃低高(西川)、鄭(肇基)詳,許金娘年二十七歲,住磘內,請伊夫楊永吉:"為交寅七年,生下一男,名楊三福,年方三歲。因拙夫屢屢毆氏,今氏歸寧母家。自交寅至今,俱家姑給下資費,拙夫並利路,無給分文。似此不良,乞判分離。"

吊訊楊永吉年二十八歲,住聖望港,供云:"晚未嘗有毆拙妻,亦未嘗令其回歸岳母之家。惟有一次,晚云倘若家母到家,汝可開口借銀壹佰盾,可還外欠,亦可為血本。拙妻遂長言短語,怨詈不休。晚方在抑鬱,有云不向家母借項則已,何必多言?拙妻仍是怨詈,晚云汝不住言,我將茶礶鼓汝,此言實有。今拙妻懇要分離,晚自思無過,實不願從。"臺勸許金娘曰:"汝夫生端係是口耳之故,不可因此而求分離。況汝夫既已知悔,合當從歸依舊和好。"許金娘堅執不從。將情申詳公堂大嘧內裁奪。

列臺吊訊楊光蔭年四十九歲,住西門,即楊永吉之父,供云:"晚果願招回媳婦許金娘,不知晚子如何可合意否?但此媳婦既願歸家,倘欠用三肆拾盾,晚亦可應付為用。"楊永吉質曰:"晚與小弟不和,不願歸家父之家,願拙妻回晚家一二日，晚安頓諸事，晚自當稅厝另居。”許金娘稱願。

公堂會議：“既已二比有戀戀之心，合當再從其夫歸家，依舊和好以是。”存案。

（蔣益娘、陳闇夫婦求離一案）

據公舘公勃低陳（濬哲）、陳（文速）詳，蔣益娘年三十一歲，住鑒光貓厘，請伊夫陳闇：“為交寅一十五載，有生一男一女。男名陳儒元，年一十二歲；女名陳酒娘，年六歲。前氏交寅在芝檳榔[1]，給婚字在茂物，後移居在珍吧殺。因拙夫無厝可居，無奈傍居家父家在鑒光貓厘，約有六年之久，拙夫並無給資費。似此不仁，乞判分離。”

吊訊陳闇年四十一歲，住珍吧殺，供云：“拙妻資費，晚陸續有給付以他。因三年前晚居在椰園時，拙妻向晚討鐳，晚答云現時未有便項，拙妻遂發怒，不告知而自歸寧。且拙妻行止不端。今他欲求分離，晚亦願從。”將情申詳公堂大嚓內裁奪。

列臺覆訊蔣益娘、陳闇，供如公勃低所詳。

公堂會議：“據二比所供，蔣益娘決志求離，陳闇亦嫌其妻行止不端，灼見夫妻立心要離已決於早矣。本堂酌量，合當准其所懇，但其子女當歸伊夫陳闇撫養，教督成人為是。”存案。

和（荷蘭）1864年5月20日，拜五

公堂設嚓喳嘮。媽腰陳永元舍、甲必丹陳濬哲官，雷珍

---

① 芝檳榔：Tjibinong，地名。位於吧城之南，茂物（Bogor）東北。

蘭陳思聰官、高西川官，雷珍蘭陳文速官、連文清官，雷珍蘭陳江流官、朱葛礁賴觀瀾官俱在座。雷珍蘭黃錦章官、鄭肇基官，雷珍蘭陳江水官、黃清淵官不到。

（承命查勘詳覆唐婦楊李娘控伊夫黃福祥已逃走七個月餘，懇任其可明婚交寅於別人一案）

承副挨實嗹於和（荷蘭）1864 年 5 月 10 致書，附第 2101 號日案。祈查勘詳覆。

和（荷蘭）1864 年 4 月 5 日第 2101 號日案，為唐婦楊李娘即黃福祥之妻，住小南門，入字請伊夫黃福祥①："已逃走七個月餘，並無留下資費。伏乞褒黎司作主，任氏可明婚交寅於別人。萬望恩准。"

列臺閱書及日案，吊訊楊李娘年二十八歲，住小南門，即黃福祥之明婚妻，供如日案所言。又云："氏原與家姊楊奕娘同居，交寅黃福祥係入贅，僅有六個月之久。氏身染病沉重，拙夫並無照顧，亦無請醫調治，竟遂逃走，並無留下分文。氏係女流，無處度活，不得已上書懇褒黎司作主，任氏可明婚交寅於別人為夫，為養身之地。"

吊訊楊奕娘年四十一歲，住小南門，即林月寧之寡妻，亦楊李娘之姊，供云："舍妹交寅黃福祥係入贅氏厝內，約有六個月，舍妹染病沉重，妹夫黃福祥並無照顧，亦無請醫調治。氏乃請先生蔡佛飲藥十餘劑，又請李音娘服侍一個月餘。其時妹

① 黃福祥：1834 年生，1846 年來吧。據《婚簿》載，1863 年 3 月 5 日，住小南門 33 歲黃福祥與 26 歲楊理娘成婚註冊。媒妁曾章娘，男方主婚黃巷（堂兄），女方主婚楊永元（堂兄），陰曆 1 月 26 日交寅。公勃低：陳思聰，鄭肇基、周琰。原注：獻案奪字 1846 年 4 月 23 日第 1389 號又 13 號居吧。

夫黄福祥遂即逃走，至今無回又已七個月矣。”

吊訊先生蔡佛年六十四歲，住鑒光紅兀氏，供云：“前年唐七月間，果有楊奕娘請晚到其家醫治其妹楊李娘之病，服藥約有十餘次。其餘他事，晚則無問，及不知其詳。所供是實。”

吊訊削視李音娘年六十五歲，住觀音亭，供云：“前年唐七月十四日，果有娘仔月寧即楊奕娘，叫氏到其家服侍其妹楊李娘之病，甚是沉重，不能起床，約有月餘。他事不知。所供是實。”

吊訊小南門默氏王庸修年三十八歲，供云：“晚果知楊李娘前年七月間病重，不能行動。其夫黄福祥果是其時逃走，諒非夫妻之故，實因文(欠)項所迫耳。走後月餘，黄福祥有寄一信，交黄愷轉交伊大姊楊奕娘，即娘仔月寧，將信已交嗎腰(陳永元)手。”嗎腰(陳永元)遂查尋獻出，信内云詳下：皮前面寫：煩帶至吧 小南門交黄愷轉交大姨親收拆，後面寫：癸年辰月[1]十六日在吧東封寄。内云：“姻誼之情，語不錦文。啓者愚娣夫現時在東且暫度日生理，不須致介。暫候十一月、十二月切切回吧。汝妹全望顧盼，感感不盡。愚以生理不能寸進，出於不得已，全望托天庇佑。暫候來自願甘心求利，以還他人之項。耑此是幸。尾書交大姨粧官，下書癸辰月十六日黄槵具。”

公堂會議：“據楊李娘及諸削視所供，黄福祥逃走是實。但其逃走之故，非因夫妻生端，實負欠所迫耳。及觀信中所

---

① 癸年辰月：即同治二年癸亥(1863)7月。辰月即7月，又作蘭月、涼月、巧月、孟秋。

言，殷殷致託伊大姨照顧其妻，足見夫妻之情尚然念及。雖約年於十一月、十二月必回吧，而今無回，已越數月，未可責為爽約。生理之事，歸期遲速難以預定。本堂細按，楊李娘所懇未可承受，當待後來或有再來信，抑是如何，然後定奪。謹詳副挨實嗹裁奪，繳回日案。”

（黃來娘、陳長壽夫妻求離一案）

據公舘公勃低陳（濬哲）、陳（文速）詳，黃來娘年二十六歲，住丹藍娘仔，請伊夫陳長壽：“為交寅七年，未有子女。因拙夫逐夜出遊飲酒，及醉方歸。於唐三月二十七日夜出，酒醉歸家，無故將氏毆打傷甚，遂率氏歸寧。後家翁有請醫生唐元水調治，至今未得全愈，現有醫生可證。似此不仁，乞判分離。”

吊訊陳長壽年三十歲①，住仝上，供云：“拙妻所言亦無此情。因唐三月初二日，晚率拙妻歸寧為祭清明節，至初四日，晚要邀拙妻回家，因岳母云有人欲將園地出稅，每年稅銀三百盾，但要現領全年磧底，晚答云：‘貧窮之家無此資本。’以致拙妻不從晚歸家。然晚時常夫妻相愛，不忍分離。”

吊訊唐元水年四十八歲，住珍吧殺，供云：“晚果係有醫黃來娘，是熱病非毆傷之證。而他夫妻毆打事情，晚實不知。”

臺勸曰：“夫妻角口生端，乃家內常事，不可因此而求分離。命仍歸依舊和好。”奈黃來娘堅執不從。將情申詳大嗹內裁奪。

---

① 陳長壽年三十歲：據《婚簿》記載，1858 年 7 月 30 日，陳長壽在吉石珍成婚時的年齡為 28 歲。

列臺覆訊黃來娘、陳長壽，供如公勃低所詳。

公堂會議：“據二比所供，及訊默氏所言，灼見陳長壽果是酒後人，既沉醉便不省人事，毆打其妻。”據陳長壽又云：“如拙妻還晚耳磅一對，晚心願分離；如不還耳磅，晚不願分離。因此耳磅乃家父之物。”

吊訊默氏林永元，供云：“此陳長壽果然屢屢酒醉生端是實。”

公堂酌量，察其所供，既見陳長壽之情，重物不重人，合當准其離遏可也。存案。

和(荷蘭)1864年5月27日，拜五

公堂設嘧喳嘮。媽腰陳永元舍、甲必丹陳濬哲官，雷珍蘭黃錦章官、陳思聰官，雷珍蘭高西川官、黃清淵官，雷珍蘭陳文速官、連文清官，雷珍蘭陳江流官、朱葛礁賴觀瀾官俱在座。雷珍蘭鄭肇基官、陳江水官不到。

(陳英娘、劉亞友夫婦求離一案)

據公舘公勃低陳(濬哲)、陳(文速)詳，陳英娘年三十一歲，住礁內，請伊夫劉亞友[①]：“為交寅十載，有生一子，名笨基，年兩歲。因前交寅同夫共居家母家，而拙夫與家母不能和睦，且自本年正月至今，並無給資費。如此氏不能忍耐，伏乞判離。”

---

① 劉亞友：據《婚簿》載，1855年6月20日，住大使廟28歲劉亞友與22歲陳英娘成婚。媒妁鄭銀娘，其父劉賜為男方主婚人。

吊訊劉亞友年三十八歲，住觀音亭界，供云：“晚因多疾病，且無利路，況自己不能顧，焉能顧妻子乎？現晚不能照顧於妻，甘願從其分離。”將情申詳公堂大嚓內裁奪。

列臺覆訊陳英娘、劉亞友，供如公勃低所詳。

公堂會議：“據二比所供，夫妻雖無大故，不宜分離。但劉亞友自供伊實貧寒不能照顧其妻，夫無水之池難養魚。陳英娘既不自恨其命，決欲求離。本堂合當准其所懇，但其子劉笨箕尚幼，當暫付其母撫養，每月劉亞友給費銀三盾，待至七歲方歸伊父教督成人為是。”存案。

（宋長泰、簡水娘夫妻求離一案）

據公舘公勃低陳（濬哲）、陳（文速）詳，宋長泰年二十五歲，住洪溪界，請伊妻簡水娘：“為交寅五載，有生二子。長名春元，次名志元，年方一歲。因昨日早，晚往鑒光貓汝娘仔源處閑坐，拙妻到處無故拖晚在大路，用石頭擂晚首，但晚甚愧於人。似此不賢，乞判分離。”

吊訊簡水娘年二十二歲，住仝上，供云：“因拙夫約有兩個月之久不給資費。況於二禮拜前逐日早出門，至次日方歸，待食飯畢遂再出。於昨日拙夫抱次子志元，潛往娘仔源處，氏亦尋往其處，見拙夫在被（彼），氏果一時憤怒，即將柴枝略打。所供是實。今拙夫要求離，氏亦願從。”臺判曰：“汝夫妻俱無大故，不得因此而求離。令二比相率而歸，可依舊和好。”奈宋長泰堅執不從。將情申詳公堂大嚓內裁奪。

列臺覆訊宋長泰、簡水娘，供如公勃低所詳。

公堂會議：“婦人以夫為主，夫榮則妻貴。今簡水娘既辱夫太甚，出其自供大失為妻之分，合當准其離遏。但長子春元當歸伊父，其次子志元尚幼，當暫付其母撫養，每月宋長泰要給資費銀五盾，待至七歲方歸伊父教督成人為是。"存案。

和(荷蘭)1864年7月1日，拜五

公堂設嘧喳嘮。媽腰陳永元舍、甲必丹陳濬哲官，雷珍蘭陳思聰官、高西川官，雷珍蘭鄭肇基官、黃清淵官，雷珍蘭陳文速官、雷珍蘭連文清官、陳江流官，朱葛礁陳玉長官俱在座。雷珍蘭黃錦章官、陳江水官不到。

(查勘詳覆王必宗果是故王文顯甲親生之子否)

據挨實嗹於和(荷蘭)5月23日第1849號又逸字致書公堂，祈查勘詳覆。為承掌管戈勞直嘮八仙緞伴伯黎嘆於和(荷蘭)本年5月21日第拾號書云：因緞多倫任亞浮葛[①]事掛些王必宗，因前和(荷蘭)1858年王文顯甲故，其王必宗有還戈勞直嘮八仙銀肆拾三仟壹百柒拾盾零四角四隻，今要求回以王必宗。祈公堂查察王必宗果是故王文顯甲親生之子否？

據梁礁緞美丹於和(荷蘭)1864年2月20日第58號書云："唐人王必生及唐婦蘇碹娘云既相識至誼於故王文顯，其未故之時，有二十四年之久。而王文顯平素所行，實知詳細。因前王文顯有蓄一唐女名曰江娶，約有一年之久，得生一子名曰王必宗。其必宗已出世有半年之久，王文顯將江娶趕逐，後江娶從王金，不久病死。王文顯聞知江娶已故，

---

① 亞浮葛：荷蘭語 Advocaat，馬來語 Advokat(Apukat)，律師、辯護律師。

即將王必宗帶回家撫養。此事王必生及蘇碹娘已知詳細，果是王文顯當時恩愛江婁，遵規並無有別私情。況故王文顯臨終有遺達心眠字，梁礁緞民夜於和(荷蘭)1858 年 4 月 21 日第 135 號，詳明其遺業倘若其子先故，其業仍歸於孫。”

列臺閱書，據公舘公勃低所詳供詞。

吊訊王必宗年二十三歲，住丹藍望，供云：“晚既成人，但知仙父係王文顯。其餘他事，晚不知情。所供是實。”臺再問王必宗：“據梁礁字云，爾既做字先生緞多倫掛些要討戈勞直嘮之項是否?”答曰：“無。晚但做字付林長生掛些，其他事晚不知。現究此事，以晚無關涉。其林長生付掛些緞多倫討戈勞直嘮之項，他做字畢，然後通知於晚。所供是實。”

吊訊林長生年二十三歲，供云：“晚果有掛些王必宗，係有入字討戈勞直嘮之項實有，付先生掛些。其王必宗是故王文顯之子，致若親生或過房子，晚亦不知其詳。所供是實。”

吊訊王必生年五十九歲，住丹藍望，供云：“但知王必宗係故王文顯之子而已。若是親生或是過房，晚實不知。”臺問王必生：“汝有向梁礁緞迷丹做削視字否?”答曰：“有。”臺問：“據梁礁之削視字，所陳情由果有之否?”答曰：“並無此情。”臺曰：“據梁礁削視字云，汝知王必宗係王文顯親生之子，今云不知，何也?”答曰：“當時林長生邀晚去梁礁處做字時，晚並無言及知王必宗是王文顯親生之子。惟梁礁付一字，令晚押號而已。所供是實。”

吊訊蘇碹娘年五十九歲，住丹藍望，係鄭素川之寡妻，供云：“氏但聞人言王必宗是王文顯之子而已。氏係外人，不知他生母誰人。”臺曰：“據梁礁削視字云，爾知王必宗是王文顯親生之子，今云不知，何也？"答曰："前時林長生邀氏去梁礁處云要做字，氏並無言及知王必宗是王文顯親生之子，氏但押號而已。所供是實。"

吊訊林來娘年五十歲，住噠呀蘭，是故黃三哥之寡妻，即王必宗之母姨也，供云："氏娣林水娘，又名婁。為閨女時交寅邱綿為妻，綿死後，適黃亞四有三年久。亞四死，適王文顯居大南門巷內，約有三年之久。既懷孕兩個月，因家內不睦角口，被王文顯趕逐出，後適王錦。後必宗出世四個月，林水娘又故。及王錦相繼而死，乃囑氏要將王必宗須過房與王文顯。"臺曰："據公勃低所詳，供云汝娣並無適王文顯，今云適王文顯。在前後適王錦，何也？"答曰："氏在公舘被甲必丹喝，且言汝若不實講，要抽氏之舌，氏故忘記。"臺曰："今在此無人喝汝，可從容言之。"答曰："實是於王文顯故後，乃適王錦。"臺再問："據爾所云，各有異詞，實何條為是？"答曰："氏無能，不知。"

吊訊娘仔王守，因身體欠安，今伊壻黃宗標代供云："晚岳母有言，當時居文登時常上落而已。初見必宗時，約年近一歲。因王文顯對岳母言，必宗是王錦之子，過房與我為子。"臺問："此事汝敢盟誓否？"答曰："晚敢盟誓。"

吊訊張烏地娘年四十五歲，住大南門，是故王文顯之妾，供云："氏但知王必宗係王文顯之子而已，氏不知是親生或是過房。"臺曰："據公勃低所詳之供，爾既云必宗是（過）房子，今云不知，若果真不知，爾敢誓否？"答曰："不敢。"乃再云："誠有聞王文顯之厝內人所言，必宗是過房子。礙此事大久，忘記誰人所言。所供是實。"

列臺覆訊王必宗與諸削視之供詞,供如公勃低所詳。

公堂會議:"王必宗事據削視人王必生並蘇碹娘二人之供,與梁礁削視字相左。據黃宗標供稱,聞王文顯言王必宗是螟蛉之子,係王錦之子。據張烏地娘供稱,聞王文顯厝內人言,必宗是過房子。據林來娘所供,與公館公勃低所詳前後異詞,難以取信。本堂細勘,此事不明,所懇不得承受。將情申詳挨實嗹裁奪。"

(廖炳生懇為達氏事)

據嗎腰陳口請曰:"廖炳生,年三十九歲,住蚊茄勿殺,原為漆工,茲願懇為公堂之達氏。"

列臺酌議:"據廖炳生懇為達氏,現且攝理其事。俟限兩月後再行酌議實任。"存案。

(查勘林東娘欲當地頭25 000盾一事)

據公舘公勃低詳。林東娘年五十七歲,住磚仔橋,係故方田之寡妻,供云:"氏果欲當地頭在汶隆岸哴都,要負銀25 000盾,援安呾人方木溪仝陳三珍。所供是實。"

吊訊方木溪年二十九歲,住磚仔橋,供云:"晚每年其地頭所立約稅3 200盾,晚在其處為商買抽,兼開亞廊是實。"

列臺覆訊林東娘:"其地立有字幾張?"答曰:"氏之地頭字有18張,俱是林東娘之名。然其地共壹拾捌坵,內有四坵在過港背,餘壹拾四坵之八仙字共壹張,八仙詳明。因其地18坵共的椄八仙,合共銀三拾壹仟四佰貳拾盾。茲要現負欠銀貳拾伍仟盾。"

公堂會議:"據林東娘今要當地頭25 000盾,當援安呾人陳三珍、方木溪。其時可堪安呾,准其所負為是。"存案。

和（荷蘭）1864 年 7 月 15 日，拜五

公堂設嚹喳嘮。嗎腰陳永元舍、甲必丹陳濬哲官，雷珍蘭黃錦章官、陳思聰官，雷珍蘭陳江水官、黃清淵官，雷珍蘭陳文速官，雷珍蘭連文清官、陳江流官，朱葛礁陳玉長官俱在座。雷珍蘭高西川官、鄭肇基官不到。

（張吉娘、吳文玉夫妻求離一案）

據公舘公勃低黃（錦章）、黃（清淵）詳。張吉娘年二十歲，住大使廟，請伊夫吳文玉①："為（交）寅壹載，未有子女。如此數月，拙夫無給資費，氏何以度活？似此不良，伏乞判離。"

吊訊吳文玉年二十歲，住仝上，供云："因拙妻不守婦道，常愛出遊，且愛有用費奢華。況晚與人傭工，每月僅得辛金銀拾五盾而已。要晚從拙妻之願，晚實無能為矣。今他求分離，晚願從之。"臺判："二比俱無大故，不可因此而求離，令歸依舊和好。"礙張吉娘堅執不從。將情申詳公堂大嚹內裁奪。

列臺覆訊張吉娘、吳文玉，供如公勃低所詳。

公堂會議："據張吉娘與吳文玉所供，灼見夫妻俱無相向之心。妻曰無給資費，夫曰不能從妻所欲，非絕情如何？合當准其離遏，任各所適。"存案。

（鄭錦郎、古貓厘娘夫妻求離一案）

據公舘公勃低黃（錦章）、黃（清淵）詳，鄭錦郎年三十七歲，

---

① 吳文玉：據《婚簿》記載，1863 年 7 月 27 日，22 歲吳文玉與 18 歲張吉娘成婚於大使廟。媒妁蕭吉娘，男方主婚吳英月（胞兄），女方主婚張茂東（胞兄）。據默氏李昆茂單云："吳文玉果是吧生長。"

住戈奢園，請云：“晚之妻古貓厘娘住仝上，因有一厝在磚仔橋，係伊父古亞接之遺業，付拙妻並伊娣古挨不娘二人均得。今其厝是古挨不娘居住，並無還稅。晚欲令拙妻將此厝該均之額發兑，如拙妻若不肯兑者，晚不願與他為夫婦。”

吊訊古貓厘娘年三十一歲，供云：“氏不願賣此厝，惟願逐月收稅，以為度日。今拙夫既起不良之心，氏願求分離。”臺問鄒錦郎：“爾妻可有付爾掛些字否？”答曰：“無。”職按此事未敢擅專休釋。將情申詳公堂大嗨內裁奪。

列臺覆訊鄒錦郎、古貓厘娘，供如公勃低所詳。

公堂會議：“據鄒錦郎所供，伊妻不肯付兑其厝，則欲求離，足見其心以財為重。況古貓厘娘言語不能，將來必為所欺，不則置妻於度外，詢非長久之計。合當准其離遏。”存案。

(邱淑娘、楊亞三夫婦求離一案)

據公舘公勃低黃(錦章)、黃(清淵)詳，邱淑娘年二十五歲，住丹藍望，請伊夫楊亞三：“為交寅十一載，有生不育。因拙夫自三個月於前至今不見其人，未知何往？且無給資費。似此不良，伏乞明判。”

吊訊楊亞三年四十四歲，住丹藍望，供云：“晚於沈松茂起厝做工，每禮拜必有回家，逐次付雷或叁盾或肆盾。於和(荷蘭)3 月 23 日，晚回家，拙妻將門關鎖，晚不得入，隨在門口竹床。晚詢問鄰家，人云拙妻自往職里滂去矣。晚於是日回家，有默氏王春波，問晚許久何往？晚答：“於人做工。”後默氏云：“汝妻有一烏鬼人要畜，又要討移出單，故將門關鎖，其鎖匙寄在鄰家陳毛力。晚即向取回鎖匙，開看厝內家物壞並無照顧。晚請默氏查勘。”臺問邱淑娘：“汝不告汝夫敢私往職里滂，何故？”淑娘答曰：“因氏外公身故，至以往視之。而拙夫亦往。自氏回家，拙夫未嘗回家，經有三個月。其鎖匙，氏昨日來請公舘，故有寄陳毛力手。”楊亞三答曰：“晚果有往職里滂，自回滂後，與人做工，逐禮拜回家不遇於妻，探問知拙妻在鑒光美色近與人吃亞片。晚既請知默氏吳金麟，可見拙妻所行不端是實。今他要求分離，晚願從之。”臺問邱淑娘：“汝果有往鑒光美色近與人吃亞片否？”淑娘答曰：“並無此情。”將情申詳公堂大嚹內裁奪。

列台覆訊邱淑娘、楊亞三，供如公勃低所詳。

公堂會議：“據二比所供，夫妻生端非衹一次。妻既嫌夫，夫亦嫌妻，兩情俱絕，合當准其離逷。”存案。

（鄭清漢、嚴生娘夫妻求離一案）

據公舘公勃低黃（錦章）、黃（清淵）詳，鄭清漢年二十六歲，住水鋸仔，請妻嚴生娘：“為交寅六載，有產不育。因拙妻於三個月前與張生哥通姦，晚請褒黎司既治其罪。晚既受辱，不願再與他為妻，伏乞判離。”

吊訊嚴生娘年二十三歲，住八廚沃間，供云：“衹因拙夫數月無給資費，氏出於無奈，故敢與張生哥私通。今拙夫要求分離，氏願從之。但氏身懷八個月之孕，將來產育如何？伏乞明判。”臺諭鄭清漢：“據爾妻所言，既懷身孕八個月矣，不得分離。”鄭清漢答曰：“他既與人私通，將來所生子女，晚不承認。”將情申詳公堂大嚹內裁奪。

列臺覆訊鄭清漢、嚴生娘，供如公勃低所詳。

公堂會議：“據二比所供，嚴生娘不知是假是實，雖有腹孕八個月，既已外人通姦，經褒黎司受責，無怪鄭清漢之不認為子也。本堂細按,二比既然情絕,當准其離遏可也。”存案。

和(荷蘭)1864 年 7 月 22 日,拜五

公堂設嘧喳嘮。瑪腰陳永元舍、甲必丹陳濬哲官,雷珍蘭黃錦章官、陳思聰官,雷珍蘭高西川官、陳江水官,雷珍蘭黃清淵官、連文清官,雷珍蘭陳江流官、朱葛礁陳玉長官俱在座。雷珍蘭鄭肇基官、陳文速官不到。

(江美娘、郭俊生夫妻求離一案)

據公舘公勃低黃(錦章)、黃(清淵)詳,江美娘年三十一歲,住鑒光吃來佑,請伊夫郭俊生[1]:“為交寅八年,未有兒女。因拙夫不給衣食資費,且在默氏前言咋欲分離於氏,令氏當從於和(荷蘭)人,不許氏往請瑪腰(陳永元)。似此不情,乞判分離。”

吊訊郭俊生年五十歲,住鑒光萬蘭九間,供云:“晚原與岳母同居,因被岳母趕逐,晚故搬移別處。現晚有與人合稅厝壹間,願率拙妻同住,照顧得宜。礙拙妻不從,晚即欲給與資費,無處可與。”江美娘質曰:“氏死亦不願從夫歸家,亦不願再為夫妻。”郭俊生答曰:“既拙妻決志求離,晚固願從。但懇將拙妻送入娼間為娼,晚方足願。”將情申詳公堂大嘧內裁奪。

---

① 郭俊生:又作“郭春生”。據《婚簿》載,1858 年 10 月 7 日,住丹那實連 43 歲郭春生與 25 歲江美娘再婚。媒妁謝美娘,男方主婚郭金山(堂兄),女方主婚沈碧娘(母)。據默氏巫亞野出單云:“郭春生是吧生長。”

列臺覆訊江美娘、郭俊生,供如公勃低所詳。

公堂會議:“論郭俊生與江美娘交寅,原屬入贅於岳母之家。今與岳母不睦,與妻不和,郭俊生不能自立門戶,稅厝別居,為丈夫者不當如是也。本堂切按,合當准其離遢。”存案。

(李英娘、謝申夫妻求離一案)

據公舘公勃低黃(錦章)、黃(清淵)詳,李英娘年二十四歲,住洪溪,請伊夫謝申[①]:“為交寅六載,未有子女。因拙夫放氏在家母家,已有兩年餘之久。拙夫並無叫氏回歸,又無給資費,且近時氏之父身故去,報知亦並無弔喪。似此不仁,伏乞判離。”

吊訊謝申年四十八歲,住公司,供云:“拙妻所言乃是虛詞。前兩年已經公堂判斷,命拙妻從晚回歸。及後,拙妻逆命不從,晚隨再請公舘,值陳思聰甲應座,云爾二比供情,須要繳入公堂再審。晚待至而今,並無公堂吊究。今拙妻既求分離,晚不願從。”臺判曰:“汝夫妻俱無大故,況二比俱有差失,可以解前怨,不可因此而求分離,當相率而歸,依舊和好。”奈李英娘堅執不從。將情申詳公堂大噫內裁奪。

列臺覆訊李英娘、謝申,供如公勃低所詳。覆訊謝申,供如公勃低所詳。又云:“晚交寅費用許多,不願無固分

① 謝申:又作“謝信”。據《婚簿》載,1858 年 10 月 11 日,住檳榔社 40 歲謝信與 17 歲李英娘再婚。媒妁謝庚娘,男方主婚謝京郎(宗兄),女方主婚李來(父)。據默氏楊來日保單云:“謝信系吧生長。”

離。”臺問謝申:“汝寄汝妻於外兩年餘,並無看視亦無給費,汝岳父去世,並無到處理喪,果有之否?”謝申答曰:“諸事俱有,因拙妻來年叫召不歸故也。”臺又問:“汝之愛妾李奇娘尚在汝家否?”謝申答曰:“尚在。”

臺查公舘案和(荷蘭)1861 年 9 月 21 日公舘李英娘請,被愛妾李奇娘毒毆,且被謝申脫去衣裳。後公堂查察不明,令李英娘當從夫歸家,依舊和好。

公堂會議:“論李英娘請謝申夫妻求離一案,據謝申供稱,伊家所畜之愛妾李奇娘啓釁之人尚在,且自和(荷蘭)1861 年生端至今,置妻於外已有兩年餘,並無看視給費。況伊岳父身故報知,竟云不相識,足見絕情伊妻極矣。本堂已經酌量,合當准李英娘所懇,案奪付其夫妻離遏,而謝申不從,猶曰交寅費用許多鐳項,不願無故分離,獨不思待妻之情何如。將情申詳副挨實嗹作主,即判李英娘、謝申夫妻離遏,以固本堂案奪,不勝企仰之至。”

(周娘那、莊清水夫妻求離一案)

據公舘公勃低陳(濬哲)、陳(文速)詳,周娘那年二十六歲,住丹藍望,請伊夫莊清水[1]:“為交寅八載,有生不育。因拙夫寄氏在十八間伊叔莊春興家,兩年並無給費,惟氏縫紝以取微利度活。後氏歸丹藍望傍居家兄之家一年餘,拙夫並無看視,亦無給費,且家中物業一暨賣盡無餘。似此不情,伏

---

① 莊清水:據《婚簿》記載,1857 年 5 月 11 日,20 歲莊清水與 19 歲週二娘成婚於吉石珍,媒妁林榮娘,男方主婚莊生結(胞叔),女方主婚周卅郎(胞兄)。

乞判離。”

吊訊莊清水年三十歲，住結石珍，供云：“拙妻所言，俱是虛詞。當時傍居家叔家，一暨衣食資費俱家叔料理，晚所有鐳項則幫貼家叔而已。至拙妻歸丹藍望伊兄之家，晚叫召三次，礙他不歸，晚是以無給資費。今拙妻要求離，晚懇一禮拜然後答應。”周娘那質曰：“拙夫懇限一禮拜乃衍文之詞，他無室無家，日間聚處亞片賭場，夜則在更寮。且家中蓆褥、盤碗一暨兌盡，氏則欲歸入於何處？氏自交寅至今，俱傍依他人，再不能忍耐，切懇分離。”將情申詳公堂大嚹內裁奪。

列臺覆訊周娘那、莊清水，供如公勃低所詳。

公堂會議：“據莊清水供云，要懇一禮拜然後啓之。據周娘那供云，其無室無家，即從拙夫之所懇，何處安身？況不存一絲半縷，其情斷絕。本堂切按，量再不能配合，當准其離遏可也。”存案。

(林英娘、胡寶琳夫妻求離一案)

據公舘公勃低陳(濬哲)、陳(文速)詳，林英娘年三十三歲，住油車，請伊夫胡寶琳：“為交寅十載，生下兩男。長名沓沓，年五歲；次曰永成，年一歲。因拙夫常愛夜出飲酒，及醉方歸。氏正言諫之，適撞被怒，隨將趕逐。況資費欠缺，又放氏自獨居。拙夫自歸於家翁家，且將家物器具搬移，所存無幾。意欲迫氏隨往居家翁家，氏思前時已往同居家翁家，以致不睦。今復如此，懇判分離。”

吊訊胡寶琳年四十歲，住臭橋，供云：“拙妻所言誠如是也。但晚偶夜出飲酒者，因朋友相邀故也。今已知悔矣，願移歸同居，依舊和好，再不敢別生端。”臺將供以訊林英娘，稱願，唯退。存案。

於和(荷蘭)1864年7月22日，林英娘到公舘再請："拙夫胡寶琳仍然如故，舊惡不誤。且聞人言，此近日要往井里汶，氏不能再耐，切懇判離。”將情申詳公堂大嘧內裁奪。

列臺覆訊林英娘、胡寶琳，供如公勃低所詳。

公堂會議："據林英娘所供，胡寶琳非丈夫為也，不顧妻兒，終日為酷醉，竟不知有妻有兒，惟願自己之飽，諒其夫婦置之度外，合當准其離遏。今其二子係歸伊母林英娘撫養，胡寶琳該每月給資費銀陸盾，待至七歲仍歸伊父教督成人。”如是存案。

(承命查勘詳覆1865年全年安呾嗎項及安呾人擔戴否)

據挨實嗹於和(荷蘭)1864年7月19日第2641號又逸字致書公堂，為承嗎里直干刀於和(荷蘭)7月16日第1990號又1號又2號致書，祈查勘承應和(荷蘭)1865年全年安咩嗎項及安呾人擔戴否？祈速勘詳覆。

茲將諸人之名詳下：

吊訊沈樸年三十五歲，住結石珍，為理入三丕肉在珍武營①："欲應入米在珍武營於和(荷蘭)1865年，全年該項72 800盾。援楊水源、施智為安呾。”

吊訊楊水源年四十歲，住結石珍，為理自己地頭，供云："晚願安呾沈樸應入米在珍武營於和(荷蘭)1865年，全年該項

① 珍武營：指駐紮在結石珍的荷蘭兵營。

72 800盾為是。"吊訊施智年四十歲，住新吧殺，為理酒路生理，供云："晚願安呾沈樸應入米在珍武營於和(荷蘭)1865年，全年該項72 800盾為是。"

公堂列臺會(議)："據沈樸果應入米結珍武營，此條及安呾人楊水源、施智現時可堪。"惟黃錦章甲云："楊水源不足擔戴。"存案。

吊訊陳湘敬年二十九歲，住八茶礶巷，為開鐵什費店，供云："應入三丕肉牛肉、豬肉在珍武營於和(荷蘭)1865年，全年該項151 460盾。援梁德水、饒奕才為安呾。"

吊訊梁德水年三十八歲，住大南門，為開鐵什物並樹仔店，供云："晚願安呾陳湘敬主三丕肉及牛豬肉，1865年全年該項151 460盾為是。"吊訊饒奕才年三十八歲，住鑒光麻吘甲，為賸海嶼做工，供云："晚願安呾陳湘敬入三丕肉及牛豬肉在珍武營於和(荷蘭)1865年，全年該項151 460盾為是。"

公堂會議："據陳湘敬果應於和(荷蘭)1865年全年在珍武營之三肉丕並牛豬肉，援安呾人梁德水、饒奕才，現時可堪。"存案。

吊訊甘榮任年二十八歲，住珍吧殺，為開米店，供云："晚要應入三丕肉及豬肉在干冬圩武營於和(荷蘭)1865年，全年該項88 400盾。援安呾人甘永全與鄭南生。"

吊訊甘永全年三十五歲，住珍吧殺，為望安恤亞連糖賸官，供云："晚願安呾甘榮任入食物在干冬圩武營於和(荷蘭)1865年，全年該項88 400盾為是。"吊訊鄭南生年四十三歲，住珍吧殺，為開米店，供云：："晚願安呾甘榮任入食物在干冬圩武營於和(荷蘭)1865年，全年該項88 400盾。"

公堂會議:"據甘榮任果應入于冬圩武營於和(荷蘭)1865年全年三丕肉及豬肉項,援安咀人甘永全並鄭南生,其鄭南生不足擔戴,祈另換妥人為是。"存案。

吊訊杜岩年四十二歲,住新吧殺,為開酒路生理,供云:"晚所應入牛乳漿並酒路在珍武營於和(荷蘭)1865年,全年該項13 550盾。援安咀人吳蔭與吳茂。"

吊訊吳蔭年四十六歲,住新吧殺,為開酒路什物店:"願安咀杜岩入牛乳並酒路在珍武營於和(荷蘭)1865年,全年該項13 550盾。"吊訊吳茂年四十六歲,住新吧殺為開油米店,供云:"晚安咀杜岩入牛乳並酒路在珍武營於和(荷蘭)1865年,全年該項13 550盾為是。"

公堂會議:"據杜岩所應入珍武營於和(荷蘭)1865年全年食物項,援安咀人吳蔭、吳茂,現時可堪。"存案。

吊訊梁大老年五十七歲,住珍吧殺,為開酒路生理,供云:"晚所應入夥柴在珍武營於和(荷蘭)1865年,全年該項27 040盾。援安咀人林碧、高燦。"

吊訊林碧年四十三歲,住珍吧殺,為開出稅馬車間,供云:"晚願安咀梁大老入柴夥在珍武營於和(荷蘭)1865年,全年該項27 040盾。"吊訊高燦年四十六歲,住珍吧殺,為理柴山在喳望,供云:"晚願安咀梁大老入柴夥在珍武營於和(荷蘭)1865年,全年該項27 040盾。"

公堂會議:"據梁大老所應入柴夥於珍武營和(荷蘭)1865年全年,援安人林碧、高燦,現時可堪。"存案。

吊訊黃式金年三十九歲,住小南門,為開油米店,供云:"晚果應入福食在珍武營病厝於和(荷蘭)1865年,全年該項

137 031.375盾。援安呾人李伯達、黄宗標。”

吊訊李伯達，不到。令伊弟掛些人李伯適年三十歲，住大南門，為地頭主，供云：“職願安呾黄式金入福食在珍武營病厝於和(荷蘭)1865年，全年該項137 031.375盾，是實。”吊訊黄宗標年三十六歲，住丹藍望，為理地頭在丹藍登儀，供云：“晚願安呾黄式金入福食于珍武營及病厝係和(荷蘭)1865年，全年該項137 031.375盾。”

公堂會議：“據黄式金果應入福食及病厝在珍武營於和(荷蘭)1865年，全年該項137 031.375盾，及當援安呾人李伯適、黄宗標，現時可堪。”存案。

吊訊沈樸年三十五歲，住結石珍，供云：“晚果應入米在干冬圩武營於和(荷蘭)1865年，全年該項409 840盾。援安呾人楊福源及吳桂陽。”

吊訊楊福源年三十五歲，住珍吧殺，為開布路生理，供云：“晚願安呾沈樸入米在干冬圩武營於和(荷蘭)1865年，全年該項409 840盾為是。”吊訊吳桂陽年三十一歲，住珍吧殺，為開什貨店，供云：“晚願安呾沈樸入米在干冬圩武營於和(荷蘭)1865年，全年該項409 840盾為是。”

公堂會議：“據沈樸入米在干冬圩武營於和(荷蘭)1865年，全年該項409 840盾，援安呾人楊福源、吳桂陽。列臺細思沈樸再應入米干冬圩武營於和(荷蘭)1865年，全年該項409 840盾，惟此條大重，當有所堪。據陳甲大濬哲官、雷珍蘭黄錦章官、陳江水官、雷珍蘭黄清淵官皆云：‘不堪。’雷珍蘭陳思聰官、高西川官、雷珍蘭連文清官、陳江流官皆云：可堪。據嗎腰陳永元舍意見云：沈樸入米在干冬圩武營於和(荷蘭)1865 年,全年該項 409 840 盾,此條亦是大重,不得承受。”存案。

吊訊詹茂隆,年三十三歲,住干冬圩,為賣牛肉生理,供云:“晚果應入牛肉、戈丕[1]及油在干冬圩武營於和(荷蘭)1865 年,全年該項 30 950 盾。援安呾人曾攀、沈志。”

吊訊曾攀年三十五歲,住干冬圩,為開油米店,供云:“晚願安呾詹茂隆入牛肉、戈丕及油在干冬圩武營於和(荷蘭)1865 年,全年該項 30 950 盾是實。”吊訊沈志年四十四歲,住干冬圩,為開油米店及布路生理,供云:“晚願安呾詹茂隆入牛肉、戈丕及油在干冬圩武營於和(荷蘭)1865 年,全年該項 30 950 盾是實。”

公堂會議:“據詹茂隆要入牛肉、戈丕及油在干冬圩武營於和(荷蘭)1865 年,全年該項 30 950 盾及援安呾人曾攀、沈志。據陳濬哲甲大、黃錦章甲、陳思聰甲、高西川甲、黃清淵甲俱云:‘曾攀不足擔戴。’及云:‘不識其人,不堪承受。’”存案。

吊訊沈樸年三十歲,住珍吧殺:“現本為入三丕肉在珍武營,今要應入米在茂物武營於和(荷蘭)1865 年,全年該項8 988 盾。援安呾人楊福源、吳桂陽。”

吊訊楊福源年三十五歲,住珍吧殺,為開布路什貨,供云:“晚果願安呾沈樸入米在茂物武營於和(荷蘭)1865 年,全年該項 8 988(盾)是實。”吊訊吳桂陽年三十一歲,住珍吧殺,為開酒路生理,供云:“晚果願安呾沈樸為入米在茂物武營於和(荷蘭)1865 年,全年該項 8 988(盾)是實。”

---

① 戈丕:荷蘭語 Koffie,馬來語 Kopi,咖啡。

公堂會議:"據沈樸應入米在茂物武營於和(荷蘭)1865年,全年該項8 988(盾),及援其安呾人楊福源、吳桂陽,此條現時可堪承受。"存案。

和(荷蘭)1864年7月29日,拜五

公堂設嘧喳嘮。媽腰陳永元舍、甲必丹陳濬哲官,雷珍蘭陳思聰官、高西川官,雷珍蘭鄭肇基官、陳江流官,朱葛礁陳玉長官俱在座。雷珍蘭黃錦章官、陳江水官,雷珍蘭黃清淵官、陳文速官,雷珍蘭連文清官不到。

(鄭潤祥入稟為明誠書院擇日入學事)

據鄭潤祥為明誠書院教讀經已半年,禮當呈稟,今屬秋季下半秋呈明入學吉期。具稟人鄭潤祥為擇日入學事:本年,晚叨列憲恩准明誠書院掌教,經已半年。茲下半年務必循例再為入學訓蒙。是以謹擇七月初一日吉辰啓讀,合應稟明陳府大媽腰(陳永元)大人暨列位甲必丹電察准行。沾感上叩。

列臺閱稟,批准其所懇,任其啓讀。存案。

(承命查勘承應人及安呾人可能擔戴否)

據挨實嗹於和(荷蘭)1864年7月28日第2784號又逸字致書公堂,為承嗎里直干刀於和(荷蘭)7月27日第2050號又1號又2號書,祈查勘承應人及安呾人可能擔戴否?

吊訊沈樸年三十歲,住珍吧殺,供云:"晚果應入和(荷蘭)1865年全年洗滌衣及枕頭褥仔布在珍武營及嚧呀毛熱武營計貳處,該項14 854盾。援安呾人楊福源、吳桂陽。"

吊訊楊福源年三十五歲，住珍吧殺，為開什貨及布路生理，供云："晚願安呾沈樸入應洗滌衣及枕頭褥仔布在珍武營及嗑呀毛熱武營，係和(荷蘭)1865 年全年該項 14 854 盾是實。"吊訊吳桂陽年三十一歲，住珍吧殺，為開什貨酒路生理，供云："晚願安呾沈樸應洗衣及枕頭褥仔布在珍武營及嗑呀毛熱武營，係於和(荷蘭)1865 年全年該項14 856 盾是實。"

公堂會議："據沈樸應入於和(荷蘭)1865 年全年洗衣枕頭褥仔布於珍武營及嗑呀毛熱武營計兩處，該項 14 854 盾，援安呾人楊福源、吳桂陽，現時可堪。惟甲大陳濬哲官意見：不可堪。"存案

吊訊甘永任年二十七歲，住珍吧殺，為開米店，供云："晚果應於和(荷蘭)1865 年全年洗衣及枕頭褥仔布在干冬圩武營，該項 756.2 盾。援安呾人劉忠全、蔣紹秀。"

吊訊劉忠全年二十歲，住珍吧殺，為開油米店，供云："晚果願安呾甘永任應入洗衣枕頭褥仔布於和(荷蘭)1865 年，全年該項 756.2 盾。"吊訊蔣紹秀年二十一歲，住珍吧殺，為開酒路店，供云："晚願安呾甘永任應入洗衣服枕頭褥仔布於和(荷蘭)1865 年，全年該項 756.2 盾。"

公堂會議："據甘永任於和(荷蘭)1865 年全年該項 756.2 盾，係在干冬圩武營洗衣枕頭及褥仔布，援安呾人劉忠全、蔣紹秀，現時可堪。"存案。

(甘佛娘、林開章夫妻求離一案)

據公舘公勃低陳(濬哲)、陳(文速)詳，甘佛娘年二十六歲，住結石珍，請伊夫林開章："為交寅六載，有生不育。因拙夫已三年無給資費，似此不情，乞判分離。"

吊訊林開章年三十五歲，住珍吧殺，供云："拙妻當居厝時，晚每日給費三四十雷，至拙妻歸寧伊母之家已一年餘，果無給費。今拙妻要求離，晚固願從。"臺問二比："尚有餘情未絕否?"二比俱答曰："無。"將情申詳公堂大嚹內裁奪。

列臺覆訊甘佛娘、林開章，供如公勃低所詳。

公堂會議："據甘佛娘所請，伊夫林開章已一年餘並無給費，可見其夫妻之情既絕，當准其夫妻離遏可也。"存案。

和(荷蘭)1864年8月11日，拜四

公堂設嚹喳嘮。媽腰陳永元舍、甲必丹陳濬哲官，雷珍蘭高西川官、黃清淵官，雷珍蘭連文清官、陳江流官，朱葛礁賴觀瀾官俱在座。雷珍蘭黃錦章官、陳思聰官，雷珍蘭鄭肇基官、陳江水官，雷珍蘭陳文速官不到。

(承命查勘林德協過房子林啓雲，及故林啓祥子女幾人、何名、成人與否)

據挨實嗹於和(荷蘭)1864年8月10日第3002號又逸字致書，並附梁礁削視字，祈公堂查勘林啓祥故時有子女否？如有，何名？現已長成抑未也？如已長成，何年何月何日交寅？又林啓雲，林德協過房子又用名林啓順否？

列臺閱挨實嗹來書及梁礁削視字。據梁礁緞浩夏順於和(荷蘭)1862年7月19日第71號，為做削視字云："蔣慶餘、林長源知林啓雲係過房與林德協為子，然此事蔣慶餘、林長源敢盟誓，而林長源非在吧知此事，在唐既相識知林啓雲過房與林德協為子。"

吊訊林啓雲年四十八歲，住八戈然，為理地頭，供云："晚父林德協有子五人，俱皆螟蛉，長曰啓派，次曰啓讚，三曰啓雲即晚，四曰啓祥，五曰啓述。"臺曰："達心眠字無汝之名，何也？"答曰："晚原名本是啓順，因晚幼時多病，尊長有嫌啓順之名不利，致改名啓雲故也。"臺再問："汝有生子女否？"答曰："晚在唐生二子：長曰光信，次曰良信；在吧生子四人，俱不育，惟過房一子，名曰天賜。"臺又問："汝弟啓祥故時有生子女否？"答曰："晚弟啓祥故時，有生一女名曰謹娘而已。晚弟林啓祥當日故時，欲過房李梓餘為子，因李梓福阻之。其女今既長成，現年二十一歲，於唐癸亥年[1]五月初貳日明婚與劉金錢為妻。所供是實。"

吊訊劉金錢年二十二歲，住八廚沃間，為永成茄實，供云："晚於去年果娶林啓祥之女名謹娘為妻。"臺問："汝何得知汝妻是林啓祥之女？"答曰："是晚之姑及晚之妻所言，故此而知。所供是實。"

吊訊林長源年三十七歲，住打鐵街，為爪鴨[2]地生理，供云："晚於和（荷蘭）1847年來吧，壟居三年後來吧為商。"臺問："汝何得知林啓雲過房與林得協為子？"答曰："晚在唐與林啓雲為隣，聞及圩市人言林啓雲又名林啓順，是林德協過房子。"臺又問："林德協故時汝知否？"答曰："不知，晚但聞人講而已。所供是實。"

吊訊蔣慶餘年三十七歲，住三間土庫，供云："晚知林啓雲又

---

① 癸亥年：同治二年癸亥，1863年。

② 爪鴨：亦作"爪鴉"、"爪亞"，爪哇之別譯。

名林啓順，係林德協過房子。”臺問：“汝何得識知林啓雲？”答曰：“晚因前時居二十六間，常往八戈然娣夫李伯候之厝，常聞伊母娘仔德協常喚他名林啓雲，有時喚名林啓順，果是此人。所供是實。”臺曰：“此事汝敢盟誓否？”答曰：“敢與之盟誓。”

吊訊李梓福年四十三歲，住檳榔社，供云：“晚先父李伯爵，此林德協係晚之外公。”臺問曰：“汝可知林德協有子幾人？”答曰：“晚知林啓祥係在吧過房與林德協為子，林啓雲在唐過房。”台又問曰：“汝可知林啓雲有用別名否？”答曰：“並無別名。”臺再問曰：“汝可知林啓祥故時有生子女否？”答曰：“當日林啓祥故時，惟有生一女而已，晚不知已長成否、或交寅否？因晚有二十餘年與他無來往，故此不知。所供是實。”

吊訊林彰化年八十三歲，住烏褒土庫，供云：“晚與林德協是親人而已，聞林啓雲在唐過房與林德協為子，然林德協過房之子有五人：長啓派，次啓讚，三曰啓雲，四曰啓祥，五曰啓述。晚來吧既六十餘年，不知唐山之事。若要知其由來，可問林恒便知。因林恒在唐與林德協共居一社，所隔僅一巷而已。”臺問曰：“林啓雲又名林啓順，汝可知否？”答曰：“晚但知林啓雲之名而已，又名林啓順，晚不知矣。所供是實。”

吊訊林恒年五十三歲，住大港墘，供云：“晚與林得協乃屬至親。晚知林得協有過房子五人：長曰林啓派，次曰啓讚，三曰啓雲，四曰啓祥，五曰啓述。此啓述既故於吧，然其長啓派往壟貿易，被風狂船破溺於海。其啓祥係在吧過房，亦死。惟啓雲、啓讚尚在，如啓讚係居山頂蔴目地。”臺問曰：“當日林啓祥故時有生子女否?”答曰：“無。”臺曰：“汝云林啓祥無子女，當時汝為主婚者何人?”答曰：“晚一時忘憶有一女名林謹娘，去年已交寅。”臺復問：“汝可知林啓雲有用别名否?”答曰：“晚但知林啓雲之名而已，餘用别名，晚不知。所供是實。”

公堂會議：“承致詢林德協過房子林啓雲，及故林啓祥子女幾人、何名、成人與否？據諸削視所供，灼見林啓祥故時僅有一女名林謹娘，現年二十一歲，於去年唐五月初二日已交寅劉金錢。但林德協過房子有五人：長曰林啓派，次曰林啓讚，其三林啓雲，其四曰林啓祥，其五曰林啓述。惟啓讚、啓雲尚在，其餘長、四、五，三子俱故。若林啓雲確是林德協過房子，又稱林啓順之名不明。謹詳大挨實嗹裁奪。”

(古丁娘、張庚爹夫妻求離一案)

據公舘公勃低高(西川)、鄭(肇基)詳，古丁娘年十八歲，住大南門，請伊夫張庚爹①：“為交寅纔四個月，因拙夫鄙嗇大過，或有時有給資費，或有時無給。且每日氏煮飯，若加則便毆打，嘗用茄令量米付氏煮飯。拙夫自食其飯，氏每食鼎底乾燥而已，或有飽無飽。似此不情，乞判分離。”

吊訊張庚爹年三十五歲，住大南門，供云：“拙妻所言皆虛。

---

① 張庚爹：據《婚簿》記載，1864 年 3 月 23 日，35 歲住大南門的張庚爹與 18 歲古登娘成婚註冊。媒妁陳三娘，男方主婚張亞三(堂兄)，女方主婚古寶琳(胞兄)，交寅日陰曆 2 月 24 日。

要求分離，晚固願從，奚用多言？但懇拙妻還晚金手指壹對而已。”臺見二比之情俱絕，終難勸合。將情申詳公堂大噫內裁奪。

列臺覆訊古丁娘、張庚爹，供如公勃低所詳。

公堂會議：“據二比所供，俱情早已欲絕。觀張庚爹之意，重物如不重人已。既其夫妻無向之心，今當准其離遏。”存案。

補和（荷蘭）1864年7月12日，拜二

公堂設嘧喳嘮。媽腰陳永元舍、甲必丹陳濬哲官，雷珍蘭黃錦章官、陳思聰官，雷珍蘭高西川官、陳江水官，雷珍蘭黃清淵官、連文清官，雷珍蘭陳江流官、朱葛礁陳玉長官俱在座。雷珍蘭鄭肇基官、陳文速官不到。

（公舘招標包修往丹絨大路之處新橋條例）

據公舘黎壟，付人貓氏包修新橋往丹絨大路之處，議約詳列於左[下]：

一條，當造竹橋一條，可任扛棺及馬車及行人來往。

二條，舊橋枋當一暨換新，宜用枋三臨，憑君眉司驗過方用。可用其舊橋樑，亦凴君眉相驗。如不可用，當換新與舊同。大橋欄諸柴，凴君眉司相驗可用再用，如不可用，當換新。

三條，北勢碼頭當用柴柱五支，長25距，大十臨四方，舊磚石當拆盡，用横樑二支，用鐵穿六支，頂支樑用柴牽五支，鐵穿各三支，入土十腳距。水底用枋二臨作壁，以閘老果石，水面疊磚灰至土平，水底內實老果石，厚五腳距，舂至極密，地基作壁。若舊柚有減，當加添。水面疊磚灰厚四腳距，至半厚當三腳距。其柚枋要用，俱當君眉司勘過方可。

四條，北勢兩邊各用柴柱六支，計一十二支。其近港各三支，用抽長 25 腳距，大十臨四方。近山各三支，則用長 18 腳距、15 腳距，大十臨四方。用横樑各二支，用鐵穿各三支，頂樑各用柴牽三支，入土 8 腳距。其水底面實老果石，疊磚灰，厚悉同第三條所陳。枋抽、磚灰要用，當君眉司勘過。

五條，上陳所用之枋抽，俱係老惹致①。

六條，南勢碼頭有壞，當補好妥當。

七條，誰最低價者應之，其項作六次交還。首次做字，可領二次；各料齊備，可領三次；碼頭造完，可領四次；係打釘完，可領五次；完工，可領六次。其君眉司驗過承受，可領。

八條，誰應此工役，當援二妥人公堂可承受者為安呾，敘明花押在君得內，如無妥人安呾，當任公堂裁奪。

九條，誰應此工役，以三月個為限，於做字之日起算。如過限，每一日禮罰銀拾盾，就其應價扣出。若再叫黎壟，一曁虧本，承應人擔支。

十條，做完橋枋及欄杆及柴柱，當用直油漆過。

十一條，誰應此工役，當向梁礁做君得字，字費應人當支。

---

① 老惹致：惹致，即惹致樹，馬來語 Jati，柚木，一種優質木材。所謂老惹致，指老柚木。

是日，召集各貓氏，付各出價，誰最低價者理之。內中惟貓氏張一生出價銀叁仟陸百盾最低，已付修理，援安呾人林百祿、林承爵。議定君眉司舉高西川甲、鄭肇基甲，又舉立約人，嗎腰（陳永元）仝君眉司高西川甲仝大朱賴觀瀾用公堂之名，向梁礁里與張一生做字。存案。

和（荷蘭）1864年8月19日，拜五

公堂設嘧喳嘮。瑪腰陳永元舍，雷珍蘭黃錦章官、陳思聰官，雷珍蘭高西川官、鄭肇基官，雷珍蘭黃清淵官、陳文速官，雷珍蘭連文清官、陳江流官，朱葛礁陳玉長官俱在座。甲必丹陳濬哲官、雷珍蘭陳江水官不到。

（查勘鍾三龜懇入熾昌銀3 000盾可堪與否）

據熾昌干刀寄下鍾三龜口詞，懇入熾昌銀3 000盾。祈查勘可堪與否？

吊訊鍾三龜年叁拾陸歲，住新把殺，為酒路生理並灼仔路，供云：“晚果入字懇負欠熾昌干刀銀3 000盾，援趙清水、甘振東為安呾。”

吊訊趙清水年貳拾捌歲，住新把殺，為酒路生理，供云：“晚願安呾鍾三龜入熾昌負欠銀3 000盾是實。”吊訊甘振東年叁拾貳歲，住新把殺，為酒路生理及食物，供云：“晚願安呾鍾三龜入熾昌負欠銀3 000盾之額。”

公堂會議：“鍾三龜懇入熾昌負欠銀3 000盾，援趙清水、甘振東為安呾，現時可堪。”存案。

和(荷蘭)**1864年8月26日,拜五**

公堂設嘧喳嘮。嗎腰陳永元舍,甲必丹陳濬哲官、雷珍蘭陳思聰官,雷珍蘭高西川官、鄭肇基官,雷珍蘭黃清淵官、陳文速官,雷珍蘭連文清官、陳江流官,朱葛礁陳玉長官俱在座。雷珍蘭黃錦章官不到。

(繆亞揚、陳丙娘夫妻求離一案)

據公舘公勃低雷珍蘭陳思聰官、陳江水官詳,繆亞揚[①]年叁拾歲,住丹絨 干冬轄,率伊妻陳丙娘住丹絨,同到公舘請云:"晚夫妻已十三年,有生一子,名金山,年四歲。自交寅以來,利路不亨,想必是夫妻無緣致此艱苦。但晚夫妻甚然相愛,卻無大故,惟懇分離。或者二比有出頭之日,亦未可知。"

吊訊陳丙娘年二十九歲,供如伊夫所言,亦願分離。臺問:"汝夫妻交寅在何處?"答曰:"係在城公舘給婚字。"將情申詳公堂大嘧內裁奪。

列臺覆訊繆亞揚、陳丙娘,供如公勃低所詳。

公堂會議:"繆亞揚、陳丙娘果是無相愛之意,判其夫妻分離,然而其子年僅四歲,須必從母撫養,每月要給費銀三盾,待至年行七歲仍歸伊父取回撫養。"以此存案。

---

① 繆亞揚:據《婚簿》載,1852年8月11日,住望加寺17歲繆亞楊與17歲陳丙娘成婚註冊。媒妁葉亞志,男方主婚繆傍佛(胞兄),女方主婚陳亞五(父),交寅日壬子7月4日。

和（荷蘭）1864 年 9 月 16 日，拜五

公堂設嘧喳嘮。嗎腰陳永元舍、甲必丹陳濬哲官，雷珍蘭陳思聰官，雷珍蘭高西川官、鄭肇基官，雷珍蘭黃清淵官、陳文速官，雷珍蘭連文清官、陳江流官，朱葛礁賴觀瀾官俱在座。雷珍蘭黃錦章官不到。

（查勘楊光榮懇入熾昌銀 5 000 盾，入字人及安呾人可堪否）

吊訊楊光榮年三十五歲，供云："前入熾昌銀 3 000 盾，安呾二船。今船要抽出，援安呾黃淵郎、楊光炎，再入熾昌銀 5 000 盾。"

吊訊黃淵郎理油車，年三十七歲，楊光炎為商，年三十歲，仝供云："晚願為安呾楊光榮入熾昌銀 5 000 盾。"

公堂會議："楊光榮入熾昌銀 5 000 盾，現入字人及安呾人，俱可堪。"存案。

（查勘張長恩懇入熾昌銀 3 000 盾，入字人及安呾人可堪否）

承熾昌干刀寄下張長恩口詞，要入熾昌銀 3 000 盾，援陳春風、藍森樹為安呾，祈查勘可堪與否？詳覆。

吊訊張長恩年三十一歲，住班芝蘭，供云："晚早入熾昌，懇負欠銀 3 000 盾，援安人陳春風、藍森樹。"

吊訊陳春風年四十四歲，住觀音亭，為緞戈里實得茄實，吊訊藍森樹年四十三歲，住班芝蘭，開鐵器亞朗，供云："晚等果願安呾張長恩入熾昌銀 3 000 盾。"

公堂會議："張長恩入熾昌銀 3 000 盾，安呾人陳春風、藍森樹，現時未可堪。”存案。

（勘訊詳覆唐人蔡瑞興求離其妻張必娘一案）

承副挨實嗹於和（荷蘭）1864 年 9 月 14 日第 5316 號致書，附一日案。委勘唐人蔡瑞興[①]求離其妻張必娘，勘訊詳覆。

吊訊蔡瑞興年三十二歲，住聖望港，供云：“晚果有請於干刀，為晚交寅張必娘為妻已二年餘，自來並不照顧家事，炊爨、洗滌以及年節，一暨不理。及生子後十六日歸伊母家，任喚不歸。近日歸家，便生端較鬧。似此不賢，乞判分離。”

吊訊張必娘年二十三歲，住班芝蘭，供云：“氏自交寅蔡瑞興至今，未嘗給下資費，日以賭蕩為業。初極理家事，及分娩後，氏歸母家，氏思夫家獨自一人，難以兼理炊爨、洗滌及抱養兒子數事，是以不欲速歸。近日歸家見氏物件，拙夫俱已賣盡，且向氏討雷，以致生端毆打於氏。今氏不願以蔡瑞興為夫，願求離遏。”

公堂會議：“據二比所供，夫也，嫌妻不賢，不理家政，喚召不歸；妻也，恨夫不良，終日賭蕩，不給資費。二人之告訴，雖屬庭幃之事，無可指明，然而可竊信其俱有，所以各懷異心，有如是夫。本堂按情察理，夫妻既然兩相絕情，今當離遏。即判蔡瑞興離遏其妻張必娘，但兒子蔡金能年方八個月，當交張必娘暫為撫養，待年登七歲，蔡瑞興方可取回教

---

① 蔡瑞興：據《婚簿》記載，1862 年 12 月 24 日，住大使廟 30 歲蔡瑞興與 21 歲張必娘成婚註冊。媒妁李英娘，男方主婚蔡三（堂叔），女方主婚張佛生（胞兄），交寅日壬戌 11 月 12 日。

督。謹詳副挨實嗹電鑒。附回第 5316 號日案。"謹此存案。

(續:楊李娘控伊夫黃福祥已逃走七個月餘,懇任其可明婚交寅於別人一案)

據楊李娘請:"前公堂有命,當待三個月。今已到限,懇示知案奪。"

列臺會議:"當待來年春,然後定奪。"存案。

和(荷蘭)1864 年 9 月 23 日,拜五

公堂設嘧喳嘮。嗎腰陳永元舍、甲必丹陳濬哲官,仝雷珍蘭陳思聰官、高西川官,雷珍蘭黃清淵官、陳文速官,雷珍蘭陳江流官、朱葛礁賴觀瀾官俱在座。雷珍蘭黃錦章官、鄭肇基官,雷珍蘭陳江水官、連文清官不到。

(鍾亞九云其妻余壬娘未知何往)

嗎腰(陳永元)請曰:"據鍾亞九云,余壬娘經既查尋,不在芝郎蓴,連室舍無存,未知何往。"

列臺會議:"當回覆。"

(查勘張意誠懇入熾昌銀壹萬盾,入字人及安呾可堪與否)

承熾昌干刀寄下張意誠口詞,懇入熾昌銀壹萬盾,援戴永文、張獅為安呾。祈查勘可堪與否?詳覆。

吊訊張意誠年二十五歲,住八茶礵,供云:"晚果懇入熾昌銀壹萬盾,援戴永文、張獅為安呾。"

吊訊戴永文年三十五歲,住八廚沃間,吊訊張獅年五十八歲住八茶礵,俱供云:"晚等果甘願安呾張意誠入熾昌銀壹萬盾。"

公堂會議："既經酌量，安呾人未足擔戴。"存案。

（邱細娘、謝天興夫妻求離一案）

據公舘公勃低雷珍蘭陳思聰官、陳江水官詳，邱細娘年三十二歲，住鑒光毛吤甲，請伊夫謝天興："為交寅七載，有生三女：長曰戲淡娘，年六歲；次曰馬嘮娘，年四歲；三曰肉骨娘，年貳歲。氏未嘗無禮於拙夫，被拙夫屢次趕逐。似此不情，伏乞判離。"

吊訊謝天興年三十二歲，住鑒光毛吤甲，供云："晚係貧寒之家，拙妻不念晚貧慘，常不聽晚之教訓，況又屢次生端。今拙妻求欲分離，晚願從之。"台判："爾夫妻俱無大故，因小節而求分離，可相率而歸，依舊和好。"礙二比堅執分離。將情申詳公堂大嚽内裁奪。

列台覆訊邱細娘、謝天興，供如公勃低所詳。據邱細娘又云："拙夫逐日趕逐，不能再耐，切懇分離。"謝天興答曰："拙妻所言虛詞，但求離之事，晚固願從其意。但子女亦聽拙妻所欲，晚不能支貼資費。"邱細娘答曰："甘願承受。"

公堂會議："既然二比決意要離，合當准懇。即判其離遏，但子女邱細娘暫養亦宜，若長成之日，當歸伊父教督成婚。"存案。

（盧瑞和、江生娘夫妻求離一案）

公舘公勃低又詳，盧瑞和年三十一歲，住鑒光河北，請伊妻江生娘："為交寅九載，有生不育。因晚染病不能起動，拙妻並無照顧，且言不願與晚為夫婦，可見不良之婦實矣。伏乞判離。"

吊訊江生娘年三十歲，住吃勞洛，供云："拙夫所言欲厭氏全無照顧疾病實無此事。今要分離，氏亦願從。"臺判："爾二比俱無大故，不可因小事而求分離，當相率而歸，依舊和好。"礙二比堅執不從。將情申詳公堂大嚃內裁奪。

列台覆訊盧瑞和及江生娘，供如公勃低所詳。

公堂會議："二比既無大故，不得分離。"存案。

（郭坤輝、蕭吉娘夫妻求離一案）

公舘公勃低又詳，郭坤輝[①]年二十五歲，住大使廟，請伊妻蕭吉娘住戈勞掘[②]："為交寅二年，晚係進贅，未有子女。因拙妻向晚言於本禮拜三四日前夜間，伊繼父蕭得欲開其房間窓仔門，晚未審蕭得是何意見？晚細思此事將來恐有不便，欲邀拙妻移居別處，拙妻不從，懇求明判。"

吊訊蕭得年四十一歲，住戈勞掘，供云："此吉娘自四歲從晚撫養，及長代為交寅，晚視他如親生之女，豈敢行不節之事？伏乞明判。"

吊訊蕭吉娘年十九歲，住大使廟，供云："拙夫所言乃是虛詞。氏並無向拙夫言及氏繼父蕭得要開氏之窓仔門，且氏與得雖稱繼父，然氏自從幼其撫養成人，此恩未報。因拙夫於本年唐七月至今並無給資費，又未嘗回家。況拙夫又將交寅字扯碎，可見薄情。氏不願從他遷移，切求分離。"

職閱和（荷蘭）本年 8 月 1 日案，蕭吉娘到堂致控，為伊

---

① 郭坤輝：據《婚簿》記載，1863 年 12 月 5 日，住水鋸頂 24 歲郭坤輝與 18 歲蕭吉娘成婚。媒妁謝姜娘，男方主婚郭懷（父），女方主婚蕭直（父）。1864 年 12 月 30 日，公堂判分離。據默氏葉冉四來單云："郭坤輝果是吧生。"

② 戈勞掘：亦作"戈勞屈"、"戈羅屈"、"高勞屈"。Glodok，地名，位於吧城小南門外華人居住區。

夫不給資費及並無看視等情，未敢擅奪。將情申詳大媽腰(陳永元)裁奪。媽腰(陳永元)將供詞繳入。

列台覆訊郭坤輝、蕭吉娘及蕭得，供如公勃低所詳。

公堂會議："彼二人夫妻既無大故挾嫌，郭坤輝所請之事不明，當援妻歸家，稅厝並器具齊備付爾妻居住。"存案。

和(荷蘭)1864年9月28日，拜三

公堂設嘧喳嘮。媽腰陳永元舍、甲必丹陳濬哲官，雷珍蘭陳思聰官、高西川官，雷珍蘭鄭肇基官、黃清淵官、陳江流官，朱葛礁賴觀瀾官俱在座。雷珍蘭黃錦章官、陳江水官，雷珍蘭陳文速官、連文清官不到。

(委勘唐人黃式金應南旁兵營伙食及什物，承應人及安呾人可堪與否)

承副挨實嗹寄下一書，附馬里直干刀書委勘唐人黃式金應南旁[①]兵營伙食及什物，和(荷蘭)1865年全年價銀95 108.7盾，援王元龍、林溪勝為安呾，可堪與否？詳覆。

吊訊黃式金年三十九歲，住小南門，為開油米亞廊，供云："晚果有應包入南旁兵營伙食及什物1865年，全年該項銀95 108.7盾。援安呾人王元龍甲、林溪勝。"

吊訊王元龍甲住西門、林溪勝住小南門，仝供云："晚等果願安呾黃式金應安哖末包入南旁兵營伙食及什物和(荷蘭)

---

① 南旁：Rembang，又作"南旺"、"南望"、"寧望"，地名。位於中爪哇北岸，三寶壠之東。

1865 年,全年該項銀 95 108.7 盾。”

公堂會議:“黄式金應南旁安哖末包入伙食及什物於和(荷蘭)1865 年,全年該項 95 108.7 盾,援安呾人王元龍甲、林溪勝,現時可堪。”存案。

和(荷蘭)1864 年 10 月 14 日,拜五

公堂設嘧喳嘮。嗎腰陳永元舍、甲必丹陳濬哲官,雷珍蘭黄錦章官、陳思聰官,雷珍蘭高西川官、黄清淵官,雷珍蘭陳文速官、連文清官,雷珍蘭陳江流官、朱葛礁賴觀瀾官俱在座。雷珍蘭鄭肇基官、陳江水官不到。

(查勘詹啓昌懇入熾昌銀貳千盾,入字人及安呾人可堪與否)

承熾昌干刀寄下詹啓昌口詞,懇入熾昌銀貳千盾,援詹保山、王春溪為安呾。祈查勘可堪與否?詳覆。

吊設訊詹啓昌年二十三歲,住珍開酒路店,供云:“晚果懇入熾昌銀 2 000 盾,援詹保山、王春溪為安呾。”

吊訊詹保山年四十三歲,住珍開馬車間,吊訊王春溪年二十四歲,住丹藍望開米店,其母同住,俱供云:“晚等果甘願詹啓昌入熾昌銀 2 000 盾。”

公堂會議:“勘得詹啓昌懇入熾昌負欠銀 2 000 盾,援安呾人詹保山、王春溪。本堂酌量可堪。陳(濬哲)甲大、黄清淵甲云:王春溪不足擔戴。”存案。

(公堂諭知革出和尚生齋一事)

公堂諭知董家德陛殿主生齋,謂生齋不守僧規,惰慢既

極,即日革出。但金德院殿主之額,須清算明白。存案。

(默氏林永壽懇蔭地一穴以葬伊故妻為雙壙之壙)

據林永壽投稟,懇蔭地一穴要葬伊故妻為雙壙之壙,謂前經任理默事五年。

本堂已經酌量,彼林永壽任默纔五年,且年少告退默事,誠有憚煩之志。所懇不得承受。存案。

和(荷蘭)1864年10月21日,拜五

公堂設嘧喳嘮。嗎腰陳永元舍、甲必丹陳濬哲官,雷珍蘭黃錦章官、陳思聰官,雷珍蘭高西川官、鄭肇基官,雷珍蘭陳江水官、陳文速官,雷珍蘭連文清官、陳江流官,朱葛礁賴觀瀾官俱在座。雷珍蘭黃清淵官不到。

(查勘張意誠懇入熾昌銀壹萬盾,入字人及安呾人可堪與否)

承熾昌干刀寄下張意誠口詞,懇入熾昌銀壹萬盾,援安呾人張獅、馮元力為安呾。祈查勘可堪與否?詳覆。

吊訊張意誠年二十五歲,住八茶礦,供云:"晚果入字熾昌干刀,懇可負欠銀壹萬盾,援張獅、馮元力為安呾。"

吊訊張獅年五十八歲,住八茶礦、吊訊馮元力年四十六歲,住公司後,俱供云:"晚等果甘願安呾張意誠入熾昌銀壹萬盾。"

公堂會議:"張意誠懇入熾昌銀壹萬盾,張獅、馮元力為安呾,現時可堪。"存案。

(查勘詳覆唐人鍾亞九控荷合妻余壬娘一案)

承副挨實嚏於和(荷蘭)1864年5月11日第2756號,

附一口詞日案，仰公堂查勘詳覆。和(荷蘭)1864年5月7日第2756號日案云："因唐人鍾亞九請苟合妻余壬娘住芝郎蕚。當鍾亞九回唐，兒子年九歲。至兒子十四歲，鍾亞九再來，余壬娘並兒子俱不在家。及查尋，乃見兒子為傭於李傍佛家，懇追回兒子。從上所陳，尾批：仰公堂查勘詳覆。"

吊訊鍾亞九年五十六歲，住大使廟，供云："晚果請干刀，懇追討兒子與余壬娘。但余壬娘現居芝郎蕚。當時晚要率兒子回唐，臨行尋覓兒子不見。今過於大港墘探問，居在李傍佛家。據李傍佛云，伊與余壬娘接手立他，今要還必交還余壬娘。第余壬娘前與晚仝居，每月必往別家飲酒，終月不歸。晚思家內乏人照顧，故又再畜一婦，令各居一店。余壬娘不從，竟自逃走。"

吊訊余壬娘年四十六歲，住把殺，供云："氏與鍾亞九苟合夫妻十有九年，此兒子非鍾亞九所生，係與質里房人李佛所生。今李佛已故，前鍾亞九畜氏僅有四個月恩情，後則屢屢趕逐。氏無奈再尋姦夫，乃生此子，不願交還。"

公堂會議："據鍾亞九、余壬娘所供，伊二人苟合夫妻，且余壬娘自供四個月，伊夫照顧四個月後遂有時趕逐，故再抱琴別調。既然如此，兒子鍾亞光當凴余壬娘意願，鍾亞九不得爭執。"存案。

和(荷蘭)1864年11月4日，拜五

公堂設嘧喳嘮。媽腰陳永元舍、甲必丹陳濬哲官，雷珍蘭黃錦章官、陳思聰官、高西川官，雷珍蘭鄭肇基官、黃清淵

官，雷珍蘭陳文速官、連文清官，雷珍蘭陳江流官、朱葛礁陳玉長官俱在座。雷珍蘭陳江水官不到。

(黃勤娘、林松茂夫妻求離一案)

公舘公勃低陳(思聰)、陳(江水)詳，黃勤娘年二十七歲，住招望，請伊夫林松茂[①]："為交寅十年，生下一女，名馬嘮，年八歲。因拙夫已五年不給衣食資費，且拙夫以更寮為家，終無了局，伏乞判離。"

吊訊林松茂年三十二歲，住觀音亭，供云："晚果五年無給拙妻資費。因拙妻歸寧伊父之家招望，並無回城。若拙妻居城，晚雖為奴，亦當照顧。今拙妻求離，晚不願從。因姊夫有言，且暫待伊要導郎[②]血本住招望生理，或者成事，則可顧護妻兒矣。"臺勸黃勤娘："汝夫妻已十年，且有女子年八歲，未幾行將成人矣，可為依靠，當暫歸少待，或爾夫欲往汝父之家生理，亦相依度活。"黃勤娘誓不願以林松茂為夫，切懇分離。將情申詳公堂大噠內裁奪。

列台覆訊黃勤娘、林松茂，供如公勃低所詳。

公堂會議："據林松茂自供，既三四年並無利路。今其妻若肯招回伊父之家，當從妻歸樵望，待後再作定奪。"存案。

(林搭娘、蘇木興夫婦求離一案)

公舘公勃低黃(錦章)、黃(清淵)詳。

林搭娘年二十五歲，住勞然那，屬文登轄，請伊夫蘇木興："為交

---

① 林松茂：據《婚簿》載，1854 年 12 月 30 日，住觀音亭 22 歲林松茂與 17 歲黃勤娘成婚成冊。媒妁鄭銀娘，男方主婚林天福(父)，女方主婚黃成(父)，交寅日甲 11 月 12 日。

② 導郎：馬來語 Tolong，意為求助，幫忙，贊助。

寅壹載，未有兒女。因拙夫寵一妾，名月里，原屬戲仔。自氏交寅至今，拙夫與氏同宿二夜而已。況又無給資費，又常令氏洗滌月里之衣裳。若不從其命，即欲毆打，且言趕逐，氏難以忍耐，惟懇判離。”

職勘此案，林搭娘請伊夫蘇木興，係屬文登外轄。職不敢擅專，將情申詳大媽腰（陳永元）裁奪。媽腰（陳永元）將供繳入。

是日，蘇木興到堂。吊訊蘇木興年二十七歲，住勞然那，屬文登轄，供云："晚之拙妻所言全無此事，因前有口角而已。今拙妻要分離，晚願從矣。"吊訊林搭娘，供如公勃低所詳。

公堂會議："據林搭娘供，蘇木興果有棄妻寵妾之故。今蘇木興亦願分離，乃二比甘願，即准判其離遏。"存案。

（查勘黃己郎懇入熾昌銀貳千盾，入字人及安呾人可堪與否）

承熾昌干刀寄下黃己郎口詞，懇入熾昌銀貳千盾，援梁德水①及黃長生為安呾。祈查勘可堪與否？詳覆。

吊訊黃己郎年二十六歲，住大南門，開做和蘭（荷蘭）鞋店，供云："晚懇入熾昌銀 2 000 盾，援梁德水及黃長生為安呾。"

吊訊梁德水年三十八歲，住大南門開兑鐵店，吊訊黃長生年二十

① 梁德水：1827 年生，廣東嘉應州人，住大南門為商，開鐵器商店。1847 年 10 月 29 日，21 歲梁德水與溫亞丁之女 16 歲溫壬娘（1832－1858.3.2）成婚於大南門外，其父梁文才任主婚人。其妻溫氏身故後，32 歲的梁德水於 1858 年 6 月 26 日與黃登淑之女 17 歲黃鳳妹（1842－1917.3.9）再婚。據默氏林承爵報單云，梁德水是吧生長。懂閩、粵語，1870 年回唐，在唐已捐納唐山職。1872 年 3 月 4 日，上書公堂求職未許。1873 年 3 月 4 日又上書求干冬圩職，亦未准。另有納妾名陳一娘，1881 年 9 月 6 日身故，葬式里陂塚地。

四歲，住鑒光萬蘭，開打茄鈴店，俱供云："晚等果甘願安咀黃己郎入熾昌負欠銀 2 000 盾。"

公堂會議："勘得黃己郎入熾昌銀 2 000 盾，援梁德水及黃長生為安咀，現時可堪。"存案。

(查勘許璿璣懇入熾昌銀貳千盾，入字人及安咀人可堪與否)

承熾昌干刀寄下許璇璣口詞，懇入熾昌銀貳千盾，援許清溪及吳安然為安咀。祈查勘可堪與否？詳覆。

吊訊許璇璣年三十五歲，住小南門，開油米店，供云："晚懇入熾昌銀 2 000 盾，援許清溪甲及吳安然為安咀。"

吊訊許清溪甲年三十二歲，住吃勞洛，吊訊吳安然年三十八歲，住八茶礵，俱供云："晚等果甘願安咀許璇璣入熾昌銀 2 000 盾。"

公堂會議："勘得許璇璣入熾昌銀 2 000 盾，援許清溪甲及吳安然為安咀，現時可堪。"存案。

(查勘蔡珠懇入熾昌銀三千盾，入字人及安咀人可堪與否)

承熾昌干刀寄下蔡珠口詞，懇入熾昌銀三千盾，援林碧及蔡川為安咀。祈查勘可堪與否？詳覆。

吊訊蔡珠年五十歲，住珍開布店生理，供云："晚懇入熾昌銀 3 000 盾，援林碧、蔡川為安咀。"

吊訊林碧年四十四歲，住珍開馬車間，吊訊蔡川年二十二歲住珍為古鄰當店，俱供云："晚等果甘願安咀蔡珠入熾昌銀 3 000 盾。"

公堂會議："勘得蔡珠入熾昌銀 3 000 盾，援林碧及蔡川為安咀，況蔡珠自己有瓦厝之間在珍，的棲銀 4 000 盾，現時可堪。”存案。

(查勘陳珍水懇入熾昌銀貳千盾,入字人及安呾人可堪與否)

承熾昌干刀寄下陳珍水口詞,懇入熾昌銀貳千盾,援陳壬水及方泰山為安呾。祈查勘可堪與否?詳覆。

吊訊陳珍水年二十八歲,住珍把殺開布路,供云:“晚懇入熾昌銀2 000盾,援陳壬水及方泰山為安呾。”

吊訊陳壬水年二十九歲,住珍開布路生理,吊訊方泰山年三十九歲,住珍,俱供云:“晚等果甘願安呾陳珍水入熾昌銀2 000盾。”

公堂會議:“勘得陳珍水懇入熾昌銀2 000盾,援陳壬水及方泰山為安呾,不得承受。”存案。

(查勘林溪泉懇入熾昌銀柒千盾,入字人及安呾人可堪與否)

承熾昌干刀寄下林溪泉口詞,懇入熾昌銀柒千盾,援林溪淡、陳清風及邱嫣海為安呾。祈查勘可堪與否?詳覆。

吊訊林溪泉年三十八歲,住五腳橋,為做貓澤店,供云:“晚原本有入熾昌銀8 000盾,援林溪淡、陳清風、邱嫣海為安呾,因不足買額,要再入銀7 000盾,合共銀壹萬伍千盾。”

吊訊林溪淡年二十八歲,住甕菜河,又訊陳清風住小南門,又訊邱嫣海住五腳橋開做貓澤店,三人俱供云:“晚等果甘願安呾林溪泉再入熾昌銀7 000盾,合前共壹萬伍千盾。”

公堂會議:“勘得林溪泉要再入熾昌銀7 000盾,合前共15 000盾,援林溪淡、陳清風、邱嫣海三人為安呾,因錢項過多大重,不得承受。”存案。

和(荷蘭)1864 年 11 月 11 日,拜五

公堂設嘧喳嘮。嗎腰陳永元舍、甲必丹陳濬哲官,雷珍蘭黃錦章官、陳思聰官,雷珍蘭高西川官、鄭肇基官,雷珍蘭陳江水官、黃清淵官,雷珍蘭陳文速官,雷珍蘭連文清官、陳江流官,朱葛礁陳玉長官俱在座。

(續:黃勤娘、林松茂夫妻求離一案)

是日,黃勤娘再請與夫斷不能相依,切懇分離。覆訊黃勤娘,供如公勃低所詳。復訊林松茂,亦供如公勃低所詳。

公堂會議:"勘得林松茂及黃勤娘,二比既經絕情,合當准其離遏。"存案。

(許豆簽入稟懇請公堂重抄風水單壹張)

許豆簽入稟,因風水單失落不知所在,懇請公堂重抄壹張付晚為憑。祈列台閱稟,准許豆簽所稟。存案。

(查勘甘明懇入熾昌銀陸千盾,入字人及安呾人可堪與否)

承熾昌干刀寄下甘明口詞,懇入熾昌銀陸千盾,援甘有及明之妻為安呾。祈查勘可堪與否? 詳覆。

吊訊甘明年四十一歲,住新把殺,為開酒路店,供云:"晚果懇入銀 6 000 盾,援甘有及晚之妻趙嬌娘,並實達厝字三張為安呾。"

吊訊甘有年三十六歲,住新把殺,開古彝當貨店,供云:"晚願安呾甘明入熾昌銀 6 000 盾。"吊訊趙嬌娘報病,不到。候甘明獻掛呥字云:"趙嬌娘於和(荷蘭)1864 年 11 月 12 日第 50 號,向梁礁緞吉寧做字,付伊夫甘明為掛呥及下厝字三張:

第 9184 號、9189 號,願安呾伊夫甘明入熾昌銀 6 000 盾。”

公堂會議:“據甘明入熾昌銀 6 000 盾,援明之妻趙嬌娘及甘有並厝字三張為安呾,現時可堪。”存案。

和(荷蘭)1864 年 11 月 18 日,拜五

公堂設嘧喳嘮。嗎腰陳永元舍、甲必丹陳濬哲官,雷珍蘭黃錦章官、陳思聰官,雷珍蘭高西川官、陳江水官,雷珍蘭黃清淵官、連文清官,雷珍蘭陳江流官、朱葛礁陳玉長官俱在座。雷珍蘭鄭肇基官、陳文速官不到。

(古亞皆因其子交寅給婚字錯用高之姓,入稟懇公堂恢復本姓古)

古亞皆入稟,因其子交寅[①]給婚字錯用高之姓,今懇公堂主裁,換晚本姓是古則幸矣。

吊訊默氏吳良生,供云:“晚當時古亞皆投入界內,果有帶獻默單,亦云是姓古,非晚之悮。莫非高、古同音之悮也。”吊訊古亞皆年六十四歲,住洪溪,供云:“晚本羔人[②],未讀詩書,以致此悮。今懇明判,換晚本姓而已。”

公堂會議:“命古亞皆自已入字唐美色甘,請明因由,懇

---

① 其子交寅:即高炳觀交寅。據《婚簿》記載,1864 年 10 月 24 日,住八戈然 19 歲高炳觀與 18 歲周清娘成婚註冊。媒妁曾厝娘,男方主婚高皆(父),女方主婚周亞進(胞兄),交寅日甲子 10 月 3 日。公勃低:黃錦章,黃清淵。據默氏吳龍生來單云:高炳觀係吧生長。原注:1864 年 11 月 18 日公堂案奪,准古皆抄付他兒子古炳觀執照,原系姓古非姓高也。批明:朱賴觀瀾。

② 羔人:羔者小也。羔人,意為小人、盲人。

美色甘再換婚字。然後,公舘再給婚字。”存案。

(丹絨、式厘坡、惹致三地田園取息叫稅三年期限將滿,當再叫黎壟付人承稅)

大朱賴觀瀾請曰:“丹絨、式厘坡、惹致三地田園取息叫稅,三年為限。此和(荷蘭)1864 年 12 月終限滿,現當再叫黎壟,付人承稅,懇列臺定奪黎壟日期,可詳聞上臺及預為達知梁礁安頓此事。”

列臺曰:“定於和(荷蘭)1865 年 12 月 14 日九點鐘在公舘黎壟,付人承稅。於此拜一,11 月 21 日,嗎腰(陳永元)同朱用公堂之名可行字挨實嗹,懇懸諭告知人等。”存案。

和(荷蘭)1864 年 12 月 2 日,拜五

公堂設嘧喳嘮。嗎腰陳永元舍、甲必丹陳濬哲官,雷珍蘭黃錦章官、陳思聰官,雷珍蘭高西川官、鄭肇基官,雷珍蘭連文清官、陳江流官,朱葛礁陳玉長官俱在座。雷珍蘭陳江水官、黃清淵官、陳文速官不到。

(查勘梁北彝懇入熾昌銀 2 000 盾,入字人及安呾人可堪與否)

承熾昌干刀寄下梁北彝口詞,懇入熾昌銀 2 000 盾,援梁亞三及梁亞五為安呾。祈查勘可堪與否? 詳覆。

吊訊梁北彝年二十一歲,住小南門,供云:“晚果有入字懇入熾昌銀 2 000 盾,援梁亞三、梁亞五為安呾。”

吊訊梁亞三年三十二歲,住小南門,吊訊梁亞五年七十四歲,俱供云:“晚等果願安呾梁北彝入熾昌銀 2 000 盾。”

公堂會議:“彼三人俱不能堪。”存案。

(查勘鄭成福懇入熾昌銀 4 000 盾,入字人及安呾人可堪與否)

承熾昌干刀寄下鄭成福口詞,懇入熾昌銀 4 000 盾,援馮元力及羅表娘為安呾,祈查勘可堪與否? 詳覆。

吊訊鄭成福年三十八歲,供云:“晚果有入字懇入熾昌銀 4 000盾,援馮元力、羅表娘為安呾。”

吊訊馮元力年四十六歲,供云:“晚果願安呾鄭成福入熾昌銀 4 000 盾。”吊訊羅表娘年五十七歲,供云:“果願安呾鄭成福入熾昌銀 4 000 盾。”

公堂會議:“安呾人羅表娘,不足擔戴。”存案。

(林倫娘、吳泉水夫妻求離一案)

據公舘公勃低雷珍蘭陳思聰官、陳江水官詳。林倫娘年十九歲,住惹寧安,請伊夫吳泉水:“為交寅三年餘,有產不育。因拙夫屢次毆打,氏亦忍耐。於此前拜五日,又毆打且執鎗欲刺,氏恐將來必被其害,曾請知默氏甘長溪。似此不情,乞判分離。”

吊訊吳泉水年二十五歲,住惹寧安,供云:“晚並無毆打,亦未嘗執槍欲刺拙妻。惟前拜六日,拙妻請默氏。默氏仝拙妻到晚家,云汝與汝妻口較,後次不可如此,當相愛如初,晚遂從命。今拙妻欲求分離,晚不願從。”

吊訊默氏甘長溪住鑒光毛吠甲,供云:“此前拜六日,林倫娘果到晚家,請伊夫吳泉水辱罵不堪,並未言及毆打及欲刺之事。晚率回吳泉水之家,勸其夫妻和好如舊。”台問甘長溪曰:“吳泉水平素為人如何?”甘長溪答曰:“吳泉水祇有時飲酒而已，未聞有毆妻、刺妻之事。”台勸林倫娘曰：“據默甘長溪所供，汝夫毆汝、欲刺汝不明。但若口舌之爭，亦係小節之事，況汝夫尚憐愛汝，當從夫歸家，依舊和好。”礙林倫娘堅執不從，誓不願與吳泉水為夫。將情申詳公堂大嘧內裁奪。

覆訊林倫娘、吳泉水，供如公勃低所詳。林倫娘又云：“拙夫云衣褲七八條氏無洗，那有衣褲七八條？現身上之衣尚借於人。”

公堂會議：“據二比並事故，不得分離，當相率歸家，依舊和好。但吳泉水後次不得如此飲酒之事，當切戒。”存案。

和(荷蘭)1864年12月30日，拜五

公堂設嘧喳嘮。媽腰(陳永元)身體欠安，不在座。甲必丹陳濬哲官、雷珍蘭黃錦章官，雷珍蘭高西川官、陳江水官，雷珍蘭黃清淵官、陳江流官，朱葛礁陳玉長官俱在座。雷珍蘭陳思聰官、鄭肇基官，雷珍蘭陳文速官、連文清官不到。

(查勘涂大戇懇入熾昌銀2 000盾，入字人及安咀人可堪與否)

承熾昌干刀寄下涂大戇口詞，懇入熾昌銀2 000盾，援楊一斗及莊新全為安咀。祈查勘可堪與否？詳覆。

吊訊涂大戇年三十八歲，住觀音亭，為做伙柴生理，供云：“晚果懇入熾昌銀2 000盾，援楊一斗、莊新全為安咀。”

吊訊楊一斗年三十三歲，住觀音亭掌灰磘，供云：“晚願安咀涂大戇入熾昌銀 2 000 盾。”吊訊莊新全年三十一歲，住班芝蘭開鐵器店，供云：“晚亦願安呾涂大戇入熾昌銀 2 000 盾。”

列台會議：“涂大戇懇入熾昌負欠銀 2 000 盾，援楊一斗、莊新全為安呾，現時可堪。”存案。

（黄珍娘、邱水夫妻求離一案）

據公舘公勃低雷珍蘭高西川官、鄭肇基官詳。黄珍娘年十六歲，住臭橋，請伊夫邱水①：“為交寅七個月，交寅七日後，遂與其妾三人合寢一床，氏羞恥至極。且因其妾之故，屢致酷毆於氏，又其妾食餘之物，令氏食之。況自交寅至今，未嘗給下資費。似此不情，乞判分離。”

吊訊邱水年二十歲，住三間土庫對面，供云：“拙妻請晚無給資費，乃是虛言。約三四日間，晚每付資費三四十雷。畜妾傍佛實有，乃居戲主之家，並無來家同寢在床。”又云“傍佛食餘之物付食，亦是虛詞。今拙妻懇要分離，晚固願從。但當待晚足痛愈可方願分離。”台曰：“據汝二比所供，所以生端，總為傍佛之故。邱水苟能棄傍佛而厚待汝妻，相率歸家，依舊和好。”邱水質曰：“少婦既入公舘，無恥極矣，不願再以為妻。”黄珍娘曰：“拙夫如此所行，氏志已決，不願再以為夫。”將情申詳公堂大嘧內裁奪。

吊訊黄珍娘及邱水，供如公勃低所詳。

列台會議：“據汝二比分離之志既決，准其離逷。”存案。

---

① 邱水：又名“邱瑞良”。據《婚簿》記載，1864 年 3 月 11 日，住三間土庫對面 20 歲邱瑞良與 16 歲黄珍娘成婚註冊。媒妁蕭吉娘，男方主婚邱亞秀（胞叔），女方主婚黄雙令（胞兄），交寅日甲 2 月 13 日。據默氏郭紹卌來單云：“邱瑞良果是吧生長”。

（續：郭坤輝、蕭吉娘夫妻求離一案）

蕭吉娘請伊夫："終日遊閑，未嘗回家，無給資費，且將交寅字既已扯碎，足見夫妻之情既絕。氏不願以郭坤輝為夫，乞判分離。"

公堂會議："論郭坤輝、蕭吉娘夫妻求離一案，細揣彼夫妻恩情俱絕，各無相向之心。況資費全無給付，為妻者其何以堪？本堂當准其離遏，任從別適。"唯退。存案。

（錄1864年全年公堂收項及開費結冊）

茲錄和（荷蘭）1864年全年公堂收項及開費結冊呈覽。承和（荷蘭）1863年12月終結，尚存銀肆萬伍千陸百玖拾肆盾五角壹隻。

計開兑式厘陂地風水逐條抄錄：

和（荷蘭）1月16日，兑林華報風水一穴，闊12距、長24距，收來銀67.7盾。1月28日，兑盧全娘風水一穴，闊12距、長24距，收來銀67.7盾。

2月22日，兑鍾倫娘風水一穴，闊12距、長24距，收來銀67.7盾。

3月1日，兑古插三風水一穴，闊12距、長24距，收來銀67.7盾；又兑廖文珠娘風水一穴，闊12距、長24距，收來銀67.7盾。3月14日，兑鄧煌春風水一穴，闊12距、長24距，收來銀67.7盾。

4月7日，兑范和蘭風水一穴，闊12距、長24距，收來銀67.7盾。4月9日，兑李根娘風水一穴，闊12距、長24距，收來銀67.7盾。4月14日，兑林秀娘風水一穴，闊12距、長24距，收來銀67.7盾。4月29日，兑陳朴順風水一穴，闊12距、長24距，收來銀67.7盾。

5月2日，兌施清泰甲風水一穴，闊16距、長32距，收來銀220盾。5月24日，兌陳金文風水一穴，闊12距、長24距，收來銀67.7盾。又兌吳賢生風水一穴，闊12距、長24距，收來銀67.7盾。5月30日，兌郭騰雲風水一穴，闊12距、長24距，收來銀67.7盾。

6月1日，兌林博厚風水一穴，闊12距、長24距，收來銀67.7盾。6月7日，兌黃三娘風水一穴，闊12距、長24距，收來銀67.7盾。6月9日，兌林斗風水一穴，闊16距、長32距，收來銀220盾。6月21日，兌王約司風水一穴，闊12距、長24距，收來銀67.7盾。6月22日，兌許清泉甲風水一穴，闊12距、長24距，收來銀67.7盾；又兌許清波甲風水一穴，闊12距、長24距，收來銀67.7盾。6月25日，兌鍾亞五風水一穴，闊12距、長24距，收來銀67.7盾。

7月5日，兌陳越風水一穴，闊12距、長24距，收來銀67.7盾。7月29日，兌許水蓮風水一穴，闊12距、長24距，收來銀67.7盾。

8月22日，兌李淵明風水一穴，闊12距、長24距，收來銀67.7盾。8月25日，兌吳玉生風水一穴，闊12距、長24距，收來銀67.7盾。8月27日，兌楊一富風水一穴，闊12距、長24距，收來銀67.7盾。

9月9日，兌許哵鈁風水一穴，闊12距、長24距，收來銀67.7盾。9月14日，兌陳英泰風水一穴，闊12距、長24距，收來銀67.7盾。9月20日，兌李永昌風水一穴，闊12距、長24距，收來銀67.7盾；又兌李永昌風水一穴，闊12

距、長 24 距，收來銀 67.7 盾。

10 月 5 日，兌許清泉甲風水一穴，闊 12 距、長 24 距，收來銀 67.7 盾。10 月 12 日，兌石亞榮風水一穴，闊 12 距、長 24 距，收來銀 67.7 盾。10 月 15 日，兌林永壽風水一穴，闊 12 距、長 24 距，收來銀 67.7 盾。

11 月 5 日，兌許專風水一穴，闊 12 距、長 24 距，收來銀 67.7 盾。11 月 24 日，兌龔汶水風水一穴，闊 12 距、長 24 距，收來銀 67.7 盾。

12 月 2 日，兌黃珠娘風水一穴，闊 12 距、長 24 距，收來銀 67.7 盾。

計 36 條，結共收銀 2 741.8 盾。

又錄兌丹絨地風水：

12 月 12 日，兌陳豹變風水一穴，闊 12 距、長 24 距，收來銀 67.7 盾。

計壹條，收來銀 67.7 盾。

錄丹絨、式厘陂、惹致各處田園地稅取息：

和(荷蘭)1864 年 7 月 14 日，邱塗還來稅丹絨、式厘陂、惹致於和(荷蘭)1863 年下半年田園取息，銀壹仟伍百貳拾盾五方。

12 月 10 日，邱塗還稅丹絨、式厘陂、惹致於和(荷蘭)1864 年上半年田園取息，銀壹仟伍佰貳拾二盾五方。

計二條，結共收銀 3 045 盾。

連上計三條，結共總收銀伍仟捌百伍拾四盾五角正。

錄全年還八仙及什費逐條：

3 月 1 日，開買紙墨筆數簿一單，共去銀捌盾五角。

6 月 30 日，對還丹絨上帝廟全年八仙，共去銀拾伍盾三角；又對還公舘 1864 年全年八仙，去銀玖盾壹角八隻；又對還公舘 1864 年全年八仙，去銀叁拾捌盾二角五隻；又對還式厘陂地 1864 年全年八仙，去銀壹百玖拾壹盾 2.5 角；又對還丹絨地 1864 年全年八仙，去銀柒盾叁角五隻；又對還惹致地 1864 年上半年八仙，去銀陸拾壹盾二角；又開稅馬車往還什費往新干刀八仙，共去銀肆盾五角。

和(荷蘭)1864 年 11 月 2 日，對還張乙生包修理新橋，去銀叁仟陸百盾。

和(荷蘭)1864 年 12 月 19 日，開還分唐美惜甘兌丹絨地風水一半額，於和(荷蘭)1860 年 7 月 1 日至和(荷蘭)1864 年 6 月終止，去銀肆百捌拾二盾 3.5 角。

和(荷蘭)1864 年 12 月 30 日，對還惹致地於和(荷蘭)1864 年下半年八仙，去銀陸拾壹盾二；又開稅馬車往新干刀還八仙，去銀三盾 2.5 角。

計 12 條，結共去銀肆仟肆佰捌拾貳盾三角三隻。

(1864 年公堂全年收支結存數目)

本年收開對除外，尚存銀壹仟叁佰柒拾貳盾壹角柒隻。

承和(荷蘭)1864 年 12 月終結，尚存銀肆萬伍仟陸佰玖拾肆盾五角一隻。

計貳條，合共總結現存銀肆萬柒仟零陸拾陸盾六角八隻。

餘者施地[①]用闊八腳距、長 16 腳距，未知多寡不能備載。謹結冊呈公堂列臺電察。

---

① 施地：施捨墓地，用於死後無人收葬者。

和(荷蘭)1865 年 1 月 13 日,拜五

公堂設嘧喳嘮。媽腰陳永元舍、甲必丹陳濬哲官,雷珍蘭黃錦章官、鄭肇基官,雷珍蘭黃清淵官、陳文速官,雷珍蘭陳江流官,朱葛礁賴觀瀾官俱在座。雷珍蘭陳思聰官、高西川官,雷珍蘭陳江水官、連文清官不到。

(勘訊諸人入燃昌及安呾人存沒,可擔戴與否,俱批明冊內)

據公舘公勃低高(西川)、鄭(肇基)詳。經勘訊諸人入燃昌及安呾人存沒,可擔戴與否?俱批明冊內,呈上列臺參閱。即日,列臺會議詳定存沒擔戴可否?即命朱葛礁賴觀瀾官、陳玉長官填抄和(荷蘭)字,申詳燃昌干刀電察。

(吳江水懇充任達氏事)

吳江水[①]年五十歲,住打鐵街,請願任達事[②]。

公堂會議:"可兼理三個月,若列台見行止可用,方理實任。"存案。

又議:"舊達盧貞今已年邁,可達知暫且停理。"存案。

(葉天祿懇要給婚字)

承唐美惜甘寄下一書葉天祿口詞,懇要給婚字。

吊訊葉天祿年二十九歲,住大南門,供云:"因晚妻故,有遺孩要哺乳,故欲交寅,可率謝丙娘回家顧養孩子。"

公堂會議:"唐人之例,原有家禮可遵。夫為妻喪杖期,

---

① 吳江水:1815 年生,1865 年 1 月任公堂達氏。

② 達事:亦作"達氏"。荷蘭語 Soldaat,兵卒、衙役。

若確有不得已，則率歸無妨。給字未可。”存案。

和(荷蘭)1865年1月17日，同治三年十二月二十日，拜二

公堂封印大吉。風調雨順，國泰民安。

定應值查驗唐船、舺舨鬮聲

一鬮：甲必丹陳濬哲官、雷珍蘭陳文速官。

二鬮：雷珍蘭黃錦章官、雷珍蘭黃清淵官。

三鬮：雷珍蘭陳思聰官、雷珍蘭陳江水官。

四鬮：雷珍蘭高西川官、雷珍蘭鄭肇基官。

上定鬮聲應值於明日算起，每二日為一鬮，報日不論船主、干刀來字之日為准，每鬮各公勃低二員，照鬮輪流，週而復初。倘應之人或身體欠安，抑有事故不暇，則協理雷珍蘭代之。謹此存案。

和(荷蘭)1865年2月15日，同治四年乙丑歲正月廿日

公堂開印大吉。風調雨順，國泰民安。

定應值公舘公勃低，逐日早晨八點鐘至下午二點鐘，須在座公舘，免諸人民待久，放伊經紀生活，致傷資本。

一鬮：甲必丹一陳濬哲官、雷珍蘭八陳文速官①，1、5、9。

二鬮：雷珍蘭二黃錦章官、雷珍蘭六黃清淵官，2、6、10。

① 甲必丹一陳濬哲官、雷珍蘭八陳文速官八：指甲必丹陳濬哲官在公堂中排位第一、雷珍籣陳文速官在公堂中排位第八。

三鬮:雷珍蘭三陳思聰官、雷珍蘭七陳江水官,3、7、11。

四鬮:雷珍蘭四高西川官、雷珍蘭五鄭肇基官,4、8、12。

定應值外務公勃低

一鬮:甲必丹陳濬哲官、雷珍蘭陳文速官,2、6、10。

二鬮:雷珍蘭黃錦章官、雷珍蘭黃清淵官,3、7、11。

三鬮:雷珍蘭陳思聰官、雷珍蘭陳江水官,4、8、12。

四鬮:雷珍蘭高西川官、雷珍蘭鄭肇基官,1、5、9。

定應值干刀公勃低

一鬮:甲必丹陳濬哲官、雷珍蘭陳文速官,3、7、11。

二鬮:雷珍蘭黃錦章官、雷珍蘭黃清淵官,4、8、12。

三鬮、雷珍蘭陳思聰官、雷珍蘭陳江水官,1、5、9。

四鬮:雷珍蘭高西川官、雷珍蘭鄭肇基官,2、6、10。

定掌塚地公勃低:一、三、五、七。

列位當留心巡察清潔,除草木、清水溝,守人有一不遵,便請公堂。

定掌廟宇公勃低:二、四、六、八。

凡掌廟宇公勃低公事辦外有暇,早晚巡察廟宇等處,內外有無掃清,四圍椅棹列正清潔。每朔、望,焚香點灼敬茶,初二、十六,敬牲醴茶酒。守廟人等為頭有例,當小心敬奉,遵我唐之例。如違,便請公堂。

定掌各樣公勃低

甲必丹陳濬哲官、雷珍蘭黃錦章官,掌水淬,壹、貳[①]。

雷珍蘭陳思聰官、雷珍蘭高西川官,掌買辦,三、肆。

---

① 壹、貳:指公堂人員中排位第一、第二的官員。

雷珍蘭鄭肇基官、雷珍蘭黃清淵官，掌工役，伍、陸。

雷珍蘭陳江水官、雷珍蘭陳文速官，掌鑒光街衢，柒、捌。

定巡察唐鑒光值月公館公勃低

凡早晨八點鐘要到公館，先早巡唐鑒光有無掃清，四圍水溝安頓好勢。有一不遵，便請嗎腰（陳永元），皆當辦理責罰。

定值月輪流，大朱、二朱在嗎腰干刀執筆細察公務等事

大朱葛礁賴觀瀾官，1、2、5、6、9、10月。副朱葛礁陳玉長官，3、4、7、8、11、12月。

定值月輪流，大朱、二朱在公館執筆記供等事

大朱葛礁賴觀瀾官，3、4、7、8、11、12月。二朱葛礁陳玉長官，1、2、5、6、9、10月。

定辦浮厘書及公館、嗎腰干刀等事公勃低

大朱、二朱須早晨八點鐘起三點鐘止方回。

定公堂嘧喳嘮期逐拜五設嘧喳嘮，公勃低須到處在座。如無事故，嗎腰當報知免到。公堂嘧喳嘮期，著公館大朱、二朱須在座記供。嘧畢，即抄正案簿在嗎腰干刀處，不得帶歸。定限三日至六日，當交嗎腰押號明白，便繳入公堂。

以上應值之人，照鬮輪流，週而復初。倘應值之人或遇事故不暇，則協理雷珍蘭連文清官、協理雷珍蘭陳江流官代之。倘二人有事故，及體欠安，則無著君眉書者須向前代理，免誤公事。祈勿推委。謹此存案。

上定應值之人，各有定鬮。倘遇干刀急務，則不論應值與否。若有之人，即便先為施行，後應值之人代他亦可。存案。

和(荷蘭)1865年2月15日,拜三

公堂設嘧喳嘮。媽腰陳永元舍、甲必丹陳濬哲官,雷珍蘭陳思聰官、高西川官,雷珍蘭鄭肇基官、陳江水官,雷珍蘭黃清淵官、陳文速官,雷珍蘭連文清官、陳江流官,朱葛礁賴觀瀾官俱在座。雷珍蘭黃錦章甲不到。

媽腰(陳永元)繳入挨實嗹寄下唐鑒光點噶燈[①]圖式

請曰:"承諭謂創炯筒之費,該銀14 000盾,創主祇願收銀7 000盾而已。又逐月點費銀600盾,至2月24日緞勃嘮或為厘力掌噶燈。又云創炯筒銀7 000盾,要現還固妙。如不現還,可承稅每年還稅銀700盾。懇列台各出臆見,此兩項從何而出?以便申詳。"

列台會議曰:"挨實嗹舉意要創噶路燈,遍立唐鑒光街衢,俾毫纖必照,且又雅觀,洵是盛美之事。茲又據緞勃嘮或又云,創炯筒銀7 000盾不還可稅,每年還銀700盾,又逐月還點費銀600盾尤為更妙。但唐鑒光民人貧多富寡,不有擔此重費。惟懇上陳兩項,可開公堂蓄項各三分之一,懇開唐美惜甘病厝積項各三分之二。如肯允從,懇賜下案奪示知。但公堂蓄項從和(荷蘭)1855年12月7日第3762號,曾蒙王上案奪,准開塚務及祭祀而已。今取息亦寡,不時廟宇橋樑道路毀壞,欲行修理,賴此支開。所以敢懇開發唐美惜甘病厝之項者,因其所積因唐人例,例充入備諸以濟貧人者。今開發創點噶路燈,亦係大濟貧人之事矣。謹詳

---

① 噶燈:路燈。

大挨實嗹裁奪。”

(鄭潤祥投稟懇辭掌教義學事)

據院師鄭潤祥投稟,懇辭掌教義學事。列台閱稟,准懇辭可也。存案。

列台會議曰:“觀本年義學,生徒就學已有五十餘人,僅一人為師,難以總理,致有荒廢,有須正副二位。但全年列台在座十一員,計喜出束金 1 200 盾,正先生可得束金全年 800 盾,其擔支春、秋二祭之費;副先生可得束金全年 400 盾。院內設法,待異日嗒嗟嘮定議。”存案。

(許明三為懇恩明誠書院教讀事)

具稟晚生許明三,為懇恩明誠書院教讀事:“竊謂義塾為巴城首善之區,實列憲造士之本,俾貧寒子弟得沐聖教,化民成俗莫過於此。歷來掌理厥職者,類皆學問純粹,品行端方,教法有矩有度,識者每服公廷選舉之當,而嘖嘖稱讚不衰。今聞鄭先生將旋故里,承乏尚未有人,晚不揣才拙學疎,願充此缺,以附末光。合亟瀝情,懇稟陳府大媽腰(陳永元)暨公堂列位甲必丹大人電察,恩准教讀義塾。曷勝瞻仰之至。”

列台閱稟會議:“批准許明三為明誠書院掌教,訓督童蒙。”存案。

(查勘陳百全懇入熾昌銀壹萬盾,入字人及安呾人可堪與否)

承熾昌干刀寄下一書,附陳百全口詞,懇入熾昌銀壹萬盾,援葉順全、陳百元為安呾。祈查勘可戴擔否?勘畢詳覆。

吊訊陳百全年二十四歲,住吉石珍,供云:“晚果入字熾昌干刀懇負欠銀 10 000 盾,援葉順全、陳百元為安呾。”

吊訊葉順全、陳百元,供云:"晚等果願安呾陳百全負欠熾昌銀 10 000 盾。"

列台會議:"據陳百全懇入熾昌銀 10 000 盾,援葉順全、陳百元為安呾,已經酌量,不足擔戴,所懇不得承受。"謹詳。

和(荷蘭)1865 年 2 月 22 日,拜三

公堂設嘧喳嘮。媽腰陳永元舍、甲必丹陳濬哲官,雷珍蘭高西川官、陳江水官,雷珍蘭黃清淵官,雷珍蘭連文清官、陳江流官,朱葛礁賴觀瀾官俱在座。雷珍蘭黃錦章官、陳思聰官,雷珍蘭鄭肇基官、陳文速官不到。

(承命詳覆唐人死故分業之例)

承挨實嗹於和(荷蘭)1865 年 2 月 13 日第 435 號又 11 號來書,遵王上於和(荷蘭)1865 年 1 月 19 日第壹號案奪,舉君眉司緞力經窒寧為杯實嗹,緞綿氏同緞迷伴蘭波分為窒,緞書禮嘎為協助,要改易和(荷蘭)1855 年 12 月 8 日第 79 號國例。凡唐人死故分業之例,同於和(荷蘭)人一體。因見唐人無確定規例,多有未妥。倘遇君眉司下詢,或公堂、或媽腰、或窒窒[①]、或各鑒光耆長,須詳細妥當覆聞。座中,媽腰(陳永元)請懇列台各立臆見,若遇訪問,便可同聲相應。茲媽腰(陳永元)先為立意詳下,冀列位高明參酌焉。

媽腰(陳永元)議曰:"凡唐人死故,分業有立達心眠字者,須從達心眠字而行。倘達心眠字無敘及子女,俱照所定

① 窒窒:馬來語 lid—lid,源自荷蘭語 lid,(委員會)委員們、各位委員。

而得。如無立達心眠之人死故,分業無論多寡,作十二分,嫡子得六,庶子得三,未嫁女子得一,妻得二。若未有嫡子,先有螟蛉,則螟蛉子從嫡子而得。若有嫡子,後又螟蛉,從庶出而得。苟無嫡子、庶子,則螟蛉子均得。若嫡子、庶子、螟蛉子俱無,其業一半存公在美惜甘,一半歸伊至親,近而父母、兄弟,遠而親堂從堂其親,當代為過房一人,以為承祧。妻若守貞,可取公項取息,以奉崇祀,且可養育嗣子。或妻死故,有業作七份,與子五份,本夫得二。如無夫與子,當歸夫家兄弟。"

和(荷蘭)1865年2月24日,拜五

公堂設嚕喳嘮。嗎腰陳永元舍、甲必丹陳濬哲官,雷珍蘭陳思聰官、陳江水官,雷珍蘭陳江流官仝朱葛礁賴觀瀾官俱在座。雷珍蘭黃錦章官、高西川官,雷珍蘭鄭肇基官、黃清淵官,雷珍蘭陳文速官、連文清官不到。

(林經水、黃瑞娘求離一案)

據公勃低黃(錦章)、黃(清淵)詳,林經水年二十五歲,住職寧貞,請伊妻黃瑞娘:"為交寅五載,有生一女,名曰丹娘,年二歲。自交寅至今,常於家內不和。因去年唐三月間,拙妻無故欲歸寧,且言要到公舘求分離,晚遂言無須到公舘,在該處默氏可畢此事。二比即同到默處請知此情,拙妻遂將婚字扯破。似此不仁,乞判分離。"

吊訊黃瑞娘年二十四歲,供云:"拙夫所言誠是也。拙夫今欲分離,氏願從之。"職判:"二比俱無大故,因角口而求分離，命相率而歸，依舊和好。”礙二比堅執不從。謹將情申詳公堂大喀內裁奪。

覆訊林經水、黃瑞娘，供如公勃低所詳。

公堂會議：“據二比所供，俱有挾嫌於心，終是不能勸合。即判准其離邊，但女子當付黃瑞娘撫養，待至七歲方歸伊父。”存案。

（溫娘那、謝吉水夫婦求離一案）

據公勃低高（西川）、鄭（肇基）詳，溫娘那年十九歲，住洪溪，請伊夫謝吉水：“為交寅三年，生下一男，名曰里勿，年方二歲。因拙夫屢屢毒毆於氏，致巡更人捉拿送干刀，拙夫受禁三日。及歸，又拖氏伊姊之家，且酷毆氏。即請默氏鄭成福，毆時，伊姊謝安娘眼見。似此不情，乞判分離。”

吊訊謝吉水年二十六歲，住仝上，供云：“晚出禁[1]歸家，見拙妻不在厝，即尋到亭仔腳姊家。果遇，即欲率回，拙妻不從，有執其手而已，並無毆打。今拙妻求離，晚之恩情未絕，不願從矣。”吊訊默氏鄭成福，供云：“此拜一日，果謝吉水同其妻到晚家，其妻云：‘吉水有拖其身，繼以毆打。’晚查視並無傷痕，晚云二比有不願，可請公舘。餘事不知。”

吊訊謝安娘年三十四歲，住亭仔腳，供云：“氏果見謝吉水有拖其身，未見其毆打，僅見以足踢其妻之面而已。”台諭溫娘那曰：“汝夫雖錯悞，有毆打汝，既受禁三天，可以解釋。今既知悔，不敢如此所行，且又率汝回家，足見尚恩愛於汝，當從夫歸，依舊和好。”溫娘那答曰：“氏不願以謝吉水為夫。”

---

① 出禁：閩南話，出獄。

將情申詳公堂大嚓内裁奪。

覆訊溫娘那、謝吉水，供如公勃低所詳。謝吉水又云："因晚見有男人水褸在厝内，晚問誰人之衣？拙妻終是不言，亦疑有外交，且逐日往别人之家，終日不返。"

公堂列台酌議："無甚大故，判其再合。"存案。

(陳杞懇伊妻李來娘同居一事)

據公勃低黄(錦章)、黄(清淵)詳，陳杞年四十四歲，住珍把殺，請伊妻李來娘："為交寅七載，生有男女各一人，現存男名合義，年方五歲。因晚現居之厝，其厝稅大重，晚自做一亞答厝，意欲邀拙妻同居，拙妻不從，伏乞明判。"

吊訊李來娘年二十四歲住仝上，供云："拙夫要邀氏同居亞答厝，非氏不從，礙拙夫有畜一妾名冬葶就近是處，氏恐將來生端，故不願從。若拙夫移往别處，氏願從之。懇為明判。"台判陳杞："據汝妻所陳，乃是有理，命可將汝所做亞答厝或兑或出稅，當從汝妻所懇，移往别處。"礙陳杞堅執不從。將情申詳公堂大嚓内裁奪。

覆訊陳杞、李來娘，供如公勃低所詳。

公堂會議："據二比所供，灼見陳杞自作不是，當從妻所欲要居何處。"存案。

和(荷蘭)1865年3月1日，拜三

公堂設嚓喳嘮。嗎腰陳永元舍、甲必丹陳濬哲官，雷珍蘭陳思聰官、鄭肇基官，雷珍蘭黄清淵官、連文清官，雷珍蘭陳江流官、朱葛礁陳玉長官俱在座。雷珍蘭黄錦章官、高西川官，雷珍蘭陳江水官、陳文速官不到。

（委勘劉亞四應承應蚊甲米及銃兵米及火油，承應人及安呾人可擔戴否）

承挨實嗹寄下一書，附厘力突書。委勘劉亞四應蚊甲[①]米一期，共銀162 480盾，援饒奕才、梁德水為安呾。可擔戴否？詳覆。

吊訊劉亞四年四十七歲，住小南門，為理自地頭主事，供云："晚果有應蚊甲把力米160擔，每擔價銀9.81盾；又入銃兵米150擔，每擔價銀9.85盾；又火油150擔，每擔銀26.95盾。合共一期入物，共銀162 480盾。援饒奕才、梁德水二人為安呾。"

吊訊饒奕才年三十九歲，住鑒光毛吠甲，為海嶼貓氏，及訊梁德水年三十九歲，住大南門，為開鐵器具路，仝供云："晚願為安呾劉亞四應入蚊甲米及火油，一期共該銀162 480盾。"

列台會議："勘得劉亞四應入蚊甲把力[②]米及銃兵米及火油，一期共該銀162 480盾，援饒奕才及梁德水為安呾，現時可堪。"存案。

（委勘李亞炳承應蚊甲椰油，承應人及安呾人可擔戴否）

---

① 蚊甲：亦作"蚊膠"、"望甲"，Banka，即蘇門答臘島東南面的邦加島，為著名的錫礦產地。

② 把力：馬來語Parit，礦坑。每一個礦坑都有一個把力頭總管。邦加有文島、梹港、沙横等八個荷蘭礦務分局，共有四百多個把力與把力仔（小把力），礦工都是客家人。詳見吳鳳斌：《契約華工史》第六章、第七章。本案中梁德水等也是廣東客家人。

承挨實嗹寄下一書，附厘力突書。委勘李亞炳應蚊甲椰油一期30擔，每擔價銀27.29盾，共銀818.7盾，援王文德及李丙生為安呾。可擔戴否？詳覆。

吊訊李亞炳年三十一歲，住八廚沃間，為開油米亞郎，供云："晚果有應入蚊甲椰油一期30擔，每擔銀27.29盾，援王文德及李丙生為安呾。"

吊訊王文德年三十四歲，住惹呀蘭，及訊李丙生年三十六歲住小南門，為開油米亞廊，二人仝供云："晚願為安呾李亞炳應入蚊甲椰油一期30擔，每擔價銀27.29盾。"

列台會議："勘得李亞炳應入蚊甲椰油一期30擔，每擔價銀27.29盾，現時可堪。"存案。

(查勘沈登元懇入爀昌銀貳千盾，入字人及安呾人可堪與否)

承爀昌干刀寄下沈登元口詞，懇入爀昌負欠銀貳千盾，援番人及沈隆生為安呾。祈查勘可堪與否？詳覆。

吊訊沈登元年三十七歲，住大南門，為開茄苳什貨亞廊，供云："晚果入爀昌負欠銀2 000盾，援番人及沈隆生為安呾，今將沈隆生換許清溪甲為安呾。"

吊訊許清溪甲年三十三歲，住吃勞洛，供云："職果願安呾沈登元入爀昌銀2 000盾。"

列台會議："勘得沈登元入爀昌負欠銀2 000盾，原援沈隆生及番人為安呾，今將沈隆生換許清溪甲為安呾，現時可堪。"存案。

(查勘甘永全懇入爀昌銀伍千盾，入字人及安呾人可堪與否)

承爈昌干刀寄下甘永全口詞,懇入爈昌負欠銀伍千盾,援鄭南生為安呾。祈查勘可堪與否?詳覆。

吊訊甘永全年三十六歲,住珍把殺,供云:“晚原入爈昌負欠銀伍千盾,援安呾人鄭南生,今將鄭南生換林茂智為安呾。”

吊訊林茂智年三十二歲,住珍,供云:“晚果願安呾甘永全入爈昌銀伍千盾。”

列台會議:“勘得甘永全入爈昌銀伍千盾,林茂智換鄭南生安呾,現時未堪。”存案。

(查勘王文德懇入爈昌銀陸千盾,入字人及安呾人可堪與否)

承爈昌干刀寄下王文德口詞,懇入爈昌負欠銀陸千盾,援王元標及王庸修為安呾。祈查勘可堪與否?詳覆。

吊訊王文德年三十四歲,住惹呀蘭,供云:“晚原入爈昌銀陸千盾,援安呾人王元標及王庸修,今將王庸修換王涼海為安呾。”

吊訊王涼海住烏布土庫,供云:“晚願安呾王文德入爈昌銀陸千盾。”

列台會議:“勘得王文德入爈昌銀陸仟盾,安呾人王元標及王涼海,現時可堪。”存案。

(許音娘、溫日新夫妻求離一案)

據公勃低黃(錦章)、黃(清淵)詳。許音娘年二十九歲,住戈勞掘,請伊夫溫日新:“為交寅五年,有生二女。長名小娘,年方四歲;次名里勿年,僅二歲。因拙夫不照顧家內,況又無給資費,氏無奈傍居食家母家中。然拙夫兼愛畜偏房,諒絕情乎氏。如此不仁,乞判明分離。”

吊訊溫日新年三十五歲，住仝上，供云："拙妻所言乃是虛詞，晚未嘗無給資費。今拙妻欲求分離，晚願從之。"台判："二比俱無大故，因小事而求分離，命當相率而歸，依舊和好。"礙二比堅執不從，要求分離。將情申詳公堂大嘧內裁奪。

覆訊許音娘及溫日新二人，供如公勃低所詳。

列台會議："據二比所供，可謂絕情。准其離遏，但二女當從母撫養，待年登七歲要歸伊父溫日新。"許音娘質曰："若如此，氏不願分離，氏惟懇拙夫厚給資費足矣。"

本堂再為酌量："既許音娘不願分離，欲依舊倡隨甚為妙事。從今以後，溫日新當每月給銀六盾付汝妻為費，以撫養二女。"存案。

和(荷蘭)1865年3月17日，拜五

公堂設嘧喳嘮。嗎腰陳永元舍、甲必丹陳濬哲官，雷珍蘭陳思聰官、高西川官，雷珍蘭陳江水官、陳江流官，朱葛礁陳玉長官俱在座。雷珍蘭黃錦章官、鄭肇基官，雷珍蘭黃清淵官、陳文速官，雷珍蘭連文清官不到。

(承命查明詳覆何人付掛些取用造新橋開費，及兑丹絨地風水項一半額從何例當繳入唐美惜甘)

承大挨實嗹於和(荷蘭)1865年3月10日第884號又12號致書，因閱結冊有開造橋一座，名為新橋，往丹絨大路，對張乙生去銀叁仟陸盾。要知何人付掛咁取用？又對唐美色甘去482.35盾，係兑丹絨地風水項一半額，從何例當繳入唐美惜甘？此二事須當查明詳聞。

列台閱書會議："造橋之事，已經承副挨實嗹於和(荷蘭)1864 年 5 月 23 日第 1768 號又 1 號書，已經准支發公堂蓄項矣。其兌丹絨地風水一半額，議委雷珍蘭陳思聰往美色甘查明，然後定奪詳覆。"存案。

(查勘黃益謙懇入爈昌銀捌千盾，入字人及安呾人可堪與否)

承爈昌干刀寄下黃益謙口詞，懇入爈昌負欠銀捌仟盾，援王元龍甲為安呾。祈查勘可堪與否？詳覆。

吊訊黃益謙年二十六歲，住干冬圩，供云："晚原入爈昌銀 8 000盾，援王元龍甲為安呾。"

吊訊王元龍甲年五十九歲，住惹呀蘭，供云："職願安呾黃益謙入爈昌銀捌仟盾。"

列台會議："勘得黃益謙入爈昌銀捌仟盾，援王元龍甲為安呾，現時可堪。"存案。

(查勘陳百全懇入爈昌銀伍千盾，入字人及安呾人可堪與否)

承爈昌干刀寄下陳百全口詞，懇入爈昌負欠銀伍仟盾，援陳百元、陳任水及葉順全為安呾，並有百全、百元屋實達字二紙，添為安呾。

吊訊陳百全年二十四歲，住珍把殺為商，供云："晚果有入爈昌銀伍仟盾，援陳百元、陳任水為安呾，及有屋實達字二紙為安呾。"

吊訊陳百元年二十二歲，住小南門，及訊陳任水年二十九歲，住珍，又訊葉順全年二十一歲，住三間土庫，三人仝供云："晚願安呾陳百全入爈昌銀伍仟盾。"

茲據陳任水供云:"再添陳珍水屋實達字第 185 號為安呾。"

列台會義:"勘得陳百全入熾昌銀伍仟盾,援陳百元、陳任水及葉順全三人為安呾,又添陳珍水屋實達字三張 173 號、174 號、175 號為安呾,現時可堪。"存案。

(黃益娘、楊忠夫婦求離一案)

據公勃低陳(思聰)、陳(江水)詳,黃益娘年三十二歲,住導唧,請伊夫楊忠:"為交寅既十四載矣,有產不育。因氏常病,於本年正月間忽又病甚,脩書託人馳往山頂與拙夫知情,並無覆息,且無寄下資費。且拙夫山頂畜一愛妾李趙娘。似此所為,可見絕情於氏,伏乞判離。"

吊訊楊忠年四十七歲,住仝上,供云:"拙妻所言俱虛,如果有病請何先生調治?"黃益娘答曰:"當時病昏不知請先生,今拙夫利路亦無,一妻尚不能照顧,況又畜妾乎?"楊忠質曰:"拙妻敢出此羞恥之言,可謂不顧體面。欲求分離,晚願從之。"臺曰:"黃益娘怨夫不良,無回視病,且迷戀愛妾;楊忠恨妻不賢,無顧體面。二人俱有匿嫌,且無子女纏絆,終勸難為再敦舊好。"將情申詳公堂大嘧內裁奪。

覆訊黃益娘、楊忠,供如公勃低所詳。

列台會議:"據二比所供,妻有怨夫不良,夫有恨妻不賢。是二比無相愛之心,有欲離之意。今准其離遏可也。"唯退。存案。

(林金山、謝森娘夫妻求離一案)

據公勃低陳(思聰)、陳(江水)詳,林金山[1]年二十八歲,住丹藍望,請伊妻謝森娘:"為交寅七載,生下一男,名再生,年六歲。因晚犯罪於三保壟四年,家中尚有金盆冷及物件。今限滿回家,拙妻已從人陳永全住戈踏歹。似此不情,乞判分離。"

吊訊謝森娘年二十五歲,住仝上,供云:"氏並無從人,惟愬默單移居戈踏歹與娘仔陳永全同住,娘仔永全憐氏無依,招住其家,代操炊爨、洗滌諸事。拙夫云尚存有金盆冷及物件,當拙夫在禁時,氏逐禮拜往禁看視,兑以買物付食,即已無餘。"林金山指曰:"拙妻云無從人,此十五個月以前尚生一子,今故纔四個月,若非從人,何以致此?"謝森娘答曰:"氏生子果有,係前與拙夫大姊同居八個月,每夜令氏飲紅兀輒至醉而止。氏不欲,強之使飲,且睡臥之間,無門可閉。氏思恐有不美,令伊大姊創門,伊姊曰何物可被人偷?氏即欲移居。伊姊責曰汝真番人,僻有衣一領、褸一條。遂欲搬移,不肯。不意乘醉之夜,姑丈突然入房近身,少婦遇壯男未免慾火之並熾,遂與伊姊夫陳全一行姦,乃生一子。"吊訊陳全一,不到。烏叐報云已往芝茄弄為蔀爹。台曰:"婦人不貞,宜乎為夫所棄。"將情申詳公堂大噠內裁奪。

覆訊林金山、謝森娘,供如公勃低所詳。

---

① 林金山:亦作"林金生"。據《婚簿》載,1858年5月19日,住丹仔望21歲林金生與18歲謝森娘成婚。媒妁劉水娘,男方主婚林密水(宗兄),女方主婚謝桂(父)。默氏周卅郎付單云:"此林金生果是吧生長"。

列台會議:"據林金山請伊妻謝森娘,為婦不守清貞,乘伊夫犯難之際,私下偷姦,致及生子,竟忘結髮之情,為夫所棄固宜矣。即判准其離遏。"存案。

(賴佛明、劉奇娘夫妻求離一案)

據公勃低黃(錦章)、黃(清淵)詳,賴佛明年三十三歲,住八多蟯,請伊妻劉奇娘:"為交寅十二年,有生三人男女,現存一男一女:男名曰鐳,年方十一歲;女名曰娘仔,年方六歲。唐本年正月十一夜,因天氣炎熱,晚睡在房不能寐,邀拙妻在前廳磚仔上。約二點鐘,忽有一人踏晚左足,晚疑莫非是賊,遂欲手摸,果有一人與拙妻勢將行姦。此時奈無燈火,不知誰人。晚遂呼喝賊,其人即走入後廳,開門而逃。晚即趕入後廳,看見係晚之巫讓番名宇柔絨,有蔡金輝見證,並晚之子鐳亦知其由。晚思彼時番宇絨無帶器械,不然定遭毒手,可見不良之婦是實。晚羞愧甚矣,惟懇判離。"

吊訊賴鐳年十一歲,供云:"晚知母親與番人名宇絨有三次戲謔。初一次,因晚父有病,臥在後房,晚同母臥在前房床上,晚母自已睡在踏枋上。至早晨,晚欲起,看見有人與母親同寢濃睡未醒,晚疑是父親。及後母親亦醒,遂喚起其人。晚看見乃是番人宇絨,母親開側門而出,遂責晚此事不可請知汝父,若請知汝父,就要將晚動打,晚遂不敢言及此事。第二次,晚看見母親與宇絨番在前廳相抱調戲,晚偷看,卻被母親看見,用惡言鎮晚,晚又不敢啓口而已。第三次,晚欲買榴蓮要向母親討項,苦不可得,及後尋至寮內,見母親與宇絨番相抱臥在竹床上,惟一老番婆守門矣。及後母親常欲毆晚,晚故將此事請知家父。所供是實。"

吊訊蔡金輝年三十八歲，住八多蛲為賴佛明財副，供云："晚常在前廳眠，於本年正月十一夜約二點鐘，聞賴佛明呼喝之聲，晚諒是有賊，遂起欲幫助，礙無燈火不能看見，但聞聲而已。忽有一人向後廳穿拆籬行而走，晚遂趕入後廳，看見是巫讓名宇絨。所供是實，敢盟誓。"

吊訊劉奇娘年二十七歲，住八多蛲，供云："拙夫所言乃是虛詞。於本年正月十一夜，氏同拙夫睡在前廳磚仔上，果有一人僭入，氏實不知是何人也。今拙夫欲求分離，氏願從之。"將情申詳公堂大嗎內裁奪。

吊訊賴佛明及劉奇娘，供如公勃低所詳。

列台會議："據賴佛明所言，係劉奇娘不守婦道，且有實指其明，亦且有其子直證，合該為夫所棄。今准其離遏，但子女當歸伊父撫養。"唯退。存案。

(公堂清掃灰粉及買紙數簿開費)

茲於和(荷蘭)1865 年 1 月 21 日即唐甲子十二月廿五日，對吳源水在公舘清掃灰粉，去銀拾盾正；又二朱手對買紙及數簿一單，去銀伍盾六方正。計二條，共結該去銀 15 盾 6 方。謹詳公堂大嗎內鑒察。

列台閱單議："清掃灰粉及買紙數簿，乃是公事之用，可開發公堂蓄項。"存案。

和(荷蘭)1865 年 3 月 24 日，拜五

公堂設嗎喳嘮。瑪腰陳永元舍、甲必丹陳濬哲官，雷珍蘭高西川官、鄭肇基官，雷珍蘭黃清淵官、陳文速官，雷珍蘭

陳江流官、朱葛礁陳玉長官俱在座。雷珍蘭黃錦章官、陳思聰官,雷珍蘭陳江水官、連文清官不到。

(承命再查勘林啓雲是林德協過繼為子抑黃惜娘過繼為子)

挨實嗹於和(荷蘭)1865 年 3 月 11 日第 953 號第逸字,附唐美惜甘於和(荷蘭)1865 年 3 月 18 日第 245 號又 386 號書,祈再查林啓雲是林德協過繼為子,抑黃惜娘過繼為子? 詳覆。

吊訊林啓雲年四十九歲,住不啷雞蘭,供云:"晚來吧二次,初和(荷蘭)1835 年來,居九年回唐;至和(荷蘭)1847 年再來居至今,既有十八年。當和(荷蘭)1835 年晚年十九歲,生父命晚來吧,諭知於五歲時林德協寄書求為子,生父即付之為子。故生父命晚來吧,因係接吧信而來。"吊訊林衡年五十四歲,住大港墘,供云:"晚果林德協至親,在唐同居一巷。於十六歲時相識林啓雲,明知林啓雲過繼林德協為子。晚來吧,林啓雲既先來四五年之久。後四五年,林啓雲再回唐。晚來吧年二十七歲,又後乃娘仔林協老用林德協名,懇晚寫書寄回唐召伊子林啓雲來吧,至今有十六年或十七年之久。但其懇林啓雲為子不知是誰,僅聞林德協過房為子而已。"

公堂會議:"此林啓雲,惟聞人言林德協過房為子,未聞黃惜娘過房為子。謹詳大挨實嗹裁奪。"

(溫本娘、謝喜觀夫妻求離一案)

據公勃低陳(思聰)、陳(江水)詳,溫本娘年二十一歲,住得嘮低巷,請伊夫謝喜觀:"為交寅六載,生下一男,名新連,年方五歲。因拙夫已一年無給資費,且又不肯任氏歸寧,氏遂自往。今回家拙夫不肯承受，似此不情，乞判分離。”

吊訊謝喜觀年四十一歲，住舊仔街，供云：“祇因拙妻不從夫命，四處閒遊。自去年唐七月間，詐言要往伊父母之家，至今未回，晚是以無給資費。前拙妻在家，晚每月給付零費銀三盾，亦因貧寒之人，欲多與而無可出。”溫本娘質曰：“拙夫果一年無給資費矣。”謝喜觀答曰：“拙妻請晚一年無給資費，出其自言，無須強辯。但要求分離，晚願從之。”台曰：“據溫本娘所供，伊夫不情，要求分離。觀其所為夫，縱不情由妻不賢所致耳。今察二比之情，俱見決絕，必難勸和。”將情申詳公堂大嗐內裁奪。

覆訊溫本娘及謝喜觀，供如公勃低所詳。

列台會議：“據溫本娘所供，一年無給資費，其自為之過，未之知也。謝喜觀僅嫌其妻遊蕩，亦屬小故之事。本堂細按，不得離遏，當援歸和好。”存案。

(查勘鄭成福懇入熾昌銀四千盾，入字人及安呾人可堪與否)

承熾昌干刀寄下鄭成福口詞，懇入熾昌負欠銀四仟盾，援邱江龍及馮元力為安呾。祈查勘可堪與否？詳覆。

吊訊鄭成福年三十九歲，住亭仔腳，供云：“晚果入熾昌負欠銀四仟盾，援邱江龍及馮元力為安呾。”

吊訊邱江龍年三十六歲，住洪溪，及訊馮元力年四十七歲，住公司後，俱供云：“晚願安呾鄭成福入熾昌銀四仟盾。”

列台會議：“勘得鄭成福懇入熾昌銀四仟盾，援邱江龍及馮元力為安呾，現時可堪。”存案。

和(荷蘭)1865年4月7日,拜五

公堂設嘧喳唠。嗎腰陳永元舍,雷珍蘭高西川官、鄭肇基官,雷珍蘭陳江水官、陳文速官,雷珍蘭連文清官、陳江流官,朱葛礁陳玉長官俱在座。甲必丹陳濬哲官,雷珍蘭黃錦章官、陳思聰官,雷珍蘭黃清淵官不到。

(查勘蔡牛懇入熾昌銀貳千盾,入字人及安呾人可堪與否)

承熾昌干刀寄下蔡牛口詞,懇入熾昌負欠銀貳仟盾,援林劉聽及蔡曲為安呾。祈查勘可堪與否?詳覆。

吊訊蔡牛年三十六歲,住公司後,為棺木店,供云:"晚果入熾昌負欠銀貳仟盾,援劉聽並蔡曲為安呾。"

吊訊劉聽年四十一歲,住干冬圩,及訊蔡曲年四十九歲,住觀音亭,俱供云:"晚願安呾蔡牛入熾昌銀貳仟盾。"

列台會議:"勘得蔡牛懇入熾昌負欠銀貳仟盾,援劉聽並蔡曲為安。惟劉聽不堪,另換妥人,方可承受。"存案。

(查勘林豐年懇入熾昌銀四千盾,入字人及安呾人可堪與否)

承熾昌干刀寄下林豐年口詞,懇入熾昌負欠銀四仟盾,援陳清風及林溪容為安呾。祈查勘可堪與否?詳覆。

吊訊林豐年,不到;及訊陳清風,亦不到。吊訊林溪容年二十八歲,住五角橋,為北面①茄實,供云:"晚願安呾林豐年入熾昌銀四仟盾。"

---

① 北面:亦作"泊面"、"菈面",馬來語 Pabean,海關。

列台會議："勘得林豐年懇入熾昌銀四千盾，援陳清風及林溪容為安呾，所懇不得承受。"存案。

（李和娘、蔡東里夫妻求離一案）

據公勃低高（西川）、鄭（肇基）詳。李和娘年二十三歲，住戈勞屈，請伊夫蔡東里："為交寅六載，有生不育。因前屢遭拙夫酷毆，亦不追究。此次不能再耐，伏乞判離。"台曰："汝云此次不能再耐，為何事當言明？"詰問至三至四，李和娘總是不言，但云無緣，要求分離而已。

吊訊蔡東里年二十六歲，住仝上，供云："晚與拙妻並無事故，祇因無緣要求分離而已。"台曰："汝夫妻俱云無緣要求分離，詰問至三至四總不言。然既無緣，那得六七載為夫妻？此事須召該處默氏並李和娘生母訊問，方可知悉其端。令二比暫退，容明天再訊。"

吊訊默氏黃然住戈勞屈，供云："昨日果李和娘同伊夫蔡東里到晚厝，云伊夫妻無緣，要求分離。晚問為何故？二比俱答曰："無後。"細詰李和娘乃言，其夫與伊妹有通。晚問可指明否？李和娘答曰：無可指，惟見拙夫屢往小妹之厝。"

吊訊楊合娘年五十三歲，即李和娘生母，住仝上，供云："氏往文登，不知婿與女生端何事。昨氏回城，見女在室，氏問何事回家，竟不言明。"再訊李和娘："汝曾向默氏言汝夫與汝妹何事？"李和娘答曰："氏果有對默氏言拙夫付氏妹按摩頭上，甚是非為。氏見之心中不悦。"將供以訊蔡東里，答曰："果有此情，但其時尚有伊弟同在此處，三人六眼，奚得為非？"台諭李和娘曰："若祇如此，姦情未露，須從夫歸家，依舊和好。"李和娘答曰："卻願從命，但拙夫當稅厝另居。"蔡東里稱願。於是夫妻相率回家,唯退。存案。

和(荷蘭)1865年4月1日,拜六。蔡東里到公舘再請:"前遵命經率妻李和娘回家稅厝另居,但拙妻擅自往外處,並無告知。既有十六日之久,想所為必非正途,恐後來觸目有生死不測,伏乞判離。"

吊訊李和娘,供云:"氏從拙夫回家,家中屢無炊爨,氏不能耐,有向拙夫言要歸戈勞屈家母處。拙夫問何時而回?氏答曰無定。後氏回家,見氏之床多有男人睡臥,見氏到俱皆走出。拙夫如此所為,甚然不雅。今拙夫欲求分離,氏固願從。"台見二比生端非衹一次,既然兩相絕情,想無回心之日。將情申詳公堂大嘧內裁奪。

覆訊李和娘及蔡東里,供如公勃低所詳。

列台會議:"勘得李和娘、蔡東里一案,其夫妻生端已非一次,蔡東里之姦妻娣雖無可指明,然李和娘既挾妬心無足怪也。矧蔡東里又復招人入室,臥睡伊妻之床,大失夫道。本堂按情論法,李和娘所懇要離,即准夫妻離遏。"存案。

和(荷蘭)1865年5月5日,拜五

公堂設嘧喳嘮。瑪腰陳永元舍,雷珍蘭高西川官、鄭肇基官,雷珍蘭陳文速官、陳江流官,朱葛礁賴觀瀾官俱在座。甲必丹陳濬哲官,雷珍蘭黃錦章官、陳思聰官,雷珍蘭陳江水官、黃清淵官,雷珍蘭連文清官不到。

(吴二娘、張文東夫妻求離一案)

據公勃低高(西川)、鄭(肇基)詳,吳二娘年二十四歲,住小南門,請伊夫張文東:"為交寅二載,有生不育。因拙夫既半年之久無給資費,且無回家省視。似此不情,乞判分離。"

吊訊張文東年二十三歲,住班芝蘭埔,供云:"晚果半年無給拙妻資費,因無利路故也。今拙妻求離,晚實願從。"台見張文東果然不事生業之人,況夫妻俱願分離,可見恩情兩絕。謹詳公堂大噼內裁奪。

覆訊吳二娘及張文東,供如公勃低所詳。

列台會議:"勘得張文東夫妻求離一案,容後拜五察究。"

(周波娘、游觀必夫妻求離一案)

據公勃低陳(濬哲)、陳(文速)詳,周波娘年二十五歲,住藤仔巷,請伊夫游觀必①:"為交寅一載,未有子女。因自上年五月間交寅,至八月初一日,拙夫遂往廿六間與娘仔鄒圓同住,至今並無回家,惟每月給費銀捌盾。至本月初二日,氏母令氏往廿六間尋拙夫,到處拙夫並不與氏言談,使氏睡於巷仔空厝,並無床褥,僅鋪枋仔,懸一蚊帳獨睡而已。氏不能耐,到公舘投告。甲必丹判當回家,命拙夫當稅厝付氏另居,氏從命歸。至家使氏同睡娘仔鄒圓二夜,又使氏睡於空厝,並無看視至兩日無食。且娘仔鄒圓之女子鄒婁娘見氏出入,便向面他處,又云:無恥厚顔,伊夫既不戀他,他卻要

---

① 遊觀必:1830 年生於中國,1848 年來吧。據《婚簿》載,1864 年 6 月 28 日,35 歲遊觀必與 24 歲周波娘再婚入贅女家。媒妁曹貞娘,男方主婚游觀必自己(簽名),女方主婚林壽娘(母)。獻案奪字:1848 年 4 月 24 日第 1220 號准居吧。

戀夫。似此不情,伏乞明判。"

吊訊游觀必年三十六歲,住廿六間娘仔鄒圓厝,供云:"晚自交寅至今不敢回家,因夜間要出行醫,拙妻不肯,逐日與晚較鬧,晚始居中港仔。後移廿六間,拙妻資費每月給與無缺。其睡巷仔內空厝,係拙妻自為,晚喚令睡房間,拙妻不入。晚有付雷為費,亦買飯付他,焉有兩日無食之事?"吊訊娘仔鄒圓年五十五歲,住廿六間,供云:"此游觀必果稅氏之厝前落,氏居後落。自前年三月初三日,即與氏同室而居,氏使子與之共睡,並無他事。氏見游觀必忠厚之人,故以前落之厝付稅開舖。"吊訊鄒婁娘年十三歲,供:"氏並無罵周波娘無恥厚顏,惟言既云不來此處,今又來此處,餘無別言。"台問周波娘:"汝云鄒婁娘罵汝,有人聽聞否?"周波娘答曰:"無。"吊訊林壽娘即周波娘之母,年四十四歲,住藤仔巷,供云:"氏未嘗有嫌女婿,因其無回家,有言我女非與人為二婁,何畏回家?若此餘無他言。"台諭游觀必曰:"汝妻所請頻頻,不願於娘仔鄒圓,此中情事雖未著形,觀汝所為,實有礙人耳目。但汝交寅原是進贅,合式當歸汝岳母之家,與妻載賡倡隨。不然,當稅厝別居,不可再住娘仔鄒圓之厝。"游觀必答曰:"令晚回岳母處固妙,但無顏再入其厝。況晚再停幾日即要回唐,稅厝別居,資費大重,不能從命。"將情申詳公堂大嚓內裁奪。

和(荷蘭)1865 年 5 月 12 日,據公館公勃低陳文速甲覆云:"周波娘已到公館,請伊夫妻經既回家,依舊和好。"

列台會議曰:"夫妻和好,誠是妙事,從懇可也。"存案。

(吳二娘及張文東到堂懇願夫妻依舊和好)

和(荷蘭)1865 年 5 月 12 日,據吳二娘及張文東到堂,懇願夫妻依舊和好。列台酌議曰:"夫妻既依舊和好,誠是美事,准懇可也。"存案。

(蔡遠娘、許繞仔夫妻求離一案)

據蔡遠娘再請伊夫許繞仔:"謂經二次到公舘投請拙夫無給資費,且毆趕於氏。蒙甲必丹判氏從夫回家,依舊和好。至今拙夫仍是不顧家內,切懇分離。"

吊訊許繞仔,供云:"拙妻所言誠是,但晚現無利路,所以如此。若拙妻求離,晚不願從。"蔡遠娘質曰:"家需諸物,拙夫既經兑盡,且又兑氏衣針一枝銀壹百壹拾盾,耳穿一對銀 150 盾,金手指一對銀 40 盾,又鏡廚一腳兑銀 100 盾,今家需及金器俱無。氏不願與許繞仔為夫。"許繞仔云:"諸物俱有取賣,因未有利路。"

公堂即委大朱賴觀瀾仝默氏楊宗良到聖望港 許繞仔家檢察家中物置,有似居家所有否?至和(荷蘭)1865 年 5 月 12 日大朱賴觀瀾仝默楊宗良云:"已查許繞仔家中一無所有,惟房內有和(荷蘭)床一頂、舊椅一隻,椅上置有箱仔一腳,且有一婦人自稱許繞仔之妻。"

列台會議:"蔡遠娘所請欲離其夫許繞仔,謂既請公舘一二次判回,冀有回心,孰知許繞仔仍是不顧家內,致蔡遠娘再請。據大朱賴觀瀾仝默楊宗良復詳,可質見許繞仔自供無利路是實,蓋無利路之人照顧一妻尤當竭力,況乎欲顧兩妻?足見許繞仔故意刁難髪妻,故如此所行。本堂既經酌量,即判許繞仔與蔡遠娘離遏。但照例二女子尚幼,當付蔡遠娘暫養,待至七歲方歸伊夫許繞仔。"據許繞仔曰:"離遏願從,二女子現欲追還,即交於晚,不然則不願分離。”謹詳副挨實嗹作主,即命許繞仔與蔡遠娘離遏,二女子付蔡遠娘暫養,待年登七歲方歸伊夫許繞仔,以固本堂案奪。

(續:溫娘那、謝吉水夫婦求離一案)

和(荷蘭)1865年4月3日拜一,溫娘那到公舘再請:“自蒙公堂判氏經遵命拙夫,令氏住茎流末仔暫居伊兄之家,將近一個月,並無給費,亦無看視。氏歸尋拙夫舊住洪溪伊繼母家,其繼母云經移居此處不得付汝再住。似此不情,伏乞判離。”

吊訊謝吉水,供云:“晚果移居聖望港,但拙妻乃不顧廉恥之人,一少婦獨自往來茎流末仔。要求分離,晚實願從。”台見彼二人之恩情,名雖夫妻,實則等於路人。妻也往茎流末仔,夫也移居聖望港,當判回之心日,遂無同宿,灼見各懷異志有如是夫。將情申詳公堂大嚒內裁奪。

覆訊溫娘那及謝吉水,供如公勃低所詳。

公堂會議:“勘得溫娘那、謝吉水夫妻不睦,其由來已久矣。雖經勸合,彼仍生端。吉水既嫌其妻不顧廉恥,溫娘那不願與謝吉水為夫,兩人之情俱見決絕。即判准其離遏,其子里勿當付伊母暫養,謝吉水要每月給費銀四盾,待七歲方可交還謝吉水。”存案。

和(荷蘭)1865年5月12日,拜五

公堂設嚒喳嘮。瑪腰陳永元舍、甲必丹陳濬哲官,雷珍蘭陳思聰官、高西川官,雷珍蘭鄭肇基官、陳文速官,雷珍蘭

連文清官、陳江流官，朱葛礁賴觀瀾官俱在座。雷珍蘭黃錦章官、陳江水官，雷珍蘭黃清淵官不到。

（查勘林豐年懇入熾昌銀陸千盾，入字人及安呾人可堪與否）

吊訊林豐年年三十五歲，為嗎珍黎加實，供云："晚果入熾昌干刀銀陸仟盾，援陳清風、林溪泉為安呾。"

吊訊陳清風年三十九歲，住小南門，吊訊林溪泉年三十九歲住五腳橋，俱供云："晚等果願安呾林豐年入熾昌銀陸仟盾。"

公堂會議："據林豐年入熾昌銀陸仟盾，援陳清風、林溪泉為安呾，本堂選陳清風不足擔戴，不得承受。"存案。

（戴硂娘、楊成根夫妻求離一案）

據公勃低高（西川）、鄭（肇基）詳，戴硂娘年二十八歲，住丹絨，請伊夫楊成根①："為交寅九載，生下一男，名瑞元，年八歲。因拙夫寵愛偏房，已五個月不給日食資費，置氏無依傍食於人。似此不情，乞判分離。"

吊訊楊成根年三十九歲，住鑒光貓厘，供云："晚所以畜妾，因拙妻不能照顧家內，且不告知，擅自往伊姊之家至半個月之久。資費之事，晚素常有給，但無拘定若干。今拙妻求離，晚固願從。"台諭曰："汝夫妻已有九年，且男子年既八歲，何忍決志求離？須相率回家，依舊和好。"礙二比堅執要離，將情申詳公堂大嘧內裁奪。

覆訊戴硂娘及楊成根，供如公勃低所詳。

---

① 楊成根：據《婚簿》載，1857 年 4 月 30 日，住吉石珍 32 歲楊成根與 20 歲戴硂娘成婚。媒妁林榮娘，男方主婚楊如松（宗兄），女方主婚戴光漢（堂叔）。

公堂會議:“既不能相安,即判其夫妻離遏,其子瑞元即交楊成根撫養。”存案。

(楊寧娘、陳長禄夫妻求離一案)

據公勃低陳(濬哲)、陳(文速)詳,楊寧娘年二十八歲,住珍把殺,請伊夫陳長禄:“為交寅八載,生下一男,名曰啓昌,年八歲。因拙夫既五年之久移居鑒光廣東,畜一番婦為妾,至今並無給下資費,並無看視。似此不情,乞判分離。”

吊訊陳長禄年三十四歲,住鑒光廣東,供云:“晚之拙妻所言俱是虚詞,若晚果然無給資費,何能忍耐五年之久?晚家内諸事,有母親支理無缺,加以每日晚付拙妻零費二方。畜妾之事果有,並無同居,不時來往而已。今拙妻若嫌費不足,願每月再付銀伍盾。”楊寧娘答曰:“如此固可,但氏不欲與家姑同住一室。若拙夫稅厝付氏另居,氏願從。”陳長禄許之,唯退。存案。

和(荷蘭)1865 年 5 月 9 日,楊寧娘再請伊夫陳長禄:“為自蒙判回,氏拙夫仍然不顧於氏,切懇分離。”

吊訊陳長禄,供云:“拙妻自公舘回,遂無至家,傍居伊妹新把殺。晚有厝二間,一在珍把殺,一在鑒光廣東。若拙妻肯回家,晚願逐番妾居把殺,晚與拙妻同居鑒光廣東。”台曰:“如此固妙。”即召該處副默曾壬壽諭知在處防察,如陳長禄有違所言,立即請知。又諭楊寧娘:“汝夫若逐去番妾,當從夫居鑒光廣東,依舊和好。”礙楊寧娘堅執要離,任勸不回。將情申詳公堂大嘧内裁奪。

覆訊楊寧娘及陳長禄,供如公勃低所詳。

公堂會議:“當召默氏訊問,然後定奪。”存案。

和(荷蘭)1865年6月30日，覆訊楊寧娘及陳長祿，供如公勃低所詳。吊訊默氏曾壬壽，供云："前楊寧娘約夜八點鐘，有請伊夫不在家。晚到處查勘，陳長祿不在厝內有一禮拜之久。"陳長祿答曰："拙妻既要求離，晚願從之，但兒子晚要取回。"楊寧娘曰："願交還。"

公堂會議："既然夫妻決志求離，准之可也。"存案。

和(荷蘭)1865年5月16日，拜二

公堂設嘧喳嘮。

(副挨實嗹致書媽腰通聞公堂要知如何防止走私鴉片一事)

副挨實嗹於和(荷蘭)1865年5月10日第31號又27號致書媽腰(陳永元)，祈通聞公堂立成臆見達與媽腰(陳永元)，媽腰(陳永元)詳聞意見何如。為承掌傌仔厘力突和(荷蘭)1865年3月7日第688號書，經蒙王上覆旨案奪，因余已奏知，凡鴉地及末流嘮多有暗亞片[①]所入，大主俱是賧官自為，致損敖文明。曾蒙王上和(荷蘭)1865年2月26日第因字案奪，機蜜(密)語第一條，敖文明要備銀項，令人密訪嚴緝，使暗亞片不得入。第二條，敖文明命余等待設立君厘書，用於和(荷蘭)1866年。現須詳細確查敖文明所配土與賧官或有不足，致暗亞片多入。余冀速即付鈁可嚴捉暗亞片。祈挨實嗹籌思如何以用，是誰可堪與鈁可獲捉？能知

① 暗亞片：閩南話，走私鴉片。

誰有此物？或在船，或在車，或在厝，或在何處可以捉獲大主暗亞片，常常捉暗亞片少許，後成大主暗亞片，因其兌出乃零星。此事若小可多費，不用加嚴。大主暗亞片須加嚴察，即賤官亦欲捉暗亞片。余意所懇敖文明付鈁，因暗亞片賤官自為，他人亦為，所以務當捉拿。余已明知，理公事之人若肯留心緝拿此暗亞片，各無隱匿，暗亞片定然斷絕。余又知前年曾有君眉司查驗煮亞片，每斤土熟淨有膏 7 兩半，賤官常煮最好之膏，兌與慣飲人飲，每斤土熟膏僅七兩或六兩而已。曾勘四處煮亞片，俱是每斤土熟膏八兩，可謂美矣。若更多則不美，所以人多厭買暗亞片，每斤生土亦有煮膏拾兩或更多，亦是不美。買人買過再為除淨，但可信暗亞片每斤土熟膏八兩或有加，已有登簿。然所以入簿如此，因要指明為公的之亞片，欲遮蔽其私，揣其兌價不得詳知公私。若兌減價，可知賤官有存暗亞片，要速兌出。從上陳第二條王上案奪所言，現時當用或足或不足，須深曉有參入暗亞片。敖文明立意要備公亞片足用，可代暗亞片之額。然須酌量莫加，若更低價，人必濫飲，須伺察嚴密，無使暗亞片入口。

第亞字，要知和(荷蘭)1859 年、1860 年、1861 年全年致鑾土若干。第迷字，要知和(荷蘭)1859 年、1860 年、1861 年全年系南土若干。第西字，要知和(荷蘭)1859 年、1860 年、1861 年全年捉暗亞片若干。第嚟字，要知和(荷蘭)1859 年、1860 年、1861 年全年暗亞片有人報，未捉若干。第挨字，要知和(荷蘭)1859 年、1860 年、1861 年料想全年有暗亞片人報有據，經捉若干。第浥字，要知總共上陳諸事 1859 年、1860 年、1861 年全年若干。第嘆字，要知和(荷蘭)1859

年、1860年、1861年，年尾存膏土缴還敖文明若干。第嗄字，要知和（荷蘭）1859年、1860年、1861年的棲亞片若干人飲畢。第干字，要知贌官1862年、1863年、1864年或得利，或虧本，分明指定。第茄字，要知和（荷蘭）1862年、1863年、1864年，年尾存亞片若干繳還敖文明。第逸字，要知和（荷蘭）1862年、1863年、1864年全年贌官貼各頭人及處銀若干。第音字，要知和（荷蘭）1862年、1863年、1864年兑亞片成兩，每兩價若干；兑零星，算至每兩價若干。二者合算處中，每兩價若干；每斤土熟膏八兩，每斤土可兑價若干。第因字，要知和（荷蘭）1862年、1863年、1864年全年兑若干，收項若干。第阿字，要知和（荷蘭）1862年、1863年、1964年，全年賣土敖文明若干，還項若干。第蔽字，要知和（荷蘭）1862年、1863年、1864年，全年還敖文明傌仔若干。第居字，要知和（荷蘭）1862年、1863年、1864年，全年贌官煮亞片兑亞片及什費若干。第搧字，要知和（荷蘭）1862年、1863年、1864年，全年合夥人分得利若干。第奕字，要知和（荷蘭）1862年、1863年、1864年，全年的棲有入暗亞片若干。第低字，要知和（荷蘭）1862年、1863年、1864年，全年贌官自己開費若干。第異字，要知和（荷蘭）1862年、1863年、1864年，全年贌官得利虧本若干。第批字，要知兑暗亞片若干可補贌官虧本。第偎字[1]，要知和（荷蘭）1862年、

---

① 第亞字、第迷字、第西字、第嚟字、第挨字、第浥字、第嗘字、第嗄字、第干字、第茄字、第逸字、第音字、第因字、第阿字、第蔽字、第居字、第搧字、第奕字、第低字、第異字、第批字、第偎字：分別為荷蘭語字母：A、B、C、D、E、F、G、H、I、J、K、L、M、N、O、P、Q、R、S、T、U、V的閩南話音譯。

1863 年、1864 年暗亞片若干經被捉。

和(荷蘭)1865 年 5 月 16 日,拜二

公堂設嗹喳嘮。瑪腰陳永元舍、甲必丹陳濬哲官,雷珍蘭陳思聰官、高西川官,雷珍蘭鄭肇基官、陳文速官,雷珍蘭連文清官、陳江流官,朱葛礁賴觀瀾官俱在座。雷珍蘭黃錦章官、陳江水官,雷珍蘭黃清淵官不到。

(承命詳覆副挨實嗹致書嗎腰通聞公堂要知如何防止走私鴉片一事)

承閱嗎腰(陳永元)繳入副挨實嗹於和(荷蘭)1865 年 5 月 10 日第 31 號又 27 號連圭,附挨實嗹和(荷蘭)5 月 8 日第 1767 號又 2 號連圭,掌傌仔厘力突和(荷蘭)1865 年 3 月 7 日第 688 號書,悉知語意。

第一條機蜜(密)語云:"敖文明要備項,令人蜜(密)訪嚴拏暗亞片。"

列台曰:"此事極妙。"

第二條云:"現時敖文明配土與朠官或有不足,所以暗亞片多入。"

列台曰:"敖文明配土與朠官在吧地,現時既足,因兌大高故也。若兌降價,暗亞片無甚厚利,必然減入暗亞片減入。如減入,敖文明現時所配亞片則不足,當添系南。要取系南,務先勘察果然有缺,然後與之。"

又云:"屢屢捉暗亞片,少許後成大主。暗亞片因其兌出乃零星,此事小,可暗亞片多費不用加嚴,大主暗亞片務必嚴捉。”

列台曰:“要捉大主暗亞片,必須恬靜,不宜亂拿,驚動大主暗亞片。飲人少許,不用加嚴,固是兌人雖少必捉。”

又云:“理公事之人若肯留心捉拿,各無隱匿,此暗亞片定然絕斷。”

列台曰:“理公事之人,該當勤勞王事,但礙暗亞片不同別物容易。今敖文明已備項賞封,定有通報,自當立即稟聞干刀,排比仔細而行。”

又云:“敖文明立意,要配公的亞片足用,可代暗亞片之額。然須酌量莫加,加則致人濫飲。”

列台曰:“公的亞片足不足,上第二條已經聲覆矣。酌量之事極難,公亞片有可稽查可得而知。若暗亞片難知,且不可得,從何而查? 因此難以酌量也。”

餘各字號頭要知諸事,惟茄字、音字、阿字、蔽字、居字,可查本干刀數詢之經理人可知,可得詳覆。其迷、嘆、逸、搧、低、干、異、因字要知諸事,須查瞨官數簿。因蜜(密)事不敢據查,未得詳覆。至亞、西、嚟、挨、浥、嗄、奕、批、假各諸字,全不知情,不得詳覆。內中可詳之事,已有存稿和(荷蘭)字。和(荷蘭)1865年5月19日第351號詳。

和(荷蘭)1865年5月19日,拜五

公堂設嚓喳嘮。嗎腰陳永元舍、甲必丹陳濬哲官,雷珍蘭陳思聰官、高西川官,雷珍蘭鄭肇基官、陳文速官,雷珍蘭連文清官、陳江流官,朱葛礁賴觀瀾官俱在座。雷珍蘭黃錦章官，雷珍蘭陳江水官、黃清淵官不到。

(承命查勘詳覆楊亞平、溫章娘夫妻生端一案)

承褒黎司於和(荷蘭)1865 年 5 月 17 日第 3202 號致書，附和(荷蘭)5 月 13 日第 3202 號日案，祈查勘詳覆。

吊訊溫章娘住大南門巷，供云："於前拜四日下午，氏在房摺衣，氏夫楊亞平令氏喚巫讓，氏不知巫讓是誰，抑誰人之巫讓？氏應曰：'此時何處可尋。'拙夫遂起身拒氏於門，用烏柄刀割氏頭髮。"

吊訊楊亞平住大南門巷，供云："拙妻所言虛誣。因於前拜四日拙妻洗頭，令晚梳其頭髮，極然雜亂任梳不直，令晚剪其頭髮，晚乃割之。"台曰(問)溫章娘："汝云汝夫楊亞平斬汝頭髮，有人見否?"溫章娘答曰："無。"台問楊亞平："汝供汝妻令汝梳其頭髮，因梳不直，令汝割斷其髮，有人見聞?"楊亞平答曰："乃房內之事，無人見聞。"台駁溫章娘："汝供前拜四汝夫楊亞平斷汝頭髮，何不即請？到拜六日，已越二日乃請干刀。"溫章娘答曰："氏屬女流，乃臨時不知何處可投，待至拜五日，家姑到家率氏請默林承爵，而林承爵即到家查勘。"

吊訊默氏林承爵，供云："於前拜五日，果有溫章娘仝伊姑到晚家，溫章娘請：昨日聞夫楊亞平有呻吟聲，氏問夫何故如此？恬然不應，氏遂出門收竿上曝的之衣，入房摺拾。拙夫云：'巫讓林溪勝可喚來。'氏應曰：'氏乃女流，何處尋覓?'拙夫遂起身，用刀割氏頭髮。晚訊楊亞平，據楊亞平云係其妻令其梳頭，因梳不得直，其妻令伊剪斷其髮。"

公堂會議："據二比所供，灼見楊亞平割斷其妻頭髮大為擔過，雖兩造所為之事在於房闈，絕無證見可以指明。細觀温章娘頭髮，割處形跡又非理不直所剪，況温章娘前又無臥病沉重，那有其髮雜亂至理不得直？可見楊亞平之供乃是詐言，合當受罪。謹詳副挨實嗹裁奪。”

（鄭碧娘、楊宗良夫妻求離一案）

據公勃低陳（濬哲）、陳（文速）詳，鄭碧娘年三十七歲，住八茶礵，請伊夫楊宗良①：“為交寅六個月，未有懷孕。因於本年唐三月廿一日，拙夫無故將氏毆打，繼以趕逐，氏羞愧實甚。似此不仁，乞判分離。”

吊訊楊宗良年三十九歲，住觀音亭，供云：“拙妻所言誠是，但晚有聞人言，拙妻有用他人之金手指印，晚便有疑心，遂致發怒。況交寅至今，家內不睦，且拙妻常將穢水放入甕內，未知是何主意？晚細思將來定有不測之事。晚所以令他歸寧，非有逐出別處。今拙妻欲求分離，晚願從也。”台判：據二比所供，俱有不和之心，且鄭碧娘又有用他人之物，是夫妻雖以和好，亦難以勸合。將情申詳公堂大嚹內裁奪。

覆訊鄭碧娘及楊宗良，供如公勃低所詳。

公堂會議：“勘得鄭碧娘、楊宗良一案，夫妻生端，非無隙可指。鄭碧娘無故被夫毆打，其自為之過所致耳。按情論法，其夫妻所懇分離，准之可也。”存案。

---

① 楊宗良：1827 年生，大使廟默氏。據《婚簿》載，1864 年 12 月 16 日，住大使廟 38 歲楊宗良與 36 歲鄭碧娘再婚。媒妁曾成娘，男方主婚自己，女方主婚自己，交寅日甲 11 月 19 日。公勃低：高西川，鄭肇基。原注：“鄭碧娘前夫江武已身故，無子女遺業，孀守 7 年難度，願再醮楊宗良為夫。楊宗良亦前妻已故三年餘，願再娶鄭碧娘為妻，永結同心。”據默氏張意誠來單云：“鄭碧娘前夫已早故。楊宗良果系吧生長。”

（林俊娘、楊源水夫妻求離一案）

據公勃低陳（濬哲）、陳（文速）詳，林俊娘年二十三歲，住珍把殺，請伊夫楊源水："為交寅七載，有生男女四人，現存二男：長曰楊榮輝，年方七歲；次曰水蘭，年一歲。因拙夫棄妻戀妾，常在大路駡氏為娼婦，又趕逐乎氏。似此不情，伏乞判離。"

吊訊楊源水年二十七歲，住仝上，供云："拙妻所言俱皆虛詞。因本年唐四月初一日，拙妻無故出外遊行至夜方回，晚母親略有嫌之，拙妻遂發怒致角口於家母。至次日早，不告知竟自往，所有衣服悉皆取去，鏡廚為之一空。又取去金手指一付、金雙燭故錢並鍊仔一套、金鈕仔五粒、金手鐲一對。晚待一禮拜之久，並無消息。晚思諒歸伊父之家，晚遂尋至家岳處，果在家。邀拙妻同歸，拙妻不從。晚又待數天，因晚家先父週年，又往家岳處再邀，拙妻仍然不從，且言不回家，若要做週年，吾在當天點香燭可也。今拙妻欲求分離，礙二子尚幼，晚不願從。"將情申詳公堂大嘧內裁奪。

覆訊林俊娘及楊源水，供如公勃低所詳。

列台會議："據二比所供，灼見大故俱無，當相率歸家和好。"存案。

（查勘張長恩懇入熾昌銀壹千盾，入字人及安呾人可堪與否）

承熾昌干刀寄下張長恩口詞，懇入熾昌負欠銀壹仟盾，原援陳清風為安呾，因其人欠妥，懇換李登保為安呾。祈查勘可堪與否？詳覆。

吊訊張長恩年三十三歲，住班芝蘭，供云："晚果入熾昌銀壹仟盾,原援安人陳清風,今懇換李登保為安咀。”

吊訊李登保年三十九歲,住班芝蘭開鐵店,供云:“晚果願安咀。”

列台會議:“可堪承受。”存案。

和(荷蘭)1865 年 5 月 31 日,拜三

公堂設嘧喳嘮。媽腰(陳永元)告假。陳(濬哲)甲大攝理,仝列台俱在座。黃錦章甲、陳思聰甲,陳江水甲、陳江流甲不到。

(續:承命查勘詳覆楊亞平、溫章娘夫妻生端一案)

承副挨實嗹於和(荷蘭)1865 年 5 月 26 日第 2002 號又 1 號致書,為閱前詳,余非懇勘察其事,乃懇公堂酌量其事。若明,從唐例可任判其離遏否?

吊訊楊亞平年三十五歲,住大南門,供云:“晚交寅溫章娘纔四個月,未知拙妻行止。”吊訊溫章娘年十七歲,住竹嘮低巷,供云:“氏交寅楊亞平已四個月,計拙夫毆氏四次,且房內系里盒[①],拙夫丟去穢所,又未嘗給與資費一二十雷,又割氏頭髮,不願與楊亞平為夫,切懇分離。”楊亞平質曰:“惟一次,約半個月前夜九點鐘,晚自外歸,見拙妻與番人交談,晚嫌之,拙妻遂怒吹息燈火,晚用手掌之實有。今拙妻要求分離,晚固願從。”

---

① 系里盒:即裝放系里的盒子。系里,亦作“絲里”,亦稱荖葉、蔞葉、荖籐、扶留籐,馬來語 Sirih 對音,植物名,學名 Piper betle,因果實可制醬,故漢語學名蒟醬。為嚼檳榔的五種配料(檳榔、甘蜜、煙草、石灰、栳葉)之一,味辛而香。為敬客、求婚、送禮的禮物。

公堂會議:"據楊平所供,當未割髮之先,既有挾怨,致有割髮之事。今溫章娘已不願與楊亞平為夫,楊亞平亦已願從,灼見二比俱已絕情,合當判其離遏可也。謹詳副挨實嗹電鑒。"

(鄭昂娘、張品山夫婦求離一案)

據公勃低陳(濬哲)、陳(文速)詳,鄭昂娘年三十三歲,五歲;男曰呇呇,年十三歲;次女名蒙吃,年十歲;又次女名毛力,年七歲。因拙夫愛寵偏房,況一年餘並無給資費,且趕逐,又罵氏不知恥兼,言不願與氏為妻,氏羞愧甚矣。似此不仁,乞判分離。"

吊訊張品山年三十五歲,住仝上,供云:"拙妻所言俱皆虛詞,但拙妻不顧家事,常出外遊。今拙妻欲求分離,晚願從之。"將情申詳公堂大嘧內裁奪。

覆訊鄭昂娘及張品山,供如公勃低所詳。

列台會議:"勘得鄭昂娘、張品山,灼見二比俱未決絕,當依舊和好。張品山當給伊妻資費足用。"存案。

和(荷蘭)1865 年 6 月 9 日,拜五

公堂設嘧喳嘮。嗎腰陳永元舍、甲必丹陳濬哲官,雷珍蘭黃錦章官、陳思聰官,雷珍蘭高西川官、鄭肇基官,雷珍蘭陳江水官、陳文速官,雷珍蘭連文清官、陳江流官,朱葛礁賴觀瀾官俱在座。雷珍蘭黃清淵官報病不到。

(承命勘察旺甲丁張亞四上書懇給婚字二次有犯唐例否)

承唐美惜甘於和(荷蘭)1865 年 4 月 28 日第 442 號又

675號致書,附抄旺甲丁張亞四[1]覆詞。勘察如此所為,有犯唐例否?詳覆。

列台閱書及甲丁張亞四詳覆美惜甘詞。酌議曰:"大凡唐人夫妻之例有一而已,務必行聘婚書、帖文乃為髮妻。否則謂之妾婢,僅還贖買身價足矣,不得行聘婚書、帖文諸事。今閱美惜甘書有曰,旺甲丁張亞四曾上書懇給婚字二次,要再交寅于鍾質娘。在小民可謂無知,在甲丁可謂藐法。但事既不果行,姑免深究。閱甲丁張亞四覆詞,既於和(荷蘭)1865年3月4日交寅鍾質娘,從唐人交寅之例,伊岳鍾亞五竟召戲唱,交寅時拜神而已。就其言詞而論,可謂違法背例矣。謹詳唐美惜甘裁奪。"

(林俊娘、楊源水夫妻求離一案)

據公勃低黃(錦章)、黃(清淵)詳,楊源水住珍把殺,請云:"前蒙公堂判拙妻林俊娘當從晚回家,不意拙妻堅執不從,伏乞明判。"

吊訊林俊娘住觀音亭 新厝仔,供云:"氏有不願從者,屢被拙夫汙言,加之氏不能堪,況氏無顏再入夫家矣,惟懇判離。"將情申詳公堂大嗸內裁奪。

覆訊林俊娘及楊源水,供如公勃低所詳。楊源水又云:"拙妻所為不可言明,諒有外慕之情。今念切兒女,不願分離。"

公堂會議:"夫妻既無別情,當協力撫養幼子,切不可各

---

① 旺甲丁張亞四:即加拉旺(Krawong)甲必丹張亞四。據《荷印年鑒》(*Almanak Van Nederlandsch Indie*,1865,Bataria)記載,1865年加拉旺的華人甲必丹為"Tio Assie",張亞四於1863年9月17日上任。

懷異志而忘結髮之情。在本堂而論,不得分離,當歸夫家,依舊和好。"存案。

(查勘林文仲懇入熾昌銀貳千盾,入字人及安呾人可堪與否)

承熾昌干刀寄下林文仲口詞,懇入熾昌負欠銀貳仟盾,援李伯達、林宗興為安呾。祈查勘可堪與否?詳覆。

吊訊林文仲年三十四歲,供云:"晚果有入熾昌負欠銀貳仟盾,援甲李伯達及林宗興為安呾。"

吊訊李伯達年三十六歲,及訊林宗興年三十二歲,俱供云:"晚願安呾林文仲入熾昌銀貳仟盾。"

公堂會議:"可堪擔戴。"存案。

(查勘余亞鉅懇入熾昌銀六千盾,入字人及安呾人可堪與否)

承熾昌干刀寄下余亞鉅口詞,懇入熾昌負欠銀六仟盾,援徐亞六、梁德水為安呾。祈查勘可堪與否?詳覆。

吊訊余亞鉅年三十四歲,供云:"晚果有入熾昌負欠銀六仟盾,援徐亞六、梁德水為安呾。"

吊訊徐亞六年三十七歲,及訊梁德水年三十九歲,俱供云:"晚願安呾余亞鉅入熾昌銀六仟盾。"

公堂會議:"不足擔戴。"存案。

(公堂議懇君眉司可在叻撥一人到吧,幫理七月半事)

列台閱僧廣懿稟詞,須先行字上臺,懇君眉司可在叻撥一人到吧,幫理七月半[1]事方可定奪。存案。

---

① 七月半:中國農曆七月十五日,俗亦稱"中元節"、"盂蘭節、"鬼節"。

和(荷蘭)1865 年 6 月 23 日,拜五

公堂設嘧喳嘮。媽腰陳永元舍仝甲必丹陳濬哲官,雷珍蘭黃錦章官、陳思聰官,雷珍蘭高西川官、鄭肇基官,雷珍蘭陳文速官、連文清官,雷珍蘭陳江流官、朱葛礁賴觀瀾官俱在座。雷珍蘭陳江水官、黃清淵官不到。

(續:承命詳覆唐人死故分業之例)

媽腰(陳永元)有命:"為承上諭,或者致問唐人死故分業之例,須從例詳覆。懇列台各立臆見,以便參酌。茲將列台各依唐例,略撰數言獻上。"

陳甲大濬哲官論:"唐人分業之例,從和(荷蘭)1863 年所詳為是。惟添入無嫡子、庶子及螟蛉,其業存公。其至親尊長,當參酌代為過繼一人,以承宗祀以為得業。如其親不為之過繼,其業歸伊父母兄弟及妻均分。"

黃錦章甲論:"唐人分業之例,從和(荷蘭)1863 年所詳可也,惟更添已嫁女子不宜得業。如無嫡子、庶子及螟蛉,其業一半歸伊父母、兄弟及妻均分,一半存公。其親當代為過繼一人,以為承業。若父母兄弟及妻俱無,其業一盡存公。"

陳思聰甲論:"唐人分業之例,從和(荷蘭)1863 年所詳,惟加添苟無嫡子、庶子及螟蛉及妻,其業存公,其父母及胞兄弟須代為過繼一人,以為得業一半額,一半當歸父母兄弟均分。"

高西川甲論:"唐人分業之例,須從和(荷蘭)1863 年所詳,但添入妻故無夫、無子,其業歸公、姑。"

鄭肇基甲論:"唐人分業之例,從高西川甲可耳。"

陳文速甲論:"唐人分業之例,從和(荷蘭)1863年所詳,惟添入已嫁女子與未嫁女子同得。若無嫡、庶子及螟蛉,又無至親,其業存公,其親當代為過繼一子,以為承祧。若妻故無夫又無子女,其業存公,其夫至親當代螟蛉一子以為得業。"

連文清甲論:"唐人分業之例,從和(荷蘭)1863年所定則妙。所要添入,從文速甲之論。"

陳江流甲論:"唐人分業之例,從文清甲所論。"

媽腰陳論曰:"細閱列台覆詳唐人死故分業之例,俱云從和(荷蘭)1863年所詳則是,但各有增添條款。劣思此事前詳者公堂也,今日所言亦公堂也,不宜更添,添則前後異詞矣。惟內中一條,苟無嫡子、庶子、螟蛉及妻女子,其業歸伊父母、兄弟未甚明晰,須敘明。但得其業者,當追思既得之業所自來,留心代為過繼一人,以承故人宗祀,庶乎情例兼得,是為可耳。"

公堂會議:"唐人死故分業之例,須從和(荷蘭)1863年所詳,不可更易。媽腰(陳永元)所謂一條語意未明,須再為闡發,亦實可從。"存案。

(顏桂爹、彭壬娘夫妻求離一案)

據公勃低陳(濬哲)、陳(文速)詳,彭壬娘年二十四歲,住臭橋,請伊夫顏桂爹:"為交寅五載,未有產育。因拙夫令氏歸寧,既經數月並無給資費。氏昨日回家,欲問拙夫如何安頓於氏。不意拙夫中饋已有人矣,明見絕情於氏。似此不仁,伏乞判離。"

吊訊顏桂爹又名海洪年四十四歲,住碓內,供云:"拙妻所言誠是也。因拙妻於客歲唐六月初二日既為不恥之事，私自逃走在烏鬼仔之厝藏慝有日。晚請褒黎司捉獲，將他治罪，罰充公役四十天畢。晚羞恨之心有不敢言，惟怨晚命不逢時而已，故將拙妻送還伊父之家。今拙妻欲求分離，晚願從之。”將情申詳公堂大嚓內裁奪。

覆訊顏桂爹及彭壬娘，供如公勃低所詳。

公堂會議：“論既二比無眷戀之心，想難勸合，即准其離遏可也。”存案。

（牛郎沙里水鹹招標報價）

據君眉司陳思聰甲、鄭肇基甲詳：“仝廚工到牛郎沙里查觀水鹹的價。呈閱。王約司：的銀壹仟盾；鄧亞鳳：的銀八百盾。”

列台會議：“當行字上臺，懇君眉司待後日在公舘發叫黎壟，然後定奪。”存案。

（續：鄭昂娘、張品山夫妻求離一案）

列台覆訊鄭昂娘、張品山，供如公勃低所詳。

公堂會議論曰：“據鄭昂娘所供，灼見張品山所為多有不是，張品山當招妻歸家，依舊和好。”存案。

和（荷蘭）1865年6月30日，拜五

公堂設嚓喳嘮。瑪腰陳永元舍仝雷珍蘭黃錦章官、高西川官，雷珍蘭鄭肇基官、陳文速官，雷珍蘭連文清官、陳江流官，朱葛礁係賴觀瀾官俱在座。甲必丹陳濬哲官，雷珍蘭陳思聰官、陳江水官、黃清淵官不到。

(修理牛郎咈里水鍼招標事)

承挨實嗹於和(荷蘭)1865年6月24日第2517號又53號致書,因牛郎咈里水鍼已崩壞,付公堂掛咈發叫黎塱。列台會議定於和(荷蘭)7月5日拜三發叫黎塱,須以懸諭告知人等。存案。

(查勘陳金水懇入熾昌銀五千盾,入字人及安呾人可堪與否)

承熾昌干刀寄下陳金水口詞,懇入熾昌銀伍千盾,援黃錦章、陳德全為安呾。

吊訊陳金水年58歲,供云:"晚果有入熾昌負欠銀伍仟盾,援安呾人黃錦章、陳德全。"

吊訊黃錦章及陳德全二人,供云:"職等願安呾陳金水入熾昌銀伍千盾。"

公堂會議:"現時可堪。"存案。

(陳利娘、黃元新夫妻求離一案)

據公勃低黃(錦章)、黃(清淵)詳,陳利娘年二十九,住觀音亭,請伊夫黃元新:"為交寅十載,生下二男二女,現存二男一女。長女曰笨箕,年八歲;男曰冬葶,年五歲;次男曰茄郎,年三歲。因拙夫於本年唐五月十七日夜間,向氏要取金器飾欲當。氏不願,拙夫遂發怒,將氏辱詈,繼之趕逐。氏羞愧難堪,伏乞判離。"

吊訊黃元新年三十,住那低巷,供云:"拙妻所言晚欲取金物件是也。因晚思欲以買園一所乏項,欲將金物件當項,待買園事畢,可將園字再當其項,可取回金物件。晚思此事甚妥,固敢與拙妻計較,不意拙妻控訟趕逐等語,且言晚為不義之心，誠實冤哉！今拙妻既起求離之心，晚願從其便。"台曰："陳利娘及黃元新汝夫婦生端，皆由金物件而起。然此乃細事，不可遽起求離之心。即判當相率而歸，依舊和好。"礙陳利娘堅執不從。將情申詳公堂大嚓內裁奪。

覆訊陳利娘及黃元新，供如公勃低所詳。黃元新又有云："拙妻與家母亦不和，果然不孝。晚前曾有借物當，現已贖還矣。然他人尚且借妻之物往當，晚為其夫，獨不肯，不知何心。知今要求離，晚尚不願。"

公堂會議："細觀黃元新之情，尚有眷戀不捨，即判限一禮拜，黃元新當備家需照舊，援妻歸家。"存案。

和(荷蘭)1865年7月21日，拜五

公堂設嚓喳嘮。瑪腰陳永元舍、雷珍蘭黃錦章官、陳思聰官，雷珍蘭高西川官、鄭肇基官，雷珍蘭陳江水官，朱葛礁陳玉長官俱在座。甲必丹陳濬哲官，雷珍蘭黃清淵官、陳文速官，雷珍蘭陳文清官、陳江流官不到。

(查勘鄭春榮懇入熾昌銀壹拾仟盾，入字人及安呾人可堪與否)

承熾昌干刀寄下鄭春榮口詞，懇入熾昌干刀銀壹拾仟盾，援黃錦章甲及鄭肇基甲為安呾。祈查勘可堪與否？詳覆。

吊訊鄭春榮年25歲，供云："晚果有入熾昌負欠銀拾仟盾，援安呾人黃錦章及鄭肇基。"

吊訊黃錦章甲及鄭肇基甲，俱供云："職等果願安呾鄭春榮入熾昌銀壹拾仟盾正。"

列台會議:“現時可堪。”存案。

(查勘陳福麟懇入熾昌銀柒百伍拾盾,入字人及安呾人可堪與否)

承熾昌干刀寄下陳福麟口詞,懇入熾昌干刀銀柒百伍拾盾,援陳長華及古新為安呾。祈查勘可堪與否?詳覆。

吊訊陳福麟年20歲,住五腳橋,供云:“晚原入熾昌干刀銀750盾,援家父陳長華及晚岳父古新為安呾。”

吊訊陳長華及古新二人,俱供云:“晚等果願安呾陳福麟入熾昌干刀負欠銀750盾。”

列台會議:“現時可堪。”存案。

(查勘詳覆田秀粦懇將兒子交付林君娘命從師教督一事)

承副挨實嗹於和(荷蘭)1865年7月21日第4945號致書,附一日案。祈公堂查勘詳覆。列台閱書。

吊訊田秀粦年51歲,住八多嶢,為開戈丕亞廊,供云:“晚與林君娘無給婚字之妻,況林君娘既適張亞永有八年矣,但德水果係晚之子。今林君娘要帶回德水,命從師教訓,此亦美事,晚願付之。”

吊訊林君娘年43歲,住聖望港,供云:“氏前從田秀粦,實無給婚字十有六年,生男五人,所存者三,回唐一人,在吧現二男:長名田和振,年21歲,乃氏為之娶室。今德水,現年11歲,尚從伊父田秀粦居於八多嶢。不意前夫不以義方教訓,任其所之。氏於和(荷蘭)本月15日偶往其厝,觀之德水遊蕩。氏思和振幼時未讀詩書,以致不識。今氏欲帶回德水,命從師習讀。倘得成人,若前夫要帶回,氏願付之。氏只惟願德水成人而已,別無他求。”

吊訊田德水年11歲，供云："晚不願從家父田秀粦仝居，因家父全無看顧於晚。晚願從母親共處矣。"

公堂會議："勘得林君娘與田秀粦，乃苟合夫妻，無給婚字，況田秀粦自供不能擔支田德水從師之費。今林君娘既願取回，從師教督，田秀粦亦經願從。本堂酌量，此田德水合當付林君娘取去教督為是。將情申詳副挨實嗹裁奪。"

和(荷蘭)1865年8月4日，拜五

公堂設嘧喳嘮。瑪腰陳永元舍、雷珍蘭黃錦章官、陳思聰官，雷珍蘭高西川官、朱葛礁陳玉長官俱在座。甲必丹陳濬哲官，雷珍蘭鄭肇基官、陳江水官，雷珍蘭黃清淵官、陳文速官，雷珍蘭連文清官、陳江流官不到。

(查勘涂大戇愬入爔昌銀貳仟盾，入字人及安吧人可堪與否)

承爔昌干刀寄下涂大戇口詞，愬入爔昌干刀銀貳仟盾，援莊新全為安吧。祈查勘可堪與否？詳覆。

吊訊涂大戇年29歲，住觀音亭為商，供云："晚原入爔昌干刀銀2 000盾，援莊新全為安吧，今新全已故，愬換李丁寶為安吧。"

吊訊李丁寶年39歲，住班芝蘭，供云："晚願安吧涂大戇入爔昌干刀銀2 000盾。"

列台會議："勘得涂大戇入爔昌來書，並無敘明銀項若干，且云有厝字添為安吧，須行字爔昌干刀詢問詳細再勘。"

存案。

（廖增壽、孫丙娘夫妻求離一案）

公舘公勃低陳（思聰）、陳（江水）詳，廖增壽[1]年57歲，住聖望港，請伊妻孫丙娘："為交寅十二載，生下二男。長曰德龍，年十歲；次曰德鳳，年八歲。本年五月間俱已回唐。因拙妻此五年以來，逐日遊蕩賭博，家事一暨不理，且所有衣裳、首飾俱賣盡無存。似此潑婦，終無了局，伏乞判離。"

吊訊孫丙娘年28歲，住仝上，供云："拙夫所言誠是。因兒子回唐心亂，故爾好遊，況又用拙夫之銀20盾。今拙夫要求離，氏固願從。"台曰："夫妻之間既兩相絕情，任勸終是難和。"將情申詳公堂大嗱內裁奪。

覆訊廖增壽及孫丙娘，供如公勃低所詳。

列台會議："勘得廖增壽及孫丙娘夫妻果恩情既絕，准其離遏可也。"存案。

和（荷蘭）1865年8月18日，拜五

公堂設嗱喳嘮。瑪腰陳永元舍、甲必丹陳濬哲官，雷珍蘭高西川官、鄭肇基官，雷珍蘭陳文速官、陳江流官，朱葛礁陳玉長官俱在座。雷珍蘭黃錦章官、陳思聰官，雷珍蘭陳江水官、黃清淵官，雷珍蘭連文清官不到。

---

① 廖增壽：據《婚簿》載，1853年11月18日，住小南門45歲廖增壽與16歲孫丙娘再婚。媒妁郭一娘，男方主婚廖運南（宗叔），女方主婚孫亞蘭（父），交寅日癸10月20日。公勃低：陳濬哲，陳啓淮。

(續:查勘涂大戇懇入熾昌銀貳仟盾,入字人及安呾人可堪與否)

承熾昌干刀寄下涂大戇口詞,懇入熾昌干刀銀2 000盾,援李登保為安呾。祈查勘可堪與否?詳覆。

吊訊涂大戇年29歲,住觀音亭,供云:"晚原入熾昌負欠銀2 000盾,援安呾人李登保。"

吊訊李登保年39歲,住班芝蘭,供云:"晚願安呾涂大戇入熾昌銀2 000盾。"

公堂會議論:"可堪。"存案。

(查勘林桃生懇入熾昌銀三千盾,入字人及安呾人可堪與否)

承熾昌干刀寄下林桃生口詞,懇入熾昌干刀銀3 000盾,援邱庚龍為安呾。祈查勘可堪與否?詳覆。

吊訊林桃生年49歲,住八廚仔間,供云:"晚原入熾昌負欠銀3 000盾,援安呾人邱庚龍。"

吊訊邱庚龍年36歲,供云:"晚果願安呾林桃生入熾昌銀3 000盾,況亦知緞宇叻其為安呾。"

公堂會議論:"現時可堪。"存案。

(林謹娘、黃種興夫婦求離一案)

公舘公勃低高(西川)、鄭(肇基)詳,林謹娘年30歲,住文登新把殺,請伊夫黃種興[1]:"為交寅十四載,生下男女各一:男

① 黃種興:據《婚簿》載,1851年12月29日,住大港墘21歲黃種興與19歲林謹娘成婚註冊。媒妁潘士發,男方主婚黃池(族兄)、女方主婚林朱茶(父),交寅日辛11月16日。公勃低:蘇天庇,徐金爐。

名希淡,年12歲;女名寧娘,年四歲。因拙夫居在城既經七年,前者或三月或四月尚有給費,今已一年餘未嘗看視,況又無給費用,且在城又畜一妾,惟言是聽。有時到處,氏欲討費,每云乏項,置氏無處託足。似此不良,乞判分離。”

吊訊黃種興年36歲,住聖望港,供云:“此林謹娘果係晚之髮妻,寧娘果係晚親生之女。所以一年無給費者,因去年十一月間,晚犯口癰甚危,至四個月之久乃愈。方病時,示信通知拙妻,並無前來看視,惟默氏楊宗良在新把殺寄信來。幸晚所畜妾照顧病體,至本年正月十三日乃率四五人落城到晚家,晚故不納。今拙妻欲求分離,晚固願從,但子女懇追回撫養。”台曰:“據汝二比生端,俱無大故,當各自思尚有恩情未絕,否則合之甚難,分之極易。”礙二比決志求離。將情申詳公堂大嚁內裁奪。

覆訊林謹娘、黃種興,供如公勃低所詳。據林謹娘又云:“若果拙夫有情,須每月貼銀拾盾為費,又稅厝付居,可仝住於城。”黃種奐質曰:“甘願。”於是夫婦相攜而歸,唯退。存案。

(曾水娘、黃東山夫妻求離一案)

公舘公勃低高(西川)、鄭(肇基)詳,曾水娘年十七歲,住鑒光河北,請伊夫黃東山①:“為交寅一年餘,未有子女。初與翁姑同居在鑒光毛吮甲,約交寅後有四個月,家姑遂酷毆扯破

① 黃東山:據《婚簿》載,同治三年甲子4月6日即1864年5月11日,住小南門17歲黃東山與16歲曾水娘成婚註冊。媒妁陳三娘,男方主婚黃玉泉(父),女方主婚蕭東娘(母),交寅日甲4月11日。公勃低:陳濬哲,陳文速。據默氏來單云:黃東山系吧生長之人。6月2日又來單云,黃東山已畢婚事。

衣褸。至去年十二月間，被翁姑趕逐，氏無奈歸寧母家。居四個月，拙夫雖有時往視，衹欲較鬧，並無恩愛之情。後乃稅厝援氏另居，約將一個月厝稅氏自支理，亦無照(顧)。且又代領先父遺項於美惜甘銀 1291 盾，還氏僅銀 900 盾除外，尚欠銀 391 盾。況又盜開廚門，擅取安汶柴系里盤飾銀帶練仔一個、系紗郎二條、釘金灣頭女鞋一雙、線緞女衣一領、職布十四節、式嘮哰褸一條、潘力葛冬岸一條、織布女衣一領、布門簾帶眉全付，又借用壓拜禮銀 200 盾，又零條借去銀 200 盾。自被逐之後，並無給費。後又畜一婦於室內。約二日前，氏返夫家要取枕頭，被所畜婦鄙怨唾涎，家姑亦忿罵百端。自本月十四日，拙夫離家，置氏病軀獨居一室，薪米空乏數日。似此不情，懇追還上陳銀物，並乞判離。"

吊訊黃東山年 18 歲，住鑒光毛吠甲，供云："晚代領美惜甘銀 1291 盾果有，經扣還銀 900 盾，又開費外，尚存銀 300 盾而已。晚既用盡，乃拙妻甘願付用。其所請銀物諸條，內中借銀二條共 400 盾，又潘力葛冬岸一條，晚實無取，餘雖有取，亦拙妻甘願付晚兌出，並無擅取之情。但拙妻於十二月間歸寧，並無告知，又帶家母付其借用金硂器數件，前已請公舘矣。至晚畜別婦，亦因屢次招喚拙妻不歸，為養父母故也。今拙妻欲求分離，晚實願從。"曾水娘質曰："氏之歸寧雖無告知拙夫，然有告知家姑許允，所帶金硂器飾乃氏隨身之用，亦家姑回拜之物。今拙夫既畜別婦，亦不願再以為夫。特懇追還上陳諸銀物方願分離。"台諭黃東山曰："憑汝所供，侵銀取物俱有，雖未能指明確依汝妻所請條件，均屬不是。然既結髮為妻，當期偕老，奚可銀物取盡，遂厭其人？雖鐵石心人，不忍為此。合當依舊和好，庶合人論。如汝妻不歸，亦汝之不良，汝母不慈所致也。則稅厝別居，照顧得宜亦妙。"礙黃東山決志求離。將情申詳公堂大嗒內裁奪。

覆訊曾水娘、黃東山，供如公勃低所詳。

列台曰："此事蹺蹊，須待後期吊訊其翁姑，乃可案奪。"存案。

據義學先生許明三投稟懇下半年擇年六月廿三日啓讀；又舉方奪侯為副先生，賜下定奪

稟詞云："具稟人晚生許明三，為奉大瑪腰（陳永元）命，掌教明誠書院，下半年擇於本六月廿三日啓讀，承理鄭德卿副掌教之職，方奪侯未知有當否？伏懇東金之事，煩列台再為定奪，妥適兩得便宜，庶不致晚苦受不雅、抱愧於心，感佩靡涯，耑此。請上陳府大瑪腰暨公堂列位甲必丹大人察奪。曷勝沾感之至。"

列台閱稟批："據請啓讀之期，准之可也。但舉副先生方奪侯，姑免行，因一人難兼數事，待有當者，然後用之。"存案。

和（荷蘭）1865 年 8 月 25 日，拜五

公堂設嗒喳嘮。嗎腰陳永元舍，雷珍蘭黃錦章官、陳思聰官，雷珍蘭高西川官、陳文速官，朱葛礁陳玉長官俱在座。甲必丹陳濬哲官，雷珍蘭鄭肇基官、陳江水官，雷珍蘭黃清淵官不到。

（柯根娘、林金水夫婦求離一案）

據公舘公勃低高(西川)、鄭(肇基)詳,柯根娘年31歲,住新厝仔,請伊夫林金水[①]:"為交寅十年,未有子女。因五年餘拙夫無給資費,日食厝稅俱氏自支。況今家內器具搬移別處,並無言明要移要賣?似此不情,伏判分離。"

吊訊林金水年36歲,住仝上,供云:"拙妻所請五年無給資費,乃是虛詞。惟約二年餘晚無利路,所以資費有缺。若云晚搬家需果有,廚及校椅而已,因要搬移故也。其物尚在,何必生端?今拙妻既要求離,晚固願從。"台曰:"論二比之事,固甚無關大節,不宜離遏。但二比所供,灼見俱已絕情,況非結髮夫妻,又無子女,可謂無所牽戀者矣。縱欲勸其暫合,究難於久長。"將情申詳公堂大嗒內裁奪。

覆訊柯根娘及林金水,供如公勃低所詳。

列台會議論:"勘得柯根娘及林金水夫妻求離一案,恩情既絕,終難以和好。准其離遏可也,但其鏡廚須當交回伊妻。"存案。

(大朱賴觀瀾告知柳連橋頭欄土之抽仔磚壁已經崩壞求懇公堂主裁)

據賴大朱云:"邱塗請柳連橋頭欄土之抽仔磚壁已經崩壞,求懇公堂主裁。"

列台會議:"本日在座者每員出銀拾盾,如有不敷者,黃錦章願為補足。"存案。

---

① 林金水:據《婚簿》載,1855年12月15日,住中港仔25歲林金水與21歲柯根娘再婚。媒妁吳經娘,男方主婚林金水自己,女方主婚柯根娘自己,交寅日乙11月1日。公勃低:陳濬哲,陳思聰。原注:"柯根娘前夫陳文開結髮四年,於1853年棄世,未有兒女,恬守三年,願再醮林金水永結同心,各無反悔。"

(查勘吳龍生懇入熾昌銀四千盾,入字人及安呾人可堪與否)

承熾昌干刀寄下吳龍生口詞,懇入熾昌干刀銀 4 000 盾,援許清溪甲及林百祿為安呾。祈查勘可堪與否?勘畢詳覆。

吊訊吳龍生年 44 歲,住八戈然為商,供云:"晚果有入字熾昌干刀負欠銀 4 000 盾,援安呾人許清溪甲及林百祿。"

吊訊許清溪甲及林百祿,二人俱供云:"願為安呾吳龍生入熾昌干刀銀 4 000 盾。"

列台會議:"勘得吳龍生懇入熾昌干刀銀 4 000 盾,援許清溪甲、林百祿為安呾,現時可堪。"存案。

(查勘王文成懇入熾昌銀壹萬盾,入字人及安呾人可堪與否)

承熾昌干刀寄下王文成口詞,懇入熾昌干刀銀壹萬盾,援連文清甲、李伯達甲為安呾。祈查勘可堪與否?勘畢詳覆。

吊訊王文成年 30 歲,住丹藍望為地主,供云:"晚果有入熾昌干刀銀壹萬盾,援安呾人連文清甲及李伯達甲。"

吊訊連文清甲仝李伯達甲,俱供云:"職願安呾王文成入熾昌干刀銀壹萬盾。"

列台會議:"勘得王文成懇入熾昌干刀銀壹萬盾,援連文清甲及李伯達甲為安呾,現時可堪。"存案。

和(荷蘭)1865 年 9 月 14 日,拜四

公堂設嘧喳嘮。瑪腰陳永元舍、甲必丹陳濬哲官,雷珍

蘭黃錦章官、陳思聰官，雷珍蘭高西川官、陳江水官，雷珍蘭黃清淵官、陳文速官，雷珍蘭陳江流官、朱葛礁賴觀瀾官俱在座。雷珍蘭鄭肇基官、連文清官不到。

（黃錦章官升甲必丹知廚禮、连文清官升雷珍蘭之職）

承挨實嗹於和（荷蘭）1865年9月11日第3685號又11號致書，遵王上於和（荷蘭）1865年8月29日第2號案奪，陞公堂室雷珍蘭黃錦章官為甲必丹知廚禮之職，祈公堂薦舉一人以代其缺。存案。

公堂議："承命謂當薦舉一人以代其缺，合當協理雷珍蘭連文清官陞補第八位雷珍蘭缺。"謹此存案。

（查勘龔汶水懇入燉昌銀八千盾，入字人及安呾人可堪與否）

承燉昌干刀寄下龔汶水口詞，懇入燉昌干刀銀8 000盾，援陳長華及龔德南為安呾。祈查勘可堪與否？勘畢詳覆。

吊訊龔汶水年29歲，供云："晚果有入燉昌干刀銀8 000盾，援安呾人陳長華及龔德南。"

吊訊陳長華、龔德南，二人俱供云："晚願安呾龔汶水入燉昌干刀銀8 000盾正。"

公堂會議："龔德南伊同胞兄弟生理亦合，雖有若無，究當援他人安呾為是。"存案。

（查勘陳順合懇入燉昌銀伍百盾，入字人及安呾人可堪與否）

承燉昌干刀寄下陳順合口詞，懇入燉昌干刀銀伍百盾，援劉桂柏及陳鐳為安呾。祈查勘可堪與否？勘畢詳覆。

吊訊陳順合年26歲，供云："晚果有入燉昌干刀銀500

盾，援安咀人劉桂柏及陳鐳。”

吊訊劉桂柏年63歲，供云：“晚願安咀陳順合入熾昌干刀銀500盾。”吊訊陳鐳，不到。

公堂會議：“不足擔戴。”存案。

（查勘林拱懇入熾昌銀三千盾，入字人及安咀人可堪與否）

承熾昌干刀寄下林拱口詞，懇入熾昌干刀銀3 000盾，援林水蓮、林永福為安咀。祈查勘可堪與否？勘畢詳覆。

吊訊林拱年46歲，供云：“晚果有入熾昌干刀銀3 000盾，援安咀人林水蓮及林永福為安咀。”

吊訊林水蓮、林永福，二人俱供云：“晚願安咀林拱入熾昌干刀銀3 000盾。”

公堂會議：“不足擔戴。”存案。

（續：曾水娘、黃東山夫妻求離一案）

吊訊曾水娘、黃東山，供如公勃低所詳。

公堂會議：“既不可勸和，合判離遏。”存案。

（陳宗秀、楊成娘夫妻求離一案）

據公舘公勃低所詳。陳宗秀年五十二歲，住小南門，請伊妻楊成娘：“為交寅二十六年，有產不育。因於去年十二月間與晚較口，至本年正月初七日詐言欲往賴貓冬 謝聖墓公，竟自歸伊妹厝。晚亦累次稅馬車喚召不歸。至又五月初四日，家母身故告知，仍是不歸。至五月初七日回家，竟吉服紅褄入門，至暮復往。即家母出葬，亦無到送。似此不賢，為妻無益，伏乞判離。”

吊訊楊成娘年五十五歲，住鑒光毛吶甲，供云：“拙夫所請諸事，誠如所言。但所以累次招喚不歸者，因氏身有病。至家姑身故，氏回家服吉服亦有，因在外未有喪服可替換故也。至次日再往，則服素矣。即無送葬，亦果然，因氏回家，拙夫房門關鎖，且趕逐。況身又帶病，其時有蘇登山代請醫生調治。今拙夫既求離，氏思未嘗有過，獨不念二十六年甘苦同樂，況他又畜別婦出在，拙夫心意如何？”

吊訊蘇登山年30歲，住西門，供云：“晚知陳宗秀之母故時，乃唐又五月間，曾親為送葬。其妻楊成娘果無送葬，因身有病，但晚無往視，不知病之輕重。至晚代請先生，乃是前次，約於唐四月間楊成娘重病一個月餘，則有代請先生。所供是實，敢立誓。”

台諭陳宗秀曰：“汝請汝妻不孝，守制送終之禮有缺，欲求分離乃近理之言。第勘蘇登山供，汝母出葬時，汝妻果染重感之病，情似可原。但當念二十六年夫妻，二人之年齒合計之已百有餘，永訣之期諒亦不遠，胡為乎拘拘求離？則曰汝妻不育，欲再畜妾為傳後計，此說亦是，汝妻總不得爭較是非，當相依和好。”礙陳宗秀任勸不回。將情申詳公堂大嗎內裁奪。

覆訊陳宗秀、楊成娘，供如公勃低所詳。

公堂會議：“楊成娘既然知咎，當向汝夫坐個不是。當再合為是。”存案。

和(荷蘭)1865年9月16日，拜六

公堂設嗎喳嘮。瑪腰陳永元舍、甲必丹陳濬哲官，雷珍

蘭陳思聰官、高西川官，雷珍蘭陳江水官、黃清淵官，雷珍蘭陳文速官、連文清官，雷珍蘭陳江流官、朱葛礁賴觀瀾官在座。鄭肇基甲不到。

(承命查勘詳覆陳江華等二入字人行止)

承挨實嗹於和(荷蘭)1865年9月14日第3722號挨字，附二口詞。祈查勘入字人行止，詳覆。

公堂會議論：公堂雷職既協理雷珍蘭連文清官陞，其陳江華[1]可堪為協理雷珍蘭之職。存案。

和(荷蘭)1865年9月22日，拜五

公堂設嘧喳嘮。瑪腰陳永元舍、甲必丹陳濬哲官，雷珍蘭陳思聰官、高西川官，雷珍蘭黃清淵官、陳文速官，雷珍蘭連文清官、陳江流官，朱葛礁賴觀瀾官在座。鄭肇基甲、陳江水甲不到。

(承命開設養嬰堂之全年開支預算)

瑪腰(陳永元)請：為承副挨實嗹命，要設養嬰堂。貧寒遺稚男女無親可依者，俾充入其內養育教督，自年三四歲起至十五歲止，應費若干計開於下：

一、幼稚約有150人之左，伙食全年每人銀72盾，全年合該共銀10 800盾。

一、幼稚約有150人之左，衣服全年每人該銀20盾，全

---

① 陳江華：1865年9月16日公堂舉為協理雷珍蘭之職，1865年10月12日，荷印政府批准為欽賜雷珍蘭(《荷印年鑒》，1866年)。

年合該共銀 3 000 盾。

一、幼稚約有 150 人之左，貓務 15 名，每人全年該銀 80 盾，全年合該共銀 1 200 盾。

一、幼稚約有 150 人，學習教讀先生每年三分之一，分先生二名，全年該銀 1 200 盾。

一、幼稚約有 150 人，洗衣服每年三名番、滌洗粖、虱文[①]等，全年合該銀 600 盾。

一、幼稚約有 150 人左右，該火油約銀 1 000 盾。

一、幼稚約有 150 人左右，巫讓每月八名，全年約銀 960 盾。

一、全年唐人總管，約銀 300 盾。

一、全年掌書記一人，約銀 300 盾。

一、全年約幼稚 150 人左右，唐人醫生一人，約銀 300 盾。

一、全年約幼稚有 150 人左右，樂項費約銀 700 盾。

一、女工，約幼稚 150 人左右，教習二人，約銀 480 盾。

一、全年幼稚約 150 人左右，剃頭司二人，約銀 200 盾。

一、幼稚 150 人左右，總哺[②]四名，約銀 500 盾。

一、全年約幼稚 150 人左右，書籍、文房四寶針線，約銀 600 盾。

一、約幼稚 150 人左右，沐浴手巾，約銀 150 盾。

一、全年約幼稚 150 人左右，鞋每人二雙，約銀 450 盾。

① 虱文：亦作“殺文”，閩南語，肥皂。

② 總哺：亦作“總舖”，閩南語，廚師。

一、薦約銀 50 盾。

一、全年死失棺,未可拘定。

一、全年家器碗碟等,約銀 1 000 盾。

一、全年和(荷蘭)先生教讀,未可拘定。

一、全年和(荷蘭)先生醫藥,未可拘定。

以上約定 22 條,全年嬰孩 150 人,該費銀 2379 盾。謹詳副挨實嗹裁奪。

和(荷蘭)1865 年 9 月 27 日,拜三

公堂設嚹喳嘮。瑪腰陳永元舍、甲必丹陳濬哲官,雷珍蘭陳思聰官、高西川官,雷珍蘭鄭肇基官、陳江水官,雷珍蘭黃清淵官、陳文速官,雷珍蘭連文清官、陳江流官,朱葛礁賴觀瀾官俱在座。

(查勘黃道生懇入熾昌銀壹萬盾,入字人及安呾人可堪與否)

承熾昌干刀寄下黃道生口詞,懇入熾昌干刀負欠銀壹萬盾,援安呾人葉本及葉萬。祈查勘可堪與否?勘畢詳覆。

吊訊黃道生年 37 歲,供云:"晚原有入熾昌干刀銀壹萬盾,援葉本及葉萬為安呾。"

吊訊葉本及葉萬,二人俱供云:"晚果安呾人,係黃道生入熾昌干刀銀壹萬盾。"

公堂會議:"葉本不足擔戴。"存案。

(查勘蔡牛懇入熾昌銀二千盾,入字人及安呾人可堪與否)

承熾昌干刀寄下蔡牛口詞，懇入熾昌干刀銀 2 000 盾，援蔡曲及黃彪為安咀。祈查勘可堪與否？勘畢詳覆。

吊訊蔡牛年 36 歲，供云："晚原有入熾昌干刀銀 2 000 盾，援安咀人蔡曲、黃彪。"

吊訊蔡曲及黃彪，二人俱供云："晚果願安咀蔡牛入熾昌干刀銀 2 000 盾。"

公堂會議："不足擔戴。"存案。

图书在版编目(CIP)数据

公案簿.第10辑/包乐史等校注. —厦门:厦门大学出版社,2010.11
(吧城华人公馆(吧国公堂)档案丛书)
ISBN 978-7-5615-3673-5

Ⅰ.公…　Ⅱ.包…　Ⅲ.华人-民事纠纷-档案资料-印度尼西亚
Ⅳ.D934.29

中国版本图书馆CIP数据核字(2010)第261995号

责任编辑:薛鹏志
封面设计:文心　祖洵

厦门大学出版社出版发行
(地址:厦门市软件园二期望海路39号　邮编:361008)
http://www.xmupress.com
xmup@public.xm.fj.cn
厦门集大印刷厂印刷
(地址:厦门市集美石鼓路9号　邮编:361021)
2010年11月第1版　2010年11月第1次印刷
开本:880×1230　1/32　印张:19.25　插页:4
字数:500千字　印数:1～1 500册
定价:58.00元
本书如有印装质量问题请直接寄承印厂调换